U0686928

北京对外交流与外事管理基地丛书

中国经济外交年度报告

China's Economic Diplomacy: an Annual Report

（2014）

主　编　赵进军

副主编　江瑞平　刘曙光

经济科学出版社
Economic Science Press

图书在版编目（CIP）数据

中国经济外交年度报告.2014/赵进军主编.—北京：
经济科学出版社，2014.8
ISBN 978 - 7 - 5141 - 4972 - 2

Ⅰ.①中… Ⅱ.①赵… Ⅲ.①对外经济关系 - 研究
报告 - 中国 - 2014 Ⅳ.①F125

中国版本图书馆 CIP 数据核字（2014）第 197139 号

责任编辑：柳 敏 李晓杰
责任校对：杨 海
责任印制：李 鹏

中国经济外交年度报告（2014）
主 编 赵进军
副主编 江瑞平 刘曙光
经济科学出版社出版、发行 新华书店经销
社址：北京市海淀区阜成路甲 28 号 邮编：100142
总编部电话：010 - 88191217 发行部电话：010 - 88191522
网址：www. esp. com. cn
电子邮件：esp@ esp. com. cn
天猫网店：经济科学出版社旗舰店
网址：http：//jjkxcbs. tmall. com
北京盛源印刷有限公司印装
787×1092 16 开 24.25 印张 600000 字
2014 年 9 月第 1 版 2014 年 9 月第 1 次印刷
ISBN 978 - 7 - 5141 - 4972 - 2 定价：76.00 元
（图书出现印装问题，本社负责调换。电话：010 - 88191502）
（版权所有 翻印必究）

本书获"中央高校
基本科研业务费专项资金"资助

开创中国经济外交的新局面

（代　序）

外交学院院长　赵进军

2013 年注定要在中国发展史上画上浓墨重彩的一笔！

这一年，十八大精神的全面落实为中国发展注入了更加强劲的动力，十八届三中全会吹响了全面深化体制改革的嘹亮号角。

这一年，国际格局变化的步伐仍在加速，中国外交战略的转型也在提速。

这一年，受内政外交两大方面因素的交互作用和合力推进，中国经济外交也发生了深广变化，取得了全面进展，开创了全新局面。

呈现在读者面前的这部《中国经济外交年度报告：2014》，作为《中国经济外交年度报告》系列的第五本，即拟对中国经济外交在 2013 年发生的新变化、取得的新进展和开创的新局面进行初步梳理。

一、中国经济外交的新使命

2013 年是全面落实十八大精神的开局之年。全面落实十八大精神，统领着 2013 年中国内政外交的各主要层面，也成为 2013 年中国经济外交的基本纲领和战略指导。尤其重要的是，十八大报告明确提出"两个一百年"的战略目标，即要在中国共产党成立 100 周年时全面建成小康社会，在中华人民共和国成立 100 周年时建成富强民主文明和谐的社会主义现代化国家，更给中国经济外交赋予了新的使命。

第一，十八大报告对过去五年包括经济外交在内的外交工作给予了充分肯定。报告指出："外交工作取得新成就。坚定维护国家利益和我国公民、法人在海外合法权益，加强同世界各国交流合作，推动全球治理机制变革，积极促进世界和平与发展，在国际事务中的代表性和话语权进一步增强，为改革发展争取了有利国际环境。"显而易见，如此评价，既是对以往经济外交工作的充分肯定，也是对未来经济外交工作重要意义的进一步强调。

第二，报告明确提出还要坚定不移地走中国特色的社会主义道路，为此"必须坚持推进改革开放。……坚持对外开放的基本国策，……必须坚持和平发展。和平发展是中国特色社会主义的必然选择。要坚持开放的发展、合作的发展、共赢的发展，通过争取和平国际环境发展自己，又以自身发展维护和促进世界和平，扩大同各方利益汇合点，推动建设

1

持久和平、共同繁荣的和谐世界。"显而易见，要坚定不移地走中国特色的社会主义道路，要坚持开放、合作和共赢，都离不开经济外交。

第三，报告明确提出的全面建成小康社会的战略目标，主要包括经济持续健康发展、人民生活水平全面提高、节能环保事业进一步发展等。显而易见，这些重要战略目标的实现，都在不同程度上要求进一步扩展和深化经济外交。

第四，报告在"加快完善社会主义市场经济体制和加快转变经济发展方式"中明确指出，要"全面提高开放型经济水平。适应经济全球化新形势，必须实行更加积极主动的开放战略，完善互利共赢、多元平衡、安全高效的开放型经济体系。要加快转变对外经济发展方式，推动开放朝着优化结构、拓展深度、提高效益方向转变。创新开放模式，促进沿海内陆沿边开放优势互补，形成引领国际经济合作和竞争的开放区域，培育带动区域发展的开放高地。坚持出口和进口并重，强化贸易政策和产业政策协调，形成以技术、品牌、质量、服务为核心的出口竞争新优势，促进加工贸易转型升级，发展服务贸易，推动对外贸易平衡发展。提高利用外资综合优势和总体效益，推动引资、引技、引智有机结合。加快走出去步伐，增强企业国际化经营能力，培育一批世界水平的跨国公司。统筹双边、多边、区域次区域开放合作，加快实施自由贸易区战略，推动同周边国家互联互通。提高抵御国际经济风险能力。"

第五，报告明确表示要"继续促进人类和平与发展的崇高事业。"为此"中国将始终不渝奉行互利共赢的开放战略，通过深化合作促进世界经济强劲、可持续、平衡增长。中国致力于缩小南北差距，支持发展中国家增强自主发展能力。中国将加强同主要经济体宏观经济政策协调，通过协商妥善解决经贸摩擦。中国坚持权利和义务相平衡，积极参与全球经济治理，推动贸易和投资自由化便利化，反对各种形式的保护主义。"

显而易见，十八大报告的上述重要内容，给新时期中国经济外交赋予了新的使命，也从不同层面给中国经济外交指明了方向，设定了原则，规范了路径，搭建了框架。

二、开放经济体制的新格局

如果说，2013 年被打上的最鲜明的历史印记，是全面落实十八大精神的开局之年，那么开局之年全面落实十八大精神的首要举措，就是在十八大精神的指引下，十八届三中全会胜利召开，吹响了全面深化改革的嘹亮号角。全会的主要成果是通过了《中共中央关于全面深化改革若干重大问题的决定》。"决定"内涵丰富，博大精深，关涉中国经济政治社会文化体制的所有重大层面，其中对中国经济外交影响最大，也最为直接的，是题为"构建开放型经济新体制"的第七章。该章明确指出："适应经济全球化新形势，必须推动对内对外开放相互促进、引进来和走出去更好结合，促进国际国内要素有序自由流动、资源高效配置、市场深度融合，加快培育参与和引领国际经济合作竞争新优势，以开放促改革。"为构建开放型经济新体制，"决定"还提出了三大重要举措。

一是"放宽投资准入"。其核心是进一步扩大对外开放，尤其是进一步扩大金融、教育、文化、医疗、育幼养老、建筑设计、会计审计、商贸物流、电子商务等服务业领域对外资开放，放宽对外资的准入限制。为此，决定明确要搞好上海自由贸易试验区，并在试验成功的基础上，在全国有序推广。同时也要通过体制改革和机制创新来促进对外投资。

二是"加快自由贸易区建设"。其核心是要以周边为基础加快实施自由贸易区战略，同时要坚持世界贸易体制规则，坚持双边、多边、区域次区域开放合作，扩大对中国香港、中国澳门和中国台湾的开放合作。

三是"扩大内陆沿边开放"。"决定"指出："抓住全球产业重新布局机遇，推动内陆贸易、投资、技术创新协调发展。创新加工贸易模式，形成有利于推动内陆产业集群发展的体制机制。支持内陆城市增开国际客货运航线，发展多式联运，形成横贯东中西、连接南北方的对外经济走廊。推动内陆同沿海沿边通关协作，实现口岸管理相关部门信息互换、监管互认、执法互助。……加快同周边国家和区域基础设施互联互通建设，推进丝绸之路经济带、海上丝绸之路建设，形成全方位开放新格局。"

此外，在"决定"的其他章节，也对构建开放型经济，从而建立经济外交的新体制，从不同角度进行了明确界定。如在第三章即"加快完善现代市场体系"一章中明确界定："完善人民币汇率市场形成机制，……推动资本市场双向开放，有序提高跨境资本和金融交易可兑换程度，建立健全宏观审慎管理框架下的外债和资本流动管理体系，加快实现人民币资本项目可兑换。"

三、大国经济关系的新突破

"大国是关键"。大国经济关系在中国经济外交中始终占据突出重要地位。这一方面是因为，在中国对外经贸关系体系中，主要经济大国占据的份额举足轻重；另一方面还因为，当今的国际经济体系和全球治理架构，在很大程度上还是由以美国为代表的少数经济大国主导的。

2013 年中国经济外交在大国经济关系领域的新突破，首先体现在中美新型大国关系的明确界定上。2013 年 6 月，习近平主席履新后首度访美，在安纳伯格庄园与美国总统奥巴马进行会晤，就构建中美新型大国关系达成重要共识，为快速崛起的中国如何处理大国关系提出了新的理念，开启了新的路径。习主席用三句话对新型大国关系的内涵作了精辟概括，即不冲突不对抗、相互尊重、合作共赢。从双方就中美新型大国关系达成的共识，尤其是其中的"合作共赢"不难看出，妥善处理经济关系，积极开展经济外交，夯实新型大国关系的经济基础，占据极为重要的地位。目前中美双方互为最重要的经贸伙伴，双边经贸关系在各自对外经贸关系和经济稳定发展中占据突出重要地位。同时在双边经贸关系中，又存有诸多问题和摩擦。尤其是双边贸易的严重失衡，不仅影响了双边经贸关系的稳定发展，也对双方国内经济的稳定发展造成严重影响。按美方统计，对华贸易逆差要占到 2013 年美国全部贸易逆差的 46.3%。[①] 近年来，扭转中美贸易的严重失衡，避免因此而经常引发的经贸摩擦，一直是影响中美经贸关系、甚至中美关系整体稳定发展的首要问题。要使中美新型大国关系稳步发展，必须加强对话协调，共同处理好双边经贸关系中的重要敏感问题。2013 年，中美双方在通过经济外交妥善处理分歧和摩擦方面取得了显著进展，

---

① 商务部官方网站：国别贸易报告；《2013 年美国货物贸易及中美双边贸易概况》，表6。

尤其是来自美方逼迫中国人民币升值的压力有所缓解，中美双边投资协定谈判取得明显成果，迄今已完成十二轮谈判。2014 年新年伊始，中国外交部长王毅在《继往开来，努力构建中美新型大国关系——纪念中美建交 35 周年》中指出："双方应抓住两国都在进行改革的机遇，让改革的深化成为加强务实合作的过程，努力打造合作的新亮点，扩展合作的新领域，开辟合作的新境界。下阶段，要推动双边投资协定谈判尽早取得突破，实现中美经济合作的新飞跃。克服各种阻力和干扰，早日解决美国高技术产品对华出口限制、中资企业赴美投资受阻等问题。加强在贸易投资、能源环保、基础设施等领域的对话与合作，促成一批有影响、惠及百姓的大型合作项目。"① 这是中国对美经贸关系和经济外交当前现状和发展方向的准确概括。受对美经济外交全面推进的积极作用，中美经贸关系在 2013 年显示了持续发展的势头。据美方统计，2013 年美国对华出口增长 10.4%，而其出口总额仅增长 2.1%；自华进口增长 3.5%，而其进口总额却为 0.4% 的负增长。② 结果自然是对华贸易在美外贸中比重和地位进一步提升。

2013 年中国经济外交在大国经济关系领域的新突破，也体现在中俄经贸关系和对俄经济外交的新进展上。习近平主席上任后首次出访（2013 年 3 月 22 日）就选定了俄罗斯，并在 2013 年一年中与普京总统 5 次会面。李克强总理也将俄罗斯作为外交活动的主要对象国。10 月 22 日，李克强与梅德韦杰夫共同主持了中俄总理第十八次定期会晤。通过会晤，两国总理就全面深化各领域务实合作达成重要共识：第一，扩大经贸合作和相互开放，提升贸易质量。推动双方企业进一步加强投资合作，扩大使用本币，促进贸易投资便利化；第二，在航空、航天、核能、高科技和创新领域更多开展联合研发、联合研制和联合生产合作，共同提升两国科技实力和国际竞争力。加强农业以及高铁等基础设施领域合作；第三，巩固和发展中俄能源全面战略合作。推进实施增供原油、修建天然气管道、上游油气田开发、下游炼厂建设等一批大项目，推动取得更多成果；第四，密切人文交流，重点办好青年友好交流活动，加强教育、旅游、媒体、卫生、体育、地方等领域合作，增进相互了解与友谊；第五，在联合国、上海合作组织、金砖国家、二十国集团等多边框架下加强协调配合，维护世界和平稳定，推动建立公正合理的国际秩序。③ 此间，习近平主席还会见了梅德韦杰夫总理，会见时，习近平主席明确指出，要全面扩大和深化能源合作，推动经贸合作多元化，加强高科技、制造业合作，重点实施好战略性合作大项目，提升两国务实合作质量和水平。④ 据此可以预见，我国对俄经济关系和经济外交将会跃上新的台阶。

2013 年中国经济外交在大国经济关系领域的新突破，也体现在对欧盟主要经济体、印度等大国经济外交的调整和发展上。2013 年中国经济外交在大国关系层面面临的主要问题是受政治关系持续恶化的影响，中日经贸关系仍未摆脱停滞甚至倒退的局面。

---

① 外交部官方网站：2014 年 1 月 1 日重要新闻；王毅：《继往开来，努力构建中美新型大国关系——纪念中美建交 35 周年》。

② 商务部官方网站：国别贸易报告；《2013 年美国货物贸易及中美双边贸易概况》，表 3、表 4。

③ 中国外交部官方网站："李克强与梅德韦杰夫共同主持中俄总理第十八次定期会晤"；http：//www. fm-prc. gov. cn/mfa_chn/wjb_602314/zzjg_602420/dozys_602828/xwlb_602830/t1091925. shtml；2013 年 12 月 27 日登录。

④ 中国外交部官方网站："习近平会见俄罗斯总理梅德韦杰夫……"；http：//www. fmprc. gov. cn/mfa_chn/wjb_602314/zzjg_602420/dozys_602828/xwlb_602830/t1091841. shtml；2013 年 12 月 27 日登录。

四、周边经济外交的新高度

2013 年中国经济外交的最大亮点，是于 10 月 24 ~ 25 日召开的新中国成立 64 年来的首次周边外交工作座谈会，将周边经济外交提升到了前所未有的全新高度。习近平主席在会上做了重要讲话，强调做好周边外交工作是实现"两个一百年"奋斗目标、实现中华民族伟大复兴的需要，要更加奋发有为地推进周边外交，为我国发展争取良好的周边环境，使我国发展更多惠及周边国家，实现共同发展。他指出，我国周边外交的战略目标，就是服从和服务于实现"两个一百年"的奋斗目标、实现中华民族伟大复兴，全面发展同周边国家的关系，巩固睦邻友好，深化互利合作，维护和用好我国发展的重要战略机遇期，维护国家主权、安全、发展利益，努力使周边同我国政治关系友好、经济纽带更加牢固、安全合作更加深化、人文联系更加密切。他强调，我国周边外交的基本方针，就是坚持与邻为善、以邻为伴，坚持睦邻、安邻、富邻，突出体现亲、诚、惠、容的理念。这些理念，首先我们自己要身体力行，使之成为本地区国家遵循和秉持的共同理念和行为准则。关于周边经济外交，习主席也做出了重要指示。他明确指出要着力深化互利共赢格局。统筹经济、贸易、科技、金融等方面的资源，利用好比较优势，找准深化同周边国家互利合作的战略契合点，积极参与区域经济合作，要同有关国家共同努力，加快基础设施互联互通，建设好丝绸之路经济带、21 世纪海上丝绸之路。要以周边为基础加快实施自由贸易区战略。扩大贸易、投资合作空间，构建区域经济一体化新格局。要不断深化区域金融合作，积极筹建亚洲基础设施投资银行，完善区域金融安全网络。要加快沿边地区开放，深化沿边省份同周边国家的互利合作。

在全面落实党的十八大和周边外交工作座谈会精神的推动下，我国周边经济外交在 2013 年取得了全面进展。首先，亲、诚、惠、容和命运共同体等一系列新理念的提出，进一步明确了周边经济外交的战略定位和指导方针。其次，中孟印缅经济走廊、中巴经济走廊、丝绸之路经济带、21 世纪海上丝绸之路等一系列重大合作项目的启动，为我国周边经济外交注入了更加强劲的动力和活力。再次，我国参与周边区域经济合作的力度进一步加大，自贸区升级版及其他一系列合作项目的提出，将我国与东盟经济合作提升到新的高度；虽受政治关系持续恶化影响，但中日韩自贸区谈判仍在推进，迄今已结束四轮正式谈判；我国积极参与的"10 + 3"经济合作、RCEP 建设、上合组织经济合作、与南盟经济合作等其他框架的周边区域经济合作，在 2013 年也取得明显进展。第四，我国周边经济外交布局更趋均衡和全面，以往过度侧重于东亚（含东南亚和东北亚）经济外交的局面明显改观，中孟印缅经济走廊、中巴经济走廊建设的启动，上合组织框架下经济合作的展开，尤其是丝绸之路经济带战略的提出，使我国周边经济外交进一步向南亚和中亚方向扩展。最后，作为周边经济外交全面提升和推进的成果，我国与周边国家和地区的经贸关系在 2013 年获得进一步发展。2013 年，中国大陆与东盟贸易增长 10.88%，与南盟贸易增长 3.5%，与港、台贸易分别增长 17.43% 和 16.76%，与韩、朝贸易分别增长 6.99% 和 8.66%。[①]

---

① 商务部亚洲司官方网站：《2013 年 1 ~ 12 月我对亚洲国家（地区）贸易统计》，2014 年 2 月 18 日。

五、新兴市场外交的新布局

"发展中国家是基础"，对发展中国家的经济外交，在中国经济外交总体布局中占据重要地位。2013 年中国经济外交开创的新局面，也体现在对新兴市场和发展中国家经济外交的新布局上。新一届中央领导集体高度重视对新兴市场和发展中国家的外交，不仅继续保持了对新兴市场和发展中国家外交的一贯战略思想和方针政策，而且根据国内外形势的深广变化，又对新兴市场和发展中国家外交提出了一系列新理念，采取了一系列新举措，取得了一系列新进展。经济外交构成中国对新兴市场和发展中国家外交的重要内容，2013 年中国对新兴市场和发展中国家外交的新进展和新布局，也充分体现在对新兴市场和发展中国家的经济外交上。

2013 年 3 月 22～30 日，习近平主席履新后首次出访，就选择了作为新兴市场大国代表的俄罗斯和非洲发展中国家（坦桑尼亚、南非和刚果共和国），足以说明新一届中央领导集体对新兴市场和发展中国家外交的高度重视。之后又于 6 月 4～11 日对古巴、乌拉圭和智利等三个拉美发展中国家进行了正式访问。之后又主持召开了周边外交工作座谈会，这是新中国成立 64 年的首次周边外交工作会议，而我国周边国家也多为发展中国家，发展与周边发展中国家的外交自然成为会议的核心内容。至此，通过首脑出访和高层会议两种方式，充分表达了中国外交决策层对亚非拉发展中国家的高度重视，将我国对发展中国家外交提升到新的高度。此外，新一届中央领导集体的其他成员也出席和参与了一系列面向新兴市场和发展中国家的外交活动，进一步推动了对新兴市场和发展中国家外交的全面发展。无论是对非洲、拉美还是对周边，习近平主席及其他新一届中央领导对新兴市场和发展中国家的外交活动，都将经济外交作为重要甚至首要内容，都将加强务实合作、推进经贸关系视为重要成果。

2013 年中国对新兴市场和发展中国家经济外交的新布局，既体现在理念创新层面，也体现在务实合作层面。

在理念创新层面，集中体现在明确提出和精准阐释正确的义利观上。在我国综合国力尤其是经济实力快速提升的新的历史时期，树立正确的义利观，对新兴市场和发展中国家经济外交具有突出重要的意义。在 2013 年 3 月访非期间，习近平主席明确提出在对非洲和发展中国家外交中，要树立正确的义利观。外交部长王毅在与塞内加尔外长恩迪亚耶会谈后共同会见记者时明确指出：正确义利观是新时期中国外交的一面旗帜。……义是指道义。中国在同非洲国家交往时应道义为先，坚持与非洲兄弟平等相待，真诚友好，重诺守信，更要为维护非洲的正当权利和合理诉求仗义执言。利是指互利。中国在与非洲国家交往时绝不走殖民者的掠夺老路，绝不效仿资本家的唯利是图做法，也不会像有的国家只是为实现自己的一己私利，而是愿与非洲兄弟共同发展，共同繁荣。在此过程中，中方会更多考虑非洲国家的合理需求，力争通过合作让非洲早得利、多得利。在需要的时候，我们还要重义让利，甚至舍利取义。正确义利观的明确提出和忠实践行，是我国对新兴市场和发展中国家外交的重要理念创新，其重要内涵之一，就是要在我国综合国力尤其是经济实力明显增强的条件下，更要通过经济外交尤其是加强对新兴市场和发展中国家的经济援助和互利合作，进一步巩固发展中国家在我国外交整体布局中的基础地位。

在务实合作层面，集中体现在与发展中国家签署和启动的一大批经贸工作项目上。打造中国——东盟自贸区升级版、设立亚洲基础设施投资银行、提出中孟印缅和中巴两大经济走廊、建设"一路一带"等重大规划，凸显出对亚洲和周边发展中国家务实合作力度的进一步加大。仅在 2013 年 3 月习主席访非期间，中国就与非洲国家签署了 47 个合作协议，涉及投资贸易、经济援助、基础设施建设、能源资源、农业、人文交流等广泛领域，进一步推进了对非洲发展中国家的务实合作。而在此后习主席访问拉美和加勒比地区时，又与墨西哥、特立尼达和多巴哥、哥斯达黎加三国签署了 24 份务实合作协议，宣布了支持加勒比国家经济和社会发展的一系列新举措，进一步扩展和深化了中国与拉美发展中国家的经贸关系和务实合作。中国加强与新兴市场和发展中国家务实合作的直接结果，是双方经贸关系的快速发展，中国与东盟经贸关系的快速发展应是其集中体现。据中方统计，2013 年中国对东盟贸易增长 10.88%，超过中国外贸总体增速（7.59%）3.29 个百分点，对东盟贸易占中国外贸的比重升至 10.7%，东盟作为中国第三大贸易伙伴的地位得到进一步巩固。① 而从东盟角度看，对华务实合作更成为其对外经贸关系发展的主要支撑，中国作为东盟多个国家第一大经贸伙伴的地位进一步巩固。

六、多边经济外交的新进展

2013 年，中国对联合国系统经济机构、世界贸易组织（WTO）、国际货币基金组织（IMF）、二十国集团（G20）、亚太经合组织（APEC）、金砖五国等多边国际组织和机制的经济外交也取得一系列新进展。其中尤其值得关注的，一是中国代表在重要国际经济组织中地位进一步提升，内地中国人首次出任重要国际经济机构的主要负责人；二是中国代表在几乎所有重要国际经济会议上均发出了"中国声音"，发言权和影响力进一步增大。

2013 年 6 月 24 日，联合国工业发展组织第 41 届理事会投票选举新一任总干事，中国财政部副部长李勇在首轮投票中以 37 票绝对优势赢得选举，后于 28 日举行的特别大会被正式任命为工发组织第七任总干事。这是内地中国人首次担任联合国专门机构主要负责人，必将对我国在联合国系统经济机构中的经济外交产生直接推进作用。工业发展组织成立于 1966 年，1985 年成为联合国专门机构，现有 172 个成员国，总部位于奥地利维也纳，行政首长为总干事（联合国副秘书长级），宗旨是帮助发展中国家实现可持续工业发展和促进工业发展合作。中国于 1973 年正式加入工发组织，40 年来与该组织一直保持良好合作关系。工发组织通过技术合作项目不但为中国引进了先进技术、管理经验和部分关键设备，还为中国培养了大批专业技术人员，有力地促进了中国工业技术水平的提升和经济社会的发展。中国一直积极参与工发组织的活动，并向其提供了力所能及的帮助。中国此次推举候选人参选工发组织总干事，体现了中国对国际发展事业，特别是推动可持续工业发展的坚定支持。今后，中国将进一步加强与工发组织的合作，推动工发组织为全球可持续

---

① 商务部亚洲司官方网站：《2013 年 1～12 月我国对亚洲国家（地区）贸易统计》，2014 年 2 月 18 日。

工业发展做出更大贡献。①

2014 年中国将第二次主办亚太经合组织（APEC）领导人非正式会议（第二十二次），为会议取得圆满成果做准备，成为 2013 年中国多边经济外交的重要内容。2013 年 10 月 7~8 日，亚太经合组织第二十一次领导人非正式会议在印度尼西亚巴厘岛举行，习近平主席在会议的几乎所有重要场合，均发表了重要讲演或讲话，产生了巨大影响，取得了显著效果。在 7 日举行的以全球经济形势和多边贸易体制为议题的第一阶段会议上，习主席发表了题为《发挥亚太引领作用，维护和发展开放型世界经济》的重要讲话。讲话首先认为对亚太经合组织应该承担三方面的使命和作用：一是加强宏观经济政策协调，携手推动亚太共同发展；二是客观判断形势，沉着应对挑战，全力维护亚太经济金融稳定；三是着眼长远，推动各成员深化经济结构调整，为亚太持久发展注入更大动力。之后又就如何推进多哈回合谈判、维护多边贸易体制提出三点主张：一是形成合力，共同推动亚太经济一体化进程；二是致力于开放式发展，坚决反对贸易保护主义。三是坚定信心，为多边贸易体制注入新的活力。在翌日举行以促进亚太互联互通为议题的第二阶段会议上，习主席发表讲话指出，亚太经合组织要顺应潮流，做好互联互通这篇大文章。一要构建覆盖太平洋两岸的亚太互联互通格局，以此带动建设各次区域经济走廊，进而打造涵盖 21 个经济体、28 亿人口的亚太大市场，保障本地区生产要素自由流通，稳步提升太平洋两岸成员协同发展水平，实现一体化。二要打通制约互联互通建设的瓶颈，建立政府、私营部门、国际机构广泛参与的投融资伙伴关系。中国愿意积极探索拓展基础设施建设投融资渠道，倡议筹建亚洲基础设施投资银行。三要在区域和国际合作框架内推进互联互通和基础设施建设，各成员应该秉持互利互惠、优势互补理念，坚持开放透明、合作共赢原则，加强沟通交流，积极参与合作。四要用互联互通促进亚太地区人民在经贸、金融、教育、科学、文化等各领域建立更紧密联系，加深彼此了解和信任。②

---

① 商务部国际经贸关系司官方网站："财政部副部长李勇当选联合国工发组织总干事"；2013 年 6 月 25 日。
② 外交部官方网站：重要新闻，"习近平在亚太经合组织第二十一次领导人非正式会议上的讲话"，2013 年 10 月 7 日；"习近平在亚太经合组织第二十一次领导人非正式会议上就促进亚太互联互通发表讲话"，2013 年 10 月 8 日。

目　录

专　论　篇

机　制　篇

领　域　篇

地 区 篇

大 国 篇

总 论 篇

第一章

2013 年：全球经济增速放缓中趋于稳定

2013 年全球经济增速进一步放缓，公共部门需求拖累美国经济增长，周期性因素和结构性因素导致中国和越来越多的新兴市场经济体从经济增速高峰下滑，欧元区则从衰退泥潭中蹒跚恢复。但可喜的迹象是在私人部门需求保持强劲的同时，随着财政整顿步伐的放缓和持续的宽松货币政策，美国经济活动已开始重新加速。中国经济虽从高峰下滑，但更有利于向实现平衡、可持续的经济增长轨迹转变，经济转型的迫切和加速使得中国经济增速在下滑后开始趋于稳定。不同经济体增长动态则继续分化，发达经济体的实际经济增长符合预期，新兴及发展中经济体实际经济增速则低于预期，而在不同经济体内部，受不同的内外部因素影响，经济增长动态分化差异更加显著。受经济增速放缓中趋于稳定、美国财政紧缩和宽松货币政策影响，全球贸易增长缓慢，国际投资增长乏力，资本市场剧烈动荡，大宗商品价格下滑，就业形势趋于好转，债务风险有所下降。

一、世界经济增速放缓，增长形势趋于稳定

世界经济自 2009 年触底强劲反弹以来，经济增速持续放缓，2010 年增速为 5.192%，2011 年下滑至 3.905%，2012 年放缓至 3.177%，2013 年进一步放缓至 2.871%，此后，随着世界经济增长形势在 2013 年下半年趋于稳定，预计世界经济增速在 2014 年恢复至 3.588%，2015 年进一步恢复至 3.964%（见图 1 - 1）。

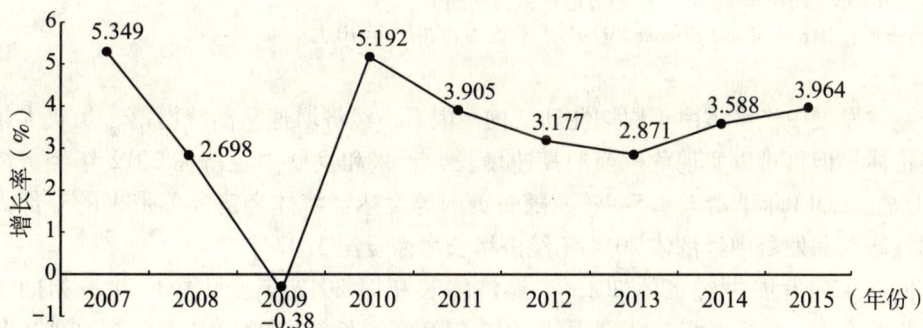

图 1 - 1　2007～2015 年世界经济增速

注：经济增长率数据为 IMF 基于 PPP 的连锁加权法的增长率数据。
资料来源：IMF 的 *World Economic Outlook* 数据库，2013 年 10 月。

世界经济增速在 2013 年继续放缓，发达经济体和新兴及发展中经济体经济增速都有所下滑。发达经济体经济增速由 2012 年的 1.467% 预计下滑至 2013 年的 1.166%，下滑 0.301 个百分点。发达经济体增速下滑主要源自美国和加拿大增速下滑，日本则有微弱的下滑，相反，欧元区、英国以及其他发达经济体经济增速则有所上升（见表 1-1）。美国的私人部门需求仍保持强劲，过度财政整顿导致公共部门需求下滑是经济增速下滑的主因，政治因素导致财政整顿纷争，自动减支会导致经济衰退，而提高债务上限的政治纷争可能导致新一轮的动荡不定和增速减缓。加拿大经济增速相对 2012 年下滑主要源自住房市场下滑和私人消费减速，而出口的复苏和商业投资的加强将使得加拿大经济温和复苏。日本经济在"安倍新政"的刺激下，初见成效，IMF 预计安倍新政在 2013 年上半年 3.9%（季节调整年率）的国内生产总值增长中贡献三分之一甚至一半，对 2013 年实际国内生产总值增长产生的贡献预计为 1.3 个百分点。[①] 在持续的低利率刺激下，欧元区经济从衰退中蹒跚恢复，其中边缘区经济体的经济活动正趋向稳定，而核心经济体的经济活动则开始恢复，2012 年欧元区经济增长率为 -0.641%，预计 2013 年为 -0.437%，欧元区经济处于缓慢恢复中，随着 2014 年欧元区大幅放缓财政紧缩，预计 2014 年欧元区经济正增长 0.961%。

表 1-1　　　　　　　2009~2015 年主要发达经济体经济增速情况 （%）

年份	2009	2010	2011	2012	2013	2014	2015
发达经济体	-3.434	3.043	1.688	1.467	1.166	2.033	2.476
美国	-2.802	2.507	1.847	2.779	1.56	2.588	3.35
欧元区	-4.404	1.965	1.549	-0.641	-0.437	0.961	1.352
日本	-5.527	4.652	-0.585	1.957	1.953	1.244	1.135
英国	-5.17	1.66	1.117	0.17	1.433	1.869	1.978
加拿大	-2.711	3.374	2.528	1.709	1.612	2.16	2.431
其他发达经济体	-1.073	5.893	3.229	1.87	2.28	3.104	3.276

注：2013 年、2014 年和 2015 年经济增长率为预测值。

资料来源：IMF 的 *World Economic Outlook* 数据库，2013 年 10 月。

新兴和发展中经济体由于周期性和结构性因素，经济增速从高峰滑落，虽仍大幅高于发达经济体，但再难以实现危机前的高速增长，新兴和发展中经济体 2012 年经济增长率为 4.915%，2013 年下滑至 4.549%，随着美国等发达经济体经济复苏带来的外部需求增加，预计新兴和发展中经济体 2014 年经济增长率恢复至 5.074%。

不同新兴和发展中经济体 2013 年经济增长相对 2012 年变化幅度并不相同，见表 1-2。除中东欧、撒哈拉以南非洲预计 2013 年经济增长率较 2012 年有所提高外，其余新兴和发展中经济体 2013 年经济增长增速均较 2012 年有所放缓，其中，中东和北非经济增

---

① IMF：《世界经济形势：转型与紧张》，2013 年 10 月，第 49 页。

速放缓幅度比较大，由2012年的4.608%预计放缓至2013年的2.146%，中东和北非增速放缓主要源于两个原因，一是全球经济增速放缓导致石油等大宗商品价格下滑，中东和北非的出口大幅下滑；二是地缘政治形势恶化导致经济下滑。除中东和北非外，独立国家联合体、亚洲发展中国家、拉美和加勒比地区经济增速都不同程度的有所下滑，其中，独立国家联合体、拉美和加勒比地区经济下滑也主要是因为大宗商品价格下滑、外部需求减少。而亚洲发展中国家经济增速放缓主要是因为周期性因素和结构性因素所致，适度的增速也有利于经济结构调整，从而实现均衡的、可持续的发展。

表1-2   2010~2013年主要新兴和发展中经济体经济增速情况（%）

年份	2009	2010	2011	2012	2013	2014	2015
新兴和发展中经济体	3.099	7.537	6.231	4.915	4.549	5.074	5.348
中东欧	-3.614	4.613	5.41	1.418	2.34	2.71	3.276
独立国家联合体	-6.449	4.925	4.823	3.373	2.113	3.36	3.754
亚洲发展中国家	7.702	9.794	7.812	6.409	6.315	6.498	6.649
拉美和加勒比地区	-1.223	5.994	4.593	2.934	2.681	3.111	3.53
中东和北非	2.99	5.515	3.899	4.608	2.146	3.774	4.174
撒哈拉以南非洲	2.636	5.614	5.489	4.855	4.96	6.009	5.674

注：2013年、2014年和2015年经济增长率为预测值；
资料来源：IMF的*World Economic Outlook*数据库，2013年10月。

2013年，虽然全球经济增速较2012年继续放缓，但也有比较明显的迹象表明全球经济放缓形势趋于稳定，筑底回升。预计2013年第一季度，全球GDP增长1.9%，第二季度增长2.9%，估计第三季度增长率与第二季度持平，预计第四季度增长3.0%，而2012年四个季度的增长率分别为3.0%、1.7%、2.1%和1.5%，[①]全球经济放缓形势明显趋于稳定。

从不同区域来看，美国经济在2013年出现实质性复苏，在政府支出削减的不利环境下，私人支出、商业支出以及页岩气热潮促进了美国经济的实质性复苏，2013年前三个季度，美国实际GDP增长率分别为1.1%、2.5%和4.1%，在经济实质性复苏的带动下，美国失业率稳中趋降，由2013年1月的8.5%下降至2013年11月6.6%。在消费季的刺激下，预计2013年第4季度，美国经济将继续出现回升势头。

在欧元区核心经济体法国、德国复苏的拉动下，欧元区经济从第二季度开始复苏，欧元区失业率从2013年4月份开始，也一直稳定在12.1%的高位，2012年第4季度，欧元区经济实际负增长0.5%，2013年1季度实际负增长0.2%，2013年2季度实际正增长0.3%，第3季度实际增长率为0.1%。预计欧元区经济复苏的势头在第四季度持续，但欧元区经济复苏主要得益于净出口的拉动作用，而不是内生性复苏，在外围经济体西班牙、

---

① 增长率数据皆为季度环比折年率，来源于中国银行国际金融研究所《全球经济金融展望季报》，2013年第4季度，2013年9月26日。

意大利尚未走出衰退的背景下，欧元区复苏仍将步履蹒跚，预计欧元区经济真正复苏尚需较长的时间。

日本经济复苏则主要依赖于政策刺激，在宽松的货币政策的刺激下，2013 年第 1、2 季度，日本经济增长率达到 4.1% 和 3.8%，日本经济增长原因是私人消费保持较高水平，日元贬值导致出口增加，在经济复苏的带动下，2013 年前三个季度，日本失业率有所下降，前三个季度的失业率分别为 4.233%、4.167% 和 3.967%，但由于宽松政策的货币进入实体经济部门的比例并不高，企业投资回升较慢，2013 年第 3 季度的经济增长率仅为 1.1%。考虑到日本财政减支的约束，公共开支的缩减预计会对日本经济复苏产生压力，预计 2014 年日本经济增速相对 2013 年会放缓。

而新兴经济体则面临大宗商品价格下滑导致出口大幅下滑、资金回流导致资金紧张，实体经济资金支持收到影响、内部面临结构调整等问题，但总体而言，新兴和发展中经济体 2013 年经济增速下滑幅度不大，仅较 2012 年小幅下滑 0.366 个百分点，预计随着发达经济体的经济增速回升，新兴和发展中经济体在 2014 年的经济增速也会小幅回升。

2013 年经济的一个显著现象是，随着发达经济体的经济复苏，尤其是美国经济出现实质性复苏，美国经济成为全球经济复苏的主要动力，2013 年第 2 季度以来，发达经济体对全球经济的贡献自金融危机以来首次略超过新兴和发展中经济体。

二、增长动态继续分化，宏观政策面临挑战

在全球经济增速放缓但趋于稳定的大背景下，全球经济增长动态继续分化，不同经济体经济复苏的动力、阻力不同，导致不同经济体经济增长动态继续分化。

美国经济出现实质性复苏，欧元区经济出现周期性复苏，日本经济出现政策性复苏，导致三大经济体在 2013 年的经济增速出现较大差异，预计 2013 年美国经济增长率为 1.56%，欧元区经济蹒跚复苏，预计 2013 年经济增长率为 - 0.4367%，预计 2013 年日本经济增长率为 1.95%。但美国经济复苏动力来自私人消费支出、投资支出和能源热潮，是内生性经济复苏，即复苏的动力来自国内，使得美国失业率稳中趋降，预计 2014 年美国经济增长率大幅回升至 2.588%，美国经济复苏的阻力主要来自财政纪律约束。欧元区经济复苏动力主要来自净出口的拉动作用，属于周期性经济复苏，复苏的动力容易受到外部经济环境变化的影响。如表 1 - 3 所示，连续六个季度的负增长后，2013 年二季度，欧元区 GDP 环比增长 0.3%，三季度降至 0.1%，失业率仍维持在 12.5% 的高位，12 月份的 CPI 年率升幅只有 0.8%，低于预期，提升了市场通缩的担忧，表明欧元区的复苏仍非常脆弱。财政约束、失业率高企、消费低迷、糟糕的信贷都意味着欧元区离真正的复苏还有相当长时间。日本的复苏主要依赖于新的定量货币政策、灵活的财政政策以及日元贬值对出口的促进作用，2013 年前三季度日本季度 GDP 年化实际增长率分别为 4.1%、3.8% 和 1.1%，但 2014 年日本经济将面临财政减支的约束，且企业投资回升较慢，预计 2014 年经济回升速度将放慢。

表 1 - 3　　　　　　金融危机以来全球主要国家的经济增长率（%）

国家	2007～2009 年	2010 年	2011 年	2012 年	2013 年	2013 年		
						Q1	Q2	Q3
美国	-0.50	2.51	1.85	2.78	1.56	*1.1*	*2.5*	*4.1*
日本	-1.43	4.65	-0.59	1.96	1.95	*4.1*	*3.8*	*1.1*
德国	-0.30	3.86	3.40	0.90	0.49	-0.2	0.5	0.6
英国	-0.47	1.66	1.12	0.17	1.43	0.2	1.3	1.9
韩国	2.57	6.32	3.68	2.04	2.84	*1.5*	*2.3*	*3.3*
中国	10.96	10.45	9.3	7.7	7.6	7.7	7.6	7.7
俄罗斯	1.96	4.5	4.3	3.4	1.48	1.6	1.2	1.8
巴西	3.68	7.53	2.73	0.87	2.54	1.9	3.3	—
印度	7.32	10.55	6.33	3.24	3.80	4.8	4.4	4.8
南非	2.54	3.09	3.46	2.55	2	0.9	3	0.7

注：斜体数字表示年化实际季度增长率。

资料来源：IMF 的 world economic outlook 数据库；新华社中国金融信息网；国家统计局官方网站。

　　在发达经济体中，值得一提的是英国，其经济迅速复苏，经济增速由 2012 年的 0.17% 的增长率迅速回升至 2013 年的 1.43% 的增长率，虽然遭遇财政紧缩，但在大量现金流影响下，基础设施建设大规模推进，国内消费、出口高速增长，旅游业也得到恢复，这些都促进了英国的经济的复苏，在经济复苏的作用下，英国失业率也由 2013 年 1 月的 7.9% 大幅降至 9 月的 7.4%。英国经济快速复苏，预计 2014 年英国经济增长率将进一步回升至 1.869%，英国经济面临的问题主要是财政紧缩以及出口可能面临欧元区经济低迷的影响。

　　虽然全球经济复苏的主要动力来自发达经济体，但从经济增长的绝对速度来看，新兴及发展中经济体的增长速度仍远远高于发达经济体，2013 年，发达经济体的增长速度预计为 1.166%，而新兴及发展中经济体 2013 年的经济增长速度预计为 4.549%，约为发达经济体增长率的 3.9 倍。新兴及发展中经济体面临的主要问题是尽快实现经济结构的转变，以实现均衡可持续的发展，此外，外部量化宽松货币政策的转向可能会对新兴及发展中经济体的发展带来影响。

　　从主要国家来看，虽然增长速度较以前大幅下降，但中国仍保持着相对较高的经济增长速度，2012 年经济增速为 7.7%，预计 2013 年为 7.6%，远远超过发达经济体的经济速度，约是印度增长速度的两倍。中国经济增速相对以前大幅下降的原因很多，一是外部需求下降，净出口对经济增长的拉动作用降低，2011 年出口月同比增速平均值为 20.29%，2012 年大幅下降至 8.93%，2013 年进一步下降至 7.8%。二是为实现经济转型，提高投资的效率，国家没有再实施大规模的经济刺激计划，固定资产投资增幅下滑，2001 年月同比增速平均为 30.05%，2012 年月同比增速平均为 21.01%，2013 年前 11 个月同比增速平均为 20.60%。三是居民消费有所下滑，消费品零售额 2010 年月同比增长为 23.44%，

总论篇

2011 年为 17.13%，2012 年为 18.05%，2013 年前 11 个月平均为 16.16%，与此相对应，消费者信心指数也有所下滑，2011 年月消费者信心指数平均为 103.3，2012 年下降为 102.4%，2013 年前 11 个月平均为 101.1%。四是工业产出有所下滑，2011 年、2012 年和 2013 年前 11 个月中国工业增加值月同比平均为 13.75%、10.81% 和 9.66%。

印度在 2012 年的经济增速为 3.24%，2013 年的增速预计为 3.8%，也远远低于前些年的高增速。在经济低速增长的同时，印度经济表现出两个特点，即高通货膨胀率、高财政赤字和高经常账户赤字，受食品价格走高和输入性通胀影响，印度消费者价格同比指数自 2012 年 1 月的 5.319% 以来不断走高，2013 年前 10 月，印度消费者价格指数同比增长平均值达到 11.05%。2013 年前 11 月，印度财政赤字总额达到 5.95 万亿卢比，已经超过了政府确定的全年 5.4 万亿卢比的赤字目标。2013 年前 10 个月，印度经常账户赤字达到 1 361.5 亿美元。印度经济增速低由内外两方面的因素导致，内部原因是经济结构未能及时调整，1991 年印度经济改革使得印度服务业高速发展，而农业和制造业并没有得到相应的发展，导致经济结构失衡；外部原因是外部需求下降导致印度出口下滑，美国货币政策转向导致印度资本外流，不利于印度经济发展。

其他金砖国家中，巴西经济在工业产出大幅增长和政府投资的刺激下，复苏显著，由 2012 年的 0.87% 的增长率上升至 2013 年的预计 2.54% 的增长率。俄罗斯在大宗商品价格降低的影响下，经济增长率由 2012 年的 3.4% 预计降低到 2013 年的 1.48%。而南非在罢工、货币贬值、工资增长等因素的影响下，经济增长率由 2012 年的 2.55% 预计降低到 2013 年的 2%。

在全球经济增速放缓但趋于稳定的背景下，各国面临的内外部经济环境各不相同，经济增长的动力因素和阻力因素也各不相同，导致各国宏观经济政策面临的挑战也有较大差异。

对美国来说，自 2008 年 11 月 25 日美联储宣布将购买机构债和抵押支持证券，启动首轮量化宽松政策以来，先后又于 2010 年 11 月 4 日（2011 年第二季度前收购 6 000 亿美元的中长期国债）、2012 年 9 月 14 日（每月购买 400 亿美元抵押贷款支持证券，同时继续实施扭转操作）、2012 年 12 月 13 日（每月购买 450 亿美元国债，替代扭曲操作，加上第三轮量化宽松每月 400 亿美元的购买额度，美联储每月资产购买额度达到 850 亿美元）启动第二轮、第三轮和第四轮量化宽松货币政策，[①] 由于经济回升显著，再加上欧元区等外部经济体也都在企稳回升，美联储货币政策面临拐点。实际上，2012 年 12 月 13 日，美联储在公告中就承诺维持隔夜拆借利率接近于零，直到失业率至少降到 6.5%，除非通货膨胀率突破 2.5% 才有可能改变政策。实际上，自 2013 年以来，美国失业率不断下降，2013 年 12 月，美国失业率为 6.7%，接近 6.5% 的门槛，这些都意味着美国货币政策接近转向，2013 年 11 月 18 日，美联储宣布从 2014 年 1 月开始削减 100 亿美元的国债和抵押支持证券的购买规模，其中债和抵押支持债务各削减 50 亿美元，QE 规模削减之后，美联储将每月购买 400 亿美元的国债和 350 亿美元的抵押支持证券，同时重申只要失业率高于 6.5% 且通胀率低于 2.5%，将会维持接近零的低利率政策，如果就业持续改善且通胀率升

---

① 禹洋：《2008 年以来美联储量化宽松四部曲》，载《经济日报》，2014 年 1 月 14 日。

向门槛 2.5%，将按既定步骤缩减资产购买规模。就财政政策而言，自动减支由于财政支出缩减规模较大对经济的稳定复苏不利，如果能实现中期计划来替代自动减支，可能更有利于实现经济的持续复苏。在提高债务上限规模，结束政府短暂关门事件后，预计 2014 年政府还会坚持自动减支。在经济出现实质性复苏的情况下，如何适时稳妥地调整货币政策，在自动减支继续的情况下，如何进行福利改革和税收改革，并稳定经济复苏，是美国面临的宏观经济政策挑战。

对欧元区来说，中心区经济体德国、法国率先复苏，而外围经济体如意大利、西班牙还未走出衰退，显示欧元区经济复苏还不稳固，在这种情况下，欧元区面临的最大问题是还能采取什么措施来促进复苏，同时推动结构调整和改革。在财政纪律的约束下，欧元区难以在财政政策上有所作为，但欧元区可以提高财政质量，继续推进福利改革和扩大税基，随经济复苏有效降低债务负担。由于欧元区通货膨胀率较低，2013 年 12 月的 CPI 年率升幅只有 0.8%，低于预期，因此，货币政策有较大的发挥空间，可以降低政策利率，从而降低企业投资成本。此外，还应继续加强银行业联盟建设，就银行的破产和救助达成一致，从而切断银行业危机和主权债务危机之间的联系。就欧元区的经济复苏来说，要想实现真正的复苏，除降低主权债务外，还必须进行经济结构调整，推进基础设施建设，加强制造业，实现内生式发展，降低经济增长对外部的依赖。

对日本来说，2013 年经济在"安倍新政"的刺激下，经济快速复苏。"安倍新政"的政策框架主要包括三大支柱，一是新的定量和定性货币宽松，以结束通货紧缩，实现 2015 年 2% 的通货膨胀目标。二是灵活的财政政策，包括三阶段的目标，第一阶段是 2013 ～ 2014 年用债务融资支持刺激政策，规模占 GDP 的 1.4%；第二阶段是自 2014 年开始实施财政整顿，计划到 2015 财年实现基本赤字减半；第三阶段是到 2020 财年实现基本盈余。三是结构性改革，以鼓励投资、促进就业和提高生产力。① 日本面临的宏观经济政策挑战是日本经济增长主要来自政策刺激，是政策性复苏，复苏可能受到 2014 年开始的财政整顿的影响，预计 2014 年经济增长为 1.244%，低于 2013 年预计 1.953% 的增长率，这可能带来另一个问题，在 2014 年增速进一步减缓的趋势下，日本可能到 2015 年还难以实现 2% 的通货膨胀目标，2012 年 6 月至 2013 年 5 月，日本陷入通货紧缩，到 2013 年 9 月，消费者价格指数才实现刚超过 1% 的环比增长，如果通货膨胀率长期处于低于 2% 的水平，对经济复苏不利。因此，日本应实行更加灵活的财政整顿政策，在彻底结束通货紧缩之前，继续保持财政刺激政策。日本还必须注意美国货币政策转向后，资金外流问题，为使新的定量和定性货币宽松政策下的资金流入实体经济，日本必须进行结构改革，促进投资，降低经济增长对外部的依赖。

对中国来说，经济从高峰滑落是内外部双重因素导致的。从外部来看，外部需求减少导致出口大幅下滑，是影响经济增长的重要因素。从内部因素来看，经济结构失衡是最大的问题，改革开放后中国经济高速增长其实是粗放型的经济增长模式，高投资、高出口成为经济增长的主要发动机，这种增长模式带来的弊端较多：（1）粗放型的增长模式导致中国大量的资源、能源被消耗，使得中国从资源、能源的净出口国转变为净进口国，2013 年

---

① IMF：《世界经济形势：转型与紧张》，2013 年 10 月，第 49 页。

中国石油进口依存度达到 60% 左右，2013 年中国铁矿石进口依存度预计达到 70% 左右，过高的依存度使得中国经济面临较大的外部不确定性风险。（2）粗放型经济增长模式、加工贸易为主的贸易方式使得中国环境污染严重，牺牲环境的经济增长得不偿失。（3）经济结构严重失衡，重复建设，产量过剩，内部消费不足，导致对外依赖严重。（4）为吸引外资，中国长期压低工资成本，房改、医改等导致的房价高企、养老医疗保障体系的不完善，都严重影响内部消费水平的提高，导致消费对经济增长的贡献大幅滞后于发达国家水平。（5）改革开放后，中国长期处于产业链的低端，出口附加值低的产品，如纺织品等，而大量进口高附加值的飞机、软件、计算机等产品，以环境污染、资源浪费的巨大代价获得的巨大外汇由于国内金融深度不够，缺乏有效的保值增值投资手段又不得不投资美债，在人民币相对美元持续升值的进程中，中国的外汇资源大幅贬值。中国宏观经济政策的难点在于，如何在防止经济进一步下滑的同时，更快地调整经济结构，实现均衡的，可持续的发展。中国的货币政策应着眼于防止经济增长率的进一步下滑，2013 年，中国居民消费价格指数为 2.624%，在通货膨胀率不高的情况下，货币政策存在宽松的空间。而财政政策应着眼于经济结构的调整，使产业升级，进一步提高制造业，服务业在经济结构中的比重，提高居民，尤其是农村居民的收入水平，从而提高消费对经济增长的贡献。

对新兴及发展中经济体来说，除进行内部结构改革，实施更均衡的经济增长，降低经济增长对外部的依赖外，在 2014 年还需考虑美国货币政策转向带来的政策溢出效应。

三、全球贸易增长缓慢，世界投资增长乏力

在全球经济增速放缓的背景下，全球贸易增长缓慢，预计 2013 年全球货物和服务贸易量增长 2.921%，2012 年全球货物和服务贸易量为 2.713%，2013 年比 2012 年提高 0.208 个百分点，但相对 2010 年 12.786% 的增长率以及 2011 年 6.106% 的增长率来说，2013 年全球贸易增长率还处于恢复中。预计随着全球经济在 2013 年触底回升，2014 年全球贸易随着经济增速提升而快速增长，预计 2014 年全球贸易的增长率为 4.942%，比 2013 年提升 2.021 个百分点。

全球进口量和出口量呈现与全球货物和服务贸易量相同的变化特征，预计 2013 年全球货物和服务进口量增长率为 2.809%，略低于全球货物和服务贸易量增长率，但比 2012 年全球货物和服务进口量增长率提升 0.214 个百分点。随着全球经济触底回升，预计 2014 年全球货物和服务进口量增长率达到 4.747%，略低于 2014 年全球货物和服务贸易量增长率。预计 2013 年全球货物和服务出口量增长率为 3.033%，略高于全球货物和服务贸易量增长率，但比 2012 年全球货物和服务出口量增长率提升 0.202 个百分点。随着全球经济触底回升，预计 2014 年全球货物和服务出口量增长率达到 5.137%，略高于 2014 年全球货物和服务贸易量增长率。

表 1 - 4　　　　　　　　**2008 年以来全球贸易情况**

年份	2008	2009	2010	2011	2012	2013	2014	2015
货物和服务贸易量增长率	2.784	-10.635	12.786	6.106	2.713	2.921	4.942	5.43
货物和服务进口量增长率	2.832	-10.902	12.652	6.129	2.595	2.809	4.747	5.426
货物进口量增长率	2.19	-12.006	14.007	6.794	2.118	2.615	4.834	5.551
货物和服务出口量增长率	2.735	-10.366	12.921	6.084	2.831	3.033	5.137	5.434
货物出口量增长率	2.116	-11.421	14.14	6.22	2.903	2.738	5.11	5.422

注：2013～2015 年的数据为估计值。

资料来源：IMF 的 *World Economic Outlook* 数据库，2013 年 10 月。

　　如图 1 - 2 可知从月度数据来看，世界贸易量月度环比增长率呈现波动起伏状态，在 2012 年除 5 月正增长比较大外（世界贸易量、世界进口量和世界出口量月度环比增长率分别为 3.19%、3.95% 和 2.45%）其余月份的环比增长率都比较小，除 2012 年 12 月世界进口量环比增长率为 -2.05% 以外，其余月份的环比增长率都比较小，绝大部分增长率绝对值都小于 1%。就 2013 年而言，其月度环比增长率的波动幅度总体上比 2012 年要大，2012 年世界贸易量、世界进口量和世界出口量月度环比增长率的绝对值平均值分别为 0.86%、1.04% 和 0.77%，2013 年前 10 个月世界贸易量、世界进口量和世界出口量月度环比增长率的绝对值平均值分别为 1.55%、1.66% 和 0.86%。就 2013 年的世界进口量和世界出口量月度环比增长率而言，进口量环比增长率的波动率明显大于出口量环比增长率。

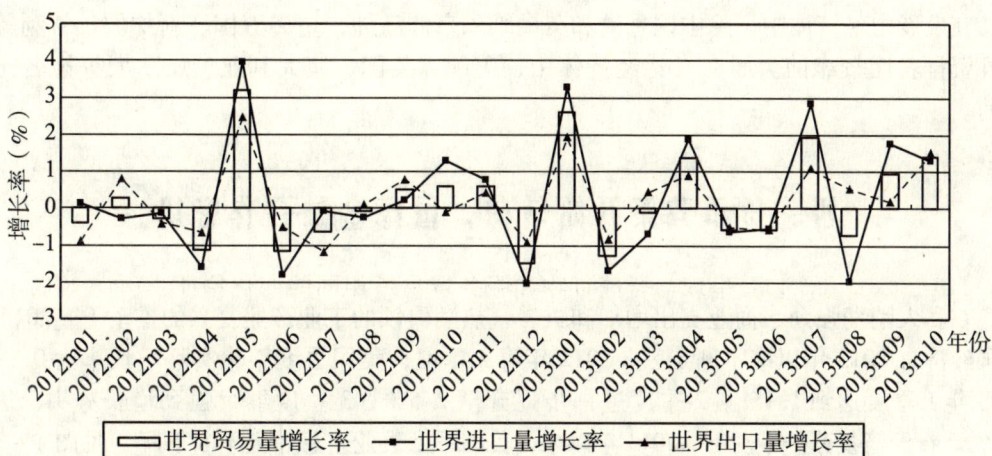

图 1 - 2　2012 年 1 月至 2013 年 10 月全球贸易量月度环比增长情况

资料来源：笔者整理。

　　在全球贸易增速缓慢的同时，2013 年世界投资增长乏力。预计 2013 年世界直接投资接近 2012 年 1.35 万亿美元的水平，上限是 1.45 万亿美元。全球投资增长乏力的根源是全球经济的脆弱性和政策的不确定性。随着全球经济在 2013 年触底回升，预计 2014 年全球直接投资达到 1.6 万亿美元，2015 年全球直接投资达到 1.8 万亿美元，但全球直接投资增长仍面临较大风险，潜在风险是宏观经济环境仍可能出现恶化，投资者信息仍可能受到不确定的政策的影响。

全球直接投资的显著特点是 2012 年发展中经济体吸引外国直接投资首次超过发达国家，2012 年，发展中经济体吸引外国直接投资占世界直接投资流量的 52%，而发达国家仅占全球流量的 42%。此外，发展中经济体对外直接投资规模持续上升，由 2007 年的 0.33 万亿美元上升至 2012 年的 0.43 万亿美元，2012 年，发展中国家对外直接投资约占世界对外直接投资的 1/3，见表 1 - 5。发达经济体对外直接投资由 2007 年的占世界对外直接投资的 83% 下降到 2012 年的 65%。

表 1 - 5　　　　　　　　　**2007 ~ 2012 年全球 FDI 流入和流出情况**

	流入						流出					
	2007 年	2008 年	2009 年	2010 年	2011 年	2012 年	2007 年	2008 年	2009 年	2010 年	2011 年	2012 年
世界	2	1.82	1.22	1.41	1.65	1.35	2.27	2.01	1.15	1.5	1.68	1.39
发达经济体	1.32	1.03	0.61	0.7	0.82	0.56	1.89	1.6	0.83	1.03	1.18	0.91
发展中经济体	0.59	0.67	0.53	0.64	0.74	0.7	0.33	0.34	0.27	0.41	0.42	0.43

资料来源：UNCTAD，World Investment Report 2013，June 2013.

就具体国家而言，2012 年，美国和中国吸引外资 1 680 亿美元和 1 210 亿美元，分别排名第一和第二，预计 2013 年美国、中国吸引的外资与 2012 年相当，仍然排名第一和第二。在发展中经济体中，除中国香港和英属维尔京群岛外，金砖五国、新加坡、智利等吸引外资排名比较靠前。而在发达经济体中，美国、英国、澳大利亚、加拿大等排名比较靠前。

四、货币政策开始转向，国际金融合作密切

在私人消费强劲、商业支出增加和页岩气热潮引领的工业产业复兴的推动下，2013 年美国经济自 2013 年以来不断走强，2012 年第 4 季度，美国季度年化实际增长率为 0.1%，2013 年 1 季度达到 1.1%，2 季度进一步提升至 2.5%，3 季度继续强劲增长势头，达到 4.1%。在经济复苏的带动下，2013 年以来，美国月度失业率总体上不断下降（见图 1 - 3），由 2013 年 1 月的 8.5% 持续下降到 2013 年 4 月的 7.1%，虽然 5 月、6 月有所回升，但从 7 月开始又持续下降，至 2013 年 11 月、12 月下降到 6.6% 和 6.7%。在失业率持续下降的同时，通货膨胀率并没有显著回升，2012 年，月度消费者价格指数平均为 2.07%，2013 年平均为 1.46%。美联储将失业率和通货膨胀率作为货币政策的直接目标，6.5% 的失业率和 2.5% 的通货膨胀率作为货币政策是否改变的目标，在失业率接近 6.5% 目标失业率的情况下，美联储的货币政策开始转向是可以预期的，2013 年 11 月 18 日美联储宣布从

2014年1月开始削减100亿美元的国债和抵押支持证券的购买规模，意味着美联储货币政策开始转向，在2014年随着美国经济增速的回升，达到6.5%的失业率目标和2.5%的通胀率目标是可以预期的，这将意味着美国除调整资产购买规模外，还会调整接近零的低利率政策。图1-3为2012年1月以来美国失业率和消费者价格指数变化情况。

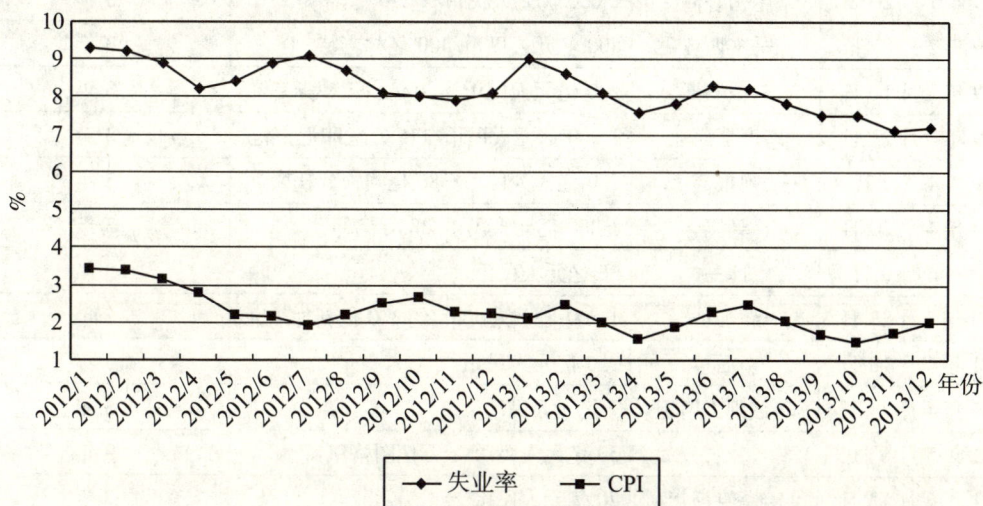

图1-3 2012年1月以来美国失业率和消费者价格指数变化情况
资料来源：美国劳工部网站。

金融危机以来，为有效抵御金融危机和欧债危机的冲击和传染，各国大量签署了货币互换协议，目的主要是缓解资金紧张局面，降低资金紧张对经济造成的负面影响，同时在危机时稳定金融市场。

2007年12月12日美联储与欧洲中央银行以及瑞士中央银行签署了双边货币互换协议。危机爆发后，美联储进一步与日本、加拿大、澳大利亚、英国、丹麦、瑞典、挪威等发达国家签署双边货币互换协议，并与巴西、墨西哥、韩国以及新加坡等新兴市场国家签署了双边货币互换协议。2010年5月，随着欧洲主权债务危机恶化，美联储重启与欧洲央行、英国央行、瑞士央行、加拿大央行和日本央行签署了临时性双边货币互换协议，并数次延长协议期限。[①] 2013年10月31日，美联储、欧洲央行、英国央行、日本央行、加拿大央行和瑞士央行达成长期货币互换协议，即将原先的临时双边货币互换协议转换为长期货币互换协议。

2013年以来，中国先后与新加坡金融管理局、巴西央行、英国央行、匈牙利央行、阿尔巴尼亚银行、冰岛央行、印度尼西亚央行以及欧洲央行达成双边货币互换协议，互换总金额达到11 555亿元人民币（见表1-6）。中国提供双边货币的目的主要是为双边经贸、投资往来提供支持，并维护金融稳定，并推进人民币国际化。实际上，自2009年1月20日以来，中国先后与23个国家和地区达成货币互换协议，涉及总金额超过28 137亿元人

---

① 徐以升：《新兴市场应测试美联储货币互换》，载《第一财经日报》，2013年7月8日。

民币，包括新兴市场经济国家和发达国家。①

表 1 - 6   截至 2013 年年底中国签署的双边货币互换协议一览表

时间	国家或地区	金额	协议期限
2009 年 1 月 20 日	中国香港	2 000 亿元人民币/2 270 亿港币	3 年
2009 年 2 月 8 日	马来西亚	800 亿元人民币/400 亿林吉特	3 年
2009 年 3 月 11 日	白俄罗斯	200 亿元人民币/8 万亿白俄罗斯卢布	3 年
2009 年 3 月 23 日	印度尼西亚	1 000 亿元人民币/175 万亿印尼卢比	3 年
2009 年 4 月 2 日	阿根廷	700 亿元人民币/380 亿阿根廷比索	3 年
2009 年 4 月 20 日	韩国	1 800 亿元人民币/38 万亿韩元	3 年
2010 年 6 月 9 日	冰岛	35 亿元人民币	3 年
2010 年 7 月 23 日	新加坡	1 500 亿元人民币/约 300 亿新加坡元	3 年
2011 年 4 月 18 日	新西兰	250 亿元人民币	3 年
2011 年 4 月 19 日	乌兹别克斯坦	7 亿元人民币	3 年
2011 年 5 月 6 日	蒙古	50 亿元人民币/1 万亿图格里特	3 年
2011 年 6 月 13 日	哈萨克斯坦	70 亿元人民币	3 年
2011 年 10 月 26 日	韩国	3 600 亿元人民币/64 万亿韩元	续签，3 年，原协议作废
2011 年 11 月 22 日	中国香港	4 000 亿元人民币/4 900 亿港币	续签，3 年，原协议作废
2011 年 12 月 22 日	泰国	700 亿元人民币/3 200 亿泰铢	3 年
2011 年 12 月 23 日	巴基斯坦	100 亿元人民币/1 400 亿卢比	3 年
2012 年 1 月 17 日	阿联酋	350 亿元人民币/200 亿迪拉姆	3 年
2012 年 2 月 8 日	马来西亚	1 800 亿元人民币/900 亿林吉特	续签，3 年，原协议作废
2012 年 2 月 21 日	土耳其	100 亿元人民币/30 亿土耳其里拉	3 年
2012 年 3 月 20 日	蒙古	100 亿元人民币/2 万亿图格里特	续签，3 年，原协议作废
2012 年 3 月 22 日	澳大利亚	2 000 亿元人民币/300 亿澳大利亚元	3 年
2012 年 6 月 26 日	乌克兰	50 亿元人民币/190 亿格里夫纳	3 年
2013 年 3 月 7 日	新加坡	3 000 亿人民币	3 年
2013 年 3 月 26 日	巴西	1 900 以人民币/600 亿巴西雷亚尔	3 年
2013 年 6 月 22 日	英国	2 000 亿元人民币/200 亿英镑	3 年
2013 年 9 月 9 日	匈牙利	100 亿元人民币/3 750 亿匈牙利福林	3 年
2013 年 9 月 12 日	阿尔巴尼亚	20 亿元人民币	3 年
2013 年 9 月 30 日	冰岛	35 亿元人民币/660 亿冰岛克朗	3 年

---

① 本书计算的双边互换协议总金额，针对同一国家的货币互换，如果前后有不同协议的，仅统计协议规模扩大后的金额；如果仅仅是延长互换协议，则仅统计一次。

续表

时间	国家或地区	金额	协议期限
2013 年 10 月 1 日	印度尼西亚	1 000 亿元	3 年
2013 年 10 月 9 日	欧洲中央银行	3 500 亿元人民币/450 亿欧元	3 年

资料来源：作者收集整理。

除双边金融合作外，一些国家为促进金融合作，增强宏观经济政策协调，共同抵御金融风险并加强监管合作，还进行了区域性和多个国家间的金融合作。2013 年 3 月，金砖国家领导人会晤发表《德班宣言》，决定设立金砖国家开发银行和外汇储备库，在财金等领域形成新的合作行动计划。

五、金融市场剧烈波动，大宗商品价格下滑

2013 年，全球经济增速放缓，各国增长动态差异继续调整，导致全球金融市场剧烈波动，大宗商品价格下滑。

由于各国经济冷暖差异不同，导致不同国家金融市场表现差异较大。2013 年，在日元贬值和政策性复苏的推动下，日本股市表现最为抢眼。在"安倍新政"的推动下，日元贬值，日元对美元月平均汇率由 2012 年 12 月的 80.792 日元/美元贬值到 2013 年 11 月的 99.788 日元美元，日元贬值提高了日本商品的国际竞争力，提升了日本出口企业的利润，助推了日本股市的大幅上涨，日本日经 225 股指全年上涨 52.43%，东证指数上涨 46.57%。

在美国经济触底回升、私人消费强劲、页岩气热潮的带动下，2013 年美国企业资产负债表改善、派息增加、股份回购等利好因素导致美国股市成为 2013 年除日本外表现最强劲的主要股市。2013 年 12 月 31 日，美国道琼斯工业平均指数收报 16 576.66 点，创下历史新高，这也是该股指 2013 年以来创下的第 52 个历史新高。2013 年 11 月 26 日，纳斯达克综合指数首次突破 13 年来的高点，当天收于 4 017.75 点，12 月 31 日，该股指收于 4 176.59 点。标准普尔 500 指数于年终收于 1 848.36 点，创历史最高纪录。2013 年，美国道琼斯工业平均指数、纳斯达克综合指数和标准普尔 500 指数全年上涨 23.59%、34.2% 和 26.39%，美国股指年度升幅创近 10 年来新高。

2013 年 5 月下旬以来，新兴市场经济体普遍遭遇资本流出。新兴市场投资基金研究公司（EPFR）数据显示，第三季度，新兴市场股票基金流出资金为 121 亿美元，连续两个季度资金净流出；新兴市场债券基金资金流出规模也达 174 亿美元。[①] 资本流出导致新兴市场经济体金融市场剧烈动荡，货币贬值、股市震荡、债券收益率提升。中国沪深 300 股指全年下跌 7.7%，上证综合指数全年下跌 7.07%；上证交易所交易的 2017 年 9 月 20 日到期的国债（发行利率为 2.6%）的收益率全年上升 1.26%，上证交易所交易的 2023 年 4 月 17 日到期的国债（发行利率为 3.4%）的收益率全年上升 1.05%。2013 年，印度卢比

[①] 中国社会科学院金融研究所：《2013 年国际金融十件大事》，载《中国金融》，2014 年第 1 期。

贬值，2013年11月，印度卢比对美元月平均汇率为62.633卢比/美元，比2013年1月的54.317卢比/美元贬值13.28%；印度股市波动性特点是全年大幅震荡，孟买证券交易所500指数全年日指数标准差达到305.22，孟买证券交易所100指数全年标准差达到234.62，印度国家证券交易所S&P CNX 500指数全年标准差达到193.37，印度国家证券交易所S&P CNX Nifty指数全年标准差达到227.27。在资本外流的情况下，印度3年期国债收益率年末较年初上升0.54个百分点。马来西亚的情况与印度类似，马来西亚货币林吉特贬值，2013年11月，林吉特对美元月平均汇率为3.201马来西亚林吉特/美元，2013年1月为3.039马来西亚林吉特/美元，马来西亚货币贬值5.05%。2013年，富时马来西亚股票交易所综合指数全年日指数标准差为66.56，富时马来西亚股票交易所100指数全年日指数标准差达到505.74，马来西亚吉隆坡证券交易所工业指数全年日指数标准差达到121.01。马来西亚1年期、5年期和10年期国债收益率年末相对年初分别上升0.033个百分点、0.47个百分点和0.649个百分点。

在全球经济增速下滑的影响下，全球大宗商品价格普遍下滑，布伦特原油现货价格由年初的112.98美元/桶下跌到年末的109.95美元/桶；伦敦金属交易所（LME）联合金属贸易有限公司铜的买卖中间价由8 098.25美元/吨下跌到年末的7 382.5美元/吨，结算价由年初的8 085美元/吨下跌到年末的7 394.5美元/吨；马来西亚橡胶在中午的买卖价格（SMR CV，Current Month）中间价由年初的9.5475马来西亚林吉特/千克下跌到年末的8.6125马来西亚林吉特/千克，马来西亚橡胶在下午5点的买卖价格中间价由年初的9.5575马来西亚林吉特/千克下跌到年末的8.6275马来西亚林吉特/千克。

六、就业形势趋于好转，债务风险有所下降

2013年，美国经济实质性复苏，日本经济政策性复苏，欧元区经济周期性复苏，这些国家和地区的就业形势也趋于好转，见图1-4。

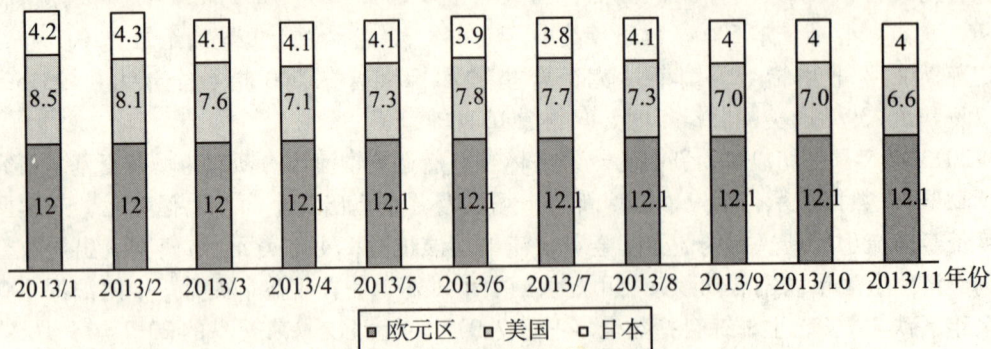

图1-4　2013年1~11月欧元区、美国和日本月度失业率

资料来源：欧盟统计局官方网站。

2013 年，美国失业率总体上稳步下降，由年初的 8.5% 下降到 11 月的 6.6%，接近美联储货币政策转向的目标失业率 6.5%。2013 年，美国经济稳步复苏，页岩气热潮带动商业投资增加，工业复苏推动就业增加。

欧元区失业率在 2013 年 4 月攀升至 12.1% 的高位后，长期稳定在 12.1%，没有进一步恶化。欧元区失业率长期稳定在 12.1%，德国、爱尔兰、葡萄牙的贡献较大，德国的失业率由年初的 5.4% 下降到 11 月的 5.2%；爱尔兰的失业率由年初的 13.7% 下降到 11 月的 12.3%；葡萄牙的失业率由年初的 17.6% 下降到 11 月的 15.5%。相反、西班牙、意大利等国家的失业率则趋于上升。欧元区失业率稳定在 12.1% 的高位，不同国家失业率变化形势截然不同，显示欧元区经济离真正复苏还有较长的距离。在政策性刺激和日元贬值带动出口的推动下，日本的失业率则由 2013 年 1 月、2 月的 4.2% 和 4.3% 下降到 2013 年 9 月的 4%，此后稳定在 4% 的水平，表明日本就业率形势有所好转。

2012 年美国公共债务占 GDP 的比率持续攀升，见图 1 – 5，由 1 季度的 97.14% 上升到第 4 季度的首次超过 GDP 总额，达到 100.08%，和 2012 年美国公共债务占 GDP 比率屡创新高不同，2013 年，美国经济稳步增长，财政自动减支实施使得美国公共债务占 GDP 的比率出现下降，2013 年第 1 季度，美国公共债务占 GDP 比率达到 101.43%，第 2 季度下降到 100.46%，第 3 季度进一步下降到 99.10%。公共债务占 GDP 的比率持续下降，意味着美国债务风险有所下降。

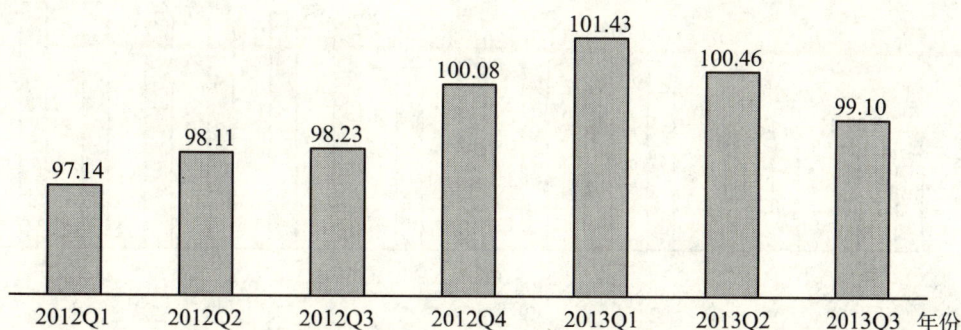

图 1 – 5 2012 年 1 季度至 2013 年 3 季度美国公共债务占 GDP 比率 （%）
资料来源；美国财政部网站。

美国债务风险下降不但体现在债务率指标的下降上，而且体现在政府债券收益率的下降上，见图 1 – 6。美国 1 年期政府债券月平均收益率由 2013 年 1 月的 0.15% 下降到 2013 年 7 月的 0.12%，此后 0.12% 的收益率一直保持到 2013 年 11 月，2013 年 12 月，受美联储降低量化宽松购买额度影响，美国国债收益率稍微上涨，1 年期国债月平均收益率上升至 0.13%，但仍低于年初的 0.15%，表明美国公共债务的风险形势好转。

受经济政策性回升影响，2013 年 1 季度，日本政府债务占 GDP 比率由 2012 年第 4 季度的 211.68% 下降至 2013 年 1 季度的 209.07%，虽然 2013 年第 2 季度和第 3 季度有所上升，达到 210.74% 和 210.73%，但仍然低于 2012 年第 4 季度的 211.68%，见图 1 – 7。2013 年债务比率下降，和 2012 年债务比率迅速上升形成鲜明对比，表明 2013 年日本债务风险有所下降。

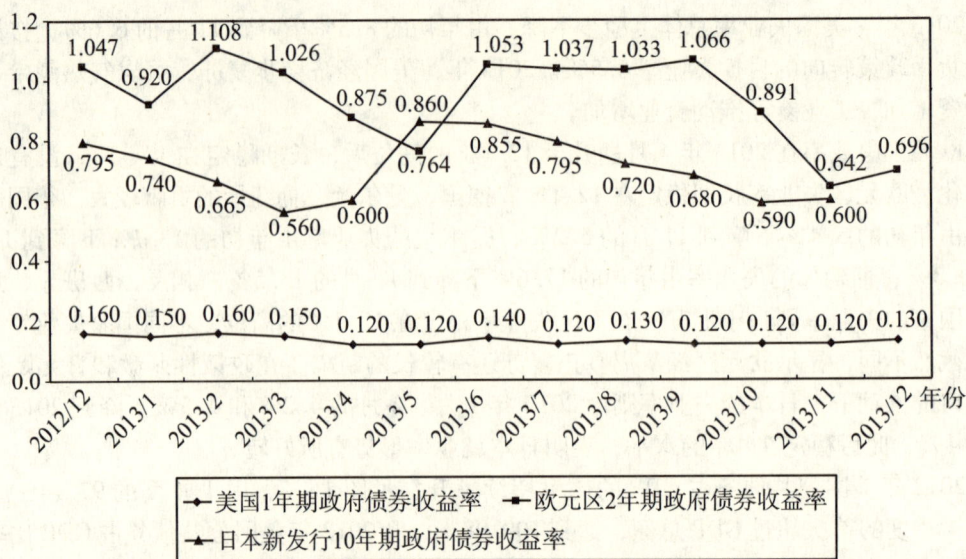

图 1-6　美国、欧元区和日本政府债券收益率

资料来源：CEIC 数据库。

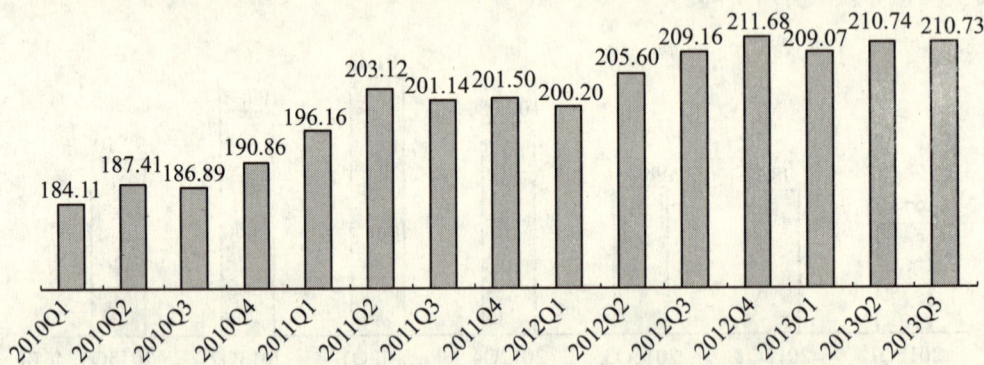

图 1-7　2010 年第 1 季度至 2013 年 3 季度日本债务占 GDP 比率（%）

资料来源：作者根据相关资料计算。

　　同样，2013 年日本债务风险下降不但体现在债务比率指标的下降上，而且体现在政府债券收益率的下降上。2013 年日本新发行 10 年期政府债券月平均收益率呈现三阶段的变化趋势，2012 年 12 月至 2013 年 3 月，快速下降阶段，由 2012 年 12 月的 0.795% 快速下降到 2013 年 3 月的 0.560%；2013 年 3 月至 2013 年 5 月的快速上升阶段，由 2013 年 3 月的 0.560% 又回升至 2013 年 5 月的 0.860%。2013 年 5 月以后的第二次快速下降阶段，由 2013 年 5 月的 0.860% 快速下降至 2013 年 11 月的 0.600%。日本 10 年期新发行国债月平均收益率年末低于年初和两阶段的快速下降趋势都表明日本债务风险有所下降。

　　受欧元区经济负增长和欧盟政府对一些特定成员国金融支持的影响，2013 年，欧元区 17 国和欧盟 27 国政府债务占 GDP 比率进一步升高，由图 1-8 可知，由 2012 年 4 季度的 90.6% 和 85.3% 分别上升至 2013 年 2 季度的 93.4% 和 86.9%。2013 年 2 季度，政府债务占 GDP 比率最高的四个国家分别是希腊、意大利、葡萄牙和爱尔兰，其政府债务占 GDP 比率分别达到 169.1%、133.3%、131.3% 和 125.7%，而爱沙尼亚、保加利亚和卢森堡则是比率最低的三个国家，其政府债务占 GDP 比率分别为 9.8%、18.0% 和 23.1%。[①] 2013 年，欧盟不同国家的债务率变化差异较大，和 2013 年第 1 季度相比，2013 年 2 个季度有 19 个成员国债务率上升，6 个成员国债务率下降，3 个成员国债务率不变，其中，债务率上升较高的几个国家是塞浦路斯（上升 10.8%）、希腊（上升 8.6%）、斯洛文尼亚（上升 7.9%）、葡萄牙（上升 3.8%）、意大利（上升 3.0%）和斯洛伐克（上升 2.9%），下降的六个成员是捷克（下降 1.4%）、匈牙利（下降 1.2%）、德国（下降 0.7%）、拉脱维亚（下降 0.7%）、立陶宛（下降 0.3%）和卢森堡（下降 0.1%）。[②]

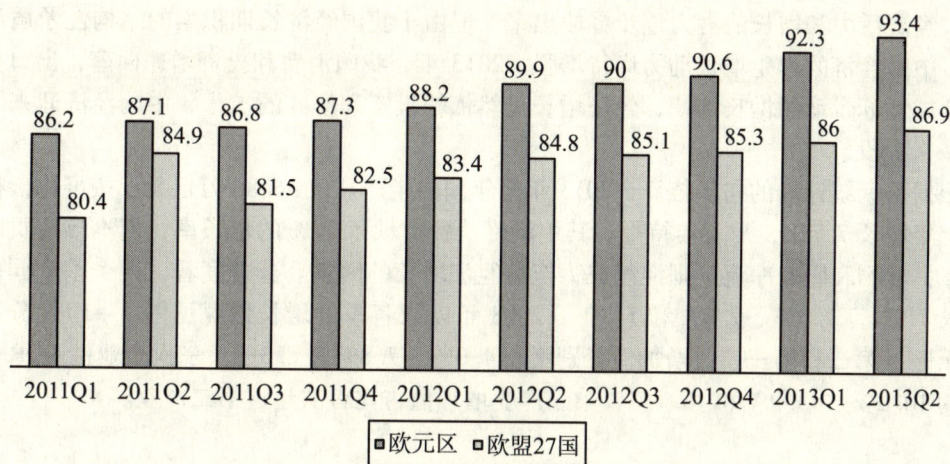

图 1-8 2011 年第 1 季度至 2013 年 2 季度欧元区和欧盟政府债务占 GDP 比率（%）
资料来源：欧盟统计局官方网站。

从债务率整体指标上看，欧元区和欧盟债务风险似乎有所上升，但从政府债券收益率指标来看，欧元区和欧盟债务风险实际上有所下降，见图 1-6。2013 年以来，欧元区 2 年期政府债券月平均收益率呈现两个阶段的显著下降过程，一是 2013 年 2 月至 2013 年 5 月，由 1.108% 迅速下降到 0.764%，二是 2013 年 9 月至 2013 年 11 月，由 1.066% 快速下降至 0.642%。总体上来看，欧元区 2 年期政府债券月平均收益率由 2012 年 12 月的 1.047% 下降到 2013 年 12 月的 0.696%。政府债券收益率下降，意味着政府债务中利息支出下降和再融资成本的下降，比债务率更能体现潜在债务风险的变化，预计随着 2014 年欧元区经济增速回升，欧元区和欧盟债务风险会进一步下降。

---

①② Eurostat News release, Euro area and EU28 government debt up to 93.4% and 86.8% of GDP, 153/2013, 23 October 2013, http://epp.eurostat.ec.europa.eu/portal/page/portal/eurostat/home.

第二章

2013 年：中国宏观经济结构性减速开启[*]

2013 年，面对错综复杂的国内外形势，中国政府坚持宏观政策要稳、微观政策要活、社会政策要托底的工作思路，在稳增长、调结构、促改革方面下功夫，经济社会发展稳中向好，经济活力和增长的潜力逐步释放出来。但由于我国经济长期积累的结构性矛盾尚待缓解，中国经济的内生增长动力尚待增强。2013 年，我国消费和投资增速回落，出口贡献低于全球复苏带动的增长预期，经济增长仍然依赖投资和债务的扩张，中国经济迎来了结构性减速阶段。

根据国家统计局的初步核算，2013 年全年国内生产总值 56.88 万亿元，按可比价格计算比上年增长 7.7%，与上年持平。其中最终消费贡献了 50% 的增长率，资本形成贡献了54.4%，货物和服务净流出则继续成为拖累经济增长的因素。分季度看，四个季度同比分别增长 7.7%、7.5%、7.8% 和 7.7%（2008 年以来各季度增长情况见图 2－1）。分产业看，第一、第二和第三产业增加值分别增长 4.0%、7.8% 和 8.3%。三次产业占 GDP 比重分别为 10.0%、43.9% 和 46.1%，第三产业增加值占比首次超过第二产业。

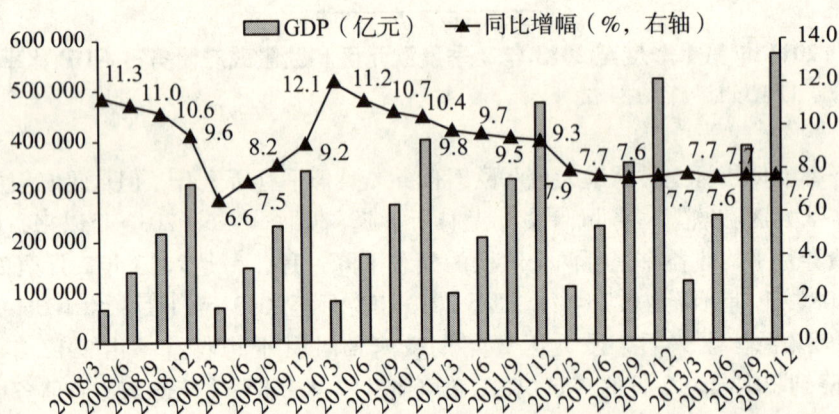

图 2－1　2008～2013 年各季国内生产总值累计及其增长速度

资料来源：CEIC。

---

* 本章数据除特殊说明，主要参考国家统计局发布的《2013 年国民经济和社会发展统计公报》、中国人民银行发布的《2013 年第四季度中国货币政策执行报告》和财政部发布的《关于 2013 年中央和地方预算执行情况与 2014 年中央和地方预算草案的报告》。

一、消费投资增速回落，外贸外储保持增长

2013 年，我国居民消费需求平稳增长，但增速有所回落。全年社会消费品零售总额 23.78 万亿元，比上年增长 13.1%（扣除价格因素，实际增长 11.5%），增速较上年回落 1.2 个百分点。其中，城镇消费品零售额增长 12.9%；乡村消费品零售额增长 14.6%。按消费形态统计，商品零售额增长 13.6%；餐饮收入额增长 9.0%。

在商品零售中，限额以上企业（单位）商品零售额 110 704 亿元，增长 12.7%，其中，增长较快的有金银珠宝类（增长 25.8%），建筑及装潢材料类（增长 22.1%），家具类（增长 21.0%）和通信器材类（增长 20.4%）。其次是中西药品类（增长 17.7%），家用电器和音像器材类（增长 14.5%），日用品类（增长 14.1%），粮油、食品、饮料、烟酒类（增长 13.9%）、化妆品类（增长 13.3%），文化办公用品类（增长 11.8%）。汽车类增长 10.4%。图 2-2 为 2013 年社会消费品零售月度总额及月同比增幅。

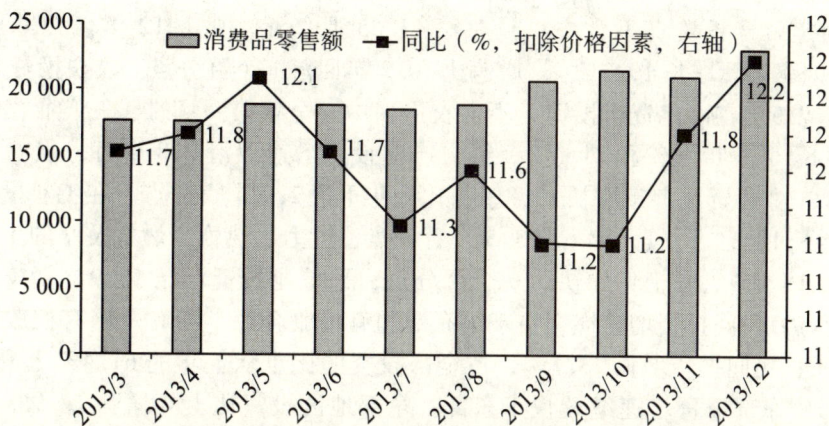

图 2-2 2013 年社会消费品零售月度总额及月同比增幅

资料来源：CEIC。

2013 年，全社会固定资产投资减速，投资结构出现分化，基建与房地产投资成为投资增长的主力。全年全社会固定资产投资 44.7 万亿元，比上年增长 19.3%（扣除价格因素，实际增长 18.9%），增速较上年回落 1.3 个百分点。全年基础设施（不包括电力、热力、燃气及水生产和供应）投资比上年增长 21.2%，较 2012 年加快 7.9 个百分点。全国房地产开发投资 86 013 亿元，比上年名义增长 19.8%（扣除价格因素实际增长 19.4%），较 2012 年加快 3.6 个百分点。图 2-3 为 2013 年固定资产投资（不含农户）月累计及同比增幅。

总论篇

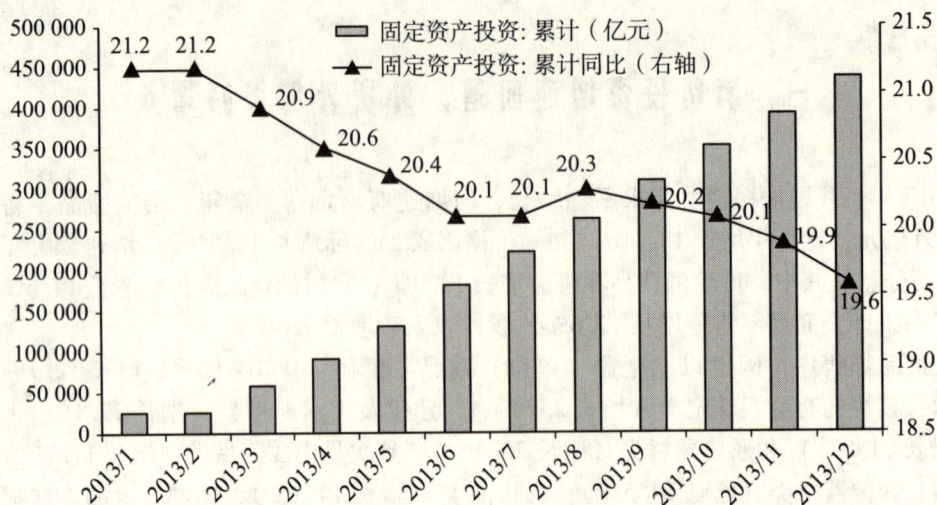

图2－3　2013年固定资产投资（不含农户）月累计及同比增幅

资料来源：CEIC。

　　全年固定资产投资（不含农户）总额43.65万亿元，比2012年名义增长19.6%（扣除价格因素实际增长19.2%），增速比2012年回落1个百分点。农户投资10 547亿元，增长7.2%。在固定资产投资（不含农户）中，全年第一、二、三产业投资分别比上年增长32.5%、17.4%和21.0%，第二产业投资增速下滑2.8个百分点。在第二产业投资中，工业投资比上年增长17.8%，比上年下滑2.2个百分点。在工业投资中，制造业投资增长18.5%，较上年下降3.5个百分点；电力、热力、燃气及水的生产和供应业投资增长18.4%，较上年加快5.6个百分点；采矿业投资增长10.9%，较上年下降0.9个百分点。民间投资增速继续快于国有及国有控股企业：国有及国有控股企业投资增长16.3%；民间投资增长23.1%，占全部投资的比重从上年的61.4%上升为63%。分地区看，中东部投资增速继续快于东部：东部地区投资比上年增长17.9%；中部地区投资增长22.2%；西部地区投资增长22.8%。此外，东北地区投资增长18.4%。

　　房地产开发投资中住宅投资58 951亿元，增长19.4%，较2012年加快8个百分点，住宅投资占房地产开发投资的68.5%。房屋新开工面积20.1亿平方米，增长13.5%，其中住宅新开工面积增长11.6%（此两项2012年分别下降7.3%和11.2%）。全年新开工建设城镇保障性安居工程住房666万套（户），基本建成城镇保障性安居工程住房544万套。全年房地产开发企业土地购置面积38 814万平方米，比上年增长8.8%。

　　2013年，发达国家的经济温和复苏对中国出口有一定的带动，但作用并不十分显著。2013年，全年货物进出口总额25.83万亿元人民币（以美元计价为41 600亿美元），比上年增长7.6%。出口13.72万亿元人民币（以美元计价为22 096亿美元），增长7.9%，增速与上年持平。进口12.11万亿元人民币（以美元计价为19 504亿美元），增长7.3%，增速比上年快3个百分点。贸易顺差16 072亿元人民币，比上年增加1 514亿元人民币（以美元计价为2 592亿美元，较上年多增289亿美元）。进出口总额中，一般贸易进出口 21 973 亿美元，比上年增长 9.3%，加工贸易进出口 13 578 亿美元，增长 1.0%。出口额中，一般贸易出口增长 10.1%，加工贸易出口下降 0.2%。进口额中，一般贸易进口增长 8.5%，加工贸易进口增长 3.3%。全年服务进出口（不含政府服务）总额 5 396 亿美元，比上年增长 14.7%。其中，服务出口增长 10.6%；服务进口增长 17.5%。服务进出口逆差 1 185 亿美元。

进出口的区域结构继续优化，欧美日传统市场份额下滑，东盟等新兴市场成为新增长点（见表 2-1）。2013 年，对欧美日双边贸易额占 33.5%，比上年下滑 1.7 个百分点。对东盟、南非和中亚五国等新兴市场国家双边贸易额分别增长 10.9%、8.6% 和 9.4%。从产品结构看，机电产品以及劳动密集型产品出口稳步增长，消费品、部分资源产品等进口增长较快。

表 2-1　　　　2013 年我国主要贸易伙伴进出口总额及增速

国家和地区	出口		进口	
	出口额（亿美元）	比上年增长（%）	进口额（亿美元）	比上年增长（%）
欧盟	3 390	1.1	2 200	3.7
美国	3 684	4.7	1 525	14.8
东盟	2 441	19.5	1 996	1.9
中国香港	3 848	19.0	162	-9.3
日本	1 503	-0.9	1 623	-8.7
韩国	912	4.0	1 831	8.5
中国台湾	406	10.5	1 566	18.5
俄罗斯	496	12.6	396	-10.2
印度	484	1.6	170	-9.6

资料来源：国家统计局《2013 年国民经济和社会发展统计公报》。

2013 年，我国国际收支呈现"双顺差"格局。经常项目顺差 11 688 亿元人民币（折合 1 886 亿美元），较 2012 年顺差（1 931 亿美元）略有收窄。经常项目顺差与同期 GDP 之比为 2.1%，较上年下降 0.2 个百分点，继续处于国际公认的可持续区间。受人民币升值的预期以及中国与发达国家之间利差的吸引，2013 年资本大量流入，资本和金融项目录得 15 061 亿元人民币（折合 2 427 亿美元）顺差，从而扭转了上年资本和金融项目逆差的形势（2012 年逆差 168 亿美元）。国际储备资产增加 26 749 亿元人民币（折合 4 314 亿美元）。截至 2013 年年末，我国国家外汇储备 38 213 亿美元，比上年年末增加 5 097 亿美元。年末人民币汇率为 1 美元兑 6.0969 元人民币，全年累计升值 3.09%（见图 2-4）。

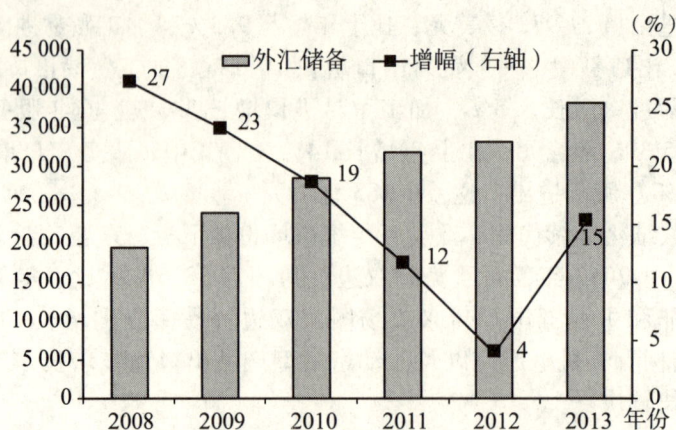

图 2 - 4　2008 ~ 2013 年年末外汇储备余额（亿美元）

资料来源：CEIC。

二、农业生产形势良好，工业生产增速平稳

2013 年，我国粮食再获丰收。全年粮食产量 60 194 万吨，比上年增加 1 236 万吨，增产 2.1%，增速虽然较上年回落 1.1 个百分点，但已是我国粮食连续第十年增产（见图 2 - 5）。其中，夏粮产量 13 189 万吨，增长 1.5%；早稻产量 3 407 万吨，增长 2.4%；秋粮产量 43 597 万吨，增长 2.3%。全年棉花产量 631 万吨，比上年减少 7.7%；油料产量 3 531 万吨，增长 2.8%；糖料产量 13 759 万吨，增长 2.0%。全年粮食和油料种植面积分别比上年增加了 75 万公顷和 15 万公顷，棉花和糖料种植面积则比上年分别减少 34 万公顷和 4 万公顷。

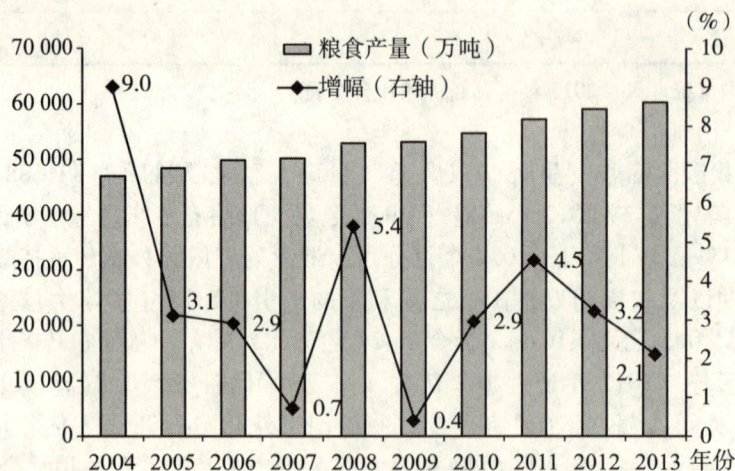

图 2 - 5　2004 ~ 2013 年我国粮食连续增产

资料来源：CEIC。

全年猪牛羊禽肉产量 8 373 万吨，比上年增长 1.8%，其中猪肉产量 5 493 万吨，增长 2.8%。生猪存栏 47 411 万头，比上年下降 0.4%；生猪出栏 71 557 万头，比上年增长 2.5%。全年禽蛋产量 2 876 万吨，比上年增长 0.5%；牛奶产量 3 531 万吨，下降 5.7%。全年水产品产量 6 172 万吨，比上年增长 4.5%。其中，养殖水产品产量 4 547 万吨，增长 6.0%；捕捞水产品产量 1 625 万吨，增长 3.5%。全年木材产量 8 367 万立方米，比上年增长 2.3%。

工业生产稳定增长。2013 年全部工业增加值 21.07 万亿元，比上年增长 7.6%。规模以上工业增加值按可比价格计算比上年增长 9.7%，比上年略有回落。一、二季度增长较慢（同比分别增长 9.5% 和 9.1%），三、四季度增长较快（分别增长 10.1% 和 10.0%），各月工业增加值同比增幅见图 2－6。国有及国有控股企业增长 6.9%；集体企业增长 4.3%，股份制企业增长 11.0%，外商及港澳台商投资企业增长 8.3%；私营企业增长 12.4%。分门类看，制造业增长 10.5%，电力、热力、燃气及水的生产和供应业增长 6.8%，采矿业增长 6.4%。分地区看，中西部地区继续快于东部地区。东部地区增加值同比增长 8.9%，中部地区增长 10.7%，西部地区增长 11.0%。全年规模以上工业中，汽车制造业增长 14.9%，计算机、通信和其他电子设备制造业增长 11.3%，电气机械和器材制造业增长 10.9%，农副食品加工业增加值比上年增长 9.4%，通用设备制造业增长 9.2%，纺织业增长 8.7%，专用设备制造业增长 8.5%。六大高耗能行业增加值比上年增长 10.1%，其中，有色金属冶炼和压延加工业增长 14.6%，化学原料和化学制品制造业增长 12.1%，非金属矿物制品业增长 11.5%，黑色金属冶炼和压延加工业增长 9.9%，电力、热力、燃气及水的生产和供应业增长 6.2%，石油加工、炼焦和核燃料加工业增长 6.1%。高技术制造业增加值比上年增长 11.8%。图 2－6 为 2013 年平均规模以上工业增加值同比增幅。

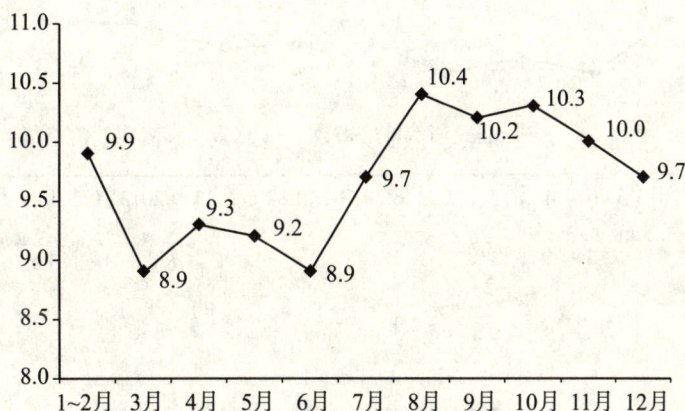

图 2－6 2013 年规模以上工业增加值同比增幅（%）

资料来源：国家统计局《2013 年国民经济和社会发展统计公报》。

2013 年，规模以上工业企业产销率达到 97.8%，比上年低 0.2 个百分点。全年规模以上工业企业实现利润 62 831 亿元，比上年增长 12.2%，增速比上年快 6.9 个百分点。

股份制企业、外商及港澳台商投资企业和私营企业增长较快，分别增长11.0%、15.5%和14.8%。国有及国有控股企业和集体企业增长较慢，分别增长6.4%和2.1%。全年规模以上工业企业实现出口交货值113 471亿元，比上年增长5.0%。国有企业累计实现利润总额24 050.5亿元，同比增长5.9%，利润增幅有所回落。实现利润同比增幅较大的行业有交通行业、电子行业、汽车行业、房地产行业等。实现利润同比降幅较大的行业为有色行业、煤炭行业、化工行业、机械行业等。

三、物价涨幅基本稳定，大中城市房价连涨

2013年，我国物价水平保持基本稳定。全年居民消费价格比上年上涨2.6%，其中，城市上涨2.6%，农村上涨2.8%。分季度看，各季度分别上涨2.4%、2.4%、2.8%和2.9%。分商品类别看，增长较快的主要是食品价格，上涨4.7%（涨幅比上年回落0.1个百分点），非食品价格上涨1.6%（涨幅与上年持平）。在食品价格中，粮食价格上涨4.6%，油脂价格上涨0.3%，猪肉价格上涨0.3%，鲜菜价格上涨8.1%。从消费品和服务分类看，消费品价格上涨2.5%，涨幅比上年回落0.4个百分点；服务价格上涨2.9%，涨幅比上年扩大0.9个百分点。

2013年，工业生产价格降幅略有扩大。全年工业生产者出厂价格下降1.9%，降幅比上年扩大0.2个百分点。各季度分别下降1.7%、2.7%、1.7%和1.4%。工业生产者购进价格同比下降2.0%，降幅比上年扩大0.2个百分点，各季度分别下降1.9%、2.8%、1.8%和1.5%（图2-7）。

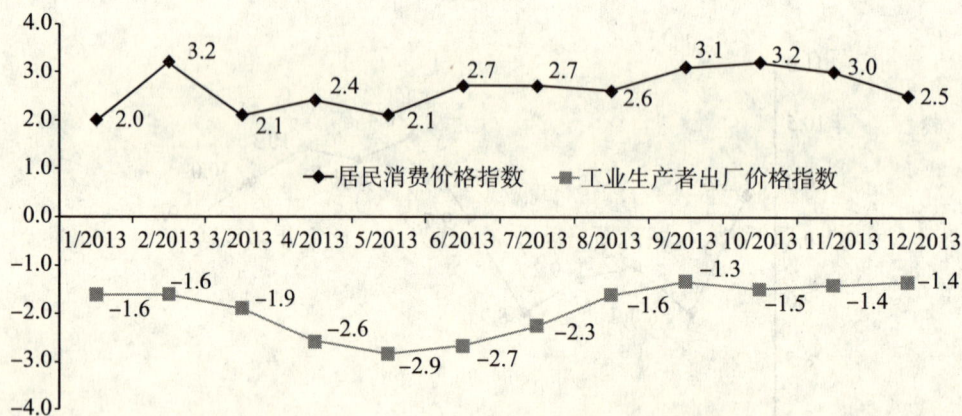

图2-7 2013年CPI和PPI指数涨幅（%）

资料来源：CEIC。

与物价总体保持稳定不同的是，我国房地产市场总体呈现价量齐升的态势，房价同比上涨的城市个数明显增加，不同城市间房价变动差异拉大（图2-8）。截至2013年12月，全国70个大中城市中，新建商品住宅价格同比上涨的城市有69个，比1月份增加16个，

同比价格变动中，最高涨幅为 21.9%，最低为下降 2.8%。二手住宅价格同比上涨的城市有 69 个，比 1 月份增加 33 个，同比价格变动中，最高涨幅为 19.7%，最低为下降 7.2%。全年来看，全国商品房成交量增速逐月回落，但仍高于 2012 年全年水平。全国商品房销售面积和销售额大幅增长，分别比上年增长 17.3% 和 26.3%，其中住宅销售面积和销售额分别增长 17.5% 和 26.6%。

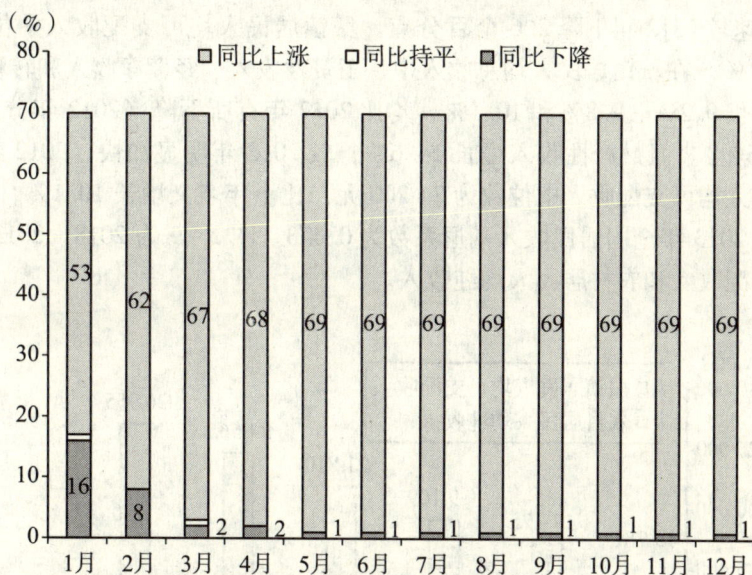

图 2-8　2013 年 70 个大中城市新建商品房房价同比上涨、持平和下跌个数
资料来源：CEIC。

四、就业形势总体良好，居民收入增速减缓

2013 年，全国就业人数持续增加，就业形势总体良好。年末全国就业人员 76 977 万人，比上年末增加 273 万人。城镇新增就业 1 310 万人，比上年多增 44 万人。年末城镇登记失业率为 4.05%，大体与上年持平。全国农民工总量为 26 894 万人，比上年增长 2.4%。其中，外出农民工 16 610 万人，增长 1.7%；本地农民工 10 284 万人，增长 3.6%。全年国内生产总值与全部就业人员的比率为 66 199 元/人（以 2010 年不变价格计算），比上年提高 7.3%，劳动生产率稳步提高。

根据中国人力资源市场信息监测中心 2013 年第四季度对全国 104 个城市的公共就业服务机构市场供求信息进行的统计分析，劳动力市场供求总体平衡，需求略大于供给，求人倍率[①]为 1.10，较上年同期上升 0.02。教育、采矿业、金融业、房地产业等行业的用人需求有较大幅度增长，而制造业、住宿和餐饮业、居民服务和其他服务业等的用人需求有

①　求人倍率：是指招聘企业需求人数与应聘人数之比。

所减少。

2013 年，全年农村居民人均纯收入 8 896 元，比上年名义增长 12.4%，扣除价格因素实际增长 9.3%，比 2012 年回落 1.4 个百分点。其中，家庭经营纯收入增长 7.4%，放慢 2.3 个百分点。转移性收入增长 14.2%，放慢 7.7 个百分点。财产性收入增长 17.7%，加快 8.7 个百分点。农村居民人均纯收入中位数为 7 907 元，增长 12.7%。

城镇居民人均可支配收入 26 955 元，比上年名义增长 9.7%，扣除价格因素，实际增长 7.0%，增速较 2012 年下降 2.6 个百分点。城镇居民人均可支配收入中位数为 24 200 元，增长 10.1%。在城镇居民人均总收入中，工资性收入、经营净收入和转移性收入分别比上年名义增长 9.2%、9.8% 和 10.1%，均比 2012 年有所下降（2012 年分别为 12.5%、15.3% 和 11.6%）。但财产性收入增长 14.6%，较 2012 年明显加快（2012 年为 8.9%）。全年城镇居民人均可支配收入中位数为 24 200 元，比上年名义增长 10.1%，而 2012 年增长为 15.0%。2013 年全国居民收入基尼系数为 0.473。图 2-9 为 2018～2013 年我国城镇居民人均可支配收入和农村居民人均纯收入。

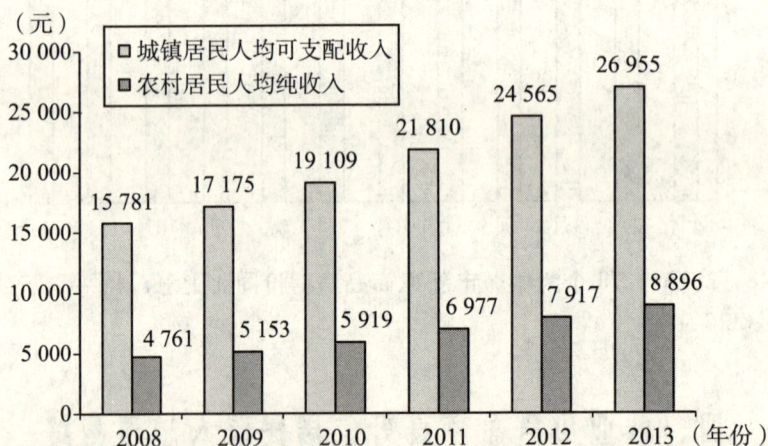

图 2-9 2008～2013 年我国城镇居民人均可支配收入和农村居民人均纯收入

资料来源：CEIC。

2013 年，我国社会保障水平进一步提高。年末全国参加城镇职工基本养老保险人数 32 212 万人，比上年末增加 1 785 万人。参加城乡居民基本养老保险人数 49 750 万人，增加 1 381 万人。参加基本医疗保险人数 57 322 万人，增加 3 680 万人。其中，参加职工基本医疗保险人数和居民基本医疗保险人数分别增加 930 万人和 2 750 万人。参加失业保险人数 16 417 万人，增加 1 192 万人。参加工伤保险人数 19 897 万人，增加 887 万人，其中参加工伤保险的农民工 7 266 万人，增加 86 万人。参加生育保险人数 16 397 万人，增加 968 万人。年末，2 489 个县（市、区）实施了新型农村合作医疗制度，新型农村合作医疗参合率已达 99.0%。

五、财政收支缺口扩大，政府债务风险可控

2013 年，受经济增长趋缓，实施结构性减税，一般贸易进口增长放缓等因素影响，财政收入增幅明显回落。根据财政部的初步数据，2013 年全国公共财政收入 12.9 万亿元，比上年增长 10.1%，增速回落 2.8 个百分点。其中，中央财政收入增长 7.1%；地方财政收入（本级）增长 12.9%。财政收入来源中，税收收入 11.05 万亿元，比上年增长 9.8%，增速比上年低 2.3 个百分点；非税收入 1.86 亿元，比上年增长 12.1%。图 2－10 为 2008～2013 年我国财政收支情况。

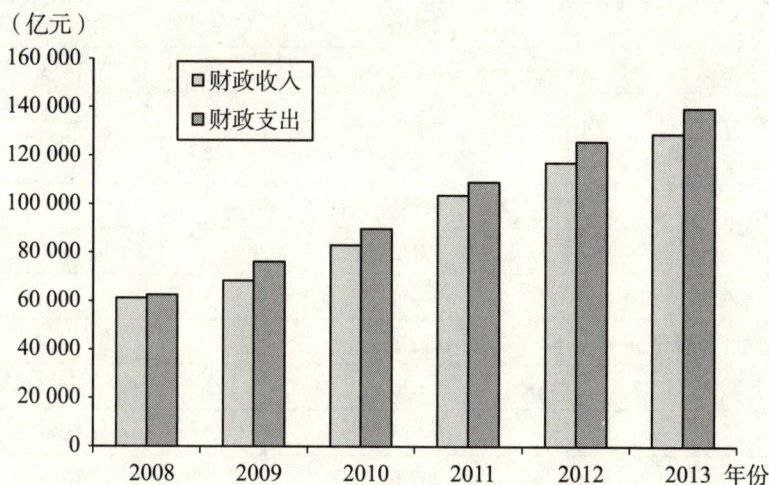

图 2－10 2008～2013 年我国财政收支情况

资料来源：CEIC。

从表 2－2 可以看出，中央增值税增幅偏低，这主要是受工业增加值增速趋缓，工业生产者出厂价格下降以及营改增试点范围扩大等因素影响。由于营业税改征的增值税全部属地方收入。同样受营改增的影响，交通运输业营业税大幅下降 37.1%。工业企业所得税仅增长 1%，这主要是因为煤炭企业所得税同比大幅减少，建材、钢坯钢材、有色金属、通用设备等行业企业所得税下降，以及实施结构性减税等原因。受固定资产投资较快增长拉动，建筑业营业税增长 16.5%。

表 2－2   **2013 年全国税收情况表**

	金额（亿元）	同比增幅（%）
国内增值税	28 803	9.0
中央增值税	20 528	4.3

	金额（亿元）	同比增幅（%）
地方增值税	8 275	22.8
国内消费税	8 230	4.5
营业税	17 217	9.3
房地产营业税	5 411	33.6
建筑业营业税	4 315	16.5
金融业营业税	3 172	10.3
交通运输业营业税	604	-37.1
租赁和商务服务业营业税	962	-7.0
企业所得税	22 416	14/8（扣除年度间退税等不可比因素）
金融业企业所得税	6 276	14.3
房地产企业所得税	2 850	25.1
工业企业所得税	7 422	1.0
个人所得税	6 531	12.2
工薪所得税	4 092	14.4
财产转让所得税	664	38.0
进口货物增值税、消费税	14 003	-5.4
关税	2 630	-5.5
出口退税	10 515	0.8
车辆购置税	2 596	16.5
契税	3 844	33.8
土地增值税	3 294	21.1
耕地占用税	1 808	11.6
城镇土地使用税	1 719	11.5

资料来源：财政部网站。

受全年商品房销售面积和销售额增长的拉动，房地产营业税大幅增长 33.6%，房地产企业所得税增长 25.1%，契税增长 33.8%，土地增值税增长 21.1%；财产转让所得税大幅增长 38%，则主要是受二手房市场交易活跃的影响。进口环节税收下降，主要是受一般贸易进口增长低于预期，大排量汽车等高税率产品进口减少，原油、铁矿砂等大宗商品价格走低，以及上年收入基数较高等因素影响。出口退税增幅较低，主要是可退税出口货物结构变化，以及加强对虚增出口、出口骗税等行为的打击力度。

2013 年，全年全国公共财政支出 13.97 万亿元，比上年增长 10.9%，增速比上年低 4.4 个百分点。财政支出增速下滑主要得益于在优化财政支出结构、盘活存量、用好增量的政策方针下，财政部门从严控制"三公经费"等一般性支出。收支相抵，财政支出大于收入 10 601 亿元，如果考虑中央预算稳定调节基金和地方政府债券还本支出等情况，收支缺口为 12 000 亿元，较上年进一步扩大。2013 年的财政支出重点保证了教育、社会保障和就业、农林水事务的发展，分别占财政支出的 15.7%、10.3% 和 9.5%。增速较快的项目有城乡社区事务、社会保障和就业、节能环保支出，分别比上年增长 21.9%、14.6% 和 14.2%（见表 2 - 3）。

表 2 - 3 　　　　　　　　　　　**2013 年全国财政支出情况**

	金额（亿元）	同比增幅（%）
教育	21 877	3
社会保障和就业	14 417	14.6
农林水事务	13 228	9.7
城乡社区事务	11 067	21.9
交通运输	9 272	13.1
医疗卫生	8 209	13.3
科学技术	5 063	13.7
住房保障	4 433	-1
节能环保	3 383	14.2
文化体育与传媒	2 520	11.1

资料来源：财政部网站。

2013 年财政赤字预算为 1.2 万亿元，比 2012 年预算增加约 4 000 亿元，实际执行与预算持平。

根据审计署 2013 年年底公布的数据，截至 2013 年 6 月底，全国各级政府负有偿还责任的债务 20.70 万亿元，负有担保责任的债务 2.93 万亿元，可能承担一定救助责任的债务 6.65 万亿元，合计 30.27 万亿元。地方政府负有偿还责任的债务 10.89 万亿元，较 2012 年上升 13.06%。中央政府负有偿还责任的债务 9.81 万亿元，上升 3.98%。平均而言，全国政府负有偿还责任的债务与 2012 年年底相比，上升了 8.57%（见表 2 - 4）。

表 2 - 4 　　　　　　　　　**全国政府性债务规模情况** 　　　　　　　单位：亿元

年度	政府层级	政府负有偿还责任的债务	政府或有债务	
			政府负有担保责任的债务	政府可能承担一定救助责任的债务
2012 年年底	中央	94 376.72	2 835.71	21 621.16
	地方	96 281.87	24 871.29	37 705.16
	合计	190 658.59	27 707.00	59 326.32
2013 年 6 月底	中央	98 129.48	2 600.72	23 110.84

总论篇

续表

年度	政府层级	政府负有偿还责任的债务	政府或有债务	
			政府负有担保责任的债务	政府可能承担一定救助责任的债务
	地方	108 859.17	26 655.77	43 393.72
	合计	206 988.65	29 256.49	66 504.56

资料来源：审计署 2013 年第 32 号公告。

这份报告的结果表明，截至 2012 年年底，全国政府负有偿还责任债务的债务率为 105.66%，即使加上政府负有担保责任的债务和可能承担一定救助责任的债务，总债务率为 113.41%，处于 IMF 确定的债务率控制标准参考值范围之内。截至 2012 年年底，全国政府负有偿还责任的债务余额与 2012 年 GDP（51.89 万亿元）的比率为 36.74%。即使加上政府负有担保责任的债务和可能承担一定救助责任的债务后，2012 年年底全国政府性债务的总负债率为 39.43%，仍然低于国际通常使用的 60% 的负债率控制标准参考值。因此，全国政府性债务各项风险指标均处于国际通常使用的控制标准参考值范围内，风险总体可控。

六、货币政策维持稳健，金融市场有惊无险

2013 年，我国继续实施稳健的货币政策。为应对多种因素引起的短期资金波动，人民银行灵活调整流动性操作的方向和力度，创新了短期流动性调节工具（SLO）。期间，金融市场出现较大的波动，但有惊无险。利率市场化改革也迈出了新步伐。经国务院批准，人民银行自 2013 年 7 月 20 日起取消金融机构贷款利率 0.7 倍的下限，放开贴现利率管制，对农村信用社贷款利率不再设立上限。贷款利率管制全面放开后，金融机构的自主定价空间扩大，市场机制在利率形成中的作用得以增强。10 月 25 日，在试运行一个月后，贷款基础利率集中报价和发布机制正式运行，首批报价行由 9 家自律机制成员组成。

年末广义货币供应量（M2）余额为 110.65 万亿元，比上年末增长 13.6%，比上年减速 0.2 个百分点。狭义货币供应量（M1）余额为 33.73 万亿元，同比增长 9.3%，比上年快 2.8 个百分点。全年净投放现金 3 899 亿元，同比略减 11 亿元。年末全部金融机构本外币各项存款余额 107.1 万亿元，比年初增加 12.7 万亿元，同比增长 13.5%，增速比上年年末低 0.6 个百分点。其中，人民币各项存款余额 104.4 万亿元，增加 12.6 万亿元，同比增长 13.8%，增速比上年年 4.5 末高 0.4 个百分点。住户存款增长有所放缓，非金融企业存款增速总体回升。外币存款余额为 4 386 亿美元，增加 284 亿美元，同比少增 1 030 亿美元。

信贷投放总量仍处于较高水平。全部金融机构本外币各项贷款余额 76.6 万亿元，同比增长 13.9%，比年初增加 9.3 万亿元，同比多增 2 249 亿元。其中人民币各项贷款余额 71.9 万亿元，比年初增加 8.89 万亿元，同比增长 14.1%，同比多增 6 879 亿元。

根据人民银行的初步统计，2013 年全年社会融资规模为 17.29 万亿元，按可比口径计算，比上年多 1.53 万亿元。社会融资结构继续向多元化发展，呈现"三降一升"的格局。首先，人民币贷款占比小幅下降。人民币贷款增加 8.89 万亿元，同比多增 6 879 亿元，增幅 14.1%。全年人民币贷款占同期社会融资规模的 51.4%，同比低 0.6 个百分点，为历史最低水平。从贷款结构看，住户贷款增长较快。人民币住户贷款同比增长 23.1%，增速比上年年末高 4.5 个百分点。从期限看，中长期贷款在新增人民币贷款中占比达 51.6%，比 2012 年高 16.5 个百分点。其次，外币贷款占比有所下降。2013 年年末，金融机构外币贷款余额为 7 769 亿美元，比年初增加 935 亿美元，同比增长 13.7%，同比少增 517 亿美元。在社会融资中占比 3.4%，同比低 2.4 个百分点。再次，企业债券融资占比显著下降，股票融资继续处于较低水平。企业债券净融资 1.80 万亿元，同比少 4 530 亿元，企业债券在社会融资中占比 10.4%，同比低 3.9 个百分点。非金融企业境内股票融资 2 219 亿元，同比少 289 亿元，在社会融资中占比 1.3%，同比低 0.3 个百分点。全年上市公司通过境内市场累计筹资 6 885 亿元，比上年增加 1 044 亿元。其中，上市公司通过发行可转债、可分离债、公司债筹资 4 082 亿元，增加 1 369 亿元；A 股再筹资（包括配股、公开增发、非公开增发、认股权证）2 803 亿元，增加 710 亿元。A 股市场 IPO 陷入停顿。最后，委托贷款和信托贷款大幅增加，拉动表外融资占比大幅上升。委托贷款增加 2.55 万亿元，同比多增 1.26 万亿元，委托贷款占比 14.7%，同比高 6.6 个百分点。信托贷款增加 1.84 万亿元，同比多增 5 603 亿元，信托贷款占比 10.7%，同比高 2.6 个百分点。此外，未贴现的银行承兑汇票增加 7 751 亿元，同比少增 2 748 亿元。未贴现的银行承兑汇票占比 4.5%，同比低 2.2 个百分点。全年实体经济以委托贷款、信托贷款和未贴现银行承兑汇票方式合计融资占全年社会融资规模的 29.9%，占比较上年高 7.0 个百分点。

2013 年，我国货币市场共发生两次较大波动。一是 6 月中下旬，受多重因素影响，银行间市场利率大幅上扬，爆发所谓"钱荒"。6 月 20 日，7 天质押式回购加权平均利率上升至 11.62%，达到历史最高点。银行间市场拆借利率飙升的同时，股票市场大幅下挫。二季度的 GDP 增长触及 7.5% 低点。此后，政府宏观政策基调转向稳增长，通过推出下放行政审批、支持小微企业、支持外贸出口、盘活存量资金、拓宽房企融资渠道等措施，防止了流动性过紧导致经济过快下行的风险，金融市场运行趋稳。二是 11 月份后，债券市场出现了"债慌"。债券市场短期资金价格急升，一年期央票利率高过 4%，而 10 年期国债也在 4% 左右。12 月 23 日，7 天质押式回购加权平均利率上升至 8.94%，创下半年利率新高。这两次的流动性紧张暴露出我国金融机构广泛存在严重的期限错配问题，以及货币创造机制主要依赖美元流入的严重弊端。

总体来看，2013 年的货币市场利率波动幅度加大，利率中枢明显上移。2013 年 12 月，质押式回购加权平均利率为 4.28%，较上年同期上升 166 个基点；同业拆借加权平均利率为 4.16%，较上年同期上升 155 个基点。

由图 2-11 可见，2013 年银行间市场国债收益率曲线整体平坦化大幅上移。12 月末，国债收益率曲线 1 年、3 年、5 年、7 年、10 年的收益率平均比去年年底分别高 131、132、124、112、98 个基点。观察全年收益率曲线走势，全年大致分为两个阶段：第一阶段为年初至 5 月份，国债收益率缓慢下降，收益率曲线整体震荡下行；第二阶段为 2013 年 6 月份至 12 月份，国债收益率持续攀升，收益率曲线平行上移特征明显。由此可见，从年初到年末，资金价格从短期上移逐渐传导到整体上移。

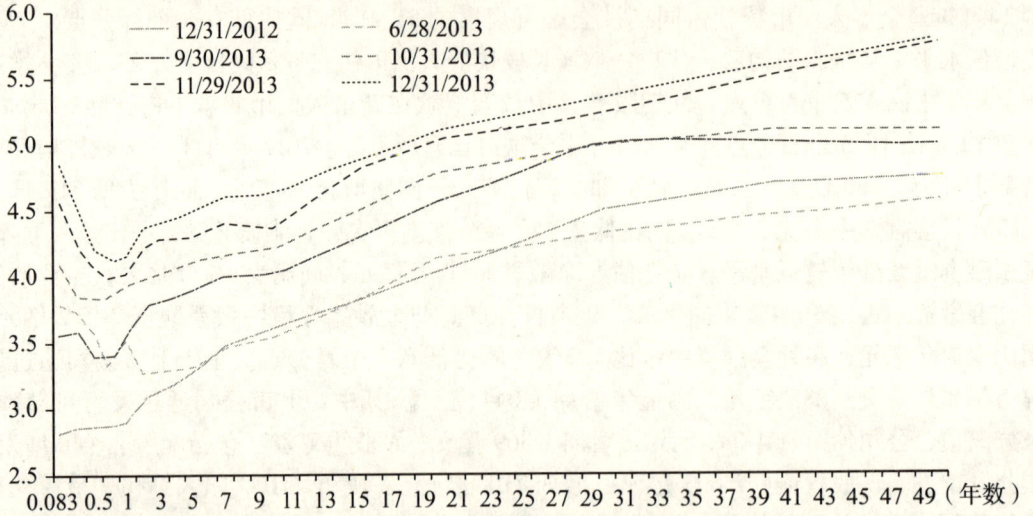

图 2 - 11　国债收益率曲线（%）

资料来源：CEIC。

第三章

2013 年：创新发展的中国经济外交

2013 年的中国经济外交重理念，重布局，重引领；讲实干，讲亲诚，讲共赢。中国政府以前所未有的姿态，高密度地提出了"亲诚惠容"、"一路一带"等一系列重大的外交理念和战略布局，令世界目不暇接。以"新型大国关系"引领中美关系发展，使其不偏离正常轨道。同时，中国进一步密切与周边国家、发展中国家的关系，以"亲诚惠容"的智慧，建立与发展同周边国家与各地区国家双边、多边关系；以实干的精神深化经贸合作，谋求共赢。

一、经济实绩扎实给力

自从 2008 年全球金融危机以来，经过 2009 年深重的金融危机低谷，国际经济形势逐渐好转，但复苏进程仍然比较缓慢，存在着脆弱性、不确定性与地区发展的不平衡问题。2013 年，世界经济增长约为 2.8%[1]，属于金融危机以后比较低的增长水平。在这一增长中，发达国家与发展中国家的发展态势各不相同。发达国家的经济形势普遍好转，由长期的低迷状态转向稳步增长；发展中国家经济基础普遍比较脆弱，尽管经济增长潜力比较巨大，但仍然面临着重重困境；新兴经济体国家普遍处在经济结构调整当中，尽管经济发展速度依然较快，但与前几年相比，强劲带动世界经济增长的态势已经大为减弱，但也并非像西方国家一些媒体所评论的那样悲观，新兴经济体可能会经过短时间的蛰伏，仍然拥有巨大的增长潜力。

2013 年 12 月，美国 ADP（美国自动数据处理公司）发布的统计资料显示，美国就业人数增加 23.8 万，创 2012 年 11 月以来最高水平，非农就业增长创 8 年最高。[2] 2013 年美国国内生产总值同比增长 1.9%，较 2012 年的 2.8% 有所回落，体现出财政紧缩对经济的拖累十分明显。[3] 而美国中央情报局网站上公布 2013 年美国实际 GDP 的增长只有

---

① ［美］CIA：*The World Factbook*，*Economy*：*WORLD*，https://www.cia.gov/library/publications/the-world-factbook/geos/xx.html.

② 《美国经济复苏值得期许》，2014 年 01 月 20 日 00：52，来源：人民网—国际金融报，http://finance.people.com.cn/n/2014/0120/c1004 - 24163552.html.

③ 《2013 年美国国内生产总值同比增长 1.9%》，2014 年 3 月 31 日 中国行业研究网，http://www.chinairn.com/news/20140331/091435730.html.

1.6%①。2013 年，欧元区经济萎缩 0.5%，欧盟 GDP 增长了 0.1%。②日本 2013 年实际 GDP 增长 1.5%，名义 GDP 增长 1.0%。③这些数据表明，美日欧发达国家经济开始好转，但还不能说已经完全恢复，经济发展依然脆弱。中国、印度、巴西、俄罗斯等新兴经济体的发展势头也有所减弱，但仍然普遍高于发达国家，继续成为世界经济增长重要的推动力量。2013 年，中国 GDP 增长率为 7.7%，完成了年初设定的 7.5% 的目标。④俄罗斯、印度和南非经济增长 1.6%、4.7% 和 1.9%，增速分别比上年放缓 1.9、0.3 和 0.6 个百分点；巴西经济增长 2.4%，比上年加快 1.4 个百分点。⑤

上述数据表明，2013 年，中国的经济发展仍然属于一枝独秀，并且充满了活力。在这种情况下，中国的经济外交也迸发出了极大的创造力量，提出并树立起了很多新的理念、新的战略和新的构想。其中包括"中美新型大国关系"、对东盟和周边国家"亲诚惠容"的关系理念、"丝绸之路经济带"、"21 世纪海上丝绸之路"、"中印缅孟经济走廊"等，这些理念和构想不仅为经济外交在新的一年里带来了新的指导，有些本身就属于宏大的经济外交战略，如果能够逐渐得到落实，可以惠及中国和相关地区与国家，受益人口可达几十亿。

2013 年，中国与其他大国关系稳中求进，取得了良好的进展。中美新型大国关系得到双方领导人的充分肯定，两国都认为对方是最重要的伙伴之一，必须引领两国关系向着不冲突、不对抗、相互尊重、相互信任、合作共赢的方向发展，其中，相互信任是基础。中俄全面战略伙伴关系再上一个新台阶，双方确认达到了历史上最好的发展阶段。中俄在战略上相互支持，经济关系上稳中求进，谋划双边的大项目合作、大订单交易。同样，中印关系、中法关系、中英关系等大国关系都获得了喜人的发展，中国与欧盟的相互理解与合作取得了一定的进步。在国际多边舞台上，中国的经济外交空前活跃，中国在二十国集团中的提案能力进一步增强，上海合作组织的务实合作进一步展开，"金砖五国"机制有效推进，中国—东盟自由贸易区深化发展，中国同非洲、拉美国家的合作进入巩固和快车道并行的轨道。

习近平主席讲："打铁还靠自身硬。"经济外交能不能搞好，其实最终还要看我们自己有没有硬头货。现在我们终于有了越来越拥有广泛世界影响的硬头货——中国制造，中国制造声誉鹊起。不仅中国拥有世界上最长的高速铁路，目前已经达到约 1.2 万公里，而且，中国高速铁路的快捷、方便、舒适和高技术含量赢得世界的普遍赞誉。越来越多的国家希望能够引进中国的高速铁路。同时，中国的新一代技术已经受到发达国家的青睐，一

① ［美］CIA：*NORTH AMERICA*：*UNITED STATES*，https：//www.cia.gov/library/publications/the-world-factbook/geos/us.html.

② 《欧盟和欧元区 2013 四季度 GDP 上升》，2014 - 03 - 07 16：57：17 来源：财政部网站，http：//news.163.com/14/0307/16/9MOGI1FK00014JB5.html。

③ ［日］内阁府ホーム＞统计情报·调查结果＞国民经济计算（GDP 统计），http：//www.esri.cao.go.jp/jp/sna/menu.html。

④ 《2013 年中国 GDP 增长率为 7.7% 李克强：给市场以稳定预期》，http：//www.guancha.cn/economy/2014_01_20_200873_s.shtml。

⑤ 《地区格局悄然变化 增长动力略有增强——2013 年世界经济回顾及 2014 年展望》，来源：国家统计局，发布时间：2014 - 02 - 27，http：//www.stats.gov.cn/tjsj/zxfb/201402/t20140227_516899.html。

些发达国家已经在和中国磋商由中国承建其核电站的项目。中国的北斗导航系统已经覆盖亚太地区，为亚太地区提供商业卫星导航、定位、短报文等服务。这使中国跻身于世界三大卫星导航系统的行列，而且，中国的卫星导航系统具有美俄无法比拟的独特优势。中国制造已经摆脱了留给人们聚集于低端产品的印象，而是高中低并举，适合世界各个地区、各个阶层人们的普遍需要。当然，这并不是说中国制造已经没有短板，事实上，中国正在努力弥补自己的短板，会逐渐给全世界的消费者带来更多的满意，更多的惊喜。

目前中国经济正进入到一个从贸易崛起到高端产业崛起和金融崛起的全面发展阶段。高端产业的发展为金融行业的发展打下了坚实的基础，也带来了强大的货币金融实力。2013 年，我国央行与 8 个以上的国家和地区央行及货币机构签署或续签了双边本币互换协议，涉及规模达到 24 832 亿元[①]人民币以上，进一步推动了人民币走出去战略的实现。同时，人民币离岸市场的战略也正在扎实有效地推进。

2013 年是中国周边经济外交取得扎实进展的一年。中国与周边国家就基础设施建设和互联互通达成了广泛的共识。中国更大幅度地开放自身的边界和口岸，通过修建铁路、公路、油气管线、加大空运和海上航运力度，提升经贸往来的规模，加大经济合作的力度。同时，中国将自身的外交理念和价值观贯穿于中国的对外经济合作和对外交往中，坚持睦邻、富邻、安邻的目标，与邻为善、以邻为伴，以"亲诚惠容"为指针，同其他国家相互信任，平等合作，互利互惠，追求双赢与共赢，努力创造一个美好的和谐世界。

二、创新概念引领合作

到 2013 年，中国的改革开放已经整整推进了 35 年。这一年，中国十分重视外交理念和指导思想的创新，有很多外交新概念产生。在这些概念的引领下，中国与其他国家间的务实合作正逐步展开。随着中国更积极地参与到世界中去，这些概念的应用范围也不局限于周边国家，中国经济外交模式正在逐渐形成。

（一）由"中国—东盟命运共同体"到"亚洲共同体"

2013 年夏，习近平主席访问印度尼西亚，提出要与包括印度尼西亚在内的东盟国家建立中国—东盟命运共同体。在印度尼西亚国会发表演讲时，习近平主席讲到，"中方高度重视印度尼西亚在东盟的地位和影响，愿与印度尼西亚和其他东盟国家共同努力，使双方成为兴衰相伴、安危与共、同舟共济的好邻居、好朋友、好伙伴，携手建设更为紧密的中国—东盟命运共同体，为双方和本地区人民带来更多福祉。"[②] 此后，在不同的场合，命运共同体概念都成为一个中国对与周边国家关系模式的代表性表述。要成为兴衰相伴、安

---

① "中欧签署货币互换协议"，中国资本证券网，2013 年 10 月 11 日，http：//www.ccstock.cn/finance/hongguan-jingji/2013－10－11/A1345937.html。

② 习近平："携手建设中国—东盟命运共同体——在印度尼西亚国会的演讲"，2013 年 10 月 3 日，中国外交部，http：//www.fmprc.gov.cn/mfa_chn/zyxw_602251/t1084354.shtml。

危与共、同舟共济这样一种伙伴关系，现实路径是经济合作、经济融合、基础设施的互联互通以及危机中的守望相助。从经济合作到命运共同体，其关键则在于从单纯的共同利益到心意相通、感情融汇的变化。

《纪念中国—东盟建立战略伙伴关系10周年联合声明》提到，争取到2015年双方双向贸易额达到5 000亿美元，到2020年达到一万亿美元，今后8年双向投资1 500亿美元；积极推进区域全面经济伙伴关系（RCEP）谈判，根据2013年8月在文莱斯里巴加湾市举行的第一次RCEP部长会议通过的RCEP工作方案，确保谈判完成，以大力促进东亚经济一体化；通过有效落实东盟一体化倡议（IAI）工作计划（2009～2015）和包括大湄公河次区域经济合作（GMS）、东盟湄公河流域发展合作（AMBDC）、文莱—印度尼西亚—马来西亚—菲律宾东盟东部增长区（BIMP–EAGA）在内的次区域合作，推动可持续发展，缩小东盟发展差距；实施澜沧江—湄公河航道二期整治项目；鼓励地方政府更多发挥优势，积极参与中国—东盟合作；探讨在边境地区设立跨境经济合作区；加强金融合作，深化"清迈倡议多边化"合作，不断完善区域金融风险预警机制和流动性支持措施；进一步发挥中国—东盟银行联合体的作用；积极推进建设亚洲基础设施投融资平台，优先支持东盟互联互通项目；推动泛亚铁路项目建设尽快取得实质性进展；探讨建立中国—东盟创新中心和中国—东盟科技创新政策研究中心，制订"中国—东盟新能源与可再生能源合作行动计划"。[①]

2013年东亚峰会上，李克强总理提到，中方愿与各方共同努力，力争于2015年年底前全面完成"区域全面经济伙伴关系"（RCEP）谈判。中方主张，区域经济一体化应坚持开放、包容、透明的原则。RCEP与跨太平洋战略经济伙伴协定（TPP）可以交流互动，相互促进。[②]

在博鳌亚洲论坛2014年年会开幕式上，李克强总理发表主旨演讲，拓展了命运共同体的概念，提出亚洲共同体的概念体系，包含利益共同体、命运共同体和责任共同体，更加清楚地区分了共同体关系的不同层次和方面。

其中，利益共同体的含义是互利共赢。亚洲贸易额已达到了3万亿美元，但是亚洲的区域融合才刚刚开始，"区域全面经济伙伴关系协定"（RCEP）未来如何发展还有待观察。亚太自贸区（FTAAP）的可行性也需要更多的研究和探索。命运共同体的含义是经济融合，这是亚洲共同发展的根本出路。"基础设施互联互通是融合发展的基本条件。地区各国应加快推进铁路、公路、航空、水运等基础设施建设。中方愿与相关国家一起，规划建设孟中印缅经济走廊、中巴经济走廊，打造中国—东盟自贸区升级版，推动'丝绸之路经济带'和'21世纪海上丝绸之路'建设的重要项目。中方愿与域内外相关方抓紧磋商亚洲基础设施投资银行筹备事宜，争取早日正式成立。产业互接互补是融合发展的主要内容。各国应利用相互毗邻的地缘优势，推动上、中、下游全产业链深度合作，形成优势互

① "中国—东盟发表建立战略伙伴关系10周年联合声明（全文）"，2013年10月10日，中国外交部，http://www.fmprc.gov.cn/mfa_chn/ziliao_611306/1179_611310/t1086485.shtml.

② "李克强在第八届东亚峰会上的讲话（全文）"，2013年10月11日，中国外交部，http://www.fmprc.gov.cn/mfa_chn/ziliao_611306/zyjh_611308/t1087132.shtml.

补的产业网络和经济体系。"① 建构亚洲责任共同体，目的在于实现亚洲的和平与稳定，和平稳定是亚洲发展的基础保障。

无论是命运共同体，还是亚洲共同体，都反映了一种利益与友谊、发展与和平和差异与共识能够相互关联的关系模式。这种关系模式曾经在历史上存在过。"丝绸之路"与"海上丝绸之路"就是这种和平的、融汇不同地区和国家文化的经贸通道。在 21 世纪重新建立丝绸之路经济带与海上丝绸之路，是建设命运共同体或者亚洲共同体的重要支撑。

（二）一路一带

2013 年 9 月 7 日，习近平主席在哈萨克斯坦纳扎尔巴耶夫大学发表题为《弘扬人民友谊 共创美好未来》的重要演讲。在演讲中，习近平主席提到，2100 多年前，中国汉代的张骞肩负和平友好使命，两次出使中亚，开启了中国同中亚各国友好交往的大门，开辟出一条横贯东西、连接欧亚的丝绸之路。当前，世界经济融合加速发展，区域合作方兴未艾。为了使我们欧亚各国经济联系更加紧密、相互合作更加深入、发展空间更加广阔，我们可以用创新的合作模式，共同建设"丝绸之路经济带"。②

建设"丝绸之路经济带"可以从五个方面着手，分别是加强政策沟通、加强道路联通、加强贸易畅通、加强货币流通和加强民心相通。政策沟通，是指在政策和法律上为区域经济融合提供现实路径，各国在推进区域合作的规划和措施上形成共识。道路联通，是指完善跨境交通基础设施，为各国经济发展和人员往来提供便利。贸易畅通，是指发掘丝绸之路经济带各国在贸易和投资领域的合作潜力，通过消除贸易壁垒，降低贸易和投资成本，提高区域经济循环速度和质量。货币流通，是指通过实现在经常项下和资本项下本币兑换和结算降低货币流通成本，以增强抵御金融风险能力，从而提高整个地区的经济能力。民心相通，则是指在上述四个方面的基础上形成的人民友谊。

在第十届中国—东盟博览会和中国—东盟商务与投资峰会期间，李克强总理提出续写"海上丝绸之路"的历史辉煌。之后的 10 月 3 日，习近平主席在印度尼西亚国会发表演讲时表示，东南亚地区自古以来就是"海上丝绸之路"的重要枢纽，中国愿同东盟国家加强海上合作，发展好海洋合作伙伴关系，共同建设 21 世纪"海上丝绸之路"。③

起初，外界认为"海上丝绸之路"是中国专门针对东盟提出的。不过，从近阶段中方的举动来看，"海上丝绸之路"针对的不止东南亚。④ 2014 年 3 月 8 日，外交部长王毅在两会记者会上表示，"一带一路"的大门是敞开的，与本地区现存的各种机制与设想并行

---

① "李克强在博鳌亚洲论坛 2014 年年会开幕式上的主旨演讲（全文）"，2014 年 4 月 11 日，中国外交部，http：//www. fmprc. gov. cn/mfa_chn/zyxw_602251/t114591 6. shtml。

② "习近平在纳扎尔巴耶夫大学的演讲（全文）"，2013 年 9 月 8 日，中国外交部，http：//www. fmprc. gov. cn/mfa_chn/wjdt_611265/gjldrhd_611267/t1074151. shtml。

③ 习近平："携手建设中国—东盟命运共同体——在印度尼西亚国会的演讲"，2013 年 10 月 3 日，中国外交部，http：//www. fmprc. gov. cn/mfa_chn/zyxw_602251/t1084354. shtml。

④ 张喆：《中国邀印度共建海上丝绸之路》。

不悖。我们欢迎本地区以及有意愿的国家都积极参与进来，共同探讨，共同建设，共同受益。①

根据商务部的数据，2012 年，我国与"丝绸之路经济带"各国贸易总额是 5 495 亿美元，占我国外贸总额的 14.2%；中国企业对沿线国家非金融类直接投资 35 亿美元，占我国对外投资总额 4.5%；中国企业在沿线国家承包工程营业额 350.8 亿美元，占全国对外承包工程总营业额的 45.4%。承包工程有相当大部分在这个地方。我国与"海上丝绸之路"沿线各国贸易总额 6 900 多亿美元，占外贸总额 17.9%；中国企业对沿线国家非金融类直接投资 57 亿美元，占我国对外投资总额的 7.4%；中国企业在沿线国家承包工程营业额 442 亿美元，占全国对外承包工程总营业额的 37.9%。②

根据商务部的计划，未来将与沿线国家用好自贸区这一区域合作平台，加快沿线地区自贸区建设，特别要积极打造中国—东盟自贸区升级版，同时支持在有条件的国家设立境外经贸合作区，鼓励国内企业到沿线国家开展投资合作。③

关于地区融合的"一路一带"构想与一些其他国家间的经济合作框架是相互呼应的。2013 年，还有两个重要的区域合作概念被提出，分别是"中巴经济走廊"和"孟中印缅经济走廊"，其中前者旨在与巴基斯坦进一步深化相互的战略伙伴关系，后者则释放了中国与西南方向国家加强合作的信号。

（三）中巴经济走廊

2013 年 5 月 23 日，李克强总理在巴基斯坦参议院发表题为《让全天候友谊结出新硕果》的演讲。李克强提到，中国愿与巴方一道，加快推进喀喇昆仑公路升级改造项目，并积极探索和制定中巴经济走廊远景规划，促进南亚、东亚互联互通，带动周边经济发展和民生改善，不断拉紧中巴利益纽带，为本地区国家间开展合作提供示范。④ 中巴经济走廊是指连接位于中国西部和贯穿巴基斯坦南北的公路和铁路主干道，其端点是新疆的喀什和巴基斯坦的西南港口城市瓜达尔港。

2013 年 7 月 5 日，巴基斯坦总理谢里夫访问中国，中巴发布《关于新时期深化中巴战略合作伙伴关系的共同展望》，为推动制订中巴经济走廊远景规划，双方同意成立中国和巴基斯坦经济走廊远景规划联合合作委员会，由中国国家发展和改革委员会与巴基斯坦计划发展部牵头，并在上述两部门设立秘书处。两国部级官员在北京举行了会谈，中方将尽快派工作组访巴展开磋商。⑤

远景规划涉及的合作领域主要包括互联互通建设、经济技术合作、人文和地方交流；

---

① 王毅："'一路一带'为亚洲振兴插上两只翅膀"，2014 年 3 月 8 日，中国外交部，http://www.fmprc.gov.cn/mfa_chn/wjdt_611265/wjbxw_611271/t1135313.shtml。

②③ "商务部召开例行新闻发布会（2013 年 12 月 18 日）"，2013 年 12 月 18 日，中国商务部，http://www.mofcom.gov.cn/xwfbh//20131218.shtml。

④ "李克强在巴基斯坦参议院的演讲（全文）"，中国外交部，2014 年 5 月 24 日，http://www.fmprc.gov.cn/mfa_chn/ziliao_611306/zyjh_611308/t1043350.shtml。

⑤ "中巴发布《关于新时期深化中巴战略合作伙伴关系的共同展望》"，新华网，2013 年 7 月 5 日，http://news.xinhuanet.com/2013-07/05/c_116426628_2.htm。

近期重点推进的合作包括：适时启动中巴跨境光缆项目，加快推进喀喇昆仑公路升级改造工程，探讨推动太阳能、生物质能合作、探讨开展沿线产业园区建设、尽快启动政府间磋商，实现中国地面数字电视国际标准在巴基斯坦落地、协调 TD－LTE 在巴基斯坦的商业运营，加强无线宽带技术领域的合作。[①]

2014 年 4 月 10 日，李克强总理在博鳌会见巴基斯坦总理谢里夫，双方都表示借助中巴经济走廊建设，打造"中巴命运共同体"。李克强总理表示，争取在今年年底前完成经济走廊远景规划，推动落实双方商定的优先推进和早期收获项目，使经济走廊建设起好步、开好局，确保融资支持。巴方总理谢里夫表示，巴方愿与中方进一步加强战略合作，全面落实双方达成的协议，重点推进巴中经济走廊建设，切实造福两国人民。[②]

巴基斯坦是南亚地区第一个与中国签署自贸协定、货币互换协议的国家，也是中国在该地区最大的投资目的地。目前，中国还是巴基斯坦第二大贸易伙伴和第四大出口目的地。"中巴经济走廊"的意义不仅在于加深双边经济合作，还能够助力巴基斯坦国内经济发展和中国西部大开发。两国良好的政治关系将为双方进一步经济合作提供坚实基础。

（四）孟中印缅经济走廊

2013 年 5 月 20 日，中国和印度发表联合声明，在声明中，倡议建设孟中印缅经济走廊。孟中印缅经济走廊建设重点领域是互联互通，包括交通、电信、电力和能源、贸易和投资、可持续发展、人文交流等。走廊途经地区包括大约 6.7% 的世界人口以及丰富的资源，但这些地区的经济总量只占世界的 2% 左右，属于严重的经济欠发达地区。印度尼赫鲁大学中国问题专家狄伯杰表示，海上丝绸之路的建设与孟中印缅经济走廊建设是相辅相成的，将有利于促进地区经济繁荣发展与人民生活水平的提高。[③]

孟中印缅经济走廊联合工作组第一次会议于 12 月 18～19 日在昆明成功召开，会议就经济走廊发展前景、优先合作领域和机制建设等进行了深入讨论，就交通基础设施、投资和商贸流通、人文交流等具体领域合作达成广泛共识，签署了会议纪要和孟中印缅经济走廊联合研究计划，正式建立了四国政府推进孟中印缅合作的机制。[④]

2014 年 3 月 19 日，李克强总理在会见印方主席阿鲁瓦利亚时指出，希望双方发挥好两国 25 亿人口的独特巨大优势，抓住发展机遇，深化城镇化、信息通信、高技术等领域合作，将中国高铁、能源等装备制造的技术和成本优势同印度市场需要紧密结合，携手推

① "中巴发布《关于新时期深化中巴战略合作伙伴关系的共同展望》"，新华网，2013 年 7 月 5 日，http：//news. xinhuanet. com/2013－07/05/c_116426628_2. htm。

② "李克强会见巴基斯坦总理谢里夫"，中国外交部，2014 年 4 月 11 日，http：//www. fmprc. gov. cn/mfa_chn/wjdt_611265/gjldrhd_611267/t1145919. shtml。

③ "南亚各国高度评价孟中印缅和中巴经济走廊建设"，国际在线，2014 年 3 月 11 日，http：//gb. cri. cn/42071/2014/03/11/7211s4459848. htm。

④ "2013 年 12 月 20 日外交部发言人华春莹主持例行记者会"，中国外交部，2013 年 12 月 20 日，http：//www. fmprc. gov. cn/mfa_chn/wjdt_611265/fyrbt_611275/t1110780. shtml。

进孟中印缅经济走廊建设，促进区域互联互通和一体化。①

三、新型大国关系稳定

2012 年，中美俄都出现了领导人换届，2013 年，大国如何互动以及这些互动的意义显得格外引人瞩目。考虑到中国崛起和世界经济稳定增长要求更多的国家和地区间合作的背景，大国关系的稳定尤为重要。

（一）中美

2013 年 6 月，习近平主席与奥巴马总统在加州安纳伯格庄园举行了为期两天的非正式会晤，通过这次会晤，双方同意构建中美新型大国关系。中美新型大国关系的内涵是，不冲突、不对抗，相互尊重，合作共赢。2013 年 9 月，王毅外长在布鲁金斯学会发表了题为《如何构建中美新型大国关系》的演讲，提到要大力推动务实合作，使中美新型大国关系建立在更加深厚的利益纽带之上。目前，中美贸易额突破 5 000 亿美元，相互投资超过 1 000 亿美元，互为第二大贸易伙伴。

在具体措施上，王毅外长提到，中方同意与美方以准入前国民待遇和负面清单为基础开展双边投资协定实质性谈判，中美还应积极挖掘能源、环保、城镇化、生物技术、基础设施建设等领域的合作潜力；中方重视并愿采取措施解决美方在市场准入、知识产权保护等问题的关切，同时也希望美方放宽对华高技术产品出口限制，公平对待赴美投资的中资企业。②

2013 年 12 月 4 日，习近平主席在人民大会堂同美国副总统拜登举行了会谈，双方一致认为，中美双方要加强对话、交流、合作，努力推进中美新型大国关系建设。习近平主席指出，双方要拓展经贸、基础设施建设、城镇化、食品药品安全、地方等领域合作，争取启动一批大项目，加快推进双边投资协定谈判，开好第二十四届中美商贸联委会；希望美方放宽民用高技术物项对华出口。欢迎更多美国企业来华投资兴业，鼓励更多中国企业走出去；希望美方为中资企业赴美投资提供公平竞争环境；双方要继续通过双边渠道和多边机制加强宏观经济政策协调；中美都在努力向绿色低碳经济转型，可以将清洁能源、环境保护作为新的合作增长点，为全球应对气候变化、推进可持续发展作出积极贡献。③ 12 月 5 日，双方发布《关于加强中美经济关系的联合情况说明》，承诺中美双方重申通过中美气候变化工作组深化双边气候变化合作的重要性；承诺投入大量精力和资源，落实工作

---

① "李克强会见印度客人"，中国外交部，2014 年 3 月 19 日，http：//www.fmprc.gov.cn/mfa_chn/zyxw_602251/t1138857.shtml。

② "如何构建中美新型大国关系——王毅外长在布鲁金斯学会的演讲"，中国外交部，2013 年 9 月 21 日，ht-tp：//www.fmprc.gov.cn/mfa_chn/zyxw_602251/t1078765.shtml。

③ "习近平同美国副总统拜登举行会谈时强调牢牢把握构建中美新型大国关系正确方向不动摇"，2013 年 12 月 4 日，http：//www.fmprc.gov.cn/mfa_chn/zyxw_602251/t1105681.shtml。

组框架下提出的 5 项倡议，即能效、智能电网、温室气体排放数据的收集和管理、碳捕集、利用和封存，以及载重汽车和其他汽车的减排，力争在 2014 年中美战略与经济对话前取得实质性成果；承诺就进出口食用农产品的用药规范、检测方法标准、药物和农药残留限量及监管等方面进行交流合作；中美双方将通过政策、管理、技术等方面的信息交流和中美双方战略石油储备主管部门的年度技术会议，就战略石油储备开展合作；承诺共同推进页岩气行业的技术创新、环境监管和资源监管，鼓励两国页岩气开发取得成功，从而共同推进在全球范围内对页岩气等非常规天然气资源的负责任的开发利用，保障能源供应安全和能源市场稳定。[①]

新型中美关系并未完全成型，未来的发展取决于两国合作的深入和对分歧解决方式的探索。经济合作作为中美关系的压舱石，为两国关系的稳定提供坚实基础。

（二）中俄

2013 年 3 月，习近平主席选择俄罗斯作为上任后的首访国家，2014 年习主席首访仍然是俄罗斯，体现了两国关系的重要性。

2013 年 10 月 22 日，习近平主席与李克强总理分别会见了俄罗斯总理梅德韦杰夫。两国总理在以下方面达成共识：在航空、航天、核能、高科技和创新领域开展更多的联合研发；加强农业以及高铁等基础设施领域合作；推进实施增供原油、修建天然气管道、上游油气田开发、下游炼厂建设等一批大项目；进一步加强投资合作，扩大使用本币，促进贸易投资便利化。[②] 双方还确立了 2015 年双边贸易额达到 1 000 亿美元、2020 年达到 2 000 亿美元的目标。

同日，国务院副总理汪洋出席中俄经济工商界高峰论坛，发表题为《共创中俄务实合作的新局面》的演讲，对扩大中俄务实合作提出四点建议：一是优化贸易结构，扩大进出口商品种类，培育高新技术产品、农产品等新的贸易增长点，增强两国贸易长期增长的动力和抵御外部市场冲击的能力；二是促进相互投资，切实改善投资环境，创新投资合作方式，推动两国企业开展相互参股、并购、发行债券等多种形式的合作；三是深化科技合作，加强科技创新对话，落实好重型直升机、宽体客机、核能等战略性大项目，共同缔造大国科技合作的典范；四是拓展地方合作，推进跨境油气管道、跨界路桥、通信光缆、输电通道等基础设施建设，促进互联互通。[③]

2014 年 2 月 6 日，习近平主席在俄罗斯索契会见了俄罗斯总统普京，双方就加强两国合作达成重要共识。习近平主席强调，要如期实施俄方向中方增供原油和天然气、扩建输油管道、建设合资炼油厂等项目，扩大核能、电力、煤炭等领域合作；欢迎俄方参与丝绸

① "关于加强中美经济关系的联合情况说明（全文）"，中国外交部，2013 年 12 月 6 日，http：//www. fm-prc. gov. cn/mfa_chn/zyxw_602251/t1106152. shtml。

② "李克强与梅德韦杰夫共同主持中俄总理第十八次定期会晤 共同决定全面深化中俄各领域合作 将两国全面战略协作伙伴关系推向新水平"，中国外交部，2013 年 10 月 22 日，http：//www. fmprc. gov. cn/mfa_chn/zyxw_602251/t1091925. shtml。

③ "汪洋出席中俄经济工商界高峰论坛并发表演讲"，中国外交部，2013 年 10 月 22 日，http：//www. fmprc. gov. cn/mfa_chn/zyxw_602251/t1091830. shtml。

43

总论篇

之路经济带和海上丝绸之路建设，使之成为两国全面战略协作伙伴关系发展的新平台。[①]普京总统表示，俄方积极响应中方建设丝绸之路经济带和海上丝绸之路的倡议，愿将俄方跨欧亚铁路与"一带一路"对接。[②]

中俄正在培育一种关键问题上相互支持的关系模式，在此基础上进一步拓展经济合作。

（三）中欧

2013 年，是中欧建立全面战略伙伴关系的第 10 年，中欧双边贸易额达到 5 600 亿美元。到 2020 年，双方希望双边贸易额达到 1 万亿美元，而且双方正在探讨中欧在发展合作领域互利合作的新模式。

2013 年 4 月 2 日，外交部副部长宋涛在中国社会科学院举办的"大使论坛"上发表题为《构建互尊互鉴、全面合作、共同繁荣的中欧新型伙伴关系》的演讲。

2013 年 11 月 20 至 21 日，欧洲理事会主席范龙佩和欧盟委员会主席巴罗佐来华出席第十六次中国欧盟领导人会晤，会晤期间，双方签署《中欧合作 2020 战略规划》、《中欧知识产权合作行政协议》、《中欧能源安全联合声明》和《中国农科院与欧委会关于粮食、农业和生物技术研究与创新合作意向书》。[③]《中欧合作 2020 战略规划》详细地说明了中欧在贸易与投资、工业与信息化、农业、交通和基础设施四个领域的开展合作的方式，以及在可持续发展方面可以进行的合作。中欧在上述方面互补性明显，合作空间巨大。未来建立深入、全面的自贸协定也在规划当中。

2013 年 11 月 22 日，李克强出席中欧城镇化伙伴关系论坛并表示，中国的新型城镇化会带来巨大商机，中欧双方可在规划设计、公共服务、绿色建筑、智能城市、历史文化和风貌保护等领域加强合作。[④]

2014 年，习近平主席将访问欧盟总部，探讨建设深化互利共赢的中欧全面战略伙伴关系，并将发布第二份对欧盟政策文件，在总结过去十年中欧关系发展成就的基础上，结合国内外形势发展，昭示新时期对欧盟政策目标，规划今后五到十年合作蓝图，推动中欧关系实现更大发展。

（四）中法

2013 年，中法各项交流往来活动都以迎接中法建交 50 周年为基调，气氛融洽。4 月，奥朗德访华，奥朗德是中国新领导人上任后首位访华的西方国家领导人，虽然只在中国待

---

①② "习近平会见俄罗斯总统普京"，中国外交部，2014 年 2 月 6 日，http://www.fmprc.gov.cn/mfa_chn/zyxw_602251/t1126115.shtml。

③ "第十六次中国欧盟领导人会晤发表《中欧合作 2020 战略规划》"，中国外交部，2013 年 11 月 3 日，http://www.fmprc.gov.cn/mfa_chn/zyxw_602251/t1101803.shtml。

④ "李克强与欧洲理事会主席、欧盟委员会主席共同出席中欧城镇化伙伴关系论坛并致辞"，央视网，2013 年 11 月 22 日，http://news.cntv.cn/2013/11/22/VIDE1385119322971790.shtml。

了 37 小时，被称为"旋风之旅"，但成果颇丰。双方签订 15 项合作协议，法国获得中国 60 架空客飞机的意向订单。习近平主席在会见中表示，超越双边范畴的合作具有重要意义，希望法方推动欧盟放宽对华高科技出口限制。奥朗德则表示欢迎中方投资和更多领域的合作，希望扭转中法贸易逆差。12 月，法国总理艾罗对中国进行了正式访问，重申对深化中法经济合作前景的良好预期。

2014 年是中法建交 50 周年，"法国是第一个同中国建立大使级外交关系的西方大国，今年是中法建交 50 周年。中法关系长期以全球性、战略性、时代性走在中欧和中西方关系前列。当前，中法关系正进入新的快速发展时期，各领域务实合作不断取得新成果。在新的历史条件下，中方愿同法方一道，本着相互尊重、平等相待和照顾彼此核心利益的原则，以长远战略眼光看待和处理两国关系，推动中法全面战略伙伴关系取得新的更大发展。"①

法国既是重要的主权国家，也是欧盟成员国，要在双边和多边不同范畴推进中法关系，是中法新型关系的特别之处。利用多边场合和机制推进新型大国经济合作和贸易便利化，将成为未来中国经济外交的一个重要方向。

四、多种机制交互利用

2013 年，中国在多边场合发出了很多自己的声音，释放出中国主动外交的信号。中国由于在很多尤其是经济类的国际组织中都是后加入者，一直采取学习和调整的态度，随着中国实力的增强和对相关国际规则的熟悉，对于世界的新变化，开始形成自己的独立意见。交互利用多种机制，实现中国自身的国家利益，推动中国理念的国际传播，乃至推动国际机制向更有效和健康的方向发展，成为中国新阶段在多边舞台的一个行动方向。

（一）二十国集团

2013 年 9 月 5 日至 6 日，第八次峰会在圣彼得堡举行，习近平主席在题为《共同维护和发展开放型世界经济》的发言中提到，基于世界经济持续、强劲和平衡发展的需要，二十国集团成员需要做到发展创新、增长联动、利益融合，这需要各成员国负起以下三个方面的责任，即采取负责任的宏观经济政策、共同维护和发展开放型世界经济和完善全球经济治理，使之更加公平公正。习近平主席还强调，为推动中国经济社会持续健康发展，中国将坚定不移推进改革，包括加强市场体系建设，推进宏观调控、财税、金融、投资、行政管理等领域体制改革，更加充分地发挥市场在资源配置中的基础性作用；努力深化利率和汇率市场化改革，增强人民币汇率弹性，逐步实现人民币资本项目可兑换；将坚持互利共赢的开放战略，深化涉及投资、贸易体制的改革，完善法律法规，为各国在华企业创造

① "2014 年 1 月 14 日外交部发言人洪磊主持例行记者会"，中国外交部，2014 年 1 月 14 日，http：//www. fmprc. gov. cn/mfa_chn/fyrbt_602243/jzhsl_602247/t1118799. shtml。

公平经营的法治环境，通过协商解决同相关国家的贸易争端。[①]

2013 年 11 月 2 日，国务委员杨洁篪在出席 21 世纪理事会北京会议时表示，中国是二十国集团积极参与者、支持者、贡献者，中国领导人出席了二十国集团迄今所有八次峰会。中国将继续同其他成员一道，深化彼此协调合作，加强二十国集团机制建设，为促进世界经济强劲、可持续、平衡增长发挥更大作用。[②]

作为旨在促进发达国家和新兴国家合作和形成共识的国际机制，二十国集团需要处理的合作议题具有独特之处。各国在二十国集团框架下的言行很大程度上将影响新的世界经济秩序的形成。

（二）亚太经合组织

2013 年 10 月，亚太经合组织在印度尼西亚巴厘岛举行第二十一次领导人非正式会议，习近平主席发表了《发挥亚太引领作用，维护和发展开放型世界经济》的重要讲话，强调亚太经合组织正在进入新的发展时期，应该加强宏观经济政策协调，维护亚太经济金融稳定，推动各成员深化经济结构调整，推进亚太经济一体化进程，维护和发展开放型世界经济，推动亚太地区继续在世界经济复苏方面发挥引擎作用。[③]

对于亚太区域自由贸易安排和多边贸易体系，习近平主席强调，一要形成合力，共同推动亚太经济一体化进程。中方对任何有利于亚太区域融合的机制安排都持开放态度，有关安排要相互借鉴、相互促进，彼此融合、互为补充；亚太经合组织成员应该秉持开放、包容、透明原则，体现灵活性，建立并尽早启动自贸区信息交流机制；二要致力于开放式发展，坚决反对贸易保护主义，要秉持茂物目标精神，发达成员要在扩大市场开放上做好表率；三要坚定信心，推动多哈回合谈判达成早期收获并确定全面完成谈判的具体路线图。[④]

亚太经合组织日益发挥的重要作用意味着，中国提倡的利益融合型的区域合作模式也可以横跨太平洋两岸。亚太经合组织因其涵盖更广泛的地理空间和更多的成员而意味着更大的市场、更广的联通和更大的合作潜力。

（三）上海合作组织

上海合作组织成员国总面积超过 3 000 万平方公里，总人口超过 15 亿，且是能源丰富地区，具有重大的经济意义。目前，中国试图通过将丝绸之路经济带与上合组织相联系，打造成员国命运共同体和利益共同体。

---

① "习近平在二十国集团领导人第八次峰会第一阶段会议上的发言"，中国外交部，2013 年 9 月 6 日，http：//www. fmprc. gov. cn/mfa_chn/wjdt_611265/gjldrhd_611267/t1073568. shtml。

② "杨洁篪：中国是二十国集团的积极参与者、支持者、贡献者"，中国外交部，2013 年 11 月 2 日，http：//www. fmprc. gov. cn/mfa_chn/zyxw_602251/t1095279. shtml。

③④ "习近平出席亚太经合组织第二十一次领导人非正式会议并发表重要讲话 倡导发挥亚太引领作用 维护和发展开放型世界经济"，中国外交部，2013 年 10 月 7 日，http：//www. fmprc. gov. cn/mfa_chn/zyxw_602251/t1085426. shtml。

2013 年 9 月 13 日，上合组织成员国元首理事会第十三次会议在吉尔吉斯斯坦首都比什凯克举行。峰会上，习近平主席谈到上海合作组织 6 个成员国和 5 个观察员国都位于古丝绸之路沿线上。围绕把上合组织"打造成成员国命运共同体和利益共同体"的倡议，习近平主席提出了 5 点建议：开辟交通和物流大通道，通畅从波罗的海到太平洋、从中亚到印度洋和波斯湾的交通运输走廊；商谈贸易和投资便利化协定；加强金融领域合作，推动建立上海合作组织开发银行，尽快设立上海合作组织专门账户，用好上海合作组织银行联合体这一机制，成立能源俱乐部；建立粮食安全合作机制。① 各国领导人对习近平主席的提议都深表赞同。

2013 年 11 月 28 日至 29 日，上海合作组织成员国政府首脑（总理）理事会第十二次会议在塔什干举行。在总理会议上李克强总理提出三大领域"六点倡议"，即深化安全合作，加快道路互联互通，促进贸易和投资便利化，加强金融合作，推进生态和能源合作，扩大人文交流，紧扣安全、经济、人文三大重点领域，旨在打造安全、便利、互惠和绿色的发展环境，推动上合组织务实合作转型升级。②

李克强总理还提出，希望各方积极参与新亚欧大陆桥和渝新欧国际铁路联运通道建设，中方愿在技术、装备以及融资等方面给予支持；各成员国应在通关、检验检疫等方面简化手续，降低关税，消除贸易壁垒，创造条件实现上海合作组织框架内的自由贸易。③此次会议还发布了《成员国总理关于进一步开展交通领域合作的联合声明》，《声明》指出，尽快签署《上合组织成员国政府间国际道路运输便利化协定》是该组织当前优先任务；各国总理还批准通过了《关于成立上合组织开发银行和发展基金（专门账户）下一步工作的决议》；建立上述银行和基金旨在建立持续稳定上合组织多边融资保障机制，为重大合作项目提供融资支持。④

会议发表的《联合公报》提出，上合组织成员国将进一步扩大在经贸、金融、银行、投资、科技、创新、交通、通信、农业、替代能源利用、节能等领域的互利合作；上合组织成员国相关部门、实业界在上述领域的务实合作以及完善上述领域合作的条约法律基础将促进上合组织成员国关键经济领域的现代化和技术设备升级，促进发展方式向创新型转变，保障经济稳定，挖掘合作潜力，造福各国和本地区人民。⑤

（四）金砖国家

2013 年 3 月 27 日，金砖国家领导人第五次会晤在南非德班举行，此次会晤主题是"致力于发展、一体化和工业化的伙伴关系"。习近平主席发表了题为《携手合作 共同

---

① "传承丝路精神 共创美好明天——记习近平主席出席上海合作组织成员国元首理事会第十三次会议"，中国外交部，2013 年 9 月 14 日，http：//www. fmprc. gov. cn/mfa_chn/zyxw_602251 /t1076721. shtml。

②④ "打造上合组织升级版，唱响睦邻周边主旋律"，中国外交部，2013 年 12 月 1 日，http：//www. fmprc. gov. cn/mfa_chn/zyxw_602251/tl104291. shtml。

③ "李克强在上海合作组织成员国总理第十二次会议上的讲话（全文）"，中国外交部，2013 年 11 月 30 日，ht-tp：//www. fmprc. gov. cn/mfa_chn/zyxw_602251/tl104115. shtml。

⑤ "上海合作组织成员国政府首脑（总理）理事会第十二次会议联合公报（全文）"，中国外交部，2013 年 11 月 30 日，http：//www. fmprc. gov. cn/mfa_chn/zyxw_602251/tl104123. shtml。

总论篇

发展》的主旨演讲，强调金砖国家要增强政治互信和人民友谊，共同推动工业化、信息化、城镇化、农业现代化进程，加强在联合国、二十国集团、国际经济金融机构等框架内协调和配合。① 在与工商界的早餐会上，习近平主席指出，他希望工商界看到金砖国家工业化、城镇化、信息化、农业现代化进程释放的强劲能量和巨大市场机会，坚信合作前景，把握合作方向，做好规划、打好基础，推进基础设施建设、新兴产业研发、本币结算等领域合作，服务于各国发展战略和金砖国家合作。②

2013 年 9 月 5 日，习近平主席在圣彼得堡与金砖国家领导人非正式会晤中提出，在当前形势下，金砖国家要共同应对好发达国家宽松货币政策外溢效应；共同维护和发展开放型世界经济，反对贸易保护主义，维护好多边贸易体系，推动多哈回合谈判达成早期收获；共同提升新兴市场国家在全球经济治理中的代表性和发言权，推动落实国际货币基金组织份额改革决定，制定反映各国经济总量在世界经济中权重的新份额公式，同时改革特别提款权货币组成篮子。③

2013 年 9 月 26 日，王毅外长在纽约出席金砖国家五国外长会晤时表示，金砖国家在成立开发银行和应急储备库方面取得了积极进展，五国应尽快将这两大机制建立起来，构建金融安全网，应对国际市场的波动。④

目前，各国已经就应急储备机制和金砖国家发展银行的注册资金达成共识，均为 1 000 亿美元，而各国出资比例则与各国经济规模成正比。这两个机构的功能分别类似于 IMF 和世界银行——在紧急时刻应对成员国流动性不足和为发展中国家的基础设施项目提供资金支持。这两个机构的建立释放了金砖国家在塑造新的国际政治经济秩序上具备潜力的信号。

金砖国家在政治、安全和经济问题上具有相似立场和类似的身份，因而首先形成了一个观念亲近的共同体，接下来，推动成员国务实合作成为组织发展的关键步骤。

（五）东盟与中日韩（"10 + 3"）

2013 年 10 月 10 日，李克强总理出席了在文莱首都斯里巴加湾市举办的第十六次东盟与中日韩（"10 + 3"）领导人会议并发表讲话。在讲话中，李克强总理提出了加强"10 + 3"合作的四点看法：坚定维护地区和平稳定，加快东亚一体化，加强地区金融安全网建设以及深化各领域的合作。李克强总理表示，中方支持通过《2013 ~ 2017 年"10 + 3"合作工作计划》，这将为成员国合作提供更有力的指导；各国应推进"10 + 3"大米紧急储备建设，中方将在年底前按承诺向大米紧急储备基金捐款 100 万美元；2014 年中方将继续

---

① "金砖国家领导人第五次会晤在德班举行　习近平出席并发表重要讲话"，中国外交部，2013 年 3 月 27 日，http://www. fmprc. gov. cn/mfa_chn/wjdt_611265/gjldrhd_611267/t1025991. shtml。

② "习近平出席金砖国家领导人与成员国工商界早餐会　倡议政府工商界加强合作　共同推动金砖国家经济发展"，中国外交部，2013 年 3 月 27 日，http://www. fmprc. gov. cn/mfa_chn/wjdt_611265/gjldrhd_611267/t1025845. shtml。

③ "习近平出席金砖国家领导人非正式会晤时强调金砖国家要凝聚共识加强团结合作"，中国外交部，2013 年 9 月 6 日，http://www. fmprc. gov. cn/mfa_chn/wjdt_611265/gjldrhd_611267/t1073562. shtml。

④ 王毅："把金砖做实，'金砖失色论'就不攻自破"，中国外交部，2013 年 12 月 7 日，http://www. fmprc. gov. cn/mfa_chn/zyxw_602251/t1106464. shtml。

举办东亚商务论坛、"10＋3"粮食安全高层研讨会；中方将考虑建立东亚海洋合作平台、东亚现代农业培训基地，并推动东亚各类思想库建设，欢迎各方积极参与。[①]

"10＋3"机制建立的初衷是实现经济复苏、金融稳定，加强相互联系，深化地区合作，建立东亚共同体。由于东盟一体化速度与中日韩三国的经济一体化速度相差很大，因此出现了东亚独特的一体化模式："10＋3"。这一模式如何发展，对于地区和世界都将是一个新现象。目前，中日韩自贸区建设分歧也在缩小，三方确定了谈判框架，"10＋3"的框架稳定了中日韩三方合作这一基本立场，起到约束分歧的作用。

中日韩之间的经贸合作对于东亚地区一体化具有特别重要的意义，随着中国经济实力日益增强，产业结构调整和区域影响力增大，韩国和日本会具有更大的与中国合作的意愿。中国不再单纯以劳动力丰富的低技术产业来推动经济增长，而是以先进科技产品出口来参与到引领经济发展当中去。这种从技术落后到领先的发展模式正是一种和平的崛起模式。中国政府还对包括TTP在内的各种区域经济一体化机制采取开放态度，显示了一个新兴大国同时也是一个历史上的传统大国对与周边国家共同发展的愿望和信心。

五、中国制造声誉鹊起

"高铁外交"成为中国2013年外交工作的一大新亮点。2013年10月，李克强总理访问泰国时，介绍中国高铁，并与泰方签署《中泰政府关于泰国铁路基础设施发展与泰国农产品交换的政府间合作项目的谅解备忘录》。10月17日，李克强总理在人民大会堂会见澳大利亚总督布赖斯，表示中国高铁技术先进，安全可靠，具有成本优势，希望双方就此探讨开展合作。11月25日，李克强总理在罗马尼亚布加勒斯特与匈牙利总理欧尔班和塞尔维亚总理达契奇共同会见记者并宣布，三方成立联合工作组，合作建设连接贝尔格莱德和布达佩斯的匈塞铁路。中国高铁，既是中国出口自主知识产权产品的一个里程碑，也是中国互联互通战略的助推器。

（一）高速铁路

中国本身就是一个铁路发达的国家，具备成熟技术以及严格的管理体系和运营标准，在出口高速铁路以前，中国境外铁路项目就有质优价廉的美誉。修建铁路也是中国传统的对外援助手段。从2004年起，中国开始引进国外先进高速铁路技术。分别引进了法国阿尔斯通公司的技术到长春轨道客车股份有限公司，日本川崎重工的技术到南车，加拿大庞巴迪公司的技术到青岛BSP公司，德国西门子公司的技术到唐山机车车辆厂。在6年的时间内，中国掌握了时速200～250公里高速列车技术并自主研制生产了时速300～350公里高速列车和新一代CRH380型高速动车组。目前，CRH380A型高速动车组已经通过了美

① "李克强在第16次东盟与中日韩（"10＋3"）领导人会议上的讲话"，中国外交部，2013年10月11日，http：//www.fmprc.gov.cn/mfa_chn/ziliao_611306/zyjh_611308/t1087131.shtml。

国知识产权评估，这意味着中国南车对 CRH380A 型高速动车组拥有完全知识产权。从学生到竞争对手，日本新干线、法国 TGV、德国 ICE、瑞典 X2000 摆式列车现在开始要与中国高铁一同在国际市场进行竞争。

目前，中国已研发出自己列车的运行控制系统 C3，使用无线传输方式控制列车运行。C3 有两个关键设备，RBC 系统（无线闭塞中心系统）和 ATP（列车超速防护系统），分别起到运行和监督防护作用。时速 350 公里的高速动车如果瞬间刹车制动，需要减速滑行6 500 米。通过 C3 系统的控制，武广全线运营的高速列车在武汉调度中心的 RBC 系统监控下，通过 RBC 系统的控制指令和车载 ATP 的控制，确保每辆列车自身不超速，确保前后两个列车之间保持安全行车距离。[1] 中国还首创了接触网弹性缝型悬挂方式，使用时速350 公里双弓稳定受流技术，能够保证接触网与受电弓匹配良好、受流稳定。中国高铁还具有综合优势，其技术全面，既可进行 250 公里时速的线路改造，也可以新建 350 公里时速线路，尤其在线下技术和施工技术上具有优势，有在不同地质条件上施工的丰富经验。中国高铁运营里程突破 1 万公里，在建规模 1.2 万公里，这两项数字世界第一。另外据测算，当前国外建设高铁每公里成本一般为 0.5 亿美元，而中国为 0.33 亿美元。[2] 以前，牵引控制系统——IGBT 模块还需进口，2014 年年初，中国南车建造的首条 8 英寸 IGBT 芯片生产线试生产的芯片也已经通过了技术专家鉴定，2014 年 6 月将全线投产。

2013 年，中国南车四方股份公司与阿根廷签订两个城际动车组供货合同，一个是撒拉门托线和米特线的 409 辆，另一个是罗卡线 300 辆，总计 709 辆，总额近 10 亿美元。这是迄今中国城际动车组出口量最大的订单。2014 年 1 月 1 日，中国城际动车组出口阿根廷订单的首列车辆在中国南车四方股份公司下线，并从青岛港装船启运。[3] 此外，2014 年 4月，土耳其"安卡拉—伊斯坦布尔高铁二期工程"进入工程收尾和测试阶段，即将全线通车。这条中国在海外第一个"走出去"的高铁，不仅彰显了中国高铁制造业纯熟和专业的实力，同时也进一步加深了中土两国经贸交往和两国人民的深入了解，为中土友谊搭建了一条"新丝绸之路"。[4] 在中国外交战略着重于互联互通等务实合作的背景下，核电、高铁类的高科技制造装备业迎来走向国际市场的机遇，此类产品出口既能带动中国经济转型，又能使中国跻身海外高端市场。

（二）核电站

2013 年 3 月 13 日，英国、法国、西班牙等 12 个国家签署部长级联合宣言，明确表示今后将继续发展核能发电；俄罗斯总统普京 6 月 26 日表示，俄罗斯将在未来几年扩大核

---

① 杨光和，武海宝："中国高铁核心技术突破的典范——通号集团承担中国列控系统研发创造世界一流 C3 技术追踪"，中国铁路商务网，2014 年 4 月 19 日登录，http：//www.railways.com.cn/ShowNews.aspx？id=5515。

② "中国高铁出口前景'复明'"，新华网，2013 年 10 月 31 日，http：//news.xinhuanet.com/2013 – 10/31/c_117955584.htm。

③ "中国出口阿根廷城际动车组首列车辆从青岛启运"，2014 年 1 月 1 日，中国新闻网，http：//finance.chinanews.com/cj/2014/01 – 01/5686537.shtml。

④ "中国制造高铁领跑土耳其 搭建中土友谊'新丝路'"，国际在线，2014 年 4 月 10 日，http：//gb.cri.cn/42071/2014/04/10/7371s4498101.htm。

电发电规模；日本近期发布新版《能源白皮书》，宣布即将重启核电。[①] 经预测，到 2020 年世界核电市场有望达到 2 万亿美元，市场规模非常可观。预计增长最快的亚洲地区，将在今后 20 年里增加约 100 台核电机组。[②] 国际核电市场正在逐步回暖。

核电是高科技与资金双密集产业。国家间的核电合作不仅具有商业价值，也具有战略意义，因此往往反映或者影响政治伙伴间的信任程度。2013 年 11 月，李克强总理访问罗马尼亚，双方商定中国广核集团将参与罗马尼亚切尔纳沃德核电站 3、4 号机组的建设。2013 年 12 月 2 日，李克强总理在与英国首相卡梅伦的会晤中指出，中国在核电、高铁领域拥有安全的技术和较高的性价比，两国加强合作前景广阔，并可共同开发第三方市场。[③] 2014 年 3 月 26 日，在习近平主席与法国总统奥朗德的共同见证下，中国广核集团有限公司与法国电力公司签署了关于英国新建核电项目工业合作协议和关于核能领域研发、设计、采购及运维合作协议。[④] 这是中国核电企业联合国际核巨头首次进入发达国家的核电市场，也是中法首次在第三国共同开发核电项目。

之所以在 2013 年出现"核电外交"，是因为中国的核电核心技术有所突破。2013 年 4 月，中国核电集团联手中国广核集团，共同研发了"华龙一号"，其堆芯选用的是中核集团 ACP1 000 技术的 177 堆芯，二核燃料采用中核集团开发的 CF 品牌。在巴基斯坦南部港口城市卡拉奇（Karachi）建造的 K2 和 K3 核电站，采用的就是中核 ACP1 000 核反应堆，其总装机容量为 2 200 兆瓦，总造价预计将超过 90 亿美元。[⑤] 2014 年 1 月 9 日，国家核电集团的 CAP1400 初步设计通过审查，这标志着 CAP1 400 的总体技术方案、技术指标和主要参数固化并得到国家认可，我国三代核电自主化工作取得重大进展。[⑥] 2014 年 2 月 25 日至 2 月 26 日，中国—南非核电合作研讨会在南非约翰内斯堡召开。会议期间，国核与南非核能集团签署了《核电培训合作协议》，为进一步推动两国之间的核电合作迈出了重要的一步。[⑦] "华龙一号"与 CAP1 400，日后将成为中国核电技术出口海外市场的两大拳头产品。

2013 年，我国的核电事业发生了不小的变化，核电企业合作出口以及加快研制具有自主知识产权的三代和四代核电技术，并且开始实施核电出口。中国高端产品进入国际高科技领域，其效应将助力中国与周边国家以及世界其他国家和地区建立起和平、互利、共赢的关系。

总论篇

---

①② "核电产业'走出去'应成为国家战略"，中国行业研究网，2013 年 8 月 29 日，http：//www. chinairn. com/news/20130829/084617708. html。

③ "李克强与英国首相卡梅伦举行中英总理年度会晤时强调推动中英关系健康稳定发展 开启两国共同增长和繁荣发展新进程"，中国外交部，2013 年 12 月 3 日，http：//www. fmprc. gov. cn/mfa_chn/zyxw_602251/t1104790. shtml。

④ "中国核电'走出去'带动国内重大装备出口"，中国产业经济信息网，2014 年 4 月 11 日，http：//www. cinic. org. cn/site951/hangye/hyyw/2014 – 04 – 11/731905. shtml。

⑤ "中国三代核电反应堆 ACP1000 首次出口 有望获 65 亿美元贷款"，北极星电力网新闻中心，2014 年 1 月 3 日，http：//news. bjx. com. cn/html/20140103/484195. shtml。

⑥ "重大专项 CAP1 400 初步设计通过国家审查"，国家核电网站，2014 年 1 月 10 号，http：//www. snptc. com. cn/index. php? optionid = 702&auto_id =17909。

⑦ "国家核电与南非核能集团签署培训合作协议"，国家核电网站，2014 年 2 月 25 日，http：//www. snptc. com. cn/index. php? optionid =702&auto_id =17988。

（三）北斗卫星导航

2013 年，也是我国自主研发的北斗卫星导航系统走向市场的关键一年。

2013 年 5 月，北斗 55 纳米芯片问世，其体积与功耗明显降低，价格从 200 元降到 100 元以内，这意味着北斗开始适合进入民用领域。同月，中国卫星导航系统管理办公室与巴基斯坦空间与外大气层研究委员会签署了《中国卫星导航系统管理办公室与巴基斯坦空间与外大气层研究委员会关于卫星导航领域合作协议》，确定了双方在巴基斯坦建设北斗系统海外监测站合作项目。[①] 2013 年 7 月 8 日，由中国卫星导航系统管理办公室测试评估研究中心与巴基斯坦空间与外大气层研究委员会签署了《中巴合作建设北斗/GNSS 监测站协议》。[②] 2013 年 11 月 30 日，我国北斗卫星导航系统首个海外监测站在巴基斯坦顺利建设完成并开通运行，监测站数据成功实时传回国内数据中心。[③] 巴基斯坦北斗监测站的建成，可有效提高北斗导航卫星的跟踪弧段，其获得的原始观测数据可为推进北斗系统工程建设、改善北斗系统海外服务性能提供有力的支撑，此外还将促进北斗系统在巴基斯坦的应用，推动和深化双方在卫星导航监测评估领域的持续合作。[④]

2013 年 9 月 2 日至 6 日，北斗卫星导航系统参加了第十届中国—东盟博览会在广西南宁举行，在展览中与东盟各国就合作事项进行了洽谈。泰国方面表示，北斗非常适合泰国，欢迎北斗落户泰国；印度尼西亚方面更是提出，愿意成为北斗首个应用东盟的国家。[⑤] 北斗作为战略性新兴产业对现代信息技术与高新技术产业的融合带动，在救灾减灾、海洋渔业、交通旅游经济社会各领域的广泛应用，必然为中国—东盟合作提供新领域、新能源，助力中国与东盟的"钻石十年"。[⑥]

美国高通公司的子公司已经与三星合作，使用中国北斗卫星导航系统，从而强化智能手机与平板电脑的定位精度。[⑦] 这意味着北斗开始进军智能手机定位服务市场，北斗在亚太地区精确定位的优势将会进一步显现。2013 年 11 月 10 日至 14 日，全球卫星导航系统国际委员会（International Committee on Global Navigation Satellite System，ICG）第八届大会在迪拜召开。会议上，美国、俄罗斯、欧盟、中国、印度和日本六大系统供应商分别介绍了 GPS、GLONASS、Galileo、BeiDou、IRNSS 和 QZSS 等卫星导航系统特点和进展以及下一步的发展计划。各国与会代表还对中国北斗系统的稳定性、实用性、开放性、兼容性和国际性给出了很高评价。[⑧] 2014 年，北斗将开始组网建设，以提升其全球定位、导航和授时服务能力，其国际市场潜力也将随着被极大拓展。

北斗卫星导航系统开始进入大规模应用阶段，使得中国在该定位服务领域的强国地位

---

① ② ③ ④ "北斗卫星导航系统首个海外监测站圆满建成"，北斗卫星导航系统网站，2013 年 12 月 9 日，http：//www. beidou. gov. cn/2013/12/09/201312093e1e62963e024f1ea2a032e63f0f15ef. html。

⑤ ⑥ "北斗成功相系东盟博览会拉开走进东盟序幕"，北斗卫星导航系统网站，2013 年 9 月 6 日，http：//www. beidou. gov. cn/2013/09/06/201309065c4c16d5b4654a25806720329bde307e. html。

⑦ "高通携三星推首款采用北斗卫星定位智能手机"，新浪科技，2013 年 11 月 25 日，http：//tech. sina. com. cn/t/2013 - 11 - 25/20198947001. shtml。

⑧ "我国代表团赴迪拜参加全球卫星导航系统国际委员会第八届大会"，北斗卫星导航系统网站，2013 年 11 月 12 日，http：//www. beidou. gov. cn/2013/11/12/2013111219daeb04c7e6482c8b 6423e1d62fa005. html。

能够逐步确立，中国在国际社会的软实力将得到进一步提升。

六、货币金融广泛布局

目前中国正进入到一个从贸易崛起到金融崛起的战略关键期。金融危机和新兴大国快速成长所带来的国际金融体系的变革，给中国的金融崛起提供了一个历史性机遇，但中国能否顺利获取金融崛起所带来的红利，使其转化为中国的优势，关键取决于中国政府进行国内金融制度改革的意志以及实施金融外交的战略能力。纵观 2013 年，中国金融外交成绩显著，用外交手段保障金融发展的能力得到全面体现。

第一，以货币互换为突破口，人民币国际化步伐加快，外汇投资自由化蓬勃发展。2013 年，我国央行与 8 个国家和地区的央行及货币机构签署或续签了双边本币互换协议①，包括新加坡、印度尼西亚、英国、匈牙利、阿尔巴尼亚、冰岛、巴西及欧元区。截至 2013 年 10 月我国央行已先后与 23 个国家和地区的央行及货币当局签署了货币互换协议，涉及规模为 24 832 亿元人民币。②

2013 年 3 月 7 日，经国务院批准，中国人民银行与新加坡金融管理局续签了有效期三年的中新双边本币互换协议，互换规模由原来的 1 500 亿元人民币/300 亿新加坡元扩大至 3 000 亿元人民币/600 亿新加坡元，并附加展期条款。③ 2013 年 3 月 26 日，中国人民银行与巴西中央银行签署了有效期三年的中巴双边本币互换协议，该协议旨在加强双边金融合作，便利两国经贸往来，共同维护金融稳定，互换规模为 1 900 亿元人民币/600 亿巴西雷亚尔，并附加展期条款。④ 2013 年 6 月 22 日，中国人民银行与英格兰银行签署了有效期三年的规模为 2 000 亿元人民币/200 亿英镑的中英双边本币互换协议，旨在为双边经贸往来提供支持，并有利于维护金融稳定。⑤ 由于近年来，伦敦金融市场人民币业务量大增，中英建立双边本币互换安排，可为伦敦人民币市场的进一步发展提供流动性支持，促进人民币在境外市场的使用，也有利于中英贸易和投资的便利化。中英双边本币互换协议的签署，标志着中国与拥有世界三大金融中心之一（伦敦）的英国在货币金融领域的合作取得了新的进展。2013 年 9 月 9 日，中国人民银行与匈牙利中央银行签署了互换规模为 100 亿

---

① 本币互换是指以一定的汇率互换一定数量的双方的货币量，增加对方的外汇储备以应对不测之需，是国家出于提高两国的外汇储备，以平衡两种货币的供需，稳定汇率，防止在特定条件下（例如金融危机）出现外汇市场的混乱。

② 《中欧签署货币互换协议》，中国资本证券网，2013 年 10 月 11 日，http：//www. ccstock. cn/finance/hongguanjingji/2013 - 10 - 11/A1345937. html。

③ "央行：与新加坡的本币互换规模扩大一倍"，人民网银行频道，2013 年 3 月 8 日，http：//finance. people. com. cn/bank/n/2013/0308/c202331 - 20727410. html。

④ "中巴启动货币互换　金砖国家间更多合作呼之欲出"，新华网，2013 年 3 月 26 日，http：//news. xinhuanet. com/world/2013 - 03/26/c_115168913. html。

⑤ "中英央行签署双边本币互换协议　协议有效期三年"，中国经济网，2013 年 6 月 24 日，http：//finance. ce. cn/rolling/201306/24/t20130624_17132642. shtml。

元人民币/3 750亿匈牙利福林，有效期三年并附带展期条款的中匈双边本币互换协议，①旨在加强双边金融合作，促进两国贸易和投资，共同维护地区金融稳定。2013年10月9日，中国人民银行与欧洲中央银行签署了为期三年且附带展期的规模为3 500亿元人民币/450亿欧元的中欧双边本币互换协议。②该协议为中欧双边经贸往来提供支持，并维护金融稳定。2013年3月26日，中国人民银行与南非储备银行签署了《中国人民银行代理南非储备银行投资中国银行间债券市场的代理投资协议》，此协议的签署将有利于扩大两国及"金砖"国家金融合作。③

　　具体涉及促进双边外汇投资自由化方面，中国广泛与发达国家开展合作，促进人民币的外汇直接交易，完善外汇投资自由化举措。例如，中国与澳大利亚自2013年4月10日起分别在中国银行间外汇市场和澳大利亚外汇市场同时推出人民币对澳元直接交易，形成人民币对澳元直接汇率。从外汇管理的角度看，由于中国银行间外汇市场引入了直接交易做市商，避开了美元的中间货币作用，改进人民币对澳元的中间价形成方式。人民币对澳元直接交易推出以来，交易活跃，流动性明显提升，银行间市场和银行柜台的买卖价差均收窄，降低了微观经济主体的汇兑成本，促进了人民币和澳元在双边贸易和投资中的使用。这在美国实施量化宽松的政策背景下，无疑可以使中澳两国减少因美元贬值带来的外汇"缩水"，保障两国经济贸易的健康发展。2013年5月24日，中国人民银行行长周小川与瑞士联邦财政部国务秘书阿姆布尔在瑞士首都伯尔尼共同签署了《中国人民银行与瑞士联邦财政部金融对话谅解备忘录》，中华人民共和国国务院总理李克强与瑞士联邦主席毛雷尔共同见证了签字仪式，④此协议的签署将有利于扩大中国和西欧国家金融合作。此外，中国也积极与周边发展中国家开展外汇投资自由化相关举措。2013年6月21日，中国人民银行与尼泊尔央行签署了《中国人民银行代理尼泊尔央行投资中国银行间债券市场的代理投资协议》。⑤2013年11月18日，在马来西亚央行北京代表处开业之际，中国人民银行与马来西亚央行签署了谅解备忘录，建立了为金融机构提供流动性的跨境抵押安排。⑥这一安排有利于深化中马两国金融合作，增强市场信心，维护地区金融稳定。2013年10月1日，中国人民银行与印度尼西亚银行续签了有效期三年的互换规模为1 000亿元人民币/175万亿印度尼西亚卢比，并附带展期的双边本币互换协议。⑦该协议旨在加强双

---

①　"中匈双边签署本币互换协议"，凤凰网，2013年9月10日，http：//finance.ifeng.com/a/20130910/10650083_0.shtml。

②　"中国人民银行与欧洲中央银行签署双边本币互换协议"，中国人民银行网站，登录时间2014年4月20日，http：//www.pbc.gov.cn/publish/goutongjiaoliu/524/2013/2013.html。

③　"南非储备银行可投资中国银行间债市"，中国网，2013年3月27日，http：//news.china.com.cn/live/2013-03/27/content_19262755.html，2014年4月21日登录。

④　"中国人民银行与瑞士联邦财政部签署金融对话谅解备忘录"，中国人民银行网站，2013年5月27日，http：//www.pbc.gov.cn/publish/goutongjiaoliu/524/2013/20130527105338056603690/20130527105338056603690_.html。

⑤　"中国人民银行与尼泊尔央行签署代理投资协议"，浙江金华人民政府信息公开网，2013年7月1日，http：//www.jinhua.gov.cn/xxgk/jcms_files/jcms1/web119/site/art/2013/7/1/art_6156_94776.html。

⑥　"中国人民银行与马来西亚央行签署跨境抵押安排谅解备忘录"，中国人民银行网站，2013-11-18，http：//www.pbc.gov.cn/publish/goutongjiaoliu/524/2013/20131118175651511115732/20131118175651511115732_.html。

⑦　"中国人民银行与印度尼西亚银行续签双边本币互换协议"，中国人民银行网站，http：//www.pbc.gov.cn/publish/goutongjiaoliu/524/2013/20130930161444047382345/20130930161444047382345_.html，2014年4月20日登录。

边金融合作，便利两国经贸往来，共同维护金融稳定。

综合以上两方面，受双边本币互换和外汇投资自由化的利好影响，人民币跨境结算额大幅上涨。2013 年全年跨境贸易人民币结算业务累计为 4.63 万亿元，较上年的 2.94 万亿元同比大增 57%。[①] 人民币使用的飞速增长，既是人民币国际化稳步推进的显著成果，也是金融外交战略的绩效体现。

第二，筹建亚洲基础设施投资银行，为本地区发展中国家基础设施建设提供资金支持。

2013 年 10 月 2 日国家主席习近平访问印尼时首次公开倡议筹建亚洲基础设施投资银行，愿向包括东盟国家在内的本地区发展中国家基础设施建设提供资金支持。[②] 亚洲基础设施投资银行是继提出建立金砖国家开发银行、上合组织开发银行之后，中国为维护国际金融体系稳定，促进世界经济发展的又一重要举措。亚洲基础设施投资银行将同域外现有多边开发银行合作，相互补充，共同促进亚洲经济持续稳定发展。亚洲基础设施投资银行的建立，将弥补亚洲发展中国家在基础设施投资领域存在的巨大缺口，减少亚洲区内资金外流，吸引区内资金投资于经济高增长的亚洲地区，形成区域内金融资本的良性循环。因为亚洲的绝大多数国家正处于工业化、城市化快速推进的进程中，工业化和城市化的前提条件就是基础设施建设要加快。而基础设施投资是经济增长的基础，在各类商业投资中潜力巨大，增长带动力强。所以，亚洲基础设施投资银行不仅将夯实经济增长动力引擎的基础设施建设，还将提高亚洲资本的利用效率及对区域发展的贡献水平。因此，亚洲基础设施投资银行的建设不仅可以加快亚洲国家的发展，亦可带动全球经济的复苏。目前亚洲各国并不缺资金，亚太国家储蓄率高，但资金都借给了发达国家使用，其中我国最典型。"中国有 3 万多亿美元借给外国，然而我们自己的建设项目需要很大资金，自己没有把资金用好，这非常可惜。"[③]

正因为习近平主席建设亚洲基础设施银行的倡议，顺应了亚洲尤其是东亚发展中国家的需求，倡议提出后，立即得到了印度尼西亚、马来西亚和泰国等东盟国家的积极响应与支持。这也充分体现出中国尝试在经济外交战略中发挥资本在国际金融中的力量。更值得期待的是亚洲基础设施投资银行将可能成为人民币国际化的制度保障。

因此，从短期效果看，亚洲基础设施投资银行的建成将大大提高有关各国的基础设施水平，提高经济发展水平；有利于加快人民币国际化进程，加强与东南亚各国金融上的互联互通。从长期效果看，亚洲基础设施投资银行的建成能继续推动国际货币基金组织和世界银行的进一步改革；同时与当前日本主导的亚洲开发银行在亚太地区的投融资与国际援助方面形成良性竞争，发挥中国在亚太区域金融机制中的应有作用。

第三，深化落实金砖国家间的金融合作，凸显了中国在金砖国家间作为公共产品供给

① "央行：2013 年全年跨境人民币结算累计发生 4.63 万亿元"，人民网，2014 年 1 月 15 日，http://finance.people.com.cn/money/n/2014/0115/c218900 - 24125722.html。

② "习近平访问印尼 中方倡议筹建亚洲基础设施投行"，中国青年网，2013 年 10 月 3 日，http://news.youth.cn/jsxw/201310/t20131003_3971324.html。

③ "中国倡议建亚洲基础设施投资银行"，中国行业研究网，2013 年 10 月 8 日，http://www.chinairn.com/news/20131008/141821423.html。

总论篇

者的角色，发挥了中国在其中的主导权。

2013 年中国与金砖国家在金融合作上取得突破性进展。继 2012 年金砖国家领导人在印度新德里会晤探讨建立金砖国家间金融合作机制的议题以来，如何将构想转化为行动，是给中国新一届政府提出的考验和机遇。2013 年 3 月 26 日至 27 日，中国国家主席习近平出席在南非德班举行的金砖国家领导人第五次会晤。[①] 德班会晤决定设立金砖国家开发银行、外汇储备库，宣布成立金砖国家工商理事会和智库理事会，在财政、经贸、科技、卫生、农业、人文等近 20 个领域形成新的合作行动计划。[②] 该计划既能为各成员国人民带来实实在在的利益，也有利于巩固金砖国家合作的社会和民意基础。有效推动金砖国家在务实合作方面取得新进展。

由于对美国退出量化宽松政策预期的增强，巴西、印度、南非等金砖国家都已经不同程度出现资本外逃现象。因此，此时出资筹建金砖应急储备安排就显得尤为重要。继金砖国家德班会晤提出建设外汇储备库后，该储备库建设在 2013 年 9 月 5 日和 6 日举行的二十国集团圣彼得堡峰会上又有实质性的进展，金砖五国与会各国领导人就建立总额为 1 000 亿美元的金砖国家应急储备安排如何操作达成共识，其中最大的份额——410 亿美元由中国出资。[③] 金砖国家应急储备库的建成将提高金砖国家抵抗金融风险的能力，体现了中国在金砖国家中公共产品供给者的角色，有利于世界经济的稳定运行。因此，中国主导金砖国家的金融合作，符合当前全球经济发展趋势和金砖各国长远利益，是水到渠成的。

从全球金融格局看，金融危机以来世界经济格局发生重大变化：一方面，受金融危机和债务危机重创，欧美经济增长缓慢，对世界经济的增长贡献率近乎停滞；另一方面，近年来以金砖国家为代表的新兴经济体增速明显超过发达经济体，对世界经济增长的贡献日益增大，相互间的经贸往来也日益增多，资本实力进一步增强。因此，金砖国家经济实力增强和贸易扩大，催生出更大规模的相互投融资需求，要求更多的金融制度、渠道、设施和服务与之配套。但与此同时，金砖国家现阶段自身经济发展仍存在瓶颈，如资本开放度不高、经济结构不尽合理、基础设施相对落后、金融市场功能尚不完善、地区发展差异明显等。从金融合作的效益看，因为共同利益构成了金砖国家间金融合作的坚实基础，所以，中国促进金砖国家间金融合作的深化落实将有着短期和长期的双重效益。在短期效益上，一方面体现了金砖国家共同化解金融风险，谋求更安全、稳定的国际金融环境上；另一方面体现了中国的大国责任，为金砖国家提供一定的公共产品，通过金砖国家间的团结协作，有效利用各国闲置资本，实现金融资本在金砖国家间的合理配置。在长期效益上，一方面，中国主导的金砖国家间金融机制能补充国际金融体系中的不完善部分。比如通过扩大本币结算和贷款，建立起货币互换机制，减轻对美元的过分依赖，能规避汇率风险和降低交易成本，推动金砖国家货币的国际化。另一方面，中国促进金砖国家在金融外交上

---

① "金砖国家领导人第五次会晤在南非德班举行"，央视网，2013 年 3 月 27 日，http：//news. cntv. cn/2013/03/27/ARTI1364381579360405. shtml。

② "关于金砖国家会晤成果的评价"，新华国际，新华网，2013 年 3 月 28 日，http：//news. xinhuanet. com/world/2013 - 03/28/c_115197964. html。

③ "金砖国家应急储备共识：中国 410 亿占最大份额"，新华网，2013 年 9 月 9 日，http：//news. xinhuanet. com/world/2013 - 09/09/c_117287538. html。

协调一致，通过增加发展中大国在国际货币基金组织和世界银行等国际组织中的地位和话语权，推动现有国际金融体系朝更加合理方向发展。

综合以上三点，2013 年中国金融外交取得了丰硕的成果和长足的进步，为今后金融外交战略的开展打下了良好的基础。随着人民币国际化步伐的加快，中国尝试创立自己出资占主导的金砖五国外汇应急储备机制，提出建立亚洲基础建设投资银行，这些都是前所未有的。不仅体现了中国与广大发展中国家在金融上携手发展的理念，获得了广大发展中国家的认同，也增强了中国在国际经济机制中的话语权。

金融是经济的"晴雨表"，2013 年中国金融外交更加自信开展也发挥了连带效应，促进了对外互联互通建设的开展。

七、互联互通多方受益

2013 年，中国继续践行"负责任大国"的理念，为周边区域一体化基础设施建设提供机制保证和资金支持，开创周边互联互通的经济外交新局面，形成周边区域联动发展的多方受益格局。一年来，中国外交提出建设丝绸之路经济带、21 世纪海上丝绸之路、打造中国—东盟自贸区升级版、孟中印缅经济走廊、中巴经济走廊等一系列重大合作倡议。这些倡议符合有关各国共同利益、顺应时代发展潮流，引领了区域合作方向，在地区和国际上产生热烈反响。

周边是中国安身立命之所、发展繁荣之基。从顶层设计上看，中国新一届政府将周边经济外交放在外交全局中更加突出的重要位置。因此，加强周边经济外交，离不开交通、通信等基础设施建设的互联互通，交往的增多必然密切我国同周边国家的关系并增加互信，最终使多方共同受益。例如，习近平主席、李克强总理就任后首访首站都选择了周边国家，2013 年中国同周边 21 个国家开展国家元首和政府首脑级别交往，基本实现了高层交往全覆盖。一年来，中国积极践行惠及周边、互利共赢的合作理念，提出一系列重大合作倡议，有力加强了同周边国家的务实合作。中国坚持将心比心、以诚相待的相处之道，深化了同周边国家的政治互信。

从具体措施上看，中国政府为周边国家通过设立专项优惠贷款、成立专项基金、倡议组建多边金融机构等方式，对国际基础设施互联互通融资等关键环节提供切实便利和资金保障。目前，中国与东盟国家的基础设施互联互通正向纵深推进，与上海合作组织成员国之间的基础设施互联互通也提上了议事日程。常言道，"经济发展，交通先行"，周边国家基础设施的互联互通，具体体现为一个个铁路、公路、航运等基础设施项目。纵观 2013 年，中国在多周边交通基础设施建设上的经济外交成绩斐然。

第一，中巴经济走廊建设为中国能源安全提供陆路保障，带动同印度洋地区的区域合作。2013 年 5 月 23 日李克强总理访问巴基斯坦时与巴方签署了一系列合作协定和备忘录。①

---

① "独家：李克强访巴 传递与邻为善战略信息"，新华网，2013 年 5 月 30 日，http://news.xinhuanet.com/world/2013-05/30/c_124785554.html。

双方同意打造一条中巴经济走廊，该走廊从新疆喀什沿喀喇昆仑公路一直到瓜达尔港。中巴目前正对被称为"世界上最高公路"的喀喇昆仑公路升级改造，主要是加宽路面和部分改线，以适应大型运输货车通行。一旦中巴双方再建成一条从喀什到瓜达尔港的铁路，两地之间包括石油在内的物质运输能力将大幅度提高。[①] 2013 年 6 月 5 日巴基斯坦总理谢里夫在国家议会表示巴基斯坦愿意同中国扩大战略合作，建造连接中国西部和贯穿巴基斯坦南北的公路和铁路主干道，打造巴中经济走廊。[②] 中巴铁路的修建无疑会惠及中巴两国经济发展以及战略合作的加深。从直接效益上看，修建铁路构建中巴经济走廊，将为中巴带来巨大的经济利益，并借此带动中巴走廊沿线的发展，通过开展基础设施、能源资源、农业水利、信息通信等多个领域的合作，创立更多工业园区和自贸区，对中国中西部地区发展和巴基斯坦经济发展都起到重要作用。从间接效益上看，中巴铁路使中国能源战略再进一步，从中东的石油可以通过瓜达尔港走陆路进入中国，比绕行马六甲海峡更安全也更便捷，一定程度缓解中国过度依赖海路的现状，在能源安全上具有重要意义。虽然除海路外，中国成型的能源通道还包括东北向俄罗斯方向、南向通道、西向中亚通道三个陆路通道。但"巴基斯坦是中国尤为重要的盟友，是中国走向南亚、非洲重要的战略节点。中巴走廊建成将有利于中国不受北向俄罗斯、南向印度的干扰，向西迈进寻求突破。"[③] 因此，综合来看，西向能源通道中，打通中巴走廊比较现实。更为重要的是，推进中巴经济走廊对中国寻求区域合作，引领区域发展有重要作用，这将更进一步加强两国战略合作关系，从而惠及中亚南亚地区。

第二，中国—东盟海上丝绸之路建设完善了南海海洋航线，不仅为中国能源战略安全提供海路保障，也为中国—东盟命运共同体的结成提供了条件。2013 年 9 月 2 日，中国—东盟互联互通交通部长特别会议在广西南宁市举行。会议通过了《中国—东盟互联互通交通部长特别会议联合声明》。该声明就如何推进中国—东盟陆上和海上互联互通合作达成六点共识。[④] 10 月 3 日，习近平主席在印度尼西亚国会发表演讲时表示，东南亚地区自古以来就是"海上丝绸之路"的重要枢纽，中国愿同东盟国家加强海上合作，发展好海洋合作伙伴关系，共同建设 21 世纪"海上丝绸之路"。[⑤] 从历史来看，早在秦汉时期，中国与东南亚地区就开通了海洋航线，唐宋时期经贸往来极大繁荣，明代郑和下西洋以后至晚清，虽然出现海禁政策，但民间仍有贸易往来。因此，南海航线是已知的最为古老的海上航线。"南海航线途经多个东南亚国家，早在汉武帝时，中国海船就携带大批丝绸、黄金，从雷州半岛起航途经今越南、泰国、马来半岛、缅甸等国，远航到印度去换取这些国家的

① 于泽远："连接新疆喀什至巴基斯坦瓜达尔港口 中将修建连接巴公路与铁路"，联合早报网，登录时间 2014 年 4 月 21 日，http://www.zaobao.com/special/report/politic/cnpol/story20130608 - 213636。

② "谢里夫当选为巴基斯坦新一届政府总理"，2013 年 6 月 6 日，环球网，登录时间 2014 年 4 月 21 日，http://world.huanqiu.com/photo/2013 - 06/2695677.html。

③ "中巴新铁路造福两国战略意义重大"，世界轨道交通资讯网，2013 年 7 月 22 日，http://rail.ally.net.cn/html/2013/haiwaidongtai_0722/25915.html。

④ "2013 中国—东盟互联互通交通部长特别会议通过联合声明"，2013 年 9 月 2 日，网易财经，http://money.163.com/13/0902/15/97PD8FIF00254TI5.html，2014 年 4 月 21 日登录。

⑤ 习近平："携手建设中国—东盟命运共同体——在印度尼西亚国会的演讲"，新华网，2013 年 10 月 03 日 16：12：28，http://news.xinhuanet.com/world/2013 - 10/03/c_117591652.html。

特产后，从今斯里兰卡经新加坡返航。东南亚作为海上丝绸之路的咽喉孔道，它的社会历史发展与海上丝绸之路的兴衰有着较为密切的关系。"① 虽然古"海上丝绸之路"已经成为历史，但其在中国历史上曾带来地区文明的接触碰撞、交流和学习，使亚洲社会不断向前发展，形成了良好的历史示范。从现实来看，当今世界，和平与发展成为最大的主题，中国和平崛起是21世纪全面建设小康社会的新战略，因此，中国需要与东南亚国家共同致力于建设一个经济繁荣稳定、政治安全可靠的地区和平环境，但我国在南海地区的安全环境并不乐观。另外，金融危机后，当前世界经济复苏进程还很脆弱、不稳定，前景充满不确定性，亚洲新兴经济体亦受到牵连。在这种形势下，2013年，中国提出建设21世纪"海上丝绸之路"的构想正是时机。建设"海上丝绸之路"不仅应包括交通基础设施的海上互联互通体系建设，还包括相互开放市场的政策和机制及产业对接、资源交流等，促进中国—东盟自贸区的升级，最终形成更为紧密的中国—东盟命运共同体。

第三，中印缅孟经济走廊建设为中国与东南亚、南亚的经济合作开发做了准备，形成中国—东南亚—南亚的互联互通新格局。2013年5月20日李克强总理在新德里与印度总理辛格举行会谈。双方一致同意开展在产业园区、基础设施等领域的大项目合作，共同倡议建设中印缅孟经济走廊。② 2013年12月18日至19日，孟中印缅经济走廊联合工作组第一次会议在昆明召开，四国政府部门官员、专家学者和国际组织代表出席了会议。会议正式建立了四国政府推进经济走廊合作的机制。③ 2014年6月，四国工作组第二次会议将在孟加拉国吉大港举行，如何与欠发达地区进行经济合作将是会议的方向之一。整体来说，2013年，中国对周边国家提出不少互联互通的基础设施项目，这些项目都与地区经济合作息息相关。与此同时，我国也加强与周边以外国家和地区的基础设施互联互通建设，争取实现广泛覆盖、多方受益的格局。

第四，中国不仅与周边国家和地区的互联互通在2013年取得新成就，也在"大周边"的理念下，同非洲、拉美等地区在基础设施互联互通方面取得广泛成就。例如，南非副总统莫特兰蒂30日在北京表示，希望更多中国企业参与南非及非洲的铁路等基础设施建设，促进非洲地区的互联互通，帮助非洲整体经济发展。他在结束访华前接受记者采访时表示，这次访问，南中双方签署了旅游和公共行政两份合作备忘录，探讨了民航、经贸和人文合作等广泛议题。

在中南国家双边委员会第五次全体会议上，莫特兰蒂表示，"我们探讨了铁路建设等议题，同意加强此领域合作以充分挖掘南非有关地区的发展潜力。"④ 目前非盟正在推动的非洲南北大通道建设，这一项目启动于2009年，最终将连通南非开普敦和埃及开罗，该项目可以促进非洲各国之间的人员和货物流通，为包括中国企业在内的多方合作带来机遇。而南非与中国的大型基础设施项目也将推动双方在金融等领域的合作。据世界银行测

① 陈炎：《海上丝绸之路与中外文化交流》，北京大学出版社2002年版，第331页。

② "李克强与辛格举行会谈 共同倡议建设中印缅孟经济走廊"，新华网，2013年5月20日，http：//news. xinhuanet. com/world/2013－05/20/c_115837495. html。

③ 伍晓阳："孟中印缅经济走廊联合工作组第一次会议在昆明召开"，新华网，2013年12月19日，http：//news. xinhuanet. com/2013－12/19/c_125887563. html。

④ "南非副总统希望更多中国企业参与非洲交通设施建设"，新华网，2013年10月30日，http：//news. xinhuanet. com/world/2013－10/30/c_117938886. html。

算，非洲要缩小与世界其他地区的基础设施差距，每年需投入 930 亿美元。[1] 因此，基础设施合作项目不仅将推动中国与非洲的整体合作，也可以帮助金砖国家应对金融危机带来的后续影响，所以，中国国家主席习近平在 2013 年举行的金砖国家与非洲领导人对话会上提出了中国对非洲基础设施建设的新举措，除了传统的交通、通信等基础设施建设领域外，也利用中国的资金优势，加强金融方面的对非合作。2013 年 3 月 25 日，习近平主席访问坦桑尼亚等非洲三国，会见十多位非洲国家领导人，宣布了一系列支持非洲的新措施，签署了 40 多个合作文件。[2] 支持一批包括核电站在内的有利非洲国计民生的大项目，且不附带任何政治条件，有力批驳了西方所谓中国在非洲推行"新殖民主义"的谬论。习近平主席出访墨西哥等拉美三国，签署 24 项合作文件，与加勒比地区 8 国领导人分别举行双边会谈。[3] 宣布支持加勒比国家经济和社会发展的一系列新举措，受到各方热烈欢迎。

虽然改革开放以来，中国的综合国力有了很大增强，但中国仍然是一个发展中国家。回顾 2013 年经济外交中互联互通的新举措，可以看出，我国坚持发展中国家的定位，首先符合客观事实，同时也是提醒自己，不论中国发展到什么程度，我们都将坚持为发展中国家说话办事，坚定维护发展中国家的正当权利和共同利益，通过互联互通建设，同地区乃至世界一道分享中国的经济发展成果，坚持多方受益。

八、大国责任亲诚惠容

2013 年是中国外交历程中不平凡的一年。在继承新中国外交传统和大政方针基础上，以习近平同志为总书记的党中央主动谋划，积极进取，勇于担当，开拓创新，推动中国外交实现良好开局。中国的国际地位得到进一步提升，不仅表现在"硬实力"的增长上，也表现在以中华传统文化为代表的"软实力"增长上。新形势下的中国经济外交，以更为宽广的视野、更富进取的姿态，秉承"亲、诚、惠、容"的中华文化理念，在周边乃至全球范围内开展了体现大国责任的经济外交。

具体而言，中国外交中睦邻、富邻、安邻，与邻为善、以邻为伴，这些理念都深植于中华传统文化的土壤中，可以概括为"亲、诚、惠、容"四字原则。从习近平主席的讲话中看，"亲"就是要坚持睦邻友好，守望相助；讲平等、重感情；常见面，多走动；"诚"就是多做得人心、暖人心的事，使周边国家对我们更友善、更亲近、更认同、更支持，增强亲和力、感召力、影响力。要诚心诚意对待周边国家，争取更多朋友和伙伴。"惠"就是要本着互惠互利的原则同周边国家开展合作，编织更加紧密的共同利益网络，把双方利益融合提升到更高水平，让周边国家得益于我国发展，使我国也从周边国家共同发展中获

---

① "外交部国际经济司司长张军关于非洲基础设施建设问题的发言"，中国外交部，2013 年 5 月 20 日，http：//www. fmprc. gov. cn/mfa_chn/wjbxw_602253/t1041838. shtml，2014 年 4 月 21 日登录。

② "中国外交的几何学：点、线、面建构立体外交"，中国共产党新闻网，2013 年 12 月 23 日，http：//cpc. people. com. cn/n/2013/1223/c64387 - 23914668 - 2. html。

③ "习近平出访拉美三国"，新华网，2013 年 6 月 2 日，http：//www. xinhuanet. com/world/201305xjpcf/index. html，2014 年 4 月 21 日登录。

得裨益和助力。"容"就是要倡导包容的思想，强调亚太之大容得下大家共同发展，以更加开放的胸襟和更加积极的态度促进地区合作。[①]

国际关系如同人际关系，中华民族是讲诚信、重情义的民族。因此，中国不奉行霍布斯式的国际关系准则，而是奉行中华文化中将心比心、和谐相处的处世关系准则。因此，从 2013 年中国经济外交行为中，我们能看到一种秉承以亲感人、以诚对人、以惠及人、以容待人中华传统美德理念，这为中国的经济外交行动赢得了周边国家广泛赞誉，彰显了中国的大国责任，有助于用经济外交构筑民族复兴的"中国梦"。

第一，在地区合作机制构建中，经济外交作用显著。回顾 2013 年中国参与地区合作机制建设的历程，在具体理念上看，我国充分利用经济外交加强同周边地区的互联互通，提出丝绸之路经济带、21 世纪海上丝绸之路这两个"一带一路"以及中印缅孟经济走廊等一系列地区合作的新理念。从具体政策上看，中国大力倡导开放包容、求同存异的地区精神，继续推动"10 + 1"、"10 + 3"、东亚峰会、上海合作组织等各种区域合作机制相互补充、相互促进，为维护地区和平、促进地区发展作出了重要贡献。加快推进多双边自贸区战略，与有关国家共同努力，落实中韩、中澳 FTA 谈判，推动中国与东盟自贸区升级版以及区域全面经济伙伴关系（RCEP）谈判取得实质进展，继续推进中日韩三国 FTA 谈判。另外，以开放心态面对跨太平洋战略经济伙伴协定（TPP）等各种区域及跨区域自贸倡议，促使各方兼容并包，携手共进。此外，我国也积极参与国际货币基金组织等国际经济机制改革，不断提高中国在合作机制中的规则制定权和话语权。

第二，在周边外交中，经济外交作用显著。2013 年 10 月，中国召开了新中国成立以来首次周边外交工作座谈会。[②] 确立了今后 5 到 10 年中国周边外交的战略目标、基本方针和总体布局，为周边外交开辟了更加广阔的前景。在中亚和东南亚之行中，习近平主席提出建设"丝绸之路经济带"和"21 世纪海上丝绸之路"的新构想。而中国—东盟自贸区继"黄金十年"之后，开启了打造未来"钻石十年"的新篇章。[③] 为贯彻中国周边外交政策，2013 年中国周边外交开展得有声有色，周边首脑外交频繁。2013 年中国和俄罗斯、印度、巴基斯坦实现高层互访，吉尔吉斯斯坦、越南、韩国、阿富汗和蒙古国国家元首或政府首脑分别对华进行了访问，中国与各方就包括经济合作在内的众多议题进行了协商，取得了重要成果。

第三，在维护大国关系稳定中，经济外交作用显著。2013 年，中俄全面战略协作伙伴关系提升到新阶段。2013 年 3 月，习近平总书记就任国家主席之后，首访首站就选择俄罗斯。从 3 月至今，中俄元首已 5 次会面，两国经济、能源、人文、地方、军事等各领域合作提升到新水平，国际战略协调与合作提升到新高度。中俄关系堪称中国对外关系中层次最高、内容最丰富的一对战略伙伴关系。其中，中俄合作的基础既有政治需求，也有能源

---

① "习近平：我国周边外交体现亲、诚、惠、荣"，网易新闻中心，2013 年 10 月 26 日，http：//news.163.com/13/1026/08/9C3MECMP00014JB6.html。

② "盘点 2013 年中国外交：新一届政府全方位外交格局渐成"，国际在线，2013 年 12 月 25 日，http：//gb.cri.cn/42071/2013/12/25/7311s4369218.html。

③ "中国外交走过四季有六新"，新华网，2013 年 12 月 12 日，http：//big5.xinhuanet.com/gate/big5/news.xinhuanet.com/world/2013 – 12/12/c_118528299_2.html。

合作、西伯利亚资源开发等经济需求，因此，在中俄关系中，经济外交功不可没。中美分别是世界上第二和第一大经济体，在中美关系中，经济合作潜力巨大。我国秉承亲诚惠容原则、恪守大国责任，通过经济外交力促实现了中美第五轮战略与经济对话，推进中美双边投资协定谈判进入实质性阶段，维护了中美关系的稳定经济基础，使中美关系维持在不冲突不对抗、相互尊重、合作共赢的良好局面上。同时，我国对美国和日本主导的跨太平洋战略经济伙伴协定（TPP）持开放态度，切实推进中日韩 FTA 和 RCEP 等区域机制，和TPP 共同促进亚太自由贸易区的实现。

第四，在中国同广大发展中国家的友好关系上，经济外交发挥了显著作用。中国作为联合国安理会常任理事国中唯一的发展中国家，中国时刻意识到自己肩负的国际责任和义务，因此，保持同发展中国家的友好关系是中国外交的根基。2013 年，中国除了积极参与解决重大国际和地区问题，发挥好世界和平的坚定维护者角色以外，还利用经济外交手段，促进中资企业通过当地投资，间接支持阿富汗和利比亚的和平重建进程，为维护地区和平稳定发挥了至关重要的作用。中国在 2013 年继续援助非洲发展，习近平主席在访问纳米比亚等非洲国家时，签署四十多个合作项目。[①] 主要是涉及非洲国计民生的经济项目且不附加政治条件，因此，中国是国际发展事业的真正贡献者。此外，我国积极参与制定联合国 2015 年后发展议程，为应对气候变化等全球性问题提出中国方案的同时，我们也加快国内产业结构升级，削减过剩产能，关停一批重污染企业，为全球范围的节能减排行动贡献中国自己的力量。

第五，在解决领土争议问题中，经济外交作用显著。正如习近平主席所强调的，我国将坚定不移走和平发展道路，但绝不以牺牲中国国家利益为代价。面对周边个别国家侵犯我国领土主权和海洋权益的非法行径，我们不仅在充分尊重历史事实和国际法的基础上，通过对话和谈判寻找妥善解决办法的同时，也必须通过经济外交手段，采取一系列"组合拳"等经济外交措施，有效遏制个别国家的嚣张气焰。在南海问题上，我们和东盟国家在《南海各方行为宣言》框架下启动"南海行为准则"磋商。[②] 利用经济外交推进我国与文莱、越南等南海周边国家开展海洋开发合作，有力维护了南海的和平稳定。

综合以上五点来看，经济外交的核心是经济和外交的互动，我们利用经济手段达到与周边国家乃至世界各国增加政治互信的外交目的的同时，也充分利用了外交手段，为国内全面深化改革，促进经济发展服务。而采取什么样的外交手段，正是体现中国的大国责任的关键。在 2013 年中国外交历程中，我们可以清楚看到，经济外交工作中贯彻了讲情重义、先义后利这个中华民族数千年来一以贯之的道德准则和行为规范，使中国同周边地区乃至世界都连成休戚与共的命运共同体，"亲、诚、惠、容"四字箴言是引领命运共同体稳步前行的指针。因此，回顾 2013 年外交工作，中国利用经济外交，使"亲、诚、惠、容"这个充满中华文化魅力的理念日渐成为周边乃至世界遵循和秉持的共同理念和行为准则，彰显了负责任大国的形象。

---

① "背景资料：中国国家主席访问非洲大事记"，新华网，2013 年 3 月 24 日，http：//news. xinhuanet. com/world/2013－03/24/c_124496931. html。

② "王毅盘点 2013 中国外交六大成果　中美关系进入新时期"，国际在线，2013 年 12 月 16 日，http：//gb. cri. cn/42071/2013/12/16/4865s4357910. html。

专论篇

第四章

全面推进的中国周边经济外交

伴随中国对外经济开放的程度从而对国际经济的依赖不断增大、中国经济实力及国际经济影响力不断增强、全球贸易投资保护主义重新抬头导致中国对外经贸摩擦不断恶化，经济外交在中国外交总体格局中的地位和重要性也在不断提升。"大国是关键、周边是首要、发展中国家是基础、多边是重要舞台"，本来就是中国外交总体布局的基本架构，近年中国周边环境的深广变化更加凸显出周边外交的首要地位，2013 年召开的首次中央周边外交工作座谈会，更将周边外交提升到了前所未有的高度。经济外交与周边外交的地位如此双双提升，周边经济外交在中国外交总体布局中的地位和重要性已不言自明。正是在此背景之下，中国周边经济外交显现出全面展开、快速推进的强劲势头，并受到国际社会的广泛关注。同时，中国周边经济外交在全面推进的过程中，也遇到不少问题和障碍，需要在深入调研的基础上，采取有效对策。

一、重新定位周边经济外交

周边经济外交在中国外交整体布局中的重要地位，显然应从"周边"和"经济"两大层面来界定。"周边是首要"，在中国外交总体布局中的重要地位早有定论，但这一"首要"与"关键"、"基础"、"重要舞台"在战略定位上孰轻孰重，如何排序，在实际工作中怎样把控，却始终存有很大选择空间。经济外交在中国外交总体布局中的重要地位也早无争议，但其与政治、安全、社会、文化外交的内在关联与相对地位到底如何，也有待进一步明确和优化。这显然是准确定位、切实推进中国周边经济外交的关键所在。

（一）重新定位外交格局中的周边

在中国外交总体布局中之所以要强调"周边是首要"，首先是因为中国周边邻国众多且关系复杂，与一些邻国还存有领土争端及其他敏感问题；其次又因为中国所处的东亚在全球格局中的地位越来越重要，越来越成为全球经济政治中心，并因此而受到域内外大国的高度关注，美国重返东亚的背景正在于此；再次是因为如下所述，中国对外经贸关系的重心越来越转向周边，在对外贸易、内外投资、资源能源等多个层面，对周边的依赖越来越深；最后还因为，中日钓鱼岛冲突、中菲黄岩岛争端、朝鲜半岛问题等，正对目前中国周边的安全稳定造成巨大冲击和严重破坏。

正是在此背景下，在中国外交总体布局中，长期将周边外交置于"首要"地位，确保周边安全稳定，始终是中国外交战略的核心目标之一。但在外交实践中，却也存在定位模糊、把控失当、执行不力的问题，近年中国周边外交中遇到和存在的诸多问题，即是其必然结果和重要表现。正是在此背景下，新一届中央领导上任伊始，即对周边外交进行了重新定位，在理论上对"首要"赋予了更加充实、更加明确的内涵，在实践上为"首要"采取了一系列力度空前、效果显著的措施。

在理论上，召开了新中国成立 64 年来的首次中央周边外交工作座谈会，会议使周边外交理论有了显著发展和重大突破，使周边外交工作的顶层设计更加清晰。一是进一步明确和提升了周边外交的战略目标，强调周边外交要服从和服务于实现"两个一百年"奋斗目标、实现中华民族伟大复兴等关乎国家兴亡的高层次理念；二是进一步重申和强调了"巩固睦邻友好，深化互利合作"这一周边外交的一贯原则，维护国家战略机遇期、兼顾主权、安全与发展三大利益的重要原则；三是进一步确定和明晰了政治、经济、安全、人文等周边外交的四大工作领域；最后，也是最为重要的，会议还提出了周边外交的基本方针，包括坚持与邻为善、以邻为伴，坚持睦邻、安邻、富邻等。在座谈会上，习近平主席还首次就周边外交提出了"亲、诚、惠、容"和构建周边"命运共同体"等重要理念。

在实践上，新一届中央领导在上任后的短短一年中，也使周边外交的力度得到了显著提升和强化。如就高层访问看，在习近平主席访问的 14 个国家中，有半数以上都在周边，而在李克强总理访问的 9 个国家中，周边国家占到 7 个！通过高层访问，还与不少周边国家进一步强化了双边关系，如与土库曼斯坦、塔吉克斯坦、吉尔吉斯斯坦三国建立了战略伙伴关系，与印度尼西亚和马来西亚提升为全面战略伙伴关系等。在与周边国家的经济合作方面，更迈出了坚实的步伐，如提出建设丝绸之路经济带、21 世纪海上丝绸之路、亚洲基础设施投资银行，启动孟中印缅经济走廊、中巴经济走廊建设等。[①]

（二）重新定位周边外交中的经济

传统的中国外交是以政治为中心和主体的，甚至将外交等同于政治外交，经济外交长期未能得到应有重视。伴随经济全球化的快速发展，中国对外经济开放的不断推进，尤其是中国经济实力的增强、国际经济地位的提升，以及由此而带来的对外经济摩擦的恶化，经济外交越来越受到重视，重新界定其在中国外交总体布局中的地位也势在必然。

在周边外交中更是如此。中国经济的快速崛起，给周边外交带来了越来越强烈的影响。这种影响是双重的：一方面，伴随市场规模从而贸易规模的快速增大，资金实力从而对外投资能力的快速增强，周边国家对中国的贸易投资依存度快速提升；另一方面，对华经济依赖的提升本身也会在一定程度上造成周边国家的不安全感，更加严重的是，一些周边国家还因中国经济的快速崛起和综合国力的快速增强，而在政治安全上增大了对中国的防范。如何破解这种经济贸易对我国依赖而政治安全对我国防范的二元悖论，成为中国周

---

① 参见苏晓晖："中国外交凸显顶层设计 周边外交是首要"，人民网，http：//theory. gmw. cn/2013 - 12/15/content_9814280. htm；2013 年 12 月 18 日登录。

边外交面临的重大难题。

破解这一难题的基本思路应该是：（1）最大限度地释放中国经济崛起对周边安全的正能量，最大限度地避免中国经济崛起对周边安全的负效果。（2）平衡两种决策逻辑：一种是以营造良好周边政治安全环境为手段，以发展对外经贸关系促进自身国内经济增长为目的；一种是以促进经贸合作、强化相互依存、增大经济互利为手段，以维护周边安全和稳定为目的。现在已到了更加重视后一决策逻辑、至少要平衡两种决策逻辑的阶段，而在很长时期，我们往往更加倾向于前一决策逻辑。（3）权衡三本账：不但要算经济账，更要算好政治账和安全账。力争将经贸依赖转化为安全信赖，借经济合作降低争端热度，靠利益分享增强安全互信。（4）巧用二手段："拉住"与"震住"两手都要用，两手都要硬；既要用经贸利益"拉住"，也要用经贸制裁"震住"。我们更愿意通过经济互利增强政治互信，但对个别蓄意挑衅、恶性滋事的国家，进行适度的经济制裁也是必要的。这实际也是国际通行惯例。（5）为此而采取的战略选择应该是：利用空前增大的经济外交资源，积极推进区域和双边经济合作，强化经济相互依存，拓展区域共同利益，借助共同发展，促进共同安全。（6）为此而做出的策略调整应该是：最大限度地转变发展区域与双边经济合作中过度考虑"利己"的思维方式，更多考虑"利他"和共同发展。在经济合作过程中，最大限度地选择那些对合作伙伴和共同发展有利的领域和项目。（7）还应在区域和双边经贸合作中坚持"先予后取"、"多予少取"，甚至"只予不取"的原则。（8）最后，还应重视对外经济行为中的形象塑造，对外经济活动要更多考虑对当地的社会影响，尽可能促进当地经济社会发展，尽可能增大当地民众的福祉，力戒唯利是图。

二、全面优化周边经济布局

中国的对外经济布局是与全球经济格局相适应的，全球经济格局的基本架构在很大程度上决定着中国经济外交的资源投向。全球经济格局是在不断发生变化的，中国的对外经济布局和经济外交资源投向也必须进行相应调整。目前中国周边的经济格局正发生着深广变化，变化的主要趋向，一是周边尤其是东亚在全球经济格局中的地位快速提升；二是东亚经济增长的中心正由东北亚向东南亚转移；三是南亚正以印度这一新兴市场大国为中心不断提升其在周边经济格局中的地位。与之相应，中国周边经济外交布局也正在进行全面优化和深刻调整。

（一）从欧美到东亚

长期以来，欧洲和北美两大地区始终在全球经济格局中占据主导和支配地位，因而中国对外经济布局和经济外交投向，也长期以欧洲和北美两大地区为中心。其中美国在全球经济格局中的主导地位，更决定了中国对美经济外交的特殊重要意义。如直到 2008 年，在全球按名义汇率计算的 GDP 总量 60.1 万亿美元中，欧盟 27 国占到 18.3 万亿美元，美加墨三国占到 16.7 万亿美元，占比分别高达 30.4% 和 27.8%，合计占到全球 GDP 总量的

58.2%。①②③ 与之相应，欧盟和美国也长期保持中国第一和第二大贸易伙伴的地位，在中国引进外资中这两大经济体也占据重要地位。如直到 2005 年，欧盟仍为中国第一大贸易伙伴，对欧盟贸易占中国外贸总额的比重高达 15.3%，美国则为中国第二大贸易伙伴，对美贸易占中国外贸总额的比重高达 14.9%，两者合计占到中国外贸总量的 30.2%。④

然而，2008 年爆发的国际金融危机，却对欧美经济造成了严重破坏，之后又遭遇了欧洲主权债务危机沉重打击，迄今仍未能从"金融危机—财政危机—经济危机"等三重危机的恶性循环中彻底走出。而东亚经济虽也受欧美经济衰退的牵连而出现波动，但受损程度相对较轻，并率先走出危机，走向回升，迄今仍保持着快速增长的势头。欧美与东亚经济增长的这种态势，必然加速全球经济格局的变化，变化的基本趋向，是全球经济增长的中心越来越由欧美向东亚转移，在全球经济格局中，东亚的地位快速提升，而欧美的地位相应下降。如到 2012 年，欧盟在全球 GDP（名义汇率计算，下同）中所占的比重已下降为23.1%，比 2008 年下降了 7.3 个百分点，美加墨三国所占比重也下降为 26.0%，比 2008年下降了 1.8 个百分点，合计下降为 49.1%，比 2008 年下降了 9.1 个百分点。⑤ 而与此同时，东亚（东盟 + 中日韩）在全球 GDP 总量中所占的比重，则由 2008 年的 19.6% 上升到2011 年的 23.5%，上升了 3.9 个百分点。⑥ 在全球经济格局中欧美地位下降而东亚地位提升的趋向，在各自对全球经济增长的贡献率对比中更加明显，如据国际货币基金组织计算，2012 年美国和欧盟对全球经济增长的贡献率合计仅为 11.4%，而东亚却高达45.7%。⑦

顺应全球经济格局的上述变化，中国对外经济关系与经济外交的布局也在进行全面调整，调整的主导趋向，也是东亚的地位快速提升而欧美则相应下降。如到 2012 年，在中国外贸总额中，欧盟占比已降至 14.1%，比 2005 年下降了 1.2 个百分点，美国占比也降至 12.5%，比 2005 年下降了 2.4 个百分点，欧美合计占比仅为 26.6%，比 2005 年下降了3.6 个百分点，而东亚（东盟 + 日韩港台）占比则提升至 38.7%，比欧美高出 12.1 个百分点。⑧ 从 2007 年到 2012 年，在中国实际引进外资总额中，欧盟占比由 4.72% 降至4.41%，美国占比由 3.13% 降至 2.15%，而中国香港占比则由 33.17% 升至 54.15%，中国台湾占比由 2.12% 升至 2.35%，日本占比由 4.30% 升至 6.07%。在 2012 年对华直接投资实际使用金额 1 210.7 亿美元中，仅中国香港、日本、新加坡、韩国和中国台湾等五个东亚经济体即占到 851.03 亿美元，占比高达 70.3%。⑨ 中国对外经贸布局的这一变化，本身即是中国加大周边经济外交力度、推进东亚双边和区域经济合作的结果，也要求我们将这一态势持续下去。

---

① 日本外务省经济局国际经济处：《主要经济指标》1.1、1.2，2009 年 10 月。

② 中国商务部亚洲司官方网站：《2005 年 1～12 月我对亚洲国家（地区）贸易统计》，http：//yzs. mof-com. gov. cn/article/g/date/c/200601/20060101431338. shtml，2013 年 12 月 21 日登录。

③ 日本外务省经济局国际经济处：《主要经济指标》1.1、1.2，2013 年 11 月。

④⑤⑥⑦ 日本贸易振兴机构《东亚各国各地区经济力比较》2008 年、2011 年。

⑧ 中国商务部亚洲司官方网站：《2012 年 1～12 月我对亚洲国家（地区）贸易统计》，http：//yzs. mof-com. gov. cn/article/g/date/v/201301/20130100008190. shtml，2013 年 12 月 21 日登录。

⑨ 中国商务部外国投资管理司官方网站：《中国外资统计》，2013 年，http：//img. project. fdi. gov. cn//21/1800000121/File/201310/20131014102334179 3163. pdf，2013 年 12 月 21 日登录。

（二）从东北亚到东南亚

改革开放以来很长时期，在中国对外经贸关系与周边经济外交总体布局中，包括日韩港台在内的东北亚地区占据突出重要地位，而以东盟为代表的东南亚地区地位相对有限。如直到 2000 年，我国对日韩港台贸易达 2 021.48 亿美元，而对东盟贸易只有 395.22 亿美元，对东北亚贸易相当于对东南亚贸易的 5.1 倍。[①] 而伴随周边经济格局的深广变化，尤其是作为东北亚最大经济体的日本快速衰落，我国进一步加大了对东南亚地区的经济外交投入，尤其是中国—东盟自贸区的启动和建成，中国—东盟战略伙伴关系的发展，中国周边经济外交与对外经贸关系格局也开始发生显著变化，逐步形成由东北亚中心向东南亚扩展的强劲态势。其必然结果，是在对外经贸关系与中国周边经济外交总体格局中，东南亚地位显著提升，而东北亚地位相应下降。尤其是到 2011 年，东盟取代日本成为中国第三大贸易伙伴。到 2012 年，中国对东盟贸易达到 4 000.93 亿美元，比 2 000 年增长了 9.1 倍，而对日韩港台贸易虽也增至 10 959.3 亿美元，但仅比 2000 年增长 4.4 倍。与之相应，在中国对东亚（东盟＋日韩港台）贸易总量中，东南亚占比由 2000 年的 16.4% 升至 26.7%，提升了 10.3 个百分点，而东北亚占比则由 83.6% 下降至 73.3%。[②] 2013 年是中国—东盟建立战略伙伴关系 10 周年，李克强总理在将以往 10 年概括为"黄金 10 年"的基础上，又将未来 10 年界定为中国—东盟关系发展的"钻石 10 年"。为此，李克强总理还就进一步推动中国—东盟关系发展提出了一系列重要举措，尤其是明确提出要打造中国—自贸区升级版。以此为背景，可以预见，中国对东盟经济外交的力度将进一步加大，领域将进一步拓宽，中国周边经济外交与对外经贸格局由东北亚向东南亚扩展的步伐将进一步加快。

（三）从东亚到南亚

如上所述，东亚在中国周边经济外交格局中占据重要地位，而南亚却因其经济发展缓慢、开放程度低下、区域合作滞后等原因，成为中国经济外交与对外经贸关系布局中的薄弱地区。直到 2012 年，中国对南亚贸易仍仅为 930.67 亿美元，仅占中国外贸总额的 2.4%，与南亚在我周边外交布局中的重要地位极不匹配。尤其是作为南亚第一大国、在快速崛起中的新兴大国印度，在中国经济外交与对外经贸关系布局中的地位极其低下，对印贸易到 2012 年仍仅为 662.72 亿美元，仅占同年中国外贸总额的 1.7%，[③] 与印度作为全球第十大经济体，占全球 GDP 总量 2.6% 的地位更不匹配。以此为背景，加大对南亚经济

① 中国商务部亚洲司官方网站：《2000 年我对亚洲国家（地区）贸易统计》，http：//yzs. mofcom. gov. cn/article/g/date/cj/201002/20100206780489. shtml，2013 年 12 月 21 日登录。

② 中国商务部亚洲司官方网站：《2012 年 1～12 月中国对亚洲国家（地区）贸易统计》，http：//yzs. mofcom. gov. cn/article/g/date/v/201301/20130100008190. shtml，2013 年 12 月 21 日登录。

③ 中国商务部亚洲司官方网站：《2012 年 1～12 月我对亚洲国家（地区）贸易统计》，http：//yzs. mofcom. gov. cn/article/g/date/v/201301/20130100008190. shtml，2013 年 12 月 23 日登录。

外交力度，扩展对南亚的经贸关系，越来越成为中国经济外交与对外经贸关系发展的重要方向，其主要举措之一，就是将中国区域经济合作的战略布局进一步由东亚向南亚扩展，在继续推进东亚区域经济合作的基础上，与印度"东向战略"相呼应，增大参与南亚经济合作的力度。中国新一届中央政府成立后，新上任的李克强总理将印度作为首访国，本身也足以说明新政府对发展印度和南亚关系的高度重视。访问期间，就推进中印经贸合作达成多项重要成果，包括促进贸易自由化和便利化，扩大双向投资，启动两国区域贸易安排谈判，开展在产业园区、基础设施等领域的大项目合作，共同倡议建设孟中印缅经济走廊，推动中印两个大市场更紧密连接等。可以预见，伴随这一系列重要举措的实施，将推进中国对印经济外交和对印经贸关系跃上新的台阶。结束印度访问之后，李克强总理又访问了南亚第二大国巴基斯坦，同样将发展对巴经贸关系作为访问的主要目的之一，所取得的重要成果包括，加强基础设施互联互通合作、建设中巴经济走廊等。直接受此促动，南亚在中国经济外交和对外经贸关系总体布局中的地位必将得到进一步提升，越来越成为中国经济外交与对外经贸关系发展的主要方向。

三、积极参与区域经济合作

积极参与和全面推动东亚区域经济合作，是中国周边经济外交总体布局的重要组成部分。东亚区域经济合作自 1997～1998 金融危机启动以来，中国始终是其积极参与者和主要推动者，扮演了重要角色，发挥了重要作用。积极参与和全面推动东亚区域经济合作，更是当前和未来中国实现周边经济外交战略的主要路径和有效手段。

（一）以"10＋3"为主渠道推进区域经济合作

中国在参与和推进区域经济合作方面，始终强调以"10＋3"为主渠道，为该框架下的经济合作付出了巨大努力，做出了重要贡献，取得了显著效果。中国参与了首届（1997）东盟 10＋中日韩 3 国领导人会议。该机制是在东亚爆发金融危机的背景下启动的，金融经济合作在很长时期也成为其主要合作领域，并取得了显著进展。在此机制下建立的东亚（"10＋3"）外汇储备库，规模已达 2 400 亿美元，其中中方出资32%。该机制对强化区域金融经济合作，加固金融防火墙，发挥了重要作用。同时，"10＋3"机制在启动后的很长时期，都作为东亚区域合作的主渠道，发挥了重要的引领和示范作用，目前仍在推动自贸区建设、建立互联互通网、重构地区产业链等方面的东亚区域经济合作中发挥着重要作用。李克强总理在 2013 年 10 月举行的第 16 次"10＋3"领导人会议上明确指出，要将推进东亚经济一体化、加强地区金融安全网建设、农业和粮食安全合作，作为"10＋3"框架下区域经济合作的主要方向。① 从中不难看出，全力推进"10＋3"框架下

---

① "李克强在第 16 次东盟与中日韩（"10＋3"）领导人会议上的讲话"，外交部官方网站，http://www.fmprc.gov.cn/mfa_chn/zyxw_602251/t1087131.shtml，2013 年 12 月 26 日登录。

的区域经济合作，仍将是中国积极参与区域经济合作、实现周边经济外交战略的重要路径。通过加强"10＋3"框架下的区域经济合作，一方面促进了中国对该框架下其他成员经贸关系的快速发展。从 2002 年到 2012 年，中国对其他 12 个成员国的贸易总额由 2 007.4 亿美元猛增至 9 858.7 亿美元，十年间增长了 3.9 倍①；另一方面也对维护中国东南周边稳定产生了积极效果，对实现中国周边外交总体战略发挥了重要作用。当然，我们也必须看到，"10＋3"框架在东亚区域经济合作中的主渠道地位正面临严峻挑战，EAS（东亚峰会）框架越来越转向务实经济合作，尤其是美国主导的 TPP 快速推进，已经并仍将对"10＋3"框架的主渠道地位造成严重冲击。如何确保"10＋3"框架在东亚区域合作中的主渠道地位，充分利用该框架实现中国区域经济合作与周边经济外交战略目标，是摆在中国面前的艰巨任务。

（二）发挥"10＋1"框架在区域经济合作中的引领作用

中国在参与和推进区域经济合作方面，还始终强调以东盟为主导。发挥"10＋1"框架在东亚区域经济合作中的基础和引领作用，是中国区域经济合作与周边经济外交战略的主要特点。目前在东亚区域经济合作架构中，已形成了多个"10＋1"框架，如东盟 10＋中国、东盟 10＋日本、东盟 10＋韩国、东盟 10＋印度、东盟 10＋澳新等，而中国与东盟的"10＋1"又在其中发挥了重要的引领和示范作用。早在 2000 年 11 月，中国领导人即在中国—东盟领导人会议上，率先提出了建立中国—东盟自贸区的设想，并得到东盟各国领导人积极响应。2002 年 11 月，中国与东盟签署《中国—东盟全面经济合作框架协议》，率先正式启动了"10＋1"自贸区谈判；2004 年 1 月 1 日，作为自贸区的先期成果——"早期收获计划"顺利实施；2004 年 11 月，中国与东盟正式签署自贸区《货物贸易协议》；2007 年 1 月，双方正式签署自贸区《服务贸易协议》；2009 年 8 月，双方正式签署自贸区《投资协议》。这三个协议的正式签署，标志着双方成功完成了自贸区所有主要谈判，中国—东盟自贸区如期于 2010 年全面建成。如前所述，2013 年是中国与东盟建立战略伙伴关系 10 周年，此间包括经济合作在内的中国—东盟关系获得全面发展、快速推进。在此基础上，李克强总理在 9 月初举行的中国—东盟博览会开幕式上，又就未来进一步发展中国—东盟关系提出五点重要建议，其中前三点依次为"打造中国—东盟自由贸易区升级版"、"推动互联互通"和"加强金融合作"。这意味着，未来中方将进一步加大中国—东盟经济合作的推进力度，进一步发挥其在东亚经济合作中的引领和示范作用。这不仅将对中国通过推进区域经济合作来促进周边经济外交，而且将对中国周边安全和稳定，产生越来越重要的积极影响。

（三）力推中日韩经济合作后来居上

在东亚区域合作诸框架中，中日韩合作起步最晚，但大有后来居上之势，尤其是在经

专论篇

---

① 中国商务部亚洲司官方网站：《2002 年中国与亚洲国家贸易统计》、《2012 年 1～12 月我对亚洲国家（地区）贸易统计》，http：//yzs.mofcom.gov.cn/article/g/date/cp/200303/20030300075900.shtml，http：//yzs.mofcom.gov.cn/article/g/date/v/201301/20130100008190.shtml，2013 年 12 月 26 日登录。

济合作层面。日韩是中国最重要的经贸伙伴，加强中日韩经济合作，也是中国区域经济合作与周边经济外交的重要战略选择。领导人会议是中日韩合作的最高机制，虽于1999年已经启动，但很长时期都是借参加"10＋3"领导人会议之际举行，带有明显的"附属"和"顺带"性质，直到2008年底才第一次在"10＋3"之外独立举行。但在此后的进展却极为迅速，尤其是在机制化建设方面，2011年9月1日正式挂牌成立了中日韩三国合作秘书处，而此前早已启动的其他东亚区域合作机制，如"10＋3"、EAS等，迄今仍未能成立秘书处之类的机制化组织。中日韩框架下的区域经济合作进展更快。尤其是2012年5月中国举办的中日韩领导人会议，正式签署了《中日韩关于促进、便利和保护投资的协定》，正式宣布了要在年内启动中日韩自贸区谈判。之后虽因日本政府"购岛"等事件，引发中日、日韩之间政治关系持续恶化，领导人会议迟迟未能举行，但中日韩自贸区谈判还是如期启动，迄今已举行了三轮正式谈判。中日韩是东亚、亚洲乃至全球最重要的经济体，在全球GDP排位中分列第二、第三和第十五位，合占全球GDP总量的21.5%，与美国的21.8%和欧盟的23.1%呈三足鼎立之势。在东亚经济格局中地位更是举足轻重，目前要占到"10＋3"GDP总量的87%。[①] 因此，全力推进中日韩经济合作，对中国区域经济合作和周边经济外交的总体布局意义极为重要。

（四）全面参与其他框架下的区域经济合作

除上述三大框架外，中国对其他框架下的区域经济合作也采取积极参与、协调推进的态度。

（1）东亚峰会（EAS）框架。该框架到2005年年底才正式启动，且明确定位为战略论坛，与务实经济合作关联有限。但后来却发生了重大变化，一是受到域外大国高度重视，直至美国和俄罗斯两国于2010年正式加入，使其影响力空前增大；二是越来越由战略论坛向包括经济合作在内的务实合作领域扩展。有鉴于此，中方也越来越重视东亚峰会框架下的区域经济合作，并将其作为实现周边经济外交战略的重要组成部分。尤其是在2012年举行的第七届东亚峰会上，中方提出《金边发展宣言》，受到与会领导人高度重视。宣言明确提出将环境和能源、教育、金融、公共卫生、自然灾害管理及东盟互联互通作为该框架下加强合作的六大重点领域，务实经济合作的色彩极为明显。在2013年东亚峰会发表的出席声明中，又进一步重申了该宣言的经济合作主张，并要求在明年东亚峰会外长会议之前最终拿出落实行动计划。

（2）上海合作组织（简称"上合"）框架。该组织于2001年正式成立，主要由中国北部周边国家组成，最初以安全合作为重点领域，后来经济合作也越来越成为其重要内容，并达成一系列重要经济合作成果。如正式签署《上海合作组织成员国多边经贸合作纲要》及落实措施计划、《上海合作组织成员国政府海关合作与互助协定》、《上海合作组织成员国关于加强多边经济合作、应对全球金融危机、保障经济持续发展的共同倡议》、《上

---

① 日本外务省官方网站：《主要经济指标》，2013年11月，http：//www.mofa.go.jp/mofaj/files/000018853.pdf，2013年12月26日登录。

海合作组织成员国政府间农业合作协定》等。"上合"成员经济具有高度互补性，中国在资金实力、产业发展、基础设施等方面，俄罗斯在技术、能源资源等方面、其他成员在能源资源等方面各具优势。积极推进"上合"框架下的其余经济合作，对确保中国能源资源的稳定供应，具有重要意义。

（3）南亚与南盟框架。由于南亚各国自身经济发展和开放程度较低，南盟框架下的区域经济合作进展迟缓，中国与南亚和南盟的区域经济合作仍停留在较低水平，成为中国区域经济合作布局中的薄弱环节。但如上所述，中国周边经济外交已经形成由东亚向南亚扩展的强劲态势，面向南亚的区域经济合作作为周边经济外交的重要组成部分，也越来越受到重视，并已取得多层面进展。其中主要包括：①2006 年 11 月正式签署《中国—巴基斯坦自由贸易协定》；②2011 年正式启动"中印战略经济对话"，在此框架下开始推进多领域、多层面的双边经济合作；③2013 年李克强总理访问南亚，正式提出建设中印孟缅和中巴两大经济走廊；等等。加强与南亚的区域经济合作，已成为未来我国区域经济合作和周边经济外交战略布局的重要方向。

四、妥善处理大国经济关系

如前所述，中国外交战略布局有两大特点，一为"大国是关键"，一是"周边是首要"，周边大国因此即具有了"关键"和"首要"的双重重要地位。在周边经济外交布局中，对周边大国的经济外交因而也具有了特殊重要的意义。作为周边大国，可以多个标准进行定位。若从 GDP 总量排位看，日本、俄罗斯、印度、韩国和印度尼西亚分列全球第二、第八、第十、第十五和第十六位，可界定为中国周边五大国。考虑到印度和印度尼西亚在讨论南亚和东盟时已有涉及，这里仅讨论对日、对俄和对韩经济外交，或中日、中俄和中韩经济关系。妥善处理中日、中俄和中韩经济关系，也因此成为中国周边经济外交的重要内容。

（一）推动中日经济关系走出困境

日本是全球第三大经济体、东亚第二大经济体，也是中国最重要的经贸伙伴，在中国对外经济关系与周边经济外交总体格局中占据重要地位。中日恢复邦交正常化尤其是中国改革开放以来，中日经济关系获得了全面发展和快速推进。1980～2012 年，中日贸易由364 亿美元猛增至 3 295 亿美元，42 年间增长了 9.1 倍，在 20 世纪 80 年代中期，对日贸易曾一度占到中国外贸总额的四分之一以上（1985 年 27.2%），[①] 日本还长期保持中国第一大贸易伙伴国的地位。日本也是中国引进外国直接投资的最重要来源地。

与此同时，中日经济关系在发展中也经常出现波折，且这种波折还往往与政治关系变

---

① 杨栋梁：《日本后发型资本主义经济政策研究》，中华书局 2007 年版，第 505 页；国家统计局：《中国统计摘要》2013，第 68 页。

化存有密切联动关系。如在 21 世纪初的 5~6 年间，由于时任日本首相小泉纯一郎连续参拜供奉有甲级战犯的靖国神社，导致中日政治关系持续恶化，经济关系也受到严重影响，形成政治关系与经济关系的恶性互动，造成中日双边关系的"政经双冷"局面。而从 2013 年夏季以来，由于日本政府"购岛"导致中日政治关系急剧恶化，中日关系再次出现"政经双冷"局面，形势甚至比上次更加严峻。一方面，中日政治关系恶化是日本全面右倾化、军事化趋势强化导致的必然结果，而这一趋势不仅很难改变，反而还在加剧和恶化；另一方面，政治冲突已对中日经济关系造成严重冲击，尤其是双边贸易，一度出现急剧下滑的局面。如按日方统计，2012 年下半年，日本对华贸易同比减少达 7.2%，其中对华出口更减少达 14.8%；2013 年上半年，日本对华贸易同比减少达 10.8%，其中对华出口更减少达 16.7%。受此影响，对华贸易在日本外贸结构中地位不断提升的势头也出现逆转，对华贸易占比由 2011 年上半年的 20.6% 下降至 2013 年上半年的 19.2%，下降了 1.4 个百分点。[①]

如何推动中日经济关系走出困境，是当前中国周边经济外交面临的最大课题，因为目前中日双边经贸关系的这种困境，不仅严重影响到各自的对外经贸关系稳定和国内经济发展，而且作为全球第二、第三大经济体和东亚第一、第二大经济体，中日经济关系的恶化还直接影响到全球经济秩序的稳定和区域经济合作的进展。上边提到的中日韩经济合作，就已受到中日经济关系恶化的严重影响。

（二）促使中俄经济关系全面深化

俄罗斯在我国周边外交格局中地位举足轻重，中俄双边关系长期保持稳定发展势头，且在二十国集团、金砖机制、上海合作组织等多边、区域机制中保持着良好合作态势。中俄经济关系也保持着快速发展的势头，从 2002~2012 年，双边贸易由 119 亿美元扩大为 882 亿美元，10 年间增长了 6.4 倍。[②] 但与双边政治关系和俄作为全球第八大经济体的地位相比，中俄经济关系的规模还有待扩大，层次还有待提升，机制还有待健全。促使中俄经济关系全面深化，应成为中国周边经济外交总体布局的优先方向。对此，中俄两国政府和社会各界已形成广泛共识，中国新一届政府更为此做出了巨大努力。

习近平出席上任后首次出访（2013 年 3 月 22 日）就定在了俄罗斯，并在 2013 年一年中与普京总统五次会面。李克强总理也将俄罗斯作为外交活动的主要对象国，最近一次对俄外事活动是 10 月 22 日与梅德韦杰夫共同主持中俄总理第 18 次定期会晤。通过会晤，两国总理就全面深化各领域务实合作达成重要共识：第一，扩大经贸合作和相互开放，提升贸易质量。推动双方企业进一步加强投资合作，扩大使用本币，促进贸易投资便利化；第二，在航空、航天、核能、高科技和创新领域更多开展联合研发、联合研制和联合生产合作，共同提升两国科技实力和国际竞争力。加强农业以及高铁等基础设施领域合作；第三，巩固和发展中俄能源全面战略合作。推进实施增供原油、修建天然气管道、上游油气

---

① 日本贸易振兴机构：《2013 年上半年的日中贸易》，2013 年 8 月 14 日。
② 国家统计局：《中国统计摘要》2011，第 71 页；《中国统计摘要》2013，第 68 页。

田开发、下游炼厂建设等一批大项目，推动取得更多成果；第四，密切人文交流，重点办好青年友好交流活动，加强教育、旅游、媒体、卫生、体育、地方等领域合作，增进相互了解与友谊；第五，在联合国、上海合作组织、金砖国家、二十国集团等多边框架下加强协调配合，维护世界和平稳定，推动建立公正合理的国际秩序。① 此间习近平主席还会见了梅德韦杰夫总理，会见时习主席明确指出，要全面扩大和深化能源合作，推动经贸合作多元化，加强高科技、制造业合作，重点实施好战略性合作大项目，提升两国务实合作质量和水平。② 据此可以预见，我国对俄经济关系和经济外交将会跃上新的台阶。

（三）保持中韩经济关系稳定发展

韩国也是全球和地区主要经济体，作为近邻，两国经济的相互依存度和互补性很高。中国是韩国第一大贸易伙伴，2013 年 1～9 月对华贸易占韩国贸易总量的 21.1%，其中出口占比更高达 25.9%，进口占比也高达 16.0%。③ 韩国在中国对外经贸格局中也占据重要地位，2012 年对韩贸易占中国外贸总量的比重为 6.6%。④ 韩国也是中国引进外国直接投资的重要来源国，截至 2012 年年底，韩国累计对华直接投资已达 528.9 亿美元，⑤ 韩资企业在中国经济发展中占据重要地位。在中国与周边国家的双边经济关系中，中韩经济关系是发展最快、层次最高、机制最健全，因而也是最为稳定的一对。2002～2012 年，中韩贸易由 446 亿美元增至 2 563 亿美元，10 年间增长了 4.7 倍。⑥ 保持中韩经济关系的稳定发展，是中韩双方的重要共识，也是中国周边经济外交的优先方向。韩国总统朴槿惠于 2013 年 6 月访华取得圆满成功，双方就进一步推进包括经济关系在内的双边关系发展达成多项新共识。目前中国对韩经济外交的主要方向，是在友好协商的基础上，顺利推进中韩自贸区谈判并促使其尽快建成，并以此来带动双边经济关系的全面、稳定发展。同时，稳定和发展对韩经济外交，对于中国周边经济外交总体布局也有着特殊重要的意义，尤其是对推动中日韩自贸区谈判意义更加重要。

① 中国外交部官方网站：《李克强与梅德韦杰夫共同主持中俄总理第十八次定期会晤》，http：//www. fm-prc. gov. cn/mfa_chn/wjb_602314/zzjg_602420/dozys_602828/xwlb_602830/t1091925. shtml，2013 年 12 月 27 日登录。
② 中国外交部官方网站：《习近平会见俄罗斯总理梅德韦杰夫》，http：//www. fmprc. gov. cn/mfa_chn/wjb_602314/zzjg_602420/dozys_602828/xwlb_602830/t1091841. shtml，2013 年 12 月 27 日登录。
③ 中国商务部官方网站：《国别贸易报告》，《2013 年 1～9 月韩国货物贸易及中韩双边贸易概况》，http：//coun-tryreport. mofcom. gov. cn/record/qikan. asp? id=5602，2013 年 12 月 27 日登录。
④ 国家统计局《中国统计摘要》，2013 年，第 68 页。
⑤ 中国商务部官方网站：《中（韩国）经贸关系简况》，http：//yzs. mofcom. gov. cn/article/t/201302/20130200030102. shtml；2013 年 12 月 27 日登录。
⑥ 国家统计局《中国统计摘要》2009，第 178 页；《中国统计摘要》2013，第 68 页。

机 制 篇

第五章

中国在多边国际机制中的
经济外交：多元平衡

　　在国际金融危机爆发至今的五年时间里，世界经济和金融格局正在发生深刻变化，经济复苏和金融改革也面临更为复杂的挑战。2013年，世界经济已进入了一个转变过程。全球增长进入低速挡位，经济活动的驱动因素不断变化，下行风险持续存在。一方面，美国、日本和欧元区等发达经济体的增长在逐步增强。另一方面，金砖国家——巴西、俄罗斯、印度、中国和南非，这些经济体的增长开始放缓，新兴市场经济体正从周期高峰下滑。这是由周期性和结构性原因共同作用所致。在美国退出量化宽松货币政策的措施下，新兴市场经济体在应对更加疲软的经济前景和不断加剧的国内脆弱性的同时，也经历着汇率和金融市场的过度调整。在全球化日益加重的趋势下，外部刺激对中国GDP的影响比例高达70%，国家之间的联系高度紧密，各国间相互依赖性显著提升。这对中国在多边国际机制中的经济外交意味着更多的机遇与挑战。

　　国际经济格局和全球经济治理发生深刻变化，新兴大国地位上升促成新的全球竞争与合作态势。全球经济格局的加速调整主要表现在：发达国家是危机的发源地，也是危机的重灾区，危机后其整体经济实力受到一定程度的削弱；而一批新兴经济体加速崛起，形成了梯次跟进和群体崛起的强劲势头，同发达国家实力差距进一步缩小。随着实力增长，新兴大国参与国际事务的意愿和能力迅速增强，政策协调的层次不断提升，不仅为应对危机做出了重要贡献，而且还在推进全球经济治理改革方面发挥着越来越重要的作用，成为解决全球性问题的重要利益攸关方。

　　在多边峰会机制方面，二十国集团仍然是最主要的全球经济治理平台。俄罗斯圣彼得堡峰会在协调宏观经济政策、加强全球经济治理等方面达成多项重要共识，并向世界经济释放出积极信号。会议涵盖世界经济发展现状、促进经济增长、创造就业、投资融资、完善多边贸易体系、打击逃税、国际金融体系改革、金融监管、能源政策、促进全球发展、应对气候变化和反腐等议题。此次峰会上互动明显增加，过去峰会主要是"多边"会晤，此次峰会中"双边"互动也在明显增加。

　　在多边金融机构方面，治理结构方面的份额和投票权改革仍未最终落实。IMF早在2010年年底就已通过有关治理与份额改革的方案。根据该方案，IMF的份额将增加一倍，成员的份额比重也将进行调整，约6%的份额将向有活力的新兴市场和发展中国家转移。原计划2012年IMF秋季年会前落实的治理与份额改革方案，因为拥有一票否决权的最大股东美国拖延，一拖再拖①。若 IMF 改革生效，中国将成为机构的第三大股东。目前各方在争论一种新的份额计算公式，新公式需考虑到各种因素，如国内生产总值、一国经济开放程度等。

目前的最新份额结果以 2011 年数据为计算基础，暂时仅作为今后发展趋势的提示。根据 2013 年 7 月 24 日 IMF 公布的数据显示，工业国家在 IMF 中的份额下滑到 54.7%，而新兴工业国和发展中国家的份额增至 45.3%。中国的份额提高将近 4 个百分点，目前拥有10.1% 的份额。与 2008 年相比，中国、印度和巴西的份额增幅最大。德国、美国和英国的损失最大。单个国家的份额决定其在 IMF 中的投票权，即意味着发言权。

一、2013 年多边机制的总体进展

（一）利用多边舞台展开多层面对话

1. 多边搭台，双边唱戏

当前的外交趋势之一就是多边外交和双边外交互相交织。很多双边交往当中涉及到多边问题，多边平台也为双边交往和区域性合作提供了很多机会。在俄罗斯圣彼得堡峰会期间，习近平主席积极开展首脑外交，举行多场双边会见和寒暄，其中，既有美国、德国、法国、英国等发达国家的领导人，也有俄罗斯、巴西、印度、墨西哥、阿根廷、韩国等新兴市场国家和发展中国家领导人，还有国际组织负责人。在双边会见中，他阐述了关于共同采取负责任的宏观经济政策、维护和发展开放型世界经济、完善全球经济治理等主张，推动峰会在事关世界经济增长、国际金融体系改革、维护新兴市场国家权益等重大问题上取得成果。

2. 多边机制与区域机制相互补充

在德班金砖会议上，中国与非洲多国会晤，推动构建金砖国家与非洲国家的伙伴关系，习近平主席在同非洲领导人对话会上，就金砖国家同非洲基础设施建设问题提出重要建议，并提出中国将在南南合作框架内，继续在对外援助、投融资合作等方面向非洲基础设施领域倾斜，支持非洲一体化建设。同非洲国家建立跨国跨区域基础设施建设合作伙伴关系，帮助非洲开展互联互通及资源普查的咨询、规划、可行性研究和方案设计等前期工作。

---

① IMF 理事会通常每隔五年会进行一次份额总检查。份额的任何变化必须经 85% 的总投票权批准，并需要 113 个成员签字认可，而一个成员国的份额未经本国同意不得改变。IMF 公告称，将继续高度重视为增强基金组织可信性、合法性和有效性而实施的基金组织治理和份额改革。我们敦促所有尚未批准 2010 年改革的成员国尽快批准改革。

（二）积极提升在多边机构的话语权

1. 期待国际金融机构改革进一步落实

中国在多边机制平台，敦促和呼吁尽快落实 IMF 份额改革。

2013 年 3 月，中国在金砖峰会与各国达成一致，提出迫切需要按照已有共识，落实国际货币基金组织 2010 年治理和份额改革方案，增加中国等新兴经济体份额；敦促所有成员采取一切必要手段，在 2014 年 1 月前完成下一轮份额总检查并就新的份额公式达成协议。

2013 年 4 月，国际货币基金组织春季年会上，中国人民银行周小川行长和易纲副行长出席了会议。中方表示，为增强基金组织的合法性和有效性，呼吁有关国家尽快批准 2010 年基金组织份额和治理结构改革方案，期待基金组织在 2014 年 1 月前完成新一轮份额总检查，进一步提高新兴市场和发展中国家的发言权。同时，基金组织应继续解决当前监督实践中的有关操作问题，切实发挥新监督决定应有的作用。[①]

2013 年 9 月的 G20 会议期间，中方代表对当前美国债务上限问题及近期资本市场波动可能引发全球经济放缓表示担忧，呼吁各国继续加强政策协调，促进全球经济稳定增长。同时，敦促有关国家尽快落实 IMF 份额和治理改革方案，确保按时完成第十五次份额总检查。

2. 联合国组织增加中国话语权

2013 年 6 月 24 日，联合国工业发展组织第 41 届理事会投票选举新任总干事，来自阿富汗、柬埔寨、泰国、意大利、波兰和中国等 6 个国家的候选人参加竞选。中国政府推荐的候选人、财政部副部长李勇在首轮投票中以 37 票绝对优势赢得选举，在 28 日举行的特别大会正式任命为工发组织第七任总干事。这是内地中国人首次担任联合国专门机构主要负责人。中国此次推举候选人参选工发组织总干事，体现了中国对国际发展事业，特别是推动可持续工业发展的坚定支持。今后，中国将进一步加强与工发组织的合作，推动工发组织为全球可持续工业发展做出更大贡献。

（三）以大国形象传递中国主张

1. 金砖国家，引领合作共识

"金砖四国"领导人在南非举行第五次正式会晤，也是习近平主席首次出席金砖国家领导人会晤。在 9 天时间里，他从俄罗斯零下 20℃的风雪，到非洲的炎炎烈日，出席了

① 周小川："期待 IMF 提高新兴市场国家发言权"，http：//finance. sina. com. cn/china/20130422/083015230882.shtml，2013 年 4 月 22 日，新华网，2014 年 1 月 7 日登录。

66 场活动，会晤了 32 位外国领导人，发表了 20 多次演讲或讲话，出席了 10 多场人文和公共外交活动。习主席一再表示中国将继续同金砖国家加强合作，使金砖国家经济增长更加强劲、合作架构更加完善、合作成果更加丰富，为各国人民带来实实在在利益，为世界和平与发展作出更大贡献。他的发言在到访的几个非洲国家、在金砖国家领导人峰会上均引发了共鸣。

在随后 9 月圣彼得堡的二十国集团峰会开幕前，金砖国家领导人再次聚首，习近平主席出席金砖国家领导人非正式会晤。会上，习近平表示，金砖国家要协调行动，推动即将召开的二十国集团圣彼得堡峰会取得积极成果。当前形势下，一是要共同应对好发达国家宽松货币政策外溢效应。发达国家要切实进行结构改革，把握量化宽松货币政策退出的时机、步骤、方式。中方对新兴市场国家经济有信心。二是要共同维护和发展开放型世界经济，反对贸易保护主义，维护好多边贸易体系，推动多哈回合谈判达成早期收获。三是要共同提升新兴市场国家在全球经济治理中的代表性和发言权，推动落实国际货币基金组织份额改革决定，制定反映各国经济总量在世界经济中权重的新份额公式，同时改革特别提款权货币组成篮子。要加快建立金砖国家开发银行和应急储备安排，构建金砖国家金融安全网。

2. 二十国集团峰会，兼顾各方利益

2008 年国际金融危机后的五年中，中国以自己的努力，在二十国集团中赢得了举足轻重的地位。圣彼得堡这次峰会是在国际金融危机影响依然存在，发达国家经济有所复苏，新兴市场国家经济出现减速的大背景下召开的。面对新的形势，发达国家和新兴市场国家均十分关注中国的立场和主张，关注中国经济的现状和今后的走向。

作为最大的发展中国家领导人，习近平主席准确把握世界格局变化和中国发展大势，把国情与世情的变化、发达国家与新兴市场国家的共同利益、中国的发展与全球经济增长有机结合起来，在重要多边舞台宣示主张，提出方案，推动了二十国集团峰会机制的发展和全球经济金融的治理进程。从中国角度出发，兼顾各方利益，凝聚各国共识，促进国际合作，展现出中国自信、开放、包容、负责任的大国形象。统筹国内国际两个大局，向世界发出了中国坚持推进改革开放的明确信号，展示了中国促进世界和平与发展的坚定决心。习近平主席指出，没有广大发展中国家的真正发展，就不会实现全球共同发展。要继续改革国际金融机构，推动建立公正包容的国际金融体系，增加发展中国家在全球经济治理中的代表性和发言权。习近平主席提出的重要主张得到与会各国普遍接受和认同，中方的很多观点和建议均被纳入《二十国集团圣彼得堡峰会领导人宣言》，集中发出了"中国声音"，体现了中国的话语权，提高了中国在全球经济治理中的地位与作用。

二、推动金砖国家务实合作谋改变

（一）金砖会议议题与成果

2013 年 3 月 27 日，金砖国家领导人第五次会晤在南非德班举行。中国国家主席习近

平、南非总统祖马、巴西总统罗塞夫、俄罗斯总统普京、印度总理辛格出席。五国领导人围绕本次会晤主题"致力于发展、一体化和工业化的伙伴关系"发表看法和主张。本次会议的主要议题在于，重点讨论成立酝酿已久的金砖国家开发银行、设立金砖国家外汇储备库以及促进金砖国家和非洲大陆合作等方面。

此次会晤是在国际形势继续发生深刻复杂变化、世界经济复苏面临诸多不确定因素、金砖国家在国际事务中的地位和作用继续增强的背景下举行的。各成员国都希望通过此次会晤加强各领域合作，加强在重大国际事务中的立场协调，加强相互伙伴关系。会晤期间，五国领导人先后举行同工商界早餐会、小范围会谈、大范围会谈、同非洲领导人对话会等，就世界经济形势、全球经济治理、金砖国家合作、加强金砖国家与非洲合作及共同关心的国际和地区问题深入交换了看法，达成广泛共识。会后发表了《德班宣言》和行动计划。这次会晤加强了金砖国家的合作伙伴关系，传递了金砖国家团结、合作、共赢的积极信息。会晤成果主要体现在五个方面[①]：

第一，会晤就共同关心的重大国际和地区热点问题协调了各国立场。各国均承诺支持联合国在应对全球性挑战和威胁方面发挥领导作用，呼吁根据《联合国宪章》及公认的国际法准则，通过政治、外交和对话手段解决有关国际和地区热点问题，让21世纪成为和平、安全、发展与合作的世纪。这显示了金砖国家推动国际关系民主化、维护世界和平与稳定的建设性作用。

第二，会晤在推动金砖国务实合作方面取得新进展。决定设立金砖国家开发银行、外汇储备库，宣布成立金砖国家工商理事会和智库理事会，在财金、经贸、科技、卫生、农业、人文等近20个领域形成新的合作行动计划，挖掘了金砖国家合作潜力，体现了金砖国家的活力，既能为各成员国人民带来实实在在的好处，也有利于巩固金砖国家合作的社会和民意基础。

第三，会晤就完善全球经济治理达成新的共识。各国支持俄罗斯作为2013年二十国集团主席国在推动加强各国宏观经济政策协调，促进世界经济强劲、可持续、平衡增长以及扩大就业方面作出的努力。呼吁改革国际货币金融体系，增加新兴市场和发展中国家的发言权和代表性，特别是加快国际货币基金组织份额和治理结构改革进程，本着公开、透明、择优的原则遴选国际经济金融机构负责人。这体现了金砖国家为世界经济稳定复苏传递信心，为全球经济治理增加动力的积极和建设性作用。

第四，会晤决定继续推动解决全球发展问题。各国呼吁加快推动实现千年发展目标，并在此基础上讨论2015年后的国际发展议程。强调要重视低收入国家面临的发展挑战，致力于维护粮食和能源安全、稳定大宗商品价格。支持联合国可持续发展大会成果，重申里约原则以及在消除贫困、实现可持续发展领域的政治承诺。这表明了金砖国家为广大发展中国家谋福祉，为全球发展事业作贡献的坚定决心。

第五，会晤推动构建金砖国家与非洲国家的伙伴关系。会晤以金砖国家同非洲的伙伴关系为主题，首次举行了金砖国家与非洲领导人对话会，传递了金砖国家愿与非洲国家在

① "关于金砖国家领导人第五次会晤成果评价"，2013年3月28日，http：//www.fmprc.gov.cn/mfa_chn/wjb_602314/zzjg_602420/gjjjs_612534/gjzzyhygk_613182/jzgj_613212/xgxw_613218/t1026341.shtml，2014年1月1日登录。

83

基础设施领域加强合作、促进非洲互联互通、释放非洲发展潜力的积极信号。这些金砖国家与非洲国家构建伙伴关系的积极举措，体现了金砖国家合作的开放性与包容性。

此次会晤再次表明，金砖国家合作符合和平、发展、合作的时代潮流，有利于世界经济更加平衡、国际关系更加合理、全球治理更加有效、世界和平更加持久。可以预见，金砖国家合作将继续向更高水平发展，继续在带动全球经济增长、完善全球经济治理、加强多边主义和国际关系民主化方面发挥建设性作用。各成员国普遍对金砖国家发展和金砖国家合作充满信心。

（二）中国立场：携手合作 共同发展

在金砖峰会上，国家主席习近平在南非德班举行的金砖国家领导人第五次会晤时发表题为《携手合作共同发展》的主旨讲话①，全面阐述中方的立场和主张。习近平指出金砖国家为了和平、发展、合作、共赢走到了一起，建设一个美好世界成为各方的共同诉求。为此，金砖国家应在三方面加强合作，发挥更大作用：一是坚定捍卫国际公平正义，维护世界和平稳定；二是大力推动建设全球发展伙伴关系，促进各国共同繁荣；三是深化互利合作，谋求互利共赢。

习近平强调，尽管金砖国家是一个成立刚五年的新机制，但只要各国坚定对自身发展道路、发展前景和彼此合作的信心，就一定能够取得更大成功。各国要通过加强伙伴关系把金砖各国紧密联系起来，推进和深化在经贸、金融、基础设施、人员往来等领域的合作，推动贸易领域的一体化大市场、金融领域的多层次大流通、基础设施领域的陆海空大联通、人文领域的大交流。习近平主席阐述的重要主张，得到与会领导人的高度评价。

在同非洲领导人对话会上，习近平主席就金砖国家同非洲基础设施建设问题提出四点建议：

一是共同推动非洲基础设施建设成为国际发展合作的优先领域，帮助非洲实现更快增长、创造更多就业。二是共同参与非洲跨国大项目建设，包括二十国集团和非盟及次区域组织提出的非洲项目，使之成为非洲深化经济一体化、改善民生的拉动力。三是共同促进对非洲金融合作，通过支持多边开发银行加大对非洲投入，金砖国家开发银行建立后要考虑对非业务，金砖国家金融论坛应该探讨对非合作，同非洲国家开展双边货币互换等合作，为非洲基础设施建设提供支持。四是本着可持续发展理念开展基础设施建设，使非洲既能实现经济快速发展，又能保护生态环境，做到既有金山银山又有绿水青山。

习近平主席提出，中国将在南南合作框架内，继续在对外援助、投融资合作等方面向非洲基础设施领域倾斜，支持非洲一体化建设。同非洲国家建立跨国跨区域基础设施建设合作伙伴关系，帮助非洲开展互联互通及资源普查的咨询、规划、可行性研究和方案设计等前期工作，每年为非洲培训培养300名基础设施领域的各类管理和技术人员。将在向非洲提供的200亿美元贷款额度中，优先安排用于实施基础设施项目。将通过投融资、援

---

① "习近平在金砖国家领导人第五次会晤时的主旨讲话（全文）"，外交部网站，2013 年 3 月 27 日，http: // www. fmprc. gov. cn/mfa_ chn/wjb _ 602314/zzjg _ 602420/gjjjs _ 612534/gjzzyhygk _ 613182/jzgj _ 613212/xgxw _ 613218/t1025978. shtml，2014 年 1 月 1 日登录。

助、合作等多种方式，鼓励中国企业和金融机构参与非洲跨国跨区域基础设施建设和运营管理。

习近平主席还代表中国政府宣布，中方已承诺给予同中国建交的最不发达国家97%税目产品零关税待遇，我们将在2015年内将有关措施落实到位。这将使很多非洲国家从中获益。非洲国家领导人高度评价中国为推动非洲发展发挥的重要作用，赞同习近平主席提出的关于新形势下进一步发展中非合作的重要主张，表示愿同中方共同努力，把中非战略伙伴关系推向新的水平。

三、倡导二十国集团建立新伙伴关系

（一）议题、共识与成果

1. 前期会议五大共识

为做好峰会财金政策准备工作，2013年7月19日至20日，二十国集团（下文简称G20）财长和央行行长在俄罗斯莫斯科举行峰会前最后一次会议。会议主要就全球经济形势、"强劲、可持续、平衡增长框架"、国际金融构架改革、投资融资、金融监管、国际税收合作、能源和大宗商品等问题进行了讨论。会议达成如下重要共识：

第一，全球经济增长依然低迷，复苏基础尚不稳固，各主要经济体之间复苏进度不平衡，许多国家的失业率依然居高不下。近期国际金融市场波动性上升，金融形势仍不乐观。

第二，G20成员应继续采取有力措施促进增长并创造就业，进一步推动全球经济再平衡和本国经济的内部平衡，同时继续实施结构改革，提高生产率和劳动参与率并扩大就业。

第三，发达国家必须确保财政可持续性，并按照有关承诺向G20圣彼得堡峰会提交可信的国别中期财政战略，使债务占GDP比重回落到可持续的水平，同时也要保持足够的财政灵活性，以便为经济增长和就业提供支持。各国应警惕长期实施量化宽松货币政策所带来的风险和负面影响，在调整货币政策时应认真权衡其利弊并加强沟通。

第四，G20将就IMF新的份额公式达成一致，并于2014年1月前完成第15次份额总检查。会议强调，要推动解决税基侵蚀、利润转移以及避税问题，并推动税收情报自动交换。

第五，会议还同意进一步推进金融部门改革，提高大宗商品市场透明度，以避免大宗商品价格过度波动，并促进能源基础设施投资。[①]

2. 会议成果与峰会宣言

二十国集团领导人第八次峰会于2013年9月5～6日在俄罗斯圣彼得堡举行。其峰会

---

① "二十国集团财长和央行行长会议举行"，金融时报，2013年7月22日，http://forex.jrj.com.cn/2013/07/22065115562555.shtml，2014年1月1日登录。

主题是"促进经济增长和创造就业岗位"。围绕主题还有四个分议题，包括"世界经济增长和金融稳定、就业和投资、可持续发展、国际贸易"。此次峰会最主要的成果可以概括为：

第一，对当前全球经济形势的认识达成相对共识。当前全球局势复杂，可以说处于拐点，召开这次会议让各国对当前形势的看法达成了相对共识。现阶段发达国家经济相对走稳：美国复苏，欧洲趋好，日本稳定。而由于美国退出量化宽松政策的预期，新兴市场和发展中国家内部问题凸显、外部环境发生巨大变化，面临的问题比较复杂。

第二，呼吁建设开放型的世界经济。根据联合国报告指出，参加全球价值链的国家经济增长是稳定的高速的，反对各种不同形式的贸易保护主义，推动全球化、投资与贸易一体化的开放市场。此次会议上，与会国都已认识到全球化对世界经济的影响显著，一荣俱荣、一损俱损，因此，呼吁各国开放市场。

第三，金砖国家应急储备。G20作为一个重要国际平台，此次峰会上金砖国家应急储备的亮相可以促进G20各国加强合作，推动IMF关注新兴市场。建立应急储备机制也显示了金砖国家的信心。

峰会上通过了《二十国集团圣彼得堡峰会领导人宣言》以及《圣彼得堡行动计划》，并批准了一系列文件。

宣言指出，G20在改善金融市场形势、支持世界经济复苏方面采取了一系列重要措施。美国私营部门需求增加，英国和日本经济恢复增长，欧元区经济呈现一些复苏迹象，一些新兴市场国家经济出现增速下滑。消除全球不平衡的工作还未结束。

宣言认为，尽管G20采取了一系列行动，但世界经济复苏势头还相当脆弱，世界各地区经济增速还存在较大差距，风险仍在加剧。

宣言说，刺激增长和创造就业是G20的优先任务，各成员应采取果断措施改善就业状况，推动强劲、可持续和平衡增长。

G20领导人认为，确保对基础设施和中小企业进行长期投资对加速经济增长和创造就业岗位具有重要意义。多边自由贸易有助于增强经济发展潜力，世界贸易组织成员应表现出必要的灵活性，以确保2013年多边贸易谈判能取得积极进展。

宣言还说，G20应在2014年1月底前完成国际货币基金组织第15次份额总检查。完成正在进行的国际货币基金组织治理结构改革是提高对该基金组织信任度的必要条件，因此必须尽快落实2010年国际货币基金组织份额和治理改革方案。

宣言强调，G20成员应加强在能源领域的合作，确保能源市场信息更加准确和公开，同时还应采取措施支持清洁能源发展。各成员还应共同努力保护环境、应对气候变化。

圣彼得堡宣言涵盖世界经济发展现状、促进经济增长、创造就业、投资融资、完善多边贸易体系、打击逃税、国际金融体系改革、金融监管、能源政策、促进全球发展、应对气候变化和反腐等议题。①

---

① "G20领导人圣彼得堡宣言：推动世界经济持续增长"，新华网，2013年9月6日，http://finance.sina.com.cn/world/20130906/234716691803.shtml，2014年1月1日登录。

（二）中国立场：共同维护和发展开放型世界经济

1. 中方的五大关切议题

中方在 8 月 27 日召开了 G20 峰会前的中外媒体吹风会，中国希望圣彼得堡峰会围绕主题和分议题在五个方面做出努力。

第一，体现二十国集团合作伙伴关系的精神。各方要立足本国国情和发展阶段，采取负责任的宏观经济政策，大力推进结构改革和发展方式转变，努力为世界经济带来正面的外溢效应，同时加强宏观经济政策的协调合作，努力使各国政策相互支持而不是对抗，相互补充而不是相互拆台，最终实现共同发展。

第二，改革国际金融体系。尽快落实国际货币基金组织有关份额改革的决定，如期完成份额公式调整和新一轮份额的总检查，增加新兴市场和发展中国家在国际金融机构中的代表性和发言权，继续加强金融监管，使金融体系真正依靠服务，并促进实体经济的发展，建设稳定抗风险的国际货币体系，建立金融风险防火墙。

第三，营造自由开放、公平公正的国际贸易环境，落实好历届峰会反对贸易保护主义的承诺，推动多哈回合谈判取得积极成果，实现早期受惠，推动各种区域自贸安排保持开放、包容、透明，不违反世贸组织规则，不搞排他性新标准。关于全球价值链的讨论，应有助于各方正确认识全球贸易活动，完善贸易统计方法，帮助发展中国家更多参与全球贸易活动，并帮助其得到益处。

第四，推动解决全球发展问题。中方支持二十国集团继续把发展问题作为常设议题，中方一直主张实现世界经济的复苏和增长离不开发展中国家。二十国集团在基础设施融资，对最不发达国家产品提供免关税、免配额待遇方面作出了积极努力。希望这次峰会能在致力于帮助发展中国家发展，永远做发展中国家的发展伙伴等问题上继续释放积极信号。

第五，加强二十国集团机制建设。努力使各方继续维护好、建设好、发展好二十国集团机制，凝聚各方共识，尊重各成员合理关切，推动二十国集团为世界经济增长，为全球经济治理做出贡献。

中方表示，二十国集团峰会进程启动以来，中国始终积极参与二十国集团应对国际金融危机，促进世界经济复苏，加强全球经济治理的合作。在当前世界经济增长点不足，国际金融危机风险影响依然存在的情况下，中国经济的基本面是好的。中国会继续采取负责任的经济政策，为世界经济带来更多正面效益，继续与二十国集团其他成员一道，共同促进世界经济强劲、可持续平衡增长。①

2. 峰会演讲，宣示中国理念、提供中国方案

习近平主席代表中国新一届政府在峰会第一阶段会议上作了《共同维护和发展开放型

---

① "2013 年 G20 峰会将在俄举行 中方提五点期待"，2013 年 8 月 28 日，http：//ru. people. com. cn/n/2013/0828/c355954 – 22722017. html，2014 年 1 月 1 日登录。

世界经济》重要发言，站在推动全球经济更加平衡及可持续增长的高度，提出发展创新、增长联动、利益融合等一系列新理念，倡导二十国集团成员建立伙伴关系，树立命运共同体意识，在竞争中合作，在合作中共赢。呼吁各国要采取负责任宏观经济政策，共同完善全球经济治理，维护和发展开放型世界经济。

习近平指出，当前，世界经济逐步走出低谷，形势继续朝好的方向发展。同时，国际金融危机负面影响依然存在，一些国家经济尚未摆脱衰退，全球经济复苏依然有很长的路要走。形势决定任务，行动决定成效。为此，我们要放眼长远，努力塑造各国发展创新、增长联动、利益融合的世界经济，坚定维护和发展开放型世界经济。

发展创新，是世界经济可持续增长的要求。单纯依靠刺激政策和政府对经济大规模直接干预的增长，只治标、不治本，而建立在大量资源消耗、环境污染基础上的增长则更难以持久。要提高经济增长质量和效益，避免单纯以国内生产总值增长率论英雄。各国要通过积极的结构改革激发市场活力，增强经济竞争力。

增长联动，是世界经济强劲增长的要求。一个强劲增长的世界经济来源于各国共同增长。各国要树立命运共同体意识，真正认清"一荣俱荣、一损俱损"的连带效应，在竞争中合作，在合作中共赢。在追求本国利益时兼顾别国利益，在寻求自身发展时兼顾别国发展。相互帮助不同国家解决面临的突出问题是世界经济发展的客观要求。让每个国家发展都能同其他国家增长形成联动效应，相互带来正面而非负面的外溢效应。

利益融合，是世界经济平衡增长的需要。平衡增长不是转移增长的零和游戏，而是各国福祉共享的增长。各国要充分发挥比较优势，共同优化全球经济资源配置，完善全球产业布局，建设利益共享的全球价值链，培育普惠各方的全球大市场，实现互利共赢的发展。

塑造这样的世界经济，需要二十国集团各成员建设更加紧密的经济伙伴关系，肩负起应有的责任。

第一，采取负责任的宏观经济政策。各主要经济体要首先办好自己的事，确保自己的经济不出大的乱子。这是我们最起码的责任。我们要完善宏观经济政策协调机制，加强相互沟通和协调。宏观微观经济政策和社会政策是一个整体，各国要用社会政策托底经济政策，为宏观微观经济政策执行创造条件。二十国集团财长和就业部长会议决定加强经济政策和就业政策的协调，是个正确的路子，要坚定不移走下去。在这方面，中国采取的经济政策既对中国经济负责，也对世界经济负责。中国经济基本面良好，2013年上半年国内生产总值增长7.6%。虽然中国也面临着地方政府债务、部分行业产能过剩等问题，但这些问题处于可控范围之内，我们正在采取措施解决。我们认识到，为了从根本上解决经济的长远发展问题，必须坚定推动结构改革，宁可将增长速度降下来一些。任何一项事业，都需要远近兼顾、深谋远虑，杀鸡取卵、竭泽而渔式的发展是不会长久的。中国经济同世界经济高度融合。一个经济运行更稳定、增长质量更高、增长前景更可持续的中国，对世界经济发展是长期利好的。中国有条件有能力实现经济持续健康发展，为各国创造更广阔的市场和发展空间，为世界经济带来更多正面外溢效应。

第二，共同维护和发展开放型世界经济。"一花独放不是春，百花齐放春满园。"各国经济，相通则共进，相闭则各退。我们必须顺应时代潮流，反对各种形式的保护主义，统筹利用国际国内两个市场、两种资源。我们要维护自由、开放、非歧视的多边贸易体制，不搞排他性贸易标准、规则、体系，避免造成全球市场分割和贸易体系分化。要探讨完善全球投资规则，引导全球发展资本合理流动，更加有效地配置发展资源。

第三，完善全球经济治理，使之更加公平公正。二十国集团是发达国家和发展中国家就国际经济事务进行充分协商的重要平台。我们要把二十国集团建设成稳定世界经济、构建国际金融安全网、改善全球经济治理的重要力量。我们要继续改革国际金融机构，各有关国家要进一步抓紧落实好国际货币基金组织份额和治理改革方案。要制定反映各国经济总量在世界经济中权重的新份额公式。要继续加强国际金融市场监管，使金融体系真正依靠服务促进实体经济发展。要建设稳定、抗风险的国际货币体系，改革特别提款权货币篮子组成，加强国际和区域金融合作机制的联系，建立金融风险防火墙。中国支持加强多边反避税合作，愿为健全国际税收治理机制尽一份力。

他还强调，为推动中国经济社会持续健康发展，中国将坚定不移推进改革。我们正在就全面深化改革进行总体研究，以统筹推进经济、政治、文化、社会、生态文明领域体制改革，进一步解放和发展社会生产力、解放和增加全社会创造活力。中国将加强市场体系建设，推进宏观调控、财税、金融、投资、行政管理等领域体制改革，更加充分地发挥市场在资源配置中的基础性作用。中国将努力深化利率和汇率市场化改革，增强人民币汇率弹性，逐步实现人民币资本项目可兑换。中国将坚持互利共赢的开放战略，深化涉及投资、贸易体制改革，完善法律法规，为各国在华企业创造公平经营的法治环境，通过协商解决同相关国家的贸易争端。①

四、夏季达沃斯论坛：创新势在必行

达沃斯论坛是以研究和探讨世界经济领域存在的问题、促进国际经济合作与交流为宗旨的非官方国际性机构。这些年来，论坛在大连和天津轮流举办，影响越来越大。

（一）议题与成果

1. 四大议题围绕"创新"

2013 年（第七届）夏季达沃斯论坛 9 月 11 日～13 日在大连召开，本届论坛以"创新：势在必行"为主题，具有很强的引领性和前瞻性，被誉为世界经济发展的风向标。本届达沃斯有 1 500 位商业领袖、学界和政界的嘉宾出席。本届论坛议程内容将围绕"创新"主题，具体分为四个议题②：

---

① "习近平在二十国集团领导人第八次峰会第一阶段会议上的发言"，外交部网站，2013 年 9 月 6 日，http：//www. fmprc. gov. cn/mfa_ chn/wjb _ 602314/zzjg _ 602420/gjjjs _ 612534/gjzzyhygk _ 613182/wsjt _ 613184/xgxw _ 613190/t1073568. shtml，2014 年 1 月 1 日登录。

② 新华网，http：//www. xinhuanet. com/fortune/cjzthgjj/49. htm，2014 年 1 月 7 日登录。

一是释放创新的力量，包括在技术、经济和社会快速转型的过程中，领导者应当如何学习；如何打造有利于创新和创业的生态系统；领先的创新者如何将人力资本转变为竞争优势；商业模式方面的哪些创新将颠覆行业和市场；各机构如何运用社会技术推动创新；如何推广全新的教育模式，以解决全球范围内的人才短缺问题；新的决策模式如何有助于人们在复杂的环境中游刃有余。

二是连接各国市场问题，包括高增长经济体的对外资本投资将如何改变政治和商业格局；中国发展模式的转变将如何影响全球增长；东北亚紧张的政治局势将如何影响投资、贸易和供应链；随着多哈回合谈判陷入僵局，新兴的跨太平洋和跨大西洋贸易合作计划有多大潜力；各类机构如何打造供应链的风险抵御力；在西方国家面临低增长态势的背景下，表现突出的新兴市场将如何维持增长；如何将反腐工作置于增长和发展模式的核心位置。

三是转变行业生态系统，包括为建立可持续的卫生体系，企业和政府将如何迎接这一挑战；非传统的能源革命将如何颠覆政治和行业格局；价值观和技术趋势的变化将如何颠覆现有知识产权体系；"智慧型监管"将如何促进技术的创新和传播；3D 打印和新材料将如何改变未来的制造业；各国如何释放私营部门投资潜力以建设关键的基础设施；能源、生物科技和材料领域的颠覆性创新将如何为发展"循环"经济奠定基础。

四是增强社会体系的风险抵御力，包括收入严重不平等问题正威胁着经济增长和社会稳定，如何解决这一问题的根源；自动化以及技术替代人力的现象给各国社会带来了怎样的影响；随着网络攻击日趋频繁、愈演愈烈，如何增强数字基础设施的风险抵御力；鉴于劳动密集型和投资密集型增长模式效益低下，中国是否需重新设计其发展模式；如何运用科技力量满足日益庞大的人口的发展需求？如何通过创新型解决方案维系老龄化社会；如何消除经济和政治领域高层决策者中存在的性别鸿沟。

2. 论坛主要成果

在 2013 年夏季达沃斯论坛上，全球新领军者对以创新驱动的中国未来充满期待，与会专家在以下问题上达成共识。

第一，中国改革力牵动世界。

关于中国经济的新举措、新表述接连涌现。打造"三大新的经济支撑带"、向民间资本开放新领域、明确"上下限"、中国经济奇迹"第二季"、创新宏观管理方式，中国新一轮改革路线图渐次明朗，让世界感受到中国改革的力度与温度。在不少海外人士看来，中国的改革开放面临历史性的升级。中国政府近期密集释放战略性决策，无论在变革程度、开放规模上，还是在战略布局、国际影响上，都堪与三十多年前的改革开放相提并论。

新一轮改革开放既体现为产业调整升级、多领域市场化改革、扶持民间资本、简政放权等方面的结构性、制度性质变；也体现为构建上海自贸区、打造东北、中西部、西南中南腹地经济支撑带以及推进城镇化的空间、地理延展。两者协同效应值得期待。在回应外界关切时，李克强总理表示，最新改革政策"虽然会触动一些既得利益，但是，我们会用壮士断腕的决心推进改革，做到'言必行，行必果'"。①

第二，共同呼吁拆除贸易投资壁垒。

本届达沃斯论坛释放出来的信息表明，繁荣全球贸易需要拆除投资等各种壁垒。目前中国已经成为世界经济增长的主要推动力量之一，在应对国际金融危机中也发挥了重要作用。预计未来5年中国进口将达10万亿美元，对外投资将超过5 000亿美元，出境旅游人数将超过4亿人次。中国企业海外直接投资在过去10年投资流量与存量分别年均增长47.9%和35.2%。但中国企业走出去的困难，阻力来自多方面，一是市场风险，二是政治因素。近期上海浦东自由贸易区试点方案获国务院批准，这体现了中国政府反对贸易和投资保护主义，以开放促改革的决心和务实行为。

夏季达沃斯论坛的与会者认为，各国应共同努力构建统一的多边投资规则，打破不合理的投资壁垒，为跨国投资发展提供制度保障。中方代表也提出，拆除投资壁垒的同时，更要锻造自身能力。中国无论国企还是民企的海外投资都存在三大不足：没有融入当地文化；国家支持不够；法律准备不够。这些都是企业走出去要破解的问题。②

第三，看好中国经济中长期发展，亚洲金融危机不会重演。

多位与会专家和业内人士对中国经济的中长期发展持乐观态度，并期望中国继续成为拉动全球经济增长的引擎。"中国仍在经历有意义的增长，最高决策层所致力的结构改革将激发巨大增长潜力。"IMF也预计中国2013年将实现7.5%的经济增长。

针对东南亚股市、债市、汇率均出现较大动荡，与会专家们大体都认为，虽然最近新兴市场出现资本市场的波动，但是新兴经济体在短期内并没有危机。新兴经济体的宏观经济结构比1998年金融危机时要好很多，政府债务、企业债务都很低。外汇储备、国外投资净头寸要高很多，所以没有经济危机爆发的迹象。国际货币基金组织副总裁朱民也表示，新兴经济体依然是引领全球经济发展最重要的引擎，但速度在下降。IMF会做好充分准备去应对危机，IMF已经扩大资本金一倍以上份额，同时建立双向信贷额度。如果某个国家出现短期的问题，IMF有足够的资金来帮助有短期困难的国家，特别是新兴市场国家。③

（二）中国立场：改革创新，驱动经济持续健康发展

国务院总理李克强在开幕式上发表题为《以改革创新驱动中国经济长期持续健康发展》的致辞，受到广泛关注。

关于对中国经济形势及发展前景判断，他指出，中国正处在转型升级的关键阶段，当前经济发展的基本面是好的，经济运行总体是平稳的。面对经济下行压力，我们坚持稳中

---

① "中国改革力牵动世界"，http：//news. xinhuanet. com/fortune/2013 - 09/12/c_117342532. htm，2013 年 9 月 12 日，新华网，2014 年 1 月 7 日登录。

② "中国企业家呼吁拆除贸易投资壁垒"，http：//news. xinhuanet. com/fortune/2013 - 09/12/c_117349168. htm，2013 年 9 月 12 日，新华网，2014 年 1 月 7 日登录。

③ "专家认为亚洲金融危机不会重演"，http：//finance. qq. com/a/20130914/000554. htm，2013 年 9 月 14 日，中国证券报，2014 年 1 月 7 日登录。

求进的工作总基调，采取了一系列创新性的政策措施，统筹稳增长、调结构、促改革，保证了经济平稳运行。其主要内容可以概括为以下几个方面：

第一，兼顾当前和长远，稳定宏观经济政策。经济下行时，用短期刺激政策把经济增速推高，不失为一种办法，但我们权衡利弊，认为这无助于解决深层次问题，因而选择了既利当前、更惠长远的策略，保持宏观经济政策的稳定。在财政政策方面，坚持不扩大赤字，而是调整支出结构，压缩行政开支，加快支出进度，加大对中西部地区、结构调整、保障民生的支持，对小微企业实行税收优惠。在货币政策方面，保持定力，即使货币市场出现短期波动，我们也沉着应对，不畏艰险，既不放松也不收紧银根，管理好流动性，重点通过盘活存量、用好增量，支持实体经济发展。我们还通过加强监管和规范发展，积极防范和化解财政金融领域的潜在风险。对大家都很关注的地方政府性债务问题，我们正在采取有针对性的措施，有序规范和化解。可以有把握地说，总体是安全可控的。

第二，坚定不移推进改革开放，着力激发市场活力。改革创新是一个国家发展的不竭动力。本届政府开门做的第一件大事，就是以转变政府职能为核心，大力推进行政管理体制改革。2013 年以来已取消和下放了 200 多项行政审批事项，目的是通过简政放权，把该放的权力放开、放到位，把该管的事情管好、管到位，为各类企业营造公平竞争的环境，激发市场主体创造活力。我们扩大了"营改增"试点范围，积极推动利率市场化进程、铁路等基础设施投融资体制、资源性产品价格、政府购买公共服务等领域改革。我们加快推进经济结构改革，发展混合所有制经济，在金融、石油、电力、铁路、电信、资源开发、公用事业、服务业等领域放宽市场准入，引导民间投资增长，为各类所有制企业提供更大发展空间。

中国的现代化建设要依靠改革，也离不开开放。我们不断探索对外开放的新路子，上半年与欧洲国家瑞士和冰岛签署了自贸协定，最近又与东盟领导人商议打造中国—东盟自贸区升级版。在上海建立自由贸易试验区，探索负面清单管理模式，重点在投资准入、服务贸易领域扩大开放。我们还推出了提高对外贸易便利化等措施促进进出口平稳增长。

第三，着眼转型升级，调整优化结构。中国经济已经到了只有转型升级才能持续发展的关键阶段。扩大内需是最大的结构调整，促进城乡和区域协调发展是主要任务，实现工业化、新型城镇化、信息化和农业现代化同步推进是基本途径，发展服务业是重要战略支撑：（1）积极培育新的消费热点，推动实施"宽带中国"战略。（2）加强薄弱环节建设，增加节能环保、棚户区改造、城市基础设施、中西部铁路等方面的投资，加大对集中连片特困地区的支持力度。（3）出台专门政策措施，促进养老、健康、文化、教育等服务业发展。加快实施创新驱动发展战略，大力推进技术创新，促进科技与经济深度融合，营造有利于创新创业的社会环境。

2013 年以来，中国稳增长、调结构、促改革协调推进，主要得益于宏观管理方式的创新。我们根据经济发展潜力和当前实际，科学确定经济运行的合理区间，守住稳增长、保就业的"下限"，把握好防通胀的"上限"。这也是预期调节的预警线。同时，制定与经济运行合理区间相配套的宏观政策框架。只要经济运行处在合理区间，经济总量政策就保持基本稳定，主线是转变经济发展方式，着力点是调整经济结构，关键举措仍然是推动改革创新，不断释放内需潜力、创新动力和改革红利，以激发市场活力，形成增长的内生力量，着力打造中国经济升级版。①

总而言之，中国在达沃斯论坛的多边国际机制上强调开放合作战略，向世界传递了中国新一届政府宏调思路：李克强总理反复讲到的"创新"对于连接中国和外部世界起到了非常重要的作用，这些年来，中国经济的发展从对外开放中获益匪浅，同时，中国也已经成为世界经济增长的主要推动力量，目前，欧洲、美国等发达经济体在发展过程中面临着前所未有的困难，中国在创新领域取得的成就、采取的举措值得他们学习。这对于鼓舞世界信心有重要意义，也是中国自身经济发展的长远选择。

五、未来展望与政策选择

（一）二十国集团政策协调难度加大，中国作用仍需加强

五年前，国际金融危机汹涌而至，二十国集团携手应对一次次峰会，发达国家领导人和新兴经济体领导人一起就国际经济金融事务交换看法，通过一系列重要决定，为应对国际金融危机、促进世界经济复苏发挥了重要作用，二十国集团成为国际经济合作的主要论坛。同时，二十国集团积极推动国际货币基金组织份额和世界银行投票权改革，成立更具代表性的金融稳定理事会，支持世界贸易组织在多边贸易体系中发挥核心作用，为完善全球经济治理做出了重要贡献。

然而，不得不承认，相较危机初期以二十国集团为代表的世界各国同舟共济、共克时艰，当前主要经济体却因复苏程度参差不齐，经贸、财政、金融等政策取向走向分化，全球宏观经济协调与合作的难度不断加大，这进一步增加了世界经济前景的未知与变数。事实上，二十国集团充斥着复杂的合作、争夺与冲突。西方一直谋求对二十国集团的主导。八国集团（G8）是 G20 里的核心集团。不属于 G8 的其他 G20 成员则谋求它们自己的核心集团。例如，2010 年韩国作为 G20 轮值主席国推动 G20 中的"中等强国"联合起来，试图组成"中等强国集团"（Group of Middle Powers）。面对依然复杂的国际经济形势，如果二十国集团想进一步保持自己作为国际经济合作平台的作用就需要精确找到加强宏观经济合作和协调之道，更好实现全球经济可持续平衡增长的目标，开启一个开放而公平的全球贸易体系。G20 未来能否巩固其全球经济治理领路人的地位，需要处理好以下问题：

一是组成和代表性问题，G20 在成员资格获取、合法性、代表性等问题有可能成为未来发展的"软肋"。二是决策机制问题，峰会筹备若没有长远规划，将导致在某些重大议题上缺乏连续性和一致性。三是决议落实与效力问题，毕竟 G20 成果文件对各成员不具法律约束力。四是主导权之争问题，既存在于发达与发展中国家之间，也分别存在于发达和发展中国家集团内部。五是同其他国际机构的关系，联合国、IMF、WTO 等国际机构的大

---

① "以改革创新驱动中国经济长期持续健康发展——在第七届夏季达沃斯论坛上的致辞"，外交部网站，2013 年 9 月 12 日，http：//www.fmprc.gov.cn/mfa_chn/ziliao_611306/zyjh_611308/t1075884.shtml，2014 年 1 月 1 日登录。

多数中小成员未参与 G20 讨论和决策，有"被决定"的抱怨。此外，各国经济周期和复苏步伐不一致导致整体利益可能让位于国别利益，在债务危机、贸易等问题上的分歧和矛盾扩大。如何寻求共同利益、实现共赢是 G20 能否走下去的关键。

二十国集团峰会召开五年来，中国以自己的努力，在二十国集团中赢得了举足轻重的地位。中国一直致力于全球再平衡，体现了积极和负责任的态度。中国对二十国集团具有很强的信心，并且会继续做出更多的努力促进全球经济增长。中国将继续推动 G20 进程，努力加强二十国集团成员之间的协调与合作，并将为新兴经济体在全球治理体系中寻求更大的声音和更公平的待遇。[①] 但同时也需要其他主要经济体负责任的行为，一起创建一个更加平衡的全球经济。

（二）利用金砖机制推动全球经济治理改革

现存的全球经济治理存在着许多不合理性，主要表现为西方主导，甚至垄断全球经济治理。西方处在制定和执行国际规则的地位，而非西方则处在受国际规则制约、调控的地位。国际金融制度主要反映和体现了西方的利益而忽视了发展中国家的利益。因此，自 20 世纪后期以来，改革全球经济治理一直是发展中国家在国际体系的强烈诉求。目前中国与大多数金砖国家在内的发展中国家，在改革全球经济治理上，有许多共同认识和共同要求。

1. 以南南合作为基础

作为新兴市场和发展中国家的代表，金砖国家的国际地位和作用不断提升，但在全球经济治理体系中的代表性和发言权依然不足。进一步加强金砖国家合作，将有助于维护新兴市场和发展中国家的共同利益，推动全球经济治理体系改革，使其更加平衡、高效和均衡，从而更好地维护世界和平，促进共同发展。如果这些国家今后的方向正确、措施得力，仍然可能创造新的战略机遇，取得巨大的成就。金砖合作作为发展中大国之间的合作，应该被看作是来之不易的最为重要的南南合作。若中国能同其他金砖国家一同推动该机制长期持续，将成为改革全球经济治理的最大"正能量"，全球经济治理改革将因此取得真正的历史性突破。

2. 在 G20 中协调合作

首先，目前的金砖五国均为 G20 的成员。因此，中国应利用金砖国家来推动全球经济治理的完善，一个现成的主要途径就是 G20。金砖合作机制从 2009 年以来，已经持续 5 年，且深具国际吸引力，亚洲、非洲、拉美的不少类似国家都对金砖合作机制表达了兴趣，南非在 2011 年正式加入金砖合作机制。这些发展表明，尽管金砖各国确实存在着很大的差异，在不少议题上立场相左，但这些差异的存在并非它们不能形成一个国际集团的

---

① 张军，G20's role in global economy，http：//www.chinadaily.com.cn/cndy/2013 - 08/29/content_16928046. htm，2013 年 8 月 29 日，China Daily，2014 年 1 月 7 日登录。

原因。因此，金砖国家若要在 G20 中发挥更大的作用，推动 G20 成为全球经济治理变革和完善的主要平台，就要在 G20 机制内加强协调与合作。甚至，有必要在 G20 中也以一个核心集团的面目出现，以便与 G8 和中等强国集团形成某种必要的平衡。

3. 金砖内部合作应务实

作为国际上新出现的一个重要的小型多边框架，金砖合作有助于促进以下两类务实合作：

第一类是五边合作。2012 年，金砖国家新德里峰会提出的建立"金砖国家开发银行"，而 2013 年德班峰会要讨论的建立"金砖外汇储备库"（类似于金砖基金），都属于这类合作。金砖五国在会上签署了发起应急基金的协议。基金资金将用于紧急情况，作为国际货币基金组织的替代选择。目前，金砖五国财长就创建 1 000 亿美元应急基金方面正式迈出了第一步。中国拟出资 410 亿美元，巴西、俄罗斯和印度各出 180 亿美元，南非出资 50 亿美元。由于中国是现今全球最大的外汇储备国，无疑将在未来的金砖外汇储备库的出资和管理上发挥举足轻重的作用。

如果金砖开发银行和金砖外汇储备库能够正式成立，世界银行与国际货币基金组织必然要对之做出进一步的反应，并与之进行互动。这将为金砖国家介入国际金融组织的改革提供强有力的手段。如果世界银行和国际货币基金组织能与金砖开发银行和金砖基金建立良性互动——国际金融组织与金砖合作机制的伙伴关系，则将为这两大国际金融组织的改革注入新的活力。[①] 2014 年，俄罗斯将第二次举办金砖峰会，金砖合作机制将进入第二个五年。当欧美日纷纷进行各类自由贸易区谈判之际，金砖合作要开辟新的务实合作领域：提出并启动金砖自贸区谈判。如果能进行这一谈判，对于遏制愈演愈烈的双边自由贸易安排，促进世界贸易组织重新回到全球自由贸易谈判都将产生积极作用。

第二类是金砖框架下的双边合作。很明显，金砖机制为中国改善和发展同发展中大国的双边关系提供了难得的机会。正是金砖合作机制，协助了一些需要获得改善与发展的双边关系，例如中印关系。

4. 利用金砖机制，提升 WTO 更多话语权

中国新一届政府面临的一个挑战，是在中国分享了 WTO 红利后，国际贸易规则可能发生的改变。美国和欧洲纷纷启动新的贸易协定，而中国未在邀请之列。为应对新的贸易规则，新一届政府在上海启动自贸区试验，主动探索新规则。中国需要利用金砖合作更好地在今后贸易自由化的规则制定中发出更大的声音，承担更多的责任。

在《金砖国家领导人第五次会晤德班宣言》中金砖领导人直接点名提出，"下任世贸组织（WTO）总干事应出自发展中国家的代表"。从金砖国家角度来说，发达国家在上一轮全球化中感受到的问题是产业变得越来越没有竞争优势，特别是劳动力成本的高企；相反，新兴经济体通过全球化获得了巨大的利益，这也给新兴经济体特别是金砖国家机会，

---

① 庞中英：《用金砖合作推动全球经济治理改革》，http://www.dfdaily.com/html/51/2013/3/28/968912.shtml，2013 年 3 月 28 日，东方早报，2014 年 1 月 7 日登录。

得以在本轮的全球化中接过倡导全球贸易自由化的大旗。

2013 年 5 月，来自金砖国家巴西的候选人，曾参与多哈回合谈判的巴西常驻世贸组织代表——罗伯托·阿泽维多成功当选新一届世贸组织总干事。目前，发达国家对世界贸易组织的'兴趣'在下降，转而集中精力在区域内双边、多边的贸易协定。在这样的背景下，随着传统的货物贸易在发展中国家经济中的占比也越来越大，中国和其他发展中国家应该争取一切可能在今后贸易自由化的规则制定中获得更多话语权。

（三）与国际金融机构的合作进入重要转型期

一方面，中国在国际金融组织的话语权和影响力大幅提高，为全面发挥股东国作用创造了条件。为应对国际金融危机，国际社会对国际经济治理框架进行了一系列改革，其中包括 2009 年世行投票权改革。中国在那次改革中成功跃升为仅次于美国和日本的第三大股东国，话语权和影响力大幅提高。随着 2014 年 IMF 份额改革的落实，中国也将成为 IMF 的第三大股东国。可见，我国必将以更加积极的姿态参与国际经济治理，在客观上要求我们更好地在国际金融组织这一国际经济治理的重要平台上发挥好股东国作用，做好国际金融组织新型管理者。[1]

另一方面，国际金融组织对中国的期望上升，希望与中国开展全方位合作。国际金融危机后，世行、亚行、国际农发基金、全球环境基金等相继进行增资，提高了自身财务能力，但仍不能满足全球巨大的发展融资需求。在发达国家经济普遍低迷，对发展援助的出资意愿和能力大大降低时，国际金融组织在资金方面对新兴大国特别是中国的期望增加，希望借助中国增强其资金动员规模。其中，对于金砖国家银行和储备基金等组织的设立，尽管不一定会马上挑战到这些传统机构的地位，但毫无疑问会对 IMF 和世行等既有的由西方国家主导的国际机构带来一定的竞争压力，进而也会在一定程度上加快这些机构改革的步伐。尽管金砖开发银行离正式建立尚早，但世界银行却在第一时间对这一提议表示了"欢迎"，并主动表示愿意在减贫、提高发展中国家福祉等方面开展"紧密合作"。这也凸显了这一目前仍由西方国家主导的国际金融机构对于类似"金砖开发银行"等新兴国际机构的重视。[2]

此外，我国改革开放以来的快速发展以及有效应对亚洲金融危机和国际金融危机的经验，已日益成为国际社会关注的核心和世界经济的希望。同时，国际金融机构还希望通过参与中国下一步的改革和发展实践，搭上中国未来发展的快车，保持其在国际发展理念、政策和实践领域的领先地位。

因此，中国应更加注重提高开放型经济水平，提升合作层次，实现党的十八大报告对全面提高开放型经济水平提出的互利共赢、多元平衡、安全高效三项具体要求。

---

[1] 郑晓松：《探索与国际金融组织合作的新思路》，载《中国财政》，2013 年第 8 期，http://gjs. mof. gov. cn/pindaoliebiao/ldjh/201305/t20130514_867700. html，财政部网站，2014 年 1 月 7 日登录。

[2] "金砖抱团倒逼现行国际机制改革"，上海证券报，2013 年 3 月 28 日，http://world. xinhua08. com/a/20130328/1144663. shtml，2014 年 1 月 1 日登录。

第六章

中国在区域合作组织中的
经济外交：转型升级

一、中国改革发展新起点与区域合作新思路

中国新一届领导集体向全世界明确表达了中国继续深化改革、扩大开放的决心，中国新一轮开放战略的重要内容，就是要统筹双边、多边、区域、次区域开放合作，加快实施自由贸易区战略，推动同周边国家互联互通。

（一）中国改革发展的新起点

党的十八大确定了到 2020 年实现国内生产总值翻番的目标，新一代领导人也明确提出了实现中国梦的理念，实现这些目标都离不开中国经济持续稳定的增长。而当前和未来一个时期，能源资源约束提升、人口结构变化造成的人口红利消失、环境保护压力加大等因素，都使中国的潜在经济增长率下降。中国经济已经进入新的发展阶段，中国要前进，就要全面深化改革开放，就要统筹推进经济、政治、文化、社会、生态文明建设等领域的改革，通过改革为经济发展增添新动力。在此背景下，中国将逐步实现从出口导向转向依靠内需增长模式，在此过程中，中国需要稳定的国际市场支持，实现中国经济增长模式的平稳过渡。

党的十八届三中全会对在新的历史起点上全面深化改革做出重大战略部署，全会通过的《中共中央关于全面深化改革若干重大问题的决定》（以下简称《决定》）指出："适应经济全球化新形势，必须推动对内对外开放相互促进、引进来和走出去更好结合，促进国际国内要素有序自由流动、资源高效配置、市场深度融合，加快培育参与和引领国际经济合作竞争新优势，以开放促改革。"改革开放 30 多年来，中国经济取得成功的一个因素，就是逐步融入地区经济，与世界或地区经济形成双边、多边以及区域范围的良性互动。比如，亚太地区作为当前世界经济增长的重要推动力量，不论是规模庞大的区内贸易，还是以大量国际直接投资为纽带的成熟的地区生产网络，都对中国具有重要意义。[①] 因此，亚太合作绝不仅仅是简单的区域经济一体化，亚太合作的经济意义更在于它为中国转变经济

---

① 王玉主：《博鳌：论道东亚合作》，载《中国报道》，2013 年第 4 期总第 110 期，第 48~49 页。

增长方式，向以内需为主导的经济模式转变提供了中间过渡。①

改革、开放是建设中国特色社会主义的主题，改革开放的中国需要一个开放的国际环境。通过改革开放，中国转变为世界制造业大国，但中国占据产业链中游，两头在外，受制于人便成为必然。这一结构只能通过不断的改革开放，通过结构调整和产业转移逐步进行改变。世界金融危机的发生使中国调整经济结构，转变增长方式的意识进一步加强。所以，在今后很长时间内，中国仍不可避免地面临各种各样的贸易壁垒，在全球和地区范围内追求贸易自由化符合中国的利益。

（二）中国区域合作的新思路

中国根据对内外形势发展趋势和全球战略态势的判断，已经基本确立了未来10年中国外交的基本方向和任务。中国在继续维护国家利益的同时，将努力稳定和拓展周边睦邻友好关系，增进与有关国家的战略互信，提升与周边国家关系；大力加强与发展中国家友好合作，传承友谊、增进互信、推进合作、共谋发展；倡导人类命运共同体思想，维护世界和平与安全，促进人类发展和进步，并在解决全球性问题和挑战等领域与相关国际组织深度合作。

1. 倡导人类命运共同体的构建

在全球化、信息化时代，世界各国日益超越疆域的阻隔而共处一个地球村，在分享时代进步带来的成果的同时，也面临共同的挑战。国际社会比任何时候都更加需要跨国合作和全球治理，从而有效应对全球性挑战。② 国际社会的利益共同体、利害共同体和命运共同体的意识正在不断增强。世界各国在追求本国利益时兼顾他国合理关切，在谋求自身发展中促进各国共同发展，不断扩大共同利益汇合点。

超越具体利益的认同更加高级。与"利益共同体"相比，"命运共同体"是一个全面性的超越。党的十八大报告首次将"倡导人类命运共同体意识"写入国际外交部分，从强调"中国的和平发展"演变为"人类的共同命运"。从一个国家到全人类，从利益相关到命运相连，对"命运共同体"的强调显示十八大以来中国国际外交路线更为主动与开放③。中国在同周边国家共同发展时深切地认识到，亚太之大容得下大家共同发展，中国要以更加开放胸襟和积极的态度促进地区合作。中国在处理同域内邻国关系时如此，在对待域外大国在地区的合理合法利益时如此，在共建区域性和次区域性合作机制时也是如此。

一年多来，中国和国际社会一道，深化区域合作共赢，构建人类命运共同体。2013年10月3日，习近平主席应邀在印度尼西亚国会发表题为《携手建设中国—东盟命运共同体》的演讲，全面提升双方关系。在出席亚太经合组织第21次领导人非正式会议时，习

---

① 沈铭辉：《东亚合作：保障经济转型的外部制度架构》，载《国际经济合作》，2013年第5期，第4~8页。
② 杨洁勉：《和平发展的中国特性和世界共性》，上海国际问题研究院，2013年12月9日，http://www.sis.org.cn/index.php? m = content&c = index&a = show&catid = 22&id = 396，2014年1月2日登录。
③ "中国—东盟'命运共同体'：超越具体利益的认同"，光明网－国际观察频道，2013年10月19日，http://int.gmw.cn/2013－10/19/content_9222775.htm，2014年1月2日登录。

近平主席向人们描绘了亚太共同发展的愿景图，提出构建"亚太命运共同体"的路线图。亚太地区应该谋求共同发展、坚持开放发展、推动创新发展、寻求联动发展。我们要牢固树立亚太命运共同体意识，形成各经济体良性互动、协调发展的格局。

2. 加快中国自贸区战略升级

中国自 2001 年加入世界贸易组织以来，作为对外开放战略的重要内容之一，开始积极推进与经济体之间的自贸区建设。实施自贸区战略对于推动中国与贸易伙伴的贸易和投资快速发展、促进国内经济增长与结构调整、加强区域成员之间互利共赢的经济合作关系起到了十分重要的作用，同时也彰显了中国和平发展和对外开放的积极姿态，为赢得本国在区域和国际事务中的话语权与影响力、营造良好外部环境做出了贡献。

但是，与一些发达国家主导的自贸区相比，中国参与的自贸区在开放领域、自由化程度、经济规模等方面具有一定局限性，贸易创造效应和便利化成果相对有限、自贸区建设进展落后于周边主要国家。尤其是在美国主导的跨太平洋伙伴关系协定（TPP）正式谈判启动、中国暂时难以参与其中的条件下，中国面临的竞争压力进一步加大。

《决定》指出："坚持世界贸易体制规则，坚持双边、多边、区域次区域开放合作，扩大同各国各地区利益汇合点，以周边为基础加快实施自由贸易区战略。"以周边为基础加快实施自贸区战略，主动参与新议题谈判，形成面向全球的高标准自贸区网络。[①] 党中央和国务院高度重视自贸区建设工作，早在十七大就明确提出"实施自由贸易区战略"，十八大再次提出"加快实施自由贸易区战略"，十八届三中全会又提出要"加快自由贸易区建设"，"形成面向全球的高标准自由贸易区网络"，凸显了中央对推进自贸区建设的坚定决心。目前，中国已经同 20 个国家和地区签署了 12 个自由贸易协定，正在谈判自贸协定有 6 个，其中大多数自由贸易伙伴是亚太经合组织成员。[②] 近年来，中国大力推动中日韩自贸区和区域全面经济伙伴关系协定（RCEP）谈判，积极倡议打造中国—东盟自贸区升级版，推动东亚区域经济一体化进程。

3. 确定区域合作战略优先顺序：邻国优先 首脑驱动

中国主要从加强合作框架与缓和权益冲突等方面改善周边环境。[③] 首先，中国将坚定不移地把东盟国家作为周边外交的优先方向。2013 年 4 月，中国新任外交部部长王毅访问泰国时提出对东盟关系的"三个坚持"：坚持把加强与东盟睦邻友好合作作为周边外交的优先方向，坚持不断巩固深化与东盟的战略伙伴关系，坚持通过友好协商和互利合作妥善处理与东盟国家间的分歧和问题。9 月 3 日，李克强总理在第十届中国—东盟博览会和中国—东盟商务与投资峰会上宣布，中国对东盟的睦邻友好政策绝不是权宜之计，而是长期

机
制
篇

---

① 高虎城：《全面提升开放型经济水平》，载《求实》，转引自商务部网站，2013 年 12 月 16 日，http：//www.mofcom. gov. cn/article/ae/ai/201312/20131200426402. shtml，2013 年 12 月 22 日登录。

② "商务部召开'自贸区建设'专题新闻发布会"，中国自由贸易区服务网，2013 年 12 月 5 日，http：//fta. mofcom. gov. cn/article/ftanews/201312/14674_1. html，2013 年 12 月 22 日登录。

③ 杨洁勉：《中国外交的战略新思维和政策新调整》，上海国际问题研究院，2013 年 11 月 4 日，http：//www.siis. org. cn/index. php？m = content&c = index&a = show&catid = 22&id = 364，2013 年 12 月 22 日登录。

坚持的战略选择。要本着互惠互利的原则同周边国家开展合作，编织更加紧密的共同利益网络，把双方利益融合提升到更高水平。从丝绸之路经济带到 21 世纪海上丝绸之路，再到中国—东盟自贸区升级版……新一届中央领导集体提出的一系列目标秉承一个理念：与周边国家携手打造互利共赢的利益共同体。让周边国家得益于我国发展，使我国也从周边国家共同发展中获得裨益和助力。①

其次，中国主张通过和平谈判的方式来解决地区内争端。对暂时解决不了的争议和问题，可以搁置争议，先在可以合作的领域进行合作和共同开发。在找到解决问题办法之前，各方保持克制，不做可能制造或激化矛盾的事情。没有和平稳定的战略环境，经济发展和合作就无从谈起。亚太经合组织、东亚峰会、东盟＋中、日、韩等合作机制大多数成员对此正在形成共识。

二、2013 年中国区域经济外交的总体进展

从 2013 年 3 月起，习近平主席和李克强总理先后出席了上合组织峰会（9 月）、APEC 峰会（10 月）和东亚领导人系列峰会（11 月）等重要区域合作机制，着力推进合作，为促进共同发展提供有效途径。最重要的是传递了中国将坚定不移以"互利共赢"理念开创周边外交新局面、把中国的发展寓于亚太的共同发展与繁荣的战略思路。②

（一）推动东亚经济合作制度建设进程

由东盟领导人会议、中国—东盟领导人会议（"10＋1"）、东盟与中日韩领导人会议（"10＋3"），以及东亚峰会（"10＋8"）组成的东亚领导人系列峰会在坚持互利、合作、共赢基础上，继续探讨如何实现地区经济稳定增长，深化区域合作，推动各合作机制良性互动与协调发展。当前，国际和地区形势中仍存在诸多不确定因素，推动东亚合作不仅是中国的需要，也是其他东亚国家共同的要求。本次系列峰会取得的积极成果积极具体而又丰富，将指导东亚地区经济一体化进程健康发展。

1. 提出中国—东盟 "2＋7 合作框架"

国务院总理李克强于 2013 年 10 月 9 日出席第 16 次中国—东盟领导人会议，提出了深化战略互信，拓展睦邻友好和聚焦经济发展，扩大互利共赢两项原则共识以及 7 个重点领域的合作，即以 "2＋7" 模式框定中国—东盟未来关系的发展路径。同东盟国家领导人共同发表了《纪念中国—东盟建立战略伙伴关系 10 周年联合声明》。李克强指出，当前中国与东盟关系已进入成熟期，合作已进入快车道。中国和东盟要进一步深化两点政治共识，

---

① 李光辉：《中国—东盟战略伙伴关系与经贸合作十年回顾与前景展望》，载《国际经济合作》，2013 年第 9 期，第 4~6 页。

② 何丽非："用'互利共赢'理念打造亚太命运共同体"，中国新闻网，2013 年 10 月 19 日，http：//www. chi-nanews. com/gn/2013/10－19/5400339. shtml，2014 年 1 月 5 日登录。

一是推进合作的根本在深化战略互信，拓展睦邻友好；二是深化合作的关键是聚焦经济发展，扩大互利共赢。李克强提出的两点共识呼应了东盟国家的关切，也向中国国家传递出中国走和平发展道路的信号，对中国与东盟国家关系未来十年乃至更长时间的发展起到承前启后的引领作用。李克强所阐述的七个合作领域，包括积极探讨签署中国—东盟国家睦邻友好合作条约、启动中国—东盟自贸区升级版谈判、加快互联互通基础设施建设、加强本地区金融合作和风险防范、稳步推进海上合作、加强安全领域交流与合作以及密切人文、科技、环保等交流。

李克强总理提出的中国—东盟"2+7合作框架"与习近平主席所提"命运共同体"理念一脉相承，是中国新一届政府对今后十年中国—东盟关系发展的政策宣示。这有利于指引中国—东盟开展各层级、各领域的务实合作，为中国与东盟关系的全面升级打下坚实基础。东盟国家领导人对李克强总理所提倡议表示高度赞赏和欢迎，表示东盟从战略高度重视和发展对华关系，珍视与中国长期积累形成的合作成果，愿与中方本着相互信任和互利共赢精神，规划好双方关系未来发展，深化各领域务实合作，为东盟–中国关系下一个十年的发展创造有利条件。

2. 推进"10+3"金融合作制度建设

"10+3"国家作为东亚合作的重要力量，合作取得积极成果，特别是在金融合作、外汇储备库调度方面有一些协议，在泰国清迈大学达成的清迈倡议等等，为整个这个地区的金融合作搭起了一个框架。但是，有许多的制度性的成果，实际使用的情况现在并不太多。李克强指出，当前"10+3"财金合作重点是进一步提高清迈倡议多边化的有效性、将"10+3"宏观经济研究办公室升级为国际组织以及稳步推进亚洲债券市场深入发展。

进一步促进地区互联互通建设和经济一体化进程，是中国深化与东盟关系的具体举措。但是，本地区发展中国家的基础设施缺口很大，成为制约经济发展的瓶颈。因此，中方倡议筹建亚洲基础设施投资银行，愿向包括东盟国家在内的本地区发展中国家基础设施建设提供资金支持。将亚洲国家的投资引向基础设施建设，既有利于盘活东亚地区大量的过剩储蓄和外汇储备，将其转化为有效投资，又有利于拉动经济增长，进一步提速区域各经济体在公路、铁路、航运、油气管道等方面的互联互通，还可在地缘政治、安全上将各方更加紧密地联系在一起。值得注意的是，亚洲基础设施投资银行的建立将推动中国与周边国家在金融领域的合作，而深化金融合作正是目前推动东亚经济一体化的重要契机和重点领域。在东盟与中国经济周期相关性逐渐提升，而与发达国家却明显错位的经济新特征日趋明显的情况下，中国和东盟加强金融合作，扩大双边本币互换和结算规模势在必行。金融将与生产和贸易一起构成"互利共赢"推进双方经济持续发展的两个轮子。

3. 推动落实《东亚峰会金边发展宣言》行动计划的制定

在东亚峰会上，李克强总理重申峰会坚持领导人引领的战略论坛性质，坚持协商一致、循序渐进、照顾各方舒适度等既定原则，并行推进经济社会和政治安全对话与合作。东亚峰会成立八年以来，秉持东亚合作的开放包容精神，已成为东亚、亚太与印太合作对接、促进大国良性互动的平台。我们要秉承传统并发扬光大，保持稳定发展势头，妥善处理制约发展的问题，管控好分歧，营造有利于和平安全发展的环境。中方积极推动制定"落实《东亚峰会金边发展宣言》行动计划"，加强能源与环保、教育、金融、公共卫生、灾害管理、东盟互联互通六个重点领域合作。

加强战略对话与合作、共同维护地区和平与稳定，开展务实合作，促进地区融合，这是本届东亚峰会传递出的积极信息。与会领导人重点讨论了粮食安全、能源安全、气候变化、灾害管理、流行病控制，以及国际热点及地区问题等，并达成广泛共识。作为本届东亚峰会的具体成果，会议发表了《第八届东亚峰会主席声明》和《东亚峰会关于粮食安全的宣言》。会议强调，可持续的粮食安全是东亚峰会实现长远目标的一个重要组成部分，对本地区人民的生活有着直接影响。同时，粮食安全也与环境、能源、全球卫生和互联互通等众多东亚峰会合作的关键领域密切相关。本届东亚峰会讨论的议题以及取得的具体成果，体现了东亚峰会机制坚持务实合作、循序渐进、经济优先、民生优先，并妥善处理制约发展的重大问题的原则，符合东亚峰会的发展方向。

4. 积极参与 RCEP 谈判

东盟在 2012 年 11 月召开的第 21 次领导人会议上宣布了区域全面经济伙伴关系协议谈判的指导原则，并把 2015 年年底设定为谈判结束的时限。2013 年，RCEP 共举行两轮谈判，确定了谈判的职责范围，并成立了货物、服务和投资工作组以及原产地规则及海关程序与贸易便利化两个小组。此外，各方还就经济合作、知识产权和竞争政策等议题展开了磋商。

RCEP 首轮谈判于 2013 年 5 月在文莱举行，迈出了通往东亚区域经济一体化的实质步伐。16 国正式成立了货物贸易、服务贸易和投资三个工作组，并对工作组的工作规划、职责范围、未来可能面临的挑战等议题进行磋商。2013 年 9 月 23～27 日，RCEP 第二轮谈判在澳大利亚举行，召开了贸易谈判委员会和货物贸易、服务贸易、投资等三个工作组会议，各方还就经济技术合作、知识产权、竞争政策和争端解决等议题进行了信息交流。[1]到目前为止，参与谈判的所有成员国都表现出了积极的态度。[2]

中国国务院总理李克强在文莱出席第 16 次中国—东盟（"10+1"）领导人会议、第 16 次东盟与中日韩（"10+3"）领导人会议和第八届东亚峰会时均提到要推动 RCEP 谈判。中国愿与东盟一道，推动 RCEP 谈判，深化本地区的经济融合。对于不包括中国的 TPP 和不包括美国的 RCEP 在亚洲如何相处，这既是经济和自贸区安排问题，也涉及战略安全和战略互信。对此，中国领导人强调，区域经济一体化应坚持开放、包容、透明的原则。"RCEP 与 TPP 可以交流互动，相互促进"。

5. 稳步推进中日韩自贸区建设

2013 年，中日韩三方举行了三轮谈判，成立了 15 个工作组和专家组，全面铺开各项

---

[1] "RCEP 第二轮谈判在澳大利亚举行"，中国自由贸易区服务网，2013 年 9 月 29 日，http://fta.mofcom.gov.cn/article/ftanews/201309/13875_1.html，2013 年 12 月 12 日登录。

[2] 根据商务部网站新闻发布，2014 年 1 月 20 日，RCEP 第三轮谈判在马来西亚吉隆坡举行，此轮谈判的重点内容包括市场准入模式、协定章节框架和相关领域案文要素等。

工作，深入开展各领域谈判。三方就谈判的基本模式和框架范围进行了讨论，除个别核心分歧外，基本完成了货物贸易模式文本的磋商工作。①

2012年11月柬埔寨金边举行东亚峰会期间，中日韩三国经贸部长宣布启动中日韩自贸区谈判，并于2013年3月在韩国首尔完成了首轮谈判。在第一轮谈判中，各方围绕自贸区谈判的机制安排、范围和方式等问题进行了讨论。7月30日至8月2日，中日韩自贸协定（FTA）第二轮谈判在上海举行。第二轮谈判就货物贸易、服务贸易、原产地规则、海关程序和便利化、《世界贸易组织贸易技术壁垒协议》/《实施卫生与植物卫生措施协定》（TBT/SPS）、竞争政策、知识产权、电子商务等议题进行了磋商和交流。11月26～29日，中日韩自由贸易区第三轮谈判在日本东京举行，本轮谈判在货物贸易减让模式、服务贸易和投资开放方式、谈判范围和领域等议题开展了讨论②。三方就"力争在2014年年底之前力争达成实质性协议"一事达成一致。

中国最早提出构建中日韩自贸区。自贸区的建立将不仅有助于三国的市场更加开放，而且一体化水平的提升将有利于促进投资和贸易结构的调整和重构，增大经济空间的容量，加快经济结构的转型和升级。尽管政治上困难重重，但还是开始了谈判，这意味着东亚合作制度安排开始了新的历程，从这一点上也证明了中日韩FTA的价值。中国表示希望与日韩两国共同努力，尽早取得积极的效果。

（二）提出创建活力亚太、全球引擎的规划和措施

亚太经合组织第二十一次领导人非正式会议的主题是"活力亚太、全球引擎"，中国国家主席习近平首次亮相APEC峰会，发表《发挥亚太引领作用，维护和发展开放型世界经济》的讲话，提出了四个愿景，亚太地区应该谋求共同发展、亚太地区应该坚持开放发展、亚太地区应该推动创新发展、亚太地区应该寻求联动发展。倡议重新强调落实"茂物目标"，强调构建"亚太自贸区"，决心推进互联互通建设。在当前世界经济复苏势头还比较脆弱、亚洲部分国家增速放缓、出现金融市场波动形势下，各方对这次会议的成果有很高的期待。

1. 倡导发展开放型经济，重申"茂物目标"重要性

在国际经济金融危机的背景下，一些经济体纷纷采取贸易保护主义，尤其是在全球范围针对新能源等环境产品的限制措施层出不穷。中国始终坚定支持多边贸易体制和多哈回合谈判，主张APEC各经济体应通过协商与对话，预防和化解贸易摩擦。在2013年10月的APEC第二十五届部长级会议上，中国提出了环境产品与服务的公私对话机制并得到了各方的支持。本次亚太峰会继续承诺在2020年前实现《茂物宣言》中关于自由与开放贸易和投资的目标，并就达成该目标提出了新的评估和促进原则，特别指出必须弥补域内不

机
制
篇

---

① "2013年商务工作年终述评之六：我国自贸区建设取得积极进展"，商务部网站，2013年12月7日，http://www.mofcom.gov.cn/article/ae/ai/201312/20131200416126.shtml，2013年12月12日登录。

② "中日韩自贸区第三轮谈判在日本东京举行"，中国自由贸易区服务网，2013年11月17日，http://fta.mofcom.gov.cn/article/ftanews/201312/14774_1.html，2014年1月6日登录。

同经济体的发展鸿沟，加强经济技术合作。此次会议重提茂物目标的重要性并发出积极的倡议，彰显了发展中成员实现贸易投资自由化的决心和信心。

此次 APEC 会议达成的共识对于世界贸易组织的多哈回合谈判取得进展起到了一定的积极推进作用。认识到多哈发展议程谈判正处于关键时刻，对构建更广泛的多边体系具有重要意义。会议发表了一份单独声明——《支持多边贸易体制和世界贸易组织第九届部长级会议声明》：反对削弱贸易并延缓全球经济复苏的贸易保护主义措施。我们将维持现状的承诺延长至 2016 年年底，并重申我们承诺取消保护主义性质和扭曲贸易的措施。我们也坚决反对内向型政策，并且继续最大限度地克制实施可能会进一步阻碍世界经济复苏和国际贸易扩张的措施。

当前，亚太地区自贸区发展迅速，区域经济一体化呈现多渠道并行发展局面。中国对于各种区域合作机制和各谈判组合均持开放立场，呼吁各方在开展自贸区建设时要秉持开放、包容、透明原则，尤其对发展水平不同的经济体，要体现灵活性，使各经济体在一体化路径上有更多选择。亚太经合组织要发挥交流平台作用，推动各个自贸区形成互为借鉴、相互促进、彼此融合的局面，为最终实现亚太自贸区创造有利条件。

2. 重申区域经济增长的可持续性与公平性

早在 2010 年，APEC 领导人非正式会议在《APEC 领导人增长战略》中提出，增长战略包括平衡、包容性、可持续、创新与安全五方面内容，同时提出了增长战略的行动计划。为老话题增加新内涵是此次峰会的特点。APEC 各经济体一致认为，必须通过建立区域性的伙伴关系，创造更有质量和成效的就业，吸引私人投资，减少贫困，提高人民生活水平，共同致力于促进亚太地区的可持续和包容增长。为此，APEC 计划采取扩大妇女参与、提高中小企业竞争力和融资以及加强执法等举措。[①]

在国际金融危机的冲击下，许多亚太国家都经历了巨大挑战，亚太国家要激发新的活力，不仅需要大力推动开放、切实加强合作，更需要锐意推进改革。当前，APEC 各个经济体都面临结构性的调整和发展方式的转变。发达经济体过高的债务负担，过低的实体经济成分，经济金融化的趋势都有很严重的隐患。他们采取大幅度量化宽松的手段是不可能持久的，采取的一些贸易保护主义政策和设立排他性的经济贸易区的安排，都有失公平。而发展中经济体的外贸依赖程度过高，环境代价过大，资源消耗过多，这些也都是不可持续的。因此，无论是发达经济体还是发展中经济体，都在寻求新的增长动力，都把可持续经济增长作为重要目标。

在峰会上，习近平主席还向世界阐述了中国经济的现状和走向以及亚太地区的经济走向。一是亚太地区谋和平、求稳定、促发展的共同愿望没有改变。二是亚太地区在世界政治、经济版图中作用和地位持续上升的趋势没有改变。三是经济持续快速增长的动力和潜力没有改变。中国正在进行深刻的方式转变和结构调整，要坚持改革开放正确方向，切实做到改革不停顿、开放不止步。在许多国家唱衰亚太、唱衰中国的背景下，这种表态具有重要意义。

---

① 赵江林：《亚太经合组织：新阶段 新方案 新主角》，载《当代世界》，2013 年第 11 期，第 42～44 页。

3. 构建亚太互联互通新格局

为满足亚太地区对互联互通建设需求，2013 年 APEC 领导人峰会提出建成一个"无缝、全面联通和融合的亚太地区"，并针对基础设施互联互通的开发和投资制定了未来三年的行动计划，重点放在解决基础设施项目融资方面。中国提出要建立"亚太命运共同体"，那么命运共同体的基本实现条件就是要"互联互通"。此次会议将赋予互联互通更多新的内容，既包括贸易投资自由化和便利化，也包括经济技术合作，具体领域涉及以往 APEC 推进的基础设施建设、供应链问题、电子商务等。

一要构建覆盖太平洋两岸的亚太互联互通格局，以此带动建设各次区域经济走廊，进而打造涵盖 21 个经济体、28 亿人口的亚太大市场，保障本地区生产要素自由流通，稳步提升太平洋两岸成员协同发展水平，实现一体化。二要打通制约互联互通建设的瓶颈，建立政府、私营部门、国际机构广泛参与的投融资伙伴关系。中国愿意积极探索拓展基础设施建设投融资渠道，倡议筹建亚洲基础设施投资银行。三要在区域和国际合作框架内推进互联互通和基础设施建设，各成员应该秉持互利互惠、优势互补理念，坚持开放透明、合作共赢原则，加强沟通交流，积极参与合作。四要用互联互通促进亚太地区人民在经贸、金融、教育、科学、文化等各领域建立更紧密联系，加深彼此了解和信任。

APEC 部长级会议已经充分认识到互联互通对经济发展的重要意义，承诺 2015 年前将实现本地区供应链绩效提高 10% 的目标，帮助确保 APEC 和全球贸易的增长，使各成员需求增加，并为全球经济恢复奠定基础。[①] 在基础设施建设互联互通方面，APEC 承诺根据《基础设施建设和投资多年期计划》，合作开发、维护和更新基础设施硬件。

（三）推动上合组织务实合作转型升级

2013 年 11 月 28 日至 29 日，中国国务院总理李克强赴乌兹别克斯坦首都塔什干出席上海合作组织成员国总理第十二次会议。面对当今世界政治经济形势的复杂变化，上合组织处于继往开来的关键时期，成员国"求合作、谋发展、促稳定"的共同愿望日益增强。进一步协调各方利益、凝聚共识、激活务实合作成为上合组织发展面临的最迫切问题。"我们在变化中要保持传统，坚持原则，也要拓展合作方式共同迎接挑战。"

1. 进一步充实务实合作内容

李克强总理针对深化上合组织务实合作提出"六点倡议"：深化安全合作，加快道路互联互通，促进贸易和投资便利化，加强金融合作，推进生态和能源合作，扩大人文交流。上述倡议包括 21 项具体合作建议，紧扣安全、经济、人文三大重点领域，旨在打造安全、便利、互惠和绿色的发展环境，推动上合组织务实合作转型升级。其中关于设立中国—欧亚经济合作基金，推进建立上合组织开发银行，建立上合组织环境保护信息共享平

---

① 宫占奎："活力亚太，全球引擎"，人民日报，2013 年 10 月 6 日，http://www.qstheory.cn/gj/gjgc/201310/t20131006_276347.htm，2014 年 2 月 8 日登录。

台，开展核电和新能源领域合作等建议，都是中方着眼上合组织长远发展提出的重大举措，必将大大充实该组织务实合作的内容。

2. 发表《成员国总理关于进一步开展交通领域合作的联合声明》

上合组织六国总理就专门领域合作发表单独声明尚属首次。《声明》强调推动上合组织交通运输合作的重要性，提出挖掘成员国过境运输潜力的必要性，要求通过互联互通提高相互投资和贸易合作水平。《声明》指出，尽快签署《上合组织成员国政府间国际道路运输便利化协定》是该组织当前的优先任务，为交通领域合作设立了具体目标，体现了六国对"要想富、先通路"这一朴素经济原理的一致认识，必将对本地区加快交通基础设施建设及运输领域合作产生积极影响。总理们强调，当前的关键任务之一，是尽快签署《上海合作组织成员国政府间国际道路运输便利化协定》（以下简称《协定》），以促进本地区道路运输发展，提高本组织成员国间过境运输潜力，提高相互贸易及投资额。李克强总理在会议期间同成员国总理广泛交换意见，提出互联互通是上合组织深化务实合作的基础，为通过《声明》发挥了重要影响。

3. 多边融资保障机制取得新进展

为加强金融合作，应发挥好上合组织银行联合体作用，推进建立上合组织开发银行，为成员国互联互通与产业合作提供融资支撑。各国总理批准通过了《关于成立上合组织开发银行和发展基金（专门账户）下一步工作的决议》。成立上述银行和基金是中方在2012年上合组织北京峰会上提出的倡议，旨在建立持续稳定上合组织多边融资保障机制，为重大合作项目提供融资支持，其得到成员国广泛支持并建立了专家工作组。此次总理们通过专门决议，肯定了上一阶段各方专家工作成果，提出就协商成立上述机制基本原则等问题继续加紧工作的要求，使两机制朝着建立的目标又迈出了坚实的一步。[①] 成员国都在"丝绸之路经济带"上，各方深化务实合作，互联互通是基础。希望各方积极参与新亚欧大陆桥和"渝新欧"国际铁路联运通道建设，进一步畅通从东到西的大通道，中方愿为此提供技术、装备、融资等支持。

4. 设立"中国—欧亚经济合作基金"

中国将设立面向上合组织成员国、观察员国、对话伙伴国等欧亚国家的"中国—欧亚经济合作基金"，欢迎各方积极参加。"中国—欧亚经济合作基金"是在金融合作下的新举措。这一基金面向所有上合组织成员国、观察员国、对话伙伴国等欧亚国家开放，体现了中方的担当和责任，是本次会议的一大亮点。在金融危机影响仍未消除的情况下，上合组织成员国都在致力于发展本国经济，而缺乏有效的融资平台是这些国家面临的重要问题。在上合组织开发银行尚未启动的情况下，"中国—欧亚经济合作基金"的提出具有重要意义。

---

① "打造上合组织升级版，唱响睦邻周边主旋律"，外交部网站，2013年12月1日，http：//www.fmprc.gov.cn/mfa_chn/ziliao_611306/zt_611380/dnzt_611382/lkqcf_662387/zxxx_662389/t1104291.shtml，2014年1月5日登录。

与会上合组织成员国总理和观察员国、对话伙伴国代表在发言中赞同李克强提出的"六点倡议"，积极评价中国为推动上合组织成员国合作和本组织建设等发挥的重要作用。各国一致同意加强上合组织成员国之间的战略协作，推进本组织机制建设，扩大成员国与观察员国和对话伙伴国的协调配合，加强地区互联互通建设，深化经贸、能源、金融等领域的务实合作，密切人文交流，携手应对安全挑战，维护地区和平稳定，促进共同发展。

三、"10＋1"合作：巩固成效，迈向钻石十年

中国国家主席习近平提出的"命运共同体"，清晰地阐释出中国与东盟关系的特征，而李克强总理提出的"2＋7合作框架"，则是中国—东盟命运共同体建设的具体路线图。中国与东盟经济社会发展目标和任务相似，共同利益不断扩大，推动双方经济合作发展必将激发出巨大的能量。

（一）中国—东盟战略伙伴关系十周年回顾：成果丰硕

10年前，中国率先加入《东南亚友好合作条约》，同东盟建立起"面向和平与繁荣的战略伙伴关系"，那也是中国首次与地区国家组织建立国际战略伙伴关系，显示了东盟在中国外交中的重要地位。10年来，中国与东盟各国相互信任，相互支持，开展了宽领域、多层次的友好互利合作，促进了地区稳定与发展。中国与东盟各国不断发展互利合作，使本地区成为世界经济最具活力、最富潜力的地区。

2003年，时任总理温家宝参加第七次中国—东盟领导人会议期间，与东盟国家领导人签署了《面向和平与繁荣的战略伙伴关系联合宣言》，标志着双方战略伙伴关系的正式建立。战略伙伴关系的核心是互为伙伴，而不是对手，进行合作而不是对抗。战略伙伴关系的建立有助于双方减少误解、分歧，避免对抗，通过对话、合作，为中国—东盟关系开启了新篇章，极大地推动与促进了双方关系的全面发展。[①] 2013年是中国—东盟建立战略伙伴关系10周年。十年来，政治互信不断深入，务实合作进展迅速，人文交往日益密切，在应对国际金融危机和抗击重大自然灾害中守望相助、同舟共济。这表明，中国与东盟的合作符合双方共同利益，顺应了求和平、谋发展、促合作的时代潮流。

1. 中国—东盟合作的机制化水平明显提升

回顾以往的历程，双方的关系逐步建立在从高层对话到自由贸易区等各种合作机制的基础上。十年来，中国与东盟共同推进自贸区建设，2004～2009年，相继签署的《货物贸易协议》、《争端解决机制协议》、《服务贸易协议》和《投资协议》，确定了中国—东盟自贸协定的基本法律框架。2010年，中国与东盟如期全面建成自贸区。2011～2012年，先后签署了《关于实施中国—东盟自贸区〈服务贸易协议〉第二批具体承诺的议定书》、

---

① 张蕴岭：《中国—东盟关系能经受住考验吗？》，载《东南亚纵横》，2012年第10期，第8～9页。

《关于修订〈中国—东盟全面经济合作框架协议〉的第三议定书》和《关于在〈中国—东盟全面经济合作框架协议〉下〈货物贸易协议〉中纳入技术性贸易壁垒和卫生与植物卫生措施章节的议定书》，进一步扩大服务贸易开放领域，消除货物贸易领域非关税壁垒，更新和补充了自贸协定的制度框架，进一步提升了区域合作的机制化水平。①

2. 自贸区的制度框架密切了双边经贸关系

中国—东盟自由贸易区的建立极大地推动了双边经贸关系的发展。根据商务部数据统计，2004 年，双边贸易额突破 1 000 亿美元，2007 年突破 2 000 亿美元。2012 年，在世界经济复苏明显乏力和国际市场需求下滑的影响下，中国与东盟双边货物贸易仍然突破 4 000 亿美元，同比增长 10.2%，2013 年达到 4 436 亿美元。目前，东盟是中国第三大贸易伙伴，仅次于欧盟与美国，同时也是中国的第二大进口来源地和第四大出口市场；而中国也成为东盟第一大贸易伙伴、第一大进口来源地和第三大出口市场。10 年来，中国与东盟双向投资新增额超过 700 亿美元，累计达 1 007 亿美元。截至 2012 年年底，中国与东盟双向投资额累计为 301 亿美元。双方的经济关系发展不仅限于开放市场、发展贸易和投资，还在诸多领域开展合作，比如，在构建跨区基础设施网络、实现互联互通、金融合作、能力建设等方面都启动了许多议程或者项目。东盟国家已成为中国重要的海外承包工程市场和劳务合作市场。随着自由贸易区自由化水平的提升，中国与东盟的经贸合作规模稳步扩大，2015 年，双边贸易额将达到 5 000 亿美元的目标，服务贸易和双向投资也将实现新的突破。②

3. 持续推进中国—东盟务实合作

中国与东盟陆海相连，有着特殊地缘关系和共同的发展利益关注，因此，推动务实合作，深化利益基础，中国要比其他国家更有优势。中国承诺加强合作，增加对东盟欠发达成员援助，对落实互联互通提供支持，推动成立中国—东盟互联互通合作委员会，设立中国—东盟海上合作基金，推动多层次、全方位的海上合作。中国与东盟国家间的公路、铁路网络互联互通建设，加上自由贸易区的市场开放法规基础，形成了一个大的经济发展区，双方的共同利益基础日益紧固。此外，中国还启动了科技伙伴计划，设立教育培训中心，为东盟国家培训人才，建立中国—东盟救灾物资储备库，设立中国—东盟传统医药交流合作中心，以及制订中国—东盟文化合作行动计划等。目前，中国与东盟已在诸多领域开展合作，比如，在构建跨区基础设施网络、实现互联互通、金融合作、能力建设等方面都启动了许多议程或者项目。

中国与东盟关系站在新的历史起点上，对中国而言，重在传递这样一个核心观点：中国坚持走和平发展道路，与东盟国家讲信修睦，坚持与邻为善、以邻为伴的外交方针，将继续并主动地与周边国家分享中国发展的红利，消除东盟国家对中国的疑虑。对东盟而言，有利于强化东盟的中心地位。中国过去、现在和将来都会一如既往支持东盟发展壮

---

①② 李光辉：《中国—东盟战略伙伴关系与经贸合作十年回顾与前景展望》，载《国际经济合作》，2013 年第 9 期，第 4～6 页。

108

大，支持东盟共同体建设，支持东盟在区域合作中发挥主导作用。

（二）中国—东盟"钻石十年"路线图

经过"黄金10年"的发展，中国—东盟战略伙伴关系已经步入继往开来的关键时期。习近平主席与李克强总理相继出访东南亚就是要为打造未来"钻石10年"创造条件。中国与东盟国家必将携手并肩，深化合作，共同构建更为紧密的中国—东盟命运共同体，为亚太及世界的和平发展做出新的贡献。

国家主席习近平在印度尼西亚国会发表重要演讲时指出，2013年是中国和东盟建立战略伙伴关系10周年，中国和东盟关系正站在新的历史起点上。未来，双方将坚持讲信修睦；坚持合作共赢；坚持守望相助；坚持心心相印；坚持开放包容，携手建设更为紧密的中国—东盟命运共同体，为双方和本地区人民带来更多福祉[1]。东盟自由贸易区升级版、推进各领域的互联互通合作、加强金融合作和开展海上合作，都将会是今后"钻石十年"的合作重点方向。

1. 携手共建中国—东盟"命运共同体"

中国领导人集中访问东盟国家并提出"命运共同体"的概念，这是在综合考虑各方因素，尊重东盟国家主导权的基础上作出的宣示。"命运共同体"包含深刻的内涵，一种是"荣损与共"，中国经济发展若出现问题，东盟也受牵连，一荣俱荣，一损俱损；另一种是"相向而行"，中国和东盟之间有一些悬而未决的历史遗留问题，若有外部势力介入，可能会将中国和东盟关系推往相悖的方向。一个更加紧密的中国—东盟命运共同体，符合亚洲和世界各国人民共同利益，具有广阔发展空间和巨大发展潜力。中国愿同东盟国家真诚相待、友好相处，不断巩固政治和战略互信，为此，习近平主席提出，我们的长远目标是要探索签署中国—东盟国家睦邻友好合作条约。这将意味着双方把事关中国与东盟关系的重大原则问题以法律形式固定下来，这将对双方关系的进一步拓展产生深远影响。

从我国与东盟国家的关系看，虽然我国与大部分东盟成员关系比较友好，但随着近年来南海问题不断突显，我国与个别东盟国家存有分歧与矛盾，本地区的地缘政治生态日益复杂而敏感。

我国领导人出访东南亚，一个重要的议题就是与东盟国家正确处理分歧，妥善化解矛盾，共同维护本地区的和平稳定，同时也为自身的发展创造更加和谐稳定的周边环境。习近平主席在印度尼西亚国会发表的《携手建设中国—东盟命运共同体》的演讲，向世界全面阐述了中国对促进中国—东盟关系发展的构想，以及中国的和平发展理念。一个更加紧密的中国—东盟命运共同体，符合求和平、谋发展、促合作、图共赢的时代潮流，符合亚洲和世界各国人民共同利益，具有广阔发展空间和巨大发展潜力。

"命运共同体"的建成不是一朝一夕可以完成的。构筑中国—东盟命运共同体不仅仅

---

[1] "中国驻印尼前大使：习主席访印尼具有历史性意义"，人民网—国际频道，2013年10月8日，http://world. people. com. cn/n/2013/1008/c1002－23122287. html，2013年11月8日登录。

是本届政府努力的方向，更将成为中国和东盟合作的长期指导方向和目标。首当其冲要深化利益共同体，通过加强合作再将自由贸易区扩展到其他的领域，如互联互通、贸易规则的制定、未来合作模式发展的培育等等，在实践中兑现'命运共同体'的承诺①。

我国正在用实际行动构建东南亚命运共同体，积极推进区域经济一体化，中国的真诚和不断增强的综合国力是推动区域合作的基础，是打破大国遏制的主动作为②。

2. 打造中国—东盟自贸区升级版

中国—东盟自贸区是中国与其他国家达成的第一个，也是最大的一个自贸区，同时也是东盟作为整体对外建立的第一个自贸区。2013年10月9日，李克强总理在出席中国—东盟领导人会议期间，倡议启动中国—东盟自贸区升级版谈判。推动双方在货物贸易、服务贸易、投资合作等领域采取更多开放举措，进一步提升贸易投资的自由化、便利化水平，力争到2020年双方贸易额达到1万亿美元，并让东盟国家从区域一体化和中国经济增长中更多受益。今后8年，中方从东盟累计进口将达3万亿美元，中方对东盟投资将至少达1000亿美元以上。目前，中方已向东盟方提交了升级版倡议草案，获得东盟方的积极评价。

打造中国—东盟自贸区升级版，将有利于提升双方贸易投资自由化、便利化水平，进一步加强本地区与中国的经济联系，使本地区经济能够适应全球经济的变化，实现共同发展。中国还愿与东盟一道，推动"区域全面经济伙伴关系"（RCEP）谈判，为深化本地区的经济融合积累经验，打好基础。东盟秘书长认为，所有东盟成员国把中国—东盟自贸区升级版谈判的建议视为一个积极信号，这表明中国致力于加强与东盟未来十年的合作，东盟与中国均已意识到促进双方合作的重要性③。

3. 推动互联互通，建设21世纪"海上丝绸之路"

互联互通有利于促进本地区贸易便利化，扩大双边多边贸易规模。我们要用好中国—东盟互联互通合作委员会和中国—东盟交通部长会等机制，加强互联互通建设规划，尽快确定并启动标志性合作项目。中方愿与各方共同推进泛亚铁路这个"旗舰项目"建设，争取早日开工。考虑到本地区有些国家改善基础设施条件需要解决融资问题，在继续发挥好中国—东盟投资合作基金作用、提供专项贷款等基础上，中方倡议成立"亚洲基础设施投资银行"，主要考虑能为东盟及本地区的互联互通提供融资平台，以开放的方式，共同努力提升融资能力。

未来"钻石十年"将要进一步加深这种经济合作，主要体现在两大方面：一个方面就是中国会大大地增加对东盟国家地区的投资。另一方面，中国政府主导的一些基础设施投

① "中国—东盟'命运共同体'：超越具体利益的认同"，光明网－国际观察频道，2013年10月19日，http://int. gmw. cn/2013－10/19/content_9222775. htm，2014年1月2日登录。

② 纪明葵："中国用行动构建东南亚命运共同体"，中国网，2013年10月10日，http://opinion. china. com. cn/opinion_64_83864. html，2014年1月2日登录。

③ "国际社会高度评价李克强加强中国—东盟关系建议"，中央政府门户网站，2013年10月11日，http://www. gov. cn/jrzg/2013－10/11/content_2503925. htm，2014年2月8日登录。

资项目应该会有比较大的发展。比如泛亚铁路枢纽，还有湄公河的治理，包括加强港口建设、河道疏通等一系列水上交通的设施。所有这些措施都将大大地方便这个地区的货物和人员的来往。

东南亚地区自古以来就是"海上丝绸之路"的重要枢纽，中国愿同东盟国家加强海上合作，使用好中国政府设立的中国—东盟海上合作基金，发展好海洋合作伙伴关系，共同建设 21 世纪"海上丝绸之路"。[①] 中方已设立 30 亿元人民币的中国—东盟海上合作基金，第一批落实的 17 个项目将用于支持海洋经济、海上互联互通、海上环保和科研、海上搜救等合作。

四、亚太区域合作新理念：亚太命运共同体

出席亚太经合组织第二十一次领导人非正式会议时，习近平主席提出构建"亚太命运共同体"的路线图，表示"中国将致力于构建横跨太平洋两岸、惠及各方的地区合作框架，深化区域一体化进程，推动在太平洋两岸构建更紧密伙伴关系，共谋亚太长远发展。"这一战略思路将中国的利益与亚太各国的利益紧密结合在一起，描绘了亚太共同发展的愿景图。

（一）中国与亚太经济加速融合

目前，中国是亚太许多经济体的最大贸易伙伴、最大出口市场、主要投资来源地。2012 年，中国对亚洲经济增长的贡献率已经超过 50%。今后 5 年，中国进口商品将超过 10 万亿美元，对外投资将超过 5 000 亿美元，出境旅游将超过 4 亿人次。2013 年前 9 个月，中国与 APEC 成员的贸易额达 8 355 亿美元，同比增长 21%。2012 年，中国与 APEC 成员的贸易额达 9 608 亿美元，占中国对外贸易总额的六成多。在中国的 10 大贸易伙伴中有 8 个来自 APEC。中国也成为亚太地区许多国家的重要贸易伙伴、进口来源地和出口市场。就经济实力而言，中国 GDP 在亚太地区所占比重从 1999 年刚加入该组织（以当时 15 个成员计）时的 3.5% 提升到 2012 年（以 21 个亚太经合组织成员计）的 19.7%。[②]

中国在亚太地区贸易中的地位提升也非常快，已经成为亚太地区的贸易中心。中国贸易规模占亚太地区的比重从 1991 年的 6.6% 提升到 2012 年的 23%，几乎与美国并列第一。另外，短短十余年，中国已经从吸引外资最多的发展中国家转变为对外投资最大的发展中国家。多个 APEC 成员是中国第一或第二大贸易伙伴和投资伙伴。展望未来，中国有足够的活力和动力引领亚太地区经济增长。正如中国国家主席习近平在 2013 年 APEC 工商领导人峰会主旨演讲中所言，以提高经济增长质量和效益为立足点，中国内生动力正在不断

---

① "习近平：中国愿同东盟国家共建 21 世纪'海上丝绸之路'"，新华网，2013 年 10 月 3 日，http：//news. xinhuanet. com/world/2013 – 10/03/c_125482056. htm，2014 年 1 月 5 日登录。

② 何亚非：《用"互利共赢"理念打造亚太命运共同体》，载《中国新闻周刊》，2013 年第 38 期，转引自中国新闻网，2013 年 10 月 19 日，http：//www. chinanews. com/gn/2013/10 – 19/5400339. shtml，2013 年 12 月 12 日登录。

增强。这将有助于中国与亚太地区成员共同迈入繁荣的新阶段。

作为亚太地区最大的发展中国家，中国始终关注 APEC 的健康发展。针对当前地区贸易保护主义和 APEC 未来合作方向，中国强调亚太经济秩序应依托 APEC，实现相互包容和协调互补。具体而言，APEC 成员要形成合力，共同推动亚太经济一体化进程；致力于开放式发展，坚决反对贸易保护主义；坚定信心，为多边贸易体制注入新的活力。同时中国在此次领导人峰会上提及中国正在制定全面深化改革的总体方案，目的是除保持国内经济社会可持续发展外，还要促使国内与国际规则的接轨与一致化。

中国是亚太大家庭中的一员。中国发展离不开亚太，亚太繁荣也离不开中国。中国经济持续健康发展，将会给亚太发展带来更大机遇。中国将坚定维护地区和平稳定，大力促进地区发展繁荣，致力于构建横跨太平洋两岸、惠及各方的地区合作框架。

（二）打造互利共赢的利益共同体

2008 年世界金融危机爆发之后，世界经济发展重心由欧美向亚太转移，区域内的经济合作作为重要的外交内容和联系纽带，牵制并协调国家间的政治、外交、安全和军事等问题。欧美主权债务危机的频发，使亚太国家认识到需继续深化合作、加强协调，推动产业链和价值链的进一步融合，提高共同抵御经济和金融风险的能力。以共同利益为基础和动力，全面提升亚太区域内各国经济合作的质量与水平，成为当今区域和平与发展的重要基础。

在出席亚太经合组织第二十一次领导人非正式会议时，习近平主席提出亚太地区要共同发展、开放发展、创新发展、联动发展。这既精辟概括了亚太经济一体化的原则和目标，也勾勒出构建亚太命运共同体的路线图。中国的亚太战略是和平发展、互利共赢的战略。亚太在政治、经济、文化等诸多领域的合作正在深入展开，我们要牢固树立亚太命运共同体意识，形成各经济体良性互动、协调发展的格局。

要加强与亚太地区的合作，中国提倡建立亚太命运共同体，就是一个非常重要的理念。这个重要的理念有四个价值观基础：一是相互依存观；二是共同利益观；三是可持续发展观；四是全球治理观。中国主张亚太经合主要集中讨论经济合作问题，而不要把政治安全、意识形态等争议较大的问题引入其中，引起争论而得不到解决，这是保持亚太经合正确的方向。中国提议亚太经合保持自主自愿、协商一致的行为准则。这是防止一方把自己的意志强加给其他各方的有效方法，保持了亚太经合的和谐、民主。中国就亚太成员体之间的互联互通提出许多具体的建议，而且准备做出经费上、技术上、物资上、人员上的贡献。这些都是加强亚太地区合作实现共赢的具体举措。[①]

中国作为最大的发展中国家，同时又正在实现经济的腾飞，高速的经济发展使得中国既具有发展中经济体的基本属性，又与发达经济体有着越来越多的共同关切。同时中国是安理会成员理事国，20 国成员国，金砖成员国。所以，在亚太经合组织里面能够与发达经

---

① "前 APEC 高官王嵋生、中国国际问题研究所所长曲星解读 APEC 峰会亮点"，人民网强国论坛，2013 年 10 月 8 日，http://fangtan.people.com.cn/GB/147553/369491/index.html，2014 年 1 月 2 日登录。

济体和发展中经济体进行良好的沟通，实际上习近平主席在这次亚太经合会议上强调的反对贸易保护主义，增加发展援助，进行互联互通建设，都反映了发展中国家的利益。由于中国经济持续的高速增长，中国的这些关切又使其他发达经济体也没有办法忽略，这本身就是对发展中经济体的重要帮助。

在 APEC 二十多年的发展历程中，发展中经济体一直主张技术和投资贸易自由化两个轮子并行推动，过去发达经济体确实非常强调贸易自由化，但是近几年来，他们的立场有点变化，因为发展中经济体的群体性崛起，使发达经济体感觉到自己的竞争力不如从前，现在反而是发展中经济体在呼吁投资和贸易的自由化，而发达经济体却在直接或间接的采取贸易保护主义，这是一个非常重要的变化，这个变化反映了发展中国家群体性崛起的历史变化。现在的背景下，中国作为发展中经济体的代表，更要高举投资贸易自由化和经济技术转让便利化的大旗，推动 APEC 向前发展，也推动发展中经济体获得更好的发展环境。

（三）APEC 开放的地区主义符合区域合作发展需要

APEC 以倡导开放的地区主义著称。在其成立之初，APEC 切实奉行了开放的地区主义。当前，亚太地区形成了以美国主导的 TPP 和东盟及中日韩合力推动的 RCEP 为主要载体的亚太经济体一体化的格局，这两个路径之间存在着一定的竞争性。但是，TPP 和 RCEP 由于具有开放性，均有条件地欢迎新成员加入，这就使得一些经济体既是 TPP 成员又是 RCEP 成员，成员的交集冲淡了对抗的可能性，而且建立了沟通的渠道，因此产生了使得两个竞争性的机制相互补充和相互促进、良性发展的空间。

APEC 是一个官方经济论坛，一个磋商机构，它在战略上指引 APEC 地区合作的发展方向。1996 年 APEC 领导人苏比克宣言明确宣布，以 APEC 方式深化大家庭精神，对APEC 乃至全世界都是至关重要的。APEC 方式包括以下四个方面的内容：第一，它承认APEC 成员巨大的多样性（经济发展水平、社会体制、历史和文化等等都有很大差异）；第二，允许灵活性和渐进性；第三，遵循平等互利、协商一致和自主自愿的原则；第四，集体做战略性的决定，每个成员按照自己实际情况来制定达标的路线图。次年，温哥华宣言进一步确认了这一点，认为它为新型国际经济合作创立了一个全新的方式。APEC 方式的提出提高了 APEC 成员的凝聚力，从而保障了 APEC 成员在经济发展水平和经济规模多样性条件下，共同推进 APEC 合作进程。APEC 方式始终是指导 APEC 进程的主要原则。自主自愿、协商一致固然不容易，在协商一致的基础上进行往往成效更好。2012 年在俄罗斯会议上通过了 50 多项关于环保产品零关税和低关税的协议，就是一种体现。

中国一向赞成平等伙伴关系，中国在 APEC 的影响和贡献，靠的是正确的政策主张和坚持以"APEC 方式"深化大家庭精神，主张合作共赢。APEC 是自愿性的区域经济合作组织，其通过的声明也没有强制的约束力，但是它包含了世界经济总量的第一、第二、第三的经济体，影响越来越大，很多新经济体要求加入，就是它影响力扩大的一个力证。

五、上海合作组织比什凯克峰会：丝路精神

在当前复杂多变的国际地区形势下，上海合作组织发展面临新的挑战，要求成员国凝聚共识、加强合作、携手应对、谋划长远。习近平主席首次出席上海合作组织比什凯克峰会，着眼于维护周边稳定、服务国内发展，是我国采取的又一次重大经济外交行动。习近平主席在峰会上引导各方进一步弘扬"上海精神"，建立命运共同体和利益共同体。呼吁各成员国在重大核心利益问题上坚定相互支持，共同维护地区安全稳定，全面推进务实合作，加强人文交流和民间友好。① 会议发表的《比什凯克宣言》，充分吸收了中方的政策主张。《宣言》指出，"世界经济形势仍不稳定，要求成员国在经济合作领域共同采取有效行动，这是上合组织地区稳定和社会经济可持续发展的重要保障。"②

（一）倡议"打造成员国命运共同体和利益共同体"

在世界经济发展动力不足，国际金融危机深层次影响世界各国经济的背景下，加快上合组织框架内优势领域的合作步伐，进一步推动互联互通，完善交通网、能源网、电信网的建设，对拉动上合组织国家经济发展意义重大。比什凯克峰会期间，成员国元首们强调，要继续推进《上海合作组织成员国多边经贸合作纲要》计划，切实落实《2012～2016年上海合作组织进一步推动项目合作的措施清单》。在峰会上，中国建议加强上合组织框架内金融、能源和粮食安全合作，推动建立上海合作组织开发银行，成立能源俱乐部，建立粮食安全合作机制。

习近平指出，上合组织成员应加强合作，把它打造成成员国命运共同体和利益共同体，为成员国共谋稳定、共同发展提供可靠保障和战略依托。中国愿同各成员国一道努力，推动上海合作组织安全合作和务实合作同步发展。围绕此倡议，习近平主席在务实合作方面提出了诸多建议：一是开辟交通和物流大通道。通畅从波罗的海到太平洋、从中亚到印度洋和波斯湾的交通运输走廊，倡议尽快签署《国际道路运输便利化协定》；二是商谈贸易和投资便利化协定。三是加强金融领域合作；推动建立上海合作组织开发银行，尽快设立上海合作组织专门账户；四是成立能源俱乐部；五是建立粮食安全合作机制。③

---

① "外交部长王毅谈习近平主席访问中亚四国并出席上海合作组织比什凯克峰会"，外交部网站，2013年9月14日，http://www.fmprc.gov.cn/mfa_chn/ziliao_611306/zt_611380/dnzt_611382/xjpfcyghy_645348/zxxx_645350/t1076722.shtml，2014年1月6日登录。

② "上海合作组织成员国元首比什凯克宣言"，外交部网站，http://www.fmprc.gov.cn/mfa_chn/ziliao_611306/zt_611380/dnzt_611382/xjpfcyghy_645348/zxxx_645350/t1076667.shtml，2013年9月13日，2014年1月6日登录。

③ "习近平出席上合组织峰会：传承丝路精神 共创美好明天"，新华网，http://news.xinhuanet.com/world/2013-09/14/c_117365946_4.htm，2014年1月5日登录。

（二）通过纲领性文件，为上合组织发展提供保障

习近平主席指出，"我们要全面加强务实合作，将政治关系优势、地缘毗邻优势、经济互补优势转化为务实合作优势、持续增长优势，打造互利共赢的利益共同体。"正是基于这样的共识，比什凯克峰会把落实《上海合作组织成员国长期睦邻友好合作条约》作为会议主题。在中方全力推动下，习近平主席和其他成员国元首一起以决议方式批准了《〈上海合作组织成员国长期睦邻友好合作条约〉实施纲要（2013～2017)》，体现了中方引领和塑造本组织未来发展的重要作用，表达了成员国全力拓展和深化多边合作的共同意愿。纲要共有20多个领域68项合作内容，涉及安全、经济、人文、农业、教育、科技、旅游、卫生、环保、救灾、体育、国际合作等诸多方面，描绘了上合组织未来5年发展宏伟蓝图，开辟了更广阔发展前景。《实施纲要》将成为指导成员国进一步提升政治互信，深入开展务实合作的纲领性文件。

2007年通过的《上海合作组织成员国长期睦邻友好合作条约》，该条约对组织的长期发展具有重要的历史意义。它既是成员国友好合作关系的总结，更是成员国相互关系的准则，它为上合组织的平稳发展奠定了坚实的法律基础。该条约先后得到了各成员国立法机构的批准，2012年《上海合作组织成员国长期睦邻友好合作条约》在所有成员国正式生效。比什凯克峰会通过落实该条约的重要文件，对巩固成员国睦邻友好互信的政治关系、加强经济合作、保障上合组织的健康发展意义非凡。

在2012年上海合作组织北京峰会期间，成员国元首们通过了《上海合作组织中期发展战略规划》，该规划描绘了组织未来发展的蓝图，堪称上合组织第二个十年务实发展的路线图。相对于北京峰会，2013年的比什凯克峰会则是重在落实北京峰会精神，进一步探讨在安全、经济、人文等领域深化合作的具体措施，通过为期五年的上合组织发展规划。[①]

（三）秉承"上海精神"，发扬"丝路精神"

在比什凯克峰会期间，习近平主席呼吁传承"上海精神"，不断增进成员国之间友好互信关系，在秉承上海精神的基础上开展互利合作。"我们要高举这面旗帜，切实落实《上海合作组织成员国长期睦邻友好合作条约》，真心实意推动本组织框架内各领域合作，使成员国成为和睦相处的好邻居、同舟共济的好朋友、休戚与共的好伙伴"。[②]

发扬传承"丝绸之路精神"是一个新的倡议，得到其他成员的一致支持。一方面，这是对中亚各国同中国经济交往合作的一个历史回顾；另一方面，这也是对上合组织成员国合作发展的一个期待。从理念上来说，"丝绸之路"本身就预示着一种文明，它是不同文

---

① 陈玉荣：《凝聚共识，全面推进务实合作——上海合作组织第十三次元首理事会》，载《当代世界》，2013年第10期，第19～22页。

② "习近平在上海合作组织成员国元首理事会第十三次会议上的讲话：弘扬'上海精神'促进共同发展"，2013年9月13日，http：//politics.people.com.cn/n/2013/0913/c70731-22918643.html，2014年1月5日登录。

化、不同民族互相沟通和交流的历史。通过互相沟通和交流，不同文明和不同文化背景的民族之间建立起一种包容互鉴、互相学习和共同发展的关系。把这个理念放到当今的大环境下来理解，就像我们一直所倡导的那样与邻为善、与邻为伴，包括对中亚国家也是这样。

从"上海精神"到"丝绸之路精神"，中国的主张一脉相承："中国坚持走和平发展道路，坚定奉行独立自主的和平外交政策。我们尊重各国人民自主选择的发展道路和奉行的内外政策，绝不干涉中亚国家内政。中国不谋求地区事务主导权，不经营势力范围。我们愿同俄罗斯和中亚各国加强沟通和协调，共同为建设和谐地区做出不懈努力。①

（四）创新合作模式，打造"丝绸之路经济带"

习近平主席在纳扎尔巴耶夫大学演讲时提出战略构想——"为了使欧亚各国经济联系更加紧密、相互合作更加深入、发展空间更加广阔，我们可以用创新的合作模式，共同建设'丝绸之路经济带'。"习主席提出的共建"丝绸之路经济带"的思想意图在于振兴古丝绸之路，修建东起太平洋西到波罗的海的欧亚经济大动脉。"丝绸之路经济带"的核心区域即上合组织所在的中亚地区，核心国家就是上合组织国家。"丝绸之路经济带"的战略构想与上合组织区域经济建设是互为相辅相成的关系。上合组织框架内经济合作为"丝绸之路经济带"的构建奠定了前提条件，而"丝绸之路经济带"的战略构想为上合组织区域经济合作提供了更广阔的空间。

丝绸之路经济带是加强欧亚大陆区域经济合作的倡议，是一个促使地处亚洲和欧洲之间的内陆国家和地区充分实现其经济上互利共赢目标的经济特区。实现互利共赢目标的基础在于，丝绸之路经济带区域内能源、矿产、旅游、文化和农业资源丰富，市场规模和潜力独一无二。具有不同资源禀赋和比较优势的经济体之间进行有效的经济合作，包括通过贸易和投资合作促进各自经济得以更快发展，通过技术和知识转移与传播提升产业结构，改进生产效率等。丝绸之路经济带的实现途径以战略协调、政策沟通为主，不刻意追求一致和强制性的制度安排，可谓高度灵活、富有弹性。② 中国所追求的是有效整合经济要素，实现各国经济效率的不断改进、经济结构的不断调整，进而实现各国经济的可持续发展，为各国实实在在地改善民生创造条件。③ 习近平主席进一步提出，构建"丝绸之路经济带"要创新合作模式，加强"五通"，即政策沟通、道路联通、贸易畅通、货币流通和民心相通，以点带面，从线到片，逐步形成区域大合作格局。在实施这一构想方面，首先要在上海组织框架内继续推进贸易投资便利化进程，继续推进上合组织框架内互联互通的大型基础设施项目，即交通网、能源网、电信网的建设。其次，是在融资机制方面探讨搭建

---

① "习近平：中国同中亚国家关系发展面临难得机遇"，人民网，2013 年 9 月 7 日，http：//cpc. people. com. cn/n/2013/0907/c164113 - 22840643. html，2014 年 1 月 5 日登录。

② 冯玉军："丝绸之路经济带内涵深刻"，求是理论网，2014 年 1 月 22 日，http：//www. qstheory. cn/gj/gjgc/201401/t20140122_315394. htm，2014 年 2 月 8 日登录。

③ 胡必亮："整合资源 造福沿途人民"，人民网，2013 年 11 月 28 日，http：//gs. people. cn/n/2013/1128/c188868 - 20019039. html，2014 年 1 月 5 日登录。

启动相关的金融机制，如上海合作组织开发银行，以推动落实上合组织成员国之间的经贸合作规模，为加强贸易往来提供资金流通的便利。[①] 这展示了中国负责任的大国形象，体现了中国以上合组织为依托，促进地区一体化建设，构建"丝绸之路经济带"，打造地区国家命运共同体和利益共同体的决心，得到与会各国领导人积极响应。

机
制
篇

---

① "王毅谈习近平访问中亚四国并出席上海合作组织比什凯克峰会"，新华网，2013 年 9 月 14 日，http：//news. xinhuanet. com/world/2013 - 09/14/c_117365916. htm，2014 年 1 月 5 日登录。

领 域 篇

第七章

中国在国际贸易领域的经济外交：
新开放新合作

2013 年以来，世界经济出现一些好转迹象，但复苏基础不稳、动力不足、速度不均，虽然发达经济体经济复苏势头增强，但发展中经济体经济增速明显放缓，国际市场需求依然低迷；国内人民币升值、劳动力成本上升、经济转型等因素对我国对外贸易的发展形成了严峻的挑战。面对错综复杂的国内外经济形势，我国的对外贸易外交以新开放和新合作突围，力争将我国的对外贸易带上新的征程。

一、世界经济低迷和贸易保护主义掣肘外贸发展

（一）世界经济复苏力度仍不强劲，世界贸易增长持续放缓

2013 年以来，世界经济继续缓慢复苏，发达经济体总体趋于好转，美国经济复苏势头较为稳固，GDP 连续 9 个季度增长，欧元区经济走出衰退，金融市场趋于稳定，日本刺激政策收到一定成效，增长信心得到提振，但发达经济体仍面临高失业、高赤字困扰，增长后劲不足，经济增速仍低于潜在水平；新兴经济体结构性调整滞后，资金流入减少，金融市场大幅震荡，经济增长明显放缓。世界经济仍处于政策刺激下的脆弱复苏阶段。总体来看，世界经济形势趋于改善，但面临的困难和风险不容忽视。国际货币基金组织（IMF）预计，2013 年世界经济将增长 2.9%，增速低于 2012 年的 3.2%。其中，发达经济体增长 1.2%，低于上年 0.3 个百分点；新兴市场和发展中国家增长 4.5%，低于上年 0.4 个百分点。[①]

世界经济复苏艰难曲折困扰着全球贸易。在世界经济复苏动力不足的形势下，2013 年全球贸易增长仍不乐观，特别是发达国家进口萎缩，拖累全球贸易增长。世界贸易组织（WTO）统计数据显示，2013 年上半年世界货物贸易量同比增长只有 1.2%，其中能源贸易下降 1.6%，欧盟进口下降 2%，严重拖累其主要贸易伙伴出口；与过去两年平均 12%的增速相比，新兴经济体虽然实现了 5%的进口增长，但速度显然已经放缓。WTO 最新预测，2013 年全球贸易量将增长 2.5%，较 4 月份预测下调 0.8 个百分点，而且下半年的增

---

① 商务部网站：《中国对外贸易形势报告》（2013 年秋季），2013 年 10 月 30 日，http：zhs. mofcom. gov. cn/article/Nocategory/201310/20131000371849. shtml，2013 年 12 月 20 日登录。

长率要达到3.8%才能实现这一目标。① 世界经济的低迷与全球贸易的放缓制约了我国对外贸易的发展。

（二）全球性贸易保护主义回潮，我国面临的贸易摩擦形势依然严峻

世界经济的低迷使得各国频出贸易保护政策，目标直指中国制造。2014年以来，美国对华贸易保护主义呈升温之势，对华发起的反倾销调查、反补贴调查和"337调查"涉及产品种类繁多，包括不锈钢水槽、应用级风塔、钢丝产品、手机类电子设备产品、冰冻温水虾等。其中一个值得关注的迹象是，美国对华贸易保护的打击对象已从此前的劳动密集型产业扩展到了新能源和高科技产业。例如，2012年美国对中国产的晶体硅光伏电池、应用级风塔发起"双反"调查，2013年对中国发起的四起"337调查"中有三项涉及手机类电子产品。

除这些传统的贸易救济措施外，2014年以来美国对华贸易保护措施还出现了两大新趋势，一是以威胁国家安全为由阻止某些中国产品进入美国市场或阻止中国企业在美投资。如2013年3月美国总统奥巴马签署一项政府支出法案，其中就包括限制联邦政府机构购买中国信息技术产品的条款。法案要求在未获得美国联邦调查局或其他执法机构事前批准的情况下，美国国家航空航天局、司法部、商务部和国家科学基金会禁止购买中国政府拥有、管理或资助的企业所生产、制造或组装的信息技术设备。最近，美国监管机构在审批日本软银公司收购美国斯普林特公司的交易时，也要求收购完成后，斯普林特公司的通信网络不得使用中国华为公司的产品，这一附加条件已超出了普通审查的范围。

二是在知识产权保护方面加大敲打中国的力度。2013年以来，美国政府在知识产权保护方面明显加大了敲打中国的力度。一方面，美国已加大了使用"337调查"的频率，以保护美国企业的知识产权。作为通过专利和知识产权"门槛"设置的一项贸易壁垒，一旦涉案企业被裁定违反337条款，涉案产品将失去在美国市场的销售资格。另一方面，美国频繁炒作网络安全，为出台更加综合全面的措施保护美国知识产权造势。

不仅美国正加大对中国贸易保护的力度，我国的最大的贸易伙伴欧盟在2013年4月发布了贸易保护提案，多项核心内容涉及中国。这一提案旨在根据欧盟经济当前面临的挑战调整欧盟的规则手册，以解决进口产品的倾销和补贴问题。欧盟此番酝酿升级贸易保护工具，与其认为中国企业竞争力日益提升、中国企业享受所谓"不公正"国家补贴、中国投资环境所谓"不断恶化"等"挑战"有关。

二、2013年中国对外贸易外交总态势

（一）频出新倡议，贸易合作层次多元化

为了使中国的发展更好地惠及周边，促进中国同周边国家的共同发展，2013年以来，

---

① 商务部网站：《中国对外贸易形势报告》（2013年秋季），2013年10月30日，http：//zhs. mofcom. gov. cn/article/Nocategory/201310/20131000371849. shtml，2013年12月20日登录。

中国外交接连发出新倡议。提出了建设丝绸之路经济带、21 世纪海上丝绸之路、打造中国—东盟自贸区升级版、设立亚洲基础设施投资银行、中印缅孟经济走廊、中巴经济走廊等一系列重大合作倡议，体现了中国深化区域合作、促进互利共赢的积极意愿。

这一系列的新倡议意义在于一方面贯彻了中国进一步扩大对外开放，以开放促改革方针，为中国对外贸易发展注入了新的动力；另一方面显示出贸易合作层次出现多元化趋势，为区域贸易的发展注入了新的活力，也为中国与多个国家和地区的贸易合作开拓了新的领域。这些倡议符合相关国家的共同利益、顺应时代发展潮流，引领了区域贸易合作方向，在地区和国际上产生热烈反响。

（二）推进新开放，自贸区建设取得积极进展

在全球贸易总额中，有 98% 以上是在 WTO 成员之间发生的，有 60% 以上的贸易额发生在区域贸易协定成员内，国际贸易量的增长在很大程度上是建立在自由贸易区内部贸易快速发展的基础之上的。目前，区域贸易协定体制内的贸易额已同 WTO 多边贸易体制平分秋色，并正在从根本上改变世界投资贸易的版图。加快自贸区建设，已经成为我国统筹两个市场和两种资源、进一步扩大对外开放的重要手段，展示了我国开放、负责任的国际形象。

2013 年，中国先后与冰岛、瑞士签署自由贸易协定，中韩自贸区举行了八轮谈判，已结束了模式谈判，进入出要价阶段，《区域全面经济伙伴关系协定》举行了两轮谈判，中日韩自贸区举行了三轮谈判、中澳自贸区已举行一轮谈判。目前，我国正在建设 18 个自贸区，其中已签署 12 个自贸协定，正在谈判 6 个自贸协定。总体来看，自贸区建设的稳步推进，促进了改革开放和对外经济贸易发展，深化了中国与自贸伙伴双边关系。通过自贸区提供的制度性保障，各方货物、服务、投资和人员流动政策更加透明、更具预见性，提升了彼此经贸关系和经济融合，取得了互利共赢、共同发展的结果。

（三）推行新对策，妥善应对贸易摩擦

由于全球经济不景气，贸易保护主义不断升温，我国已经连续多年成为全球遭遇反倾销和反补贴调查最多的国家。新能源、钢铁、化工、农业等领域成为全球贸易摩擦的"重灾区"。我国积极应对贸易摩擦，妥善实施贸易救济调查，参与国际规则制定，努力维护公平贸易环境，取得显著成效。

2013 年以来，共有 19 个国家（地区）对我国发起贸易救济调查案件 89 起，涉案金额 36.19 亿美元，美国对华发起 337 调查 17 起。我国通过利用国际规则、外交斡旋和业界合作积极应对来自包括发达国家和发展中国家的贸易诉讼，成功化解了我国遭受的最大的贸易救济调查案件和其他一系列重大案件。

我国对其他经济体的"双反"调查也有所增加。我国也运用了贸易救济调查手段，旨在维护国内产业安全和利益，努力营造公平贸易环境。按 WTO 统计方法，截至 12 月 24 日，2013 年以来我国共对外发起反倾销调查 11 起，反补贴调查 1 起，涉案金额 24.03 亿

美元。做出贸易救济调查初裁裁决 5 起、终裁裁决 4 起、期中复审裁决 1 起、期终复审裁决 3 起和新出口商复审裁决 1 起。[①]

在国际多边体系方面，为争取国际贸易规则制定权，深化与贸易伙伴沟通合作，进一步改善对外贸易环境，我国积极开展了多边和双边规则谈判，取得了较大的成效。

三、顺应时代潮流，引领区域贸易发展新方向

（一）推进亚欧贸易发展新倡议

1. 重现丝绸之路，将中亚打造成为中国对外贸易新增长点

中国西进战略稳步推进，最新的一步是建设丝绸之路经济带。丝绸之路经济带，是在古丝绸之路概念基础上形成的一个新的经济发展区域。新丝绸之路经济带，东边牵着亚太经济圈，西边系着发达的欧洲经济圈，是"世界上最长、最具有发展潜力的经济大走廊"。但该区域交通不够便利，自然环境较差，整个区域存在"两边高，中间低"的现象。在这条凹陷带里，虽然有丰富的矿产资源、能源资源、土地资源和人力资源以及古丝绸之路沿线众多的历史文物、古迹、壮丽自然风光和多民族文化构成的宝贵的旅游资源，但经济发展水平却与两端的经济圈落差巨大，不仅人均 GDP 相差悬殊，而且贫困人口比例远高于欧亚大陆的平均水平。在现代交通、资讯飞速发展和全球化发展背景下，促进丝绸之路沿线区域经贸各领域的发展合作，既是对历史文化的传承，也是对该区域蕴藏的巨大潜力的开发。

2013 年 9 月 7 日，中国国家主席习近平在哈萨克斯坦纳扎尔巴耶夫大学作重要演讲，提出要共同建设"丝绸之路经济带"，这是 2013 年中国外交事业的重要构想。欧亚大陆各国是一个整体，也是世界上经济发展最具潜力的地区，开展合作具有得天独厚的优势，通过实施"丝绸之路经济带"这项伟大事业，可以把欧亚大陆各个地区连接起来，把不同国家的利益缝合起来，分享机遇，优势互补，有助于维护欧亚大陆和平稳定，促进共同发展。习近平主席提出，为了使欧亚各国经济联系更加紧密、相互合作更加深入、发展空间更加广阔，我们可以用创新的合作模式，共同建设"丝绸之路经济带"，以点带面，从线到片，逐步形成区域大合作。[②] 为了加快建设，习近平主席强调"五通原则"，要加强政策沟通、道路联通、贸易畅通、货币流通、民心相通。其"贸易畅通"，就是要想尽一切办法改善同中亚国家之间的贸易结构，扩大贸易规模，签署和完善双边投资保护协定，提高双方贸易和投资便利化水平，把合作的蛋糕做大。

---

① 商务部网站："2013 年商务工作年终述评之十六：妥善应对贸易摩擦　维护公平贸易环境"，2013 年 12 月 26 日，http://www.mofcom.gov.cn/article/ae/ai/201312/20131200439667.shtml，2014 年 2 月 1 日登录。

② 中央政府门户网站："习近平在哈萨克斯坦纳扎尔巴耶夫大学的演讲"，2013 年 9 月 8 日，http://www.gov.cn/ldhd/2013-09/08/content_2483565.htm，2014 年 1 月 24 日登录。

在另一场合，比什凯克举行的上海合作组织成员国元首理事会第十三次会议上，习近平主席发表题为《弘扬"上海精神"，促进共同发展》的重要讲话。习近平主席号召上海合作组织各成员国和观察员国把丝绸之路精神传承下去，发扬光大。对于贸易方面的合作，他提议：首先，开辟交通和物流大通道，尽快签署《国际道路运输便利化协定》。《协定》签署后，建议按照自愿原则广泛吸收观察员国参与，从而通畅从波罗的海到太平洋、从中亚到印度洋和波斯湾的交通运输走廊。其次，商谈贸易和投资便利化协定，在充分照顾各方利益和关切基础上寻求在贸易和投资领域广泛开展合作，充分发挥各成员国合作潜力，实现优势互补，促进共同发展繁荣。[①]

2013 年 9 月 2 日，国家副主席李源潮在乌鲁木齐出席第三届中国—亚欧经济发展合作论坛，发表了题为《扩大开放合作　促进共同发展》的讲话也表达了这一观点，李源潮副主席代表中国政府提议，亚欧国家应推进新亚欧大通道建设，努力将亚欧大陆桥发展成为集交通运输、油气管线、通讯光缆、物流商贸为一体的增长极，带动区域合作向纵深发展。[②]

"丝绸之路经济带"集中体现了中国新政府在坚持全球经济开放、自由、合作主旨下促进世界经济繁荣的新理念，也高度揭示了中国和中亚经济与能源合作进程中如何惠及其他区域、带动相关区域经济一体化进程的新思路，更是中国站在全球经济繁荣的战略高度推进中国与中亚合作跨区域效应的新举措。当前，全球经济形势依然低迷，各种形式的贸易保护主义和区域经济集团化势头再度沉渣泛起。如何避免区域经济集团化趋势推高贸易保护主义，是促进全球经济均衡增长的重要方向。中国新政府提出的"丝绸之路经济带"构想，显示了中国不谋求排他性的区域经济集团的基本立场。

目前，中国已成为中亚国家最主要的贸易伙伴，分别成为哈萨克斯坦、乌兹别克斯坦、吉尔吉斯斯坦和塔吉克斯坦的第二大贸易伙伴。中国对中亚国家的直接投资快速增长，已成为乌兹别克斯坦、吉尔吉斯斯坦第一，塔吉克斯坦第二大投资来源国。未来，中国与中亚国家在经贸、金融、投资等领域合作将不断扩大，经济合作的内容将更加丰富，规模将进一步扩大。

2. 搭建经济走廊，发挥地缘新优势

2013 年 5 月，中国、印度两国领导人共同倡议建设中印缅孟经济走廊，得到了孟加拉国、缅甸两国政府的积极响应。该项建立四国贸易走廊的提议最初起源于 20 世纪 90 年代末的《昆明倡议》。1999 年孟加拉国、中国、印度、缅甸四国学者齐聚昆明，召开了第一届孟中印缅地区经济合作与发展国际研讨会，共同发表了《昆明倡议》，提出了要加强该区域经济合作的强烈愿望，正式揭开了中印缅孟地区经济合作论坛的序幕。李克强总理访问印度时，第一次正式呼吁建立这样一个经济走廊，为这一倡议的落实注入了新的能量。

中印缅孟地理相邻，友好交往源远流长，四国同为发展中国家，经济互补性强，合作

──────────

①　外交部网站："习近平在上海合作组织成员国元首理事会第十三次会议上的讲话"，2013 年 9 月 13 日，ht-tp：//www. fmprc. gov. cn/mfa_chn/ziliao_611306/zyjh_611308/t1076570. shtml，2014 年 1 月 6 日登录。

②　外交部网站："李源潮：扩大开放合作　促进共同发展"，2013 年 9 月 3 日，http：//www. fmprc. gov. cn/mfa_chn/ziliao_611306/zyjh_611308/t1072271. shtml，2014 年 1 月 6 日登录。

基础良好。中印缅孟经济走廊大约包括世界将近6.7%的人口，占世界经济总量的2%左右，属于严重的经济欠发达地区。这里总体上工业、服务业、新兴产业相对落后，农业、制造业是其主要产业，拥有着丰富的资源、能源、廉价劳动力等一大批吸引投资、促进生产的因素，却没有得到有效开发。中印缅孟经济走廊内涵是在中国昆明—缅甸—孟加拉国—印度加尔各答这四地开展交通互联、投资、边贸、基础设施建设、劳务输出等合作，其宗旨是利用中国的资金、经济方式、基建技术等加快印度、缅甸、孟加拉国地区以四地的交通、基础设施建设，用印度先进的软件技术和重要的麻纺织工业市场带动中、缅、孟的科技发展和劳务输出，同时又能使缅甸的能源和孟加拉国的资源优势得到合理充分的发展利用，最终实现相关区域的经济社会发展和稳定。对于中国来说，这个区域地处南亚和东南亚的交汇之处，是中国西南地区进入印度洋周边地区最便捷的陆路通道，连接着中印这两个世界上最大的发展中国家，具有重要的地缘政治和经济意义。

近年来，中印缅孟四国经贸合作大幅度增多。中国与印孟缅贸易额从2000年的44.53亿美元上升到2012年的818.95亿美元。云南与印孟缅的贸易额也从2000年的4.16亿美元上升到2012年的28.03亿美元。2013年12月19日，中印缅孟经济走廊联合工作组第一次会议在昆明闭幕。本次会议签署了会议纪要和中印缅孟经济走廊联合研究计划，也标志着了四国政府机构推进合作的机制正式建立。

3. 中国—中东欧国家贸易合作开启新篇章

中东欧国家是欧洲地区的新兴市场，地理位置优越，工业基础良好，基建需求及市场潜力均很大。16国面积133.6万平方公里，人口1.23亿，其中11个是欧盟成员国。中国是它们在亚洲地区的最重要贸易伙伴，进出口都占第一位，贸易额已从2001年的43亿美元增长至2012年的521亿美元，年均增幅达到27%以上。特别是中东欧国家在欧洲债务危机和经济复苏艰难的压力下，而中国正处在转变经济发展方式的关键时刻，双方进一步增进相互了解、加强经贸合作的意愿十分强烈。2012年4月，中国和中东欧16国领导人在华沙会晤上作出了加强中国—中东欧国家合作的战略决策，开创了中国同中东欧国家关系的新局面。这一决策既源于中国与16国深厚的传统友谊，也反映出新形势下我们共谋发展的共同需要和强烈愿望。

一年多以来，在各个国家的共同努力下，中国—中东欧国家合作取得了积极进展。其一，中方成立了中国—中东欧国家合作秘书处，各国任命了国家协调员与秘书处对接，共同建立起合作的协调网络。中国—中东欧国家合作秘书处的存在，显示出合作机制常态化的战略取向。其二，中国政府设立的100亿美元专项贷款已开始启用，中国与中东欧国家企业达成了多项合作协议。李克强总理在布加勒斯特出席中国—中东欧峰会时说，中国愿意与相关各方讨论如何使用现有的贷款渠道，将与欧盟国家共同确保100亿美元的专项贷款得到妥善利用。其三，中方派出了30多个贸易促进团组赴中东欧国家考察推介。中国—中东欧国家"专场旅游产品推介会"、"文化合作论坛"、"教育政策对话"等活动相继成功举办。

除此之外，国务院总理李克强在布加勒斯特出席第三届中国—中东欧国家经贸论坛时指出，要摆脱国际金融危机的深层次影响，加强国际合作、反对贸易和投资保护主义至关重要。中国与中东欧国家历来有国家不论大小一律平等、相互尊重的传统，在过去合作的基础上，广泛探讨务实合作新举措，不断扩大利益汇合点，实现互利共赢、共同发展大有希望。为有效实施这一纲要，推动中国与中东欧国家全方位、宽领域、多层次互利合作，他建议中国与中东欧国家共同努力，力争今后5年实现中国与中东欧国家贸易额再翻一番，宣布2014年为"中国—中东欧国家合作投资经贸促进年"，中方将举办中国—中东欧国家经贸合作部长级圆桌会议、中东欧国家商品展、农业经贸合作论坛等系列活动，以促进彼此贸易快速增长。李克强总理指出，中方从不追求对中东欧国家的贸易顺差，愿通过多种方式，如增加进口中东欧国家牛羊肉、奶制品等优质农产品及其他产品、扩大中国公民赴中东欧国家旅游等，促进彼此贸易动态平衡。① 李克强总理与中东欧16国总理共同发表《中国—中东欧国家合作布加勒斯特纲要》，这标志着中国与中东欧国家的合作框架开始成形。

虽然与中国和欧盟的贸易额相比，中国—中东欧国家的贸易额只约为十分之一，但是其中蕴含着巨大的潜力。通过巩固团结、深化合作，彼此经贸往来定将取得新进展。

（二）与周边国家自贸区建设取得新进展

1. 推动东亚经济一体化建设进程

近年来，东亚地区经济快速发展，是区域经济合作最为活跃的地区之一，已成为全球经济增长的新引擎。我国大力推动中韩、中日韩自贸区和区域全面经济伙伴关系协定（RCEP）谈判，积极倡议打造中国—东盟自贸区"升级版"，在东亚区域经济一体化进程中起到了重要作用。

一是中韩自贸区结束模式谈判。为落实中韩两国领导人关于"加强努力，使中韩自贸区谈判尽早进入下一阶段"的共识，双方工作层密切沟通，快速推进谈判进程。推动中韩缔结自由贸易区协定一直是两国政府的战略共识。中韩自贸区不仅将消除两国间的关税和非关税壁垒，促进贸易和投资，提升双方在国际经济体系中的地位，而且将有利于双方掌握区域经济一体化主导权，对地区经济格局产生重要影响。2012年中韩双边进出口总额为2 563.3亿美元，其中中方出口876.8亿美元，进口1 686.5亿美元。中国是韩国最大贸易伙伴、最大出口市场和进口来源国，韩国是中国第三大贸易伙伴国。目前中韩的贸易规模已超过了韩日与韩美贸易规模的总和。两国确立的目标是到2015年将双边贸易额提高到3 000亿美元，在双方经济结构变化、相互竞争加剧、国际市场萎缩的情况下，必须靠中韩自贸区创造新的动力和提供制度保证来实现这一目标。

2013年中韩自贸区举行了八轮谈判，就货物贸易降税模式达成共识，顺利进入出要价谈判阶段。双方就商品、服务投资、规范和经济合作领域的"基本方针"达成共识。尤其是在商品领域中，双方就商品分类方式（一般、敏感、超敏感）、以商品数量为准的自由

---

① 中华人民共和国政府网站："李克强在第三届中国—中东欧国家经贸论坛上的致辞（全文）"，2013年11月28日，http：//www.gov.cn/ldhd/2013－11/28/content_2536743.htm，2014年1月2日登录。

化率（90％）和以进口额为准的自由化率（85％）达成了协议。双方还交换了其他领域的文本草案，为尽快结束谈判奠定了较好基础。

二是稳步推进中日韩自贸区。中日韩三国同为东亚重要经济体，三国 GDP 占东亚 GDP 的 90％，占亚洲的 70％，2012 年三国 GDP 合计达到 14.3 万亿美元，约占全球 GDP 的 20％。三国也是全球贸易大国，2012 年三国进出口总额约为 5.4 万亿美元，占全球贸易总量的 35％。三国经济规模在全球仅次于欧盟和北美，一旦自贸区建成，将建成一个人口超过 15 亿的大市场，成为世界上人口最多的发展中国家和发达国家联合起来的自由贸易区。作为东亚经贸框架安排的重要组成部分，中日韩自贸区这一设想早在 2002 年就首次提出，直到 2012 年年 11 月，中日韩自贸区才正式启动，并分别于 2013 年 3 月在韩国首尔进行首轮谈判，2013 年 7 月 30 日在上海进行第二轮谈判。在前两轮谈判中，三方讨论了自贸区的机制安排、谈判领域及谈判方式等议题。第三轮谈判主要讨论有关撤销关税谈判的框架等问题，举行商品、服务、投资、竞争、知识产权、电子商务领域的工作小组会议和有关环境、政府采购、食品领域的专家对话。受经济结构差异、贸易失衡、政治矛盾等因素影响，谈判阻力重重。第三轮谈判中，中日韩三国虽表现出较强的合作意愿和热情，但从谈判议题和面临的阻力来看，三方谈判还处于"摸底"和"试探"的过程。就成果而言，三轮谈判下来成立了 15 个工作组和专家组，全面铺开各项工作，深入开展各领域谈判，除个别核心分歧外，基本完成了货物贸易模式文本的磋商工作。由于种种因素，中日韩自贸区的设立虽然是经济贸易发展的最优选择，但由于三方各自利益考量难以平衡，因此虽然谈判已进入第三轮，但距离实质性成形仍有较大距离。

三是启动 RCEP 自贸区谈判。RCEP 包括东盟 10 国、澳大利亚、中国、印度、日本、韩国和新西兰 16 个成员国，RCEP 谈判将系统整合以东盟为中心的各个自由贸易协定，实现更大范围的贸易自由化和经济一体化。RCEP 自贸区建成后，将覆盖世界一半的人口（大约 30 亿人口），区内经济总量占全球三分之一的生产总值（接近 20 万亿美元），将有力促进区域内贸易。RCEP 首轮谈判于 2013 年 5 月在文莱举行。谈判中确定了 RCEP 于 2013 年启动，并在 2015 年内完成的进程；初步对各要点交换了意见，诸如知识产权的保护、商贸竞争、经济合作以及纠纷的调解机制等；正式组建商品贸易、服务贸易和投资三方面的工作委员会。第二轮谈判已于 2013 年 9 月在澳大利亚举行。各国针对开放市场的方式、起草商品、服务和投资各章内容、组建其他工作委员会的时间等进行了协商。至此，各方已在市场准入减让表模式等核心问题上取得一定进展。

四是倡议开展中国—东盟自贸区"升级版"谈判。中国与东盟建立战略伙伴关系十年来，中国已成为东盟最大贸易伙伴，东盟则是中国第三大贸易伙伴。2012 年，双方贸易额达到 4 000 多亿美元。中国—东盟自贸区是中国与其他国家达成的第一个，也是最大的一个自贸区，同时也是东盟作为整体对外建立的第一个自贸区。

为了进一步促进中国—东盟自贸区的发展，国务院总理李克强于 2013 年 9 月 3 日在第十届中国—东盟博览会和中国—东盟商务与投资峰会发表主旨演讲。李克强对中国—东盟自贸区所取得的成绩做出了高度的肯定，他指出，中国与东盟的经济联系从来没有像今天这样紧密相依。但是作为天然的合作伙伴，双方要继往开来，推动中国与东盟战略伙伴关系百尺竿头、更进一步，创造新的"钻石十年"。在自贸区的发展问题上，李克强提出了中国—东盟自贸区升级版的概念，认为双方应进一步降低关税，削减非关税措施，积极开展新一批服务贸易承诺谈判，推动投资领域的实质性开放，力争到 2020 年双边贸易额达到 1 万亿美元。

在第 16 次中国—东盟领导人会议上，李克强进一步提出各方凝聚两点政治共识和推进七个领域合作的"2 + 7"合作框架，其中一项合作就是启动中国—东盟自贸区升级版进程，这是继 9 月初在第十届中国—东盟博览会后，李克强再次提出"升级版"概念。

目前，中方已向东盟方提交了升级版倡议草案，获得东盟方的积极评价。打造中国东盟自贸区升级版，将进一步提升双方贸易投资自由化、便利化水平，实现共同发展。

升级版自贸区是中国和东盟互利共赢的战略需要。首先，中国作为仅次于美国的世界第二大经济体，是世界和地区经济增长的一个新动力。在中国的周边外交战略中，无论是从政治、经济方面看，还是从外交与安全角度看，东盟都是最为重要的合作伙伴。随着中国产业结构升级步伐的加快和收入水平的不断提升，中国与东盟经济之间的互补性特征正在增强，竞争性正在减弱。在中国目前的出口产品中，资金与技术密集型的机电产品比重高达近 60%，而劳动密集型的纺织服装等产品的出口比重已经降至 20% 左右。而东盟国家，目前出口仍然以资源密集性和劳动密集型产品为主。这种互补性意味着，中国和东盟国家可以在各自具有相对优势的领域，集中人力、物力开拓发展。在服务和投资领域，由于中国与东盟之间紧密持久的经贸往来和社会文化交往，双方在交通、港口、金融、科技、环保、教育、文化等多领域的交流合作正逐步加深，升级版自贸区的互利共赢价值观将得到进一步发挥。所以，从中长期看，自贸区升级版是中国与东盟双方的战略需要。其次，升级版自贸区是中国转方式和调结构的客观需要。在开放的经济条件下，中国的转方式与调结构需要在全球化和区域经济一体化的进程中逐步完成。随着中国劳动力成本逐渐上升和东盟国家经济的不断发展，中国劳动密集型的中低端加工制造业已经出现向东盟国家转移的趋势。这一方面有利于中国消化过剩的工业生产能力，另一方面有利于加快东盟国家工业化进程。借此机会，将国内制造业落后和过剩产能转移，并且专注于产业升级，这是中国难得的契机。未来中国和东盟将一同构成世界制造业基地。这种转移对中国产业结构调整和升级，以及促进区域经济发展，实现双方互利共赢颇多助益。升级版自贸区是增强东亚全球竞争力的有力手段。升级版自贸区将使中国与东盟之间包括资源、土地、资本、技术、劳动力等在内的各种生产要素加速流动，在市场配置资源条件下不断提升双方的竞争力。它不仅能进一步带动中国对东南亚的投资，也有利于双方的经济转型和宏观经济政策的协调，以共同应对后金融危机时代的风险。

2. 加强与南亚国家自贸区建设

一是启动中国—斯里兰卡自贸区联合可行性研究。斯里兰卡因其优美的自然风光被誉为"印度洋明珠"。除了传统的阳光、沙滩，斯里兰卡还有多样性的旅游资源，例如中部高地的凉爽气候、传统医疗——阿育吠陀疗养之旅、佛法探索和游学之旅、热带雨林和野生动物等，当地一些餐馆和服装店也备受中国游客青睐。目前，中国是斯里兰卡第二大贸易伙伴，斯里兰卡是中国在南亚第四大贸易伙伴。2013 年，双边贸易额为 36.2 亿美元，中国出口 34.38 亿美元，进口 1.83 亿美元，双边贸易尚有很大的发展空间。

2013 年 5 月斯里兰卡总统拉贾帕克萨访华期间，与习近平主席和李克强总理达成了建设中斯自贸区的共识。8 月，中斯正式启动自贸协定联合可行性研究。10 月，双方举行了第一次可行性研究工作组会议，就工作机制、报告框架及主要内容等交换了意见。双方同意争取在 2013 年年底完成联合可行性研究。自贸区若建成有利于进一步深化中斯双边经济贸易关系。

二是打造中巴自贸区升级版。巴基斯坦是我国的"好邻居、好朋友、好伙伴、好兄弟"，两国友谊源远流长。《中巴自贸区服务贸易协定》是迄今两国各自对外国开放程度最高、内容最为全面的自贸区服务贸易协定，自 2009 年 10 月 10 日生效实施标志着中巴自贸区成立。李克强总理于 2013 年 7 月 5 日在人民大会堂同巴基斯坦总理谢里夫举行会谈。两国总理一致同意提升经贸合作水平，推动打造中巴自贸区升级版。两国总理一致同意，在新时期继续深化中巴战略合作伙伴关系，提升经贸合作水平，推动打造中巴自贸区升级版，在扩大贸易规模的过程中促进动态平衡，推进互联互通合作，成立联合合作委员会制订中巴经济走廊远景规划和短期行动计划。2013 年 11 月，中巴双方在京召开了中巴自贸区第二阶段降税谈判第二次会议，就深化中巴自贸区建设交换了意见，为进一步提升两国经贸合作水平奠定了良好基础。在中巴两国发表的联合声明中，"经济走廊"成为重点事项。双方同意在充分论证的基础上，共同研究制订中巴经济走廊远景规划，推动中巴互联互通建设，促进中巴投资经贸合作取得更大发展。搭建中巴经济走廊一方面可以扩大中巴两国的货物进出口和人员交往，促进巴国转口贸易；另一方面，能有效增加中国能源的进口路径——可以绕过传统咽喉马六甲海峡和存在主权纠纷的南中国海，把中东石油直接运抵中国西南腹地，同时也能降低对正在建设中的中缅油气管道的依赖。

（三）与欧洲国家自贸区建设取得重要突破

1. 顺利完成中国—冰岛自贸区谈判并签署协定

1971 年，我国与冰岛正式建立外交关系。我国与冰岛的进出口贸易统计从 1987 年开始，在双边贸易中，双方的出口产品具有很强的互补性，我国向冰岛出口主要是纺织、轻工、建材和机电家电类产品，而从冰岛进口主要是海产品和与之相关的加工制品等。2005 年 5 月 1 日，中冰两国签署了《关于加强经济与贸易合作的谅解备忘录》，自此，建立中冰自由贸易区的进程正式启动并进入可行性研究阶段。经过调研和相互了解，双方认为中冰建立自贸区有利于两国进一步发展双边关系。2013 年 4 月 15 日，在李克强总理和冰岛总理西于尔扎多蒂共同见证下，商务部部长高虎城与冰岛外交外贸部长斯卡费丁松代表各自政府在北京签署了中国—冰岛自贸协定。该协定是中国与欧洲国家签署的第一个自贸协定，涵盖货物贸易、服务贸易、投资等诸多领域。

中冰自贸协定是一个高水平的协定，双方最终实施零关税的产品，按税目数衡量均接近 96%，按贸易量衡量均接近 100%。中冰自贸区的建成，不仅将为两国经贸合作建立制度性安排，有力地推动双边经贸关系的持续健康发展，而且将对深化中欧经贸合作具有重要的示范意义。

2. 成功结束中国—瑞士自贸区谈判并签署协定

2013 年 5 月，在李克强总理出访瑞士期间，中瑞双方宣布结束自贸区谈判。2013 年 7 月 6 日，商务部部长高虎城和瑞士联邦委员兼经济部长施耐德－阿曼在北京正式签署中瑞自贸区协定。中瑞自贸区谈判自 2011 年 4 月首轮谈判至今进行了 9 轮，最终签署了一个高水平、内容广泛的协定，不仅涵盖货物贸易、服务贸易，而且包含了环境保护、劳工就业、知识产权、市场竞争等新时期的新议题。双方同意给予对方绝大多数产品零关税或低关税待遇，并推进服务贸易自由化和便利化进程。中瑞自贸协定是我国与欧洲大陆国家及西方重要经济体签署的第一个自贸协定，协定覆盖面广、开放水平高、优惠政策多，是一个高质量、宽领域、互利共赢的协定，也是近年来我国对外达成的最高水平、最为全面的自贸协定之一。

在货物贸易领域，我国和瑞士同意给予对方绝大多数产品零关税或低关税待遇。瑞方将在协定生效之日起，对中国绝大部分出口产品削减关税，涉及中国对瑞士出口额的 99.99%，其中 99.7% 立即实施零关税；中方也作出了较高的市场开放承诺，对瑞方产品在一定过渡期内大幅削减关税，涉及瑞士对我国出口额的 96.5%，其中最终实施零关税的产品金额占比为 84.2%。

在服务贸易领域，双方承诺加快服务贸易自由化和便利化进程。中方将扩大航空、环境、证券等服务领域的开放；瑞方承诺为中方商务人员办理签证及工作许可提供便利。中瑞自贸区还有一个突出的特点是产业合作，瑞方同意与中方成立钟表合作工作组，在钟表领域同中方开展改进售后服务、加强我国钟表检测能力和开设钟表培训学校等方面的交流与合作，有助于增强我国钟表行业的生产能力和国际竞争力。

在环境保护、知识产权、政府采购等领域，中方按照求同存异的原则与瑞方进行谈判，形成了许多共识，展示了我国在区域经贸规则制定进程中积极、开放的态度，为我国参与其他高水平的自贸区谈判奠定了较好的基础。

中瑞自贸协定将为两国开启更为广阔的经贸合作空间。中瑞经贸互补性大于竞争性：中国是世界上最大的发展中国家，拥有巨大的市场需求和发展潜力，中国的一些制造业也极具竞争力；瑞士是欧洲发达国家，拥有雄厚的科技实力和产业优势，在精细化工、钟表制造和精密仪表等领域拥有较大优势。

四、大国合作：新型战略对话推动贸易新发展

战略对话与战略规划对两国双边关系的发展具有深远的战略与现实意义，中美战略与经济对话和中欧合作 2020 战略规划把双边经贸合作提高到了新的水平。

（一）落实中美战略框架，促进双边贸易务实合作

中美战略与经济对话是中美双方就事关两国关系发展的战略性、长期性、全局性问题

而进行的战略对话。2009 年至 2012 年已经举行了 4 轮对话。目前，中美共同推进经贸合作共赢的发展方向未变，但合作中也出现不少问题，在世界经济萎靡不振的大环境下越发尖锐，成为中美经贸合作的发展的障碍。因此，进一步推动经济贸易领域的合作发展，是未来中美新型大国关系建设的重要方面，也是有利于两国共同发展的方向。

第五轮中美战略与经济对话 2013 年 9 月 10 日在美国华盛顿拉开帷幕，双方 20 多个部门负责人参与探讨涉及政治、安全、经济、金融等各个领域，涵盖双边、地区、全球各个层面的重要议题，引起国际舆论的高度关注。本轮经济对话宗旨就是要贯彻落实两国元首共识，就中美经济关系中的长期性、全局性、战略性问题深入交换意见，巩固和拓展中美互利经济合作，为共同构建中美新型大国关系奠定坚实的经济基础。经济对话的主题为"推进相互尊重、合作共赢的全面互利中美经济伙伴关系"。围绕这一主题，双方将讨论三大议题，其中一大议题是扩大贸易和投资合作，主要包括促进开放的贸易与投资，深化贸易投资领域的国际规制合作，通过知识产权保护促进创新等内容。

中方表示，当前，中美都在推进经济结构调整，转变经济发展模式，扩大双边贸易和投资的机遇大于挑战。在双边经贸合作规模如此巨大的情况下，出现分歧乃至摩擦是正常的，双方应尊重彼此关切，扩大共同利益，不能以封闭的眼光锁定和放大分歧。双方要秉持开放发展的视野着力化解矛盾，反对贸易保护主义，避免经贸问题政治化。

中方提出，对于高新技术产品出口管制、中国企业赴美投资等，美方应展示诚意，给予中国公平待遇。对于战略性新兴产业、液化天然气产品贸易、知识产权保护等双方有共同利益的领域，应积极探索深化合作的方式和途径。对于发展中出现的新问题，例如网络安全，双方应加强对话、协调与合作，增进互信，使之成为发展合作的新领域。[1]

在贸易领域，中方历来对美方有两个重要诉求：一是放宽对华民用高新技术产品出口；二是尽快承认中国的市场经济地位。这些诉求在本轮对话中得到了美方的积极回应。美方承诺在出口管制体系改革过程中给予中国公平待遇，承诺以合作的方式，向迅速、全面地承认中国市场经济国家地位方向努力。

这一轮中美战略与经济对话进一步落实了两国元首重要共识，把不冲突、不对抗、相互尊重、合作共赢的精神贯彻到中美关系的方方面面，将推动中美贸易关系在未来更长时期内健康稳定持续发展。

（二）制定中欧合作 2020 战略规划，为中欧贸易增长创造条件

中欧经贸关系是世界上规模最大、最具活力的经贸关系之一。欧盟连续九年保持了中国第一大贸易伙伴的地位，中国是欧盟第二大贸易伙伴，2010～2012 年连续三年双边的贸易额超过了 5 000 亿美元，2013 年达到 5 662 亿美元。

2013 年是中欧全面战略伙伴关系建立十周年。十年来，中欧关系取得快速发展，在政治、经贸和人文领域逐步确立了三大合作支柱，建立了数十个政策对话和合作机制，形成

---

① 外交部网站："以开放发展的视野扩大中美贸易与投资合作"，2013 年 7 月 11 日，http://www.fmprc.gov.cn/mfa_chn/zyxw_602251/t1057928.shtml，2014 年 1 月 2 日登录。

了全方位、多层次、宽领域的合作格局。2013年11月21日，李克强总理同欧洲理事会主席范龙佩、欧盟委员会主席巴罗佐举行第十六次中国欧盟领导人会晤，双方共同制定《中欧合作2020战略规划》。这一全面战略规划确定了中欧在和平与安全、繁荣、可持续发展、人文交流等领域加强合作的共同目标，将促进中欧全面战略伙伴关系在未来数年的进一步发展，勾画了中国和欧洲合作的新蓝图。这是中欧首次制定中长期战略合作规划，对中欧关系发展意义重大，对中欧的贸易发展也产生了深远的影响。

《中欧合作2020战略规划》重申了年度经贸高层对话作为规划和指引中欧经贸关系发展和对重要的贸易、投资和经济问题进行战略决策的主要平台的作用。

《中欧合作2020战略规划》提到，要充分利用现有双边机制加强沟通，优先采取对话和磋商，必要时通过谈判，处理重大双边贸易摩擦，以找到互利的解决办法。双方认识到，应按照世贸组织规则开展贸易救济调查和采取贸易救济措施，防止滥用。双方致力于以公正、客观和透明的方式进行反倾销反补贴调查。

在贸易发展目标方面，双方提出要努力为中欧贸易持续高速健康增长创造条件，到2020年中欧贸易额达到1万亿美元的目标，这一目标意味着未来7年，中欧贸易要以9%的年均增速增长。

在多边合作方面，双方同意加强在多边层面，特别是二十国集团和世界贸易组织，在全球经济治理问题上的协调。推动多哈回合谈判。中欧将努力推动世贸组织成员在世贸组织第九届部长级会议上就贸易便利化、部分农业议题和发展议题达成一致，并在此基础上，为未来谈判制定路线图。为此，双方将努力就《信息技术协定》扩围谈判达成一致。双方致力于全面完成多哈回合谈判。

《中欧合作2020战略规划》为今后5至10年中欧合作关系的发展描绘了切实可行的蓝图，这些举措将有助于促进中欧贸易投资关系的健康稳定发展。

五、妥善应对贸易摩擦，维护公平贸易环境

2013年以来，共有19个国家（地区）对我国发起贸易救济调查案件89起，涉案金额36.19亿美元，美国对华发起337调查17起。面对严峻的贸易摩擦形势，中国的积极应对取得成效。

（一）积极交涉妥善应对贸易摩擦

1. 成功化解中欧光伏贸易争端

中欧光伏贸易争端，是当前中欧经贸关系中的重要议题之一。欧盟委员会先后于2012年9月6日和11月8日，对从中国进口的光伏板、光伏电池以及其他光伏组件正式发起反倾销和反补贴调查。中欧贸易摩擦曾经一度非常严峻。欧洲对我国光伏的双反案件，被认为是中欧迄今为止最大的贸易摩擦、全球涉案金额最大的贸易争端，影响到中国上千家

企业生存和40多万人就业。在中欧贸易战一触即发的时刻，李克强出访德国。2013年5月26日，在会见德国总理默克尔时，李克强对于"双反"提出了不同意见。李克强认为，如果中欧光伏贸易争端持续下去的话，将是"双输"的结果。最终，默克尔同意了他的观点。默克尔表示，德国也主张通过对话协商解决欧中关于光伏等产业的分歧，认为欧盟对有关产品征收永久性关税无济于事，应采取措施予以避免。双方在这次关键的会见后发表了共同声明。

这次联合声明后不久，中欧双方暂停了剑拔弩张的冲突，重新坐在了谈判桌前。中欧双方最终达成价格承诺协议安排，这对中欧双方都有重要意义。一方面，这一安排保障了中国光伏产品能够在新的协商安排框架下继续对欧盟出口，并保持合理市场份额；另一方面，中国光伏产业的继续发展，又将为欧洲光伏原料及设备提供商带来更多需求，有利于带动欧洲经济走出困局。

中欧光伏案的结果，充分体现了中国以对话和磋商解决贸易摩擦的决心和诚意。中国通过磋商解决贸易纠纷的主张，也得到了欧盟多国的支持。

2. 积极应诉双反调查取得成果

我国综合运用政治交涉、法律抗辩、业界合作等手段应对双反调查，取得良好效果，如，美对华暖水虾反补贴案、美对华硬木胶合板"双反"案、加拿大对华镀锌钢丝"双反"案均以"无损害"结案，欧盟对华大口径无缝钢管反倾销案和对华自行车反补贴案终止调查。

作为美国首例对华农产品反补贴调查案，美国一些行业协会申请发起暖水虾反补贴调查，美国商务部于2013年1月立案。暖水虾是近年中国与美国农产品贸易争端的热点之一。2004年美国对我国输美暖水虾实施反倾销措施，并不合理地运用"归零法则"（即仅将出口价格低于正常价格的产品纳入计算范围，而将高于正常价格的产品"归零"），人为提高反倾销税率，对我国大部分虾企征收超过100%的反倾销重税，使这些虾企被迫退出美国市场。广东的对虾出口当时也受到较大影响。

2013年5月29日，美国商务部公布初裁结果，反补贴税率为5.76%；8月13日公布终裁结果，又将反补贴税率大幅提高到18.16%。经过我国的积极抗辩，美国国际贸易委员会做出终裁结果，中国等国家输美冷冻暖水虾产品未对美国国内产业造成实质损害或实质损害威胁。据此，美国商务部将不再对中国等国家输美冷冻暖水虾产品发布反补贴税令，该案以"无损害"结案，美国商务部将不再对中国等国家输美冷冻暖水虾征收18.16%的反补贴税。

3. 积极应对发展中国家对华贸易摩擦

对发展中国家对中国的贸易摩擦越来越频繁的问题，我国也取得良好的效果，如顺利解决土耳其特保框架下产品自律协议到期问题，在印度乙酰乙酸甲酯保障措施案、泰国进口机织物保障措施案中取得终止调查结果等。

4. 强化贸易摩擦前置应对获成效

随着贸易环境的不断恶化，贸易摩擦形式的不断翻新，我国逐渐强化贸易摩擦前置应对，积极开展贸易摩擦预警，加强与国外调查机关交涉，促使欧盟暂缓启动对华无线通信设备"双反"调查、成功避免美国对华大型洗衣机产品启动"双反"调查和南非对华铜版纸启动反补贴调查。

5. 有效应对美国 337 调查

2013 年美国共发起 337 调查 42 起，涉及中国企业 17 起，中国居涉案国之首。其中电子信息产品仍是遭遇 337 调查的"重灾区"。美国"337 调查"假知识产权保护之名，行贸易保护主义之实一直以来受到世界各国的诟病。

美国国际贸易委员会 1 月 31 日宣布，对华为、中兴、HTC 和三星公司的 3G 和 4G 无线设备发起"337 调查"，以确定这些产品是否侵犯美国公司专利权，这是 2013 年以来美国对中国产品发起的第 4 起"337 调查"。美国国际贸易委员会当天发表声明说，涉案产品主要是包括智能手机在内的移动电话、移动电脑卡、移动优盘、个人电脑和其他具有移动功能的网络设备。华为和中兴均积极在法律框架下寻求合理的解决途径。经与美方交涉，华为、中兴两公司在无线 3G 设备和无线消费性电子设备"337 调查"中初裁获胜。

（二）依法运用贸易救济调查对外反倾销

中国积极稳妥依法运用贸易救济调查手段，维护国内产业安全和利益，努力营造公平贸易环境。截至 12 月 24 日，2013 年以来我国共对外发起反倾销调查 11 起，反补贴调查 1 起，涉案金额 24.03 亿美元。做出贸易救济调查初裁裁决 5 起、终裁裁决 4 起、期中复审裁决 1 起、期终复审裁决 3 起和新出口商复审裁决 1 起。

（三）通过贸易合作减少贸易摩擦

贸易合作有利于贸易摩擦的减少，2013 年我国完成了中国—冰岛、中国—瑞士自贸谈判中贸易救济章节谈判，有力推动了两个协定的缔结；参与 ECFA、RCEP、中韩、中澳、中日韩自贸区谈判并取得积极进展；召开中土（耳其）、中摩（洛哥）贸易救济合作机制会议；与泰国建立了与东盟成员国首个贸易救济合作机制，与海合会贸易救济合作机制建设取得进展；促成我国领导人访问墨西哥期间与墨西哥经济部签署《关于建立贸易救济合作机制的谅解备忘录》；积极推动并促成在《金砖国家第三次经贸部长会议联合公报》及《金砖国家贸易投资合作框架》中纳入贸易摩擦协商解决机制和贸易救济机构交流合作内容。[①]

（四）利用多边国际机制改善对外贸易环境

为争取国际贸易规则制定权，深化与贸易伙伴沟通合作，进一步改善我国对外贸易环境，中国积极开展多边机制谈判。比如中国在 WTO 多哈回合谈判中的表现得到了与会人

---

① 资料来源于商务部网站，http://www.mofcom.gov.cn/article/ae/ai/201312/20131200439667.shtml，2014 年 1 月 24 日登录。

士的赞扬。土耳其驻世贸组织大使赛里姆·屈内拉尔普说，加入世贸组织 12 年来，中国一直积极参与众多谈判，是世贸组织的活跃成员。欧洲对外贸易协会贸易政策顾问皮埃尔·格勒宁则表示，中国在推动谈判方面具有较强影响力，发挥了积极有益的作用。他说，从谈判中能够看出，中国是一个负责任的国家，并以其充满智慧的方式影响了其他国家。在 G20 峰会上，我国也屡次表明中国主张开放、抵制贸易保护主义的立场。2013 年 9 月 5 日，国家主席习近平在俄罗斯圣彼得堡举行的二十国集团领导人第八次峰会第一阶段会议上作了题为《共同维护和发展开放型世界经济》的发言，习近平主席指出，共同维护和发展开放型世界经济。"一花独放不是春，百花齐放春满园。"各国经济，相通则共进，相闭则各退。我们必须顺应时代潮流，反对各种形式的保护主义，统筹利用国际国内两个市场、两种资源。我们要维护自由、开放、非歧视的多边贸易体制，不搞排他性贸易标准、规则、体系，避免造成全球市场分割和贸易体系分化。①

六、未来展望与政策选择

据 IMF 预计，2014 年世界经济将增长 3.6%。发达经济体经济增长势头可望持续，预计增长 2%。其中，美国经济将增长 2.6%，比上年加快 1 个百分点；欧元区触底回升，增长率将达 1%；日本后续动力可能减弱，增长率预计为 1.2%。新兴经济体和发展中国家增长 5.1%，略好于 2013 年，印度、俄罗斯等新兴大国经济增速从前几年的 6% ~8% 左右回落到 3% ~5% 左右。展望 2014 年，世界经济有望逐步走出国际金融危机阴影，经济复苏总体趋于改善，发达经济体经济增长有望好于 2013 年。OECD 领先指标显示发达经济体前景将进一步改善，目前 34 个成员国整体领先指标处于 2011 年 6 月以来的最高水平。但是，全球经济仍然处于深度调整期，复苏进程难以一帆风顺，主要发达经济体的结构性问题远未解决，新经济增长点尚未形成，美国退出量化宽松政策是金融风险最大来源，部分新兴大国经济增长放缓、金融风险上升，世界经济形势依然错综复杂。②

因此，中国的贸易外交还将把重点放在推动区域贸易的发展上，通过深化同亚洲国家的睦邻友好促进对外贸易。2014 年中国将主办亚太经合组织领导人非正式会议、亚洲相互协作与信任措施会议峰会、博鳌亚洲论坛年会等多场重要国际会议，我们将利用这些平台建立互信、互利、平等、协作的贸易发展观。

另外，我们要进一步扩大同亚洲国家的利益融合。中国应继续奉行互利共赢的开放战略，大力推进同亚洲国家的务实合作；加快互联互通建设和海上合作步伐，推进丝绸之路经济带和 21 世纪海上丝绸之路建设；积极参与区域合作，打造中国—东盟自贸区升级版，落实中国—东盟 "2 +7" 合作框架、中巴经济走廊、中印缅孟经济走廊等倡议；推进区域全面经济伙伴关系（RCEP）、中韩、中日韩等自贸协定谈判，不断促进地区经济一体化。

---

① 外交部网站："习近平在二十国集团领导人第八次峰会第一阶段会议上的发言"，2013 年 9 月 6 日，http：//www. fmprc. gov. cn/mfa_chn/ziliao_611306/zyjh_611308/t1073568. shtml。2013 年 12 月 25 日登录。

② 商务部网站：《中国对外贸易形势报告》（2013 年秋季），2013 年 10 月 30 日，http：//zhs. mofcom. gov. cn/article/Nocategory/201310/20131000371849. shtml，2013 年 12 月 20 日登录。

第八章

中国在国际投资领域的经济外交：新思路新举措

根据联合国贸发会议数据，全球直接投资在经历了2012年的大幅下滑之后，2013年企稳回升，基本回升到国际金融危机爆发前的水平。在全球直接投资复苏的大背景下，中国利用外资和对外投资都呈现良好的发展态势，而且发展更趋于平衡。2013年是中国的改革年，我国通过对内对外投资体制改革，不断放宽投资准入（如批准上海自由贸易试验区等），提高利用外资质量和水平，进一步完善了对外投资促进服务体系，开展了多领域的投资促进活动，并通过多层次的国际投资协调（如推进中美、中欧双边投资协定谈判等），在改革中为中国"走出去"和"引进来"创造了良好的条件。

一、全球直接投资复苏在望

随着宏观经济基本面改善和投资者信心恢复，跨国公司开展跨国投资能力和意愿增强，全球直接投资在经历了2012年的下滑后在2013年企稳回升。根据联合国贸发会议发布的最新数据[①]，2013年全球外国直接投资预计达到1.46万亿美元，跟2012年相比增长11%，基本回升到国际金融危机爆发前的水平（2005~2007年间全球年均外国直接投资为1.494万亿美元），流向发达经济体、发展中经济体和转型经济体的外国直接投资均出现上升。

（一）发展中国家吸引全球投资再创新高

2013年，流入发展中国家的外国直接投资增长6%至7 590亿美元，再创历史新高，其在全球外国直接投资总量中的占比达到52%。增长主要由拉丁美洲和加勒比地区以及非洲推动，而金砖五国的表现尤为强劲。2013年金砖五国吸引的外国直接投资达到3 220亿美元，比2012年增长21%，占全球外国直接投资总量的22%。

作为全球接收外资最多的地区，亚洲发展中经济体仍为全球最大的外国直接投资流入地，2013年吸引的外国直接投资达到4 060亿美元，基本上保持在2012年的水平。中国

---

① UNCTAD：Global Investment Trends Monitor No. 15，联合国贸发会议网站，2014年1月28日，http：//unctad. org/en/PublicationsLibrary/webdiaeia2014d1_en. pdf，本章下文中的全球数据只要没有另外标明皆来源于此。

吸引的外国直接投资从 2012 年的 1 200 亿美元增长到 2013 年的 1 270 亿美元，在全球最大外国直接投资流入国中继续排在第二位，但与第一位的差距进一步缩小到 320 亿美元。流入印度的外国直接投资增长了 17%，达到 280 亿美元。流入东盟的外国直接投资增长放缓，流入西亚地区发展中国家的外国直接投资流量则连续第五年下滑。

拉丁美洲和加勒比地区吸引的外国直接投资已经连续第四年实现增长，在 2013 年达到 2 940 亿美元，增长 18%，其中中美地区和加勒比地区增长尤为迅速，分别增长 93% 和 38%，而流入南美地区的外国直接投资则下降了 7%。2013 年大宗商品价格的下跌导致南美地区采掘业的投资回报率下降，因此流入巴西、智利和秘鲁的外国直接投资在 2013 年分别下降了 3.9%、33% 和 2%。但从流量上来看，巴西依然是 2013 年全球外国直接投资的第七大投资目的地。

非洲地区吸引的外国直接投资在 2013 年增长了 6.8%，达到 63 亿美元。值得一提的是，南非和莫桑比克吸引外资流量达到创纪录的 100 亿美元和 70 亿美元。

流入转型经济体的外国直接投资猛增 45%，达到 1 260 亿美元，为历史最高水平，其在全球外国直接投资总量中的占比达到 9%。其中俄罗斯吸引的外国直接投资猛增 83% 至 940 亿美元，使其有史以来首次跻身全球最大外国直接投资流入国前三位[1]。俄罗斯政府还设立外国投资基金推动外来投资，外国直接投资增势有望保持下去。

（二） 发达国家吸引外国投资止跌反弹但所占比例持续走低

尽管流入发达国家的外国直接投资从 2012 年的 5 489 亿美元增加到 2013 年的 5 760 亿美元，增长了 12%，但其在全球外国直接投资总量中的占比仅为 39%，连续第二年维持在历史最低水平。

具体来看，美国吸引的外国直接投资仍在继续下降，2013 年为 1 590 亿美元，但美国仍为全球最大外国直接投资流入国。欧盟国家吸引的外国直接投资从 2012 年的 2 070 亿美元上升到 2013 年的 2 860 亿美元，其中大部分又都流入到几个相对较小的国家——比利时、爱尔兰、荷兰和卢森堡，四个国家的外国直接投资在 2013 年增加了 1 000 亿美元，这主要归因于这些国家非常优惠的税收政策。欧盟其他国家中，流向德国和西班牙的外国直接投资分别增长 392% 和 37%，达到 323 亿美元和 371 亿美元；但另一方面，流向法国的外国直接投资下降了 77%，仅有 57 亿美元，匈牙利甚至出现了大量的撤资行为。日本吸引的外国直接投资猛增 61% 至 28 亿美元。

二、2013 年中国国际投资概况

近年来，中国外国直接投资流入量稳步增长，西部地区吸收的外国直接投资比东部地

---

[1] 2013 年吸引外国直接投资最多的十个国家或地区依次是美国、中国、俄罗斯、英属维尔京群岛、中国香港、加拿大、巴西、新加坡、英国和爱尔兰。

区更多，服务业吸收的外国直接投资也高于制造业，这些变化都有助于中国经济健康平稳发展。中国吸收外国直接投资与对外投资的数字接近平衡，将逐步向对外投资增多的趋势发展。此外，中国政府近来一直倡导实施经济改革，也有助于进一步改善投资环境①。

（一）引进外资：规模企稳回升、结构进一步优化

2013 年，我国吸收外资平稳回升，呈现稳定的发展态势。全年外商投资新设立企业22 773 家，同比下降 8.63％；实际使用外资金额 1 175.86 亿美元，同比增长 5.25％。在规模保持相对稳定的同时，吸收外资的产业和区域结构逐步改善，服务业实际使用外资金额占全国总量的比重首次过半，中西部地区所占比重逐步提高，作为引资重要载体的国家级经济技术开发区的综合实力显著增强。具体表现在以下几方面②：

第一，吸收外资产业结构和利用外资的水平进一步优化。改革开放以来，吸引外资以制造业为主的格局已转变为以服务业为主，现代服务业日益成为对外开放的新热点，服务业的比重逐年上升：2011 年服务业的占比升至 47.62％，首次超过制造业；2012 年占比为47.66％，超过制造业 3.6 个百分点；2013 年以来，服务业的占比继续超过制造业，目前这个比重为历史最高水平，是中国入世之初的两倍有余（2001 年比重为 24％）。

2013 年，服务业实际使用外资 614.51 亿美元，同比增长 14.15％，在全国总量中的比重为 52.3％，首次占比过半，其中社会福利保障业、电气机械修理业、娱乐服务业增长较快，分别增长 368.63％、308.8％和 117.42％。制造业实际使用外资金额 455.55 亿美元，同比下降 6.78％，在全国总量中的比重为 38.7％，其中石油加工、炼焦及核燃料加工业，水产品加工增长较快，同比分别增长 81.97％和 46.76％。农林牧渔业实际使用外资金额 18 亿美元，同比下降 12.71％，在全国总量中的比重为 1.53％。

第二，欧美对华投资回升较快。2013 年美国对华实际投入外资金额 33.53 亿美元，同比增长 7.13％；欧盟 28 国对华实际投入外资金额 72.14 亿美元，同比增长 18.07％。亚洲十国/地区（中国香港、中国澳门、中国台湾、日本、菲律宾、泰国、马来西亚、新加坡、印度尼西亚和韩国）对华实际投入外资金额 1 025.23 亿美元，同比增长 7.09％；其中中国香港对内地投资稳步增长，增幅达 9.86％；新加坡对华投资 73.27 亿美元，同比增长 12.06％；泰国对华投资 4.83 亿美元，同比增长 389.31％。同期，日本对华投资 70.64 亿美元，同比下降 4.28％；韩国对华投资 30.59 亿美元，同比下降 0.23％，与 2012 年基本持平。

第三，吸收外资的区域效应进一步明显，其中中部地区实际使用外资增长较快，实际使用外资增长高于全国平均水平。我国吸收外资最早是从东部沿海地区开始，最近几年中西部地区由于受到产业政策和区域政策的引导效果促进，中西部地区吸收外资进一步快速增长，比重进一步提高。中西部地区不仅成为东部地区劳动密集型产业承接地，更成为电子信息产业、医药制造产业、航空航天产业等高端产业的承接地以及服务外包等新兴业态

---

① "最新报告称 2013 年全球外国直接投资出现增长"，中国网，2014 年 1 月 29 日，http：//news. china. com. cn/live/2014 - 01/29/content_24621948. htm，2014 年 2 月 7 日登录。

② "商务部召开例行新闻发布会"，商务部网站，2014 年 1 月 16 日，http：//www. mofcom. gov. cn/xwfbh/20140116. shtml，2014 年 1 月 20 日登录。

的承接地，在这些产业之中东部地区和中西部地区已经呈现了齐头并进的发展态势①。

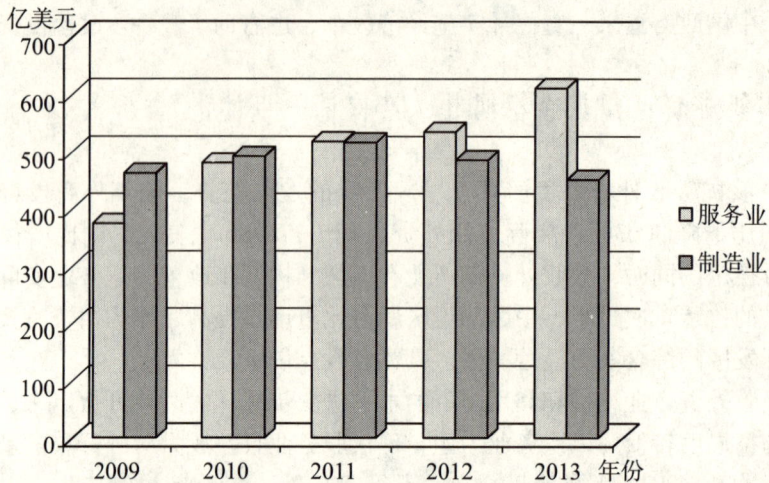

图 8 - 1　2009～2013 年中国外商投资产业分布

资料来源：商务部外资统计。

2013 年中部地区实际使用外资金额 101 亿美元，同比增长 8.79%；西部地区实际使用外资金额 106.1 亿美元，同比增长 6.96%；东部地区实际使用外资金额 968.78 亿美元，同比增长 4.72%。在全国吸收外资总量中，东、中、西部地区所占比重分别为 78.45%、14.7% 和 6.85%。中西部地区占比首次超过 20%。

第四，国家级开发区布局更加合理，综合实力显著增强②。国家级开发区是我国吸收外资的重要承载地，其引领示范作用十分明显，在促进经济发展、调整经济结构、平衡区域协调、促进就业等方面都发挥了十分重要的支撑作用，发展过程当中也兼顾东部与中西部地区的平衡发展。

截至 2013 年年底，全国国家级经济技术开发区数量已达到 210 家，其中东部地区 103 家，中部地区 60 家，西部地区 47 家，形成了较为合理的布局。2013 年 1～9 月，已纳入统计的 200 家国家级经开区实现地区生产总值 48 778 亿元人民币，第二产业增加值 36 169 亿元，第三产业增加值 11 244 亿元，财政收入 9 477 亿元，税收收入 7 777 亿元，都保持了两位数的增长速度，增幅高于全国平均水平；实际使用外资和外商投资企业再投资金额 416 亿美元，同比增长 5.9%；实现进出口总额 5 810 亿美元，同比增长 7.3%。

回顾过去的 2013 年，我国在稳定外资规模的基础上，不断努力提高利用外资质量，合理引导外资产业和地区投向，并借助国家级开发区这一引资重要载体实现了双赢。

---

① "商务部召开'提高利用外资质量和水平'专题新闻发布会"，商务部网站，2013 年 6 月 4 日，http：//www.mofcom.gov.cn/article/ae/slfw/201306/20130600151670.shtml，2014 年 1 月 23 日登录。

② "2013 年商务工作年终述评之十三：以深化改革为动力开创利用外资工作新局面"，商务部网站，2013 年 12 月 23 日，http：//www.mofcom.gov.cn/article/ae/ai/201312/20131200435676.shtml，2014 年 1 月 20 日登录。

（二）对外投资：发展依然强劲、投资模式不断创新

近年来，我国对外投资一直呈现高速增长的势头，2013 年对外直接投资达到 901.7 亿美元，同期吸引外资为 1 175.86 亿美元，两者差额正在不断缩小。对外投资规模发展迅速，对促进我国产业转型升级、调整经济结构的作用不断增强[①]。

第一，规模再创新高。2013 年，我国境内投资者共对全球 156 个国家和地区的 5 090 家境外企业进行了直接投资，累计实现非金融类直接投资 901.7 亿美元，同比增长 16.8%。2013 年，我国内地对中国香港、东盟、欧盟、澳大利亚、美国、俄罗斯、日本七个主要经济体的投资达到 654.5 亿美元，占同期我国对外直接投资总额的 72.6%，同比增长 9.1%。商务部新闻发言人沈丹阳指出："在这种情况下，不是今年，也可能是明年或者后年，中国的对外投资很快就可能超过利用外资的规模。"[②]

第二，投资行业广泛但重点突出。从行业构成情况看，投资门类齐全且重点突出，九成的投资流向商务服务业、采矿业、批发和零售业、制造业、建筑业和交通运输业。2013 年，流向商务服务业的投资为 294.5 亿美元，占投资总额的 32.7%；对采矿业投资 201.6 亿美元，占 22.4%；批发零售业 136.7 亿美元，占 15.2%；制造业 86.8 亿美元，占 9.6%；建筑业 65.3 亿美元，占 7.2%；交通运输业 25 亿美元，占 2.8%。此外，建筑业、文化体育和娱乐业则是投资增速最快的领域，分别同比增长 129.1% 和 102.2%，采矿业、批发和零售业、制造业、房地产业等也都实现了较快增长。

第三，跨国并购大幅上扬[③]。2013 年我国跨境并购活动异常活跃，在金额规模方面出现大幅上扬。2013 年我国共完成跨境并购 138 起，涉及交易额 514.63 亿美元，较 2012 年的 334.83 亿美元上升 53.7%，平均交易金额高达 4.86 亿美元。造成这一现象的主要原因有两点：一是鉴于我国现在巨大的外汇储备、投资过剩、产能过剩的现状，企业"走出去"和资本输出逐渐成为趋势；二是因为企业在中国的市场已经趋于饱和，积极"走出去"可以在海外开拓新市场，发展新渠道。基于全球及中国的宏观经济现状，未来跨境并购在中国并购市场的占比将越来越重要。

第四，以境外经贸合作区为平台，创新集群式投资模式[④]。截至 2013 年 10 月底，中国企业已在 13 个国家建设 16 个境外经贸合作区，合作区建设实际投资金额 44 亿美元，协议入区企业 390 家，累计创造产值 129 亿美元。合作区涉及产业包括轻纺、家电、钢材、建材、化工、机械等多个领域，已成为我国中小企业在境外集群式发展和我国转移富余产能的重要平台。

领域篇

---

① "商务部召开例行新闻发布会"，商务部网站，2014 年 1 月 16 日，http：//www.mofcom.gov.cn/xwfbh/20140116.shtml，2014 年 1 月 20 日登录。

②③ "2013 年中国对外投资表现惹眼企业 '走出去'步伐继续加快"，中国对外投资和经济合作网，2014 年 1 月 17 日，http：//fec.mofcom.gov.cn/article/xwdt/gn/201401/1796144_1.html，2014 年 1 月 20 日登录。

④ 商务部："中国企业已在 13 国建 16 个境外经贸合作区"，中国国际电子商务网，2013 年 12 月 20 日，http：//trade.ec.com.cn/article/tradezx/201312/1276395_1.html，2014 年 1 月 20 日登录。

第五，地方企业（含民营企业）热情高涨，增幅高于全国①。2013 年 1 ~ 10 月，地方非金融类对外直接投资 243.3 亿美元，占全国总额的 35%，同比增长 23.4%，增速高于全国 3.9 个百分点。地方企业完成对外承包工程营业额 699 亿美元，同比增长 13.5%，增速高于全国 1.7 个百分点；地方企业新签合同额 829.6 亿美元，同比增长 27.7%，增速高于全国 15.4 个百分点。

三、投资促进：内外兼顾　改革先行

党的十八届三中全会提出，适应经济全球化新形势，必须推动对内对外开放相互促进，引进来和走出来更好结合，促进国际国内要素有序自由流动、资源高效配置、市场深度融合，加快培育参与和引领国际经济合作竞争新优势。这是 2013 年投资政策改革和投资促进活动的真实写照。

（一）对内：深化改革、开创新局面

改革是 2013 年中国宏观经济政策的主旋律，也是利用外资政策的基调，主要体现在以下几个方面：

1. 进一步推动投资便利化

在党中央和国务院的统一领导和部署下，我国在中国（上海）自由贸易试验区积极稳妥开展外商投资管理体制改革试点，探索建立准入前国民待遇加负面清单的外资准入管理新模式。在试验区内，对于准入特别管理措施之外的外商投资，由国务院提请全国人大决定，暂时调整"外资三法"中的有关行政审批，由审批制改为备案制，并指导上海市制定了试验区外资准入特别管理措施（负面清单），为下一步建立既符合国际通行做法，又适应我国国情的外资准入和监管体系探索路径、积累经验。

此外，根据国务院关于深化政府职能转变的统一部署，继续大力推进简政放权，取消了"石油、天然气、煤层气对外合作合同"的审批；同时，积极参与注册资本实缴登记制改认缴登记制等工商登记制度改革，优化外商投资商事登记制度和流程；参与修订《政府核准的投资项目目录》，进一步缩小需政府核准的外商投资项目范围。

2. 加快内陆沿边开放步伐

扩大内陆沿边开放是完善全方位对外开放新格局的主要内容。2013 年我国开展的主要工作有：一是修订出台了《中西部地区外商投资优势产业目录》，新《目录》共列 500 条目，较 2008 年版增加了 89 条，进一步推动了中西部地区扩大对外开放的广度和深度，充

---

① "2013 年商务工作年终述评之二：对外投资合作快速健康发展"，商务部网站，2013 年 12 月 3 日，http://www.mofcom.gov.cn/article/ae/ai/201312/20131200411387.shtml，2014 年 1 月 20 日登录。

分体现了对我国吸引外资的导向，主要是推动旅游业的开放，鼓励外资参与战略性新兴产业、鼓励外商到中西部地区投资、促进区域协调发展；二是研究国家承接产业转移示范园区的管理办法，有序推进建设中西部地区承接产业转移示范区；三是落实《关于建设中越跨境经济合作区的谅解备忘录》，启动中越跨境经济合作区建设工作；四是加强中哈霍尔果斯国际边境合作中心建设，完善相关政策支持。

目前，商务部、发改委正在编制《沿边地区开放开发规划（2012~2020）》，以此支持边境合作区的开发建设，推动跨境经济合作区的建设，完善相关的政策措施，使之成为繁荣边贸、维护边疆稳定的开放区、先行区和保障区，进而提升与周边国家的战略合作关系。

3. 有序扩大服务业对外开放

2013年，我国积极稳妥推动金融、电信、教育、医疗等服务业领域对外开放，在EC-FA和CEPA框架下进一步扩大开放了上述领域；不断完善有关法律、法规及规定，发布了关于外商投资融资租赁公司、举办营利性养老机构和残疾人服务机构、出版物市场管理的有关规定；支持上海自由贸易实验区扩大金融服务、航运服务、商贸服务、专业服务、文化服务以及社会服务的开放；商务部等部委制定了前海现代服务业的产业准入目录①。

我国以中美投资协定谈判确立的准入前国民待遇和负面清单为基础，通过中国（上海）自由贸易试验区先行先试，结合自由贸易区战略的实施，有序扩大服务领域对外开放，以开放促改革，进一步扩大服务业利用外资范围，提高了服务业利用外资的质量和水平。表8-1为2013年我国制定的关于对外投资和引进外资的部分政策法规。

表8-1　　2013年我国制定的关于对外投资和引进外资的部分政策法规

序号	文件名称	发布单位	发布文号	发布日期
1	关于开展境外中资企业安全生产质量大检查专项行动的通知	商务部、安全监管总局、外交部、发展改革委、住房城乡建设部、国资委	商合函〔2013〕11号	2013-1-11
2	关于印发技术市场"十二五"发展规划的通知	科技部	国科发高〔2013〕110号	2013-2-5
3	关于印发《对外投资合作环境保护指南》的通知	商务部、环境保护部	商合函〔2013〕74号	2013-2-18
4	关于印发《规范对外投资合作领域竞争行为的规定》的通知	商务部	商合发〔2013〕88号	2013-3-18

---

① 商务部召开"服务贸易与服务业对外开放"专题新闻发布会，商务部网站，2014年1月9日，http://www.mofcom.gov.cn/article/ae/slfw/201401/20140100461612.shtml，2014年1月15日登录。

续表

序号	文件名称	发布单位	发布文号	发布日期
5	中西部地区外商投资优势产业目录（2013 年修订）	国家发展和改革委员会、商务部	国家发展和改革委员会、商务部令第 1 号	2013 - 5 - 9
6	关于印发《外国投资者境内直接投资外汇管理规定》及配套文件的通知	国家外汇管理局	汇发〔2013〕21 号	2013 - 5 - 11
7	关于取消和下放一批行政审批项目等事项的决定	国务院	国发〔2013〕19 号	2013 - 5 - 15
8	关于修改《中华人民共和国外资保险公司管理条例》的决定	国务院	国令第 636 号	2013 - 5 - 30
9	国务院办公厅关于金融支持经济结构调整和转型升级的指导意见	国务院	国办发〔2013〕67 号	2013 - 7 - 1
10	关于印发《对外投资合作和对外贸易领域不良信用记录试行办法》的通知	商务部、外交部、公安部、住房城乡建设部、海关总署、税务总局、工商总局、质检总局和外汇局	商合发〔2013〕248 号	2013 - 7 - 5
11	关于印发中国（上海）自由贸易试验区总体方案的通知	国务院	国发〔2013〕38 号	2013 - 9 - 18
12	国务院关于化解产能严重过剩矛盾的指导意见	国务院	国发〔2013〕41 号	2013 - 10 - 6
13	关于加强中央企业国际化经营中法律风险防范的指导意见	国资委	国资发法规〔2013〕237 号	2013 - 10 - 25
14	国务院关于取消和下放一批行政审批项目的决定	国务院	国发〔2013〕44 号	2013 - 11 - 8
15	中共中央关于全面深化改革若干重大问题的决定	十八届三中全会		2013 - 11 - 12
16	关于跨境人民币直接投资有关问题的公告	商务部	商务部公告 2013 年第 87 号	2013 - 12 - 3
17	关于支持境外经济贸易合作区建设发展有关问题的通知	商务部、国家开发银行	商合函〔2013〕1016 号	2013 - 12 - 13

资料来源：根据商务部、国家发改委、国资委、科技部和国家外汇管理局等政府部门官方网站公布的文件整理汇编。

（二）对外：不断完善政策、推进服务促进

2013 年，我国继续完善"走出去"政策促进体系、服务保障体系和风险控制体系，采取积极措施深入贯彻"走出去"战略，推动对外投资合作业务快速健康发展。

1. 加快构建"走出去"政策制度体系

首先，完善管理制度。商务部着力研究境外投资管理制度改革方案，进一步简化手续，优化流程；指导上海制订自由贸易试验区境外投资开办企业备案管理办法；宣传落实《对外劳务合作管理条例》并起草配套文件，建立对外投资合作在外人员信息管理系统。

其次，加强服务引导。商务部更新了《对外投资合作国别（地区）指南》，编制《中国对外投资合作发展报告（2013）》，发布《境外中资企业商会建设指引》，为企业"走出去"提供信息服务和政策指导。

再其次，强化境外风险防控。商务部印发了《对外投资合作境外安全突发事件处置规定》；加强监测重点地区安全形势，发布《商务部对外投资合作境外风险提示》64 期；开展境外中资企业安全生产质量大检查专项行动和商务系统安全生产督查活动。

最后，指导企业加强自身建设。商务部出台了《规范对外投资合作领域竞争行为的规定》、《对外投资合作和对外贸易领域不良信用记录试行办法》，发布《对外投资合作环境保护指南》、《对外投资合作在外人员知识手册》，要求企业依法合规经营，注重环境资源保护，提高合作意识，加强与当地融合。

2. 积极推进投资促进活动

一方面，积极发挥双边投资促进机制的作用。

2013 年 1 月 18 日，中国与加拿大签署了《中华人民共和国商务部投资促进事务局与加拿大安大略省经济发展及创新厅双向投资促进合作谅解备忘录》，进一步了拓展我国与加拿大安大略省的经贸往来，深化了商务部投资促进局与安大略省经济发展及创新厅在投资促进工作中的务实合作。

2013 年 4 月 9 日，由中国商务部、澳大利亚外交贸易部共同举办的第三届中国澳大利亚经济贸易合作论坛在北京隆重举行。中澳双方企业家、政府官员等共 400 余人参加了论坛。中方企业家代表与澳大利亚企业家代表一起，围绕能源资源与基础建设、金融服务等不同领域进行了广泛而深入的对话，对促进两国经贸关系起到积极的推动作用。

2013 年 6 月 1 日，"中欧商协会投资促进联盟欧洲启动仪式"及"中欧商协会投资促进联盟"欧洲办公室揭牌仪式在匈牙利布达佩斯市成功举行。中欧商协会投资促进联盟第一届理事会议成功召开，表决产生了第一届理事成员、联盟章程以及 2013 年联盟工作计划和活动安排，已形成基本工作机制和框架，为下一步实现"政府—商协会—企业"三位一体、优势互补、资源共享奠定了基础①。平台的启动，为正在德国筹备建立的投资促进

---

① "中欧商协会投资促进联盟欧洲启动仪式成功召开"，商务部投资促进局，2013 年 6 月 8 日，http：//tzswj.mofcom. gov. cn/article/c/201306/20130600157038. shtml，2014 年 2 月 4 日登录。

机构的设立模式、合作机制和工作模式等提供积极有益的借鉴。

2013 年 7 月 23 日，中国与爱尔兰签署了《中华人民共和国商务部投资促进局与爱尔兰投资发展局双向投资促进合作谅解备忘录》，合作备忘录涉及双方共同打造投资促进平台、开展投资促进活动、建立信息交流机制、共同寻求投资促进领域的合作机会等内容。

2013 年 11 月 15 日，中美投资促进（北京）高层论坛举行，论坛主题为"助力对美投资，促进合作共赢"。论坛分为两个研讨阶段，主题分别为"到美国投资面临的机遇与挑战"与"美国金融环境与法律法规介绍"。来自中美两国政府机构、商协会和企业的七位研讨嘉宾分别就中美经贸合作关系、美国产业投资环境、美国法律法规、海外并购的风险控制与金融税务管理等共同关注的议题展开深入研讨。中美两国投资促进机构、企业、科研院所和学术机构的代表约 180 人出席论坛。

2013 年 11 月 24 日，四川省商务厅与加拿大不列颠哥伦比亚省国际贸易厅签署了《中华人民共和国四川省商务厅与加拿大不列颠哥伦比亚省国际贸易厅双向投资与贸易促进合作谅解备忘录》，双方将推动建立畅通的信息交流渠道，开展多领域投资贸易促进活动，双向投资重点领域包括自然资源、信息与通信技术、旅游、生命科学等。

2013 年 11 月 29 日，中墨企业家高级别工作组首次会议在墨西哥首都墨西哥城成功召开。中墨双方围绕"物流与贸易出口"和"投资项目合作与中墨战略伙伴关系"两个主要议题，双方企业家畅所欲言，对两国企业在能源电力、矿产资源、机械设备、信息技术、金融服务等领域的投资与合作前景，以及拓展双边贸易，共同开拓第三国市场等方面的合作充满信心，同时也提到了目前两国经贸合作中存在的一些问题和障碍①。中墨企业家高级别工作组机制的建立旨在为两国企业搭建交流与合作的高端平台，为促进投资与贸易便利化向两国政府提供切实可行的政策建议。

另一方面，我国直接组织贸易投资促进代表团出访。

2013 年 2 月 27 日至 3 月 8 日，为拓展和深化中欧在机械制造、职业教育等领域的交流与合作，商务部投资促进局率团访问了法国、奥地利和德国。出访期间，在法国与巴黎工商会联合举办了"中国中部地区的合作机遇"推介会，在德国举办了"机械产业交流合作暨中部博览会推介会"，还拜会了法国政府投资部、国际汽车制造商委员会、奥地利工业协会、杜塞尔多夫商会、德国机械制造业联合会等十余家机构，就相关产业的合作进行了深入地探讨。

2013 年 3 月 24 日至 4 月 2 日，为配合习近平主席出访非洲，加强中国与非洲的经贸往来与投资合作，商务部投资促进局率团访问了南非和津巴布韦。出访期间，在南非德班举办中国—南非投资合作说明会，在津巴布韦哈拉雷举办中国—津巴布韦投资合作对接会，还分别在南非德班与开普敦举办了南非夸祖鲁纳塔尔省以及开普敦投资环境说明会暨企业交流会，拜会了南非德班港务局、西开普省贸易投资局等机构，并组织企业参观考察南非德班港以及开展一系列项目对接洽谈活动。中方企业与南非、津巴布韦企业就农业、矿业、医疗、贸易等领域进行洽谈对接，达成多个采购和投资意向。商务部投资促进局与

---

① "中墨企业家高级别工作组首次会议在墨西哥成功召开"，商务部投资促进事务局网站，2013 年 12 月 5 日，http：//tzswj. mofcom. gov. cn/article/c/201312/20131200413257. shtml，2014 年 2 月 3 日登录。

南非贸易投资署签署双向投资促进合作谅解备忘录，就共同推进中南双边投资合作达成共识。

2013年4月29日~5月6日商务部投资促进局率团赴阿联酋迪拜参加第三届迪拜国际投资年会，并顺访沙特阿拉伯。我国代表团应邀出席了由阿联酋经济部主办的第三届迪拜国际投资年会开幕式、大会主论坛等各项重要活动，并在大会期间举办了中国投资环境推介会、中国投资与合作论坛等专场活动。阿联酋副总统兼总理、迪拜酋长穆罕默德·本·拉希德·阿勒马克图姆出席了本届年会开幕式，大会吸引了来自全球80多个国家的嘉宾出席。出访阿联酋和沙特期间，我国代表团以重点产业双向投资促进与合作为目标，与当地政府部门、投资促进机构、商协会、跨国公司等进行了充分的接触和交流。

2013年7月21日~28日，商务部投资促进局率团访问美国、加拿大，拓展和深化对美国、加拿大的投资合作。出访期间先后在美国芝加哥、里士满、加拿大多伦多举办了"中国各省与美国伊州投资合作研讨会"、"弗吉尼亚州推介会"和"中国—加拿大安大略省投资论坛"等活动。来自山西省、江西省和深圳市商务主管部门的代表和广东、山西、内蒙古的企业家与美国、加拿大的相关机构和企业进行了踊跃洽谈和务实对接，有效地拓展了在能源、环保、汽车、金融、贸易等领域的合作机会。商务部投资促进局与美国伊利诺伊州商务厅、美国弗吉尼亚州经济发展部、加拿大安大略省经济发展、贸易及就业部就双向投资促进合作备忘录的后续工作进行了充分的交流和深入的研讨，达成了建立工作协调机制，加大产业投资促进力度，推动中美、中加省州市园区合作以及创建优势互补、协力发展的投资促进工作模式等多项共识。

四、投资协调：双边投资协定多头并举

2013年中国在国际投资协调领域取得了丰硕的成果，其中最主要的成果是中美双边投资协定（BIT）谈判取得了重大突破，中国同意以准入前国民待遇和负面清单为基础与美国进行投资协定实质性谈判。除此之外，中欧双边投资协定谈判正式启动，自贸区框架下的投资协调也取得积极进展。

（一）中美双边投资协定谈判再现曙光

第五轮中美战略与经济对话于2013年7月10~11日在美国首都华盛顿举行，一个重要的成果是中国同意以准入前国民待遇和负面清单为基础与美国进行投资协定实质性谈判。这是中美两国在2008年启动双边投资协定谈判以来所取得的最大突破，表明了中国达成高水平投资协定和参与全球投资治理的态度，以及推动中国企业走出去、促进产业转型升级的决心，更重要的是进一步释放了改革信号。

2013年10月第十轮谈判后，中美投资协定谈判正式由技术性阶段转入实质性阶段。中美投资协定谈判是我国第一次将"准入前国民待遇和负面清单"模式用于双边谈判，具有范本意义，是中国投资体制的一个巨大变化，谈判会为中美投资合作和经济合作的融合

度方面提供重要的制度安排和法律保障。

1. 中美双边投资协定的经济背景

据联合国贸发会议统计，2012 年中国已成为全球第三大对外直接投资经济体。在这一背景下，中方需要通过与美国在内的其他经济体缔结投资协定，确立更高层级的法律框架，从而切实提升中国投资者权益保障水平，促进对外投资。达成一项互利共赢的高水平投资协定，对中美双方投资者都是有利的。

目前中美间贸易和投资呈良好发展态势。一是合作与共赢是中美经贸关系的主旋律。虽然近年来双边经贸摩擦增多，中国企业赴美投资也遇到一些阻力，但扩大对美投资是中国企业自身发展的需要，也符合美国的利益。中国企业在美投资，带动美国产品出口中国市场，是实现双方互利共赢的有效途径。二是中国企业对美投资潜力巨大。双边经贸关系的深化和发展为扩大对美投资创造了条件，中国积极实施"走出去"战略为扩大对美投资提供了广阔空间。美国拥有巨大的市场、先进的技术、完备的基础设施，对中国投资者有很大吸引力。许多中国企业希望通过对美投资，提高自身管理水平和技术水平。三是进一步改善投资环境是中国企业对美投资的前提和保障。我国将积极营造良好的对外投资环境，继续加强对"走出去"的宏观指导和服务，完善政策促进、服务保障和风险控制体系，并充分发挥中美双边对话机制的作用，落实已签署的双向投资促进合作备忘录，积极推动中国企业赴美投资。

虽然中美两国已经成为全球重要的资本输入和输出国，但双向投资却相对较弱，缺少足够可预期的政策环境成为双向投资发展的重要制约因素①。2013 年中国对美投资 42.3 亿美元，占美国吸收外资总量的 2.7%，美国对华投资 33.53 亿美元，占中国实际利用外资额的 2.8%。

2. 中美双边投资协定的重大突破

中美投资协定谈判是我国第一次将"准入前国民待遇和负面清单"模式用于双边谈判，该模式将是我国外资管理体制上的重大突破，具有范本意义。准入前国民待遇和负面清单的外资管理模式已逐渐成为国际投资规则发展的新趋势，世界上至少有 77 个国家采用了此种模式。我国同意采用这种模式是适应国际发展趋势的需要，与我国正在推进的行政审批制度改革的方向是一致的，有利于为各类所有制企业创造公平竞争的市场环境，激发市场主体活力，促进经济发展。

"外资准入前国民待遇"的核心是给予外资准入权，也就是将外资的国民待遇延伸至投资发生和建立前的阶段（与之相对的是"外资准入后国民待遇"，即外资进入以后才能享受国民待遇）。所谓"负面清单"是指国家以清单形式，列明外资禁止进入的行业，除此之外的所有产业均予准入（与之相对的是"正面清单"，即列明允许外资进入的产业，清单之外不允擅入）。

---

① 周密："中美 BIT，写在'前后'与'正负'之间"，商务部国际贸易经济合作研究院网站，2013 年 9 月 9 日，http：//www.caitec.org.cn/download/1309095.pdf，2014 年 1 月 22 日登录。

"准入前国民待遇和负面清单"这种模式，将打破多年来限制我国进行自贸区谈判和对外投资的壁垒，为我国加强同其他国家和地区合作提供契机。

3. 中美投资协定的重要意义

首先，中美投资协定若能达成，将为中国引进外资带来新的增长点，并有助于改善外资的结构和质量，同时将扫除中国企业在美投资的一些障碍，推动中国企业"走出去"。目前，尽管我国企业"走出去"的意愿越来越强，但国外政治阻力阻碍了中国企业迈出的步伐。从华为、中兴在美国投资遭拒，到三一重工在美收购被否，双汇收购史密斯菲尔德闹得沸沸扬扬，中国企业在美国投资始终处于举步维艰的尴尬与无奈中。双边投资协定的护航，不仅能大大缓解中国企业对美投资的后顾之忧，而且也将削平中国企业进入美国市场的门槛，大洋彼岸的投资空间乐观可期。

其次，中美投资协定还有重要的战略意义。"准入前国民待遇和负面清单挪开了多年来困扰我国进行自贸区谈判和扩大对外投资的绊脚石，不仅为中美投资协定谈判，也为中日韩、中韩自贸区谈判打开了突破口。"下一步，可以上海自贸试验区试点和中美投资协定谈判同时进行为契机，积极推动中韩、中日韩自贸区谈判，而且可以先从投资入手开谈。"以前，投资保护协定中涉及货物开放的条款并不多，中国在区域全面经济伙伴关系（RCEP）的主动性有所提升，从这轮投资协定谈判开始，中国要获取更多的主动。"[①]

再其次，中美投资协定谈判的重要性远远超过双边范畴。因为中国既是连续20多年蝉联吸收外商直接投资最多的发展中国家，又是当前全世界最引人瞩目的新兴对外直接投资母国；美国则既是连续数十年的对外直接投资第一大国，又是连续数十年的吸收外商直接投资第一大东道国。考虑到中国亟须与几乎所有主要贸易伙伴签署或修订补充双边投资保护协定，而美国是第二次世界大战以来对国际经贸规则影响最大的国家，与美国的双边投资保护协定可望成为中国与其他多数贸易伙伴新投资保护协定的样板，部分内容甚至可能纳入区域经济一体化组织和WTO，这场谈判的意义就更大了[②]。

另外，中国还能获得中美投资协定的局部外溢性价值。目前美国正在力推"跨太平洋伙伴关系协定"（TPP），已吸引新加坡、新西兰、澳大利亚、秘鲁等9个国家加入，日本、韩国、泰国、菲律宾等国也在积极跟进。如果中国加入TPP，就会陷入被美国规则"绑架"的尴尬境地，如果不加入，又有被边缘化的风险。而中美双边投资协定一旦落地，中国所面临的TPP压力就会大大分解，到时，中国是否加入TPP就有更宽裕的自主选择空间和腾挪余地。中国加入TPP谈判应该是未来的方向，中美投资协定谈判取得突破，实际上也就意味着中国向TPP又靠近了一步。

最后，中国有望通过中美达成的投资协定模板撬动多边投资框架的建立，体现中国积极参与全球经济治理、承担全球责任的大国担当。在全球经济治理框架中，贸易体系有世界贸易组织（WTO），金融体系有国际货币基金组织，但投资体系尚无具有广泛性和约束

---

①　"中美投资协定谈判破垒前行"，国际商报网，2014年1月20日，http：//www.shangbao.net.cn/epaper/gjsb/252113.html，2014年1月25日登录。

②　梅新育："中美投资协定谈判的意义"，中国国际电子商务网，2013年7月30日，http：//review.ec.com.cn/article/gdjmsp/201307/1253796_1.html，2014年2月7日登录。

领域篇

力的全球投资协定。然而，建立全球多边投资协定的需求已经暗流涌动。2012 年 4 月，美国和欧盟共同发布了关于国际投资的七项共同原则，直指中国等发展中国家。中国需要从一开始就参与到全球投资治理体系的构建中，发出自己的声音和利益诉求。中美投资协定谈判很快进入实质性阶段将有助于推动这一谈判成为一个构建多边投资框架的范本和平台，从而撬动多边投资体系的建立①。

4. 下一步的挑战

首先，中美投资协定谈判不可能一蹴而就。第五轮中美战略与经济对话虽然为投资谈判作出了重大突破，但也意味着中美投资协定谈判即将进入艰苦的阶段，其长期性、复杂性不容小视，而能否真正降低中国在美投资壁垒、撬动中国国内相关领域的改革，还取决于进一步的谈判成果。

其次，中美投资协定不能解决中美双边投资的所有问题。一方面，中美谈判涉及到两国法律观念和文化的碰撞，而美国历来都以规则的制定者自居，将其范本和做法视为标准加以强行推广，当美方规则被视为标准时，所谓的谈判往往就成为单方的施压或退让，也就很难谈得上对美国形成真正意义上的制度约束；另一方面，美方声称或表面上已经高度开放。即使中美签订协议，美国也不大可能进一步放开其目前不予开放的领域，放松安全审查等投资保护措施，因此中国应该提出自己的双边投资协定谈判范本，重点纳入美国国家安全审查委员会（CFIUS）的国家安全审查制度，加强对 CFIUS 的监管和规范，防止正当的安全审查被滥用，或者被政客和商业竞争对手所利用。此外，准入前国民待遇和负面清单模式也将压缩我国产业政策制定和经济调控的空间，而政府对经济拥有较大的调控空间和力度恰恰是我国实现经济追赶型和跨越式发展的重要因素，因此中美投资协定谈判在短时期内将会对我们产生极大的压力和挑战②。

另外，中国需要注意的是要平衡作为东道国的基本利益与作为投资国的日益增长的海外投资利益。中国目前已经成为外商直接投资的全球第二大接受国、第三大对外直接投资国。在投资问题上中国凸显出双重身份，需要在双边投资协定谈判中审慎校准东道国的利益与成长中海外投资大国的利益平衡问题③。

（二）中欧投资协定谈判正式启动

2013 年 10 月 18 日，欧洲理事会在卢森堡正式授权欧委会与中国展开投资协定谈判。2013 年 11 月底的中欧峰会上，中欧双方正式启动双边投资协定谈判，这是继中美启动投资协定谈判后中国对外开放的又一重要举措④。商谈中欧投资协定是中欧双方领导人达成的共识，一项互利共赢的投资协定，将为中欧双向投资提供公平、透明的制度框架，有利

---

① 王碧珺：《中美直接投资：挑战与破局》，载《国际经济评论》，2013 年第 5 期。
② 郭成龙：《中美 BIT 谈判快速推进下的冷思考》，载《WTO 经济导刊》，2013 年第 9 期。
③ 王碧珺：《中美直接投资：挑战与破局》，载《国际经济评论》，2013 年第 5 期。
④ "中欧双边投资协定将启动　新一轮贸易谈判加速"，中国自由贸易区服务网，2013 年 11 月 11 日，http://fta. mofcom. gov. cn/article/fzdongtai/201311/14359_1. html，2014 年 2 月 9 日登录。

于促进和便利中欧相互投资，也将为全球投资规则的进一步完善做出贡献。

目前，欧盟已成为中国在发达经济体中的最大投资目的地。这是欧盟首次代表 28 个成员国对外商签投资协定，一旦达成将为双方营造更好的投资环境。过去中国与欧盟国家签署的投资协定过于陈旧，而且在这些协定中，中国偏重于保护自己作为投资东道国的利益，而在保护自己作为投资来源国的利益方面做得不够。作为全球最重要的一对贸易投资伙伴，签署新的投资协定对于欧盟与中国而言应该是双赢的。这份中欧双边投资协定将取代现有的中国与欧盟成员国间的协定，是中欧双方共同构建国际投资新模式、更好平衡投资者与东道国权利的契机。

与中美 BIT 谈判相比，中欧 BIT 谈判远远落后。欧盟在获取成员国谈判授权后，还要一年左右的筹备工作，中欧 BIT 谈判最快也要等到 2014 年年底才能正式开始，市场准入将是最大的谈判难点。

（三）自贸区框架下的投资协调

目前，我国正在建设 18 个自贸区，涉及 31 个国家和地区。其中，已签署 12 个自贸协定，分别是我国与东盟、新加坡、巴基斯坦、新西兰、智利、秘鲁、哥斯达黎加、冰岛和瑞士的自贸协定，内地与香港、澳门的更紧密经贸关系安排，以及大陆与台湾的海峡两岸经济合作框架协议。除了与冰岛和瑞士的自贸协定还未生效外，其余均已实施。正在谈判 6 个自贸协定，分别是我国与韩国、海湾合作委员会、澳大利亚和挪威的自贸谈判，以及中日韩自贸区和 RECP 谈判。此外，我国还完成了与印度的区域贸易安排（RTA）联合研究；正与哥伦比亚和斯里兰卡等开展自贸区联合可行性研究。我国已初步构建起横跨东西的周边自贸平台和辐射各洲的全球自贸网络。2013 年，我国自贸区建设工作呈现出两大亮点，一是与欧洲国家自贸区建设取得零的突破，二是与周边国家自贸区建设取得新进展[①]。

1. 中冰自贸区：实现与欧洲国家自贸区零的突破

2013 年 4 月 15 日，中国和冰岛两国代表在北京签署了中国—冰岛自贸协定。该协定是我国与欧洲国家签署的第一个自贸协定，涵盖货物贸易、服务贸易、投资等诸多领域。中冰自贸协定实施了高水平的关税减让，双方最终实施零关税的产品，按税目数衡量均接近 96%，按贸易量衡量均接近 100%。此外，中国和冰岛还就服务贸易做出了高于 WTO 的承诺，并对投资、自然人移动、卫生与植物卫生措施、技术性贸易壁垒、原产地规则、海关程序、竞争政策、知识产权等问题做出了具体规定。

中国—冰岛自贸区谈判于 2006 年 12 月启动并进行了 4 轮谈判，2009 年，因冰岛提出加入欧盟申请，双方谈判中止。2012 年 4 月，中冰两国领导人商定重启中冰自贸区谈判。后经 2 轮谈判，双方于 2013 年 1 月结束实质性谈判，就协定内容达成一致[②]。中冰自贸协

---

① "商务部召开'自贸区建设'专题新闻发布会"，商务部网站，2013 年 12 月 4 日，http：//www. mofcom. gov. cn/article/ae/slfw/201312/20131200412781. shtml，2014 年 1 月 15 日登录。

② "《中华人民共和国政府和冰岛政府自由贸易协定》在北京签署"，商务部网站，2013 年 4 月 15 日，http：//www. mofcom. gov. cn/article/ae/ai/201304/20130400089688. shtml，2014 年 1 月 15 日登录。

领域篇

定的签署，标志着我国与欧洲国家自贸区建设取得零的突破。

2. 中瑞自贸区：完成高质量的一揽子自贸协定

2013 年 5 月，在李克强总理出访瑞士期间，中瑞双方宣布结束自贸区谈判。7 月 6 日，中瑞两国代表在北京正式签署中瑞自贸协定。中瑞自贸协定是我国与欧洲大陆国家和西方主要经济体签署的第一个自贸协定。这个协定覆盖面广、开放水平高、优惠政策多，是一个高质量、宽领域、互利共赢的协定。产业合作是中瑞 FTA 的一大特色，瑞方同意与中方成立钟表合作工作组，在钟表领域同中方开展改进售后服务、加强我国钟表检测能力和开设钟表培训学校等方面的交流与合作，有助于增强我国钟表行业的生产能力和国际竞争力。

中瑞自贸协定于 2011 年 1 月正式启动，在两年半时间内，双方经过九轮谈判，已就实质性问题达成一致，是近年来中国对外达成的水平最高、最为全面的自贸协定之一，具有如下特点：零关税比例高；建立了环保、钟表技术合作、医药合作等合作机制；涉及政府采购、环境、劳工与就业合作、知识产权、竞争等中方以往自贸谈判中很少碰到的规则问题①。

3. 中日韩自贸区谈判：正式启动

中日韩自贸协定谈判在 2013 年共举行了三轮，三方在谈判的步骤、谈判的模式和协定范围等方面取得了很多进展，达成了一些共识。中日韩三方都在一致努力致力于达成一个全面、高水平、平衡、双赢的自贸协定，但是由于三方在产业竞争力上的不同，分歧也还是有的，主要是如何在照顾彼此的关切、实现各自的利益、达成一个平衡、双赢的协定方面，还存在一些差别。

中日韩三国同为东亚重要经济体，三国 GDP 占东亚 GDP 的 90%，占亚洲的 70%，2012 年三国 GDP 合计达到 14.3 万亿美元，约占全球 GDP 的 20%。三国也是全球贸易大国，2012 年三国进出口总额约为 5.4 万亿美元，占全球贸易总量的 35%。三国经济规模在全球仅次于欧盟和北美，一旦自贸区建成，将建成一个人口超过 15 亿的大市场，成为世界上人口最多的发展中国家和发达国家联合起来的自由贸易区②。

4. 中韩自贸区谈判：稳步进入出要价阶段

2013 年中韩自贸区共进行了 4 轮谈判。2013 年 4 月 26 日，第五轮谈判在黑龙江省哈尔滨市举行，双方就货物贸易、服务贸易、投资及其他议题深入交换了意见，一致同意继续保持谈判势头，尽快就谈判模式达成共识，早日取得互利双赢的结果③。2013 年 7 月

---

① "商务部国际经贸关系司负责人解读《中国—瑞士自由贸易协定》"，商务部网站，2013 年 7 月 31 日，http：//www. mofcom. gov. cn/article/ae/ag/201307/20130700222265. shtml，2014 年 1 月 15 日登录。

② "中日韩自贸区第一轮谈判在韩国举行"，商务部网站，2013 年 3 月 28 日，http：//www. mofcom. gov. cn/article/ae/ai/201303/20130300070883. shtml，2014 年 1 月 15 日登录。

③ "中韩举行两国间自贸区第五轮谈判"，商务部网站，2013 年 4 月 26 日，http：//www. mofcom. gov. cn/article/ae/ai/201304/20130400105532. shtml，2014 年 1 月 15 日登录。

2～4 日第六轮谈判于韩国釜山举行，双方就谈判模式问题进行磋商，取得实质性进展。货物贸易方面，双方在自由化水平等问题上基本达成一致。双方在服务、原产地规则、海关程序、贸易救济、知识产权领域召开了工作组会议，并就模式案文基本达成一致。关于协议范围，双方同意将货物、服务、投资、原产地规则、海关程序、贸易救济、知识产权、竞争政策、透明度、卫生和植物卫生措施、技术性贸易壁垒、电子商务、环境、经济合作作为谈判领域纳入自贸协定范围。2013 年 9 月 3～5 日第七轮谈判在山东省潍坊市举行，谈判双方最终就协定范围涉及的各领域模式文件达成一致。至此，双方完成了中韩自贸区模式阶段谈判，下一步将进入出要价谈判阶段①。2013 年 11 月 18～22 日，第八轮谈判在韩国仁川举行，全面开始出要价和协议文本谈判。本轮谈判中，双方相互交换了货物贸易的首次出价清单，范围包括正常产品和敏感产品。此外，双方还就各自在其他领域提出的协议文本草案进行了讨论，对彼此立场进行了更加深入的了解。

截至 2013 年年底，中韩自贸区共举行了八轮谈判，双方已就货物贸易降税模式及协定谈判范围达成共识，进入出要价谈判阶段，在模式阶段也已经确定了自由化水平的目标，对协定要谈判的范围和领域也进行了初步确定。通过模式阶段的谈判，双方把协定的主要框架搭成了，剩下基本上就是添砖加瓦，充实这个协定的内容。无论是中方还是韩方，都把中韩自贸协定作为自贸区战略的重点，中韩自贸协定谈判正快速推进。

5. 《区域全面经济伙伴关系协定》（RCEP）：谈判正式启动

2013 年 RCEP 共举行两轮谈判，确定了谈判的职责范围，成立了货物、服务和投资工作组以及原产地规则及海关程序与贸易便利化两个小组。2013 年 8 月，RCEP 谈判国还在文莱召开了第一次经贸部长会议，对谈判工作做出了具体指示。

2013 年 5 月 9～13 日，RCEP 第一轮谈判在文莱举行，中国、日本、韩国、澳大利亚、新西兰、印度以及东盟 10 国均派代表团与会。本轮谈判正式成立货物贸易、服务贸易和投资三个工作组，并就货物、服务和投资等议题展开磋商。各方就三个工作组的工作规划、职责范围、未来可能面临的挑战等议题深入交换了意见，还就其他领域谈判问题进行了初步探讨。谈判在积极、建设性的氛围中进行，取得了良好进展。16 个成员国一致同意努力推进谈判，以实现 2015 年结束谈判的目标②。

2013 年 9 月 23～27 日，RCEP 第二轮谈判在澳大利亚布里斯班举行，16 个谈判成员国均派代表团出席本轮谈判。本轮谈判期间，贸易谈判委员会和货物贸易、服务贸易、投资等三个工作组召开了会议。货物贸易方面，各方重点讨论了关税减让模式和章节结构及要素等问题，并就关税和贸易数据交换、原产地规则、海关程序等问题进行了交流，决定成立原产地规则分组和海关程序与贸易便利化分组。服务贸易方面，各方对协定章节结构、要素等问题展开讨论，并就部分各国感兴趣的服务部门开放问题初步交换意见。投资组重点就章节要素进行了讨论。此外，各方还就经济技术合作、知识产权、竞争政策和争

---

① 中韩自贸区谈判分为模式和出要价两个阶段。双方在模式阶段达成的共识包括货物贸易自由化水平、协定范围及各领域谈判的原则、框架及内容要素等。

② "《区域全面经济伙伴关系协定》（RCEP）第一轮谈判在文莱举行"，中国自由贸易区服务网，2013 年 5 月 15 日，http://fta.mofcom.gov.cn/article/rcep/rcepnews/201309/13514_1.html，2014 年 1 月 15 日登录。

端解决等议题进行了信息交流①。

6. 中国—东盟自贸区升级版谈判：启动在即

中国—东盟自贸区是我国与其他国家达成的第一个，也是最大的一个自贸区，同时也是东盟作为整体对外建立的第一个自贸区。2013 年 10 月 9 日，李克强总理在文莱出席中国—东盟领导人会议期间，倡议启动中国—东盟自贸区升级版谈判。目前，中方已向东盟方提交了升级版倡议草案，获得东盟方的积极评价，双方已就启动升级版谈判的时间、具体内容进行磋商。

7. 中澳自贸区：继续进行中

2013 年 6 月 4 日至 6 日，中国—澳大利亚自贸区第十九轮谈判在北京举行。本轮谈判，双方进行了深度磋商和讨论，维持了谈判势头，为下一步取得实质性突破奠定了良好基础②。近年来，中澳双边贸易保持持续较快增长。目前，澳是我国第八大贸易伙伴、第九大出口市场和第七大进口来源地。两国建立自贸区，对于提升双方经贸合作、巩固中澳双边关系具有重要意义。

8. 内地与香港、澳门关于建立更紧密经贸关系的安排

2013 年 8 月 29 日，《〈内地与香港关于建立更紧密经贸关系的安排〉补充协议十》（以下简称"《〈安排〉补充协议十》"）在香港正式签署，该协议于 2014 年 1 月 1 日起正式实施。《〈安排〉补充协议十》在《安排》及其九个补充协议的基础上，对香港进一步扩大开放，包括服务贸易开放、金融合作、贸易投资便利化等内容。在服务贸易方面，内地对香港采取 65 项具体措施，在法律、建筑、计算机及其相关服务、房地产等 28 个领域原有开放承诺基础上，进一步放宽市场准入条件、取消股权限制、放宽经营范围和经营地域的限制，同时新增加复制服务和殡葬设施服务的开放承诺。另外，在贸易投资便利化方面，为支持香港企业开拓内销市场，双方将加强商品检验检疫、质量标准领域的认证认可及标准化管理和知识产权保护领域的合作。《〈安排〉补充协议十》的签署，将对香港巩固国际金融、贸易、航运等中心地位和发展新兴现代服务业提供有益的帮助，也将为内地经济带来新的活力③。

2013 年 8 月 30 日，《〈内地与澳门关于建立更紧密经贸关系的安排〉补充协议十》在澳门签署，该协议将于 2014 年 1 月 1 日起正式实施，该补充协议与《〈安排〉补充协议十》在内容上基本一致，其签署将对澳门经济适度多元发展提供有益的帮助，也将为内地

---

① "RCEP 第二轮谈判在澳大利亚举行"，国家质检总局网站，2013 年 11 月 6 日，http：//www. aqsiq. gov. cn/xxgk_13386/tzdt/gzdt/201311/t20131106_385614. htm，2014 年 1 月 15 日登录。

② "第十九轮中澳自贸区谈判取得成果"，商务部网站，2013 年 6 月 6 日，http：//www. mofcom. gov. cn/article/ae/ai/201306/20130600155053. shtml，2014 年 1 月 15 日登录。

③ "《〈内地与香港关于建立更紧密经贸关系的安排〉补充协议十》在香港签署"，商务部网站，2013 年 8 月 29日，http：//www. mofcom. gov. cn/article/ae/ai/201308/20130800274663. shtml，2014 年 1 月 15 日登录。

经济带来新的活力①。

9.《海峡两岸服务贸易协议》

2013 年 6 月 21 日在两岸两会领导人第九次会谈上，双方签署《海峡两岸服务贸易协议》。《海峡两岸服务贸易协议》是 ECFA（两岸经济合作框架协议）后续协商所签协议之一，文本长达 48 页，正文分为四章 24 条，有 2 个附件，分别为《服务贸易具体承诺表》、《关于服务提供者的具体规定》。

两岸服务贸易市场开放涉及到 WTO 服务贸易总协定 12 个服务部门中的 11 个。根据《协议》附件一"服务贸易具体承诺表"，双方开放承诺共 144 条，涉及 100 多个服务行业，范围涵盖了商业、通讯、建筑、分销、环境、健康和社会、旅游、娱乐文化和体育、运输、金融等。其中大陆方面开放承诺 80 条（非金融领域开放承诺 65 条，金融领域 15 条），大陆方面出价均高于对 WTO 的承诺水平，一次性出价涵盖的行业类别之多、开放力度之大，在大陆已签署的类似协议中是前所未有的。台湾方面开放承诺 64 条（非金融领域开放承诺 55 条，金融领域 9 条），是在台湾开放陆资入岛基础上的进一步开放②。

《海峡两岸服务贸易协议》的签署有重要意义。首先，为两岸之间最终实现服务贸易自由化奠定了基础。其次，有助于加速两岸服务业融合、互补，共同提升两岸服务业的国际竞争力。再次，有助于扩大两岸民众的受惠面。

（四）其他投资协调：《金砖国家贸易投资合作框架》

2013 年 3 月 26 日，金砖国家第三次经贸部长会议发表联合公报和《金砖国家贸易投资合作框架》文件。金砖国家经贸部长在第五次金砖国家领导人会晤前一天于南非德班举行了第三次会议，本次领导人会晤的主题是"金砖国家和非洲：致力于发展、一体化和工业化伙伴关系"。金砖国家部长们就全球经济形势、WTO 多哈回合谈判、在其他多边场合的合作、金砖国家内部合作和金砖国家共同支持非洲发展等五个主要议题进行了开放且有建设性的讨论。金砖五国一致认为，当前的环境需要提出金砖国家内部加强合作的新原则、新概念、新模式和新机制，有必要共同努力，发挥各自经济的优势。为此，可以通过寻找核心增长部门的互补性，深化合作增强各自经济的产业能力来实现上述目的，同时应进一步加强产业交流，开展贸易投资促进活动，加强投资与技术合作。另外，应建立相应渠道和机制，鼓励通过互惠协商解决贸易摩擦。部长们认可了经贸联络组的各国高官们在贸易与服务数据、中小企业发展合作，以及投资领域开展的工作，指示经贸联络组在下次部长会议上报告进展，并对海关合作和贸易便利化领域提出的广泛合作表示欢迎，认为这有助于促进金砖国间贸易。

金砖五国部长们还认可了经贸联络组制定的《金砖国家贸易投资合作框架》，并指示

领域篇

---

① "《〈内地与澳门关于建立更紧密经贸关系的安排〉补充协议十》在澳门签署"，商务部网站，2013 年 8 月 30 日，http：//www.mofcom.gov.cn/article/ae/ai/201308/20130800276122.shtml，2014 年 1 月 15 日登录。

② "EC 网年终盘点：2013 年中国经济扩大开放之理论 & 实践双丰收"，中国国际电子商务网，2013 年 12 月 27 日，http：//review.ec.com.cn/article/gdeczl/201312/1277420_5.html，2014 年 2 月 6 日登录。

经贸联络组落实并在今后继续完善该框架。根据该合作框架，金砖国家将在多边场合的合作与协调、贸易投资促进和便利化、技术创新合作、中小企业合作、知识产权合作、基础设施和工业发展合作等具体领域展开合作，其中包括：鼓励扩大高附加值产品的贸易和投资；推动在新兴产业开展对话交流，促进在技术密集、知识密集、资本密集领域的贸易和投资推动商签《金砖国家中小企业合作协议》。鼓励本国企业积极参与金砖国家的基础设施建设发展和工业化，并相互开展技术合作等合作。

作为合作框架的一部分，经贸联络组将在 2013 年和 2014 年鼓励或举办下列活动：建立金砖国家信息共享和交换平台，例如中国复旦大学金砖国家研究中心主持建立的金砖国家信息共享与交流平台；协调各方货物贸易统计数据，讨论服务贸易统计数据的模式；开展联合研究，寻找在金砖国家间促进高附加值产品贸易的方式和途径；2013 年 6 月在南非举行金砖国家投资保护研讨会；2013 年 9 月 8 ~ 9 日在中国厦门投洽会期间举行金砖国家贸易与投资促进论坛；2013 年下半年举行中国进口论坛，促进金砖国家间高附加值产品贸易易；邀请金砖国家参加中小企业博览会，促进中小企业间合作；在 2013 年印尼巴厘岛举行的 WTO 第九届部长级会议上协调立场。[①]

五、投资外交新亮点：高铁外交

高铁外交，是中国在乒乓外交、熊猫外交、借款外交之后，启动的一种新的外交形式。中国高铁通过陆路延伸以及技术和资金参与等形式，向周边以及其他大陆的国家和地区扩展的外交形式，被外媒称为中国的"高铁外交"，并且成为中国外交一翼。

（一）中国高铁竞争优势显著

高铁外交自 2010 年开始，已经成为中国外交的重要形式之一。截至 2013 年，中国已和包括俄罗斯、巴西在内的世界上 50 多个国家和地区建立了高速铁路合作关系，总合同额已达到 260 多亿美元。高铁外交在中国外交中占据日益重要的地位，除了欧亚大陆之外，中国的"高铁外交"还不断向非洲和美洲扩展，中国已同阿根廷、保加利亚、泰国、老挝等签订了高铁修建协议。未来 10 ~ 15 年内，中国打算将自己的高速铁路网延伸到 17 个国家，最终甚可能将伦敦和新加坡同北京连接起来，中国铁路已经迈向世界各地，成为了中国新的"代言人"。

中国高铁能在短短几年间驶出国门，主要源于三大优势。首先是性价比，国外建设高铁每公里成本为 0.5 亿美元，而中国只有 0.33 亿美元；其次是技术，通过引进、消化、吸收和创新，中国的高铁技术已处于世界先进水平行列；最后是安全性，通过在各种线路条件下的长期运行，证明中国的高铁安全性是有保障的。

---

① "金砖国家第三次经贸部长会议发表联合公报和《金砖国家贸易投资合作框架》"，商务部网站，2013 年 3 月 27 日，http://www.mofcom.gov.cn/article/ae/ai/201303/20130300068116.shtml，2014 年 1 月 31 日登录。

（二）2013 年高铁外交成绩斐然

2013 年 10 月，习近平主席参加 2013 年 APEC 峰会及李克强总理参加东亚峰会期间，与东盟各国签订了一系列高铁产业合作协议：10 月 2 日习主席与印度尼西亚总统签署 200 亿美元投资合作协议，包括投资 15 亿美元参与雅加达 30 公里单轨铁路建设；10 月 4 日习主席与马来西亚总理商定 2017 年 1 600 亿美元的双边贸易额目标，并鼓励中国企业参与马来西亚北部发展和吉隆坡至新加坡的高铁建设；10 月 11 日，李克强总理在泰国访问时，与泰国总理英拉在曼谷发表了《中泰关系发展远景规划》，签署了《中泰政府关于泰国铁路基础设施发展与泰国农产品交换的政府间合作项目的谅解备忘录》，中国有意参与廊开至帕栖高速铁路系统项目建设，泰国将以农产品抵偿部分项目费用，这一合作方式被媒体形象称为“高铁换大米”[①]。未来 10 年中国出口建设的这批高铁，将在东南亚地区发挥重要的作用，不仅可以促进东盟各国交通运输业的发展以及农产品的出口，还能密切中国与东盟国家的联系往来，探索新的贸易合作增长点。

2013 年 11 月 25 日，李克强与匈牙利总理欧尔班和塞尔维亚总理达契奇在罗马尼亚共同宣布，三国将合作建设连接贝尔格莱德和布达佩斯的匈塞铁路。匈塞铁路项目是中国首度把高铁输出到欧洲，是中国高铁迈向国际的重要一步，有媒体更形容为“中国高铁开进欧洲心脏”。

（三）高铁外交的重要意义

“高铁外交”概念的背后，体现的是中国装备制造业整体实力的提升，以及“走出去”步伐的加快。

首先，有利于提升中国“智造”的品牌效应。中国虽为制造业大国，但目前在国际产业链中的分工仍处于中低端。通过高铁等技术的出口，推动中国制造向高附加值、拥有自主知识产权和品牌的中国“智造”转型，促进中国在国际产业链分工中从中低端走向中高端，有助于提升中国“智造”的品牌效应。这次中泰合作的将是高铁系统的出口，即除了设备外，还负责整条铁路的铺设，并提供运营和管理的支持，这对树立中国在高科技领域的品牌意义重大。

其次，助推中国与东盟“互通互联”战略规划的落地。泛亚铁路网是基础设施建设的具体化和愿景，而泰国高铁在泛亚铁路网中起到了“承南启北”的重要作用。因此，实现高铁技术对泰国、马来西亚等国的出口，将助推中国与东盟“互通互联”战略规划的落地实施。

再其次，带动相关产业的出口贸易和海外投资。高铁建设涉及多个行业，在出口高铁技术的同时，还将带动中国的机械车辆、信息电子设备、劳务等方面的出口；同时高铁出

[①]　“党报提‘高铁外交’说法：助华打开东南亚新局面”，人民网，2013 年 10 月 22 日，http：//gx. people. com. cn/n/2013/1022/c229247 - 19743759. html，2014 年 7 月 10 日登录。

口需要进行大量的融资和借贷，伴随着高铁出口的是中国资本出口，与之相匹配的金融领域合作也同步推进。

最后，外交助力高铁，高铁反哺外交。通过高铁外交加强合作，中国与周边国家的相互依存进一步加深，这样相关国家挑战中国核心利益的机会成本就会大大增加。当促进共同发展、稳固共同利益成为共同的目标时，通过国家利益这一纽带，中国日益增强的经济实力将有效转化为外交实力[1]。

---

① 李定华：《"高铁外交"正当时》，载《中国经济周刊》，2013年10月28日。

第九章

中国在对外援助领域的经济外交：
不断落实承诺

党的十八届三中全会召开以来，中国外交展现了新局面，积极运筹与主要大国关系，全力稳定和拓展周边睦邻友好关系，大力加强与发展中国家友好合作，深入参与和引导多边外交进程。[①] 对外援助作为外交的手段，服务于中国外交的战略与方针。2013 年，中国对外援助规模继续增长。根据 2013 年中央级财政支出预算，2013 年我国对外援助预算规模为 198.63 亿元，比 2012 年实际对外援助规模（166.90 亿元）增长 19%。从相对数来看，2013 年对外援助预算占外交支出预算的比重为 55.58%，而 2012 年这一比例为 50.21%。[②]

一、2013 年中国对外援助发展概况

（一）人道主义援助到达最需要的地方

2013 年自然灾害和地区冲突仍然不断，全球人道主义救助需求增大。2013 年 3 月，联合国人道主义事务负责人称："我们与人道主义救援伙伴今年将寻求 104 亿美元援助，去帮助 24 个面临紧迫危机国家的 5 700 万民众，"呼吁为叙利亚、马里、中非共和国、刚果捐款，同时苏丹、尼日尔、阿富汗、缅甸等国家和地区也急需人道主义援助。[③] 此后，援助需求还不断扩大。例如，根据联合国人道主义事务协调厅的数据，2013 年 3 月，需要救助的叙利亚难民为 400 万。而到 2013 年 11 月 5 日公布的资料，这一数据增加了一倍，叙利亚近 40% 的人口即 930 万人迫切需要人道主义援助，其中被迫逃离家园沦为内部流离失所者的人数高达 650 万。[④] 11 月 8 日，菲律宾遭受超强台风"海燕"袭击，人员和财产损失巨大，更推高了 2013 年的国际人道主义需求。

---

① "杨洁篪：新形势下中国外交理论和实践创新"，http://www.fmprc.gov.cn/mfa_chn/wjdt_611265/gjldrhd_611267/t1066866.shtml，2014 年 1 月 12 日登录。

② 财政部：《2013 年中央本级支出预算表》。

③ "联合国寻求为叙利亚等国提供 104 亿美元人道主义援助"，http://news.xinhuanet.com/world/2013 - 03/06/c_114915459.htm，2014 年 1 月 28 日登录。

④ "联合国：叙利亚境内 930 万人需要人道主义援助"，http://news.xinhuanet.com/yzyd/world/20131106/c_118021526.htm? prolongation = 1，2014 年 1 月 13 日登录。

中国政府履行国际责任，通过多边或双边途径，将人道主义援助送到了最需要的国家和地区。例如，外交部 12 月 27 日表示，鉴于叙利亚人道局势严峻，中方准备向叙利亚提供新的总额为 2 000 万元人民币的人道主义援助，帮助叙利亚人民度过寒冬。① 2014 年 1 月 11 日，中国驻叙利亚大使馆证实第一批包括棉被、毯子在内的援助物资已运抵大马士革，第二批也将于 12 日抵达。这次援助物资提供给叙利亚阿拉伯红新月会，由叙红新月会在当地组织分发。②

消除战争的遗留危害，为人们提供安宁的生存环境，也是人道主义援助的领域。1970 ~ 1998 年间的近 30 年战乱，给柬埔寨留下大片雷区。根据柬埔寨地雷受害信息中心的统计，1979 ~ 2013 年，地雷爆炸已造成近 2 万人死亡，4 万多人受伤。根据柬埔寨政府的估计，柬埔寨每年需要 5 000 万美元经费扫雷，直到 2020 年才可能彻底清除战后雷患。为此，中国已连续两年选派专家组赴柬执行人道主义扫雷培训任务。2013 年 12 月 5 日起，12 名来自中国的人道主义扫雷培训专家对柬军方 52 名学员进行了约 6 周的扫雷专业课程培训。此外，中方还向柬方提供了一批最新式的探雷器、扫雷防护装具、扫雷工具包等各类人道主义扫雷装备器材。③

（二）发展援助规模持续扩大

全球最不发达国家名单由联合国经社理事会根据发展政策委员会的建议每三年审核一次。目前，全球共有 49 个国家被联合国列为最不发达国家。迄今只有三个国家成功脱离最不发达国家行列，它们是博茨瓦纳（1994 年 12 月）、佛得角（2007 年 12 月）、马尔代夫（2011 年 1 月）。可见，脱离最不发达国家的进程之缓慢和艰难，发展援助的需求也就相应产生了。表 9 - 1 为全球 49 个最不发达国家地区分布情况。

表 9 - 1　　　　　　　　　　全球 49 个最不发达国家地区分布

地区	国家数	国家
非洲	34	安哥拉，贝宁，布基纳法索，布隆迪，中非共和国，乍得，喀麦隆，刚果民主共和国，吉布提，赤道几内亚，厄立特里亚，埃塞俄比亚，冈比亚，几内亚，几内亚比绍，莱索托，利比里亚，马达加斯加，马拉维，马里，毛里塔尼亚，莫桑比克，尼日尔，卢旺达，圣多美和普林西比民主共和国，塞内加尔，塞拉利昂，索马里，苏丹，多哥，乌干达，坦桑尼亚，赞比亚，南苏丹

---

① "中方将向叙提供新的人道主义援助"，http: //news. xinhuanet. com/yzyd/mil/20131228/c_118746570. htm，2014 年 1 月 23 日登录。

② "中国人道主义援助物资运抵叙利亚　总价值 2 000 万元"，http: //politics. people. cn/n/2014/0112/c70731 - 24091541. html，2014 年 1 月 23 日登录。

③ "中国圆满完成向柬埔寨提供扫雷援助工作"，http: //www. cfen. com. cn/web/meyw/2014 - 01/23/content_1049422. htm，2014 年 1 月 24 日登录。

续表

地区	国家数	国家
亚洲和 太平洋地区	14	阿富汗，孟加拉国，不丹，柬埔寨，基里巴斯，老挝，缅甸，尼泊尔，萨摩亚，所罗门岛，东帝汶，图瓦卢，瓦努阿图，也门
拉丁美洲和 加勒比地区	1	海地

资料来源：UNCTAD, The Least Developed Countries Report 2013：: Growth with employment for inclusive and sustainable development.

如表9-1所示，亚洲和非洲是最不发达国家最集中的地区。与此相吻合，2013年我国的对外发展援助仍以亚非两洲为主。亚洲的阿富汗、孟加拉国、老挝、柬埔寨和缅甸，非洲的苏丹、南苏丹、安哥拉，都是中国发展援助的受益国。

二、对外人道主义援助：广泛全面

2013年我国向发生严重自然灾害及其他人道主义危机的国家提供了力所能及的帮助。例如，我国向遭受强烈自然灾害的菲律宾、巴基斯坦、南苏丹，向因武装冲突而产生严重人道主义危机的叙利亚、马里等国，提供了紧急人道主义援助。此外，中国继续履行扫雷人道主义援助，向柬埔寨提供扫雷培训及装备。表9-2为2013年中国对外人道主义援助情况。

表9-2　　　　　　　　　**2013年中国对外人道主义援助情况**

月份	受援国	援助原因	援助形式	
			现汇	物资
2	马里	国内冲突	—	金额不详
9	巴基斯坦	7.8级地震	150万美元	3 000万元人民币物资
10	南苏丹	水灾	红十字会5万美元（10月）+ 10万美元（12月）	—
11	菲律宾	台风"海燕"	政府10万美元+红十字会10美元	1 000万元人民币物资
12	叙利亚	国内冲突	—	2 000万元人民币

注："—"表示没有该项内容。

资料来源：笔者根据媒体报道整理。

2013年11月8日，菲律宾遭受超强台风"海燕"灾害，造成重大人员伤亡和财产损失。根据菲律宾国家减灾委员会11月13日上午发布的灾情报告，当时已造成1 833人死

领域篇

亡，2 623 人受伤，84 人失踪，41 个省 7 488 个村的 693.7 万人受灾，58.2 万人流离失所，28.6 万人在疏散中心避难，约 15 万所房屋被损毁，经济损失约 7.61 亿比索。[1] 同日，国家主席习近平致电菲律宾总统阿基诺三世，代表中国人民向菲律宾人民表示诚挚的慰问，向遇难者表示深切的哀悼，祝愿菲律宾人民早日战胜灾害、重建家园。[2] 灾害发生后，我国政府及中国红十字会分别迅速提供了 10 万美元的人道主义紧急救灾现汇援助。在 11 月 14 日的外交部新闻发布会上，我国宣布向菲律宾追加 1 000 万元人民币的物资援助，包括帐篷、毛毯等灾区紧缺物资。分批次的援助以及援助规模的变化是由灾情发展决定的。[3] 此外，中国 11 月 17 日非正式地告知菲律宾外交部，中国可以派遣拥有 300 个床位和 8 个手术室的“和平方舟”号赴菲。18 日，中国方面正式提出该援助计划。[4] 22 日，菲律宾的主流媒体如《菲律宾星报》、《菲律宾每日问询者报》、GMA 电视台、第五电视台新闻网站都报道了中国派遣更多力量赴菲律宾救灾的消息。除现汇、物资援助外，中国也向菲律宾灾区派遣了多支救援队和医疗队。[5]

紧急人道主义援助不仅局限于物资和现汇援助。中国于 2007 年加入《空间和重大灾害国际宪章》，宪章要求每一个成员机构提供各自相应的资源，减缓灾害对人类生命和财产的影响。2013 年 10 月澳大利亚新南威尔士州发生严重山林火灾，在救援过程中，应对方请求，中国资源卫星应用中心通过 FTP 服务器向澳大利亚紧急提供了当地森林大火卫星遥感监测图片和信息数据。[6]

三、对亚洲国家援助：重在最不发达国家

21 世纪以来，中国同周边国家贸易额由 1 000 多亿美元增加到 1.3 万亿美元，成为众多周边国家的最大贸易伙伴、最大出口市场、重要投资来源地。“亲望亲好，邻望邻好。”中国将坚持与邻为善、以邻为伴，巩固睦邻友好，深化互利合作，努力使自身发展更好惠及周边国家。[7] 2013 年 10 月 24～25 日，习近平在周边外交工作座谈会上阐明了我国周边

---

① “中国政府将向菲律宾提供紧急人道主义援助”，http://finance.people.com.cn/n/2013/1113/c1004 - 23532012.html，2014/1/13. 实际上，根据 2013 年 12 月菲律宾政府公布的资料，台风海燕对菲律宾造成的经济损失近 130 亿美元。资料来源：“海燕台风造成菲律宾损失近 130 亿美元”，http://language.chinadaily.com.cn/article - 174828 - 1.html，2014 年 1 月 31 日登录。

② “习近平就菲律宾遭遇受超强台风袭击向菲律宾人民表示慰问”，http://www.fmprc.gov.cn/mfa_chn/wjdt_611265/gjldrhd_611267/t1098656.shtml，2014 年 1 月 11 日登录。

③ “外交部：中国将向菲追加价值 1000 万元救灾物资”，http://news.eastday.com/w/20131115/u1a7777617.html，2014 年 1 月 23 日登录。

④ “外媒：中国赴菲救灾‘和平方舟’号不逊美航母”，http://news.china.com/international/1000/20131121/18163229.html，2014 年 1 月 23 日。

⑤ “菲律宾媒体竞相报道中国赴菲救灾：回击批评之声”，http://world.people.com.cn/n/2013/1123/c157278 - 23632556.html，2014 年 1 月 23 日登录。

⑥ “澳大利亚查山火原因 中国卫星提供监测参与救援”，http://news.china.com.cn/world/2013 - 10/25/content_30402961.htm，2014 年 1 月 28 日登录。

⑦ “习近平主席在博鳌亚洲论坛 2013 年年会上的主旨演讲”，http://news.xinhuanet.com/politics/2013 - 04/07/c_115296408.htm，2014 年 1 月 30 日登录。

外交的战略、方针。我国周边外交的战略目标是服从和服务于实现"两个一百年"奋斗目标、实现中华民族伟大复兴，全面发展同周边国家的关系，巩固睦邻友好，深化互利合作，维护和用好我国发展的重要战略机遇期，维护国家主权、安全、发展利益，努力使周边同我国政治关系更加友好、经济纽带更加牢固、安全合作更加深化、人文联系更加紧密。我国周边外交的基本方针，是坚持与邻为善、以邻为伴，坚持睦邻、安邻、富邻，突出体现亲、诚、惠、容的理念。发展同周边国家睦邻友好关系是我国周边外交的一贯方针。要坚持睦邻友好，守望相助；讲平等、重感情；常见面，多走动；多做得人心、暖人心的事，使周边国家对我们更友善、更亲近、更认同、更支持，增强亲和力、感召力、影响力。① 作为外交的重要手段，亚洲周边国家一直是中国对外援助的重要地区，涵盖了包括缅甸、孟加拉国、巴基斯坦等在内的亚洲最不发达国家。

2013 年 5 月 20 日，习近平与塔吉克斯坦总统会谈。两国元首决定，建立中塔战略伙伴关系，全面深化为合作。在农业领域，中国将积极落实农业技术合作项目，尽快在塔方设立中塔农业技术示范中心和农业产业园区，提升塔方粮食生产能力。②

根据中国与缅甸两国政府达成的协议，我国承担了缅甸举办第 27 届东南亚运动会技术合作项目。合作项目涵盖运动员培训、提供竞赛管理系统、提供训练和比赛用器材以及协助组织开闭幕式等四部分。中国提供的技术援助和给予的创意帮助，使本届东南亚运动会开闭幕式更好地展现了缅甸文化特色以及本地区民族风情。③ 缅甸体育部也因此非常感谢中国教练员。④ 而且，中国政府表示将一如既往帮助缅发展农业，改善民生，减少贫困，促进平等。⑤

过去十年来，中国为柬埔寨提供了数十亿美元援助和投资，包括修建水电大坝和火力发电厂。中国还免除柬埔寨的债务，并给予柬埔寨数百种商品免关税待遇。2013 年 1 月，中国人民解放军副总参谋长戚建国访问柬埔寨时称，中国将为柬埔寨军队训练提供协助，并启动柬军事装备升级。⑥ 2013 年 4 月，柬埔寨首相洪森访问中国期间，中柬签署了包括 5 亿美元软贷款和 4 800 万美元赠款在内的协议，以帮助该国修建基础设施和水利灌溉系统。这笔资金可帮助柬埔寨在数年内每年新建 400 公里长的公路。⑦

孟加拉国是中国的主要受援国之一，到 2013 年 6 月我国已向孟政府提供经济援款

领

域

篇

---

① "习近平：让命运共同体意识在周边国家落地生根"，http：//www. fmprc. gov. cn/mfa_chn/wjdt_611265/gjldrhd_611267/t1093113. shtml，2014 年 1 月 11 日登录。

② "习近平同塔吉克斯坦总统拉赫蒙会谈两国元首宣布将中塔关系提升为战略伙伴关系"，http：//www. fmprc. gov. cn/mfa_chn/wjdt_611265/gjldrhd_611267/t1041717. shtml，2014 年 1 月 12 日登录。

③ "缅甸官员：中方援助有助于缅成功举办东南亚运动会"，http：//news. youth. cn/jsxw/201312/t20131204_4326898. htm，2014 年 1 月 27 日登录。

④ "缅甸体育部长赞扬中国援助缅甸举办东南亚运动会"，http：//mm. mofcom. gov. cn/article/jmxw/201312/20131200437615. shtml，2014 年 1 月 27 日登录。

⑤ "刘延东会见缅甸副总统赛茂康"，http：//www. fmprc. gov. cn/mfa_chn/wjdt_611265/gjldrhd_611267/t1108133. shtml，2014 年 1 月 2 日登录。

⑥ "中国巨资援助柬埔寨建水电站　耗资 4 710 万美元"，http：//news. ifeng. com/mainland/detail_2013_02/25/22441612_0. shtml，2014 年 1 月 24 日登录。

⑦ "中国承诺向柬埔寨提供 5.48 亿美元援助款"，http：//cn. reuters. com/article/chinaNews/idCNCNE9390CF20130410，2014 年 1 月 24 日登录。

37.95 亿元人民币。此外，两国自 1976 年开始互派留学生。2012 年 10 月，中共中央政治局常委李长春访问孟加拉国时宣布，自 2013 年起中国政府向孟加拉国政府提供的奖学金名额由每年 80 名提高至 160 名。① 2013 年 8 月，耗资 2.39 亿元人民币的中国援建的孟加拉国首座高速立交桥竣工并通车，通车后可以大大缓解首都的交通拥堵。② 2013 年 9 月，在国际和平日纪念活动暨中国—南亚和平发展论坛上，孟加拉国国民议会议长公开表示，中国与南亚国家的支持帮助孟加拉国实现经济转型。孟加拉国 2012 年孟加拉经济保持了 6% 以上的增速，有望不久成为中等收入国家。③

2013 年 5 月，李克强访问巴基斯坦期间，中巴在经济、科学技术、空间和太空通信、能源以及文化领域签署 11 项协议和备忘录，内容涉及经济技术合作、边境管理系统、边防哨所管理系统、卫星导航以及在卡拉奇大学建立一所孔子学院。同时，中方宣布给予巴基斯坦 5 000 万元人民币的援助。④ 巴基斯坦发展的最大障碍之一是能源。中国正承诺开发塔尔沙漠的部分区块，并提供融资和设备，帮助巴基斯坦私营企业开发其他区块。⑤

此外，中国还为约旦、也门、阿富汗提供了力所能及的帮助。例如，2013 年 9 月 27 日，习近平与来访的阿富汗总统卡尔扎伊举行会谈时表示，中国将继续为阿富汗和平重建和经济社会发展提供力所能及的帮助。扩大人文交流，中方愿继续为阿方培训各类人才。⑥

四、对非洲的发展援助：落实承诺

非洲是中国外交的重要战略地区。2013 年，习近平访问坦桑尼亚、南非、刚果共和国，开创了我国国家元首首次出访就访非的先例，表明了新时期中国政府对发展中非关系的高度重视，全面阐释了"真、实、亲、诚"的合作理念，构筑了中非未来合作之梦。此后，张德江委员长、刘延东副总理、汪洋副总理等党和国家领导人也相继访非。尼日利亚总统乔纳森、肯尼亚总统肯雅塔、赞比亚总统萨塔、埃塞俄比亚总理海尔马里亚姆等非洲国家领导人陆续访华。

2013 年是落实中非合作论坛第五届部长级会议有关经贸合作举措的开局之年。中国对非援助规模扩大，援非农业示范中心、非洲"光明行"活动、"非洲人才计划"等项目正

① "中国同孟加拉国关系"，http：//bd. china-embassy. org/chn/zmgx/gxgk/t1052839. htm，2014 年 1 月 24 日登录。

② "中国援建孟加拉国首座高速立交桥完工"，http：//gb. cri. cn/42071/2013/08/05/6931s4207398. htm，2014 年 1 月 27 日登录。

③ "孟加拉国国民议会议长希林·乔杜里——中国帮助孟加拉国实现经济转型"，http：//world. people. com. cn/BIG5/n/2013/0921/c1002 - 22982115. html，2014 年 1 月 27 日登录。

④ "中国援助巴基斯坦 5 千万人民币 两国签署卫星导航协议"，http：//news. ifeng. com/mainland/special/likeqiangchufang/content - 3/detail_2013_05/23/25626652_0. shtml，2014 年 1 月 27 日登录。

⑤ "金融时报：中国帮助巴基斯坦走出经济困境"，http：//finance. cankaoxiaoxi. com/2013/1119/303977. shtml，2014 年 1 月 27 日登录。

⑥ "习近平同阿富汗总统卡尔扎伊会谈时强调深化两国战略合作伙伴关系 支持阿富汗和平重建进程"，http：//www. fmprc. gov. cn/mfa_chn/wjdt_611265/gjldrhd_611267/t1082156. shtml，2014 年 1 月 11 日登录。

有序推进。① 2013 年是中国向非洲派出医疗队 50 周年，50 年来累计派出 1.8 万人次的医疗人员，诊治了 2.5 亿人次的非洲患者。② 习近平利用参加金砖国家领导人第五次会晤期间，同非洲国家领导人对话时宣布，中国愿同非洲国家建立跨国跨区域基础设施建设合作伙伴关系，帮助非洲开展互联互通及资源普查的咨询、规划、可行性研究和方案设计等前期工作，每年为非洲培训培养 300 名基础设施领域各类管理和技术人员。中方将通过投融资、援助、合作等多种方式，鼓励中国企业和金融机构参与非洲跨国跨区域基础设施建设和运营管理。中方已承诺给予同中国建交的最不发达国家 97% 税目产品零关税待遇，将在 2015 年将有关措施落实到位。③

访问坦桑尼亚期间，习近平表示中国将继续扩大同非洲的投融资合作，落实好 3 年内向非洲提供 200 亿美元贷款额度的承诺，实施好 "非洲跨国跨区域基础设施建设合作伙伴关系"，加强同非洲国家在农业、制造业等领域的互利合作，帮助非洲国家把资源优势转化为发展优势，实现自主发展和可持续发展。中方将积极实施 "非洲人才计划"，未来 3 年将为非洲国家培训 3 万名各类人才，提供 1.8 万个奖学金留学生名额，加强对非洲技术转让和经验共享。④ 中国与坦桑尼亚两国政府 2013 年 12 月 31 日在达累斯萨拉姆签署多项经济技术合作协议和中国对坦设备捐赠换文。根据此次签署的两项中坦经济技术协议，中国将向坦桑尼亚提供无偿发展基金和无息贷款，同时还将为尼雷尔国际会议中心和坦桑尼亚反贪局捐赠部分家具及办公设备。中国政府提供的资金将被用于该国的供水、教育、能源和基础设施等领域。此外，双方还签署了中国政府向坦桑尼亚政府捐赠轿车和大巴车的移交证明。⑤ 此次签署的合作协议涉及援助金额总规模为 890 亿坦桑尼亚先令，包括无偿发展基金 520 亿先令，无息贷款 260 亿先令，尼雷尔国际会议中心的家具 13 亿先令，坦桑尼亚反贪局设备 4 亿先令，捐赠政府的 45 辆豪华轿车及 46 辆大巴车。⑥

根据 2013 年 3 月 26 日签署的中华人民共和国和南非共和国发表联合公报，双方将进一步加强两国在人力资源领域的合作，中国将为南非提供更多培训机会，特别是加强在青年就业方面的培训与合作。⑦

2013 年 4 月 29 日，中国无偿援建的肯尼亚甘塞公路新建及修复项目在肯西部省杰贝罗卡地区举行开工典礼。甘塞公路位于西部省和裂谷省的交汇处，全长约 20 公里。工程完成后，将为基苏木至埃尔多雷特提供更便捷和快速的通道，并有助于肯西部地区的经济

---

① "2013 年商务工作年终述评之十：中非经贸合作成果令人瞩目"，http：//www. mofcom. gov. cn/article/i/jyjl/k/ 201312/20131200435780. shtml，2014 年 1 月 30 日登录。

② "习近平在坦桑尼亚尼雷尔国际会议中心的演讲（全文）"，http：//www. fmprc. gov. cn/mfa_chn/wjdt_611265/ gjldrhd_611267/t1024949. shtml，2014 年 1 月 12 日登录。

③ "习近平出席金砖国家领导人同非洲国家领导人对话会强调建设伙伴关系，共创美好未来"，http：//www. fm-prc. gov. cn/mfa_chn/wjdt_611265/gjldrhd_611267/t1026100. shtml，2014 年 1 月 12 日登录。

④ "习近平在坦桑尼亚尼雷尔国际会议中心的演讲（全文）"，http：//www. fmprc. gov. cn/mfa_chn/wjdt_611265/ gjldrhd_611267/t1024949. shtml，2014 年 1 月 12 日登录。

⑤ "中坦两国政府签署经济和技术合作协议"，http：//news. xinhuanet. com/overseas/2014 - 01/01/c_125942042. htm，2014 年 1 月 23 日登录。

⑥ Tanzania：China Gives Sh89 Billion Project Support，http：//allafrica. com/stories/201401020422. html，2014/1/23.

⑦ "中华人民共和国和南非共和国联合公报"，http：//www. fmprc. gov. cn/mfa_chn/wjdt_611265/gjldrhd_611267/ t1025317. shtml，2014 年 1 月 12 日登录。

发展和提升当地民众生活质量。① 2013 年，中国驻肯尼亚大使馆在内罗毕大学设立"中国大使奖学金"，每年资助 15~20 名家境贫困、品学兼优的学生。11 月，首次奖励了 18 名学生。②

安哥拉是中国在非洲第二大承包工程市场。截至 2012 年年底，中国在安哥拉累计签署承包劳务合同额 402 亿美元，完成营业额 295 亿美元。中国在安哥拉国有、民营企业超过 100 家，在安人员约 20 万人。近年来，中国向安哥拉提供了一些经济技术援助，完成了经济住房、罗安达省医院、农村小学校等成套项目。2013 年 10 月 24 日，双方签署了《关于中国派遣第三期医疗队赴安哥拉工作的议定书》。根据《议定书》，中国政府将派遣由 11 名医疗队员组成的第三期医疗队赴安哥拉工作，为期两年。③ 12 月 18 日，我国驻安哥拉共和国大使与安哥拉外交部代表双方政府签署了《中华人民共和国和安哥拉共和国经济技术合作协定》。根据《协定》，中国将向安哥拉提供一笔无偿援助，用于中国援助安哥拉的罗安达省总医院改扩建项目和双方商定的其他项目。④

五、对拉美及加勒比地区发展援助

拉美是我国重要的经贸合作伙伴，我国已同智利、秘鲁、哥斯达黎加 3 个拉美国家签署了自由贸易协定，与哥伦比亚正式启动了自由贸易区联合可行性研究。2012 年，中拉贸易额达到 2 612 亿美元，中国已成为拉美第二大贸易伙伴国，拉美是目前全球对华出口增速最快的地区。中国在拉美累计投资将近 650 亿美元，为拉美国家创造了大量就业岗位。⑤ 2013 年，习近平主席对特立尼达和多巴哥（以下简称"特多"）、哥斯达黎加、墨西哥的访问彰显了拉美在我国外交布局中的重要性。

在习近平主席访问特立尼达和多巴哥、哥斯达黎加期间，一大批重大合作项目得到落实。中国将面向加勒比友好国家设立优惠贷款和基础设施建设专项贷款，体现了我国帮助中美洲有关国家发展的诚意。访问墨西哥在促进两国经贸领域合作方面取得积极成果，双方宣布将中墨关系提升为全面战略伙伴关系。⑥ 2013 年 6 月 2 日，习近平在西班牙港宣布，为了进一步推动中加合作，中方愿在积极推动落实第三届中加经贸合作论坛举措的基础上，加大对加勒比国家经济发展支持力度，包括向双方商定的项目提供相关支持，今后

---

① "中国援助肯尼亚甘塞公路项目开工"，http://www.chinahighway.com/news/2010/406059.php，2014 年 1 月 23 日登录。

② "刘光源大使出席内罗毕大学'中国大使奖学金'启动暨首次颁奖仪式"，http://www.fmprc.gov.cn/ce/ceke/chn/xw/t1101021.htm，2014 年 1 月 24 日登录。

③ "中国同安哥拉的关系"，http://www.fmprc.gov.cn/mfa_chn/gjhdq_603914/gj_603916/fz_605026/1206_605100/sbgx_605104/t6493.shtml，2014 年 1 月 24 日登录。

④ "中国和安哥拉签署新的经济技术合作协定"，http://china.huanqiu.com/News/mofcom/2013-12/4675727.html，2014 年 1 月 24 日登录。

⑤ "习近平接受拉美三国媒体联合书面采访"，http://www.fmprc.gov.cn/mfa_chn/wjdt_611265/gjldrhd_611267/t1046032.shtml，2014 年 1 月 12 日登录。

⑥ "杨洁篪：新形势下中国外交理论和实践创新"，http://www.fmprc.gov.cn/mfa_chn/wjdt_611265/gjldrhd_611267/t1066866.shtml，2014 年 1 月 12 日登录。

3 年建设 1～2 个农业技术示范中心，向加方派遣 100 名医疗队员，为加方培养 100 名在职研究生，提供 1 000 个政府奖学金名额。①

特多是加勒比地区油气大国，中特能源领域合作互补性强，潜力巨大。特多和中国地理相距较远，双边贸易一定程度上可能受高运输成本的影响，中国为此采取了有力的关税政策，鼓励同包括特多在内的加勒比国家发展经贸往来。特方许多传统优势产品在中国关税税则中已经享有零关税或较低关税。②

根据哥斯达黎加发行量最大的《民族报》介绍，2006～2012 年间，中国向哥斯达黎加提供了 1.59 亿美元的援助。中方援建的哥斯达黎加国家体育场已经成为两国人民友谊的象征。哥斯达黎加大学孔子学院是中美洲第一所孔子学院。③ 中国还将投资帮助没有军队的哥斯达黎加建设警察学校、巡逻队，并合作建炼油厂、扩宽 32 号入海公路。④ 2013年 6 月在习近平访问哥斯达黎加期间，签署多项合作协议，包括援助。首先是捐赠用于全国学生教育的 8 400 台电脑，其次是中国进出口银行提供的 4 亿美元用于改扩建连接冷水河与利蒙的 32 号公路。⑤

2013 年 8 月 22 日，习近平在北京会见牙买加总理。牙买加愿帮助中方培训田径运动员。习近平指出，牙买加等小岛屿发展中国家在可持续发展方面面临更多困难和挑战。中国理解小岛屿国家在发展问题上的关切，呼吁国际社会照顾小岛屿国家特殊需求，给予更多支持和帮助。⑥

玻利维亚拥有大量的稀缺矿产资源，而这些稀缺矿产资源正是生产新一代笔记本电脑、相机、汽车和手表使用的锂电池所必需的。中国尽力帮助拉美国家将资源优势转化为产业优势。2013 年 9 月 8 日，玻利维亚政府宣称将在明年开办南美首个锂电池工厂，这在当地可以说是高新技术的产业，而中国政府将在此项目中，提供全套的锂电池生产技术来帮助玻利维亚。⑦

2013 年 7 月，中国向厄瓜多尔捐赠野战医院装备。这套装备包括急救车、手术车、X光/B 超诊断车、生活保障车、制氧车、发电车、帐篷保障车及配套设备等，可在高山、雨林、沙漠等地区搭建，能为 25 万人口提供应急或长期医疗服务。⑧

领域篇

---

① "习近平为一些加勒比国家领导人举行午宴时强调　扩大互利合作　实现共同发展"，http：// www. fmprc. gov. cn/mfa_chn/wjdt_611265/gjldrhd_611267/t1046425. shtml，2014 年 1 月 12 日登录。

② "习近平接受拉美三国媒体联合书面采访"，http：//www. fmprc. gov. cn/mfa_chn/wjdt_611265/gjldrhd_611267/t1046032. shtml，2014 年 1 月 12 日登录。

③ "习近平接受拉美三国媒体联合书面采访"，http：//www. fmprc. gov. cn/mfa_chn/wjdt_611265/gjldrhd_611267/t1046032. shtml，2014 年 1 月 12 日登录。

④ "哥斯达黎加无军队　中国将帮助建警校和巡逻队"，http：//mil. huanqiu. com/china/2013 - 06/3993450. html，2014 年 1 月 27 日登录。

⑤ "习近平访问哥斯达黎加成果丰硕"，http：//www. mofcom. gov. cn/article/i/jyjl/l/201306/20130600153753. shtml，2014 年 1 月 27 日登录。

⑥ "习近平会见牙买加总理辛普森 - 米勒"，http：//www. fmprc. gov. cn/mfa_chn/wjdt_611265/gjldrhd_611267/t1068616. shtml，2014 年 1 月 12 日登录。

⑦ "中国帮助玻利维亚开办南美首个锂电池工厂"，http：//www. bwbat. com/html/130258457. html，2014 年 1 月 27 日登录。

⑧ "驻厄瓜多尔大使王士雄出席中国政府援助厄方的野战医院交装仪式"，http：//www. fmprc. gov. cn/mfa_chn/wjdt_611265/zwbd_611281/t1060838. shtml，2014 年 1 月 27 日登录。

此外，中国还长期以来对玻利维亚经济社会发展给予帮助。①

六、通过多边平台，宣布对外援助

为发展与众多发展中国家的政治经济联系，我国倡议成立了中非合作论坛、中国—葡语国家经贸合作论坛、上海合作组织、中国—太平洋岛国经济发展合作论坛、中国—中东欧国家经贸论坛等。这些合作机制的建立，不仅促进了中国与各成员国的经贸往来，也成为中国宣布对外援助的重要平台。

（一）中国—葡语国家经贸合作论坛

中国—葡语国家经贸合作论坛成立于 2003 年，成员国为中国与安哥拉、巴西、佛得角、几内亚比绍、莫桑比克、葡萄牙、东帝汶等葡萄牙语系国家。2013 年 11 月 5 日，国务院副总理汪洋在澳门出席中国—葡语国家经贸合作论坛第四届部长级会议开幕式，宣布了支持葡语国家发展的八项举措，即向论坛亚非国家提供 18 亿元人民币优惠贷款，重点用于支持基础设施和生产型项目建设；与葡语国家分享建设经济特区和开发区的成功经验，在有意愿的国家建设境外经贸合作区；为论坛每个亚非国家援建一个教育培训设施，援助一个太阳能照明应用项目和一批广播、电视、新闻设备；帮助论坛亚非国家培训2 000 名各类人才；向论坛葡语国家提供 1 800 个政府奖学金名额；向论坛亚非国家派遣210 人次的医务人员；在澳门设立中国与葡语国家双语人才、企业合作与交流互动信息共享平台；在教育培训、农业、环保、新能源等领域，积极开展面向论坛亚非国家的三方合作。②

（二）对东盟的援助

2013 年 9 月，李克强在中国—东盟博览会和商务与投资峰会上致辞时说，中方将坚定不移地把东盟国家作为周边外交的优先方向，坚定不移地深化同东盟的战略伙伴关系，坚定不移地与东盟携手。为推动互联互通，中方将启动新一批专项贷款，发挥好中国—东盟投资合作基金的作用，并且与各方积极探讨构建亚洲互联互通融资平台，为大项目建设提供资金支持。为开展海上合作，中方倡议建立"中国—东盟海洋伙伴关系"。中国已设立30 亿元人民币的中国—东盟海上合作基金，正在研究推进一批合作项目，重点是渔业基地建设、海洋生态环保、海产品生产交易、航行安全与搜救以及海上运输便利化等。为增进人文交流，今后 3～5 年，中方将向东盟国家提供 1.5 万个政府奖学金名额；向亚洲区域

---

① "张德江会见玻利维亚总统莫拉莱斯"，http：//www. fmprc. gov. cn/mfa_chn/wjdt_611265/gjldrhd_611267/t1110446. shtml，2014 年 1 月 2 日登录。

② "汪洋出席中葡论坛开幕式并发表演讲"，http：//www. fmprc. gov. cn/mfa_chn/wjdt_611265/gjldrhd_611267/t1096045. shtml，2014 年 1 月 11 日登录。

合作专项资金注资，用于深化人文合作。① 目前亚洲国家特别是新兴市场和发展中国家的基础设施建设融资需求巨大，但也面临着经济下行风险增大和金融市场动荡等严峻挑战。因此，中国倡议筹建亚洲基础设施投资银行，向包括东盟国家在内的本地区发展中国家的基础设施建设提供资金支持，以保持经济持续稳定增长，促进区域互联互通和经济一体化。②

（三）上海合作组织

自 2001 年 6 月上海合作组织成立以来，成员国间经济联系达到前所未有的深度与广度。中国与上合组织其他成员国的贸易额从 2001 年的 121 亿美元增加到 2011 年的 1 134 亿美元。以 2012 年北京峰会为标志，上合组织进入了全面推进务实合作的发展快车道。9 月 13 日，在吉尔吉斯斯坦首都举行的上海合作组织成员国元首理事会第十三次会议上，围绕把上合组织"打造成成员国命运共同体和利益共同体"的倡议，习近平主席在务实合作方面提出了五点建议：一是开辟交通和物流大通道。通畅从波罗的海到太平洋、从中亚到印度洋和波斯湾的交通运输走廊。二是商谈贸易和投资便利化协定。三是加强金融领域合作。推动建立上海合作组织开发银行，尽快设立上海合作组织专门账户，用好上海合作组织银行联合体这一机制。四是成立能源俱乐部。五是建立粮食安全合作机制。同时，习近平宣布将在上海政法学院设立"中国—上海合作组织国家司法交流合作培训基地"，为其他成员国培养司法人才。"中国将在未来 10 年向上海合作组织成员国提供 3 万个政府奖学金名额，邀请 1 万名孔子学院师生赴华研修。"③ 11 月 29 日，李克强在塔什干举行的上海合作组织成员国总理第十二次会议上提出促进发展的五条建议，其中四条涉及援助内容。为了加快道路互联互通，希望各方积极参与新亚欧大陆桥和渝新欧国际铁路联运通道建设。在金融合作方面，中国建议进一步发挥上合组织银行联合体的作用，推进上合组织开发银行的建立。中国愿设立面向本组织成员国、观察员国、对话伙伴国等欧亚国家的中国—欧亚经济合作基金。在推进生态和能源合作方面，中国建议进行核电等新能源方面的合作，中方愿为此提供技术、装备和资金等支持。为扩大人文交流，中国将增加面向成员国青年学生的政府奖学金留学生名额，未来 5 年将为成员国 2 000 名中小学生举办夏令营。此外，中国将在北京建立上合组织活动中心，为上合组织开展活动提供便利。④

---

① "李克强在中国—东盟博览会和商务与投资峰会上致辞（全文）"，http：//www. fmprc. gov. cn/mfa_chn/wjdt_611265/gjldrhd_611267/t1072519. shtml，2014 年 1 月 12 日登录。

② "习近平在亚太经合组织工商领导人峰会上的演讲（全文）"，http：//www. fmprc. gov. cn/mfa_chn/wjdt_611265/gjldrhd_611267/t1085596. shtml，2014 年 1 月 11 日登录。

③ "传承丝路精神　共创美好明天——记习近平主席出席上海合作组织成员国元首理事会第十三次会议"，http：//www. fmprc. gov. cn/mfa_chn/wjdt_611265/gjldrhd_611267/t1085596. shtml，2014 年 1 月 11 日登录。

④ "李克强在上海合作组织成员国总理第十二次会议上的讲话（全文）"，http：//www. fmprc. gov. cn/mfa_chn/wjdt_611265/gjldrhd_611267/t1104115. shtml，2014 年 1 月 2 日登录。

领域篇

（四）中国—太平洋岛国经济发展合作论坛

与太平洋岛国发展友好合作关系，是中国外交工作的一项长期战略方针，为此于2006年建立了中国—太平洋岛国经济发展合作论坛。在2006年4月在斐济召开的首届部长级会议上，温家宝宣布了中国对太平洋岛国的六个方面援助计划①，已全部得到落实。2013年11月8日，国务院副总理汪洋在广州举行的第二届论坛会议上，宣布了进一步支持太平洋岛国经济社会发展的一系列措施，主要包括：支持岛国重大项目建设，向建交的岛国提供共计10亿美元优惠性质的贷款；设立10亿美元专项贷款，用于岛国基础设施建设；支持岛国开发人力资源，今后4年为岛国提供2 000个奖学金名额，帮助培训一批专业技术人员；支持岛国发展医疗卫生事业，继续为岛国援建医疗设施，派遣医疗队，提供医疗器械和药品；支持岛国发展农业生产，加强农林产品加工与贸易合作，办好示范农场等合作项目；支持岛国保护环境和防灾减灾，为岛国援建一批小水电、太阳能、沼气等绿色能源项目。②

（五）中国—中东欧国家经贸论坛

近年来，中国与中东欧的经贸往来增长迅速。2012年，中国与中东欧国家贸易额连续第二年突破500亿美元，投资额累计接近50亿美元。根据2013年11月26日李克强在第三届中国—中东欧国家经贸论坛上的讲话，2012年我国设立了面向中东欧国家的100亿美元专项贷款，中国将积极采取更加灵活方便的方式，确保专项资金发挥效用。而且，中国—中东欧投资合作基金首期已经启动，中方支持本国金融机构适时启动该基金的第二期，也欢迎中东欧国家金融机构出资参与，也欢迎相关企业积极申报项目。③

---

① 包括与中国建交的七个国家，即库克群岛、斐济、萨摩亚、汤加、密克罗尼西亚、巴布亚新几内亚、瓦努阿图；温家宝总理宣布的援助措施为（一）为加强中国企业和太平洋岛国企业间的合资合作，中方将在今后3年内提供30亿元人民币优惠贷款，推动双方企业在资源开发、农林渔业、旅游、轻纺制造业、电信和航空交通等领域的合作。中国政府还将设立专项资金，鼓励中国企业在太平洋岛国投资。（二）为支持太平洋岛国发展民族经济，减轻债务负担，中方将对本地区同中国建交的最不发达国家多数对华出口商品给予零关税待遇；免除这些国家对华2005年年底之前的到期债务，对其他岛国截至2005年年底到期债务的还款期延长10年。（三）为帮助太平洋岛国防治疟疾等疾病，中方将在今后3年内向疟疾流行的岛国无偿提供抗疟疾药品，继续向岛国派遣医疗队，并每年为岛国举办卫生官员、医院管理及医药研究人员的培训班。我们也愿积极开展与各岛国在防治禽流感方面的信息交流和多种形式的合作。（四）为增强岛国的能力建设，中方将在今后3年内向岛国提供总计2 000个培训名额，协助岛国培训政府官员和各类技术人员。（五）为加快发展太平洋岛国的旅游业，中方决定正式批准巴布亚新几内亚、萨摩亚和密克罗尼西亚联邦为中国公民出境旅游目的地。至此，本地区7个与中国建交的岛国均已成为中国公民旅游目的地。（六）为提高各岛国预防地震或海啸等自然灾害的能力，中方将根据岛国的需求，在地震或海啸预警监测网建设方面提供支持。资料来源：《加强互利合作，实现共同发展》，http：//www. mofcom. gov. cn/article/zt_tpydglt/subjectm/200604/20060401872344. shtml，2014年1月16日登录。

② "汪洋出席中国—太平洋岛国经济发展合作论坛并发表主旨演讲"，http：//www. fmprc. gov. cn/mfa_chn/wjdt_611265/gjldrhd_611267/t1097358. shtml，2014年1月11日登录。

③ "李克强在第三届中国—中东欧国家经贸论坛上的致辞（全文）"，http：//www. fmprc. gov. cn/mfa_chn/wjdt_611265/gjldrhd_611267/t1103315. shtml，2014年1月2日登录。

2013 年 11 月 27 日，李克强在罗马尼亚表示，中国与罗马尼亚应积极落实互设文化中心协议及两国文化合作计划。中方将扩大为罗留学生提供政府奖学金名额，欢迎罗青年学生积极参与中国—中东欧国家合作框架下的"5 000 名奖学金计划"。①

2013 年 12 月 6 日，国务委员杨洁篪在南非开普敦出席金砖国家安全事务高级代表第四次会议时指出，加强国际协作，实现"数字共赢"，各国应该加强信息共享和技术交流，向发展中国家加大"数字援助"力度。②

2014 年的国际人道主义援助的需求仍然很大，这意味着中国的紧急人道主义援助规模有持续增加的可能。联合国负责人道主义事务厅 2014 年 1 月 2 日在纽约总部举行的新年记者会上表示，在 2013 年结束的时候，叙利亚、中非共和国和菲律宾三个国家的局势处于联合国划定的人道主义危机最高级别——第三级别的紧急状况之中，急需国际人道主义救援。此前，该机构为 2014 年全球人道援助行动发出了 129 亿美元的募捐呼吁，准备向 17 个国家至少 5 200 万遭受各种自然灾害和冲突之苦的民众提供人道主义支助。③ 此外，中国也需要在健全人道主义援助机制上所有突破，比如建立人道主义危机评估体系，并据此确定对外援助的规模。

除政府行动外，我国的非政府组织也加入了对外援助的队伍。例如，中国和平发展基金会 2012 年 11 月启动了对老挝的首个援助项目，即援助农冰村小学。该学校已于 2013 年 5 月 31 日交付使用。实际上，中方不仅援建农冰村小学教学楼并提供物资援助，还将援建学校食堂、操场和教师宿舍等配套设施。④ 相信包括非政府组织、企业在内的新的力量将越来越多地参与到对外援助中。当然，中国虽然已是一个经济总量上的大国，但仍然需要国际援助，也欢迎国际援助。⑤

領域篇

---

① "李克强在罗马尼亚议会的演讲（全文）"，http：//www.fmprc.gov.cn/mfa_chn/wjdt_611265/gjldrhd_611267/t1103319.shtml，2014 年 1 月 2 日登录。

② "杨洁篪提出加强金砖国家网络信息安全合作"，http：//www.fmprc.gov.cn/mfa_chn/wjdt_611265/gjldrhd_611267/t1106468.shtml，2014 年 1 月 2 日登录。

③ "联合国发起 2014 年 129 亿美元人道救援募捐呼吁"，http：//news.xinhuanet.com/yzyd/world/20140103/c_118812668.htm？prolongation=1，2014 年 1 月 13 日登录。

④ "中国和平发展基金会向老挝小学捐赠物资"，http：//gongyi.china.com.cn/2014–01/15/content_6614160.htm，2014 年 1 月 27 日登录。

⑤ "中国欢迎国际援助　共同探索特殊贫困解决之道"，http：//money.163.com/14/0127/13/9JJOHGKC00254TI5.html，2014 年 1 月 27 日登录。

第十章

中国在财政金融领域的经济外交：
以双边促多边

2013 年发达经济体在缓慢复苏，而新兴经济体增速放缓。全球经济面临新课题，全球金融治理改革进入实施期，但进程受阻，中国一方面积极参与国际对话，努力推动金融治理和 IMF 份额改革，另一方面，积极深化和加强区域与双边合作，以共同寻求推动金融治理改革、实现经济复苏和可持续增长的方式。

一、注重大国双边金融合作，深化双边关系

随着中国经济地位的提升，中国在全球金融的影响力也在提升，西方大国表现了对中国强烈的双边合作意愿。而另一方面，为了推进构建新型大国关系和国际金融体系改革的落实，中国也需要强化与主要大国的双边金融合作。

（一）中美：第五轮中美战略经济对话

中美这两个全球最大经济体的经贸联系非常密切，两国宏观经济政策的协调对于全球其他经济体和完善全球经济治理也有重要影响。自 2012 年 5 月召开第四轮中美战略与经济对话以来，中美双方采取了重要行动促进各自国内的经济增长和就业，培育持久的全球复苏，确保国内经济增长方式支持强劲、可持续和平衡的全球增长。2013 年 6 月初，习近平主席和奥巴马总统在加州举行了具有历史意义的重要会晤，明确了中美关系发展的战略基调和方向。

随后在 7 月 10～11 日举行的第五轮中美战略与经济对话上，中美两国官员围绕落实两国领导人关于构建新型大国关系的重要共识展开沟通和协商，在推进双边投资协定的实质性谈判、加强宏观经济政策协调、开展能源合作等领域取得丰硕成果。双方承诺在二十国集团、亚太经合组织等框架下加强宏观经济政策协调，推进国际金融机构改革，促进世界经济复苏与增长。①

每一轮的中美战略与经济对话中，都有不少财政金融议题，而且这些议题也并非能得

---

① "中美战略与经济对话经济成果丰硕"，http://news.xinhuanet.com/world/2013～07/13/c_116520838.htm，2014 年 1 月 9 日登录。

到一劳永逸的解决，从各自表述，到达成共识，各自做出承诺，到最后实施，一项议题阶段性的结束需要较长的时间。中美战略与经济对话框架下的经济对话，一直以来围绕着如下问题来展开：一是与贸易失衡的汇率问题及其他结构性调节措施问题；二是各自金融开放问题；三是金融监管合作问题；四是国际金融体系改革和全球经济金融治理问题。在这些议题当中，有些存在较为明显的分歧，而有些则有较多的共识，即使对问题本身有共识，但对问题解决的方式上却有较大的分歧。在本次对话中，这些问题都有所涉及。

1. 关于中美贸易失衡与经济结构调整

就解决中美贸易失衡问题，美方将责任推到人民币兑美元的汇率上，希望人民币继续升值。虽然中方一直强调汇率问题不是中美贸易失衡的主要原因，出于人民币汇率弹性的提升也符合中国经济结构调整的长远利益，中国承诺"继续致力于推进汇率改革，增强人民币汇率灵活性，更大程度地发挥市场供求在汇率形成中的基础性作用"。在结构调整中，中方还将推进利率市场化改革，深化收入分配制度改革、征地制度改革和财税制度改革。中国作出的这些承诺，正好与中共十八届三中全会通过的改革内容是一致的，也是符合自身长远利益的。

而美方继续承诺致力于转向以增加投资和提高国民储蓄为特点的中长期增长模式，包括通过减少联邦预算赤字。对于中国非常关心的美国国债的安全性问题，美方承诺"继续致力于实现中期财政可持续性"。

2. 关于各自金融部门开放问题

长期以来，中美金融开放问题上并不对等。金融危机以来，这种局面有了较大的改变。中资金融机构在美国的市场准入案例增加了，这一方面基于中资金融机构实力的提升，另一方面是基于中美战略与经济对话所取得的成果。美国希望中国有更大的金融开放度。中方一直坚守原有的原则，即在开展金融业对外开放政策评估，继续完善相关配套法规和审慎监管标准的基础上，继续进一步扩大金融业对外开放。美方想让本国金融机构作为承销商进入中国的银行间债券市场和国债期货市场，而中方希望增强市场的活力和流动性，"欢迎合格的外资金融机构参与非金融企业债务融资工具承销业务"，允许符合条件的外资法人银行参与国债期货交易，"鼓励境内外机构投资者投资国债和国债期货"。此外，美方希望在中国企业年金市场、养老保险市场等为本国金融机构分得利益。中方也不同程度地表达了善意。

而中方则更为关心的是中国机构在美国的市场准入问题。美方一方面重申原有的论调，继续承诺在类似情况下，对中资银行和证券机构与其他外资金融机构适用同样的审慎监管标准。美方在提议调整涉及外资金融机构的法律法规时，承诺依法及时提供此类提议的公告，欢迎外国投资包括金融在内的所有领域，也欢迎包括中资金融机构在内的符合审慎标准的合格外国金融机构在被允许的领域建立分支机构。鉴于审核程序太慢，中国方面抱怨太多，美方说，美国联邦金融监管机构正在积极审核和考虑中资银行、证券等金融机构在美业务的待批申请，主管当局将尽快加以处理。[①]

3. 金融改革问题

在金融改革和保持金融稳定问题上，双方是有较多共识的。因此，双方承诺进一步推进各自金融领域的改革并加强金融领域监管，推进双边合作，加强在 G20、金融稳定理事会等多边框架下的协作，支持全球金融稳定。合作的领域包括：审计监督、证券业执法调查、影子银行监管、金融机构的取证和执法、场内外衍生品交易以及会计标准等方面。[②]

4. 全球治理和国际金融体系改革

中美双方在 G20 的主题、IMF 和世界银行的改革问题上存在共识。双方承诺，在 G20 框架下加强协调与合作，寻求更多领域中的共同利益，推动 G20 作为国际经济合作主要论坛。双方支持 G20 圣彼得堡峰会把增长和就业作为主题，通过加强各成员宏观经济政策合作，出台此类政策时兼顾对本国和世界经济的影响，共同推动世界经济强劲、可持续、平衡增长。中美双方承诺加强在 IMF 和 G20 的合作，继续完善 IMF 的份额和治理结构，确保完成第 15 次份额总检查，支持 IMF 执董会将就新份额公式达成最终共识融入到第 15 次份额总检查的决定，进一步提高具有活力的新兴市场和发展中国家的发言权。中美双方承诺在 G20 框架下加强合作，在世行和其他区域开发银行进行发言权和代表权改革的同时，支持治理和运行效率改革，以确保多边开发银行的相关性、机构问责、有效性和合法性。中美双方支持 IMF 在 2015 年底前对特别提款权篮子进行审查。

当然，美方有些单独的承诺，如"承诺实施 2010 年 IMF 份额和治理改革方案"。遗憾的是到现在为止还没有获得美国国会批准，承诺无法实现。对于中国希望将人民币纳入特别提款权篮子的诉求，美国仍然还是持原有立场，即支持人民币在满足 IMF 现有纳入标准时进入特别提款权篮子。看来，中国仍需继续努力。

（二）中欧：以中欧央行货币互换为标志

2010 年欧债危机以来，中国以实际行动提供了相应的帮助。2013 年，随着危机的渐渐退出，中欧在财政金融领域的合作开始朝着纵深发展。其中最为重要的是中欧央行的货币互换机制。

2013 年以来，中国人民银行与欧洲中央银行就建立中欧双边本币互换安排一事进行了积极有效的磋商。在 2013 年 9 月的国际清算银行（BIS）例会上，周小川行长与德拉吉行长就有关安排达成了一致。2013 年 10 月 9 日，中国人民银行与欧洲中央银行签署了规模为 3 500 亿元人民币/450 亿欧元的中欧双边本币互换协议，旨在为双边经贸往来提供支持，并维护金融稳定。互换协议有效期三年，经双方同意可以展期。与欧洲中央银行建立双边本币互换安排，可为欧元区人民币市场的进一步发展提供流动性支持，促进人民币在

---

①② "第五轮中美战略与经济对话框架下经济对话联合成果情况说明"，http://www.fmprc.gov.cn/mfa_chn/ziliao_611306/1179_611310/t1058578.shtml。

境外市场的使用，也有利于贸易和投资的便利化；中欧双边本币互换协议的签署，标志着中国人民银行与欧洲中央银行在货币金融领域的合作取得了新的进展。① 德法两国央行官员也对此消息积极表态。德国央行德意志联邦银行理事会成员约阿希姆·纳格尔在接受新华社记者采访时说："欧洲央行的决定为人民币—欧元互换提供了便利。对于金融市场的参与者而言，用人民币进行交易清算将变得更加可靠。对于大型金融中心，尤其是法兰克福的银行等金融机构而言，这同时代表着机遇与挑战。整体而言，欧元区的各金融市场与市场参与者都已为人民币交易做好了准备。"法国央行行长克里斯蒂安·诺亚也在接受媒体访问时称，此举将在长期内为欧元区及法国的金融机构发展人民币业务提供所需保障。可见，中欧金融合作已成为人民币国际化和金融国际化的重要推动力。

（三）中英：以伦敦人民币离岸市场为主线

1998 年，中英建立全面伙伴关系。2004 年，两国建立全面战略伙伴关系。近年来，伦敦市场人民币业务取得了一定的发展。自 2012 年伦敦金融城离岸人民币业务中心计划正式启动以来，中英两国的金融合作不断加深，2012 年 12 月中国建设银行在伦敦发行了人民币债券。2013 年，中英双方经贸、金融和社会来往不断得到深化。2013 年 6 月 22 日，中国人民银行与英格兰银行签署了规模为 2 000 亿元人民币/200 亿英镑的中英双边本币互换协议，可为伦敦人民币市场的进一步发展提供流动性支持，促进人民币在境外市场的使用，有利于贸易和投资的便利化和维护金融稳定。② 中英双边本币互换协议的签署，标志着中国人民银行与英格兰银行在货币金融领域的合作取得了新的进展。

随后，第五次中英经济财金对话 2013 年 10 月 15～17 日在北京举行。双方就宏观经济、贸易和投资、金融等议题进行了坦诚务实讨论，中英双方共达成 59 项互利共赢成果③，其中金融领域的双边突破成为亮点。

首先，根据双边已达成的共识，中英两国同意在伦敦进行人民币结算和清算，英国央行将允许中国的银行设立英国批发银行分行。随着中英金融合作的加深，中资银行在伦敦设立机构的步伐在加快，除了早期的中行和工行外，建行、农行和交行都在 2011 年后设立了机构。但从经营模式来看，目前在英国的大型中资银行均以建立子行的形式运营，未能获得新设分行的许可。本次对话后，英国监管机构同意考虑仅从事批发业务的中资银行在英国开设分行的申请④。英方欢迎中国金融机构向英国独立监管部门申请在英开展业务，中方支持合格的英国金融机构扩大在华业务。

其次，中国监管当局同意给予英方 800 亿元人民币 RQFII（人民币合格境外机构投资者）的初始额度，英国机构提交申请获批后可用人民币进行投资中国大陆的股票、债券和

领域篇

---

① "中国人民银行与欧洲中央银行签署双边本币互换协议"，http：//www.pbc.gov.cn/publish/goutongjiaoliu/524/2013/20131010152513535451061/20131010152513535451061_.html，2014 年 1 月 9 日登录。

② "中英两国央行签署双边本币互换协议"，http：//www.pbc.gov.cn/publish/goutongjiaoliu/524/2013/20130623012047459276821/20130623012047459276821_.html，2014 年 1 月 9 日登录。

③ "第五次中英经济财金对话在北京举行"，http：//www.chinanews.com/gn/2013/10 - 15/5382945.shtml，2014 年 1 月 9 日登录。

④ "中英金融合作有待深化"，http：//news.hexun.com/2014 - 01 - 06/161187447.html，2014 年 1 月 9 日登录和

货币市场工具。扩大 RQFII 额度将深化中国金融市场，增强人民币在离岸市场的活力。[①]

再其次，双方同意支持发展人民币跨境支付系统（CIPS），并为外资银行接入该系统制定公平的资格标准。双方一致同意寻求安全可靠的支付系统，降低离岸人民币市场结算风险。

最后，双方还同意人民币与英镑在上海外汇交易中心及离岸市场进行直接交易。

此外，还在全球金融改革、金融部门技术等加强合作。英国承诺帮助中国在欧盟层面出台有利于中国的金融政策。

对于上述协议，多数英国政商学界专家均表示欢迎。伦敦金融城政策与资源委员会主席包墨凯表示，最新共识表明英国政府将承诺英国始终积极吸引中国企业投资，同时也表明两国政府对于伦敦担当人民币全球离岸中心地位的认可。会后不久，2013 年 10 月 30 日，浦东发展银行伦敦代表处挂牌。2013 年 11 月 12 日，中国工商银行在伦敦发行了 20 亿元离岸人民币债券。

（四）中法：开启首次高级别对话

法国是与中国最早建交的西方大国。近年来，中法的经济交流也在日益加深。在金融领域的合作日益增多。2013 年 4 月，法国总统弗朗索瓦·奥朗德访华期间，习近平主席和奥朗德总统决定建立中法高级别经济财金对话机制，以加强中法在经济和财金问题上的合作。2013 年 11 月 26 日，首次中法高级别经济财金对话在北京举行，主要围绕宏观经济形势与政策及全球治理、财政与金融合作、双边贸易与投资三个议题进行讨论。《首次中法高级别经济财金对话联合声明》在"宏观经济形势与政策及全球治理"、"财政与金融合作"、"双边贸易和投资"问题上共达成了 30 多项共识。

首先，在宏观经济与治理方面，面对全球经济形势逐步复苏但复苏步伐参差不齐的状况，双方同意实施设计良好的结构性政策，为发达和新兴经济体改善基本面、增强抗外部冲击能力和加强金融体系。双方表示，欢迎落实 G20 有关承诺，确保所有金融机构、市场和参与者都受到监管并处于全球一致和非歧视的监管之下；将加强技术和政治层面的双边对话，继续在多边论坛深化金融改革合作；共同鼓励有能力的国际组织就金融监管改革对世界经济增长和长期投资融资可获得性的影响开展评估。双方高度重视国际货币基金组织（IMF）治理和份额改革，以增强其可信性、合法性和有效性。

其次，在财政与金融合作方面，双方认识到强劲、稳定的金融系统对实现可持续、平衡增长的重要性。双方承诺深化在金融监管改革方面的沟通与合作，及时通报各自金融监管改革的最新重大进展和政策措施，并加强在 G20、金融稳定理事会、多边论坛等框架下的协作，支持全球金融稳定。双方承诺通过构建更具抗风险能力的金融机构、在解决"大而不倒"问题上取得实质进展、增加透明度和市场公正性、填补监管漏洞及应对影子银行风险，以应对系统性风险；重视保持各国之间的公平竞争环境和解决跨境监管和监管仲裁

---

① "英国获得 RQFII800 亿元人民币初始额度"，http://world.people.com.cn/n/2013/1015/c1002 - 23211595.html，2014 年 1 月 9 日登录。

问题的重要性。

另外，在双边贸易与投资方面，双方欢迎中国国家开发银行和法国信托储蓄银行通过联合投资方式设立中法中小企业基金；欢迎签署《中华人民共和国政府和法兰西共和国政府对所得避免双重征税和防止偷漏税的协定》及议定书并期待其实施，该协议将有利于扩大中法贸易和投资规模。双方还表示，对近期中国人民银行与欧洲央行签署的中欧双边货币互换协议表示欢迎。该协议将通过为在欧元区尤其在巴黎设立的银行提供强有力的流动性支撑，支持巴黎这一重要离岸人民币市场的稳定发展。中方将积极考虑在适当的时间框架通过人民币合格境外机构投资者（RQFII）安排支持巴黎发展离岸人民币业务。

双方还一致同意自律组织应配合政府部门推动中法金融市场加强交流合作；同意就金融领域包括监管改革方面的重大进展加强定期对话和交流。法国金融市场监管委员会和中国证监会同意继续在双方共同参与的国际组织中发展长期合作关系，尤其是国际证监会组织，并加强双边合作。[1]

中法高级别经济财金对话成为中法对经济财金领域的战略性、全局性、长期性问题进行沟通和政策协调的重要平台，对准备明年两国领导人互访和中法建交 50 年具有重要意义。"法国有着发达的金融体系和金融市场，许多著名的金融机构对中国金融业和金融市场的发展都起着重要作用，未来中法两国加强金融合作的空间仍十分广阔"[2]。就在同一天，中国人民银行和法兰西银行联合主办了第三届中法金融论坛。两国央行行长分别致辞，双方金融机构和金融市场寻求合作事宜，人民币国际化成为重要话题。

二、推进区域金融合作，服务周边外交战略

随着区域经济一体化的推进以及中国的快速发展，特别是中国同区域内各国经济关系不断深化，东亚地区在地缘经济和地缘政治中的战略地位不断提升，区域合作的战略价值更加凸显。一方面，美国重返亚洲，加剧地区紧张态势；另一方面，日本政府右顷，威胁地区稳定。中国更加认识到周边外交的战略意义。2013 年 10 月，在北京召开了中央周边外交会议。会议上，习近平指出："要不断深化区域金融合作，积极筹建亚洲基础设施投资银行，完善区域金融安全网络。"2013 年的区域金融合作，正是在这些方面积极开展工作的。

（一）倡议东亚基础设施投资银行，加强"10＋3"合作机制

1997 年，东亚国家为共同抗击亚洲金融风暴开启了"10＋3"（东盟和中日韩）合作进程。16 年来，各国携手合作，共谋发展，保持了经济较快增长，妥善应对国际金融危

---

① "首次中法高级别经济财金对话联合声明（全文）"，http：//www.gov.cn/gzdt/2013－11/27/content_2536318. htm，2014 年 1 月 9 日登录。

② "中国人民银行与法兰西银行在京合作举办'第三届中法金融论坛'"，http：//www.pbc.gov.cn/publish/goutongjiaoliu/524/2013/20131126173528358587092/20131126173528358587092_.html，2014 年 1 月 9 日登录。

机，成为当今世界经济中最具活力的地区之一。作为东亚合作的主渠道，"10＋3"为此发挥了非常重要的作用。

1. 积极参与"10＋3"财政金融合作

2013年5月3日，财政部朱光耀副部长和人民银行金琦行长助理率团出席了在印度德里举行的东盟与中日韩（"10＋3"）财长和央行行长会议。来自13个国家的财政部和中央银行/货币当局负责人与会。会议讨论了全球和区域经济金融形势以及如何加强"10＋3"金融合作等议题。本次会议上通过的《联合声明》，在以下方面达成了共识。一是要求副手会和宏观经济研究办公室继续就经济基础评估和政策对话指标体系（ERPD Matrix）进行研究，认为这一指标体系的设计是为了更好地落实危机预防设施。二是为了提升本币在地区贸易、投资和资本交易方面的使用，减少资本流动进出本地区的风险，要求加强在清迈倡议多边化机制下促进本币的使用和在"10＋3"层面上研究对资本流动的应对措施。三是将宏观经济办公室变成一个国际组织，并将草拟宏观经济办公室协议（AMRO Agreement）。四是在债券市场倡议方面，信用担保和投资设施已经开始启用，建立区域清算中介的可行性评估报告已经完成。同意建立跨境清算基础设施论坛。同意"促进基础设施融资债券发展"倡议。

在10月10日第十六次东盟与中日韩领导人会议上，李克强指出，本地区应"加强地区金融安全网建设"，重点强化"各国外汇储备、区域外汇储备库和双边货币互换机制建设"；共同继续推进清迈倡议多边化（CMIM）合作，探讨外汇储备部分以本币出资的可能性。"推动'10＋3'宏观经济研究办公室（AMRO）升级为国际组织，加强经济监测和金融风险预警能力建设。"

中国的倡议得到了东盟国家的积极回应。《中国—东盟发表建立战略伙伴关系10周年联合声明》中，东盟赞赏中方设立亚洲基础设施投资银行的倡议，以优先支持东盟互联互通项目。领导人"欢迎关于建立亚洲金融稳定体系、亚洲投融资合作体系和亚洲信用体系的合作倡议"。[①]

在东盟与中日韩机制中，中日韩三国的合作非常重要。尽管政治关系出现了不和，但央行行长会议照常举行。2013年6月23日，第五次中日韩中央银行行长会议在瑞士巴塞尔举行。会议由日本银行行长黑田东彦主持，中国人民银行行长周小川和韩国银行行长金仲秀出席了会议。会上，各方就三国近期经济金融形势交换了意见。

2. 倡议亚洲基础设施投资银行，推进海上丝绸之路

东亚国家尽管是全球经济增长较快的区域，但发展的基础仍然比较脆弱，基础设施投资的任务非常艰巨，而资金成为主要的"瓶颈"。因此，习近平主席倡议成立亚洲础设施投资银行。当然，这也可以看成是中国对东盟金融外交的重要内容，是为了推进本区域基础设施互联互通的重要抓手，是在原来中国东盟基础设施投资基金的基础上，更进一步的

---

① "中国—东盟发表建立战略伙伴关系10周年联合声明"，http://www.fmprc.gov.cn/mfa_chn/ziliao_611306/1179_611310/t1086485.shtml。

制度化安排。面对着南海问题的新形势，基于周边外交的原则，习近平主席还提出了建设海上丝绸之路经济带，与陆上丝绸之路呼应。

2013 年 10 月 2 日开始，国家主席习近平出访东盟。10 月 2 日在印尼国会发表的《携手建设中国—东盟命运共同体》的演讲中，习近平全面阐述了中国对印尼和东盟的睦邻友好政策，提出携手建设中国—东盟命运共同体的战略构想，表明了中国愿同东盟国家加强海上合作，使用好中国政府设立的中国—东盟海上合作基金，发展好海洋合作伙伴关系，共同建设 21 世纪"海上丝绸之路"的坚定意向。在演讲中还倡议建立亚洲基础设施投资银行。随后，在与印尼总统苏西洛会晤中对此进行了更加深入的阐述，他说"中方倡议筹建亚洲基础设施投资银行，愿向包括东盟国家在内的本地区发展中国家基础设施建设提供资金支持。新的亚洲基础设施投资银行将同域外现有多边开发银行合作，相互补充，共同促进亚洲经济持续稳定发展。"[①] 后来，在与马来西亚总理纳吉布在吉隆坡共同出席中马经济合作高峰论坛时，也倡导"拓展金融合作，扩大双边本币互换规模，规避金融风险。[②]

继习近平主席出访东南亚之后，李克强总理出席了东亚领导人系列会议并访问文莱、泰国、越南，表明中国前所未有的重视与东南亚的关系。在 10 月 9 日的第 16 次中国—东盟（"10＋1"）领导人会议上，李克强进一步指出阐述了中方倡议成立"亚洲基础设施投资银行"的原因，"主要考虑能为东盟及本地区的互联互通提供融资平台，以开放的方式，共同努力提升融资能力。"他也呼吁，应积极行动起来，发展好海洋合作伙伴关系，共同建设 21 世纪"海上丝绸之路"。[③]

（二）推进上海合作组织金融合作，建设"丝绸之路经济带"

2013 年，中方一直在努力推进上海合作组织的金融合作，特别是促成 2012 年各成员国达成共识的上海合作组织开发银行的建设工作。习近平主席和李克强总理都对此作了相应的努力。习近平主席，站在战略高度，提出了建设丝绸之路经济带。

2013 年 9 月 7 日，前往出席上海合作组织第十三次会议峰会的习近平主席先后对土库曼斯坦、哈萨克斯坦、乌兹别克斯坦、吉尔吉斯斯坦进行了国事访问。在 7 日在哈萨克斯坦纳扎尔巴耶夫大学的演讲中，习主席全面阐述中国对中亚国家睦邻友好合作政策，倡议用创新的合作模式，共同建设"丝绸之路经济带"，将其作为一项造福沿途各国人民的大事业，并提出了包括加强货币流通在内的五点建议。[④]

国家主席习近平 9 月 13 日在比什凯克举行的上海合作组织成员国元首理事会第十三次会议上重提了丝绸之路经济带，他说，"上海合作组织 6 个成员国和 5 个观察员国都位

---

① "中国印尼关系提升为全面战略伙伴关系"，http://paper.people.com.cn/rmrb/html/2013 - 10/03/nw.D110000renmrb_20131003_2 - 01.htm，2014 年 1 月 10 日登录。

② "习近平出席中马经济合作高峰论坛：续写互利合作新篇章"，http://www.chinanews.com/gn/2013/10 - 04/5345031.shtml，2014 年 1 月 10 登录。

③ "李克强总理在第八届东亚峰会上的讲话（全文）"，http://www.gov.cn/ldhd/2013 - 10/11/content_2503899.htm，2014 年 1 月 6 日登录。

④ 五点建议是：加强政策沟通、加强道路联通、加强贸易畅通、加强货币流通和加强民心相通。

于古丝绸之路沿线。作为上海合作组织成员国和观察员国，我们有责任把丝绸之路精神传承下去，发扬光大。"他强调加强金融领域合作，"推动建立上海合作组织开发银行，为本组织基础设施建设和经贸合作项目提供融资保障和结算平台。同时，尽快设立上海合作组织专门账户，为本组织框架内项目研究和交流培训提供资金支持。用好上海合作组织银行联合体这一机制，加强本地区各国金融机构交流合作。"[①]

习主席的倡议得到了认同，会议的公报说，"元首们指出，为研究成立上合组织发展基金（专门账户）和上合组织开发银行问题所做的工作十分重要，责成继续努力以尽快完成这项工作。"[②]

此后，在11月29日的上海合作组织成员国总理第十二次会议上，李克强总理倡议："加强金融合作。为满足成员国互联互通与产业合作的融资需求，支持重大项目建设，应进一步发挥好上合组织银行联合体的作用。要推进建立上合组织开发银行。加快实现成员国之间的本币结算。中方愿设立面向本组织成员国、观察员国、对话伙伴国等欧亚国家的中国—欧亚经济合作基金，欢迎各方参加。"[③]

随后，本次上海合作组织总理会议通过了《关于成立上海合作组织开发银行和上海合作组织发展基金（专门账户）下一步工作的决议》，从而使两项工作朝前迈出了实际性步伐。

当然，上海合作组织的金融合作仍然面临不少困难，既有合作机制成立以来的政治性和安全性特点，也有一些技术性困难，需要长期不懈地努力。

三、强化金砖合作机制，推进全球治理改革

金融危机后，全球金融治理改革正在发生积极的变化。G20机制正在取代G7成为全球治理的主要平台，2010年通过了有利于新兴国家的IMF份额与治理改革方案。正如，我们在历次的报告中所提到的那样，随着发达国家经济的复苏、危机的渐渐退去，全球金融治理的改革进展不会太顺利。在进入到落实阶段时，美国表现出了拖延战术，迟迟未能通过国内批准，从而使2010年IMF份额与治理改革落不到实处。中国认识到了这一点，因此积极加强与金砖国家的合作，同时充分利用G20机制，来推动全球金融治理改革。

（一）《德班宣言》取得实质进展

近年来，新兴市场国家经历了经济的大发展，在国际事务中的作用也不断上升。作为

---

① "习近平在上合组织峰会上的讲话"，http://news.xinhuanet.com/mrdx/2013-09/14/c_132719882.htm，2014年1月6日登录。

② "上海合作组织成员国元首比什凯克宣言"，http://www.fmprc.gov.cn/mfa_chn/ziliao_611306/1179_611310/t1076667.shtml。

③ "李克强在上海合作组织成员国总理第十二次会议上的讲话"，http://news.xinhuanet.com/politics/2013-11/30/c_118357986.htm，2014年1月12日登录。

新兴市场代表的金砖国家携手合作、建立合作机制，体现了国际经济格局调整的大趋势，顺应了世界经济增长点多元化、国际关系民主化的历史潮流。2012 年，金砖五国 GDP，占全球 GDP 总额的 20.7%。2013 年的金砖国家金融合作中，成员国同意"成立金砖国家开发银行、金砖国家储备库"是两项突破性进展。标志性的事件是《德班宣言》，而中国在其中发挥了积极作用。

2013 年 3 月 27 日，金砖国家领导人第五次会晤在南非德班举行。五国领导人围绕本次会晤主题"致力于发展、一体化和工业化的伙伴关系"发表看法和主张。该会议在加强金融合作、共同抵御风险方面取得了实质性进展。习近平发表了题为《携手合作　共同发展》的主旨讲话，倡议"推动各国加强宏观经济政策协调，改革国际货币金融体系，推动贸易和投资自由化便利化，促进全球经济更加强劲发展……用伙伴关系把金砖各国紧密联系起来，下大气力推进经贸、金融、基础设施建设、人员往来等领域合作，朝着一体化大市场、多层次大流通、陆海空大联通、文化大交流的目标前进。"① 他的主张得到了回应，其他国家的领导人在发言中，表示金砖国家要加强在联合国、二十国集团等框架内协调和配合，维护世界和平稳定，推动国际货币体系和国际金融体系改革，积极参与改善全球经济治理。成员国领导人决定，建立金砖国家开发银行并筹备建立金砖国家外汇储备库。② 从而使诞生于金融危机、以金融议题为主的金砖国家合作机制中的金融合作迈出了非常重要而务实的一步。

一是建立金砖国家开发银行。会后发表了《金砖国家领导人第五次会晤德班宣言》及行动计划，《宣言》中指出，由于发展中国家长期存在融资和外国直接投资不足、资本市场投资不足，以及基础设施建设滞后的挑战，限制了全球总需求。"金砖国家合作推动更有效利用全球金融资源，可以为解决上述问题做出积极贡献……根据财长们的报告，我们满意地看到建立一个新的开发银行是可能和可行的。我们同意建立该银行，银行的初始资本应该是实质性的和充足的，以便有效开展基础设施融资。"此外，五国领导人还签署了《金砖国家多边可持续发展合作和联合融资协议》、《金砖国家非洲多边基础设施联合融资协议》等合作文件③。

二是建立金砖国家应急储备库。金砖国家曾在 2012 年 6 月的洛斯卡沃斯会晤时初步探讨了通过成立金砖国家应急储备安排来建设金融安全网的方案，认为这一安排"将作为一道增加的防线，为补充现有国际外汇储备安排、加强全球金融安全网做出贡献"。2013 年的《德班宣言》则提出了具体目标，"认为在符合各自国内法律和具有适当安全保证的条件下，建立一个初始规模为 1 000 亿美元的应急储备安排是可能和共同期待的"，并指示财长和央行行长继续朝着建立该安排的目标努力，从而使区域储备库在规模上达成了共识。

领域篇

---

① "携手合作　共同发展——在金砖国家领导人第五次会晤时的主旨讲话"，http：//news. xinhuanet. com/mrdx/2013 - 03/28/c_132267687. htm，2014 年 1 月 9 日登录。

② "金砖国家领导人第五次会晤在德班举行，习近平出席并发表重要讲话"，http：//news. xinhuanet. com/world/2013 - 03/27/c_124511946. htm，2014 年 1 月 9 日登录。

③ "金砖国家领导人第五次会晤在德班举行，习近平出席并发表重要讲话"，http：//news. xinhuanet. com/world/2013 - 03/27/c_124511946. htm，2014 年 1 月 10 日登录。

三是继续对国际金融体系改革发声。除了开展相互间的互利合作之外，金砖国家合作机制的另外一项重要功能就是对全球经济金融治理发出一致的声音。本来应当在 2013 年 1 月完成的 IMF 改革，因为美国的原因而无法生效。因此，金砖国家对此自然需要形成共识，一起来敦促。《宣言》认为"迫切需要按照已有共识，落实国际货币基金组织 2010 年治理和份额改革方案"；"敦促所有成员采取一切必要手段，在 2014 年 1 月前完成下一轮份额总检查并就新的份额公式达成协议……以开放的态度寻求能够达成这一目标的所有方式。"当然，金砖国家就国际金融体系改革的关注不仅仅在 IMF 治理上，而且呼吁"建立稳定、可靠、基础广泛的国际储备货币体系"来推进国际储备货币体系改革。[1] 这一点正是近年来在国际货币体系改革中的重要诉求。在会后，五国领导人还签署了《金砖国家多边可持续发展合作和联合融资协议》、《金砖国家非洲多边基础设施联合融资协议》等合作文件[2]。

（二）纵横圣彼得堡峰会

2013 年全球经济面临着新情况，发达国家渐见复苏气象，但并未牢固，而新兴国家却面临增速放缓压力，这也使得 2013 年的圣彼得堡峰会在落实原有行动计划的同时又面临着新命题。确保全球经济增长仍然是一个重要议题，同时意味着新兴经济体在 G20 的话语权会受到削弱。

1. 推动二十国集团的领导责任

2013 年 9 月 5~6 日，二十国集团领导人第八次峰会在俄罗斯圣彼得堡召开。习近平主席在讲话中，对于二十国集团的定位，习近平主席在讲话中有明确的阐述，呼吁"要把二十国集团建设成稳定世界经济、构建国际金融安全网、改善全球经济治理的重要力量"。[3] 这体现了中国对二十国集团的期待。

习近平主席还提出了"要放眼长远，努力塑造各国发展创新、增长联动、利益融合的世界经济，坚定维护和发展开放型世界经济"的基本主张，并提出了二十国集团成员应当"采取负责任的宏观经济政策"、"共同维护和发展开放型世界经济"和"完善全球经济治理，使之更加公平公正"三点建议，表现了中国作为负责任大国的担当和诚意。面对并未"痊愈"的世界经济，他重申为确保全球经济更好发展，"需要二十国集团各成员建设更加紧密的经济伙伴关系，肩负起应有的责任"。对此，美国知名智库、彼得森国际经济研究所名誉所长弗雷德·伯格斯滕表示赞同，认为 G20 峰会未来着眼点应从危机应急转向危

---

① "金砖国家领导人第五次会晤德班宣言"，http：//news. xinhuanet. com/world/2013 - 03/28/c_124511982. htm，2013 年 1 月 10 日登录。

② "金砖国家领导人第五次会晤在德班举行，习近平出席并发表重要讲话"，http：//news. xinhuanet. com/world/2013 -03/27/c_124511946. htm，2014 年 1 月 10 日登录。

③ 习近平，"共同维护和发展开放型世界经济——在二十国集团领导人峰会第一阶段会议上关于世界经济形势的发言"。

机预防的新阶段。①

在 G20 峰会开始前，金砖国家领导人举行了非正式会晤，进行了立场的协调。在宏观经济方面，习近平在发言中希望新兴经济体"共同应对好发达国家宽松货币政策外溢效应"。② 事实上，金砖国家对宏观经济协调的影响已经初现，发展中国家话语权的提升为其带入了新的发展思路，也令 IMF 开始认同发展中国家的一些做法。一贯持金融自由化观点的 IMF，在遭遇市场无序波动时，也开始呼吁"新兴市场应出台干预措施"。

习近平在讲话中，还贡献了中国智慧。他将中国坚定不移地进行经济结构调整和全面深化改革情况向成员国首脑作了非常自信的介绍，并融入中国对全球经济发展道路的选择上。多伦多大学全球首脑项目负责人艾伦·亚历山德罗夫说，从习近平主席的讲话和行动中可以看出，中国视二十国集团为同各国加强合作的重要平台，中国也愿意同各成员，无论是发达国家还是新兴经济体同舟共济，最终实现互利共赢。这体现出中国作为一个负责任、有担当大国的形象。③

2. 推动国际金融体系改革

对于推动国际货币基金组织（IMF）份额改革这一重要议程，习近平主席表示："二十国集团要继续致力于提高新兴市场国家和发展中国家代表性和发言权，特别是要尽快落实国际货币基金组织份额和治理改革方案"，建设稳定、抗风险的国际货币体系，改革特别提款权货币篮子组成。

与往年不一样的是，除了重申落实 2010 年 IMF 份额与治理改革外，习近平主席在发言中，对份额公式的调整有明确的表态，呼吁"制定反映各国经济总量在世界经济中权重的新份额公式"；对全球金融安全网体现了中国的主张，即"加强国际和区域金融合作机制的联系，建立金融风险防火墙"。份额公式的调整影响着未来的份额以及相应的投票权和话语权。而中国也正在推进前述一系列的区域金融合作机制，从而通过区域金融合作机制来达到改革全球金融体系的目的，也希望这些措施带来国际层面的阻力，欧债危机的出现，正好使建立多层次的全球金融安全网成为可能，因此，中国顺势提出这一主张是能够得到呼应的。事实上，这两点被写进了圣彼得堡峰会的公报上。习近平还在金砖国家领导人非正式会谈中，希望"加快建立金砖国家开发银行和应急储备安排，构建金砖国家金融安全网"。

一件令人遗憾但早就有所预感的事情是，IMF 改革没有能够得以落实。IMF 改革的落实涉及到两个方面，一是各国的国内立法机构的审批程序，董事会规模和构成的修改；二是 14 次份额公式评估和 15 次份额公式评估，这是由执行董事会来完成。前者要求在 2012 年 10 月召开的国际货币基金组织年会召开时获得生效。在 14 次份额公式评估要求在 2013

---

① "G20 圣彼得堡峰会的正轨"，http://news.xinhuanet.com/world/2013-09/06/c_117258879.htm，2014 年 1 月 9 日登录。

② "习近平出席金砖国家领导人非正式会晤时强调金砖国家要凝聚共识加强团结合作"，http://news.xinhuanet.com/world/2013-09/06/c_117249509.htm，2013 年 9 月 6 日登录。

③ "共同维护和发展开放型世界经济——习近平主席出席二十国集团领导人第八次峰会纪实"，http://paper.people.cn/rmrb/html/2013-09/07/nw.D110000renmrb_20130907_1-02.htm，2014 年 1 月 8 日登录。

年1月以前完成，而随后修改为份额公式确定则与第15次份额公式评估到期时一并提出。

截至2013年10月1日，已经有占总投票权76.07%的141个成员国同意执行董事会修正案，根据规定，该修正案需要3/5以上成员同意，但需占投票权85%以上，尽管承认的成员数已经达到了要求，但投票权比例仍然无法满足要求。截至2013年10月18日，已经有占总份额78.47%的152个成员国同意份额增加的方案，根据规定，对同意的成员要求是占70%以上份额和3/5的成员国，从这两个要求来看都达到了，但是增资方案是以执行董事会调整生效为前提的，因此，这一增资方案仍然无法生效。让人高兴的是，我们能够看到欧洲那些份额会下降甚至执行董事会席位还会减少的欧洲国家也批准了这些方案。然而，美国却拥有17%的投票权。所以只要美国一国不同意，任何改革都将难以通过。这是我们必须面对的现实。这也充分体现着国际货币体系改革的复杂性。[①]

四、货币双边互换推动人民币国际化新发展

人民币国际化是指人民币由国别货币成长为能够跨越国界，在境外流通，成为国际上普遍认可的计价、结算及储备货币的过程。在经济金融日益全球化的今天，掌握一种国际货币的发行权对于一国经济的发展具有十分重要的意义。一国货币充当国际货币，不仅可以取得铸币税的收入，还可以部分地参与国际金融资源的配置。人民币成为国际货币，既能获得巨大的经济利益，又可以增强中国在国际事务中的影响力和发言权，提高中国的国际地位。2013年，中国政府在人民币国际化的道路上又迈出新步伐：人民币双边互换取得新进展；结算、交易和储备职能不断加强。

（一）货币双边互换的新进展

货币互换是推进人民币国家化的重要手段，也是国际金融危机爆发后很多国家中央银行增强市场信心、提供流动性支持和化解金融危机的政策工具。2013年，中国人民银行共与七个国际/地区签订了货币互换协议，规模共计11 555亿元人民币，其中新签7 520亿元，续签4 035亿元（见表10-1），是2012年（3 450亿元）的3倍。6月23日中英双边本币互换协议的签署，迈出了伦敦迈出了离岸人民币中心的关键一步；10月9日中欧双边本币互换协议的签署，标志着中国人民银行与欧洲中央银行在货币金融领域的合作取得了新的进展。据统计，2013年，在中国人民银行与境外货币当局签署的双边本币互换协议下，境外货币当局共开展交易1.03万亿元人民币，对促进双边贸易投资发挥了积极作用。这表明这些互换安排起到了应有的作用。表10-1为2013年中国人民银行签订的本币互换协议一览表。

---

① 欧明刚：《国际货币基金组织改革：进展与前景》，载《银行家》，2013年第12期。

表 10-1　　　　　　**2013 年中国人民银行签订的本币互换协议一览表**

时间	对方央行/货币当局	具体内容
2013 年 3 月 7 日续签	新加坡（续签）	互换规模由原来的 1 500 亿元人民币/300 亿新加坡元扩大至 3 000 亿元人民币/600 亿新加坡元
2013 年 3 月 26 日	巴西	互换规模为 1 900 亿元人民币/600 亿巴西雷亚尔
2013 年 6 月 23 日	英国	互换规模为 2 000 亿元人民币/200 亿英镑
2013 年 9 月续签	冰岛（续签）	互换规模仍为 35 亿元人民币/660 亿冰岛克朗
2013 年 9 月 10 日	匈牙利	互换规模为 100 亿元人民币/3 750 亿匈牙利福林
2013 年 9 月 12 日	阿尔巴尼亚	互换规模为 20 亿元人民币/358 亿阿尔巴尼亚列克，有效期三年，可展期
2013 年 10 月 1 日	印度尼西亚银行（续签）	互换规模为 1 000 亿元人民币/175 万亿印尼卢比
2013 年 10 月 9 日	欧洲央行	互换规模为 3 500 亿元人民币/450 亿欧元

资料来源：根据中国人民银行网站公开资料整理。

中国人民银行通过货币互换，将换来的外汇资金用于中国境内企业对外直接投资，为中国企业"走出去"提供金融支持，有利于促进相关经济体的投资增长和产业结构调整。同时，货币互换增强了我国与相关国家和地区的流动性互助能力，也是对区域、全球流动性救援机制的有力支持，有利于共同维护地区金融稳定。

（二）人民币国际化进程加快

衡量一国货币国际化程度的标准有很多，大致可归纳为三方面：一国货币贸易结算功能的国际化、金融交易职能的国际化、价值储备职能的国际化。2013 年是人民币国际化迅速推进的一年。2013 年 7 月，中国人民银行发布《关于简化跨境人民币业务流程和完善有关政策的通知》，简化了经常项下跨境人民币业务办理流程，对银行卡人民币账户跨境清算业务进行了梳理，明确了境内非金融机构可开展人民币境外放款业务、境外参加行人民币账户之间资金划转等相关内容，调整了境外参加行人民币账户融资期限和限额，切实满足了银行和企业业务办理需求，进一步促进了跨境贸易和投资便利化。国际清算银行发表报告称，2013 年以来人民币首次跃居日均交易额前十名货币。一些国家的央行已将人民币列入官方外汇储备，并不断提高其所占比重。[①]

1. 结算和交易功能不断加强

据央行统计，全年银行累计办理跨境贸易人民币结算业务 4.63 万亿元，同比增长 57%。其中，货物贸易结算金额 3.02 万亿元，服务贸易及其他经常项目结算金额 1.61 万

①　"人民币有望纳入 IMF 特别提款权货币篮子"，http://news.xinhuanet.com/fortune/2013-09/09/c_117295775.htm，2014 年 1 月 11 日登录。

亿元。2013 年，跨境贸易人民币结算业务实收 1.88 万亿元，实付 2.75 万亿元，收付比为 1：1.46。直接投资方面，2013 年全年银行累计办理人民币跨境直接投资结算业务 5 337.4 亿元，其中，对外直接投资结算金额 856.1 亿元，同比增长 1.8 倍；外商直接投资结算金额 4 481.3 亿元，同比增长 76.7%。在外汇市场上，人民币的交易份额也不断上升，从 2010 年的 340 亿美元（排名第 17 位）跃居 2013 年的 1 200 亿美元（排名第 9 位），成为十大交易货币，占全球总规模的 2.2%。

表 10 – 2　　　　人民币跨境贸易结算金额及国际外汇市场日均交易量占比

单位：万亿元人民币

年　份	2010	2011	2012	2013
跨境贸易人民币结算金额	0.51	2.08	2.94	4.63
同比增长（%）		310	41.3	57
国际外汇市场日均交易量占比	0.9%	—	—	2.2%
国际外汇市场日均交易量排名	17	—	—	9

资料来源：人民银行各年度货币政策执行报告，及国际清算银行（BIS）国际外汇市场日均交易量全球分布报告。

另外，从 2013 年 4 月 10 日起，人民币与澳元不再需要通过美元的中间换算，可直接进行兑换。澳元也因此成为除美元和日元外，人民币可以直接兑换的第三种国际货币。中国是澳大利亚第一大贸易伙伴，直接兑换"对于中澳经贸往来以及人民币的全球支付、结算和融资意义重大"。① 人民币汇率的"独立性"将得到进一步加强，对于深化人民币汇率市场化程度、扩大人民币汇率弹性、增强海外投资者对人民币认可度等方面具有深远意义。

2. 储备职能日益深化

目前，储备货币逐渐呈现多元化局面，多元国际储备货币分别为美元、欧元、日元和英镑，其中美元仍居核心地位。全球经济需要全球的货币，单一国际储备主权货币不可能实现国际金融体系稳定。人民币已逐步被不少国家央行纳入其外汇储备货币，逐步发挥其国际货币储备的职能。2013 年，首个外国政府的离岸人民币债券在加拿大发行；澳大利亚和南非购买了中国主权债券，将人民币纳入其外汇储备；在中美对话和 G20 峰会上积极表达将人民币纳入特别提款权货币篮子组成的强烈意愿。

2013 年 3 月 26 日，中国人民银行行长周小川与南非储备银行（South African Reserve Bank）行长马库司（Gill Marcus）在南非德班签署了《中国人民银行代理南非储备银行投资中国银行间债券市场的代理投资协议》。

加拿大不列颠哥伦比亚省财政厅厅长麦德庄（Michael de Jong）11 月 5 日在北京宣

① "人民币实现直接兑澳元　兑换费用将下降"，http://news.xinhuanet.com/fortune/2013 – 04/11/c_124566449.htm，2014 年 1 月 12 日登录。

布，该省已成功发行离岸人民币债券并获得超额认购。这也是首个由外国政府发行的离岸人民币债券产品。投资者对这款离岸人民币债券表现出浓厚兴趣，原计划发行额度仅为5亿元人民币，最后募集了25亿元人民币，约合4.28亿加元。[①]

澳大利亚央行联邦储备银行副行长菲利普·洛伊4月24日在上海对澳大利亚商会说，联邦储备银行计划投入5%的外汇资产购买中国主权债券，以进一步拓展与最大贸易伙伴中国的金融关系。根据澳大利亚央行网站公布的数据，该行现有外汇储备总值约为382亿澳元（1澳元约合6.35元人民币）。澳大利亚外汇资产的现行投资配额分别是：美国45%、欧洲45%、日本5%和加拿大5%。澳大利亚购买中国主权债券，主要是从外汇储备投资的安全性和多元化角度考虑。[②] 2011年尼日利亚成为第一个认购人民币债券作为外汇储备的非洲国家之后，坦桑尼亚和南非的央行也相继将外汇储备投资的目光投向中国人民币债券市场，以隔离美国国债收益率上升带来的风险。2013年3月26日，中国人民银行行长周小川与南非储备银行（South African Reserve Bank）行长马库司（Gill Marcus）在南非德班签署了《中国人民银行代理南非储备银行投资中国银行间债券市场的代理投资协议》。[③] 2013年11月12日，南非储备银行宣布，将投资约15亿美元购买中国债券，约占其储备资产的3%。从结算、清算到现钞业务，从储备货币到货币互换，人民币国际化随着中非贸易发展而逐步推进。[④] 2013年6月21日，中国人民银行与尼泊尔央行签署了《中国人民银行代理尼泊尔央行投资中国银行间债券市场的代理投资协议》。

人民币成为事实上的国际储备货币，将提升国际金融体系的稳定性和公平性，也使中国在国际金融和世界经济体系中的地位与影响力进一步得到提升和增强。2013年12月举行的中央经济会议再次明确了"推进人民币汇率形成机制改革"的货币政策目标，相信人民币国际化的道路正越走越宽广。

领域篇

---

① "外国政府首度发行离岸人民币债券获超额认购"，http：//news.xinhuanet.com/fortune/2013 - 11/05/c_118018498.htm，2014年1月11日登录。

② "澳大利亚央行计划投资中国主权债券"，http：//finance.people.com.cn/n/2013/0425/c1004 - 21269731.html，2014年1月10日登录。

③ "中国人民银行与南非储备银行签署代理投资协议"，http：//www.pbc.gov.cn/publish/goutongjiaoliu/524/2013/20130326203619623735816/20130326203619623735816_.html。

④ "人民币逐渐走红非洲 成为外汇储备货币之一"，http：//fujian.people.com.cn/n/2013/1118/c181466 - 19940115.html，2014年1月10日登录。

第十一章

中国在能源资源领域的经济外交：
强化周边合作

2013 年以来，从国际看，全球气候变化、国际金融危机、欧洲主权债务危机、地缘政治等因素对国际能源形势产生重要影响，世界能源市场更加复杂多变，不稳定性和不确定性进一步增加。在国际能源格局复杂化的态势下，从地缘关系和能源潜力来看，周边能源资源已成为中国能源安全的重要基石。周边能源资源不仅能够保持我国能源来源的充足稳定，而且具备安全的能源输送通道。在此背景下，面对后金融危机时期国际能源的新形势，加强周边能源外交，深化周边能源合作，对于保障我国能源安全、促进经济社会可持续发展无疑具有非常重要的战略意义。

一、2013 年国际能源资源市场显现的新态势

2013 年，世界经济仍未从 2009 年国际金融危机中彻底恢复过来，美国等发达经济在长期量化宽松刺激下的"经济好转"尚未孕育出新的增长动力源，除中国外的其他新兴经济体步履维艰，全球能源需求总量并未出现大幅增长。在能源供给方面，油气生产在新技术的推动下稳步发展，产量足以满足需求，但是受中东政治风险影响，国际原油价格延续了 2011 年和 2012 年的强劲势头，持续高位运行。在需求方面，全球能源消费重心逐步东移，经合组织能源消费逐步下降，而中国、印度等新兴市场国经济崛起的带动下，发展中国家能源消费迅速增长。

（一）中东格局错综复杂，影响国际能源价格

2012 年以来，埃及内乱、叙利亚内战以及伊朗核问题使中东地区格局深度调整，传统热点高温不退。中东的政治博弈继续，宗教与民族矛盾纠葛，伊斯兰教义与世俗力量碰撞，催生各种不可控因素，中东动荡加剧将持续影响国际能源市场格局。受中东地缘政治、金融投机等关键因素影响，2013 年，两大贸易基准西德州轻质油（WTI）全年均价约为每桶 98.1 美元，北海布伦特（Brent）约为每桶 108.7 美元，分别比 2012 年均价高 3.9 美元、低 3.1 美元，价格差从 2012 年的 17.5 美元逐步缩小到 2013 年的 10.5 美元。

进入 2013 年，发端于 2011 年的阿拉伯大变局进程出现反复。埃及爆发所谓"二次革命"；叙利亚政府军重占战场优势；突尼斯执政党被迫交权；利比亚政局长期混乱；也门

过渡进程严重滞后。此外，阿尔及利亚、苏丹和约旦等形势堪忧，而海湾阿拉伯君主国更潜伏深刻危机。伊朗核问题仍然是中东地区和国际社会的重大热点，2013 年伊朗核问题打破 10 僵局，2013 年 11 月，六国外长与伊朗外长就伊朗核问题达成第一阶段协议。根据这项协议，伊朗同意暂停生产丰度为 5% 以上的浓缩铀，同时稀释或转化库存的丰度为 20% 的浓缩铀；未来 6 个月里，伊朗不新增丰度为 3.5% 的浓缩铀库存，不再兴建额外的铀浓缩设施，不新增离心机等。作为回报相关国家暂停对伊朗贵金属、汽车等的部分进口限制以及对伊朗石油化工产品的部分出口限制。伊核问题协议的达成，对国际油价有实质影响，特别对中国这样新兴能源消费大国而言是利好消息，伊朗石油出口一旦重新启动，伊朗每天将向国际石油市场增加投放 80 万桶石油，将拉低国际原油价格。

（二）全球能源消费重心东移和生产重心西移加剧

进入 21 世纪，随着西方主要工业国相继步入后工业化时代，经合组织能源消费开始呈现缓慢下降的态势，而发展中国家在中国、印度等新兴市场国经济崛起的带动下，能源消费迅速增长，2013 年亚太已成为全球最大的石油贸易中心，占全球石油贸易量的比重升至 25% 以上，亚太地区的煤炭贸易占全球煤炭贸易总量的 60%，亚太地区液化天然气贸易增量占全球液化天然气贸易的增量 9 成以上。2013 年全年中国累计进口原油 2.82 亿吨，同比攀升 4.03%，其中 12 月当月进口原油 2 678 万吨，单月进口量创历史新高。2013 年我国天然气进口量为 530 亿立方米，对外依存度达到 31.6%，首次超过 30%。中国已经超越伊朗成为全球第三大天然气消费国。而根据国际能源署的分析，到 2035 年，全球的能源需求将增长 30%。但是经合组织国家（OECD）增长只有 4%，主要增长是来自中、印这样的新兴国家，到 2035 年，中国的能源消费将超过美国 80%。

全球能源供应格局另一个最大变化就是美洲大陆油气生产的崛起。美国天然气现在不仅能自给，而且价格低廉，巴西发现了世界级的盐下油田，委内瑞拉的重油和加拿大的油砂储量丰富。受页岩开发等技术因素推动，美国的石油和天然气产量持续增加。页岩气在美国天然气产量中的比例已由 2% 上升至 37%，当前美国已经超越俄罗斯成为全球最大天然气生产国。2013 年，美国已取代沙特阿拉伯成为全球最大产油国，这是页岩油革命带动美国石油业的最新里程碑。包括液化天然气和生物燃料在内，美国的液态油日产自 2009年以来激增 320 万桶，因页岩油产出大增引发史上第二大产油高潮。美国液态油日产出 2013 年应有 1 210 万桶，超越 2012 年的首位石油供应国沙特。液态油的定义范围广泛，包括原油、凝析油、天然气液和生物燃料等。

（三）清洁能源发展改变世界能源版图

大力推动清洁能源发展是全球应对气候和环境挑战的关键因素之一，在世界能源格局发生深刻变化的情况下，全球清洁能源发展的现状和趋势正在受到广泛关注。从长远来看，新能源产业发展前景广阔，其在能源领域的替代性也日趋明显。而根据国际能源署的分析，在全球的能源消费结构中，可再生能源的占比从现在的 20% 将提高到 2035 年的将近 30%，而中国可再生能源的发电已经超过了欧洲、日本和美国的总和。

2013 年全球风电累计装机容量突破 3 亿千瓦，达到 31 813 万千瓦，同比增长 12.5%。全年全球新增风电装机 3 546 万千瓦，对比 2012 年 4 471 万千瓦的增量下降了约 1 000 万千瓦，降幅高达 22%，这也是该领域自诞生以来新增装机首次出现下降。在太阳能光伏领域，2013 年，中国光伏发电新增装机容量达到 10.66GW，光伏发电累计装机容量达到 17.16GW。美国太阳能光伏新安装量创纪录地达到 4.2GW，比 2012 年增长 15%，成为继亚太之后全球第二大光伏市场。德国全年新装光伏系统 3.3GW，符合联邦网络管理局 12 月初的数字，达成了德国政府的全年 3.0GW 到 3.5GW 的预定目标。

2013 年清洁能源应用的亮点是新能源汽车。2013 年前三个季度，美国新能源汽车销量同比增长 114%，日本新能源汽车销量同比增长 131%，同样法国、德国等国的新能源汽车销量增幅也十分明显。而 2013 年中国新能源汽车产量 1.75 万辆，同比 2012 年增长了 39.7%，其中纯电动 14 243 辆，插电式混合动力 3 290 辆；新能源汽车销售 1.76 万辆，同期同比 2012 年增长了 37.9%，其中纯电动销售 14 604 辆，插电式混合动力销售 3 038 辆。

二、2013 年我国能源资源经济外交的挑战

随着中国经济的蓬勃发展、对能源需求的快速增长能源短缺问题已成为实现经济社会可持续发展的重要制约因素之一。自 1993 年起，中国由能源净出口国变成净进口国，能源总消费已大于总供给，能源需求的对外依存度迅速提高。2012 年我国原油净进口 2.7 亿吨，原油对外依存度达到 56.4%；天然气净进口 447 亿立方米，对外依存度为 28.9%；原煤净进口 2.4 亿吨。我国能源需求持续增长，使能源供需缺口日益增加，能源安全问题已成为实现经济社会可持续发展的重要制约因素之一。

（一）能源供给安全的风险加剧

中国目前的石油供应主要来自俄罗斯、中亚、中东，非洲和拉美是重点开发市场。在多元化能源外交的推动下，中国已在海外初步建成了四个重要的战略区域，分别是以苏丹为主的北非战略区，以哈萨克斯坦为主的中亚战略区，以委内瑞拉为主的南美战略区，以及以沙特和伊朗为主的中东战略区。

2012 年以来，地缘政治风险持续为油价上涨提供动力，伊朗核问题、叙利亚内战，以及以色列和哈马斯暴力冲突等地缘压力一度将油价推至高点。2013 年，中东剧变进入第三年，动荡因素持续发酵，埃及内乱、叙利亚内战使中东地区格局深度调整，传统热点高温不退。中东的政治博弈继续，宗教与民族矛盾纠葛，伊斯兰教义与世俗力量碰撞，催生各种不可控因素，中东动荡加剧将持续影响国际能源市场的价格。由于非洲独特的历史、政治和经济结构，一些产油国的民族矛盾尖锐、内战不断、社会动荡。苏丹是中国的北非盟友和最大的海外石油基地，2011 年 7 月 10 日正式分裂为两个国家，以朱巴为首都的南苏

丹共和国和以喀土穆为首都的北苏丹共和国。苏丹南北分裂既有种族和宗教方面的原因也源于双方对石油资源等现实利益的争夺，苏丹南部石油产量占全国 70%，南苏丹的独立并没有完全解决原有问题，反而使既有矛盾更加复杂中国在当地的石油利益也由此受到冲击。2013 年独立不久的南苏丹近日陷入内战边缘。支持现任总统基尔的政府军和支持前副总统马沙尔的反政府武装在全国展开了激烈的军事冲突。这种情况不仅可能使中国在非洲的能源投资和生产活动长期处于不安全状态，而且可能导致中国来自非洲的能源供应面临中断的巨大风险。

（二）国际能源秩序发生深刻变革

在中国能源对外依存度持续增加的同时，能源安全面临的国际环境更加为杂，世界各国争夺国际能源秩序进一步加剧。国际能源酝酿变革。与国际格局与国际秩序大变动、大调整相联系，使国际能源格局日趋复杂。

2007 年爆发的全球金融危机使美国经济出现经济衰退和美元的持续贬值，以美元为主导的石油定价机制受到严重的冲击，进一步推进了非美元化的石油交易发展。自从伊朗 2006 年 3 月成立全球首个以欧元计价的石油交易所以来，委内瑞拉和厄瓜多尔支持用石油欧元部分取代石油美元，俄罗斯建立圣彼得堡石油交易所，石油、天然气交易用卢布结算。在天然气领域，天然气出口国论坛的建立和合作机制的不断发展，将对全球天然气贸易格局产生重要的影响。天然气出口国论坛始于 2001 年，该论坛共有 15 个成员国和两个观察员国，包括了目前世界上最重要的天然气生产大国俄罗斯、伊朗和卡塔尔，其成员国的天然气出口量已经占到全球总量的 62%。2008 年 12 月，"天然气出口国论坛"第七届部长级会议在莫斯科举行，会上通过了组织宪章，这标志着这一论坛将向长期化、正式化的能源组织的发展方向。2011 年 11 月首届天然气出口国论坛首脑会议发表了《多哈宣言》，宣言提出论坛各成员国将参照石油及石化产品的价格对天然气价格进行调整，并在天然气出口国和消费国之间建立有效的对话渠道。2013 年 7 月，第二届天然气出口国论坛首脑会议在莫斯科举行，会议发表联合宣言，指出天然气出口国论坛成员将坚持天然气价格与石油价格联动机制，以长期合约稳定市场的同时，加强全球范围内协作确保天然气生产商和供应商的利益。

（三）新能源的"双反"危机

新能源是人类的又一次新技术革命，但中国新能源自主创新能力不足，许多高技术材料和设备仍依赖进口，一些核心、关键、前沿技术尚未突破。中国希望加大从美国和欧盟进口新能源技术力度，而相关技术出口的管制已经成为中国和美欧之间在新能源领域合作的障碍。

继美国对中国新能源产品"双反"之后，欧盟对中国新能源产品的双反调查更令人关注。2012 年 7 月 24 日，德国企业 Solarworld 等公司向欧盟委员会提交申诉，要求对中国光伏产品展开反倾销调查。2013 年 6 月 4 日，欧盟委员会决定从 6 月 6 日起向中国输欧光伏产品征收 11.8% 的临时反倾销税。欧盟向中国输欧光伏产品征收临时反倾销税共分两个阶段，第一阶段从 6 月 6 日至 8 月 6 日，该阶段的反倾销税为 11.8%。如双方在两个月内未能达成一致，欧方将从 8 月 6 日起的 4 个月时间里，向中国输欧光伏产品征收平均税率为 47.6% 的临时反倾销税。此案涉及中国 200 多亿美元的对欧出口，占中国对欧出口总额的 7% 左右，占中国光伏产品出口总额的 80% 左右，关系到中国上千家企业的生存和 40 多万人就业。

中国和欧盟在新能源产业领域互有需求，互利合作。但是随着欧盟对中国新能源展开"双反"，不仅破坏了目前中国和欧盟新能源领域的良好合作，也损害其新能源产业自身利益，这种限制措施与全球共同应对气候变化和能源安全挑战的大趋势背道而驰。

三、2013 年中国能源资源经济外交总进展

无论从地理方位、自然环境还是相互关系看，周边能源资源对我国能源安全都具有极为重要的战略意义。从石油进口来看，2012 年我国从俄罗斯和哈萨克斯坦进口原油 3 503 万吨，占石油进口量的 13%；天然气从土库曼斯坦、印度尼西亚和马来西亚进口量为 276.3 亿立方米，占天然气进口量的 65.5%；煤炭从印度尼西亚、蒙古、越南和朝鲜进口 1.9 亿吨，占全年煤炭进口量的 79.2%。因此，从地缘关系和能源潜力来看，周边能源资源已成为中国能源安全的重要基石。2013 年，我国积极强化周边能源资源外交，周边能源合作成果显著。

（一）周边能源合作成果显著

在周边能源外交的推动下，中国已在周边初步建成三个重要的区域，分别是以俄罗斯为主的北部区域，以哈萨克斯坦和土库曼斯坦为主的中亚区域，以印度尼西亚和马来西亚为主的东南区域。

中俄是世界主要能源消费国和生产国，能源合作互补优势明显。俄罗斯是全球性能源资源大国，在世界能源市场上具有重要地位，2012 年其石油和天然气产量都高居世界第二位，分别占世界的 12.7% 和 17.6%。[①] 作为世界第二大经济体，中国经济快速增长对能源资源需求持续旺盛，这为双方能源合作提供了新机遇。中俄双方高度重视能源合作，以中俄总理定期会晤机制为平台，双方能源合作取得丰硕成果。2013 年，中俄能源合作获重大进展，成为中俄能源合作的"突破年"。中俄双方在石油、天然气、核能等多个领域均形成了突破，石油领域中俄签署长期供应价值高达 2 700 亿美元的原油协议签署，俄罗斯未来 25 年每年将向中国供应 4 600 万吨石油；天然气方面，中国石油与俄罗斯天然气公司就"东线"供气合作项目取得重要进展。

中国和中亚是近邻，从地缘政治的角度看，中亚是中国目前唯一确保能源安全供应的

---

① BP Statistical Review of World Energy（June 2013），http：//www.bp.com/statisticalreview.

来源。中国与中亚能源的合作步入战略性合作伙伴关系。中国和哈萨克斯坦双方将加快实施中哈天然气管道一期扩建（C线）和二期（别伊涅乌—巴佐伊—奇姆肯特）建设，并加强原油管道扩建和投入运营，使其达到2 000万吨/年的输油能力。而中国和土库曼斯坦在天然气领域的合作渐入佳境，2013年9月，习近平主席访问土库曼斯坦，双方将两国关系提升至战略伙伴关系水平，双方将启动D线建设，确保2016年建成并通气，实现每年向中国输送650亿立方米天然气的目标。东盟的印度尼西亚和马来西亚与中国毗邻而居，两国是亚太地区重要的能源资源大国并扼守着马六甲海峡，与中国加强能源合作有着极其重要的地缘优势，2013年中国和印度尼西亚在签署《中印尼全面战略伙伴关系未来规划》，中马签署了《中马经贸合作五年规划》及钦州、关丹产业园区等多项合作协议，中国和印度尼西亚、马来西亚将进一步扩大在油气、矿业和电力等领域的合作，积极探讨新能源和可再生能源合作机会。

（二）周边能源合作机制逐步深化

中国以亚太经济合作组织（APEC）能源部长会议、上合组织峰会能源合作工作组、金砖领导人峰会为平台，积极加强多边能源合作。

APEC框架下包括中国在内的各经济体在进行了一系列的多边能源合作，并已形成相对完整的合作机制及兼具原则性与灵活性的合作原则。中国自1993年成为APEC成员以来，以APEC能源部长会议为平台，积极参与APEC的多边能源合作并努力实施有关能源倡议，积极推动周边区域能源安全和合作。2013年习近平主席参加亚太经合组织第二十一次领导人非正式会议，包括中国在内的与会国发表《活力亚太，全球引擎——亚太经合组织第二十一次领导人非正式会议宣言》，提出发展清洁和可再生能源，并通过此项具有广阔前景的措施，确保新技术获得可持续的投资和发展，同时促进能源安全，提高能效，降低温室气体排放。中国政府推动了亚太地区能源合作和社会可持续发展，获得各成员的高度赞赏，在促进中国周边能源合作的同时，也展示了负责任大国形象。

上合组织多边能源合作即包括能源资源国，又包含能源消费国和能源过境国，是一种新型合作机制。上合组织能源合作经过确定合作原则和战略、通过具体项目夯实合作基础的阶段，并向机制化方向发展。2013年，习近平主席在上合组织元首理事会第十三次会议上提出成立能源俱乐部，协调本组织框架内能源合作，建立稳定供求关系，确保能源安全，同时在提高能效和开发新能源等领域开展广泛合作。以"金砖国家峰会"为平台，包括中国在内的金砖各经济体在进行了一系列的多边能源合作。2013年习近平主席参加南非"金砖国家峰会"第五届会晤，提出中国将继续同金砖国家加强合作，使合作架构更加完善、合作成果更加丰富；并签订建立1 000亿美元提出金砖国家开发银行协议，该协议为成员国提供使用本币结算和投资的平台，将有利于保障金砖国家间的能源资源进出口的安全，促进金砖国家能源资源开发和油气管道建设的投资力度，有助于实现金砖国家能源产业资本与金融资本的优化融合，进而构建金砖国家能源金融秩序。

四、能源资源经济外交的重大事件

2013 年我国能源资源经济外交战略重大事件包括：深化中俄、强化中亚、扩展东盟、提升中印和推进上合共五个部分。中国加强了与中亚和俄罗斯，以及印度尼西亚、马来西亚之间的能源资源外交，形成新型能源战略关系。

（一）中俄能源合作迈入一体化

俄罗斯坐拥丰富的油气资源，是世界能源出口大国。2012 年，其石油储量为 119 亿吨，居世界第 8 位；其石油产量为 5.26 亿吨，占世界产量的 12.8%，高居第二位；其天然气储量位居世界第一位，储量为 32.9 万亿立方米，占世界总储量的 17.6%；而天然气产量为 5 923 亿立方米，占世界产量的 17.6%[①]。中国是世界第二大经济体，经济发展迅速，制造业非常发达，是公认的"世界工厂"，而能源缺口却非常大。近年快速增长的经济迫使其千方百计扩大能源进口，能源合作为双方提供新机遇。从地缘政治的角度来看，中国从俄罗斯进口能源最为便捷和安全。

中俄是世界主要能源消费国和生产国，能源合作互补优势明显。近年来，两国本着互利共赢的原则不断发展能源战略合作关系，努力确保原油管道长期、安全、稳定运营，继续推动天然气领域合作；积极发展煤炭贸易和供电合作；在互利、相互照顾对方利益和确保核安全的原则基础上继续开展和平利用核能的合作；不断开拓能效、节能和可再生能源领域合作潜力，不断开辟两国能源合作新方向，为全面战略协作伙伴关系注入更多充实内容。

1. 中俄能源合作成果

2013 年 2 月举行的中俄能源合作委员会主席会晤，并签署《中俄能源合作委员会双方主席会晤纪要》，两国将进行东部管道供气谈判，双方确认将通过东线管道每年对华供气 380 亿立方米，并就东线液化天然气项目和西线供气合作继续研究论证。中俄将积极推进核电站、空间堆、浮动堆、快堆以及在第三国建设核电站等一揽子合作。

2013 年习近平主席出访俄罗斯，两国元首在莫斯科批准了《〈中俄睦邻友好合作条约〉实施纲要（2013~2016）》，并签署了《中华人民共和国和俄罗斯联邦关于合作共赢、深化全面战略协作伙伴关系的联合声明》[②] 联合声明提出要实现双边贸易额 2015 年前达到 1 000 亿美元，2020 年前达到 2 000 亿美元，促进贸易结构多元化。在能源领域，两国积极开展在石油、天然气、煤炭、电力和新能源等能源领域的合作，构建牢固的中俄能源战略合作关系，共同维护两国、地区以及世界的能源安全。中俄双方并签署了多份能源合

---

① BP Statistical Review of World Energy, June 2013, http://www.bp.com/statisticalreview.
② "习近平出访俄罗斯 中俄签署联合声明"，人民网，2013 年 3 月 23 日，http://gx.people.com.cn/n/2013/0323/c345333-18343141.html。

作协议，包括俄罗斯石油公司与中国签署了一项"石油换贷款"协议，即俄罗斯石油公司获得 20 亿美元的 25 年期贷款，而将把对中国的石油出口量提升至 3 倍，达到年度石油供应额 4 500 万～5 000 万吨。俄罗斯天然气工业公司也与中石油签署了一份备忘录，将从俄罗斯远东地区的气田向中国提供天然气。该协议规定从 2018 年开始，俄罗斯将通过管线每年向中国提供 380 亿立方米天然气。按照最终设想，俄罗斯对中国提供的天然气最终将达每年 600 亿立方米。

2013 年 6 月，俄罗斯总统普京会见了代表中国政府出席第十七届圣彼得堡国际经济论坛的国务院副总理张高丽，在 2013 年 3 月份签订的俄中政府间协议框架下，双方签署长期供应原油协议，俄罗斯在 25 年内对华供应约 3.65 亿吨原油，总金额约达 2 700 亿美元。2013 年 9 月习近平主席参加二十国峰会期间，在圣彼得堡会见俄罗斯总统普京，两国元首共同见证了能源、航空、地方合作等领域合作文件的签署。有关文件包括：《中国石油天然气集团公司同俄罗斯天然气股份公司关于中俄东线天然气合作的框架协议》、《中国石油天然气集团公司同俄罗斯诺瓦泰克公司液化天然气股权合作协议》。此次签署的《俄罗斯通过东线管道向中国供应天然气的框架协议》规定了东部天然气供气总量、供气条件、照付不议比例等具有法律约束力的商务条件，是未来购销合同不可分割的组成部分。为完成供气项目奠定了法律基础，标志着中俄天然气合作迈出了坚实的一步。[①]

2. 成果分析与评价

俄罗斯是一个能源出口大国，而中国是国际能源市场上的需求"大户"，双方具有较强的能源互补性。中俄双方地理邻近、友好邻邦为两国能源合作奠定了良好的地缘基础。再者，中俄两国安全战略利益广泛一致，在国际和地区发展和稳定的问题上立场相近，使两国能源合作具有稳固的政治基础。中俄能源合作最显著的利益交汇点在于"两国能源战略的接轨"。俄罗斯能源政策逐渐向亚太地区倾斜，将大幅提高亚太国家在其能源出口中的比例，中国是这方面的重要伙伴。[②]

中俄能源合作趋于多元化和机制化，不仅体现在首脑外交的积极推动，还包括中俄总理定期会晤机制下设总理定期会晤委员会和能源谈判代表会晤两大机制，是中国对外合作中规格最高、组织结构最全、涉及领域最广的磋商机制。首脑外交和总理定期会晤机制的构建深化了两国能源领域互利合作，推动了中俄战略协作伙伴关系全面健康发展。《中华人民共和国和俄罗斯联邦关于合作共赢、深化全面战略协作伙伴关系的联合声明》的签订，表明中俄能源合作不局限于以油气贸易为主的初级阶段，正在向石化、煤炭、电力、核电、可再生能源等领域拓展。中俄能源合作要解决贸易结构单一、不稳定性较大的问题。从两国能源安全角度考虑，双方也应努力拓宽能源合作的领域。中俄两国合作不能仅仅局限在石油领域，需要大力发展天然气、电力等领域的合作，尤其是能源技术合作。目前，中俄两国在新能源开发、节能技术、能源污染治理等技术开发领域面临许多共同问题。两国加强在能源技术领域的合作，不仅能够促进两国从根本上解决能源安全问题，还能促进两国能源合作长期发展，不再局限于各自进出口能源需求，更重要的是，技术领域的合作具有巨大的示范效应，能够推动信任与机制建设，产生良好的外溢效应。

（二）强化中亚能源合作

中国与中亚地区毗邻而居，在中亚五国中，哈萨克斯坦作为中亚地区幅员最辽阔的国家，与中国接壤，且是上海合作组织成员国。近年来，两国领导人互访频繁，胡锦涛主席分别于2003年、2005年、2007年访哈，温家宝总理2008年访哈。哈萨克斯坦总统也于2006年、2009年访问中国，并出席博鳌亚洲论坛2009年年会。土库曼斯坦是中亚地区重要国家，位于中亚西南部，北部和东北部与哈萨克斯坦、乌兹别克斯坦接壤，西濒里海与阿塞拜疆、俄罗斯相望，南邻伊朗，东南与阿富汗交界，地缘政治位置重要。哈萨克斯坦和土库曼斯坦矿产油气资源丰富，2012年哈萨克斯坦原油产量为8 130万吨，占世界原油产量的2.0%；而土库曼斯坦的天然气储量为17.5万亿立方米，占世界总储量的9.3%，仅次于伊朗、卡塔尔和俄罗斯，居世界第四位；其天然气产量为644亿立方米，仅占世界总产量的1.8%。[①]

2001外"9·11"事件后，作为汇聚东西方文明的地区，中亚地缘战略重要性重新凸显：独特的地理位置和丰富的自然资源使其重新成为各种大国力量和政治势力汇集与争夺的地区；作为连接欧亚两洲的战略枢纽，中亚对世界经济的发展也具有重大意义：中亚地区蕴藏着2 000亿桶石油（相当于273亿吨）和8万亿立方米天然气。而哈萨克斯坦的钨、铬储量居世界第一，铜、铅、锌储量则为亚洲第一；乌兹别克斯坦的黄金储量是世界第五；吉尔吉斯斯坦有金、铀、汞等矿藏，塔吉克斯坦则有丰富的铜矿。中国与中亚国家地理相邻、文化相通、传统友谊深厚、人员往来密切，不断巩固和发展中国同中亚各国的睦邻友好合作关系是中国政府的一贯方针，也符合中国与中亚各国人民的共同利益。

1. 能源合作成果

2013年9月3日，习近平主席同土库曼斯坦总统别尔德穆哈梅多夫举行会谈，两国元首高度评价中土关系发展，共同规划两国未来合作，决定建立中土战略伙伴关系，并签署《中土关于建立战略伙伴关系的联合宣言》，能源合作是中土经贸合作的重要领域，宣言中提出将本着平等互利的合作原则，继续发展长期稳定的能源战略合作。中土将采取相应措施，确保中国—土库曼斯坦天然气管道A、B线安全稳定运营，在各自责任范围内实施好阿姆河右岸天然气区块开发项目。中土两国明确将加紧解决技术性问题，以便完成C线建设并做好输气准备，启动D线建设，确保2016年建成并通气，实现每年通过天然气管道运送土库曼斯坦天然气达到650亿立方米的目标。[②]

2013年9月7日，习近平主席访问哈萨克斯坦期间，在阿斯塔纳签署了《中华人民共和国和哈萨克斯坦共和国关于进一步深化全面战略伙伴关系的联合宣言》，中哈两国双方

---

① BP Statistical Review of World Energy, June 2013, http://www.bp.com/statisticalreview.

② "中华人民共和国和土库曼斯坦关于建立战略伙伴关系的联合宣言"，新华网，2013年9月4日，http://news.xinhuanet.com/world/2013-09/04/c_117214884.htm。

将本着互利共赢原则继续扩大和深化能源合作，确保油气田勘探开发生产、油气运输等共同项目长期安全稳定运营，并努力做好中哈原油管道扩建和投入运营工作，使其达到双边协议约定的2 000万吨/年的输油能力。双方将加快实施中哈天然气管道一期扩建（C线）和二期（别伊涅乌—巴佐伊—奇姆肯特）建设，以及阿特劳炼化厂现代化改造项目建设和阿克套沥青厂建设。双方鼓励和支持两国企业在油气田勘探开发、原油加工和扩大对华能源出口等新项目上开展合作，进一步深化核领域合作，推动和平利用核能领域合作项目，并在发展替代能源领域积极开展合作。[1]

2013年9月11日，习近平主席和吉尔吉斯斯坦共和国总统阿塔姆巴耶夫签署《中华人民共和国和吉尔吉斯斯坦共和国关于建立战略伙伴关系的联合宣言》，声明指出，双方一致决定将两国关系提升至战略伙伴关系水平，双方着手制定未来十年《中华人民共和国和吉尔吉斯共和国合作纲要》。[2] 在能源合作领域，双方签署《中华人民共和国政府和吉尔吉斯共和国政府关于天然气管道建设和运营的合作协议》。

2. 成果分析与评价

随着中国经济的持续飞速发展，确保自身能源安全必须成为中国政策制定的首要目标，从地缘关系和能源潜力看，中亚将成为中国未来能源安全的重要支点。中国和中亚是近邻，从地缘政治的角度看，中亚石油不需要远洋海运就可以到达中国，石油运输安全系数最高，是中国目前唯一确保石油安全供应的来源。并且中亚是连接俄罗斯和中东的重要枢纽，参与中亚石油开发，不仅有利于发展与俄、中东的关系，而且在中亚、俄、中东诸能源地域连接以后，可以通过中亚从俄、中东获取长期、稳定的能源供应。无论从上海合作组织的多边框架，还是中哈合作的双边框架来看，两国合作的意义都很突出。哈萨克斯坦是在地缘上受到各国高度关注的国家，中方与哈方可在打击"三股势力"、推进上合组织未来发展、稳定中亚地缘形势方面进行合作。同时，中哈两国的经贸、能源、人文交流也在稳步推进。目前，中国是哈萨克斯坦第二大贸易伙伴，哈萨克斯坦是中国在独联体地区第二大贸易伙伴。

在能源领域，中国与土库曼斯坦能源合作不断深化，成果显著。2007年7月17日中土两国元首在京签署了《中国和土库曼斯坦关于进一步巩固和发展友好合作关系的联合声明》，双方承诺加快中土天然气管道建设，以带动两国经贸、能源等各领域务实合作全面深入发展。2008年6月27日，中国—土库曼斯坦天然气管道正式开工建设，2009年12月，中国—中亚天然气管道开通，土方向中方供气累计逾330亿立方米，实现了土库曼斯坦天然气出口多元化战略，也缓解了中国天然气供需矛盾，促进了两国及中亚地区的经济发展。2011年11月23日，中土两国元首会晤，并签署了《关于全面深化中土友好合作关系的联合声明》和《关于土库曼斯坦向中国增供天然气的协议》。中土的能源合作，对促进两国经济发展和人民生活水平的提高具有重大意义，同时也将成为跨国能源合作、实现

① "中哈关于进一步深化全面战略伙伴关系的联合宣言"，新华网，2013年9月8日，http://news. xinhuanet. com/2013－09/08/c_117273076. htm。

② "中华人民共和国和吉尔吉斯共和国关于建立战略伙伴关系的联合宣言"，新华网，2013年9月11日，http://news. xinhuanet. com/2013－09/11/c_117331554. htm。

领域篇

互利共赢的国际样本。未来中国除了继续通过长期低息贷款换取油气资源等方式加强土库曼斯坦的能源联系外，还将以更加诚恳和友好的态度取得其信任，在能源合作中实现双赢，建立起可以信赖的投资者和战略伙伴的角色。

（三）扩展东盟

从地缘政治来看，中国与东盟人口众多，地理位置异常重要，中国作为拥有全球影响、正在崛起的地区大国；东盟作为一个东南亚重要的区域性组织，在世界政治舞台上的地位日益提高，双方都要发展经济，改善人民生活，都需要一个和平、安宁的国际和周边环境，和平相处及采取双边合作符合双方各自的根本利益。随着东南亚地区油气勘探与开发的深入，东南亚将成为新兴的油气生成地区，是中国油气的重要供应地。文莱、马来西亚以及越南等国已在该地区形成年产原油 4 000 万吨、天然气 310 亿立方米的生产能力，而且有进一步扩大的趋势。印度尼西亚和马来西亚与中国毗邻而居，两国是亚太地区重要的能源资源大国并扼守着马六甲海峡，与中国加强能源合作有着极其重要的地缘优势。2012 年两国的天然气产量为 1 363 亿立方米，占世界产量的 4%，[1] 同时两国也是仅次于卡塔尔的全球第二和第三大液化天然气（LNG）出口国。

1. 能源领域合作成果

2013 年 10 月 2～8 日，国家主席习近平对印度尼西亚、马来西亚进行国事访问，中国和印度尼西亚在雅加达发表《中国和印度尼西亚尼全面战略伙伴关系未来规划》，两国元首指示两国官员继续积极努力，以实现两国贸易额在 2015 年达到 800 亿美元的目标，并更加重视实现强劲、平衡、可持续、稳步增长的贸易。习近平主席重申中方将继续鼓励和支持中国企业积极参与印度尼西亚基础设施建设项目，特别是印度尼西亚 2011～2025 年经济发展总体规划包含的项目。两国元首同意双方将探讨在印度尼西亚经济走廊框架下开展经济合作，包括苏门答腊走廊（自然资源和能源）、加里曼丹走廊（矿业和能源）和巴布亚—马鲁古走廊（食品、能源和矿业）。[2] 中印尼两国认为能源安全对于双方经济社会可持续发展的重要性。因此，双方将进一步发挥好能源论坛作用，扩大在油气、矿业和电力等领域的合作，积极探讨新能源和可再生能源合作机会。

马来西亚是我国在东盟国家中最大贸易伙伴，我国近年来也开始自马来西亚进口原油和液化天然气，并积极开展能源合作。2013 年 10 月 4 日，习近平主席和马来西亚总理纳吉布共同出席中马经济合作高峰论坛，为深化两国合作，习近平提出中马应扩大双边贸易，力争 2017 年双边贸易额达到 1 600 亿美元；双方促进相互投资，继续支持钦州和关丹产业园区建设，鼓励中国企业积极参与马来西亚六大发展走廊等项目。中马签署了《中马经贸合作五年规划》及钦州、关丹产业园区等多项合作协议的签署，其中包括推动大型经

---

① BP Statistical Review of World Energy（June 2013），http：//www. bp. com /statisticalreview.

② "中印尼全面战略伙伴关系未来规划"，新华网，2013 年 10 月 4 日，http：//news. xinhuanet. com/politics/2013 - 10/04/c_117592330. htm。

济项目和重点领域合作，包括加强能源领域合作，扩大相互投资等。[①] 习主席此访重申了中国政府与邻为善、以邻为伴的周边外交方针以及和平发展、合作发展、共同发展的政策理念，增进了中马、中印尼政治和战略互信，促进了中国同两国务实合作和人文交流，有利于为中国和平发展进一步营造和谐、稳定、合作的周边环境。此访意义重大，成果丰硕，取得圆满成功。

2. 成果分析与评价

从地理位置来看，东盟各国与中国在地理上毗邻而居，距离经济和能源需求高速增长的中国东部发达地区较近，能源贸易的运输成本和交易风险相对较低，与中国加强能源合作有着极其重要的地缘优势。对中国来说，相比从俄罗斯远东地区进口能源，与东盟进行能源贸易合作，距离短、成本低，是能源进口多元化较为理想的选择。在石油运输线路上，中国从中东、非洲购买到的油气都要通过马六甲海峡这条线路运输。马六甲位于印度洋北部、马来半岛和印度尼西亚的苏门答腊岛之间。"二战"后，马六甲海峡归马来西亚、印度尼西亚和新加坡三国共管。而美、日一直染指并试图控制马六甲海峡的航运通道。毫不夸张地说，谁控制了马六甲海峡，谁就扼制住了中国的能源通道，谁也就掐断了东南亚的"生命线"由此可见，作为中国油气资源的供应地和运输线的东南亚地区对中国的能源安全有着举足轻重的作用。

中国加强与东盟关系坚持"与邻为善、以邻为伴"和"睦邻、富邻、安邻"的指导方针。中国与印度尼西亚和马来西亚等东盟国家交往频繁，政治互信不断增强。中国和印度尼西亚以"中国—印度尼西亚能源论坛"为平台开展形式多样的能源合作。两国先后签署《联合宣言》、《关于能源和矿产资源领域合作的谅解备忘录》、《中印尼全面战略伙伴关系未来规划》，中印尼将加强能源政策的对话与磋商，进一步发挥中印尼能源论坛的作用，开展政策交流，加强油气和矿产领域的交流与合作，鼓励更多企业参与联合能源资源勘探开发，建立商业上可行的本地区能源运输网络，推动能源的可持续发展。2005 年苏西洛总统访华，在此期间，中国和印度尼西亚双方就深化两国的友好合作广泛交换意见，双方就经济贸易合作签署一系列的文件。苏西洛希望，能加强与中国在能源、基础设施等方面的合作。温家宝总理的此次访问将有力推进双方的能源合作进入一个全新的阶段。中国和马来西亚先后签署《关于未来双边合作框架的联合声明》、《联合公报》、《中马经贸合作五年规划》，双方推动大型经济项目和重点领域合作，包括加强能源领域合作，扩大相互投资等。此外，中国与马来西亚签署年供 300 万吨 LNG 的《液化天然气购销协议》，以及达成投资 110 亿美元开发马来西亚可再生能源经济走廊——婆罗洲经济走廊的协议。

在全球化迅猛发展的新时代，中国面临越来越严峻的能源问题。以油气为主要形式的能源作为一种全球商品，直接左右着中国的经济发展和社会福祉。中国积极扩大与东盟的能源合作上的共同利益，并在共同的能源纽带中建立信任和更为实质的合作关系，为中国的双边或多边的能源合作开辟更广阔的天地。加快海外油气资源的勘探开发步伐，充分利

---

① "习近平出席中马经济合作高峰论坛"，新华网，2013 年 10 月 4 日，http://news.xinhuanet.com/politics/2013-10/04/c_117596207.htm。

用国际油气资源，与东盟各国开展有效的能源合作，是今后我国国民经济可持续发展的一项重大的战略。

（四）提升中印

中国和印度是新兴大国，同时两者都是能源消费大国。中国的能源生产和消费已位居世界第二，仅次于美国，中国也是仅次于美国的石油进口国。印度是一个能源资源相当贫乏的国家，尽管其煤炭储量在世界排在第四位，仅次于美国、俄罗斯和中国，但是油气资源比较短缺。2012 年，印度已探明的石油储量只有 8 亿吨，占世界储量的 0.3%；天然气为 1.3 万亿立方米，占世界储量的 0.7%。目前印度石油的对外依存度已超过 70%。中国和印度两国的发展也面临诸多相同的问题，能源需求就是重点之一。

中印在能源领域的合作是大势所趋，在某种意义上也是形势所迫。中国和印度都是能源消费大国。随着两国经济的快速发展和人民生活水平的不断提高，两国对能源的需求也日益增长，对石油及天然气进口的依赖程度也在增加。在这种情况下，中印两国都在海外积极寻找石油和天然气资源，而开展中印之间的能源合作，符合两国的共同利益。这种合作不仅有利于避免两个崛起中大国之间的不良竞争甚至恶性竞争，有利于减少外交和经济资源的不必要消耗，也有利于减少国际金融危机的剧烈冲击，特别是保证后危机时代的经济复苏和快速增长。

1. 能源领域合作成果

目前，中国和印度同为能源消费和进口大国，两国的能源战略更成为各类国际行为体的关注焦点。如何处理双方的能源战略关系，进行有效经营管理，实现可持续的发展，不仅关系到两国本土经济社会的发展，还会在一定程度上影响亚太地区稳定乃至全球格局的变迁。

2013 年 5 月 20 日，李克强总理在新德里与印度总理辛格举行深入会谈，双方一致决定进一步加强中印面向和平与繁荣的战略合作伙伴关系，推动两国合作取得新成果，并发布《中华人民共和国和印度共和国联合声明》。[①] 双方一致同意加强战略沟通，增进政治互信。充分发挥两国领导人定期互访和会晤对双边关系的引领作用，用好政府、政党、议会间的磋商交流机制，深化战略对话，保持各层次交往。中印双方同意进一步加强在节能环保、新能源和可再生能源、高科技等领域的合作。民用核能是中印国家能源计划不可或缺的组成部分，中印将根据各自国际承诺，在民用核能领域开展双边合作。2013 年 10 月 22～25 日，印度总理辛格访问中国，双方就涉及双边关系及共同关心的国际地区问题交换了意见，达成了广泛共识，并签署《中印战略合作伙伴关系未来发展愿景的联合声明》，期间两国签署了包括能源合作在内的 9 个文件。[②] 在能源领域，作为需求庞大的能源消费

---

① "中华人民共和国和印度共和国联合声明"，新华网，2013 年 5 月 20 日，http：//news. ifeng. com/mainland/special/likeqiangchufang/content - 3/detail_2013_05/20/25512094_0. shtml。

② "中印战略合作伙伴关系未来发展愿景的联合声明"，新华网，2013 年 10 月 23 日，http：//news. xinhua-net. com/politics/2013 - 10/23/c_117844273. htm。

国，两国应加强合作，共同开发可再生能源，并深化能源领域战略沟通与协作。

2. 成果分析与评价

中印两国进口石油的来源地比较集中，如中国进口石油总量的50%、印度进口石油总量的65%都来自中东及波斯湾地区。同时，两国关注或开展能源外交的方向也大多重合，印度海外石油活动的主要地区正是中国能源拓展或能源外交与合作的重心区。因此，中印之间的能源竞争集中度非常高。与此同时，作为能源消费大国，中国与印度在能源安全领域面临共同的困境和挑战，在能源领域也构建了对话与合作机制，开展了一些合作。

2005年1月，在新德里召开首届"亚洲石油经济合作部长级圆桌会议"期间，印度表达了与中国的合作意愿，希望双方加强在油气领域的合作。2005年12月，中国石油与印度Videsh公司联手以5.78亿美元收购了加拿大石油公司持有的叙利亚艾尔—福瑞特（Al Furat）石油公司38%的股权，而Videsh公司则在2003年斥资7.5亿美元从加拿大塔里斯曼公司手中购得了该油田25%的股份，并于2004年投资2亿美元修建了由喀土穆至苏丹港长达741千米的输油管道，将成品油输往红海沿岸。2006年1月，印度石油和天然气部部长艾亚尔访问中国，并与中国能源主管部门、能源企业领导人就两国能源领域合作进行了会谈。双方签署了中印能源领域合作的第一份正式文件《加强石油与天然气合作备忘录》，旨在促进双边合作，确保能源安全，稳定亚洲能源市场价格。[①] 中国石油化工集团公司即将同伊朗签订协议，开发伊朗南部地区的亚达瓦兰油田。中石化将占该项目51%的股份，而印度国营石油天然气公司将占有29%的股份。这个协议不仅使中国获取了预期储量达300亿桶原油的油田，而且也代表了中石化和印度国营石油天然气公司之间的最新联盟。2012年6月，中国石油与ONGC签署协议，同意继续双方在勘探等方面的合作协定。该协议旨在检视双方在上下游及所有相关领域的共同利益，推进双方在叙利亚及前苏丹的既有合作。

2010年温总理访问印度期间，双方决定建立两国国家元首、政府首脑定期互访机制，并同意建立战略经济对话机制。2011年9月首次对话在北京成功举行。此后，双方同意设立包括政策协调、基础设施、能源、节能环保和高技术五个工作组。在第二次战略经济对话上，在能源领域双方签署了《中华人民共和国国家发展和改革委员会与印度共和国电力部能效局关于在能效领域加强合作的谅解备忘录》，双方探讨了两国电力领域的发展情况，电力装备领域的合作成效，在风能领域合作面临的机遇与挑战。双方同意通过能源服务公司开展能效项目，以促进合作；鼓励投资先进能效工业；共同合作并研发测试流程和标准，并签署了相关备忘录。

2008年开始的全球金融危机，世界各国都受到了不同程度的影响，在危机不断加剧的过程中，许多国家重举贸易保护主义的大旗，阻碍公平竞争，保护本国国内市场，不但使全球危机更加恶化，而且影响了双、多边关系的正常发展。能源资源，在这场金融危机中的地位显得尤为重要。中印同为大的能源消费国和进口国，能源需求很大程度上依靠国外进口，在处理两者之间的能源关系时，就更加有必要制定科学、长远的战略，防止零和博

---

① 潘艺心：《对中印能源合作的战略思考》，载《国际石油经济》，2012年第10期。

弈的发生。[1] 而《中华人民共和国和印度共和国联合声明》和《中印战略合作伙伴关系未来发展愿景的联合声明》的签署，无疑增强双方的政治互信，从而消除政治因素的干扰，促进双方能源加强机制建设、拓展合作渠道，以使中印能源合作驶入快车道。中印两个联合声明及相关文件签署，对中国和印度在东南亚和中亚地区的能源布局也会产生积极影响。中国应对中印关系进行战略定位，将能源安全战略与海洋安全战略进行整合，制定具备前瞻性和超前性的复合型战略，提高合作中的主动性和应对能力。

（五）促进上合能源合作

上海合作组织（以下简称上合组织）在多极化世界中已占居重要其一。其人口约15.816 亿人，占世界总人口的 24%。若加上观察员国的人口 13.479 亿人，实际上合组织涉及的人口可能达 28.029 亿人，占世界总人口的 42.5%。在上合组织成员国和观察员国中，既有能源资源丰富、能源生产相对较多的国家，如俄罗斯、伊朗、哈萨克斯坦和乌兹别克斯坦等；也有油气能源相对较少，而能源消费又较多的国家，如中国和印度。上合组织国家的石油储量（未包括吉尔吉斯斯坦、塔吉克斯坦和巴基斯坦）总计约为 381 亿吨，约占世界总量的 22.7%；石油年产量为 12.74 亿吨，约占世界总量的 26.9%。这些国家的年石油消费量总计为 7.281 亿吨，占世界石油消费总量的 17.9%。而上合组织国家中的中国和印度，石油消费量就占到该组织消费总量的 70.9%。上合组织国家天然气的储量十分丰富，但资源分布很不均匀。这些国家的天然气储量总计 78.89 万亿立方米，占世界总量的 45.4%；天然气年产量为 9 354 亿立方米，占世界总量的 31.7%。这些天然气主要分布在占世界天然气储量居第一位和第二位的俄罗斯和伊朗。而拥有 13 亿多人口的中国和 11亿多人口的印度，天然气储量很低。上合组织国家间能源资源和消费数量的差异和地理上的相互接近，是加强能源合作的重要前提和基础。

1. 上合组织能源新能源合作进展

上合组织是我国建立周边睦邻友好带、战略稳定带和经济合作带的重要依托，而上合组织多边能源合作即包括能源资源国，又包含能源消费国和能源过境国，是一种新型合作机制。[2] 面对气候变化，推动核能、风能等清洁能源的应用，为成员国经济发展提供多元化的能源解决方案，是上合组织能源合作重要内容。

2013 年 9 月，上海合作组织成员国元首理事会第十三次会议在吉尔吉斯斯坦首都比什凯克举行，习近平主席在上合组织元首理事会提出"成立能源俱乐部，协调本组织框架内能源合作，建立稳定供求关系，确保能源安全，同时在提高能效和开发新能源等领域开展广泛合作"。[3] 会议发表《上海合作组织成员国元首理事会会议新闻公报》，公报提出切实落实《2012～2016 年上海合作组织进一步推动项目合作的措施清单》和《上海合作组织成员国

---

[1] 李渤：《地区安全环境变动中的中印能源合作》，载《国际经济合作》，2013 年第 5 期。
[2] 王海运：《关于上海合作组织能源合作的思考》，载《西安交通大学学报》（社会科学版），2008 年第 1 期。
[3] "习近平在上合组织峰会发表讲话 提出 4 点主张"，人民网，2013 年 9 月 14 日，http://politics. people. com. cn/n/2013/0913/c1024 - 22917948. html.

多边经贸合作纲要落实措施计划》，其中《上海合作组织成员国多边经贸合作纲要落实措施计划》涵盖贸易和投资、海关、质检、交通、能源、信息等 11 个领域，共 127 个项目，而能源合作项目为 15 项，包括上合组织成员国家石油、天然气、水电和基础设施等领域。

2013 年 11 月 29 日，李克强总理出席上海合作组织成员国总理第十二次会议，同与会各国领导人就促进上合组织框架内多领域合作、加强上合组织建设等深入交换意见，达成广泛共识。李克强总理在会上提出推进上合组织成员国家间的生态和能源合作。共同制定上合组织环境保护合作战略，建立信息共享平台。完善能源合作机制，深化能源生产、运输、加工等合作，在核电等新能源领域开展合作。与会上合组织成员国总理和观察员国、对话伙伴国代表在发言中赞同李克强提出的倡议，积极评价中国为推动上合组织成员国合作和本组织建设等发挥的重要作用。各国一致同意加强上合组织成员国之间的战略协作，推进本组织机制建设，扩大成员国与观察员国和对话伙伴国的协调配合，加强地区互联互通建设，深化经贸、能源、金融等领域的务实合作，密切人文交流，携手应对安全挑战，维护地区和平稳定，促进共同发展。会议发布了《上海合作组织成员国政府首脑（总理）理事会第十二次会议联合公报》，提出要切实落实《〈上海合作组织成员国多边经贸合作纲要〉落实措施计划》和《2012～2016 年上海合作组织进一步推动项目合作的措施清单》，提出积极推动保障上合组织地区社会经济稳定发展的合作项目切实积极协作，包括完善投资项目融资保障机制，同上合组织成员国实业界和金融机构建立直接联系，并通过了《关于成立上海合作组织开发银行和上海合作组织发展基金（专门账户）下一步工作的决议》，该协议将有利于保障上合组织成员间的能源资源进出口的安全，促进上合组织成员国间能源资源开发和油气管道建设的投资力度，有助于实现上合组织成员国间能源产业资本与金融资本的优化融合。

2. 成果分析与评价

上合组织多边能源合作既包括能源资源国，又包含能源消费国和能源过境国，是一种新型合作机制。上合组织能源合作经过确定合作原则和战略、通过具体项目夯实合作基础的阶段，并向机制化方向发展。

2003 年 9 月，上合组织成员国成立了经贸部长会议高官委员会，并商定了包括贸易和投资、交通、能源和信息等 11 个领域、127 个项目的《上合组织成员国多边经贸合作纲要》的"措施计划"草案，该草案下确定中国和上合组织成员国在石油、天然气和水电设施等领域能源合作项目共 19 项。[①] 2006 年 6 月，中国主持上合组织峰会上提出"加强战略协作，深化务实合作"，积极推动成员国间能源合作专门工作组成立。上合组织成员国政府总理理事会第七次会议上，新修订了《〈上海合作组织成员国多边经贸合作纲要〉落实措施计划》，与会各国提出"应集中力量开展为成员国相互贸易和投资创造稳定和可预见的条件，强化市场机制；提高能源利用率，开发清洁能源和技术，利用可再生能源，保障能源安全等方面的合作"。在新能源领域提出开发清洁能源和技术，利用可再生能源等方面的合作，合作内容包括中国与上合组织成员国的水电设施建设合作；开发非传统性

---

① 孙永祥：《上合组织能源合作的进展及问题》，载《亚非纵横》，2009 年第 5 期。

可再生能源，用以作为获得电力的来源；研究共同拟订建设、改造、更新能源项目的投资计划，及解决其融资问题。

2009 年 6 月 16 日上海合作组织成员国元首理事会第九次会议在俄罗斯叶卡捷琳堡举行，胡锦涛在峰会上发表了重要讲话。成员国元首共同签署了《上海合作组织成员国元首叶卡捷琳堡宣言》等重要文件。与会成员国就应用创新技术、节能技术和可再生能源技术达成共识，并提出上合组织成员国以保障经济、稳定、安全、清洁的能源供应为共同合作目标。2011 年 9 月，中国、俄罗斯、塔吉克斯坦、吉尔吉斯斯坦四国共同发表《西安倡议》，决定秉持"互信、互利、平等、协商、尊重多样文明、谋求共同发展"的上合精神，深化能源领域合作，并有必要启动上合组织能源俱乐部的工作。

加强上合组织多边能源合作不仅符合中国能源多元化战略，也有利于地区的和平、安全与稳定。但是，上合组织能源合作也存在许多不确定因素。客观认识上合组织能源合作环境，努力克服障碍，推进合作进程，必将极大地惠及各成员国的经济发展。中国与俄罗斯、中亚国家均处在向市场经济转型的重要阶段，能源合作尽管具有一定的政治背景，但推进能源合作一定要扎根在国家经济利益基础之上，合作成功的基础是互利共赢。因此，必须舍弃将能源合作、经贸合作政治化的传统思维，按照市场经济规律来运作，推动务实合作。上海合作组织能源合作要妥善处理投资、市场与价格这些敏感问题，在准确把握国际市场行情变化脉搏和协商的基础上，合理确定具有前瞻性的长期稳定的贸易和运输（包括过境）价格协议，使合作各方能够在国际市场行情波动范围内进行互利、长期、稳定的交易。同时，要避免一般多边国际组织通常面临的议而不决的弊端，加快双边和多边能源合作促进机构建设，不仅要增进政府高层之间的交往，还要增加企业层面的交往和互信，形成政府、社会和企业之间的多级对话和合作机制。

五、我国能源资源外交前景与展望

习近平总书记提出"要从战略高度分析和处理问题，提高驾驭全局、统筹谋划、操作实施能力，全面推进周边外交"。全球经济增长反复、石油供应格局变化以及西亚北非地区局势动荡等，都将为国际能源的走势增添变数。在经济全球化的今天，能源资源的战略属性日益突出，我国需要加强周边能源合作，以充分保障能源安全，维护区域稳定。

（一）树立"平等互利、合作共赢"的周边能源外交观

当前经济全球化、区域一体化加速发展，亚太地区已成为世界经济增长重要引擎，同时也面临各种挑战。习近平强调，"我国周边外交的基本方针，就是坚持与邻为善、以邻为伴，坚持睦邻、安邻、富邻，突出体现亲、诚、惠、容的理念。"[1] 在周边能源外交方

---

① "习近平在周边外交工作座谈会上发表重要讲话"，人民网，2013 年 10 月 25 日，http：//politics. people. com. cn/n/2013/1025/c1024－23332318. html。

面，这一方针体现在要牢固树立"平等互利，合作共赢"的周边能源外交观。

中国应将能源外交与中国外交的一贯原则和精神宗旨相结合，传承中国传统的外交理念。在重视本国国家利益的同时，更强调平等互利、合作共赢，在从能源开发到利用的各个环节中加强能源出口国、中转国和消费国之间、能源消费大国之间的对话与合作。注重国家主权，追求"双赢"和共同繁荣，通过共同发展使周边能源合作持久进行下去。东海问题、朝鲜半岛局势、南海问题等都严重影响本地区信任关系的建立，在很大程度上影响着包括能源合作。中国应牢固坚持"与邻为善、以邻为伴"的方针，加强周边政府间对话、改善政治关系、加强政治互信，有助于增信释疑，有助于推动周边能源合作的开展和深化。中国要积极参与周边能源外交活动，推动建立和平稳定、公正合理的地区能源新秩序，为亚太能源安全合稳定做出建设性的努力。中国要积极利用平等互利，合作发展的能源外交为本国谋求利益的同时，也为周边其他国家的经济发展带来机会和利益，促进共同发展。

（二）深化周边能源合作机制

在经济全球化和区域经济一体化化的时代，必须通过与利益相关的国家和区域组织加强日益完善的对话协调机制，以加强了解沟通、通过对话谈判解决观念分歧和利益纷争，维护共同利益。

首先，积极推进上合组织能源一体化建设。上合组织成员国间的能源合作主要以宣言、协议、声明和谅解备忘录形式为主，缺乏明确的原则性规定和法律制度。上合组织一体化的推进必然要求要制定上合组织能源合作战略规划，以运筹、协调、指导上合组织成员国间能源贸易、投资和金融等领域的合作，确立能源合作战略方向、重点和途径。在合作方式上，从常规的石油和天然气能源的进口，向石油天然气加工、能源运输和能源设施等领域扩展，加强对上合组织国的能源投资，提升能源合作水平，扩展合作领域，实现多边合作的互利共赢。在能源合作法律制度建设，积极推进能源贸易、能源技术合作、能源投资和争端解决等法律制度的建设，来协调上合组织成员国间能源合作利益和争端，保障能源合作的顺利开展和推进。

其次，推进东北亚能源合作，构建共同利益保护机制。中日韩三国分别是世界第二、第三、第七石油消费国，对外依存度分别高达56%、99%和97%，有必要构建机构性协调机制，以维护共同的利益。一方面，要建设共同石油市场和东北亚石油期货交易所，与俄罗斯、哈萨克斯坦、印度尼西亚和马来西亚这样的能源出口国之间形成有效对话协调机制，另一方面积极推动东北亚石油储备体系，加强东北亚区域油气管网建设，建设联合石油储备制度和联合石油采购机制。中日韩三国通过构建富有建设性的制度性合作框架，从而实现区域内能源技术、资源要素的优势互补和有效配置，达到互利合作、合理分工和双向共赢的局面。

最后，充分发挥多边能源合作机制，推进周边能源安全体系建设。以 APEC 能源部长会议、东亚峰会和东盟"10＋3"能源部长对话机制为平台，切实加强能源部长会议的功能和作用，保障周边能源进口来源地的稳定，提高能源安全供给程度；积极开展能

205

源政策对话，就提高能效、能源安全供给和运输通道等问题深化合作；提高能源信息交流的质量和速度，增加能源技术、市场的透明度，促进各国经济的持续、健康和稳定的发展。

（三） 运用多种合作手段，合理拓展合作空间

能源国际合作活动的主体来自方方面面，既包括国家高层领导、政府外交和经贸主管部门，也包括地方政府、能源企业和科研机构，要形成整体合力。能源国际合作不仅需要首脑外交和政府外交的积极推动，也要充分发挥地方政府、能源企业和科研机构的积极性和创造性。

我国有 15 个沿海城市和 9 个边省与一个或多个国家地理上接壤，地理上的独特性和丰富性赋予中国地方参与周边能源合作的良好条件。广西作为中国与东盟唯一海陆相连的省区，依托其丰富的生物资源，以中国—东盟博览会、中国—东盟可再生能源论坛为平台，积极与东盟国家沼气、燃料乙醇等形式多样的能源合作项目，并取得良好进展。东北区域的吉林省参加了东北亚地区地方政府首脑会晤机制，与日本鸟取县、俄罗斯滨海边疆区、蒙古国中央省、韩国江原道地方政府首脑就东北亚区域能源的开发和利用进行合作。因此，地方政府作为"次政府外交"的主体，在一定程度上可以淡化合作的政治敏锐性，要积极发挥其独特作用，不断拓展新能源对外合作领域和空间。

能源企业是周边区域内能源合作机制层面及政府层面的合作协议实施的主体，要大力拓展周边能源合作范围、渠道和方式，如在油气勘探、开采、提炼方面，在高效利用能源、环境保护、管道设施和运输等方面，要多管齐下，多方多边合作，以政促经、以经带政，逐渐形成良性互动，实现合作共赢。最后，加强民间与学术界的周边国际交流与合作，不断拓宽合作领域，扩展合作规模，增加合作渠道，通过项目合作、标准制定、技术引进、人才培养等多种方式，推动周边能源科技合作的发展。

（四） 加强周边新能源领域合作

近年来，中国和周边大多数国家都面临着共同的能源安全困境。在新形势下，任何一个国家都难以单独解决能源安全问题，只有通过国际合作才是正确的选择。而新能源作为重要的战略替代能源，对增加周边区域能源供应，改善能源结构，保障能源安全，保护环境有重要作用。

作为世界上最大的发展中国家，中国与印度尼西亚、泰国等周边发展中国家在新能源合作方面有着共同的需求和目标，应该在新能源政策建设、技术、融资等方面与周边发展中国家进行深入的交流和合作，提高新能源合作的成效。对于区域层面的新能源合作，则需要以 APEC 能源合作、上合组织、东盟和 "10 + 3" 能源部长对话机制为平台，积极开展周边区域内新能源技术转移、联合研发和产业化等方面的合作，达到互利合作和互利共赢的局面。从新能源合作实践来看，中日两国在核能与煤炭清洁技术方面具有互补的资本、技术和劳动力优势，中韩在风能发电与核能相关产品贸易上的合作具有较好的经济基

础和政策支持，中俄在水电和核能方面有较好的基础，中国和东盟在生物质能领域有良好的合作空间，因此可以确定周边新能源合作的重点领域，以可持续发展为目标进行新能源技术的联合研发，鼓励区域内新能源产品的进出口，加强新能源产业投资合作，逐步扩展新能源合作的领域和空间，在符合各方自身利益基础上实现互惠互利和共同发展。

领
域
篇

第十二章

中国在气候环保领域的经济外交：
承前启后、继往开来

气候变化是当前全人类面临的最严重挑战之一。全球气候变化导致各种灾害性气候事件和异常气候频频繁发生，严重威胁数亿人口的生存环境和生活质量。随着国际社会应对气候变化的国际共识不断深化以及中国的综合国力不断增强，中国的气候环保外交面临新的形势。一方面，国际社会对气候变化的科学认识不断提升，国际气候变化谈判进入了新阶段；另一方面，中国应对气候变化工作取得积极进展，减缓和适应能力不断增强，应对气候变化的体制机制及法律、标准体系建设逐步完善，全社会低碳意识进一步提高。2013年，中国继续在气候环保领域大力开展国际合作。与发达国家的合作，不断扩大和深化利益汇合点；与发展中国家的合作，开辟了南南合作新领域。2013年，中国还继续参与气候环保国际谈判，维护和推动建立公平合理的气候治理国际秩序。在波兰首都华沙举行的《联合国气候变化框架公约》（简称《公约》）第十九次缔约方会议和《京都议定书》（简称《议定书》）第九次缔约方会议上，中国切实维护《公约》和《议定书》的基本法律框架、维护发展中国家的正当发展权益，推动华沙气候变化大会取得了重要成果，使之成为承前启后、继往开来的大会。

一、2013 年中国气候环保外交面临的新形势

随着国际合作应对气候变化共识不断加深和中国综合国力的不断提升，中国气候外交面临新的形势，包括国际和国内两个方面。

（一）中国气候外交面临的国际形势

从国际来看，国际社会对气候变化的科学认识不断深化；国际气候变化谈判进入新阶段。

1. 国际社会对气候变化的科学认识不断深化

联合国政府间气候变化专门委员会（IPCC）第五次评估报告进一步强化了人为活动引起气候变化的科学结论，气候变化全球影响日益凸显，正成为当前全球面临的最严峻挑战之一。各国对气候变化问题的认识正逐步提高，积极采取措施应对气候变化已成为全球

各国的共同意愿和紧迫需求。

2. 国际气候变化谈判进入新阶段

2012 年年底的多哈会议就《京都议定书》第二承诺期、《联合国气候变化框架公约》下长期合作行动等重要问题达成了一揽子协议，结束了"巴厘路线图"谈判进程，并推动了"德班平台"谈判进程，各国正在为 2015 年谈判达成一项新的全球协议作出积极努力，国际气候变化谈判进入了一个新阶段。[①]

（二）中国气候外交面临的国内形势

从国内来看，各级政府高度重视，应对气候变化工作取得积极进展，减缓和适应能力不断增强，应对气候变化的体制机制及法律、标准体系建设逐步完善，全社会低碳意识进一步提高。

1. 应对气候变化的体制机制逐步完善

2012 年以来，中国加强了应对气候变化重大战略研究和顶层设计，进一步完善了应对气候变化的体制机制。第一，健全管理体制和工作机制，完善领导机构和建立碳强度下降目标责任制。2013 年 7 月，国务院对国家应对气候变化工作领导小组组成单位和人员进行了调整，李克强总理任领导小组组长，并增加了部分职能部门。国家对"十二五"单位国内生产总值二氧化碳排放下降目标进行分解，确定了各省（自治区、直辖市）单位国内生产总值二氧化碳排放下降指标，并建立了目标责任评价考核制度。第二，加强战略研究和规划编制，开展应对气候变化重大战略研究和加强应对气候变化规划编制工作。国家发展改革委组织开展了《国家应对气候变化规划（2013~2020）》编制工作，对中国开展应对气候变化工作进行了整体部署。全国各省（自治区、直辖市）积极组织开展了省级应对气候变化中长期规划的编制。第三，推动气候变化立法。国家发展改革委等单位和有关部门联合成立了应对气候变化法律起草工作领导小组，加快推进应对气候变化法律草案起草工作，初步形成立法框架。全国各省（自治区、直辖市）应对气候变化立法正在稳步推进。第四，完善相关政策体系。2012 年，国务院办公厅印发了《"十二五"控制温室气体排放工作方案重点工作部门分工》，对方案的贯彻落实工作进行全面部署。中央政府发布了一系列应对气候变化相关政策性文件，应对气候变化政策体系得到进一步完善。

2. 减缓和适应气候变化能力不断增强

2012 年以来，中国政府通过调整产业结构、优化能源结构、节能和提高能效、增加森林碳汇、控制其他领域排放等工作，完成了全国单位国内生产总值能源消耗降低及单位国内生产总值二氧化碳排放降低年度目标，控制温室气体排放工作取得积极成效。其中调整

---

① "中国应对气候变化的政策与行动 2013 年度报告"，国家发展改革委网站，2013 年 11 月 7 日，http：//www.sdpc.gov.cn/gzdt/W020131107539683560304.pdf，2014 年 1 月 5 日登录。

产业结构的措施包括推动传统产业改造升级、扶持战略性新兴产业发展、大力发展服务业、加快淘汰落后产能等，优化能源结构的措施包括继续推动化石能源清洁化利用、大力开发非化石能源等，节能提高能效的措施包括加强节能目标责任考核、实施重点节能改造工程、进一步完善节能标准标识、推广节能技术与产品、推进建筑领域节能、推进交通领域节能等。2012 年全国单位国内生产总值二氧化碳排放较 2011 年下降 5.02%。到 2012 年年底，中国节能环保产业产值达到 2.7 万亿元人民币。2013 年，中国水电装机、核电在建规模、太阳能集热面积、风电装机容量、人工造林面积均居世界第一位，为全球减缓气候变化做出了积极贡献。

2012 年以来，中国采取积极行动加强重点领域适应气候变化和应对极端天气和气候事件的能力，减轻了气候变化对经济社会发展和生产生活的不利影响。如民政部进一步完善了减灾救灾工作体制机制，国家防总、减灾委相关成员单位进一步完善各类自然灾害的监测预警系统建设，国务院办公厅印发了《国家农业节水纲要（2012～2020）》，促进水资源可持续利用，保障国家粮食安全，等等。①

二、2013 年中国在气候环保领域的国际合作

2013 年，中国在气候环保领域继续积极推进国际合作，在恪守立场和原则的同时，保持着灵活和开放的姿态。2013 年，中国与发达国家在气候环保领域的合作，着眼于扩大与深化利益汇合点；与发展中国家在气候环保领域的合作，开辟了"南南合作"新领域。

（一）与发达国家的合作：扩大与深化利益汇合点

与发达国家在气候环保领域进行国际合作是中国气候外交的重要内容。与欧盟、美国等发达经济体的合作，既是落实气候变化国际谈判成果的重要环节，也是在气候变化国际谈判这一轨道之外，直面应对气候变化问题的解决方案。

1. 与欧盟的合作：启动新战略规划

2013 年，中国与德、法等欧盟国家开展了很多应对气候变化项目，并启动了新战略规划。

第一，中德应对气候变化能力建设项目编写完成并发布培训教材，中德"中国气候保护网络"常州项目圆满落幕。2013 年 4 月 17～19 日，中德应对气候变化能力建设项目培训教材发布暨培训活动在京举行。经过历时一年的努力，项目组织中外专家完成了"减缓气候变化"、"适应气候变化"、"低碳发展的理论与实践"、"温室气体的测量、报告与核实"、"碳交易"和"培训教案" 6 本培训教材的编写工作，并正式投入使用。② 2013 年 5

---

① "中国应对气候变化的政策与行动 2013 年度报告"，国家发展改革委网站，2013 年 11 月 7 日，http：//www. sdpc. gov. cn/gzdt/W020131107539683560304. pdf，2014 年 1 月 5 日登录。

② 国家发展改革委网站，http：//www. sdpc. gov. cn/gzdt/t20130423_538082. htm，2014 年 1 月 8 日登录。

月 14 日，中德政府"中国气候保护网络"常州项目闭幕仪式在常州举行。该项目共为常州的 12 家企业提出了 98 项能效优化措施，如果全部实施，每年将节省用电 1.2 亿千瓦时，每年将减少二氧化碳排放 8.9 万吨。[①]

第二，中法气候变化专家低碳发展战略研讨会在京召开。2003 年 12 月 10～11 日，中法气候变化高级专家研讨会在京举行，本次研讨会主要就低碳发展战略、建立合理的国际气候制度等方面进行交流探讨。此次研讨会由中国国家气候变化专家委员会主办，得到法国驻华使馆的支持。来自中国工程院、中国社会科学院等单位的专家和学者，以及来自法国国家气候变暖影响观察站、可持续发展和国际关系研究院、环境和发展国际研究中心等部门的法方专家及法国驻华使馆相关人员参加此次研讨会。据了解，一直以来，中法两国在应对气候变化领域展开了全面、深入的合作。2007 年，中法两国发表关于应对气候变化的联合声明，决定在中法全面战略伙伴关系框架下建立中法应对气候变化伙伴关系。2010 年，中法两国签署了关于加强应对气候变化合作的协议，正式启动中法应对气候变化双边磋商机制。[②]

第三，中欧工业能效与减排工作组会议在布鲁塞尔举行。为加强中欧工业节能减排政策合作，落实中欧工业对话磋商机制第二次全会商定的合作事项，2013 年 5 月 31 日，由中国工业和信息化部、欧盟企业和工业总司共同主办的中欧工业能效与减排工作组第四次会议在布鲁塞尔举行。工业和信息化部节能与综合利用司、国际司，欧盟企业和工业总司、能源总司的有关人员，以及中欧双方的相关机构和企业代表参加了会议。会议肯定了工作组第三次会议以来的工作进展，并围绕能效政策、环保产品及服务政策和工业可持续发展等三个议题进行了深入交流和探讨，提出了下一步开展合作的建议和意见。[③]

第四，中国与欧盟启动《中欧合作 2020 战略规划》。应国务院总理李克强邀请，欧洲理事会主席赫尔曼·范龙佩和欧盟委员会主席若泽·巴罗佐于 2013 年 11 月 20 至 21 日来华出席第十六次中国欧盟领导人会晤，双方共同制定了《中欧合作 2020 战略规划》。在气候环保方面，双方将基于联合国政府间气候变化专门委员会最新报告，加强《联合国气候变化框架公约》及其《京都议定书》有关应对国际气候变化措施的实施，为德班平台强化行动进程和执行多哈会议成果服务；合作支持补充倡议，旨在把全球平均气温升高幅度较工业化前控制在 2 摄氏度以内；帮助全球转向低碳经济；合作建立绿色低碳发展的战略政策框架，以积极应对全球气候变化，改善环境质量和促进绿色产业合作；等等。[④]

2. 与美国的合作：打造新亮点

为有效应对气候变化，中美合作领域中气候能源问题逐渐成为一个新的重点。2013 年，中国与美国在气候变化领域的合作，打造出了新的亮点。

---

① 中国新闻网，http：//finance. chinanews. com/ny/2013/05 - 15/4819471. shtml，2014 年 1 月 8 日登录。

② 中国气象局网站，http：//www. cma. gov. cn/2011wzzx/2011xqxxw/2011xqxyw/201312/t20131210 _233672. html，2014 年 1 月 8 日登录。

③ 工业和信息化部网站，http：//jns. miit. gov. cn/n11293472/n11295091/n11299485/15455368. html，2014 年 1 月 11 日登录。

④ 新华网，http：//news. xinhuanet. com/3gnews/2013 - 11/23/c_125751496_5. htm，2014 年 1 月 11 日登录。

第一，中美两国发表气候变化联合声明。2013 年 4 月，美国国务卿克里访华，期间中美发表气候变化联合声明，宣布在中美战略与经济对话框架下成立气候变化工作组，推进相关合作。声明指出，中美两国领导人认可气候变化的科学性，并将这一现象视为可产生巨大后果的威胁，并认可他们各自负有的特殊责任。

第二，中美两国达成突破性共识，遏制"超级"温室气体氢氟碳化物。2013 年 6 月，中国国家主席习近平和美国总统奥巴马就两国在气候变化领域的双边合作达成突破性协议：中美将加强合作，逐步淘汰氢氟碳化物（HFCs）的使用。两国将共同合作并与其他国家合作，通过多边方式，即依靠《蒙特利尔议定书》中提及的专家和相关机构来逐步淘汰氢氟碳化物的生产和使用。同时将继续在《联合国气候变化框架公约》和《京都议定书》框架内对氢氟碳化物排放量进行计量和报告。[①]

第三，中美低碳生态试点城市获批，应对气候变化理论研讨全面展开。2013 年 7 月，首批中美低碳生态试点城市河北省廊坊市，山东省潍坊市、日照市，河南省鹤壁市、济源市，安徽省合肥市等 6 座城市获批。第四届中美能效论坛于 2013 年 9 月 25 日在美国首都华盛顿举行，来自中美两国政府部门、研究机构和企业的共 180 余名代表与会。在双方部门领导见证下，中美有关研究机构和企业签署了三份合作备忘录。2013 年 12 月 9 日，中美环境合作联合委员会第四次会议在北京召开，中国环境保护部部长周生贤和美国联邦环保局局长吉娜·麦卡锡共同出席会议。会议互信友好，坦诚务实。双方共同回顾了中美环保合作的历程及取得的成果，听取了大气、水、化学品、固废、环境执法与守法、法律等六个领域的合作情况报告。双方同意在《关于汞的水俣公约》过渡期开展合作，并继续在海洋船只污染排放、页岩气、土壤环境保护和中美环境智库交流领域开展对话和专家交流。[②]

第四，中美两国发布《关于加强中美经济关系的联合情况说明》，加强能源和气候变化领域合作。中美双方强调，在应对气候变化、减少本地大气污染、转向低碳节能经济、提高能源市场抗风险能力等领域加强合作非常重要。中美双方重申通过中美气候变化工作组深化双边气候变化合作的重要性，双方承诺投入大量精力和资源，落实工作组框架下提出的 5 项倡议，即能效，智能电网，温室气体排放数据的收集和管理，碳捕集、利用和封存，以及载重汽车和其他汽车的减排，力争在 2014 年中美战略与经济对话前取得实质性成果；为加快中美气候变化工作组在载重汽车和其他汽车减排倡议方面的行动，中美双方承诺根据现有计划表，实施并执行使用低硫燃料和机动车尾气排放的标准；中美双方将提高能源领域透明度，包括在能源市场透明度等领域加强合作。[③]

（二）与发展中国家的合作：开辟南南合作新领域

2013 年，中国与发展中国家在气候变化领域加强理论研讨，推进应对气候变化实际行动，开辟了南南合作新领域。

---

① 气候变化信息网，http：//www. ccchina. gov. cn/Detail. aspx? newsId=40436&TId=66，2014 年 1 月 10 日登录。
② 中国政府网，http：//www. gov. cn/gzdt/2013－12/11/content_2545997. htm，2014 年 1 月 14 日登录。
③ 新华网，http：//news. xinhuanet. com/politics/2013－12/05/c_118440061. htm，2014 年 1 月 14 日登录。

1. 加强应对气候变化南南合作理论研讨

2013 年 8 月 5 日，由国家发展改革委、财政部共同主办的南南合作 2013 年第一期应对气候变化与绿色低碳发展研修班结业典礼在京举行。国家发展改革委副主任解振华、财政部副部长刘昆出席并致辞。来自最不发达国家、小岛屿国家和非洲国家等 31 个国家的 60 名学员参加了结业典礼。解振华强调，中国自 2011 年启动了三年两亿元人民币的气候变化南南合作项目，支持和帮助最不发达国家、小岛屿国家和非洲国家等应对气候变化。中国作为发展中国家，将在谋求自身发展的同时，本着"真诚友好、平等互利、团结合作、共同发展"的原则，继续加大应对气候变化南南合作力度，拓展合作的领域和范围。[①]

2013 年 9 月 15 日，由国家发展改革委主办的应对气候变化"南南合作"政策与行动研讨会暨 2013 年第二期应对气候变化与绿色低碳发展研修班开班仪式在天津举行。本次研讨会作为第四届中国国际生态城市论坛暨博览会的平行分论坛之一，共有来自 35 个发展中国家 95 名学员代表及联合国开发计划署驻华代表处等有关专家出席。会议通过演讲、研讨及互动交流等形式，围绕应对气候变化南南合作政策与行动这一主题进行了广泛深入地探讨，为参会者提供了一个开放、包容、多元的沟通平台。同时，会议还在拓展我国地方政府与发展中国家多边、双边国际合作渠道，促进我国与发展中国家绿色低碳技术和项目的务实合作，以及开创"南南合作"的新局面等方面进行了探讨。[②]

2. 推进应对气候变化南南合作实际行动

气候变化是一个全球性问题，关系到所有国家的共同利益，需要国际社会通力合作，积极应对。南南合作是发展中国家发挥各自比较优势、团结互助、实现共同发展的重要途径。

在应对气候变化领域，中国政府在 2012 年的联合国可持续发展大会上宣布开展南南合作，并承诺在 2011 年到 2013 年间，每年安排约 1 000 万美元帮助非洲国家、最不发达国家和小岛屿国家积极应对气候变化。中国是南南合作的积极倡导者，一贯主张在自身发展的同时，也要为发展中国家提供力所能及的帮助和支持。中国已经与乌干达、布隆迪、多米尼克等 12 个国家签署了应对气候变化物资赠送的谅解备忘录，共向相关国家赠送节能灯 90 万盏，节能空调 1 万多台，家用太阳能发电系统 6 000 套，同时还举办了 28 期应对气候变化的研修班。除了中国政府，来自中国的各类企业也通过捐赠、投资、技术转让等方式，帮助欠发达国家节能减排，应对气候变化。从 2012 年开始，海尔向尼日利亚、乌干达、萨摩亚、格林纳达等国捐助了节能空调产品。此外，海尔还在很多发展中国家投资设厂，生产节能电器，支持当地节能减排。海尔现在有 30 多家海外工厂，（很多）在发展中国家，比如在巴基斯坦设有工业园，在印度、泰国设有工厂。拉美地区，海尔在委内瑞拉要兴建 6 个工厂，包括一个研发中心，还要为委内瑞拉定制国家家电使用标准。从

领

域

篇

---

① 气候变化信息网，http：//www. ccchina. gov. cn/Detail. aspx? newsId =41027&TId =66，2014 年 1 月 17 日登录。

② 新华网，http：//news. xinhuanet. com/politics/2013 –09/15/c_117375930. htm，2014 年 1 月 17 日登录。

2004 年始，海尔进入古巴市场，已经销售了 230 万台冰箱和 106 万台电视。①

中国将继续向发展中国家赠送节能低碳和可再生能源产品；加强与联合国机构和多边金融组织的合作，共同建设气候变化南南合作网络，探讨建立气候变化南南合作基金；计划 2013～2015 年再为发展中国家应对气候变化培训 2 000 人。作为负责任的发展中国家，中国愿意承担与发展阶段、应尽义务和自身能力相称的国际义务，也愿通过南南合作，将自己应对气候变化的经验教训与其他发展中国家交流，为全球合作应对气候变化尽一分力量。②

（三）与国际组织的合作：提升应对气候变化合作水平

国家发展改革委继续开展与联合国开发计划署、联合国环境规划署等机构和世界银行、亚洲开发银行、全球环境基金等多边金融机构的交流与合作，与世界银行签署了《关于应对气候变化领域合作的谅解备忘录》，正式启动全球环境基金的"增强对脆弱发展中国家气候适应力的能力、知识和技术支持"项目及"中国应对气候变化技术需求评估"项目，启动亚洲开发银行支持的"碳捕集和封存路线图"技援项目；在 2012 年 5 月第四轮中美战略经济对话期间加入"全球清洁炉灶联盟"，与联合国基金会、全球清洁炉灶联盟秘书处签订谅解备忘录；与全球碳捕集和封存研究院等相关组织举办碳捕集、利用与封存技术现场研讨会。环境保护部积极推动生物多样性适应气候变化国际合作，组织参加了生物多样性和生态系统服务政府间科学—政策平台（IPBES）第一次全体会议。卫生和计划生育委员会与世界卫生组织等国际组织开展合作，进行气候变化与健康影响相关研究试点工作。林业局加强与世界自然资金会、大自然保护协会、德国国际合作机构（GIZ）在林业应对气候变化相关领域技术交流。民政部参加了第四届全球减灾平台大会，继续加强与联合国和相关国际组织机构在减灾救灾领域的合作。国家标准化管理委员会积极参与温室气体减排领域国际标准化工作，承办国际标准化组织二氧化碳捕集、运输和地质封存技术委员会第三届全会。气象局组织参加"政府间气候变化专门委员会（IPCC）第 35 次全会"等 10 余次国际会议，开展 IPCC 第五次评估报告评审工作。③

1. 与联合国开发计划署和全球环境基金加强合作

2013 年 10 月 13 日，国家林业局组织召开项目启动会，宣布全球环境基金"加强中国湿地保护体系，保护生物多样性"规划型项目启动。该项目是全球环境基金援助中国的湿地保护国际合作项目，由国家林业局、财政部和联合国开发计划署联合开发，由 1 个国家层面项目和 6 个示范点项目组成，包括 3 个国际重要湿地、2 个国家级自然保护区、1 个省级自然保护区、1 个国家湿地公园，计划实施期为 5 年，共申请全球环境基金赠款 2 600 万美元。项目将通过在国家、省和示范点层面推动湿地保护主流化进程、推广湿地保护恢

---

① 气候变化信息网，http：//www.ccchina.gov.cn/Detail.aspx? newsId = 42122&TId = 66，2014 年 1 月 20 日登录。

② 气候变化信息网，http：//www.ccchina.gov.cn/Detail.aspx? newsId = 41371&TId = 66，2014 年 1 月 20 日登录。

③ "中国应对气候变化的政策与行动 2013 年度报告"，国家发展改革委网站，2013 年 11 月 7 日，http：//www.sdpc.gov.cn/gzdt/W020131107539683560304.pdf，2014 年 1 月 20 日登录。

复技术等方面的示范活动，提高我国湿地保护体系的管理有效性。[①] 2013 年 10 月 28 日，全球环境基金赠款支持的"缓解大城市拥堵减少碳排放"项目正式启动。该项目将通过大力发展公共交通、实施公交都市行动计划，改善公共交通服务水平，提高公共交通分担率及乘客满意度；通过交通需求管理研究提出技术及政策措施，包括《中国城市交通需求管理手册》等；依托苏州、哈尔滨、成都三个城市开展试点，实施低碳计划，评价减排效果。[②] 2013 年 12 月 4 日，农业部、全球环境基金和世界银行在京举办研讨会，宣布气候智慧型农业项目在中国启动。据悉，中国政府与全球环境基金将共同出资，在粮食主产区开展气候智慧型农业项目的试验与示范，旨在探索气候智慧型农业生产体系的技术模式和政策创新，增强作物生产对气候变化的适应能力，推动农业节能减排，为世界农业生产应对气候变化提供经验和典范。[③]

2. 与国际能源署加强合作

2013 年 11 月 19～20 日，国际能源署在法国巴黎举行 2013 年部长级会议，此次会议主题为"全球合力建设未来能源"。国家能源局副局长张玉清出席会议并发言。会议期间，国家能源局与国际能源署签署了双边合作联合声明，并与国际能源署、俄罗斯、巴西、印度、印度尼西亚、南非共同发布了关于启动建立联盟磋商的多边联合声明。张玉清在发言中介绍了我国可再生能源和页岩气的发展情况。他指出，为应对气候变化、促进经济发展、维护能源安全，世界各国需要更加注重可再生能源和天然气等清洁能源的发展。中国在水电、风电、太阳能等可再生能源发展方面取得了世界瞩目的成绩，努力为落实联合国"人人享有可持续能源"倡议、消除能源贫困作出重要贡献。中国在页岩气资源勘探、开发技术等方面已经取得了初步成效，发展前景良好；欢迎外国企业参与中国页岩气勘探开发。会议还围绕国际能源署最新发布的 2013 世界能源展望、全球能源格局变迁、石油和天然气、能源对经济发展的作用、价格区域差异对各国经济和工业竞争力的影响等话题，进行了友好坦诚的交流和探讨，形成了一系列共识和观点。[④]

三、2013 年中国积极参与气候环保国际谈判

2013 年以来，中国以高度负责任的态度，继续在气候变化国际谈判中发挥积极建设性作用，推动各方就气候变化问题深化相互理解、广泛凝聚共识，积极推动建立公平合理的国际气候制度。

（一）参与联合国气候变化国际谈判

中国坚持以《联合国气候变化框架公约》和《京都议定书》为基本框架的国际气候

---

① 气候变化信息网，http：//www. ccchina. gov. cn/Detail. aspx? newsId＝41954&TId＝66，2014 年 1 月 23 日登录。
②③ 气候变化信息网，http：//www. ccchina. gov. cn/Detail. aspx? newsId＝41679&TId＝66，2014 年 1 月 23 日登录。
④ 中国政府网，http：//www. gov. cn/gzdt/2013－12/11/content_2546192. htm，2014 年 1 月 25 日登录。

领域篇

制度，坚持公约框架下的多边谈判是应对气候变化的主渠道，坚持"共同但有区别的责任"原则、公平原则和各自能力原则，坚持公开透明、广泛参与、缔约方驱动和协商一致的原则。中国一贯积极建设性参与谈判，在公平合理、务实有效和合作共赢的基础上推动谈判取得进展，不断加强公约的全面、有效和持续实施。

1. 2013 年联合国气候变化首轮谈判

2013 年 4 月 29 日至 5 月 3 日，联合国 2013 年首轮气候变化谈判在德国波恩举行。与会各方就定于 2020 年生效的气候变化新协议及 2020 年之前应对气候变化的行动力度等议题交换了意见，但未达成具体成果。

按照 2011 年德班气候大会决议，新协议为一个适用于《联合国气候变化框架公约》所有缔约方的法律文件或法律成果，由《公约》下属"加强行动德班平台特设工作组"（简称"德班平台"）在 2015 年前完成谈判并达成协议，2020 年开始实施，并将作为 2020 年后各方贯彻和加强《公约》、减控温室气体排放和应对气候变化的重要文件。本轮谈判期间，来自 175 个国家和地区的 1 000 多名代表通过研讨会、圆桌会等形式表达了各自对新协议的看法。各方均接受新协议应适用《公约》的"公平"原则、"共同但有区别的责任"原则，但对这些原则如何在新协议中适用存有分歧。

发展中国家主张，新协议绝不是要建立全新的国际气候制度，不是要重新谈判、改写或重新解释《公约》及其原则和规定。新协议应继续坚持发达国家与发展中国家的区分。发达国家应根据历史责任、现实能力和科学的要求，提出大幅度、具有法律约束力的减排承诺和目标，同时应向发展中国家提供资金、技术和能力建设支持。发展中国家则应在可持续发展框架下，根据自身国情，在发达国家充足的资金、技术和能力建设支持下，开展多样化的减排行动。而部分发达国家提出，由于经济实力和排放对比发生变化，希望能在新协议中取消发达国家与发展中国家的区分，让发展中国家承担与发达国家相同性质的减排义务。

就本轮谈判的另一个议题，即 2020 年之前应对气候变化的行动力度，发展中国家主张，发达国家应提高在《京都议定书》第二承诺期的减排承诺，并落实对发展中国家的资金、技术和能力建设支持。而部分发达国家则坚持将提高自身减排承诺与发展中国家的减排挂钩。中国应对气候变化首席谈判代表苏伟说，这次谈判主要是就"德班平台"进程所涉及的要点进行交流和讨论，这是达成共识的过程，是之后具体谈判的前奏。他提醒，发达国家再次表现出试图逃避历史责任，可以预见，在今后的谈判中他们还会继续这种做法。①

2. 2013 年联合国气候变化第二轮谈判

2013 年 6 月，联合国 2013 年第二轮气候变化谈判在德国波恩举行。围绕气候变化新协议的谈判进展顺利，但由于议程之争，留下了不少重要议题未能讨论。来自 182 个国家和地区的近 2 000 名代表参加了本次谈判，谈判主要内容是一项 2020 年之后贯彻和加强

---

① 新华网，http：//news. xinhuanet. com/tech/2013 – 05/04/c_115637836. htm，2014 年 1 月 25 日登录。

《联合国气候变化框架公约》、减控温室气体排放和应对气候变化的新协议。在两周的谈判中，各方都详细阐释了对新协议的主张，虽有分歧但交流充分。

中国外交部气候变化谈判特别代表高风表示，各方通过 2013 年两轮谈判充分交流意见，有利于减少各方在新协议细节谈判过程中的摩擦，也有助于新协议获得广泛参与，对按时制定出新协议起到积极作用。他认为，新协议的具体构架和组成要素有可能在华沙会议上开始显现。不过，在《公约》附属履行机构的会议中，俄罗斯、白俄罗斯和乌克兰坚持将一项涉及《公约》下气候谈判决策机制的内容单独列入议程，这一立场与其他国家产生分歧。各方一直无法就议程达成一致，会议在僵局中结束。三国的主张源于他们 2012 年多哈气候大会时的遭遇。当时，多哈会议就涉及《京都议定书》第二承诺期的一项决议进行表决，三国代表要求发言表述反对意见，但大会主席没给他们发言机会便强行通过决议。类似场景在先前的气候大会上也曾出现。三国代表认为，有必要在波恩会议上讨论气候谈判的决策机制。但其他国家认为，附属履行机构是《公约》执行机构，不是讨论这一议题的合适场合，此议题应由缔约方大会讨论。后经多方交流，其他国家部分答应三国要求，但这三国拒绝任何让步。

按原定议程，本次会议还应该讨论发达国家向发展中国家提供资金和技术支持、因气候变化所受损失和破坏的补偿机制、发达国家信息通报、《公约》秘书处 2014 年至 2015 年预算等议题。但因这一争执，上述议题都只能留待华沙气候大会。[①]

（二）参与相关国际对话与磋商

2013 年，中国继续加强高层对话和交流推动谈判进程，积极参加公约外气候变化会议和进程，广泛开展双边多边气候变化对话与磋商。

1. 加强高层对话和交流推动谈判进程

中国国家主席习近平在出席金砖国家领导人会议、二十国集团领导人峰会、亚太经合组织领导人峰会等重大多边外交活动中，多次发表重要讲话，与各国元首共同推动积极应对气候变化。中美两国元首均高度重视气候变化问题，在 2013 年两次会晤中就加强气候变化对话与合作以及氢氟碳化物（HFCs）问题形成重要共识。2013 年 7 月第五轮中美战略与经济对话期间举行了两国元首特别代表共同主持的气候变化特别会议，深化了两国国内气候变化政策和双边务实合作的交流。

2. 积极参加公约外气候变化会议和进程

中国参加了"里约 + G20"联合国可持续发展大会、经济大国能源与气候论坛领导人代表会议、彼得斯堡气候变化部长级对话会、华沙会议部长级预备会等一系列气候变化相关的对话和磋商。积极参与国际民航组织、国际海事组织、关于消耗臭氧层物质的《蒙特利尔议定书》、万国邮政联盟等国际机制下的谈判。中国还积极参与"全球清洁炉灶联

① 新华网，http：//news. xinhuanet. com/2013－06/15/c_116155103. htm，2014 年 1 月 25 日登录。

217

盟"、"全球甲烷倡议"、"全球农业温室气体研究联盟"等活动，多方推动公约主渠道谈判取得进展。

3. 广泛开展双边多边气候变化对话与磋商

继续加强"基础四国"、"立场相近发展中国家"等磋商机制，与发展中国家开展联合研究，积极维护发展中国家利益。通过中美、中欧、中澳等气候变化部长级磋商开展与发达国家的双边磋商，就气候变化国际谈判、国内应对气候变化政策和相关务实合作深入交换意见。积极推动中国与其他国家智库之间开展交流。[①]

四、华沙气候变化大会：承前启后、继往开来

在波兰首都华沙举行的《联合国气候变化框架公约》第十九次缔约方会议和《京都议定书》第九次缔约方会议，对于切实维护公约和议定书的基本法律框架、加强公约和议定书的实施、维护发展中国家的正当发展权益具有重要意义。为此，中国在会前做了大量准备工作，公布了参加大会的基本立场主张，并召开了气候变化领域非政府组织对话会；在会上启动"中国角"系列活动，向国际社会展示中国负责任的发展中大国形象，在华沙气候变化大会高级别会议上主动发声，对大会发挥积极建设性作用，联手"基础四国"，"呛声"发达国家，与中外非政府组织对话，间接推动谈判进程；中国的气候外交使华沙气候变化大会取得了重要成果，使之成为承前启后、继往开来的大会。

（一）中国在华沙气候变化大会前的工作准备

在华沙气候变化大会之前，中国公布了参加大会的基本立场主张，并召开了气候变化领域非政府组织对话会，对会议做了大量准备。

1. 公布参加华沙气候变化大会的基本立场主张

2013年11月11日，《联合国气候变化框架公约》第十九次缔约方会议和《京都议定书》第九次缔约方会议在波兰首都华沙举行。2012年年底的多哈会议结束了巴厘路线图授权的谈判，2013年的华沙会议应成为一次落实和启动的会议。华沙会议的首要任务是采取切实行动落实减缓、适应、资金、技术、审评、透明度等巴厘路线图谈判成果，推动各方尽快批准京都议定书第二承诺期修正案，并在公约相关机制下继续讨论相关未决问题，落实在历次会议上达成的协议和作出的承诺。发达国家应兑现在历次会议上做出的减排及出资和转让技术的承诺，并进一步提高2020年前行动力度。这是维护各方互信的基础，也是德班平台谈判取得进展的前提和保证。同时，各方应在华沙会议上紧扣公约原则和德

---

① "中国应对气候变化的政策与行动2013年度报告"，国家发展改革委网站，2013年11月7日，http://www.sdpc. gov. cn/gzdt/W020131107539683560304. pdf，2014年1月27日登录。

班平台授权，通过正式、平衡、有针对性的方式，围绕减缓、适应、资金、技术等公约体制"支柱"开启德班平台实质性谈判，稳步推进德班平台谈判取得进展，进一步加强《公约》在 2020 年后的全面、有效和持续实施。

华沙会议应聚焦两个问题：一是参加议定书第二承诺期的发达国家应尽快批准关于第二承诺期的修正案，并按照多哈会议决定于 2014 年提高减排指标力度。不参加议定书第二承诺期、退出或未批准议定书的发达国家也应按照可比性的要求，与参加议定书第二承诺期的发达国家同步、同等提高 2020 年前减排力度。发展中国家将在发达国家落实资金、技术、能力建设支持的前提下，落实已提出的减缓行动目标。二是资金问题，资金问题应成为华沙会议的重中之重，得到妥善解决。发达国家应确保 2013~2015 年出资规模不少于快速启动资金，提出实现 2020 年出资 1 000 亿美元目标的清晰路线图，并尽快向绿色气候基金注资，确保发展中国家得到切实的资金支持。中国将在华沙会议过程中继续发挥积极建设性作用，与各国一道支持东道国波兰遵循公开透明、广泛参与、协商一致和缔约方驱动的原则，推动华沙会议取得成功。[①]

2. 召开气候变化领域非政府组织对话会

2013 年 11 月 4 日，联合国气候变化华沙会议召开之前，国家发展改革委应对气候变化司组织召开了气候变化领域非政府组织对话会。来自中国民促会、气候组织、世界自然基金会、伯尔基金会、创绿中心、青年应对气候变化行动网络、绿色和平、清华卡耐基、全球环境研究所、世界自然研究所、国际自然资源保护协会、全球建筑能效网络、中华环保联合会、乐施会、美国环保协会等非政府组织的代表参会。

国家发展改革委应对气候变化司司长苏伟主持会议并介绍了即将在华沙气候变化大会面临的形势、成果预期及中国政府的政策行动。会上，来自气候变化领域的非政府组织代表围绕华沙会议的成果及其对未来谈判的影响、气候变化与大气污染问题的关系、国内应对气候变化特别是能源方面的政策和行动等重点关注的若干问题与之进行了对话和交流。苏伟就代表们关注的议题介绍了我国华沙会议的原则立场和基本预期，以及在当前形势下，我国未来气候变化领域的政策动向。非政府组织代表还对我国应对气候变化工作提出了建议。[②]

（二）中国在华沙气候变化大会上的外交努力

在华沙气候变化大会上，中国通过积极的外交斡旋和努力，向国际社会展示中国负责任的发展中大国形象，主动发声，对大会发挥积极建设性作用。

---

① "中国应对气候变化的政策与行动 2013 年度报告"，国家发展改革委网站，2013 年 11 月 7 日，http://www.sdpc. gov. cn/gzdt/W020131107539683560304. pdf，2014 年 1 月 27 日登录。

② 国家发展改革委网站，2013 年 11 月 6 日，http://www. sdpc. gov. cn/gzdt/t20131106_565752. htm，2014 年 1 月 16 日登录。

1. 启动"中国角"系列活动，向国际社会展示中国负责任的发展中大国形象

在华沙气候变化大会上，"中国角"系列边会聚焦节能减排、碳排放等主题，展示了中国"负责任大国"的形象，引发了各国代表及绿色环保组织的关注，成为气候大会的亮点。作为"中国角"举办的首场边会，由中国绿色碳汇基金会和国际竹藤组织共同主办的"林业碳汇的产权及其标准化"研讨会受到了国际社会的关注。来自荷兰、德国、美国、莫桑比克等国家和地区及非洲联盟委员会等国际组织的多名代表参加了研讨。①

2013 年 11 月 10 日，华沙气候大会"中国角"举行"应对气候变化高级别论坛"。中国代表团团长、国家发展改革委副主任解振华出席论坛，联合国气候变化框架公约秘书处、世界银行、全球环境基金、亚洲开发银行、世界资源研究所等机构的高级别代表以及中方有关代表、谈判专家、学者与会。在本次论坛上，由国家发展改革委、财政部、农业部、气象局、林业局等部门历时两年多联合编制完成的《国家适应气候变化战略》正式对外发布。作为中国第一部专门针对适应气候变化方面的战略规划，它在充分评估气候变化对我国当前和未来影响的基础上，明确了国家适应气候变化工作的指导思想和原则，提出了适应目标、重点任务、区域格局和保障措施，为统筹协调开展适应工作提供指导，对提高国家适应气候变化综合能力具有重大意义。此外，解振华还分别出席了"气候传播与公众意识"、"地方低碳发展和碳排放权交易试点"两场主题边会，并分别会见了世界银行副行长凯特，意大利环境、领土和海洋部克里尼司长，美国气候变化谈判代表斯特恩，欧盟气候行动委员赫泽高，波兰副总理兼经济部长皮耶豪钦斯基。②

2. 在华沙气候变化大会高级别会议上主动发声，对大会发挥积极建设性作用

2013 年 11 月 19 日下午，联合国气候变化华沙会议高级别会议开幕。20 日上午，解振华代表中国作国别发言。他首先指出，2013 年极端气候灾害频发的事实和最新科学评估结论均告诉世人，气候变化已真真切切地成为可持续发展的严峻挑战，各国应真诚合作、共同应对。他还就即将进入关键阶段的华沙会议提出了明确期望，敦促各方坚守联合国气候变化框架公约及其京都议定书这一国际合作应对气候变化的主渠道，巩固公平原则、共同但有区别的责任原则和各自能力原则，将华沙会议开成一次"落实"的会议，并承诺中方将与各方一道为华沙会议取得成功，发挥积极建设性推动作用。

解振华强调，资金是华沙会议成败的关键，资金不落实将使多边机制面临严重的信任危机。发达国家必须切实兑现出资承诺，特别是确保 2013～2015 年出资规模不少于快速启动资金，提出到 2020 年每年出资 1 000 亿美元的清晰路线图，并尽快以公共资金为主向绿色气候基金注资，确保 2013 年及以后不出现资金空档。各方特别是发达国家应尽快批准 2012 年多哈会议通过的京都第二承诺期修正案，发达国家应在京都议定书第二承诺期和公约下进一步提高减排力度。他指出，如发达国家按照科学的要求将到 2020 年的减排目标提高到 40%，"减排差距"将不复存在。解振华表示，各方应在华沙会议上按照德班

---

① 《光明日报》网站，http://news.gmw.cn/2013 - 11/18/content_9516997.htm，2014 年 1 月 29 日登录。

② 中国政府网，http://www.gov.cn/gzdt/2013 - 11/19/content_2530071.htm，2014 年 1 月 29 日登录。

和多哈会议决定，遵循公约的原则和规定，平衡围绕减缓、适应、资金、技术等公约支柱，启动加强行动德班平台工作组的正式谈判，做好 2014 年及未来谈判的规划，确保 2015 年如期达成关于 2020 年后各方行动的协议。

解振华介绍了中国应对气候变化的行动成就和推动南南合作的进展贡献。他指出，中国是最大的发展中国家，面临着发展经济、消除贫困、改善民生和应对气候变化的巨大挑战。中国政府在经济面临很大困难的情况下，大力治理大气污染、积极应对气候变化。[1]

3. 联手"基础四国"，"呛声"发达国家

2013 年 11 月 20 日，巴西、中国、印度和南非（基础四国）联合召开新闻发布会，就华沙气候大会接近尾声，一些发达国家开始试图通过指责发展中国家，转移各方对其背弃承诺的关注、推卸谈判进展缓慢责任等问题作出了回应。

第一个问题：气候谈判，谁倒退？针对路透社记者质疑，基础四国以及其所在的发展中国家阵营应对气候变化的态度是否出现倒退这一问题，中国代表团团长解振华作出回应说："到底哪个国家的承诺没有兑现或者是出现后退，国际社会非常清楚，不需要我指名道姓地讲。"第二个问题：气候变化，谁负责？在德班气候变化大会上，各国完成了旨在帮助发展中国家适应气候变化带来负面影响的绿色气候基金的设计。但直到本次大会，这个发达国家承诺注资的基金仍然是空壳。在发布会上，来自彭博社的记者询问说，发展中国家是否会向基金注资。解振华表示，按照公约的要求和原则，资金问题是发达国家应履行的责任。纽约时报的记者随即追问说，作为第一大二氧化碳排放国，中国是否应承担责任？解振华并不讳言中国是最大的二氧化碳排放国，但他强调，工业化和城镇化进程伴随着二氧化碳排放的上升，发达国家均经历过这一阶段。中国在没有任何资金和技术支持的情况下，已自主减排了 28 亿吨二氧化碳，不会走发达国家老路。第三个问题：追讨债务，靠什么？针对发展中国家对发达国家减排力度太低的指责，有来自美国的记者询问说，"你们手里有什么样武器让美国和欧盟提高他们的承诺？"解振华表示，发展中国家是弱者，是气候变化的主要受害者，应该发出自己的声音。但他同时强调气候谈判不是零和博弈，"如果有人输，有人赢，那么谈判就是一个失败的结果，为了人类的未来，我们必须共同努力，这就是我们的武器"。第四个问题：未来协议，怎么谈？在当天的发布会上，中新社记者提问说，过去一周，大家失望地看到已有的减排承诺被丢开、气候基金成空壳。在现有协议得不到落实的情况下，发展中国家如何确保 2015 年达成的新协议不会同样因为无法落实而成为一纸空文。对此，巴西代表坦言，在一些发达国家不愿意履行其在已有协议中所作出的承诺的情况下，"2013 年从华沙回家时我们可能两手空空，但我们不会放弃希望"。解振华也强调说，发达国家兑现已有承诺所带来的政治互信，是各国商讨下一步协议的基础。[2]

4. 与中外非政府组织对话，间接推动谈判进程

2013 年 11 月 21 日下午，当大会谈判停滞不前时，来自全球各地的诸多非政府组织展

领域篇

---

[1]　国家发展改革委网站，http://xiezhenhua.ndrc.gov.cn/zyhd/t20131121_567531.htm，2014 年 1 月 29 日登录。
[2]　中国新闻网，http://www.chinanews.com/gj/2013/11-21/5527640.shtml，2014 年 2 月 2 日登录。

开了一场名为"走出会场"（Walk Out）的活动，以此对当前的谈判形势表达不满，与此形成鲜明对比的是，来参加本次气候大会的国内非政府组织和一些国际非政府组织代表则在中国代表团驻地的会议室里与中国代表团团长、中国国家发改委副主任解振华进行了一场对话，用这样的方式来间接推动着谈判进程。

对话中，解振华首先表示非常欢迎非政府组织对政府的工作提出意见和建议，对于有建设性的意见和建议政府将会予以积极采纳。席间，非政府组织代表分别就2015年达成全球协议的时间表问题、中国节能减排政策与控制煤炭消费政策的协同考虑、《蒙特利尔议定书》下氢氟碳化物削减问题，以及中国的低碳试点中有关技术的推广问题等与解振华副主任交换了意见。解振华表示，中国政府有意积极推动谈判进程，但谈判进程中出现的各种分歧和问题并不利于2015年全球协议的达成。欧盟和其他发展中国家在达成2015年全球协议的时间表和路线图上存在着分歧，欧盟提出各国要在2014年气候变化峰会前拿出各自的方案，并从实现全球控制升温2摄氏度和公平的角度进行评估，然后在2015年的巴黎气候峰会上达成协议，而以巴西为代表的发展中国家则提出了较为宽泛的时间表，中国在态度上与巴西保持了较为一致的立场，但希望能从2014年于秘鲁首都利马举行的气候大会上就具体的方案进行磋商，争取在2015年达成协议。对于中国的国内行动与国际谈判进程的关系问题，解振华指出无论多边进程进展如何，中国单边行动必须进行，国内的形势要求中国的政府和企业以及全社会必须率先行动起来，对于新建项目政府都要开展节能评估、环境影响评估、对土地和社会环境以及居民健康影响进行评估，中国政府的领导责任终身制和追究制是对各级政府领导的强有力约束，刚刚结束的十八届三中全会指出对于特殊保护地区不要求国内生产总值考核，但要考核对于生态环境、生物多样性等的保护。在谈到国内低碳试点中有关低碳技术的普及和推广问题时，解振华提出希望各个试点地区能够根据自身的实际情况探索低碳发展之路，好的低碳技术和低碳发展模式希望能在全国进行推广。[①]

（三）中国气候外交促华沙气候变化大会取得重要成果

联合国气候变化框架公约第十九次缔约方会议及京都议定书第九次缔约方会议2013年11月23日在波兰华沙落下帷幕。华沙气候变化大会取得了以下几个方面的成果：

1. 德班增强行动平台基本体现"共同但有区别的责任"原则

华沙气候变化大会就进一步推动德班平台达成决定，既重申了德班平台谈判在公约下进行，以公约原则为指导的基本共识，为下一步德班平台谈判沿着加强公约实施的正确方向不断前行奠定了政治基础，又要求各方抓紧在减缓、适应、资金、技术等方面进一步细化未来协议要素，邀请各方开展关于2020年后强化行动的国内准备工作，向国际社会发出了确保德班平台谈判于2015年达成协议的积极信号。

---

① 气候变化信息网，http：//www.ccchina.gov.cn/Detail.aspx？newsId=42192&TId=151，2014年2月2日登录。

2. 发达国家再次承认应出资支持发展中国家应对气候变化

华沙气候变化大会重申了落实巴厘路线图成果对于提高 2020 年前行动力度的重要性，敦促发达国家进一步提高 2020 年前的减排力度，加强对发展中国家的资金和技术支持。同时围绕资金、损失和损害问题达成了一系列机制安排，为推动绿色气候基金注资和运转奠定基础。

3. 就损失损害补偿机制问题达成初步协议

虽然在德班平台、资金和损失损害三个核心议题上，因发达国家和发展中国家分歧严重，华沙气候变化大会并未取得重大进展，但是，大会决定建立一个"华沙损失损害国际机制"，即《REDD＋华沙框架》（在发展中国家通过减少砍伐森林和减缓森林退化而降低温室气体排放），旨在为最脆弱国家和地区应对气候变化带来的极端天气和诸如海平面上升等提供帮助，该机制的具体工作计划于 2014 年开始。美国、挪威和英国政府承诺将为该机制提供 2.8 亿美元支持。[①]

需要指出的是，在全球气候变化挑战日趋严峻，应对气候变化要求日益紧迫的情况下，发达国家对于切实兑现减排并向发展中国家提供资金和技术支持的承诺缺乏政治意愿。一些发达国家已经提出的 2020 年前减排目标仍缺乏力度，个别发达国家甚至还在现有减排目标基础上严重倒退，这给华沙会议及之后的谈判带来了负面影响，广大发展中国家对此尤为关切。

中国代表团团长解振华在 2013 年 11 月 23 日大会闭幕后举行的记者招待会上表示，华沙气候变化大会在德班平台、气候资金和损失损害补偿机制三个核心议题上都做出决定，取得了"大家都不满意，但是都能接受的结果"。会议为 2014 年的利马会议、2015 年的巴黎会议制定一个新的全球协议奠定了非常好的基础。中国代表团为了此次会议的成功，为了多边机制的有效性，展现了最大的灵活性，在一些问题上采取了妥协的态度，为会议做出了应有的贡献。他同时表示，中国代表团将在 2014 年和各国代表团就达成一份新的全球气候协议进行实质性磋商和谈判，争取在 2015 年使气候变化的多边进程取得积极结果，为应对气候变化和保护气候环境做出中国政府最大的贡献。

气候变化是全人类面临的共同挑战，关系到全世界的永续发展和子孙后代的福祉。中国将继续本着对本国人民和世界人民高度负责的态度，按照建设美丽中国和为全球生态安全做贡献的要求，继续在国内大力推进生态文明建设，加快转变经济发展方式，积极推动绿色发展、循环发展和低碳发展，进一步加强应对气候变化的国内政策和行动，按照"共同但有区别的责任"原则、公平原则和各自能力原则，继续推动气候变化国际谈判不断取得进展，同国际社会一道积极应对全球气候变化。[②]

领域篇

---

① 中国气象局网，http：//www.cma.gov.cn/2011xwzx/2011xqxxw/2011xqxyw/201311/t20131124_232401.html，2014 年 2 月 2 日登录。

② 中国政府网，http：//www.gov.cn/gzdt/2013–11/25/content_2533893.htm，2014 年 2 月 2 日登录。

地区篇

第十三章

中国对欧盟经济外交：亮点频现

自 2003 年中欧全面战略伙伴关系建立以来，中欧之间形成全方位、宽领域、多层次的对话合作格局，相互依存度显著提升。当前中国正处于实现"两个一百年"的奋斗目标，落实"十二五"规划的关键时期，欧盟也在加紧推进"欧洲 2020"战略。中欧各自战略发展规划为双方形成合力、深化互利合作提供了重要机遇。2013 年在中欧建立全面战略伙伴关系十周年之际，中国积极开展对欧经济外交，双方就推进中欧经贸关系达成多项共识，中欧经贸关系保持整体向好。中国通过对欧经济外交拓展彼此合作领域，培育合作亮点，为中欧全面战略伙伴关系注入新动力，使双方全面战略伙伴关系更趋成熟稳定，互利共赢特征更加明显。

一、2013 年欧盟经济形势：举步维艰

（一）经济复苏举步维艰

受国际金融危机和欧洲主权债务危机冲击，欧盟经济陷入持续衰退，经济增长乏力。由于内部需求不足等因素的制约，欧盟经济复苏举步维艰。根据 2013 年 5 月 3 日欧盟委员会发布的"春季经济预测"报告预计，欧盟经济在 2012 年经历萎缩后将于 2013 年逐渐趋于稳定，并在下半年恢复增长。欧盟委员会预计，2013 年欧盟与欧元区经济将分别出现 0.1% 与 0.4% 的萎缩，2014 年恢复增长，增速分别为 1.4% 与 1.2%。[①] 到 2013 年 11 月 5 日欧盟委员会发布的"秋季经济预测"报告，虽然预计 2013 年第二季度欧盟经济同比增长 0.5%，第三和第四季度会持续增长。但欧盟经济增长下调为 0，欧元区为 −0.4%。由于欧盟持续推进内部和外部调整，长期累积的宏观经济不平衡正在逐步消除，增长将会逐步加快，但实现稳定增长仍有一个逐步的过程。由于欧盟对外出口前景疲弱，内需将成为增长的主要动力。预计 2014 年，欧盟和欧元区分别实现 1.4% 和 1.1% 的增长；2015 年分别增长 1.9% 和 1.7%。[②] 2013 年欧盟经济正在接近转折点，稳固财政和结构改革为经济复

---

① "欧盟委员会预测欧盟经济将缓慢复苏"，新华网，http://news.xinhuanet.com/world/2013 − 05/03/c_115633743. htm，2014 年 1 月 2 日登录。

② "欧盟发布 2013 年秋季经济预测报告"，商务部，http://www.mofcom.gov.cn/article/i/jshz/zn/201311/20131100381920.shtml，2014 年 1 月 26 日登录。

苏奠定了基础，随着时间的推移，欧盟经济有望在 2014 年出现复苏。

（二）失业率持续高企，青年失业突出

2013 年欧盟部分成员国的失业率仍保持高位，各成员国失业差异明显，青年失业率直线攀升。由于欧盟各成员国经济复苏进程存在差别，各成员国失业率差异很大。2013 年欧盟失业状况继续恶化，欧元区失业率连续几个月处于 12% 的历史高位。2013 年 9 月，欧元区和欧盟的失业率分别为 12.2% 和 11%，与 8 月基本持平，高于 2012 年同期的 11.6% 和 10.6%。[①] 根据欧盟委员会发布的"春季经济预测"报告预测，2013 年，欧盟和欧元区的失业率持续升高，全年的平均失业率分别为 11.1% 和 12.2%。受主权债务危机冲击的国家失业状况恶化更为突出，希腊、西班牙和葡萄牙 2013 年的失业率将分别达到 27%、27.1% 和 18.3%。[②] 欧盟各成员国失业情况差别明显，在欧盟成员国中，2013 年 9 月奥地利的失业率最低，为 4.9%；德国第二，失业率为 5.23%；卢森堡第三，失业率为 5.9%；希腊的失业率最高，为 27.6%；其次是西班牙，失业率为 26.6%。2013 年 9 月，欧盟有 16 个成员国的失业率上升，11 个成员国的失业率下降，只有捷克共和国的失业率维持不变。[③] 此外，欧盟青年（25 岁以下）失业率远远高于平均水平，青年失业问题突出。欧盟统计局的统计显示，2013 年 5 月欧盟失业率达 11%，25 岁以下青年失业率高达 23.5%，平均每 4 个年轻人中就有一个失业。在金融危机影响比较严重的南欧国家，青年失业率更是居高不下，其中希腊以 62.5% 的失业率高居青年失业率榜首。紧随其后的西班牙也高达 56.4%。[④] 2013 年 9 月，欧盟和欧元区的青年失业人数分别为 558.4 万人和 354.8 万人，青年失业率由 2012 年同期的 23.1% 和 23.6% 分别上升到 23.5% 和 24.1%。[⑤] 实际上，欧盟失业率高企具有长期性，自 20 世纪 90 年代以来，除德国、奥地利等国失业率较低外，欧盟整体失业率一直在攀升。此外，2008 年的全球金融危机和 2009 年爆发的欧洲主权债务危机对欧盟的高失业率有显著影响，这在希腊、西班牙、意大利等国尤为突出；欧盟失业率居高不下是内部因素和外部因素共同作用的结果，既是其外部经济环境恶化、就业需求下降的结果，也是部分劳动者不适应劳动力市场要求的结果。目前欧盟失业率依然保持在不可接受的高位，持续攀高的失业率对各国社会情况产生消极影响，使得居民家庭收入不断下降，不仅制约私人消费需求，而且还很有可能会影响到社会稳定，一些社会群体如年轻人、失业女性和单身妈妈受到显著影响。只有通过持续的经济复苏和增长才能创造更

---

① "欧盟：失业率居高不下"，中国新闻网，http：//finance. chinanews. com/cj/2013/11 - 04/5457700. shtml，2014 年 1 月 2 日登录。

② "欧盟委员会预测欧盟经济将缓慢复苏"，新华网，http：//news. xinhuanet. com/world/2013 - 05/03/c_ 115633743. htm，2014 年 1 月 2 日登录。

③ "欧盟：失业率居高不下"，中国新闻网，http：//finance. chinanews. com/cj/2013/11 - 04/5457700. shtml，2014 年 1 月 2 日登录。

④ "青年高失业率困扰欧盟峰会"，法制网，http：//www. legaldaily. cn/bm/content/2013 - 07/16/content_ 4666047. htm？node = 20738，2014 年 1 月 2 日登录。

⑤ "欧盟：失业率居高不下"，中国新闻网，http：//finance. chinanews. com/cj/2013/11 - 04/5457700. shtml，2014 年 1 月 2 日登录。

多的就业机会，从而减少失业。

（三）通货膨胀率低位运行

受国际能源价格回落的影响，欧盟由于能源价格高涨带来的通胀压力已有所减轻。欧盟和欧元区通胀率保持低位，成为 2013 年欧盟和欧元区经济的一大亮点。欧盟委员会发布的"春季经济预测"报告预计，2013 年欧盟的通胀率继续下降。预计欧盟的通胀率为 1.8%，欧元区通胀率为 1.6%。[①] 欧盟委员会发布的"秋季经济预测"报告，调低对欧盟及欧元区通货膨胀率的预期，欧盟和欧元区通胀率将保持低位，接近 1.5% 的水平。[②]

（四）赤字率和债务率有所下降

随着欧盟成员国中部分经济和财政状况脆弱国家的出口能力增强和经常账户持续改善，其经常账户会实现盈余，政府赤字继续减少。但是，面对经济持续衰退，欧盟把降低高失业率作为政策重点，欧盟的政策组合将集中用于推动经济可持续增长，创造就业机会。虽然要继续巩固财政，但是紧缩政策步伐正在放缓。这在一定程度上影响着欧盟的赤字率和债务率。2013 年，欧盟的主要赤字将下降到 3.4%，欧元区主要赤字会下降到 2.9%。但是在欧元区最大的五个经济体中，法国、西班牙和荷兰都无法达到 3% 的赤字目标。[③] 根据欧盟委员会发布的"秋季经济预测"报告，2013 年欧盟和欧元区的财政赤字率分别降至 3.5% 和 3%，债务率分别为 89.8% 和 95.5%。2014 年债务率将会达到峰值，欧盟和欧元区分别为 90.2% 和 95.9%，从 2015 年开始逐步下降。[④]

（五）对外贸易状况改善

2013 年欧盟对外贸易总体仍陷低迷，但对外贸易状况有所改善。2013 年欧元区商品出口和进口都出现不同程度增长，欧盟对外贸易已经由 2012 年同期的逆差转为顺差，对外贸易正成为欧盟经济增长的主要动力。2013 年 1 ～ 11 月，欧元区累计出口 17 384 亿欧元，同比增长 1%；累计进口 15 995 亿欧元，同比下降 4%；累计贸易顺差 1 390 亿欧元。从欧盟 28 国情况看，1 ～ 11 月，欧盟累计出口 15 948 亿欧元，同比增长 3%；累计进口 15 522 亿欧元，同比下降 7%；累计贸易顺差 427 亿欧元。[⑤] 对外贸易状况改善的重要原因在于欧盟能源产品贸易逆差下降而制造业产品贸易顺差增加。此外，2013 年欧盟从主要

---

① "2013 年春季经济预测报告：欧盟经济持续萎缩恢复缓慢"，人民网，http：//world. people. com. cn/n/2013/0503/c57507 - 21360979. html，2014 年 1 月 2 日登录。

② "欧盟发布 2013 年秋季经济预测报告"，商务部，http：//www. mofcom. gov. cn/article/i/jshz/zn/201311/20131100381920. shtml，2014 年 1 月 26 日登录。

③④ "2013 年春季经济预测报告：欧盟经济持续萎缩恢复缓慢"，人民网，http：//world. people. com. cn/n/2013/0503/c57507 - 21360979. html，2014 年 1 月 2 日登录。

⑤ "2013 年 11 月欧外贸依然不振"，驻欧盟使团经济商务赞参处，http：//eu. mofcom. gov. cn/article/jmxw/201401/20140100466837. shtml，2014 年 1 月 3 日登录。

贸易伙伴的商品进口普遍出现下降，与瑞士、美国等国的贸易顺差持续增加，与中国、俄罗斯等国的贸易逆差不断下降。2013 年前 5 个月，欧盟从挪威、日本和巴西的进口同比降幅分别为 15%、15% 和 13%，从土耳其和印度的进口同比增幅都为 4%。欧盟对瑞士的出口同比增幅最大，为 33%；对印度的出口同比降幅最大，为 4%。欧盟外贸顺差最大的成员国是德国，达到 810 亿欧元；其次是荷兰和爱尔兰，外贸顺差分别为 243 亿欧元和 153 亿欧元。欧盟外贸逆差最大的成员国是法国，外贸逆差为 329 亿欧元；其次是英国和希腊，外贸逆差分别为 261 亿欧元和 80 亿欧元。[①] 随着欧盟及其成员对外贸易状况的改善，外需将成为拉动欧盟经济的主要动力。而未来几年私人消费与投资需求的逐渐恢复导致内需成为欧洲经济持续复苏的主要动力，欧盟经济有望实现真正的恢复和持续增长。

二、2013 年中国对欧盟经贸合作稳中略降

受欧债危机影响，欧盟内部需求不足，外部经济日益困难，欧盟经济实现稳定复苏的不确定因素增多，其经济衰退风险加剧。欧盟经济复苏乏力拖累中欧贸易投资下滑，中国对欧盟经贸投资稳中略降。然而，中国与欧盟各国存在共同利益，中国与欧盟各国开展的经贸合作反映了中国与欧盟存在共同利益。中国与欧盟的经贸合作关系不断发展，经贸合作已经成为中欧关系中最活跃、最有成效的部分。中欧经贸关系的发展适应了经济全球化的发展趋势。

在贸易方面，2013 年欧主要国家对我国贸易开局表现不佳。根据欧洲统计局已发布的部分欧盟成员国对外贸易统计，2013 年 1 月，德国、西班牙、法国、英国、意大利、荷兰等欧盟主要国家对华贸易延续低迷状态。一是从自我国进口看，德国、英国、法国、西班牙当月自我国进口额同比分别下跌 2.2%、3.2%、8.1% 和 9.7%，我国在欧盟的第一大贸易伙伴德国，已连续 6 个月自我国进口负增长；意大利当月自我国进口仅同比增长 0.9%，基本停滞；荷兰当月自我国进口延续较好表现，同比增长 10.9%。二是从对我国出口看，荷兰和法国当月对我国出口额分别出现较大幅度下跌，同比下跌 22.4% 和 12.7%；德国和英国当月对我国出口增幅不大，同比分别增长 1.8% 和 9.2%；意大利和西班牙当月对我国出口则分别出现较大幅度增长，同比增长 24.7% 和 15.3%。三是从进出口总额看，受主要国家自我国进口低迷的不利影响，当月仅荷兰和意大利对我国贸易额实现正增长，同比增幅分别为 5.7% 和 5.5%；德国、英国、西班牙、法国当月对我国贸易额同比分别下跌 0.4%、0.8%、5.7% 和 9.6%。[②] 根据中国商务部统计，2013 年 1 ~ 10 月，中欧贸易额 4 561 亿美元，增长 0.5%。其中，中国出口 2 759 亿美元，下降 0.7%；

---

① "欧盟对外商品贸易状况改善 6 月易顺差 99 亿欧元"，中国新闻网，http：//finance. chinanews. com/cj/2013/08 - 19/5177909. shtml，2014 年 1 月 3 日登录。

② "2013 年欧主要国家对华贸易开局表现不佳"，商务部，http：//www. mofcom. gov. cn/article/i/jyjl/m/201303/ 20130300070755. shtml，2014 年 1 月 5 日登录。

进口 1 802 亿美元，增加 2.4%；中方顺差 957 亿美元，缩小 5.19%。[①]

在投资方面，截至 2013 年 10 月，欧盟在我国直接投资项目 37 869 个，实际投入 902.9 亿美元。其中，2012 年全年欧盟对我国投资新设立企业 1 605 家，同比下降 3.6%，实际投入外资金额 53.5 亿美元，同比增长 1.6%。2013 年前 10 个月，欧盟 28 国对我国投资新设立企业 1 216 家，同比下降 14.37%，实际投入外资金额 64.02 亿美元，同比增长 22.26%。2013 年 1～10 月，我国对欧非金融类直接投资 30.4 亿美元，上升 98%。[②] 虽然欧盟已经成为中国最大出口市场，而中国是欧盟的第二大出口市场，仅次于美国，但中欧双边投资微不足道。近年来中国在欧洲的投资几乎每年翻一番，但在欧洲 3 万亿欧元的外来投资存量中仍只占不到 1%。而欧洲对华投资占欧洲 4.2 万亿欧元对外投资总量的 2% 至 4%（取决于是否计入中国香港），这与欧洲对美投资规模形成鲜明对比，后者占欧洲对外投资总量的 30%。

在引进技术方面，截至 2013 年 9 月，中国自欧引进技术共 44 907 项，累计合同金额 1 699.8 亿美元。2013 年 1～9 月，中国自欧引进技术 2 658 项，合同金额 107.8 亿美元。[③]

三、2013 年中国对欧经济外交亮点频现

（一）中欧领导人会晤启动中欧投资协定谈判

第十六届中欧领导人会晤和第九届中欧工商峰会推动中欧全面战略伙伴关系新发展。特别是第十六届中欧领导人会晤中，中欧双方还共同发表了《中欧合作 2020 战略规划》，宣布启动中欧投资协定谈判，为双方加强经贸投资等合作开辟了广阔前景。

2013 年正值中欧建立全面战略伙伴关系十周年，中欧关系虽然经历过波折，但总体上保持了健康、稳定、快速的发展态势。双方逐步确立了政治、经贸和人文三大合作支柱，建立了数十个政策对话和合作机制，形成了全方位、多层次、宽领域的合作格局。政治上，双方高层会晤频繁，欧盟许多国家领导人相继访华。长期以来中欧围绕经贸合作搭建多层级、制度化的对话平台，其中级别最高的是中国—欧盟领导人年度会晤机制。2013 年 11 月 21 日国务院总理李克强在人民大会堂同欧洲理事会主席范龙佩、欧盟委员会主席巴罗佐共同主持第十六次中国欧盟领导人会晤。李克强强调，当前中国和欧洲都处在各自发展的关键阶段，深化中欧关系的必要性和紧迫性更加突出。中方坚定支持欧洲一体化，愿意看到一个强大、繁荣、团结的欧盟。坚持相互信任与合作共赢，妥善处理合作中遇到的问题和分歧，推动中欧全面战略伙伴关系不断取得新发展。范龙佩和巴罗佐表示，欧中全面战略伙伴关系建立 10 年来，双方关系日益成熟，取得巨大发展，为世界的和平、稳定与发展作出了贡献。面向未来 10 年，欧中关系前景广阔。欧方支持中国全面深化改革，

---

①②③ "商务部：前 10 月中欧贸易额 4 561 亿美元增长 0.5%"，人民网，http://finance.people.com.cn/n/2013/1119/c1004-23587773.html，2014 年 1 月 5 日登录。

愿与中方加强沟通，相互信任，相互支持，推进欧中投资协定谈判，扩大互利合作，通过对话谈判解决摩擦和分歧，共同反对贸易和投资保护主义，加强在国际、地区事务中的协调与配合，推动欧中关系长期、稳定发展。双方领导人就加强中欧全方位合作达成重要共识：第一，以投资协定谈判带动中欧经贸合作迈上新台阶。启动并推进谈判进程，力争到2020年双边贸易额达到1万亿美元。坚持市场开放，加强金融合作，通过平等对话和友好协商妥善处理分歧。采取有效措施扩大双边高技术贸易。第二，打造中欧合作新亮点。开展科技创新合作，促进双方新能源、新材料、新一代信息技术、生物、航空航天等新兴产业发展。推进以人为核心的新型城镇化合作。第三，推动交通和基础设施合作朝着更加联通、兼容、智能、高端方向发展，促进亚欧大陆"大联通"，打造中欧物流网络的贯通线。第四，发挥好中欧高级别人文交流对话机制作用，扩大教育、文化、青年、公共政策等领域交流，加紧商谈便利人员往来协议，为双方企业和人员往来创造更好条件。第五，加强在国际和地区事务中的合作。就气候变化、网络安全、军控和防扩散等重大全球性问题加强交流，在联合国、二十国集团、亚欧会议等多边框架内加强协调，推动国际政治、经济秩序向着更加公正、合理、有效的方向发展，维护世界和平与稳定。会晤后，李克强与范龙佩、巴罗佐出席了中欧农业、能源、知识产权等领域有关合作文件的签字仪式。双方还共同发表《中欧合作2020战略规划》，宣布启动中欧投资协定谈判、提出2020年双边贸易额达到1万亿美元的目标，为双方加强经贸投资等合作开辟了广阔前景。[①]

会后国务院总理李克强与欧洲理事会主席范龙佩、欧盟委员会主席巴罗佐共同出席在北京举行的第九届中欧工商峰会。自2004年起，中欧工商峰会已成功举办八届，成为中欧工商界层次最高、影响广泛的定期盛会。此次峰会的召开正值第十六次中欧领导人会晤，就中欧经济贸易与投资合作中的重点和热点议题共同展开深入探讨。李克强在峰会上表示，在纪念中欧全面战略伙伴关系建立10周年之际，第十六次中国欧盟领导人会晤，取得多项重要共识和丰富成果，向世界发出中欧合作共赢的强有力信号。李克强就推动把《中欧合作2020战略规划》蓝图变成实际成果提出多项倡议。范龙佩和巴罗佐表示，中国的发展对欧洲和世界都有利。欧中经贸合作不仅促进了各自发展和繁荣，也为世界经济复苏和增长作出了贡献。欧中领导人此次会晤成果丰硕，欧方愿与中方共同抓好落实，进一步扩大贸易投资等领域合作，实现互利共赢，不断提高欧中合作的水平。

（二）中欧经贸高层对话重启推动中欧经贸关系整体向好

2013年10月24日中欧经贸高层对话在布鲁塞尔欧盟总部举行，时隔3年后重启中欧经贸高层对话，展现了中欧双方维护合作大局的坚定意志和解决矛盾分歧的超群能力。中国国务院副总理马凯和欧盟委员会副主席雷恩举行会谈，对话涉及《中欧投资协定》、城镇化挑战、绿色增长等领域的合作等多个重要议题，双方就中欧经贸关系达成多项共识。此次对话恰逢中欧建立全面战略伙伴关系10周年，中欧希望借此次对话规划中欧经贸关

---

① "李克强同范龙佩、巴罗佐举行第十六次中国欧盟领导人会晤"，外交部，http://www.fmprc.gov.cn/mfa_chn/zyxw_602251/t1101373.shtml，2014年1月3日登录。

系的未来，拓展合作领域，培育合作亮点，从而为中欧全面战略伙伴关系注入新动力。本次对话双方围绕经济发展、工业政策、贸易与投资等议题，取得了一系列成果和共识。在反对贸易保护主义问题上，双方承诺坚持市场开放，反对各种形式的保护主义，慎用贸易救济措施，鼓励业界加强交流合作，优先通过对话磋商管控和解决好贸易摩擦；中欧同意加强多个领域的合作，包括高技术贸易，海关、质检、知识产权、民航、城镇化、创新、节能环保等，双方将在世贸组织等多边场合加强沟通协调，共同推动多边贸易谈判；中欧双方还将加强宏观经济政策的协调。代表欧方参加对话的欧盟委员会副主席雷恩表示，中欧此次对话有助于为当前及未来的全球经济挑战提供一个有效的全球应对方案。此外，受欧债危机和经济增长乏力的影响，欧盟贸易保护主义抬头，中欧经贸摩擦近期呈加剧之势。但中欧经贸关系势头将保持整体向好，此次对话也就慎用贸易救济措施等问题达成共识。①

（三）中国实现与欧洲国家自贸安排零突破

2013 年中国与瑞士、冰岛签署自贸协定，实现了与欧洲国家自贸安排零的突破。2013 年是中国新一届政府执政和中国特色大国外交的开局之年。李克强总理上任后首访就包括了瑞士和德国两个欧洲国家，表明了中国政府对欧洲的高度重视。2013 年 5 月 23 日至 27 日，国务院总理李克强访问瑞士。瑞士虽然不是欧盟成员国，但却是中国在欧洲重要的经贸合作伙伴，也是最早承认中国市场经济地位并与中国启动自贸区谈判的欧洲国家之一。中国目前是瑞士在亚洲的最大贸易伙伴，瑞士是中国在欧洲的第七大贸易伙伴和第六大外资来源国。瑞士是李克强出任总理后出访的首个欧洲国家。中瑞自贸区谈判是中国总理李克强此次访问瑞士议程中的核心内容。访瑞期间，中国和瑞士于 5 月 24 日签署了关于结束中瑞自由贸易协定谈判的谅解备忘录。瑞士是最早与中国开展自贸区谈判的西欧国家之一，自 2011 年年初谈判启动以来，中瑞双方共进行了 9 轮谈判，并取得积极进展。中瑞自由贸易协定谈判的谅解备忘录的签署标志着双方启动的自贸区谈判基本尘埃落定，离协定签署和批准实施仅一步之遥，双方的自贸区建设取得实质性进展。中瑞自贸区谈判取得成功，为两国合作发展注入新的强劲动力。也使得瑞士成为第一个与中国签署自贸协定的欧洲大陆国家，这不仅将进一步深化中瑞经贸合作，也将对促进中欧经济合作产生重要示范作用。②

2013 年 4 月 13～18 日，冰岛总理西于尔扎多蒂访问中国，国家主席习近平和李克强总理分别与她会见和会谈，签署了关于北极合作的框架协议等合作文件，签署了自由贸易协定，这是中国与欧洲国家达成的首个自贸协定，双方都将从中获利，其中，能源合作是最受关注的部分之一，签订的中冰自贸协定也将推进地热等清洁能源开发利用方面的交流

---

① "中欧为推进经贸关系谋共识"，新华网，http://news.xinhuanet.com/world/2013 - 10/25/c_117874040.htm，2014 年 1 月 3 日登录。

② "李克强出访亚欧四国"，新华网，http://www.xinhuanet.com/world/201305lkqcf/fxpl.htm，2014 年 1 月 3 日登录。

地区篇

与合作。①

（四）通过对话协商妥善解决光伏产品贸易争端

始于 2011 年的中欧光伏产品贸易争端是中欧迄今为止最大的贸易摩擦，也是全球涉案金额最大的贸易争端，影响到中国上千家企业生存和 40 多万人就业。2011 年中国出口海外的光伏产品价值 358 亿美元，其中欧盟占据 60%，出口额超过 200 亿美元。2012 年 7 月底，以德国 Solarworld AG 为首的欧洲太阳能企业向欧盟委员会提出反倾销调查申请，要求对中国所有光伏产品进行"双反"制裁。2012 年 9 月 6 日，欧盟委员会宣布，对从中国进口的光伏板、光伏电池以及其他光伏组件发起反倾销调查。11 月 8 日，欧盟委员会发布公告，对中国光伏产品发起反补贴调查。2013 年 5 月 8 日，欧盟委员会同意对中国光伏产品征收临时性惩罚关税，并于 6 月 6 日生效，但这一结果仍待欧盟各成员国表决。为了化解中欧光伏产品贸易争端这一世界最大的贸易争端，实现中欧双方的互利共赢，中国政府和相关企业积极开展对欧经济外交。2013 年 5 月底 6 月初，中欧光伏产品贸易战一触即发之时，李克强总理出访德国。中德关系一直领跑中欧关系发展，双方不仅建立了成熟的政府磋商机制，两国的经贸关系也成为中欧经贸关系的领头羊。2013 年 5 月 24 日国务院总理李克强访德期间表示，中国一贯主张通过对话磋商解决贸易摩擦问题，希望欧盟维护贸易自由化原则。2013 年 5 月 26 日在与德国总理默克尔会谈时，李克强总理强调，欧盟对中国光伏等产品进行的"双反"调查损人不利己，中方坚决反对。德国总理默克尔 27 日也表示，理解并重视中方有关关切，愿意采取坚决措施反对欧盟对华无线通信设备产品进行"双反"调查。2013 年 6 月 3 日，李克强总理应约同欧盟委员会主席巴罗佐通话。他表示，如果欧方执意采取制裁，中方必然要进行反制。李克强总理这次成功的经济外交活动为后来中欧光伏产品贸易争端的妥善解决奠定了基础。2013 年 6 月 4 日，欧盟委员会宣布，欧盟将从 6 月 6 日起对产自中国的光伏产品征收 11.8% 的临时反倾销税，如果双方未能在 8 月 6 日前达成妥协方案，届时反倾销税率将升至 47.6%。以此相对，中国方面做出了坚决回应。2013 年 6 月 5 日，商务部表示，中方坚决反对欧方不公正的征税措施。此外，中国政府已启动对欧盟葡萄酒的"双反"调查程序。2013 年 7 月 27 日，欧盟委员会贸易委员德古赫特宣布，经过谈判，中国与欧盟就光伏贸易争端已达成"友好"解决方案，该方案近期将提交欧委会批准。8 月 7 日，欧盟委员会在布鲁塞尔发布公告，宣布针对中国输欧光伏产品"反补贴"调查仍将继续，但目前暂时不会采取临时措施。该案的解决表明今后通过交涉磋商化解贸易摩擦有望成为主渠道。中国方面共有 121 家对欧盟出口光伏产品的企业，参与了中国机电产品进出口商会组织的价格承诺谈判，占调查期内中国对欧出口规模的 79%。在中欧双方就光伏产品达成"价格承诺"协议之后，欧盟暂时不会向中国输欧光伏产品征收"反补贴"税。随着中欧光伏价格承诺的实施，意味着欧盟内部关于妥善解决中欧光伏贸易争端方案的相关程序已经完成，中欧光伏争端得到妥善处理。

---

① "冰岛总理正式访华　两国将签自贸协定"，新华社稿，南都网，http://epaper.oeeee.com/A/html/2013－04/15/content_1840577.htm，2014 年 1 月 3 日登录。

（五）中欧签署中国第三大货币互换协议

随着欧元区和中国之间的双边贸易与投资迅速增长，双方都有确保金融市场的稳定的需求。2013 年 10 月 10 日，欧洲央行（ECB）与中国央行（中国人民银行）签署了一项货币互换协议，互换协议有效期 3 年，经双方同意可以展期。这是推进人民币国际化的一系列举措中的最新一例。该互换协议规模达到 3 500 亿元人民币（合 570 亿美元，450 亿欧元），① 这是中国签署的第三大货币互换协议，仅次于与中国香港和韩国签署的协议。此前中国已与英国、澳大利亚和巴西签署了类似的互换协议。尽管此次互换安排的目的是作为一种后备手段，但该协议具有重大的象征意义，反映出欧元区国家（尤其是德国）和中国贸易的日益增长。对中国而言，与欧洲中央银行建立双边本币互换安排，可为欧元区人民币市场的进一步发展提供流动性支持，促进人民币在境外市场的使用，也有利于贸易和投资的便利化，中欧双边本币互换协议的签署，标志着中国人民银行与欧洲中央银行在货币金融领域的合作取得了新的进展，标志着人民币的国际地位得到进一步提升，是人民币国际化进程中迈出的重要一步。

四、2013 年欧盟对华贸易摩擦起伏跌宕

随着中欧经济联系的日益密切，中欧贸易摩擦的规模和涉案领域也不断扩大。特别地，受主权债务危机拖累，欧盟经济长期衰退，经济复苏不确定性增加。面对债务危机，欧盟保护主义明显抬头，中欧贸易摩擦加剧，欧盟早在 2011 年 5 月 14 日就对从中国进口的铜版纸同时征收反倾销税和反补贴税，开创欧盟对华反补贴先例，首次对中国同一产品动用双重贸易救济。2012 年，欧盟延续了 2011 年对华贸易的强硬风格，出台的多项攻击性对华贸易举措，中国遭遇了来自欧盟的最严重的贸易摩擦。进入 2013 年，欧盟对华贸易保护更加强硬，贸易摩擦起伏跌宕。

一方面，欧盟对华贸易保护力度继续加大，中欧贸易形势整体趋紧。为拉动经济增长，实现经济复苏，欧盟继续扩大出口，推行更为强硬的贸易保护措施。中欧之间的贸易摩擦再创历史新高。截至 2013 年 5 月，欧盟委员会正在进行的 30 个反倾销、反补贴调查中有 19 个涉及中国。中欧光伏产品"双反调查"作为中欧之间乃至全球贸易中涉及金额最高的争端最后虽然通过谈判协商的方式得到解决，但是，中国与欧盟就太阳能电池板贸易达成妥协，这一结果最多只是避免了中欧之间爆发更大规模的贸易战，为此付出的代价是欧盟普通民众的利益受损。2013 年，继光伏产品贸易争端之后，红酒、无线电设备、高性能不锈钢无缝钢管等又相继成为中欧贸易摩擦的对象，使得中欧贸易摩擦越演越烈，给双方经济都带来严重冲击。

---

① "中欧央行签署货币互换协议"，环球网，http://china. huanqiu. com/News/mofcom/2013 – 10/4437442. html，2014 年 1 月 5 日登录。

另一方面，欧盟不断强化贸易执法，放宽立案标准，裁决趋于严格，而且目标直指中国高技术产品。2013 年，在中欧盟贸易争端中，中国应诉企业在一些案件中往往被裁定较高反倾销税率，某些贸易救济措施和贸易救济调查明显针对中国产品。欧盟在继续使用传统"反倾销"手段外，加大"反补贴"力度。对华产品进行"双反"调查的对象不断增加。涉及多种高技术产品。2013 年，继光伏产品贸易争端之后，红酒、无线电设备、高性能不锈钢无缝钢管等又相继成为中欧贸易摩擦的对象，使得市场担忧中欧贸易摩擦会越演越烈。中国高技术产品越来越成为欧盟对华贸易保护的重要对象。此外，进入 2013 年，中欧在无线通信设备方面的贸易摩擦越演越烈。2012 年 5 月，欧盟就通知成员国，为针对华为和中兴提起的反倾销案收集证据，称这两家公司获得政府非法补贴，并在欧盟以低于成本的价格销售产品。中兴是中国最大的通信设备制造商，中兴和华为两家企业的海外营业收入占营业收入总额的比重都在 70% 以上。华为和中兴两家公司被指收受非法政府补贴后在欧洲以低于成本的价格销售产品。若最终裁定两公司倾销罪名成立，将对相关中国企业开征惩罚性关税。早在 2010 年 6 月，欧委会应企业申请，就对中国的数据卡发起"两反一保"调查（反倾销、反补贴和保障措施），当时的调查也曾涉及中兴和华为。那次反补贴申诉由欧洲厂商 OPTION 提出，OPTION 当时表示，华为公司和中兴通讯接受中国政府补贴，以低价出口对欧洲生产商造成实质损害。中兴和华为面临的来自欧盟的双反调查，表明欧盟对华贸易保护的目标直指中国高科技及国有企业。2013 年 5 月，欧盟表示将对中国出口的移动通信网络产品展开调查，重点核查华为和中兴通讯（00763）涉嫌存在的不公平贸易行为，拟对中国上述产品进行限制。中方高度重视中欧无线通用设备贸易摩擦案件，正在积极争取通过与欧方磋商解决贸易摩擦问题。

2013 年欧盟对华贸易保护呈现上述特点的主要原因在于：

第一，加强保护内部市场，防范中国竞争力提升对其造成的冲击。受经济增长低迷和欧债危机拖累，出口成为拉动欧盟经济增长的主要动力。2013 年欧洲经济仍然疲软，深陷主权债务危机的成员国经济持续低迷，增大了经济增长的不确定性。一方面，为了化解主权债务危机，欧盟各成员国大幅削减财政支出。另一方面，受增长低迷限制，欧洲消费者和投资者的信心不足，各成员国内部消费和投资均不足，进一步抑制了经济增长。为了拉动经济增长，实现经济的稳步复苏，欧盟把经济增长的目光投向区外，出口成为拉动欧盟经济增长的主要动力。由于中国经济在金融危机中的稳定性和强劲发展势头，使之成为欧盟恢复经济、增加出口的首选目标市场。为此，欧盟调整对华经贸政策，加强保护内部市场，防范中国竞争力提升对其造成的冲击。一方面，欧盟加紧对外贸易谈判，进一步要求中国开放市场。另一方面，欧盟对外来产品对本国企业的冲击更为敏感，加紧对内部市场的保护。欧盟为恢复经济增长而采取的扩大出口政策促使了中欧贸易摩擦的增长。此外，美国的出口倍增计划和量化宽松政策，对欧盟坚定增加出口的信心起到了推波助澜作用，导致中欧之间经贸竞争加剧，欧盟对华贸易保护更加严厉。

第二，用"反补贴"应对中国自动获得市场经济地位后形成的贸易压力造势。欧盟至今拒绝承认中国的完全市场经济地位，而是把中国看作"有条件的市场经济国家"。根据《反倾销协议》，对于来自"非市场经济国家"的商品，可采用特殊标准。欧盟在判定中国产品是否以低于成本价在其境内倾销时，不是以该类产品在中国国内的价格为参照，而是选择一个经济发展水平与中国相似的市场经济"第三国"的同类产品价格为参照。欧盟选择的这个"第三国"的消费和价格水平往往远远高于中国，导致中国大量案件被裁定倾销成立，倾销幅度被人为夸大。由于欧盟对华"反倾销"有很大的随意性和不公平性，对欧盟来说是非常方便使用的一项重要的贸易保护手段，欧盟更愿意采用"反倾销"措施打击中国产品竞争力。但是，中国加入 WTO 之后，根据 WTO 有关原则，中国将在 2016 年自动获得中国市场经济地位，届时，欧盟对华"反倾销"难度将加大。以中国政府为企业提供"非法补贴"为借口将成为推行对华贸易保护的主要内容，欧盟加大对华"反补贴"力度不过是为将来造势和预演。

第三，转移民众对国内经济复苏乏力的不满。2013 年欧盟经济在经历了金融危机和主权债务危机的轮番打击后，经济复苏乏力，失业率不断攀升。虽然欧盟及其成员国采取一些措施来缓解失业压力，但未能从根本上扭转失业持续升高的情形。持续攀高的失业率对各国社会产生了消极影响，一些社会群体如年轻人、失业女性和单身妈妈的生活受到显著影响。为尽早走出危机，推动经济增长，转移民众对国内经济复苏乏力的不满，欧盟对于贸易的倚重加大，力图使贸易在经济复苏中发挥关键作用，因而向贸易伙伴施压的力度也随之增加，贸易保护主义抬头。中国作为欧盟最重要的贸易伙伴之一，成为欧盟推行贸易保护主义的主要对象。

第四，维系欧盟对华贸易的传统优势。欧盟经济增长长期乏力是导致欧债危机的根本原因，为了走出危机，实现经济持续稳定增长，欧洲需要调整产业结构，推进"再工业化"战略，振兴制造业。然而，"再工业化"是一个长期的过程，而贸易保护行为又存在"惯性"。中国作为制造业大国，是欧盟振兴制造业的主要竞争对手。为此，欧盟对华贸易保护必然越演越烈。随着中国经济实力的不断增强，中国产品逐渐占领国际市场，并且快速地从产业链的低端向高端转移，甚至在部分高附加值的行业里获得了对欧盟等发达国家和地区的优势。目前，中国不但在劳动密集型产业上极具竞争力，在一些资本和技术密集型产业方面也颇具竞争力。中欧产业竞争力的这种变化深刻影响着欧盟对华贸易，欧盟国家感受到前所未有的压力。实际上，随着中国出口产品在价值链上的快速攀升，以华为、中兴为代表的通讯企业，不但在欧洲市场，在第三方市场也对欧盟成员国企业构成重大挑战。为了增强欧盟对华具有传统优势的高科技产品的竞争力，欧盟贸易保护的对象更注意调查打击中国高科技产业，保护本区域同类企业的利益，使得欧盟企业在高科技产业上对中国企业更加具有竞争优势。

五、2013 年：传统难题的影响渐趋减弱

（一）欧盟仍然拒绝承认中国的完全市场经济地位

争取世界普遍承认中国的完全市场经济地位，是发展和加强中国与世界各国经贸合作面临的重要问题。截止到 2013 年，欧盟仍拒绝承认中国的完全市场经济地位，而是把中

国看作有条件的市场经济国家。欧盟不承认中国的完全市场经济地位，一方面是担心中国政府主导的竞争力会对外国民间企业带来压力，从而削弱他们的国际竞争力。另一方面则是西方国家继续维持对中国的冷战思维的一种表现。对西方国家而言，是否承认中国的完全市场经济地位，不仅是一个经济问题，也是一个政治问题。是否给予中国完全市场经济地位问题虽然是反倾销中的一个技术概念，但美国与欧盟却把它看成是推行贸易保护主义、遏制中国的重要手段。在欧盟等发达国家和地区来看，不承认中国的市场经济地位有利于他们针对来自中国的产品进行反倾销。这是因为，否认中国的完全市场经济地位使得欧盟对华"反倾销"具有很大的随意性和不公平性，对欧盟来说是非常方便的一种贸易保护手段，欧盟更愿意采用"反倾销"措施打击中国产品竞争力。但是，根据WTO有关原则，中国将在2016年自动获得中国市场经济地位，届时，欧盟对中国"反倾销"难度将加大，以中国政府为企业提供"非法补贴"为借口将成为欧盟推行对中国贸易保护的主要内容。虽然欧盟把是否承认中国完全市场经济地位作为其对中国实施贸易保护主义的一种举措。中国争取欧盟尽快承认中国的完全市场经济地位的难度必然加大。然而，2016年中国的市场经济地位难题将自动化解，这一中欧经贸关系中的传统难题影响将减弱，中国经济外交的重点将转移到如何拓展欧洲市场、通过对话和协商解决日益突出的贸易争端。

（二）欧盟仍然实施对华高新技术出口管制

欧盟对中国武器禁运是冷战的产物。冷战开始后，西方国家出于政治目的限制向社会主义国家出口高技术，对中国实施武器禁运。1989年欧盟国家对华实施军事制裁。2004年12月，欧盟首脑会议形成决议，准备在2005年6月以后达成解除对华武器禁运的协议。但2005年6月13日召开的欧盟外长会议，放弃了原定于2005年6月取消对中国武器禁运的计划。此后，解除欧盟对华武器禁令问题降温，但中国对这一问题非常关注。中国一直在通过外交努力要求欧盟解除对华军售禁令，解除对华高新技术的管制。在2003年的《中国对欧盟政策文件》中，中国就正式的提出了希望欧盟早日解除军售禁令。[①] 欧盟是中国最大的技术和设备供应方，欧盟对中国军售解禁，符合中欧双方的根本利益。但是，影响欧盟对中国军售解禁问题的因素很多，从积极方面看，推动欧盟解除对中国军售禁令是欧盟发展与中国的战略伙伴关系、从对中国贸易中获利和成为多极化世界中重要一极的客观要求。从消极方面看，由于美国、日本等国担心欧盟对中国军售禁令解除后会加强中国的军事力量，从而威胁亚太地区的安全和稳定，成为反对欧盟对中国军售解禁的最重要因素。欧盟对中国军售禁令是20多年前的产物，与当前中欧进一步深化全面战略伙伴关系极不相符。欧盟具有比较优势的高新技术产业却出于技术保护而减少向中国出口，这必然会增加中欧贸易逆差，贸易失衡已成为当前中欧贸易摩擦的直接原因。欧盟尽快实现对中国高新技术出口解禁，扩大对中国的资本密集型和技术密集型产品的出口，是减少欧盟对中国的贸易逆差的重要举措。2013年，欧盟经济复苏乏力，欧盟要摆脱危机的影响，走出主权债务危机的困扰，更需要中国的帮助和扩大对中国的出口。为此，欧盟解除

---

① 刘雪莲、章娟：《欧盟对华军售禁令：历史、多方博弈与前景》，载《理论月刊》，2008年第3期。

对中国高新技术出口管制，扩大对中国的高技术出口的要求更为迫切。而中国领导人也在多种场合密集表态呼吁欧盟扩大对中国的高技术出口。实际上，随着中国经济的长期快速发展，中国在高科技领域的投入也大大增加，中国的自主创新能力不断增强，高科技技术得到长足发展，在多个领域成为发达国家的竞争对手。欧盟方面坚持对中国高新技术出口管制对中国经济发展的影响与过去相比有所下降。尽管如此，欧盟放宽对华高技术出口限制，有利于把中欧经贸关系做大做强，是一件互利双赢的事情。因而推动欧盟尽快实现对中国高新技术出口解禁，扩大对中国技术密集型产品的出口，仍然是中国政府和企业推行对欧经济外交的重要内容。

六、推动中欧经济外交发展的对策选择

（一）大力推进中欧之间多层次、宽领域的对话与合作

中国和欧洲之间互为最重要的贸易伙伴，同时建构了多层级、制度化政治合作关系。在全球经济复苏、欧洲主权债务危机加剧的背景下，中国与欧盟之间的关系需要进一步增强战略性、全面性和稳定性，推进中欧之间多层次、宽领域的对话与合作是中欧双方的必然选择。欧盟内部成员国多，各国的观点和利益存在差异，中欧结成战略性伙伴需要克服一些困难。然而，中欧双方存在广泛的战略共识，彼此之间的共同点远远超过分歧。进入2012年，中国更积极地开展对欧盟的经济外交活动，中欧高层互访频繁，双方合作的基础更加坚实，互为最重要贸易伙伴的关系更加巩固。中国对欧经济外交不仅着眼于发展经贸关系，还涵盖经济、政治、外交、文化、科技等方面。城镇化、生态建设、科技创新、区域发展和社会保障体系建设等方面可成为中欧合作的新热点。通过对欧经济外交实践增进欧盟及其成员国对中国和平发展道路的理解和认同，淡化意识形态分歧和发展水平差距，为推动欧洲主权债务问题的解决开展良好的合作，从而促进中欧伙伴关系稳定发展和世界经济复苏，实现互利共赢。欧盟充分认识到中国市场对欧盟经济摆脱危机、实现可持续增长的重要性。中方支持欧盟应对债务危机的各项措施和欧元的稳定，并继续派遣贸易投资促进团访问欧洲拓展合作领域，加深合作关系。中欧双方采取的实际行动夯实中欧之间的战略性伙伴关系的基础，真正使中欧合作关系成为一个名副其实的伙伴关系。

（二）采取多种措施积极应对贸易摩擦

由于欧盟经济复苏乏力，为尽早走出危机，推动经济增长，欧盟力图使贸易在经济复苏中发挥关键作用，向贸易伙伴施压的力度也随之增加，贸易保护主义抬头。中国作为欧盟最重要的贸易伙伴之一，成为欧盟推行贸易保护主义的主要对象，中欧贸易摩擦加剧。反对贸易保护主义，进一步巩固欧盟中国第一大贸易伙伴国的地位，2013年，中国方面需要继续采取多种举措：其一，充分利用中欧双方比较完备的对话机制化解分歧，反对各种

形式的保护主义。由于中欧双方有比较完备的对话机制，遏制欧盟对华的贸易保护主义倾向可以在中欧合作的法律框架下寻求解决之道。中欧领导人会晤、中欧经贸高层对话等机制在化解分歧方面也发挥了重要作用；其二，中国商务部继续协助组织贸易投资促进活动，加强中欧双边磋商，妥善解决双方贸易摩擦，实现中欧贸易和投资尽快回稳；其三，采取措施积极应对欧盟对华反倾销诉讼。对中欧贸易摩擦中的某些争端，商务部、行业协会和外贸企业等针对争端从立案、调查到裁决都存在明显不规范、不符合世界贸易组织（WTO）原则之处，已经将部分案件诉诸 WTO 争端解决机制，在 WTO 框架下利用有个规则捍卫中方利益；其四，关注欧盟自贸区战略构成潜在影响。欧盟从 2011 年开始加快实施"自贸区战略"，力图在未来 5 年内使与自贸伙伴的贸易额覆盖其 50% 的域外贸易。欧盟还积极推进与中国周边经济体的自贸区建设，先后启动与印度、东盟、新加坡、日本等的自贸协定谈判。由于中国与上述经济体在对欧出口产品结构方面存在同质性和竞争关系，为避免可能形成的贸易转移效应，中国应加强同欧盟的贸易往来，注重中国与欧盟贸易关系的质的改善；其五，积极推动与欧洲发达国家的自贸区建设，把与欧洲国家的自贸区建设成为缓解中欧贸易摩擦的重要平台。

（三）努力推动欧盟对中国高新技术出口解禁

对中国高技术出口限制，一直是欧盟与中国贸易关系发展中的一个障碍。对此，中方一直呼吁欧盟放宽对中国高技术出口限制。由于中欧经贸关系具有两重性。一方面，双方经济的相互依赖程度日益加深。另一方面，双方经贸关系脆弱性增强。欧盟要走出衰退实现经济复苏，希望从中国快速发展的经济中获得更大的收益。一旦欧盟对中国高新技术出口管制解除，则欧洲军工企业可以获得可观的订单，可以通过向中国出售先进的武器和技术获得巨大的经济利益，同时带动相关的产业发展。经贸发展是推动中欧关系发展的最重要因素，这也成为欧盟推动对中国高新技术出口管制解禁的最重要因素。目前欧盟对中国高技术出口限制，主要集中在两个方面，一是欧盟自身认为可从民用转为军用的两用技术，二是涉及国家安全的技术。但事实上，中国目前迫切需要的是节能环保、绿色低碳发展方面的高新技术。2012 年，中国政府积极展开对欧经济外交活动，把扩大双方合作领域，促进中欧服务贸易和高技术产品贸易的发展，把促使欧方放宽对中国有关节能环保、绿色低碳发展方面的高新技术管制作为对欧经济外交的重点内容。中国国家领导人在中欧互访中要利用各种场合强调希望欧盟采取积极措施，推动欧盟扩大对中国高技术产品出口，把重点放在化解欧盟对中国的防范意识，争取为中国企业赴欧盟国家投资经营创造宽松的政策环境，使中欧经贸合作不断迈上新台阶。随着中欧战略合作伙伴关系的推进、中欧经贸合作的深化及欧盟自主性的增强，在中欧双方的共同努力下，欧盟解除对中国高新技术出口管制将有所突破。

第十四章

中国对非洲经济外交：梦想的共鸣

2013 年，是中国对非洲经济外交的承上启下之年。在总结中非长期合作经验的基础上，中国新一届的领导集体提出更进一步的对非外交理念，将中华复兴的"中国梦"与非洲联合自强、发展振兴的"非洲梦"连接在一起，使中国与非洲成为共同命运体，从而将中国发展与非洲发展联结在一起。目前，各国在非洲的外交竞争不断加剧，不但西方国家重新发现非洲，新兴经济体也开始注重对非洲的经济外交，非洲本不稳定的政治经济局势也在外部势力的角逐下变得复杂易变。"中国梦"、"非洲梦"与共同命运体概念的提出，给纷繁的对非经济外交工作提供了清晰的思路，对今后的中非经济合作与共同发展起到引领作用。

一、继往开来的对非政策

我国的对非外交政策有很强的延续性，尽管也会结合自身的发展诉求与国际局势进行调整，但是总体上都要考虑如何继承已有的成果，维护中非之间的传统友谊。当前的非洲，正处于快速增长与剧烈波动并存的时期，而当前的中国，也正处于经济转型、跨越中等收入陷阱的关键时期，这就需要在中非之间寻求更多的共同利益，以实现中国与非洲的协同发展。尤其在我国中央领导集体换届之初，明确对非政策思路更有着长期的指导价值。

（一）新一届中央领导集体的外交开局之旅

元首或高层领导人会晤是十分重要的外交方式，各国通常把这种访问视为显示新领导人或领导集体外交方针的重要风向标。尤其是一国元首任期内的首次访问国家，更是受到广泛关注。新中国成立以来，毛泽东首访苏联，邓小平首访朝鲜、新加坡等邻国，江泽民首访朝鲜和日本，胡锦涛首访俄罗斯，每一代领导核心的首访的国家均是各阶段外交布局的关键。2013 年 3 月 22～30 日，国家主席习近平对俄罗斯、坦桑尼亚、南非、刚果共和国进行国事访问并出席金砖国家领导人第五次会晤。此次访问是习近平当选中国国家主席后的首次出访，是新一届中央领导集体的外交开局之旅，既有国家正常交往和参与国际会议的客观需求，又向非洲与世界宣示了我国在新时期的对非外交政策①。正如法国《青年

---

① 杜尚泽：《继往开来、影响深远的外交开局之旅——外交部部长王毅介绍习近平主席出访有关情况》，载《人民日报》2013 年 4 月 1 日第 001 版。

非洲》的表述，习近平主席首次出访就把大部分时间用于访问非洲国家，向非洲和世界发出了一个强烈信号，再次表明对非洲的"巨大关注"和要加强中非双边关系的意愿①。

在习近平主席访问非洲之后，其他国家领导人也陆续出访非洲。2013 年 5 月 25 日，国务院副总理汪洋作为习近平主席的代表，出席在埃塞俄比亚首都亚的斯亚贝巴举行的非洲统一组织成立 50 周年非盟特别峰会。9 月 16 日至 17 日，应乌干达国民议会议长卡达加的邀请，全国人大常委会委员长张德江对乌干达进行正式友好访问。9 月 21～24 日，应莫桑比克议会邀请，全国政协副主席齐续春访问莫桑比克。11 月 25 日，中国国务院副总理刘延东在亚的斯亚贝巴会见南非总统兼非盟委员会主席祖马、埃塞俄比亚副总理德梅克，并举行会谈。2013 年 12 月 10 日，国家主席习近平特别代表、国家副主席李源潮在南非约翰内斯堡出席了南非政府为前总统曼德拉举行的大型官方追悼活动并会见南非总统祖马。总体来看，我国国家领导人对非洲国家的访问保持了较高的密度。

在中国领导人出访非洲的同时，非洲领导人也对中国展开密集的访问，尼日利亚总统乔纳森、肯尼亚总统肯雅塔、赞比亚总统萨塔、埃塞俄比亚总理海尔马里亚姆等陆续访华。通过互访，中非巩固了传统友谊，增强了政治互信，促进了中非经贸合作的持续发展。

（二）"非洲梦"与"命运共同体"理念

在新一届中央领导集体的外交开局之旅中，最重要的是提出"非洲梦"的概念，并将"命运共同体"概念由我国周边延伸至非洲。2013 年 3 月 25 日，国家主席习近平在坦桑尼亚尼雷尔国际会议中心发表题为《永远做可靠朋友和真诚伙伴》的演讲，演讲中提出了两个重要的概念——"非洲梦"与"命运共同体"。这两个概念相互联系，正是因为"中国梦"和"非洲梦"反映出中国与非洲人民的共同梦想，才使得中国与非洲有着广泛而重大的共同利益，才使得中国与非洲形成共赢的"命运共同体"，也正是因为中非是"命运共同体"，所以"中国梦"和"非洲梦"才能形成共同梦想，并发展至"世界梦"。

"中国梦"是中华民族伟大复兴的梦想，这一概念由习近平主席在参观"复兴之路"展览时首次提出，并已被我国广泛熟知。"非洲梦"这一名词在 2013 年之前也常被提及，但是当时"非洲梦"所指的内容主要是我国企业在非洲拓展业务的梦想。从习近平主席的非洲演讲开始，"非洲梦"特指联合自强、发展振兴的梦想。

"命运共同体"的涵义则要从两个角度来理解。其一，各国和地区的利益已经密不可分。"命运共同体"中的"共同体"指人们在共同条件下结成的集体。虽然当前的世界仍存在频繁的局部冲突，并且各国在气候合作等重大全球事务中仍难以取得一致意见，但是各国毕竟有一个共同条件，即人类只有一个地球，各国共处一个世界。随着经济日益全球化，各国可以形成并扩展共同价值与共同利益，并在此基础上求同存异，在追求本国利益时兼顾他国合理关切，却不能离开世界，独善其身。其二，"命运共同体"意味着合作共

---

① 转引自倪涛等：《中国梦、非洲梦、世界梦——国际社会高度评价习近平在坦桑尼亚发表重要演讲》，载《人民日报》2013 年 3 月 26 日第 002 版。

赢。虽然各国只有一个地球，但是有限的资源并不意味着国家间的交往是"零和博弈"。在"汝之所得即我之所失"之外，还可以通过要素的配置、商品的交易、制度的协调来充分利用现有资源的价值，并开发更多的资源，从而实现各方的共赢。"命运共同体"是近年来我国政府反复强调的关于人类社会的新理念，最大的意义就在于促使世界各国从相互依存之中寻找共赢之路。

"命运共同体"概念最早应用在我国周边。这是基于东亚共同体的概念而自然延伸的。力图形成可靠的"大后方"、稳定的周边环境、能源资源供应保障与国际交往的网络①。当"命运共同体"延伸至非洲时，这种地缘上的共同条件不复存在，取而代之的是共同的历史遭遇、共同的发展任务与共同的战略利益②。这些新的共同条件对应着各自民族的梦想，即中华民族的伟大复兴之梦与非洲各国的联合发展之梦。对中非"命运共同体"的界定，重新定义了中非关系的外交战略地位，明确了中非命运共同体对双方在当今和未来的重要意义，厘清了中非关系的战略框架，为今后继续加强中非合作指明了发展方向和战略目标。

"命运共同体"的概念得到非洲国家的热烈回应。非盟委员会驻几内亚比绍特别代表奥维迪欧·佩坎诺表示，关于"中非从来都是命运共同体"的提法赋予未来非中关系以新的内涵。肯尼亚智库"跨地区经济网络"负责人詹姆斯表示，中非合作论坛机制把中国和非洲紧密地联系在了一起，中国的发展离不开非洲，而非洲想要发展也离不开中国。③

（三）"真、实、亲、诚"的对非政策

中国与非洲之间是"兄弟情谊"，对于数十年延续下来的中非传统友谊，习近平主席总结了四点经验：一是注重友好关系的传承，不断从历史中汲取前进的动力；二是中非从来都是命运共同体，具有共同的历史遭遇、共同的发展任务和共同的战略利益；三是中非关系的本质特征是真诚友好、相互尊重、平等互利、共同发展；四是中非关系要保持旺盛生命力，必须与时俱进、开拓创新。④正是在这四点经验的基础上，习近平主席提出中国对非外交的"真、实、亲、诚"四字方针。

"真"，指中国始终把发展同非洲国家的团结合作作为中国对外政策的重要基础。中国坚持国家之间一律平等，坚持同非方在涉及对方核心利益和重大关切的问题上相互支持，促进中非共同发展繁荣，支持非洲自主解决本地区问题的努力，坚持尊重非洲的尊严和自主性。

"实"，指中方做出的承诺一定会不折不扣落到实处。中国致力于把自身发展同非洲发展紧密联系起来，把中国人民利益同非洲人民利益紧密结合起来，把中国发展机遇同非洲

---

① 陈晓晨：《解读习近平博鳌亚洲论坛讲话：何为"命运共同体"》，载《第一财经日报》2013 年 4 月 8 日第 A06 版。

②④ "习近平在坦桑尼亚尼雷尔国际会议中心的演讲"，中非合作论坛网站，2013 年 3 月 26 日。http：//www.focac.org/chn/zt/1/t1025142.htm，2014 年 1 月 25 日登录。

③ 转引自倪涛等：《中国梦、非洲梦、世界梦——国际社会高度评价习近平在坦桑尼亚发表重要演讲》，载《人民日报》2013 年 3 月 26 日第 002 版。

发展机遇紧密融合起来，在谋求自身发展的同时，始终向非洲朋友提供力所能及的支持和帮助。尤其重要的是中国提供的帮助是不附加任何政治条件的帮助。

"亲"，指中国重在深入对话和实际行动获得心与心的共鸣。中非关系的根基和血脉在人民，而中非人民有着天然的亲近感，中国重视中非人文交流，以增进中非人民的相互了解和认知，厚植中非友好事业的社会基础。

"诚"，指中方坦诚面对中非关系面临的新情况、新问题，对出现的问题本着相互尊重、合作共赢的精神加以妥善解决。[1] 这四字方针是中国对非外交的基调，也是中国对非经济外交的基调。

"真、实、亲、诚"四字方针的提出，意味着在新的世界形势下，中非关系的重要性不是降低了而是提高了，双方共同利益不是减少了而是增多了，中方发展对非关系的力度不会削弱，只会加强。

对于"真、实、亲、诚"四字方针，各国同样给予热烈的反应。美国约翰·霍普金斯大学高级国际问题研究院国际发展项目主任黛博拉·布罗蒂加姆教授说，习近平的演讲阐述了中国发展同非洲关系的原则立场，与西方在此问题上的立场形成鲜明对照，中国并不要求自己的发展模式成为效仿的榜样，但别国的确可以从中国的发展经历中获益良多。[2] 刚果共和国孔子学院院长恩东戈表示，非洲正是在中国这样的朋友的支持下越来越自信，从互利合作中得到越来越多的实惠。[3] 泰国《亚洲日报》副社长钱丰认为，习近平所说的非洲是非洲人的非洲，充分显示了中国对非洲的尊重。中国对非洲的援助是全方位、多角度的，不仅涉及资源类项目，中国还帮助非洲建设公路、铁路、学校和医院，并把最先进的农业技术带到非洲，中国真心希望非洲发展起来。[4]

（四）"非洲梦"与"命运共同体"的经济要素

在"非洲梦"与"命运共同体"概念中，经济要素占有重要的内容。

"非洲梦"中的联合自强之梦建筑在经济合作之上。非洲的50多个国家并非基于民族形成，而是源自殖民主义者对非洲大陆的瓜分，这使得非洲国与国之间高度分割，难以形成一个统一的市场。多数非洲国家认为，强大要以联合为途径。由此促成包括非洲统一组织在内的各种联合体。经济合作是这些联合体的重要内容，如非洲统一组织的协调内容之一便是经济，下设的泛非电信联盟、非洲铁路联盟等机构也均涉及经济领域。在非洲的对外经济交往中，为在世界范围发出更强的声音，获得更多更好的合作，非洲国家也致力于参与多边磋商机制，如中非合作论坛、非洲发展东京国际会议等。

"非洲梦"中的发展振兴之梦以经济发展为主。虽然发展包括经济发展、社会发展等多个领域，但是经济发展是核心。在最近数年，非洲实现了经济高速增长，并对未来的经济发展寄予很高的期望，其减少贫困、发展经济和实现可持续发展的目标均围绕着经济增

---

[1] "习近平在坦桑尼亚尼雷尔国际会议中心的演讲"，中非合作论坛网站，2013 年 3 月 26 日。http：//www. fo-cac. org/chn/zt/1/t1025142. htm，2014 年 1 月 25 日登录。

[2][3][4] 转引自倪涛等：《中国梦、非洲梦、世界梦——国际社会高度评价习近平在坦桑尼亚发表重要演讲》，载《人民日报》2013 年 3 月 26 日第 002 版。

长展开。由于经历了长期的经济落后与世界事务的边缘化，非洲渴望从外国投资者"开采自然资源的目的地"转变为为友好国家提供"战略机遇"的大陆[1]，并提出"非洲复兴"的概念。

"命运共同体"指中国和非洲有着同样的发展诉求。不单是经济增长，还包括经济转型。与中国面临产业结构升级问题相似，非洲也需要产业结构调整。目前，非洲劳动人口仅有不到10%从事制造业，而其中受雇于技术先进的现代化工厂比例尚不足1/10；微型企业、家庭式生产等非正式经济形式扮演着吸纳就业和提供社会保障的重要角色。次撒哈拉非洲相关国家若不积极推进结构转型，促进经济包容性增长，不仅无法实现经济快速、可持续发展，亦将会为社会动荡和政治不稳埋下隐患。然而非洲的私人投资制造业热情不高，无法承载结构转型需要。[2] 这就要求中国与非洲在经济上加强互补，互相促进对方经济的顺利转型。

二、全面提升的经济外交

2013 年的中非经济外交，在中非命运共同体理念的指引下，重在对"真、实、亲、诚"四字方针的落实。总的来看，中国对非洲的经济外交有了全面的提升。

（一） 推动中非经贸联系

紧密的经贸联系是经济外交的基础。2013 年，中非之间的经贸联系延续了快速发展的趋势，贸易、投资均进展到新的水平。这种紧密的联系在非洲的部分国家和我国的部分省市尤为突出，这使得我国的对非经济外交呈现以点带面、以双边促多边的趋势。

1. 非洲与中国的经贸联系持续增强

大部分的非洲国家为单一经济结构，对于资源或原料的出口有很强的依赖，其生产与生活资料也依赖进口。因此，多数非洲国家的经济发展依赖于对外贸易和吸引境外投资。2013 年，中国给予非洲国家更为优惠的贸易政策，进一步向非洲开放了市场，如给予埃塞俄比亚、贝宁、布隆迪等已建交的非洲最不发达国家95% 税目输华产品零关税待遇[3]，这些优惠措施进一步带动中国与非洲国家的贸易增长。据中国海关统计，2013 年，中国与非洲进出口总额 2 102.4 亿美元，同比增长 5.9%。其中，中国自非洲进口 1 174.3 亿美元，增长 3.7%，中国对非洲出口 928.1 亿美元，增长 8.8%，中国已经连续 4 年成为非洲最大

---

[1] 阿莎－罗斯·米吉罗：《中国梦与非洲梦：实现共同发展》，载《人民日报（海外版）》2013 年 9 月 21 日第 001 版。

[2] "次撒哈拉非洲面临结构转型的巨大挑战"，商务部网站，2013 年 12 月 28 日，http：//www. mofcom. gov. cn/article/i/jyjl/k/201312/20131200442787. shtml，2014 年 1 月 29 日登录。

[3] 汪渝等："2013 年中非经贸合作成果令人瞩目新亮点不断涌现"，中非合作论坛网站，2013 年 12 月 31 日。http：//www. focac. org/chn/zfgx/zfgxjmhz/t1113422. htm，2014 年 1 月 25 日登录。

的贸易伙伴国。尤其重要的是，虽然我国的对外贸易总体上为顺差，但是对非洲的贸易为逆差，2013 年，中国与非洲的贸易逆差为 246.2 亿美元，这使得非洲国家通过与中国的贸易获得大量的外汇，以支持非洲国家的经济发展。非洲对中国经济发展的重要性也持续上升。2013 年，在中国的贸易对象中，与非洲的贸易增速仅次于亚洲①。

中非贸易的发展不仅在规模上，也在质量上。2013 年，中非贸易不但在规模上持续增长，而且在结构上进一步优化，表现出较强的互补性。从商品结构来看，2013 年的中非贸易注重向非洲输出技术，并增强对非洲工业的拉动，其中，中国出口的技术含量和附加值较高的机电、高新技术产品占中国对非出口商品的比例已接近一半，非洲的钢材、铜材等工业制成品也陆续进入中国市场②。中非贸易互补性的间接表现是极少的贸易摩擦。2013 年，中国与传统的非洲发展中国家无任何贸易摩擦，仅有的一起贸易摩擦发生在南非，为对从中国、韩国进口的铜版纸产品发起的反倾销调查③。

贸易发展带动了投资发展。虽然中国对非投资的基数比较低，但是发展速度非常快。为进一步推动中国企业到非洲投资，在国家政策的引领下，我国金融业对对非投资给予强有力的金融支持，截至 2025 年，中国中央政府，包括国有银行，将向非洲提供 1 万亿美元的融资。其中，进出口银行将占这些贷款的 70%~80%，包括直接投资、软贷款和商业贷款④。在政策引领与金融推动下，近年来的中国对非投资基本上保持 50% 的增长速度。2013 年 1~10 月，中国对非洲非金融类直接投资达 25.4 亿美元，同比增长 71.6%。目前，中国已累计在非设立各类投资企业逾 2 000 家，涉及农业、基础设施、加工制造、资源开发、金融、商贸、房地产等多个领域，雇佣当地员工超过 8 万人。非洲已经成为中国在海外投资的第四大目的地。⑤

中国与非洲的投资是双向的，不但为非洲的发展提供资金支持，而且向非洲的资本提供更有利的投资机会，以促进非洲产业结构的合理发展。截至 2012 年，非洲国家对华直接投资达 142.42 亿美元，较 2009 年增长 44%⑥。

2. 部分行业和地域的联系格外突出

从行业来看，中非经贸联系的重点领域是对外工程承包。非洲是中国对外承包工程的重点区域，在非洲的工程承包规模占中国对外承包总体规模的 1/3 以上。2013 年 1~10 月，中国企业在非新签署承包工程合同额 470.1 亿美元，同比增长 22.5%，完成营业额 322.1 亿美元，同比增长 11.4%，非洲已经成为中国企业在海外承包工程的第二大市场。

---

① "皖对非洲投资额占全国一成：5.8 亿美元"，中非合作论坛网站，2014 年 1 月 6 日，http://www.focac.org/chn/zfgx/zfgxjmhz/t1114871.htm，2014 年 1 月 25 日登录。

② 汪渝等："2013 年中非经贸合作成果令人瞩目新亮点不断涌现"，中非合作论坛网站，2013 年 12 月 31 日。http://www.focac.org/chn/zfgx/zfgxjmhz/t1113422.htm，2014 年 1 月 25 日登录。

③ "南非对原产于中国的铜版纸发起反倾销调查"，商务部网站，2012 年 2 月 28 日，http://gpj.mofcom.gov.cn/article/zt_mymcyd/subjectgg/201304/20130400102650.shtml，2014 年 1 月 25 日登录。

④ "中国将向非洲提供一万亿美元"，中非合作论坛网站，2013 年 12 月 20 日，http://www.focac.org/chn/zfgx/zfgxjmhz/t1110641.htm，2014 年 1 月 29 日登录。

⑤ "钟曼英：中国跟非洲在经济上有很强的互补性"，中非合作论坛网站，2013 年 12 月 24 日，http://www.focac.org/chn/zfgx/zfgxjmhz/t1111601.htm，2014 年 1 月 25 日登录。

⑥ 中华人民共和国国务院新闻办公室：《中国与非洲的经贸合作》，载《人民日报》2013 年 8 月 30 日第 023 版。

在部分工程承包领域，中国企业已经占据绝对优势地位，如水电建设，中国水电这一家企业便承建了非洲超过90%的水电站[①]。

从地域来看，非洲较大的经济体与中国的联系更为紧密，如南非、尼日利亚和肯尼亚等。其中，尼日利亚的第一位贸易伙伴是中国，2013年，中尼双边贸易额135.9亿美元，同比增长28.6%。中国对尼日利亚出口120.4亿美元，增长29.6%；自尼日利亚进口15.4亿美元，增长21.2%。中尼进出口、出口和进口增速分别高出同期中国总体增速21个、21.7个和13.9个百分点。[②] 肯尼亚的第一大外国直接投资来源地和第二大贸易伙伴是中国，2012年双边贸易额超过28亿美元[③]。我国部分省市与非洲的经贸往来显著高于全国平均水平，如安徽、湖北。安徽省对非洲市场一直非常重视。2013年1～11月份，安徽省对非洲投资额占到全国的10.3%。非洲还是安徽省对外承包工程的最大市场。2013年上半年，非洲市场新签对外承包工程合同金额为5.9亿美元，占安徽企业全部新签合同金额的56.7%。[④] 湖北省是国内唯一在非洲连续多年举办大型经贸展览的省份，2013年12月7日，由湖北省政府牵头，连续五次举办湖北企业"走进非洲"系列经贸活动启动，远赴非洲拓展海外市场[⑤]。

正是因为中非经贸往来在部分行业与地区的突出表现，所以中非之间的经济外交活动也以这些行业和地域为拉动点。中国对非洲的援助、贸易与投资，以对非工程承包为核心来发展，使得中国与非洲的经贸往来以基础设施建设为主要特色。中国与非洲开展的经济外交活动，也注重部分省份与非洲国家之间开展的地方政府经济外交，作为中央政府层面经济外交的重要补充。

（二）　充分落实四字方针

在中非经贸联系的基础上，2013年的中非经济外交充分落实了"真、实、亲、诚"四字方针，具体表现在以下六个方面。

1. 注重中非共同发展繁荣

"真"字方针要求对非经济外交建筑在中国与非洲的共同利益之上，注重中国与非洲的共同繁荣。为实现双方的共同利益，中国的优惠政策不但面向中方企业，也惠及非洲企业，如中非发展基金、非洲中小企业发展专项贷款，以及在非洲建设的中非经贸合作区等等。

---

① "中国水电承建非洲水电站超九成　多国摆脱电荒"，中非合作论坛网站，2013年6月6日，www.focac.org/chn/zfgx/zfgxjmhz/t1047978.htm，2014年1月29日登录。

② "2013年中国与尼日利亚贸易额达到创纪录的135.9亿美元"，商务部网站，2014年1月28日，http://www.mofcom.gov.cn/article/i/jyjl/k/201401/20140100475429.shtml，2014年1月29日登录。

③ 汪渝等："2013年中非经贸合作成果令人瞩目新亮点不断涌现"，中非合作论坛网站，2013年12月31日。http://www.focac.org/chn/zfgx/zfgxjmhz/t1113422.htm，2014年1月25日登录。

④ "皖对非洲投资额占全国一成：5.8亿美元"，中非合作论坛网站，2014年1月6日，http://www.focac.org/chn/zfgx/zfgxjmhz/t1114871.htm，2014年1月25日登录。

⑤ "百家鄂企走进非洲觅商机　组团规模居全国之首"，中非合作论坛网站，2013年12月10日，www.focac.org/chn/zfgx/zfgxjmhz/t1107407.htm，2014年1月29日登录。

地
区
篇

中非发展基金和非洲中小企业发展专项贷款为非洲企业提供了较为充裕的资金支持。截至2013年6月，中非发展基金对非洲已实际投资19亿美元，并期待在2014年启动第三期募资20亿美元。① 专项贷款也发展迅速，截至2012年年底，专项贷款累计承诺贷款12.13亿美元，已签合同金额10.28亿美元，发放贷款6.66亿美元②。2013年3月25日，南非工业发展公司实现了中国国家开发银行1亿美元非洲中小企业专项贷款授信首次提款，金额3 791万美元，全部用于支持南非中小企业发展和改善民生项目③。总体来看，中国所提供的资金支持足以满足当前非洲中小企业的资金需要，中国政府非洲事务特别代表钟建华表示，在2006年"中非合作论坛"上提出的50亿美元资金额度已经高于非洲企业的在该基金项目下的资金需要。④

中非经贸合作区为非洲的发展提供了良好的基础设施。2013年，中国—埃及苏伊士经贸合作区的起步区开发完毕，新增6平方公里拓展区的开发也已正式启动合作区吸引投资额占中资企业在埃及投资的近80%，产生明显的产业集群效应。⑤ 12月26日，中方泰达埃及公司与埃及苏伊士湾特区下属MDC公司签署苏伊士6平方公里经贸区合同生效协议。埃及投资部长向媒体表示，经贸区的建立能为埃及带来4万个直接就业岗位，6万个间接就业岗位，对推动埃及经济发展有重要意义⑥。中非经贸合作区对非洲经济的拉动作用得到非洲国家的普遍关注，2013年9月30日，由南部非洲发展共同体赞比亚委员会向赞比亚商贸工部提出要求，来自津巴布韦、安哥拉、马拉维等多个南部非洲发展共同体国家的使节到经贸合作区谦比希园区进行参观和访问⑦。

总的来看，中国与非洲的经贸往来有力地推动了非洲的经济繁荣。这一点已经被主流媒体所认同。2013年9月4日，美国《基督教科学箴言报》报道，中国正在快速融入非洲当地的工商业，并且已经帮助大量的非洲人脱离贫困。对于大部分的非洲人来说，中国的工商业已经成为他们日常生活的一部分。调查表明，75%的非洲人认为中国在非洲的发展中扮演了积极的角色，并且，中国将私人商业投资与基础设施建设相结合的投资模式受非洲青睐。在过去的35年间，中国已经帮助6亿非洲人摆脱贫困。⑧

2. 推动非洲自主发展能力

"真"字方针还要求在中非经贸往来中充分尊重非洲的尊严和自主性。在中非经济外

---

① 王新俊：《中非发展基金架起中非合作发展彩虹桥》，载《国际商报》2013年11月4日第C01版。

② 中华人民共和国国务院新闻办公室：《中国与非洲的经贸合作》，载《人民日报》2013年8月30日第023版。

③ 王欲然："国家开发银行向南非IDC发放中小企业专项贷款"，新华网2013年3月26日，http：//news. xinhuanet. com/world/2013－03/26/c_124502820. htm，2014年1月25日登录。

④ "非洲发展类似中国80年代 日常需求蕴藏大商机"，中非合作论坛网站，2013年9月13日，http：//www. focac. org/chn/jlydh/mtsy/t1076656. htm，2014年1月25日登录。

⑤ "中埃苏伊士经贸合作区建设取得新进展"，中非合作论坛网站，2013年5月18日，http：//www. focac. org/chn/zfgx/zfgxjmhz/t1041403. htm，2014年1月29日登录。

⑥ "中埃双方签署苏伊士6平方公里经贸区合同生效协议"，商务部网站，2013年12月31日，http：//www. mofcom. gov. cn/article/i/jyjl/k/201401/20140100457440. shtml，2013年1月29日登录。

⑦ "南部非洲发展共同体多国使节来访经贸合作区"，赞比亚中国经济贸易合作区网站，2013年10月2日，http：//zccz. cnmc. com. cn/detailtem. jsp? column_no＝070401&article_millseconds＝1380707462019，2014年1月25日登录。

⑧ "美媒称非洲欢迎中国甚于美国，望中企融入当地"，中非合作论坛网站，2013年9月5日，http：//www. focac. org/chn/jlydh/mtsy/t1073401. htm，2014年1月25日登录。

交中，提高非洲自主发展能力是中国推进与非洲经济合作的一贯方针。非洲经济对全球市场有很强的依赖性，在次贷危机与欧债危机的冲击中，中国弥补了西方国家下降的需求，成为撒哈拉以南地区最重要的贸易伙伴①。但是，中国并未利用这一机会来塑造非洲经济对中国的依附性，而是着重提高非洲的自主发展能力。

2013 年，中国继续在经贸往来中提高非洲的自主发展能力。一方面，我国企业继续参与非洲电力、能源、交通和民生等领域的基础设施建设，为非洲发展积累先行资本，另一方面，我国在基础设施的基础上拓展合作领域，力求非洲国家的自主发展能力成为现实。在经济外交活动中，中国将推动非洲自主发展能力作为一个重要的内容。2013 年 3 月，习近平主席在访问坦桑尼亚时表示："中国将加强和非洲国家在农业和制造业等领域的互利合作，帮助非洲国家把资源优势转化为发展优势，实现自主发展和可持续发展。"② 作为对习近平主席讲话精神的落实，2013 年中，驻非外交官不但积极促进有助于非洲自我发展的人力资源培养和基础设施建设，而且注重在各种外交活动中推进非洲自主发展的信心。8 月 10 日，中国驻赞比亚大使周欲晓向赞比亚的青少年代表做励志演讲，鼓励赞比亚青少年特别是那些出身平凡者不要怨天尤人或是自暴自弃，而要自强不息，用努力奋斗来创造自己的命运，帮助国家和自身实现更加美好的未来③。8 月 12 日，中国驻科特迪瓦使馆向 20 名获得 2013～2014 学年中国政府奖学金的科学生颁发录取通知书，并鼓励他们担任好"科特迪瓦大使"，践行"团结、纪律、劳动"的国家格言，学有所成，报效祖国④。8 月 23 日，驻马里大使曹忠明将中国梦、非洲梦与马里梦相联系，既表示中国作为马里的好朋友，将一如既往支持马里人民实现美好的马里梦，又希望留学生在中国努力学习，学成回国后更好地报效国家⑤。中国政府非洲事务特别代表钟建华表示，非洲目前就相当于中国 80 年代，到非洲去就是走中国 30 年前曾经走过的路子，基本上不会有大错，中国企业需要带走中国已经学会的经验到非洲去，把非洲做得更好一些，而不是做得更差一些。⑥ 驻非外交官以自己的亲身经历和中国发展的真实历程所进行的演讲，对非洲群众更富于感染力，也更有力地增强非洲人民自主发展的信心。

对于我国着力提高非洲的自主发展能力的举措，非洲国家深表赞同。2013 年 6 月，埃塞俄比亚总理海尔马里亚姆表示："如今包括埃塞俄比亚在内的许多非洲国家都在中国的资金支持和中国工程公司的帮助下（在基础设施方面）变得焕然一新。这无疑会促进非洲

①　"萨耶赫：中国对促进非洲出口发挥了巨大作用"，中非合作论坛网站，2013 年 11 月 6 日，http：//www. fo-cac. org/chn/jlydh/mtsy/t1096361. htm，2014 年 1 月 29 日登录。

②　汪渝等："2013 年中非经贸合作成果令人瞩目新亮点不断涌现"，中非合作论坛网站，2013 年 12 月 31 日。ht-tp：//www. focac. org/chn/zfgx/zfgxjmhz/t1113422. htm，2014 年 1 月 25 日登录。

③　"驻赞比亚大使周欲晓为赞青少年做励志演讲"，中非合作论坛网站，2013 年 8 月 13 日，http：//www. fo-cac. org/chn/jlydh/sjzs/t1066080. htm，2014 年 1 月 25 日登录。

④　"驻科特迪瓦使馆举行 2013～2014 学年中国政府奖学金颁发仪式"，中非合作论坛网站，2013 年 8 月 16 日，http：//www. focac. org/chn/jlydh/sjzs/t1066950. htm，2014 年 1 月 25 日登录。

⑤　"驻马里大使曹忠明在马赴华留学新生欢送会上的讲话"，中非合作论坛网站，2013 年 8 月 24 日，http：//www. focac. org/chn/jlydh/sjzs/t1069452. htm，2014 年 1 月 25 日登录。

⑥　"非洲发展类似中国 80 年代 日常需求蕴藏大商机"，中非合作论坛网站，2013 年 9 月 13 日，http：//www. fo-cac. org/chn/jlydh/mtsy/t1076656. htm，2014 年 1 月 25 日登录。

国家之间的贸易，同时会在它们的内部和外部催生更大的一体化市场。"① 赞比亚矿业、能源及水利发展部长克里斯托·雅卢玛也表示，中国对非基础设施投资为增长驱动型，其实质是促进非洲经济内生动力。南非国际问题研究所研究员安娜表示，中国公司的竞争是促进非洲建筑市场振兴的主要因素。②

3. 落实各项中非合作承诺

"实"字方针体现在中国与非洲的交往诚实守信，有诺必践。在中国落实的各项合作承诺中，"中非合作论坛"计划最为典型。"中非合作论坛"计划项目多、资金额度大、覆盖范围广，其落实需要中国国内各部门的广泛协作，以及驻非外交人员与当地政府的充分协调。虽然总体来看难度较大，但是在2013年的落实情况十分令人满意。在中非合作论坛第5届部长级会议上，中国提出经贸领域的三项合作举措，分别是扩大投融资合作、扩大对非发展援助和支持非洲一体化建设。2013年，我国稳步落实了这三项举措，在扩大投融资合作方面，中方承诺的200亿美元融资额度落实进展顺利，在扩大对非发展援助方面，2013年中国对非援助规模继续增长，在支持非洲一体化建设方面，中非在推动非洲跨国跨区域基础建设和促进非洲区域贸易便利化方面都进行了有益和深入的探讨。③

4. 继续坚持平等交往原则

"实"字方针还体现在经贸往来的平等态度上。中国与非洲的经济交往一直秉承友好、平等的原则，不对非洲提出任何政治上的附加要求。我国领导人在每次的中非会晤中均强调会沿袭这一做法。2013年3月25日习近平主席在坦桑尼亚尼的演讲中强调中国提供的帮助是不附加任何政治条件的。6月13日李克强总理在与埃塞俄比亚总理的会谈中再一次强调，中方对非提供援助从不附带任何政治条件④。国家领导人对平等交往原则的反复强调，不但将中国的援助与西方国家的援助做出了泾渭分明的区分，而且保证了平等交往的原则长期贯彻。对此，多数非洲国家给予了认同，一般认为，中国对非洲关系有三大优势，而从不干涉非洲内部事务和真诚无私的经济往来便占据了其中两条⑤。

5. 培育经济交往的社会基础

"亲"字方针要求增进中非人民的相互了解和认知，厚植中非友好事业的社会基础。2013年，驻非外交人员通过组织中方企业与所在地社区的各种交往，推动双方的相互了解，增进双方的认同感。2013年10月17日，中国驻莫桑比克大使馆与莫矿产资源部共同召开中资企业与莫桑比克有关部门座谈会，反映其在莫投资合作中遇到的困难和问题，为

① 汪渝等："2013年中非经贸合作成果令人瞩目新亮点不断涌现"，中非合作论坛网站，2013年12月31日。http://www.focac.org/chn/zfgx/zfgxjmhz/t1113422.htm，2014年1月25日登录。

② 苑基荣：《中国投资改善了非洲基础设施》，载《人民日报（海外版）》2014年1月13日第004版。

③ 汪渝等："2013年中非经贸合作成果令人瞩目新亮点不断涌现"，中非合作论坛网站，2013年12月31日。http://www.focac.org/chn/zfgx/zfgxjmhz/t1113422.htm，2014年1月25日登录。

④ 吴乐珺：《推动中埃合作再上新台阶将中非合作提升至新水平》，载《人民日报》2013年6月14日第02版。

⑤ "中国发展对非洲关系三大优势"，中非合作论坛网站，2013年9月24日，http://www.focac.org/chn/zfgx/zfgxzzjw/t1079784.htm，2014年1月25日登录。

促进中莫互利合作创造良好环境及有利条件①。在中国驻非企业中，私营企业在数量上占据较大的比重，以坦桑尼亚为例，在坦桑尼亚投资的500多家中国企业中，私营企业占80%以上。并且由于国营企业的中方人员集中居住，与当地人员交往较少，所以给非洲普通民众带来直观感受的主要是私营企业人员。一方面，中国的私营企业给非洲带来了先进的生产技术和管理理念，为非洲的工业化发展培养了大批优秀人才，增强了非洲自我发展的能力；另一方面，由于文化和语言的差异，民营企业中的冲突更为明显。为此，驻非外交人员积极促进中非私营企业之间的相互了解，并通过民间组织构建中非经济交往的社会基础。2013年9月27日，中华总商会与坦桑尼亚私营行业基金会举行合作仪式，驻坦桑尼亚大使周欲晓表示，双方的合作将成功实现互利共赢：对中方而言，它将帮助中国在坦企业更好融入当地社会、更快地树立形象、更多地寻找商机；对坦桑尼亚而言，将更好地发现合作伙伴，更快地找到合作机会，更大地争取发展空间。②

6. 坦诚解决出现的新问题

"诚"字方针要求对非经济外交要正视新情况、新问题，并对出现的问题本着相互尊重、合作共赢的精神加以妥善解决。非洲各国虽有联合自强、发展振兴的一致要求，但是每一个国家都有各自的特殊之处。正如 IMF 非洲区负责人、利比里亚前财长安托瓦妮特·萨耶赫所言，常说的"非洲"指是撒哈拉以南45个国家，但这是45个完全不同的国家，如果一个一个去看，会发现不同区域的情况存在深刻差异③。正因如此，在中国与特定非洲国家的经济外交中，既要坚持平等交往、增强其自主发展能力的原则，又要根据其新情况、新问题进行有针对性的处理。如赞比亚矿山的劳资冲突问题、南苏丹的局势动荡等问题，都需要本着相互尊重、合作共赢的精神进行充分协商。

（三）扩展经济合作范围

随着非洲经济的发展，世界开始重视非洲，非洲与各国经济之间的联系日益紧密，对非经济外交的范围也随之扩展。

1. 对非经济外交的重要性上升

"薄荷四国"概念的兴起使得非洲的重要性不断上升。在金融危机的余波下，金砖国家的增速已经有所减弱，国际投资者开始寻找其他的新兴市场，2011年，信诚国际投资公司提出"薄荷四国"的概念，认为墨西哥、印度尼西亚、尼日利亚和土耳其将引领新一轮的经济增长，"今后10年中，投资者从这4个市场获得的回报将会与过去10年里从金砖

---

① "驻莫桑比克使馆与莫矿产资源部召开中资企业座谈会"，中非合作论坛网站，2013年10月20日，http://www.focac.org/chn/jlydh/sjzs/t1092065.htm，2014年1月25日登录。

② "吕友清大使在中华总商会与坦私营行业基金会合作仪式上的讲话"，中非合作论坛网站，2013年9月27日，http://www.focac.org/chn/jlydh/mtsy/t1081871.htm，2014年1月25日登录。

③ "萨耶赫：中国对促进非洲出口发挥了巨大作用"，中非合作论坛网站，2013年11月6日，http://www.focac.org/chn/jlydh/mtsy/t1096361.htm，2014年1月29日登录。

国家获得的回报同样丰厚"。"金砖之父"、原高盛公司首席经济学家的吉姆·奥尼尔在为彭博社撰写的专栏中写到："请称呼我们'薄荷四国（MINT）'——墨西哥（M）、印度尼西亚（I）、尼日利亚（N）和土耳其（T）。"

与金砖国家不同，"薄荷四国"是纯粹的发展中国家，而不是俄罗斯那样的前超级大国和南非那样的前发达国家。其中，尼日利亚在非洲的经济地位已有超过南非的迹象，据相关报道，尼日利亚将公布调整后的 GDP，有望较之前的数字提升45% ~ 60%，使得尼日利亚超过南非成为非洲第一大经济体，人均 GDP 由 1 700 美元增长到 2 400 美元，这将使尼日利亚步入中等收入国家行列。

尼日利亚经济的崛起将产生巨大的经济和地缘政治影响。[①] 通常认为，非洲原最大经济体南非、东非最大经济体肯尼亚以及非洲第一大产油国尼日利亚是非洲经济走势的主要驱动力[②]，尼日利亚的特别之处，在于传统上属于发展中国家，这将使各国对非洲发展有更高的期望。西部非洲经济在 2013 年的崛起印证了这一趋势，根据西共体委员会 2013 年年度报告，西共体 15 个成员国中有 7 个国家今年的经济增长率超过 6.3%，2014 年将有11 个成员国经济增速超过 5%，其中科特迪瓦预计达到 9.1%，马里将恢复至 6.6%，塞拉利昂则维持在 14% 左右。非洲开发银行最近发布的一份报告也指出，在 2013 年非洲经济增速最快的 10 个国家中，塞拉利昂、科特迪瓦与加纳这 3 个西非国家的经济增速预期位列前六名[③]。在这一趋势下，对非经济外交的规模、结构和领域都将发生变化。

2. 对非经济外交的范围不断扩展

对非经济外交和对发达国家外交、对金砖国家外交有着密切联系，尤其是与对金砖国家外交有着天然的联系。首先，南非本身便是金砖国家的成员，虽然南非与其他的非洲发展中国家差异巨大，但是对南非的经济外交活动常常与对非洲其他国家的经济外交活动一同进行。如习近平主席在任期内的首次国事访问，即同时包括作为金砖国家的俄罗斯、南非和坦桑尼亚等非洲国家。其次，金砖国家和非洲之间已经存在较多的经济合作。俄罗斯在非洲大力扩展能源合作，印度也通过印非论坛峰会等合作框架强化对非经济外交，30.16% 的巴西公司在非洲有业务，并且同样秉承不卷入非洲国家内部事务的原则，既为巴西赢得了声誉，也为其商品打开了销路。[④] 最后，非洲和金砖国家之间期望以合作实现共赢。2013 年 3 月 27 日，金砖国家领导人同非洲国家领导人在南非德班举行首次对话会，围绕"释放非洲潜力：金砖国家和非洲在基础设施领域的合作"这一议题进行讨论。非洲寻求与新兴市场国家的合作以弥补西方传统援助国衰落的空档，金砖国家寻求与非洲国家的合作以获得新的发展空间。尤其是许多非洲国家兴起了"向东看"的思潮，希望通过加强与中国等亚洲新兴国家的经济联系来确保非洲经济的可持续增长，实现联合国千年发展

① "尼报称调整 GDP 后尼日利亚将成为非洲第一大经济体"，商务部网站，2013 年 12 月 24 日，http：//www.mofcom. gov. cn/article/i/jyjl/k/201312/20131200435806. shtml，2014 年 1 月 29 日登录。

② 程慧：《"三国演义"左右非洲经济走势》，载《中国高新技术产业导报》2014 年 1 月 13 日第 A08 版。

③ 张建波：《西部非洲经济异军突起》，载《国际商报》，2013 年 12 月 30 日第 C01 版。

④ 李安山：《非洲——世界经济增长的新亮点》，载《光明日报》，2013 年 12 月 29 日第 008 版。

目标。①

对非经济外交和各种经济合作组织的联系也非常紧密。环印度洋地区合作联盟（环印联盟）是其中的一个典型例子。环印联盟是目前环印度洋地区唯一的经济合作组织，环印联盟于1997年3月正式成立，截至2011年，共有19个成员国：中国、日本、埃及、英国和法国5个对话伙伴国以及环印度洋旅游组织和印度洋研究组2个观察员。2013年11月2日，环印联盟第十二届部长理事会会议及相关会议在印度古尔冈闭幕。中国外交部非洲司司长卢沙野作为中国政府代表出席会议并表示，中国与环印联盟在打击海盗方面开展国际合作，在科学技术领域也在探讨与环印联盟开展合作，中国一直支持和资助该组织的发展以及其与中国开展的合作项目，并且中国和环印联盟的合作前景非常广泛，希望与环印度洋国家、与环印联盟加强沟通与协调，也愿意参与到地区的经贸与安全合作中②。

三、不可忽视的潜在冲击

尽管我国在新对非外交方针的指导下，与非洲的经济外交全面提升，但是仍有一些潜在的冲击需要引起重视。这些潜在冲击既有老问题，也有新动向。

（一）各国对非经济合作普遍加强

1. 发达经济体强化经济外交的政治导向

发达经济体以美、欧、日为代表，在与非洲的经济外交活动中，中国往往被视为竞争对象，并试图以政治指责来排除中国在非洲的影响力，提高其在非洲的地位。

2013年，美国对非洲的经济外交活动仍以援助为主，并以政治上的影响来推动经贸活动的扩展。2013年6月26日至7月3日美国总统奥巴马对塞内加尔、南非和坦桑尼亚非洲三国进行的为期一周的访问，这是他第二任期内的首次非洲之旅。奥巴马政府公布了对撒哈拉以南非洲的新战略。该战略主要包含4大支柱，即第一是加强非洲的民主机构建设；第二是促进非洲经济增长、贸易和投资领域的发展；第三是推动非洲和平与安全；第四是促进非洲的机遇与发展。③ 奥巴马政府推出的撒哈拉以南非洲战略把"民主、自由"的"价值观外交"以及"和平与安全"的"军事外交"摆在首位，一般认为其目的在于遏制中国在非洲影响力的扩大。④美国对非洲抱有较高的期望，奥巴马提出将从肯尼亚等东非共同体（EAC）的进口额增加40%，并在之后5年出资70亿美元，完善埃塞俄比亚、加纳和尼日利亚等撒哈拉以南国家的电力设施。其具体实施，则从政治和经济两方面着

---

① ④ 贺文萍：《美国对非洲战略的新变化》，载《新视野》，2013年第11期。

② "环印联盟第十二届会议在印度闭幕，非洲司长卢沙野作为中国政府代表出席会议"，中非合作论坛网站，2013年11月13日，http://www.focac.org/chn/jlydh/mtsy/t1098490.htm，2014年1月29日登录。

③ 贺文萍：《"迟到的访问"并未收获掌声——奥巴马非洲外交遇冷》，载《中国社会科学报》，2013年7月10日第B02版

手，政治上推动非洲实现民主化，经济上推进出口产品品质标准和规定等的统一化①。美国的援助总是伴随着额外的要求，在 2013 年 8 月 12～13 日在埃塞俄比亚首都亚的斯亚贝巴召开的《非洲增长与机遇法案》部长级论坛上，奥巴马一方面承诺延长即将于 2015 年到期的《非洲增长与机遇法案》，另一方面，对非洲施加压力，负责与非洲外贸事务副代表弗洛里泽尔·丽泽表示，非洲一些国家需要更多的时间来提高自己的竞争力，以使其制造业竞争力不至于过度落后于孟加拉国、柬埔寨等部分亚洲国家。②

欧洲注重恢复在非洲的影响。2013 年 10 月 14～15 日，法国总统奥朗德对南非进行访问，重点是加强法国与南非的经贸合作与企业间的交流。南非对此进行较热烈的回应，并表示希望两国商界与公司拓展在基础设施、农业领域的合作。南非金山大学商务学院研究生院学者库阿库表示，法国希望在非洲未来的地缘政治中扮演积极角色，如必须要有足够强大的合作伙伴，那么南非是比较合适的。1995 年成立的法国与南非联合经济委员会也可能在以后恢复，以促进两国在贸易与工业等领域的合作。③ 欧盟在发展非洲影响力的同时也注重与中国的协调，2013 年 12 月 9 日，外交部非洲司司长卢沙野与欧盟对外行动署非洲事务总司长韦斯特考特在比利时布鲁塞尔举行第八轮非洲事务磋商，双方就非洲形势、各自对非合作以及非洲热点问题等深入交换了意见。

日本出于政治需要，积极在经济外交领域与中国竞争。2013 年，日本利用非洲发展会议等平台积极推行"官民一体"的对非经济外交，力求与中国争夺非洲能源和对非影响力。6 月 1～3 日，日本与部分非洲国家召开第五届非洲发展东京国际会议，首相安倍晋三宣布，在之后 5 年将向非洲提供总额 3.2 万亿日元（约合 320 亿美元）一揽子援助。据共同社报道，日本提供的资金包括官方发展援助 1.4 万亿日元（140 亿美元），其中大约 6 500 亿日元（65 亿美元）为贷款，用于 10 个非洲国家基础设施建设。④ 这是日本历经 7 年后恢复对撒哈拉以南非洲的关注，上次对撒哈拉沙漠以南非洲地区的访问要追溯到 2006 年 4 月小泉纯一郎执政期间。⑤

2. 新兴经济体重视非洲的市场与资源

新兴经济体对非洲的市场与资源高度关注，以金砖国家最为典型。

俄罗斯以能源为重点，积极开展与非洲国家的合作。第五届金砖五国领导人峰会开始之前，俄罗斯总统普京与南非总统祖马签署了在两国间建立全面战略伙伴关系的联合宣言，并见证了一系列有关两国在包括能源在内的多个领域开展合作的双边文件的签署。⑥ 埃及也是俄罗斯在非洲的重要能源合作伙伴，总统穆尔西于南非召开的金砖论坛上与俄总

① "日媒：美国拟从政经两个层面援助非洲抗衡中国"，中非合作论坛网站，2013 年 10 月 30 日，http://www.focac.org/chn/jlydh/mtsy/t1094425.htm，2014 年 1 月 29 日登录。

② "奥巴马打算延长《非洲增长与机遇法案》"，商务部网站，2013 年 10 月 15 日，http://www.mofcom.gov.cn/article/i/jyjl/k/201310/20131000350184.shtml，2014 年 1 月 29 日登录。

③ 张建波：《法总统访南非欲强化在非存在》，载《人民日报》，2013 年 10 月 16 日第 021 版。

④ "非洲'撒钱'，日本想'入常'"，华商报网络版，2013 年 6 月 3 日，http://hsb.hsw.cn/2013-06/03/content_8498993.htm，2014 年 1 月 29 日登录。

⑤ 方晓：《安倍猛推非洲外交紧盯中国》，载《东方早报》，2013 年 5 月 31 日第 A16 版。

⑥ 伍浩松：《俄罗斯将帮助南非发展核工业》，载《国外核新闻》，2013 年第 4 期。

统普京讨论了能源合作，并表示非常期待与俄罗斯共同开发天然气。① 2013 年 4 月 12 日俄总统普京在索契（Sochi）会见埃及总统穆尔西，提出给予埃及贷款。普京表示，同意实现双边经贸关系多元化，注重投资合作，认为在农业、工业以及能源领域的合作项目有加速增长的潜力。4 月 19 日，俄罗斯能源部长诺瓦克表示，埃及邀请俄罗斯参加该国的核电建设以及铀矿开发项目。②

印度与非洲的经贸往来全面推进。贸易方面，由于非洲市场前景广阔，当地供应又明显不足，所以越来越多的印度企业将目标瞄准了非洲。以化工产品为例，2013 年印度对尼日利亚化学品出口总值将达 9 030 万美元，而 2012 年为 8 550 万美元，同比增长 5.6%。部分印度产品在非洲的市场份额也很高，如印度对尼日利亚出口的石化产品，占到尼日利亚化学品市场的 70% 以上，而且主要是针对石油开采业的化学品。③ 投资方面，虽然我国对非洲的投资在快速增长，但是从交易数量来看，印度和澳大利亚是在非洲并购最多的亚洲国家，并且在非洲进行最多的入境并购交易的亚洲国家是印度。④

（二）企业外部环境发生较大变化

1. 日益加剧的中企竞争

随着中国对非投资的迅速增长，中国企业大量走进非洲。但是，中国进入非洲的行业过于集中，使得竞争日趋激烈。中国水电十一局赞比亚公司的总经理刘本江表示，非洲市场的容量有限，但是来非洲承包工程的企业多出了六七倍。中国银行（赞比亚）有限公司总经理周建军也表示，扎堆严重已经成为中国企业在当地面临的一大问题："早一些年的时候，政府如果有一个项目，招投标参与竞标的企业大概会有两到三家，现在可能翻了十倍都不止了，就是各类且都在往这边集聚。"⑤ 中国地质工程集团公司加纳经理部总经理丰年表示，中国建筑企业占加纳建筑市场份额高达 60% ~ 70%，中国建筑企业之间竞争非常激烈⑥。这虽然带来非洲基础设施建设成本的下降，但是深层次问题也逐渐显现，如中国公司建设的基础设施质量差；贷款缺乏透明性，动辄数亿数十亿美元贷款，加重非洲国家外债风险；违规运营和操作；对非洲国家经济多元化有限等。⑦

2. 不断增长的政治风险

恐怖主义与政策变动使得对非投资的政治风险大幅增加。恐怖主义组织从非洲北部开始扩散，索马里青年党在索马里、埃塞俄比亚、肯尼亚三国交界地区的活动十分猖獗，其

---

① 管之见：《埃及寻求从俄罗斯进口天然气》，载《中国能源报》，2013 年 4 月 29 日第 008 版。

② 曹伟宁：《埃及邀请俄罗斯参加核电建设和铀矿开发》，载《国外核新闻》，2013 年第 5 期。

③ 饶兴鹤：《印度化工出口盯上非洲市场》，载《中国化工报》，2013 年 8 月 2 日第 004 版。

④ Anjali Piramal、王宏峰：《印度澳洲是在非洲并购交易最多的亚洲国家》，载《中国矿业报》，2013 年 3 月 30 日第 A08 版。

⑤ "中国企业扎堆投资非洲，各方呼吁理性投资规避风险"，中国青年网，2014 年 1 月 22 日，http://news.youth.cn/jsxw/201401/t20140122_4567672.htm，2014 年 1 月 29 日登录。

⑥⑦ 苑基荣：《中国投资改善了非洲基础设施》，载《人民日报（海外版）》，2014 年 1 月 13 日第 004 版。

目标是在三国交界地区建立"东非伊斯兰酋长国"。2013 年 10 月，利比亚总理阿里·扎伊丹被利比亚反对势力绑架。此次利比亚总理遭"绑架"更凸显出恐怖主义在利比亚乃至整个非洲扩散所存在的巨大"监管漏洞"。① 2014 年 1 月 14 日，化险咨询发布了 2014 年度《全球风险地图》报告，提示阿尔及利亚、津巴布韦等非洲国家具有较高的政治风险，并且非洲劫持风险依然严重。② 恐怖主义对非洲的影响得到广泛关注，美国《大西洋月刊》发表文章指出，非洲已成为全球恐怖主义的新中心，2013 年成为非洲恐怖主义井喷年。在 2013 年的非洲联盟首脑会议上，与会各国承认，非洲的恐怖主义形势出现恶化迹象③。

恐怖主义的盛行不仅带来政治风险，也为军事工业带来商机。非洲地区的武器装备需求将随着政府加紧打击恐怖分子和伊斯兰武装分子而增加，未来 10 年，非洲地区的国防开支可能超过 200 亿美元，津巴布韦军事和战略防务分析家约瑟夫·西班达表示，在未来几年，非洲市场将上升至与东南亚和中东市场同一水平。防务产品，如军用飞机、装甲车辆和先进火炮系统将位列非洲军队和执法机构采购清单的首要位置④。但是，总的来看，恐怖主义使得对非投资的政治风险上升，而且难以通过各种投资保护协议来规避风险。

部分非洲国家的政治、经济变动引发法规变动。津巴布韦涌现"本土化"潮流，根据《津巴布韦本土化与经济授权法》（2010 年修订）和津巴布韦青年、本土化与经济授权部 2013 年第 66 号文件规定，在津巴布韦经济保留行业内从事商业活动的人员，必须在 2014 年 1 月 1 日之前获得本土化证。这要求相关的中国企业和个人须根据从业时间不同提交股权本土化证明或计划。⑤ 尼日利亚大量回收采矿权。据尼日利亚《商业日报》报道，因业主未能及时缴纳年费等原因，违反了尼日利亚矿业法案（2007）等有关规章，尼日利亚联邦政府在 2013 年收回 593 个矿业权，包括 237 个探矿权、302 个采石权和 47 个小型采矿权等。⑥

3. 越来越高的投资要求

高涨的失业率使得非洲国家对外部投资更加谨慎，以避免对本土产业形成竞争，恶化其就业形势。盖洛普全球调查公司发布的调查结果显示，2012 年中东北非地区失业率达到 19%，居全球首位；其次是撒哈拉以南非洲（15%）和巴尔干地区（14%）。⑦ 总的来看，

---

① "外报：利比亚总理被绑突显非洲反恐难题"，中非合作论坛网站，2013 年 10 月 15 日，http：//www. focac. org/chn/jlydh/mtsy/t1089148. htm，2014 年 1 月 29 日登录。

② "化险咨询：阿尔及利亚等地投资政治风险较高"，财经网，2014 年 1 月 14 日，http：//finance. caijing. com. cn/2014 - 01 - 14/113816871. html，2014 年 1 月 29 日登录。

③ 苑基荣、王晓越：《2013 成非洲恐怖主义井喷年》，载《人民日报》，2014 年 1 月 6 日第 021 版。

④ "非洲防务市场获青睐，未来十年需求将不断增长"，中非合作论坛网站，2013 年 8 月 19 日，http：//www. focac. org/chn/zfgx/zfgxjmhz/t1067450. htm，2014 年 1 月 29 日登录。

⑤ "提醒在津巴布韦中资企业和中国公民遵守当地本土化法律"，中国领事服务网，2013 年 12 月 16 日，http：//cs. fmprc. gov. cn/gyls/lsgz/lsyj/t1108442. shtml，2014 年 1 月 29 日登录。

⑥ "尼日利亚政府收回 593 处矿业权"，商务部网站，2013 年 12 月 31 日，http：//www. mofcom. gov. cn/article/i/jyjl/k/201312/20131200447779. shtml，2014 年 1 月 29 日登录。

⑦ "中东北非地区失业率全球最高"，商务部网站，2013 年 12 月 31 日，http：//www. mofcom. gov. cn/article/i/jyjl/k/201312/20131200447747. shtml，2014 年 1 月 29 日。

非洲无疑是失业率最高的大洲。有鉴于此，非洲国家往往对中国企业提出更多的吸纳就业要求。南非共和国副总统卡莱马·莫特兰蒂表示："根据中南两国的协议，任何一个投资于南非的中国企业适用于优先贷款协议。"但他也同时指出，投资当地的公司需符合南非的几个要求："一是必须转让技术，二是必须雇用南非公民，三是实现本地化，以让南非能够从中受益。我们只选择遵守这些规定的公司。"[①]

非洲国家开始对驻非企业提出更多的要求，在经贸往来上和中国制定明确的条规，以此争取双边贸易合作中的最大利益。现在非洲国家多数都和中国签订为期 30 年的合同建设和开发当地的基础设施。合同中还明确注明，中国企业在 30 年中除了基建之外还要负责建成的基础设施的维护。[②]

4. 逐渐显现的国别差异

对非经济外交常被看成一个整体，但是，不仅北非和撒哈拉以南非洲差别巨大，在撒哈拉以南非洲内部同样存在巨大的国别差异。非洲既是有着联合自强需求的统一体，又是由 54 个有着不同历史、政策、计划、竞争优势和雄心的国家组成的大陆。在通常的印象中，非洲是弱势的地区，是传统的受援助地区，是饥饿的大陆。但是，非洲并不缺乏富裕群体，据美国《基督教科学箴言报》2013 年 10 月 9 日报道，非洲大陆共有 55 名亿万富翁，很多非洲国家炫耀自己至少拥有 10 位亿万富翁，尼日利亚则拥有 20 位，身为非洲首富的尼日利亚籍商人阿里科·丹格特的个人资产比福布斯估计的还要高出 40 亿美元。富豪们利用钱财勾结政客，促使其颁布对他们有利的政策，而不是专注解决贫困问题。部分非洲国家也已经不是被动的援助接受者，而是使用各种外交策略，推进自身的政治和经济目标。如安哥拉的安哥拉人民解放运动成功利用中国对稳定能源供应的需要，推动本国经济发展。2012 年中国进口安哥拉将近 40% 的石油，安哥拉成为中国仅次于沙特阿拉伯的第二大能源供应国，这使得中国对安哥拉的依赖远大于安哥拉对中国的依赖[③]。因此，中非关系并非简单的中国与非洲大陆的关系，而是在各国有着不同的特征，面向非洲整体做出的外交方针需要根据中国与非洲各国的经济外交态势进行相应调整。

5. 发展滞后的金融服务

相对于工商企业而言，我国金融机构在非洲开展的金融服务滞后，不能基于本土化知识向中国企业提供相应的金融服务。在我国境内，银行的主要角色是吸收存款、发放贷款，以及结算业务，许多种类的中间业务并没有大规模的开展。但是对我国企业而言，所需的更多是基于本土化知识而提供的金融服务。我国在非洲的企业可以分为两极：一极是大企业的分支机构，另一极是立足当地小微企业。对于前者而言，在我国国内有很强的融

---

① "专访南非副部长：从中国发展看到非洲繁荣的希望"，中非合作论坛网站，2013 年 11 月 6 日，http：//www. focac. org/chn/jlydh/mtsy/t1096363. htm，2014 年 1 月 29 日登录。

② "荷兰历史学家：中国在非洲的成功值得西方学习"，中非合作论坛网站，2013 年 10 月 24 日，http：//www. focac. org/chn/jlydh/mtsy/t1093064. htm，2014 年 1 月 29 日登录。

③ "美媒：'中国在非洲'说法笼统片面易误解"，中非合作论坛网站，2013 年 11 月 20 日，http：//www. fo-cac. org/chn/jlydh/mtsy/t1100785. htm，2014 年 1 月 29 日登录。

资能力，不需要在非洲当地以很高的成本进行融资；对于后者而言，风险非常高，银行等金融机构不愿向其提供信贷支持。而在存贷款与结算之外，企业更需要跨越文化差异与金融环境差异。南非标准银行的管理人员表示，在对中国投资企业的金融服务中，60%的工作是帮助对方理解交易、金融工程、政府及监管者，40%的工作则是协助理解当地文化①。法兴银行的管理人员也表示，在金融危机期间，许多中资企业需要对当地有一定了解的跨国银行来分析形势②。

（三）西方国家政治指责日益激烈

西方国家的政治指责是一个老生常谈的问题，在前文论及发达经济体强化经济外交的政治导向时已经有所涉及。总的来看，西方势力借助对国际舆论话语权的控制，大肆鼓吹中国威胁、中国对非搞新殖民主义等。虽然众多的非洲国家并不认同这些观点，并在与我国的经济外交活动中驳斥这些不实的论调。但是，在涉及非洲国家内部的政党之争时，又往往以这些政治指责作为获取民意的砝码。例如2013年3月18日，尼日利亚央行行长拉米多·萨努西在英国《金融时报》撰文称，"中国拿走我们的初级产品，然后将制造产品出售给我们。这是殖民主义的本质所在。"③

对于这些政治指责，我国开始以实际数据给予正面驳斥。2013年10月14日，中国国际贸易促进委员会在北京发布《2013年度中国企业对外投资情况及意向问卷调查报告》。调查数据显示，尽管中国在非洲从事采矿业的确是重要一部分，但占比重最大的却是对非洲制造业的投资，其中，对非洲撒哈拉以南地区的投资中，制造业比例超过30%，几乎达到采矿业的两倍；对中东和北非地区的投资中，制造业比例也超过了采矿业；无论是北非还是撒哈拉以南非洲，采矿业投资比例均低于20%。这些数据有力地表明，中国对非洲投资为"掠夺资源"说法无法成立④。

四、2014年对非经济外交展望

总的来看，2013年是中非经济外交的承上启下的一年。"非洲梦"与"命运共同体"的提法为新时期的中非经济外交进行了准确定位，"真、实、亲、诚"的四字方针给中非经济外交提供了明确的指引。在此基础上，我们对2014年中国对非经济外交进行如下展望。

（一）经贸往来更加紧密

"非洲梦"与"命运共同体"的提法将中非经贸关系的重要性提到更高的地位。不但中

---

① ② 何伊凡、侯嘉丽：《非洲金融的"窗口期"》，载《中国企业家》，2012年第2期。
③ 张建：《中非"命运共同体"的挑战》，载《东方早报》2013年3月29日第A17版。
④ "贸促会报告显示中国对非洲投资绝非'掠夺资源'"，中非合作论坛网站，2013年10月16日，http://www.focac.org/chn/zfgx/zfgxjmhz/t1090158.htm，2014年1月29日登录。

国与非洲的经济外交活动会更多地关注扩展非洲市场与促进对非投资，而且在中国企业走出去的全球布局中也会更加重视非洲大陆。目前，欧债危机尚未完全结束，发达国家对非洲的援助和投资难以有实质性地提高，非洲会将目光更多地方在新兴经济体上。由于中国经济的迅速崛起，"非洲梦"将更多地向"中国梦"靠拢，以获得中国的成功发展经验，实现非洲的真正崛起。因此，中国与非洲都有提升经贸关系的动力，这将促使中非之间的贸易和投资持续发展，其中，对非投资的发展将更为迅速，非洲对中国的投资也将进一步提高。

（二）更加注重共同利益

随着部分非洲国家的迅速崛起，以及中国对非洲资源、市场依赖程度的上升，非洲国家对援助、贸易和投资提出更多的要求。在这一背景下，中国已经不可能简单地满足非洲国家的要求，而是要在各类援助要求、贸易要求和投资要求之间进行谈判、权衡和取舍，寻找作为合作基石的共同利益。在"发展振兴"这个共同利益的主题之下，中国与非洲国家将细化共同利益的内容。"中国在非洲的国家利益"、"非洲国家的核心利益"会被反复强调，并以二者的交集作为共同利益的起点。

（三）对非经济外交将"去边缘化"

由于非洲在全球经济政治秩序的边缘化，中国对非经济外交长期处在边缘化的地位。对我国而言，对大型发达经济体、对周边经济体的经济外交无疑具有更为重要的地位。但是，随着"非洲崛起"概念的提出，发达国家试图恢复在非洲的影响力，新兴经济体也试图获得非洲的市场和资源，这使得发达经济体的对非经济外交和新兴经济体的对非经济外交存在交集。我们可以看到，发达经济体中的美国、日本试图削弱中国在非洲的影响力，新兴经济体中的印度、巴西、俄罗斯等国也与我国在贸易、投资上展开竞争。因此，在与其他国家进行经济外交活动时，中国将不可避免地涉及对非的经济外交政策。虽然我们仍坚持不让其他国家影响我国的对非经济外交政策，但是对非经济外交将不可避免地"去边缘化"，成为各国外交政策冲突与协调的重点区域之一。

（四）"金砖"与"薄荷"机制将重叠

"金砖国家"是当前最受瞩目的现有新兴经济体，"薄荷四国"是当前最受瞩目的潜在新兴经济体。这两类经济体均包含非洲国家，我国与其开展的经济外交活动将不可避免地涉及对非经济外交。对"金砖"机制而言，由于我国是金砖国家之一，所以首要的内容是金砖国家的内部交流，其次才是需求金砖机制框架内的对非合作。但是，对"薄荷四国"而言，我国并不包含在内，由于"薄荷四国"尚未形成合作机制，所以与"薄荷四国"的经济外交仍主要是国与国的双边外交。2014 年，我国的对非经济外交很可能同步推进"金砖"与"薄荷"机制，既将南非也将尼日利亚作为经济外交的重点，又在完善"金砖"机制的同时寻求中国与"薄荷四国"的合作机制。

地区篇

第十五章

中国对拉美经济外交：稳定中发展

近年来，中国同拉美国家的友好合作关系取得了长足发展，呈现出全方位、宽领域、多层次、高速度的特点。2013年中拉经贸关系保持良好发展势头，多项自贸区协定成效显著，中拉高层实现多次互访。中国与拉美各国之间在政治上相互信任，在战略上相互借重，在经济上加速融合，在人文上深化互鉴，互利共赢已成为中拉双方关系发展的大趋势。但与此同时，对拉美经济外交仍存在一些问题与挑战，中拉之间贸易争端不时发生，投资领域仍待深入，经济外交活动开展缺乏固定机制。

一、2013年拉美经济形势与中拉经贸关系的新进展

受世界经济低迷的影响，2013年拉美地区经济增长趋于疲软。中拉经贸关系逆势而动保持了良好发展势头，中拉经贸交流成效显著，中拉投资合作日趋活跃，人民币国际化得到了拉美国家积极响应。

（一）2013年拉美经济形势的特点：增长疲软

受世界经济低迷的影响，外部需求增速放缓、国际金融市场波动频繁以及消费需求萎靡不振，2013年拉美地区经济增长趋于疲软，具体而言，拉美经济增长速度放缓，拉美各地区发展不平衡，商品进出口增速缓慢，但由于具有较强的融资能力，拉美地区的国际收支状况整体向好。

1. 拉美地区经济增长速度放缓

受世界经济低迷的影响，2013年拉丁美洲和加勒比地区经济增长速度趋于放缓。2013年12月11日，拉经委发布了《2013年拉美和加勒比经济概述》，预测2014年拉美和加勒比地区经济增长率为3.2%。报告指出，2013年拉美和加勒比地区经济增速预计为2.6%，低于年中预测的3.0%。增速低于预期的主要原因是：外部需求的增速放缓，国际金融市场波动频繁和消费萎靡不振。①

---

① "拉美经委会预测拉美地区2014年经济增长3.2%"，商务部网站，2013年12月14日，http://www.mofcom.gov.cn/article/i/jyjl/l/201312/20131200425302.shtml，2013年12月16日登录。

拉丁美洲和加勒比地区的各个成员国中，哥斯达黎加的增速为 3.2%，尼加拉瓜的增速为 4.6%，危地马拉的增速为 7.5%，巴拿马的增速为 4.2%。从总体上来看，2013 年中美洲地区经济增速放缓，哥斯达黎加的增速同比下降 2%，尼加拉瓜同比下降 .6%，巴拿马同比下降 1%。经济增速放缓的主要原因首先是国内的私人信心不足，消费需求不够旺盛；其次是受到美国、欧盟和中国等进口需求下降以及部分出口商品国际价格走低的影响；最后是锈叶病肆虐以及洪都拉斯大选等原因的影响。

从各个行业来看，制造业下降最为明显，增幅仅为 2.1% 远低于 2012 年 6.3% 的增长速度，建筑业增幅为 3.0%（2012 年增速为 5.6%），仓储交通运输业增幅为 4.1%（2012 年增速为 5.9%），金融保险业增幅 5.1%（2012 年增速为 7.2%），农业负增长 0.5%（2012 年增速为 3.5%）。[①]

据拉经委预测，2014 年拉丁美洲和加勒比地区经济形势将会有所好转，GDP 增速为 3.5%，高于世界的 2.9% 和美国的 2.5%、日本的 1.3% 和欧洲地区的 1.1%，但低于中国的 7.5% 和发展中国家的 5.1%。

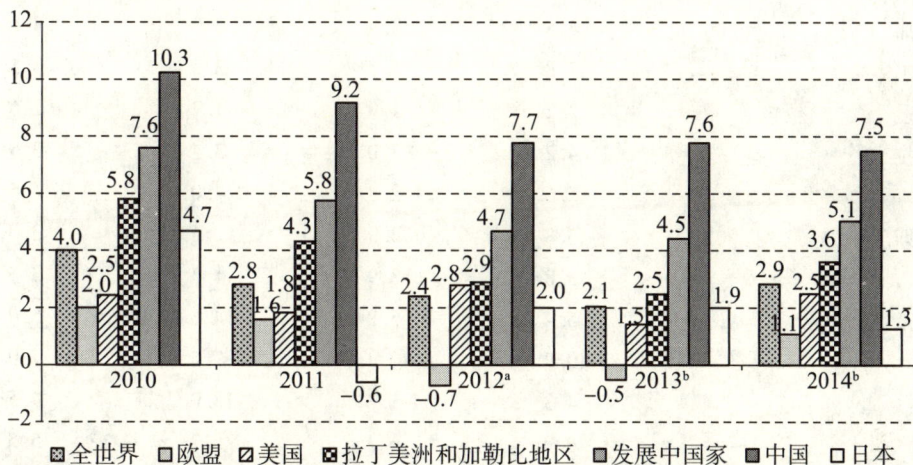

图 15 - 1　世界各地区 GDP 增长率：2010 ~ 2014

资料来源：ECLAC，Preliminary Overview of the Economies of Latin America and the Caribbean，Santiago，Chile，December，2013，P. 15.

2. 拉美各地区经济发展不平衡

2013 年拉丁美洲和加勒比地区各成员国之间发展很不平衡，该地区两个最大经济体巴西和阿根廷相比于 2012 年经济增速有所回升，其中，阿根廷从 2012 年的 1.9% 变为 4.5%，巴西从 2012 年的 1.0% 变为 2.4%，但仍远未达到 2010 年的 9.2% 和 7.5% 的水平。

拉丁美洲和加勒比地区经济增长率最高的是巴拉圭，一扫 2012 年负增长的颓势，增

[①] "拉美经委会预测 2013 年和 2014 年地区经济形势"，商务部网站，2013 年 12 月 23 日，http：//www. mofcom. gov. cn/article/i/dxfw/nbgz/201312/20131200423853. shtml，2013 年 12 月 20 日登录。

速达到了 13%，其后分别是巴拿马增长 7.5%、玻利维亚增长 6.4%、秘鲁增长 5.2%、圭亚那增长 4.8%、尼加拉瓜增长 4.6%。2012 年中美洲实现经济增长 3.7%，拉丁美洲经济增速为 2.6%，加勒比地区经济增长率为 1.3%。表 15－1 为拉美和加勒比地区各国经济增长率。

表 15－1　　　　　　　　拉美和加勒比地区各国经济增长率　　　　　　　　单位：%

国家和地区	2011	2012	2013a	2014b
阿根廷	8.9	1.9	4.5	2.6
玻利维亚	5.2	5.2	6.4	5.5
巴西	2.7	1.0	2.4	2.6
智利	5.9	5.6	4.2	4.0
哥伦比亚	6.6	4.2	4.0	4.5
哥斯达黎加	4.4	5.1	3.2	4.0
古巴	2.8	3.0	3.0	3.0
多米尼加	4.5	3.9	3.0	5.0
厄瓜多尔	7.8	5.1	3.8	4.5
萨尔瓦多	2.2	1.9	1.7	2.6
危地马拉	4.2	3.0	3.4	3.5
海地	5.6	2.8	4.0	4.5
洪都拉斯	3.8	3.9	2.6	3.0
墨西哥	3.8	3.9	1.3	3.5
尼加拉瓜	5.4	5.2	4.6	5.0
巴拿马	10.9	10.8	7.5	7.0
巴拉圭	4.3	-1.2	13.0	4.5
秘鲁	6.9	6.3	5.2	5.5
乌拉圭	6.5	3.9	4.5	3.5
委内瑞拉	4.2	5.6	1.2	1.0
中美洲合计，海地和多米尼加	5.1	4.7	3.7	4.5
拉丁美洲合计	4.4	3.1	2.6	3.2
安提瓜和巴布达	-2.0	3.3	1.5	1.5
巴哈马群岛	1.7	1.8	1.6	2.5
巴巴多斯	0.8	0.0	-0.7	1.0
伯利兹	2.1	4.0	1.6	2.8
多米尼加	0.2	-1.1	-0.5	1.2
格林纳达	0.8	-1.8	1.5	1.3
圭亚那	5.4	4.8	4.8	4.6
牙买加	1.4	-0.5	0.1	1.2

续表

国家和地区	2011	2012	2013a	2014b
圣基茨和尼维斯	1.7	-1.2	1.6	2.9
圣文森特和格林纳丁斯	-0.4	1.6	2.1	1.4
圣卢西亚	1.4	1.3	1.1	2.3
苏里南	4.7	4.4	3.9	4.7
特立尼达和多巴哥	-1.6	1.5	1.6	2.1
加勒比地区	0.5	1.2	1.3	2.1
拉美和加勒比地区	4.3	3.1	2.6	3.2

注：a 为估计值，b 为预测值。

资料来源：Economic Commission for Latin America and the Caribbean（ECLAC），on the basis of official figures.

3. 商品进出口增速缓慢

2013 年由于世界经济增速放缓，主要出口目的地的需求萎缩，再加上部分原材料国际价格持续下跌，拉美地区各类产品的出口价格指数都呈一定的下降趋势。拉美地区的进出口增速放缓，其中，2013 年出口总额为 11 299.9 亿美元，同比增长 0.44%，拉美地区主要出口国 2013 年外贸出口表现欠佳；进口总额为 11 140.9 亿美元，同比增长 3.27%。[①] 图 15 - 2 为 2009～2013 年拉美地区 3 个月移动平均出口产品价格指数，表 15 - 2 为 2004～2013 年拉美地区进出口情况。

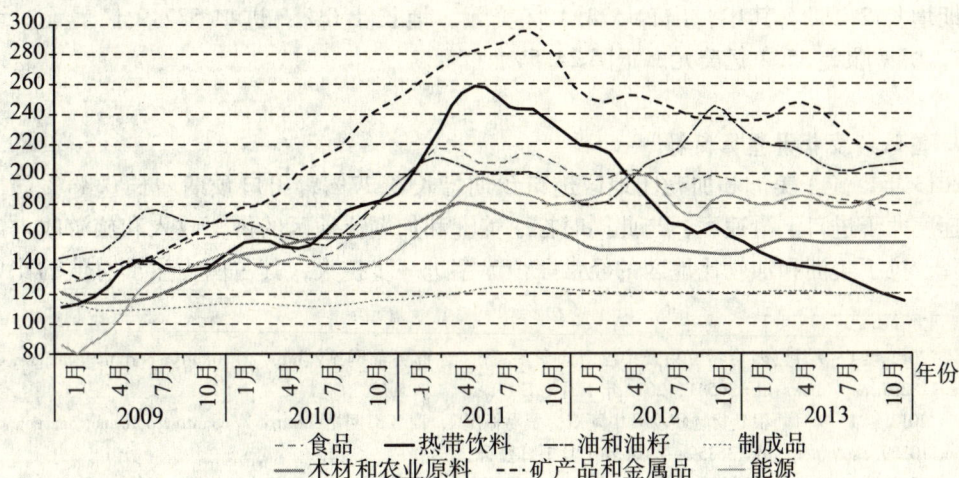

图 15 - 2　2009～2013 年拉美地区 3 个月移动平均出口产品价格指数（基期为 2005 年）

资料来源：Preliminary Overview of the Economies of Latin America and the Caribbean.

---

① "2013 年拉美国家外贸出口表现欠佳"，新华网，2014 年 1 月 8 日，http://news.xinhuanet.com/world/2014 - 01/08/c_118875911.htm，2014 年 1 月 10 日登录。

表 15 - 2   2004～2013年拉美地区进出口表   单位：亿美元

年份	2004	2005	2006	2007	2008	2009	2010	2011	2012	2013a
出口	4 834.9	5 833.5	6 968.9	7 835.3	9 081.5	7 062.2	8 948.7	11 094.2	11 250.1	11 299.9
进口	4 247.0	5 023.9	5 984.0	7 135.3	8 678.8	6 530.7	8 461.1	10 368.4	10 788.1	11 140.9

注：2013年为概算数字。

资料来源：Economic Commission for Latin America and the Caribbean（ECLAC），on the basis of official figures.

2013年1～9月，巴西货物进出口额为3 569.1亿美元，比上年同期增长3.3%。其中，出口1 776.5亿美元，下降1.6%；进口1 792.6亿美元，增长8.7%；贸易逆差16.1亿美元，而上年同期为157.1亿美元贸易顺差。[1] 2013年1～9月，阿根廷货物进出口额为1 152.6亿美元，比上年同期增长4.5%。其中，出口589.2亿美元，下降0.7%；进口563.4亿美元，增长10.7%。贸易顺差25.8亿美元，下降69.5%。[2]

2013年1～9月墨西哥货物进出口额为5 654.1亿美元，比上年同期增长3.1%。其中，出口2 812.2亿美元，增长2.1%；进口2 841.9亿美元，增长4.0%。贸易逆差29.7亿美元，下降241.5%。[3] 2013年1～9月，哥伦比亚货物进出口额为878.5亿美元，比上年同期下降2.1%。其中，出口437.7亿美元，下降3.7%；进口440.8亿美元，下降0.4%。贸易逆差3.1亿美元，而上年同期顺差12.3亿美元。[4]

2013年1～9月，秘鲁货物进出口额为636.9亿美元，比上年同期下降2.9%。其中，出口306.9亿美元，下降9.4%；进口330.0亿美元，增长4.0%；逆差23.1亿美元，上年同期贸易顺差为21.4亿美元。[5] 2013年1～9月智利货物进出口1 111.3亿美元，较上年同期增长2.1%。其中，出口573.4亿美元，增长1.0%；进口537.9亿美元，增长3.3%。贸易顺差35.4亿美元，下降24.5%。[6]

4. 国际收支状况整体向好

2013年，拉丁美洲和加勒比地区进口预期增长3.27%，出口预期增长0.44%。出口下滑速度大于进口下滑速度，与此同时拉丁美洲和加勒比地区的侨汇收入和旅游收入出现了下降，拉丁美洲和加勒比地区的经常账户赤字进一步扩大，其占国内生产总值的比值呈

[1] "2013年1～9月巴西货物贸易及中巴双边贸易概况"，商务部网站，http://countryreport.mofcom.gov.cn/record/view110209.asp? news_id=36541，2014年1月1日登录。

[2] "2013年1～9月阿根廷货物贸易及中阿双边贸易概况"，商务部网站，http://countryreport.mofcom.gov.cn/record/view110209.asp? news_id=36859，2014年1月1日登录。

[3] "2013年1～9月墨西哥货物贸易及中墨双边贸易概况"，商务部网站，http://countryreport.mofcom.gov.cn/record/view110209.asp? news_id=37397，2014年1月1日登录。

[4] "2013年1～9月哥伦比亚货物贸易及中哥双边贸易概况"，商务部网站，http://countryreport.mofcom.gov.cn/record/view110209.asp? news_id=37184，2014年1月1日登录。

[5] "2013年1～9月秘鲁货物贸易及中秘双边贸易概况"，商务部网站，http://countryreport.mofcom.gov.cn/record/view110209.asp? news_id=36710，2014年1月1日登录。

[6] "2013年1～9月智利货物贸易及中智双边贸易概况"，商务部网站，http://countryreport.mofcom.gov.cn/record/view110209.asp? news_id=37781，2014年1月2日登录。

上升趋势，预计将由 2012 年的 1.8% 上升至 2013 年的 2.0%，创 2001 年以来的新高。

由于拉丁美洲和加勒比地区国家的外部融资能力较强，能够得到足够的外部资金，用于弥补经常账户的赤字，因此拉丁美洲和加勒比地区的国际收支状况总体仍然向好。具体来看，2013 年 1 季度，拉丁美洲和加勒比地区净外国直接投资和净金融资产投资分别占该地区 GDP 的 1.4% 和 1.2%。2013 年上半年，拉丁美洲和加勒比地区债券（包括公司债和国债）国际发行总额达 690 亿美元，为 2012 年全年发行总额的 61.8%。截至 2013 年 4 月末，数据可得的 22 个拉加国家中，16 个国际货币储备余额呈增多趋势，其中巴哈马、巴西增幅最低（3% 左右），厄瓜多尔最高（达 90%）；智利、萨尔瓦多、阿根廷、委内瑞拉、牙买加和苏里南出现下降，其中后四国降幅在 9% 左右。

由于对外债务、国际储备状况持续改善，拉丁美洲和加勒比地区对外债务风险有所下降。2013 年 2 季度，拉加国家主权债务平均风险溢水由上年同期的 554 个基点降至 433 个基点。而且，在欧元区主权债务风险居高不下，美国量化宽松货币政策欲退不退，国际金融市场动荡不安的背景下，该地区主要货币汇率虽也出现波动，但除委内瑞拉外多数国家货币波动幅度不大。2013 年 6 月末，拉丁美洲和加勒比地区主要货币对区域外货币实际有效汇率较上年末贬值 0.8%，其中南美货币贬值 2.5%。[①]

（二）中拉经贸关系保持良好发展势头

近年来，中国和拉美地区的经贸关系保持了良好发展势头，中拉经贸关系表现为：中拉经贸交流务实合作成果丰硕，中拉投资合作日趋活跃，人民币国际化得到拉美国家积极响应，中拉在贸易、金融、资源能源、基础设施、高科技、农业等各领域的务实合作稳步推进。

1. 中拉经贸交流务实合作成果丰硕

面对严峻复杂的世界经济和金融形势，中国与拉美各国深入挖掘合作潜力，创新双方合作模式，努力推动双方共同发展。中拉贸易额逆势而上，2012 年达 2 612 亿美元，占中国对外贸易总额的 6.8%。中国已成为拉美第二大贸易伙伴国，拉美是全球对华出口增速最快的地区。中国同智利、秘鲁、哥斯达黎加签署并顺利实施自贸协定，同哥伦比亚启动自贸协定联合可行性研究，对中拉开展自贸区建设产生良好示范作用。[②]

2013 年中拉经贸合作取得了丰硕成果。中国继续保持拉美第二大贸易伙伴国的地位。拉美也成为全球对华出口增速最快的地区。在国际经贸环境复杂多变的大背景下，1～11 月中拉贸易达到 2 388 亿元人民币，与 2012 年同期持平。目前，双方都在探讨优化贸易结构，努力保持中拉贸易持续增长。中拉在经贸合作机制建设方面，2012 年一年也取得了明显的进展。中国和墨西哥建立了高级投资工作组，和阿根廷、智利成立了政府间常设委员

---

① "2013 年拉美加勒比地区经济运行状况"，环球网，2013 年 9 月 24 日，http：//china.huanqiu.com/News/mof-com/2013 - 09/4389526.html，2013 年 12 月 15 日登录。

② "沈智良：中拉关系 官方外交与公共外交并重"，察哈尔学会网站，2013 年 12 月 23 日，http：//www.char-har.org.cn/newsinfo.aspx? newsid =6715，2013 年 12 月 31 日登录。

会及经济合作与协调的战略对话机制。①

2. 中拉投资合作日趋活跃

近年来，中国与拉美地区的相互投资特别是中国对拉美投资已经成为中拉经贸合作中除贸易之外的一个重要热点话题。以贸易带动投资、以投资促进贸易结构的改变和优化，已经成为中拉双方政府和企业界的共识和诉求。

拉美一直是中国企业走出去的主要目的地之一，近三年，吉利、力帆、联想等中国企业在拉美和加勒比国家设厂，中建集团在巴哈马兴建大型海岛度假村，中委合资广东揭阳炼厂正式开工建设。中拉在金融、高科技等领域形成一批新的重大合作项目，中国同巴西、阿根廷签署双边本币互换协议，同巴西、委内瑞拉、玻利维亚等国卫星合作不断推进。②

2012 年中国对拉美地区的非金融类直接投资达到了 682 亿美元，占中国对世界直接投资的 12.82%，涵盖能源、制造业、矿产等。到 2012 年中国在拉承包工程合同金额是 763 亿美元。2012 年一年中拉务实合作的大项目不断涌现，比如中石油、中海油两家企业和巴西石油公司等企业组成了联合体，中标巴西里贝拉盐下油区块。当前，中国和拉美国家都在推进经济结构调整和产业转型升级，双方扩大经贸务实合作面临一个新的机遇。③ 表 15－3 和图 15－3 为 2008～2012 年中国对外直接投资存量。

表 15－3	2008～2012 年中国对外直接投资存量				单位：亿美元
指标	2012 年	2011 年	2010 年	2009 年	2008 年
中国对世界直接投资存量	5 319.41	4 247.81	3 172.11	2 457.55	1 839.71
中国对亚洲直接投资存量	3 644.07	3 034.35	2 281.46	1 855.47	1 313.17
中国对非洲直接投资存量	217.30	162.44	130.42	93.32	78.04
中国对欧洲直接投资存量	369.75	244.50	157.10	86.77	51.34
中国对拉丁美洲直接投资存量	682.12	551.72	438.76	305.95	322.40
中国对北美洲直接投资存量	255.03	134.72	78.29	51.85	36.60
中国对大洋洲直接投资存量	151.14	120.07	86.07	64.19	38.16

资料来源：国家统计局数据库。

① "外交部拉美司司长沈智良谈拉丁美洲与加勒比"，外交部网站，2014 年 1 月 10 日，http：//www. fm-prc. gov. cn/mfa_chn/wjbxw_602253/t1117606. shtml，2014 年 1 月 15 日登录。

② "沈智良：中拉关系 官方外交与公共外交并重"，察哈尔学会网站，2013 年 12 月 23 日，http：//www. char-har. org. cn/newsinfo. aspx？newsid＝6715，2013 年 12 月 31 日登录。

③ "外交部拉美司司长沈智良谈拉丁美洲与加勒比"，外交部网站，2014 年 1 月 10 日，http：//www. fm-prc. gov. cn/mfa_chn/wjbxw_602253/t1117606. shtml，2014 年 1 月 15 日登录。

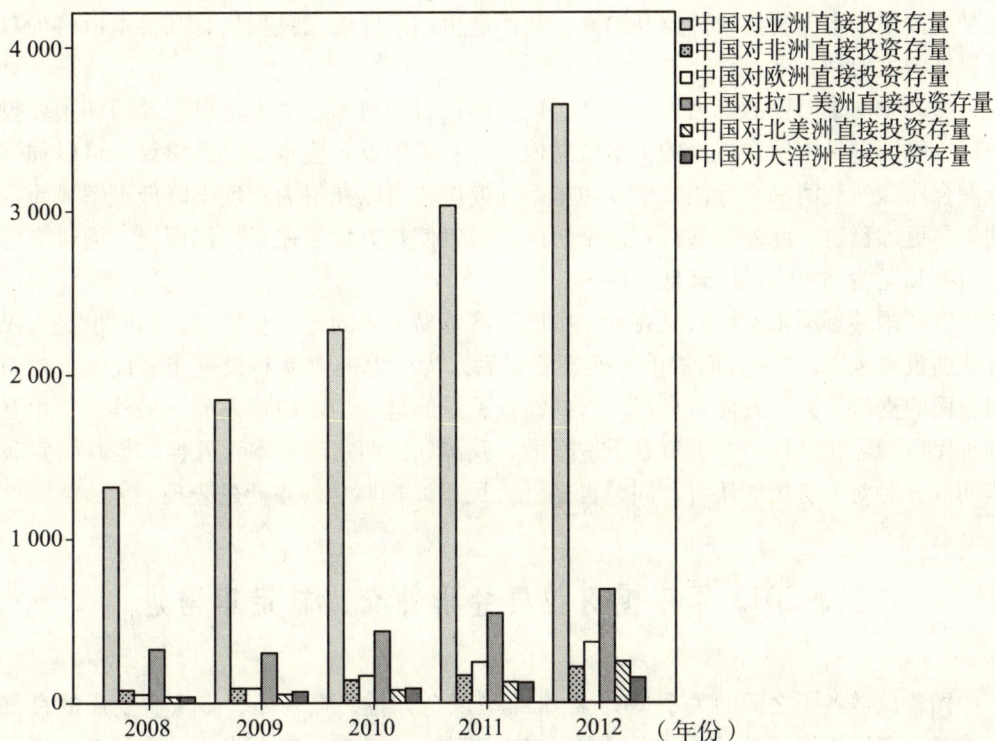

图例：
- 中国对亚洲直接投资存量
- 中国对非洲直接投资存量
- 中国对欧洲直接投资存量
- 中国对拉丁美洲直接投资存量
- 中国对北美洲直接投资存量
- 中国对大洋洲直接投资存量

图 15 - 3　2008～2012 年对中国对外直接投资存量

3. 人民币国际化得到拉美国家积极响应

目前人民币资本项目仍然不能自由兑换，加快人民币和周边国家货币的互换，有利于规避国际汇率风险，确保我国与周边地区的金融稳定；有利于增加周边地区金融市场流动性，推动双边以及多边贸易及投资，促进我国及周边地区的经济增长；同时，更有利于使人民币在周边地区的贸易中成为结算货币，增加人民币的国际使用量以及覆盖面，提高人民币的国际地位。人民币的货币互换，已经成为人民币在目前条件下迈向国际化的一种重要而且可行的方式。[①]

中国人民银行和阿根廷中央银行 2009 年 3 月 29 日在这里签署了 700 亿元等值人民币的货币互换框架协议。协议由中国人民银行行长周小川和阿根廷中央银行行长马丁·雷德拉多共同签署。根据该框架协议，阿根廷从中国进口商品时可以使用人民币，不必再使用美元作为交易的中介货币。[②]

2013 年 3 月 26 日，中国人民银行与巴西中央银行签署了中巴双边本币互换协议，互换规模为 1 900 亿元人民币/600 亿巴西雷亚尔，有效期 3 年，经双方同意可以展期。货币

[①] "货币互换是人民币国际化的重要一步"，和讯网，2009 年 3 月 26 日，http://news.hexun.com：80/2009 - 03 - 26/116034706. html，2013 年 12 月 31 日登录。

[②] "中国阿根廷签署货币互换框架协议"，新华网，2009 年 3 月 30 日，http://news.xinhuanet.com/overseas/2009 - 03/30/content_11100772. htm，2013 年 12 月 28 日登录。

互换是直接使用本国货币来计价和结算，从而避免不必要的汇兑损失，互换本币将为双边贸易提供极大便利。

目前，中国是巴西的最大贸易伙伴、最大出口目的地国、最大进口来源国和主要投资来源国，巴西则是中国在拉美的头号贸易伙伴。签署中巴双边本币互换协议，可以加强双边金融合作，便利两国经贸往来。双边本币互换协议可以在很大程度上降低汇率风险，使双边贸易更加稳定。此外，签订了这个协议还可以使双方贸易往来更加便捷，通过更好的规划付款和运输环节也可以降低风险。

中巴两国签署本币互换协议有利于中巴经济贸易关系的进一步发展，同时也是人民币国际化的重要表现。"一方面货币互换签署以后，为中巴的贸易和投资往来提供了货币与支付方面的支持，另一方面有利于双方的经贸关系的进一步的稳定发展，另外，货币互换是在人民币国际化这样一个大背景下进行的。我国和巴西之间是本币互换，也在一定程度上表明双方对对方货币的认可，同时也是（人民币）国际化的重要的表现。"①

二、2013 年中国对拉美经济外交：稳定中前进

中国和拉美各国之间的关系 2013 年继续呈现全方位、宽领域、多层次发展的良好态势。多项自贸区协定成效显著，高层实现多次互访，推动双方经贸发展，官民互动深化中拉经贸合作。

（一）多项自贸区协定成效显著

目前中国与拉美地区三个国家签署了自贸协定，建立了自由贸易区，2012 年中国智利签署了投资补充协定，2011 年 8 月 1 日正式生效的中哥自贸协定，推动了中哥经贸关系的顺利发展，2010 年 3 月 1 日正式生效的中秘自贸协定有效促进了中秘经贸关系的良好发展势头。

1. 中国与智利自贸协定取得良好效果

2005 年 11 月，中智两国签署自由贸易协定。2006 年 10 月 1 日，两国正式实施自由贸易协定，并启动服务贸易和投资协定谈判。2012 年 6 月，双方完成《中智自由贸易协定关于投资的补充协定》谈判。中智自贸协定实施以来有效推动了双方经贸关系的往来。

据智利海关统计，2013 年 1～9 月智利与中国的双边贸易额为 237.0 亿美元，增长 7.1%。其中，智利对中国出口 137.4 亿美元，增长 5.6%；自中国进口 99.7 亿美元，增长 9.2%。智利贸易顺差 37.7 亿美元，下降 2.8%。中国是智利第一大贸易伙伴，同时是智利第一大出口市场和第二大进口来源地。

---

① "中巴启动货币互换专家：金砖国家意在催生新兴市场"，国际在线，2013 年 3 月 27 日，http：//gb.cri.cn/27824/2013/03/27/5892s4066821.htm，2013 年 12 月 25 日登录。

贱金属及制品、矿产品和纤维素浆；纸张是智利对中国出口的主要产品。1~9月出口额分别为67.0亿美元、50.3亿美元和7.9亿美元，占智利对中国出口总额的48.8%、36.6%和5.7%，其中对中国出口贱金属及制品下降12.4%，矿产品和纤维素浆；纸张出口增长33.0%和21.0%。1~9月机电产品、纺织品及原料对中国的出口表现不俗，涨幅分别为175.9%和101.2%。

智利自中国进口的主要商品为机电产品、纺织品及原料和贱金属及制品，1~9月进口额分别为37.8亿美元、16.3亿美元和10.3亿美元，合计占智利自中国进口总额的64.6%。1~9月，智利自中国进口的主要商品类别均实现不同程度的正增长。中国在机电产品、纺织品及原料、贱金属及制品、鞋靴、伞等产品上仍具有优势，分别占智利同类产品进口总额的30.5%、68.2%、37.6%和70.4%。在这些产品上，美国、巴西和印度等国是中国的主要竞争对手。[①]

2. 中国与哥斯达黎加自由贸易协定效果显著

《中国—哥斯达黎加自由贸易协定》自2011年8月1日起正式生效以来，有效促进了中哥经贸关系的顺利发展。据哥斯达黎加统计局公布的数据显示，2013年1~6月，中哥双边货物进出口额为10.4亿美元，增长28.4%。其中，哥斯达黎加对中国出口2.0美元，增长24.2%，占哥斯达黎加出口总额的3.4%，增长0.7个百分点；哥斯达黎加自中国进口8.4亿美元，增长30.1%，占哥斯达黎加进口总额的9.4%，增长2.1个百分点。1~6月，哥斯达黎加对中国贸易逆差6.4亿美元，增长30.6%。

2013年1~6月，哥斯达黎加对中国出口最多的商品有机电产品、新鲜水果（蔬菜）、铜及制品、皮革制品和机械设备，出口额分别为1.7亿美元、891万美元、500万美元、494万美元和228万美元，共占哥对中国出口总额的95.0%。哥斯达黎加对中国出口的其他商品还有矿产品、木制品（木炭）、钢材、植物、干果、塑料制品、光学仪器和树胶等。哥斯达黎加自中国进口的商品主要有机电产品、肉类制品和水产品、机械设备、运输工具、塑料制品。1~6月，哥斯达黎加进口的上述五类商品合计4.9亿美元，占自中国进口总额的57.7%。除上述产品外，哥斯达黎加自中国进口的商品还有鞋类制品、棉花、家具、钢材、橡胶及制品和纺织品等。

截至6月底，中国在哥斯达黎加的出口贸易中位居第七位，在哥进口贸易中仅次于美国居第二位。在哥斯达黎加十大类进口商品中，中国生产的纺织品、家具、轻工产品和陶瓷等在哥斯达黎加进口的同类商品中占有较明显的优势地位；但中国生产的金属制品、运输设备、化工产品、光学仪器等仍面临着来自美国、欧洲各国和日本等发达国家的竞争。[②]

3. 中国—秘鲁自贸区建成以来双边经贸关系保持稳定

《中国—秘鲁自由贸易协定》自2010年3月1日实施以来，有效促进了中秘经贸关系

① "2013年1~9月智利货物贸易及中智双边贸易概况"，商务部网站，http://countryreport.mofcom.gov.cn/record/view110209.asp?news_id=37781，2013年12月26日登录。
② "2013年1~6月哥斯达黎加货物贸易及中哥双边贸易概况"，商务部网站，http://countryreport.mofcom.gov.cn/record/view110209.asp?news_id=36481，2013年12月20日登录。

往来。据秘鲁海关统计，2013 年 1～9 月，秘鲁与中国双边货物进出口额为 114.7 亿美元，增长 0.7%。其中，秘鲁对中国出口 52.6 亿美元，下降 7.1%；秘鲁自中国进口 62.1 亿美元，增长 8.3%；秘方逆差 9.5 亿美元，增长 1 142.5%。中国为秘鲁第二大贸易伙伴，第二大出口目的地和第二大进口来源国。

矿产品一直是秘鲁对中国出口的主力产品，2013 年 1～9 月，出口额为 34.9 亿美元，下降 7.1%，占秘对中国出口总额的 66.3%。贱金属及制品是秘对中国出口的第二大类商品，出口额 8.3 美元，下降 8.9%，占秘对中国出口总额的 15.8%。2013 年 1～9 月秘鲁对中国纤维素浆纸张、光学钟表医疗设备和贵金属及制品出口大幅增长，增幅分别为 529.9%、356.0% 和 352.6%。

秘鲁自中国进口的主要商品为机电产品、贱金属及制品和纺织品及原料，2013 年 1～9 月，共计进口 39.4 亿美元，占秘鲁自中国进口总额的 63.5%。中国在劳动密集型产品的出口上继续保持优势，纺织品及原料、家具玩具和鞋靴伞等轻工产品分别列秘鲁自中国进口大类商品（HS 类）的第三位、第七位和第八位，在这些产品上，美国、印度、巴西和越南等国是中国的主要竞争对手。[①]

（二）高层实现多次互访，推动双方经贸发展

2013 年中拉高层交往十分密切。在拉美地区的 21 个建交国中，习近平主席等中国领导人同 19 个拉美国家领导人举行了双边会晤，有的还实现了互访，可谓对拉美工作的"全覆盖"。习近平主席对特立尼达和多巴哥、哥斯达黎加和墨西哥进行了访问，并在金砖领导人会晤和 20 国领导人会晤等多边场合，同墨西哥、智利、巴西、阿根廷等国领导人举行了双边会晤。李源潮副主席还访问了阿根廷和委内瑞拉两国。据统计，拉美和加勒比国家 2012 年共有 9 个国家元首和政府首脑访华。此外，拉美多国的议会领导人和外长也纷纷到访中国。[②]

1. 国家主席习近平 2013 年 5 月出访拉美三国

中国国家主席习近平将于 5 月 31 日至 6 月 6 日对特立尼达和多巴哥、哥斯达黎加、墨西哥三国进行国事访问。

6 月 1 日，国家主席习近平在西班牙港会见特立尼达和多巴哥总统卡莫纳并和总理比塞萨尔举行会谈，双方就加强中特友好合作交换意见，达成广泛共识。一是加强高层互访以及政府部门、议会、政党交往，两国外交部不定期举行磋商，及时沟通，深化了解和互信。二是积极推进基础设施建设、能源、矿产等领域合作，在农业、渔业、科技、投融资、通信、新能源等领域开拓新的合作。三是扩大人员往来，加强旅游、文化等领域交流合作，支持青年交流，早日在特多建成孔子学院，搞好 2014 年两国建交 40 周年庆祝活

---

① "2013 年 1～9 月秘鲁货物贸易及中秘双边贸易概况"，商务部网站，http：//countryreport. mofcom. gov. cn/record/view110209. asp？news_id =36710，2013 年 12 月 28 日登录。

② "外交部拉美司司长沈智良谈拉丁美洲与加勒比"，外交部网站，2014 年 1 月 10 日，http：//www. fmprc. gov. cn/mfa_chn/wjbxw_602253/t1117606. shtml，2014 年 1 月 25 日登录。

动，增进了解和友谊。四是密切在国际事务中的合作。①

6月3日，国家主席习近平在圣何塞同哥斯达黎加总统钦奇利亚举行会谈，两国元首就两国合作交换了意见，达成广泛共识：一是加强高层交往，巩固政治互信；二是继续推进务实合作；三是深化文化、教育、体育、旅游等领域交流；四是加强国际合作，特别是在气候变化、可持续发展等重大问题上沟通和协调，推动国际关系民主化，共同维护发展中国家整体利益。会谈后，两国元首共同出席了两国政府经济技术合作协定以及关于哥方公路、炼油厂改扩建投融资协议等多项合作文件签字仪式。②

6月5日，国家主席习近平在墨西哥参议院发表题为《促进共同发展 共创美好未来》的演讲，阐述新时期发展中墨关系和中拉关系政策主张。将两国关系提升为全面战略伙伴关系，推动两国关系进入新的发展阶段。首先，要坚持平等相待、加强战略协作；其次，要坚持合作共赢、促进共同发展；再次，要坚持沟通协调、维护共同利益；最后，要坚持交流互鉴、传承中墨友好。③

2. 墨西哥总统培尼亚 2013 年 4 月访华

国家主席习近平6日在海南省三亚市同墨西哥总统培尼亚举行会谈。两国元首就中墨关系及共同关心的问题深入交换意见，达成广泛共识。中方始终从战略高度重视发展中墨关系，愿同墨方一道，着重在以下方面做出努力。

一是深化战略互信。双方要支持对方发展，在涉及对方核心利益问题上相互支持。双方要保持高层交往及政党、立法机构交流，充分发挥两国常设委员会、战略对话等合作机制作用，就各自发展战略进行协调。

二是促进互利共赢。双方要挖掘潜力，优化贸易结构，扩大相互投资，提供政策和融资支持，加强基础设施建设、能矿等领域合作，并开辟新的合作领域，通过互利合作解决有关问题，使双边贸易平衡增长。

三是加强人文交流。双方要鼓励两国社会各界交往，扩大文化、教育、科技、旅游、卫生等领域交流合作，增进新闻界、学术界、体育界、地方和青年交流。

四是密切多边协调。双方要加强在联合国、二十国集团、世贸组织、亚太经合组织等重要多边机制中磋商和合作，共同维护发展中国家权益，推动国际关系民主化。

培尼亚表示，要借鉴中国成功经验，加强友好合作，寻求共同发展。墨方愿同中方保持机制化交往和对话，深化政治互信，扩大经贸、能矿和投资合作，促进人文交流。墨方愿同中方携手应对全球性挑战，愿积极推动两国以及拉美和亚洲国家合作。④

①　"习近平同特立尼达和多巴哥总理比塞萨尔举行会谈时强调共同推进中特互利发展的友好合作关系"，2013 年 6 月 1 日，http：//www.fmprc.gov.cn/mfa_chn/wjb_602314/zzjg_602420/ldmzs_602900/xwlb_602902/t1046273.shtml，2013 年 12 月 28 日登录。

②　"习近平同哥斯达黎加总统钦奇利亚举行会谈时强调中哥关系完全可以成为不同规模不同国情国家友好合作的典范"，新华网，2013 年 6 月 4 日，http：//news.xinhuanet.com/2013-06/04/c_116018512.htm，2013 年 12 月 25 日登录。

③　"习近平在墨西哥国会就中墨、中拉关系发表演讲 促进共同发展 共创美好未来"，外交部网站，2013 年 6 月 6 日，http：//www.fmprc.gov.cn/mfa_chn/zyxw_602251/t1047919.shtml，2013 年 12 月 20 日登录。

④　"习近平同墨西哥总统培尼亚会谈"，人民网，2013 年 4 月 7 日，http：//politics.people.com.cn/n/2013/0407/c1024-21035673.html，2013 年 12 月 28 日登录。

3. 国家副主席李源潮 2013 年 8 月访问拉美两国

应阿根廷副总统兼参议长布杜和委内瑞拉副总统阿雷阿萨邀请, 国家副主席李源潮于 2013 年 5 月 9~16 日访问阿根廷和委内瑞拉。

国家副主席李源潮 10 日在布宜诺斯艾利斯会见阿根廷总统克里斯蒂娜。中方希望推动两国关系全面发展, 继续当前中阿合作良好格局。中国新一届政府愿同阿方保持高层交往, 制订两国政府共同行动计划, 成立两国经济主管部门间合作对话机制, 促进两国贸易和相互投资持续健康发展, 进一步加强金融合作, 实现互利双赢、共同发展。希望阿方继续发挥积极影响, 推动拉共体成员国尽早就建立中拉合作论坛达成共识, 推进中拉整体合作。

阿根廷高度重视阿中战略伙伴关系, 希望建立和完善两国高层对话机制, 加强投资、经贸、农业、食品工业、基础设施建设等领域的务实合作, 实现互利共赢, 造福两国人民。同日, 李源潮同阿根廷副总统兼参议长布杜举行会谈, 共同出席司法、农产品贸易和质检等领域合作协议签字仪式。李源潮还会见阿根廷众议长多明格斯。①

国家副主席李源潮 13 日在加拉加斯会见委内瑞拉总统马杜罗。中委经济互补性强, 双方应发挥各自优势, 将两国务实合作推向更高水平。一要充分发挥金融合作的龙头作用。二要积极推进能源合作。三要共同打造农业合作新亮点。四要抓好做实基础设施和民生领域合作项目。中方高度重视发展同拉美国家关系, 愿同委方一道推动建立中拉合作论坛, 为深化中拉全面合作伙伴关系搭建更好平台。

委内瑞拉欢迎中国企业来委投资兴业, 希望双方不断丰富合作模式, 扩大合作领域, 加快合作步伐, 加强经验交流, 推动委中战略伙伴关系全面发展。委内瑞拉愿积极推动中国同拉美国家关系发展, 支持尽早建立中拉合作论坛。会见后, 双方共同出席了能源、基础设施建设、通信等领域合作协议的签字仪式。②

4. 委内瑞拉总统马杜罗 2013 年 9 月访华

应国家主席习近平的邀请, 委内瑞拉总统马杜罗于 2013 年 9 月 21~24 日对中国进行国事访问。国家主席习近平和国务院总理李克强分别于 22 日和 23 日在人民大会堂同委内瑞拉总统马杜罗举行会谈。两国元首就加强中委共同发展的战略伙伴关系及有关国际和地区问题深入交换意见, 达成广泛共识。

中委双方要保持高层交往, 密切政府、立法机构、政党交往, 交流互鉴党的建设、经济发展等方面经验。双方要发挥两国政府高级混合委员会和融资合作机制作用, 统筹推进能源、农业、基础设施建设、金融等领域务实合作, 为相互投资创造良好条件。2014 年是两国建交 40 周年, 双方要举办一系列文化交流活动, 加深相互了解和友好感情。两国要密切多边领域合作, 共同推动建立中拉合作论坛, 提升中拉合作整体水平。

---

① "国家副主席李源潮会见阿根廷总统克里斯蒂娜", 中国政府网, 2013 年 5 月 11 日, http://www.gov.cn/ldhd/2013-05/11/content_2400574.htm, 2013 年 12 月 29 日。

② "李源潮会见委内瑞拉总统马杜罗", 中国新闻网, 2013 年 5 月 14 日, http://www.chinanews.com/gn/2013/05-14/4816518.shtml, 2013 年 12 月 25 日。

委方希望规划好两国未来 10 年的合作，特别是加强两党之间和治国理政交流，拓展工业、农业、油气、交通基础设施建设、民生、科技、投融资等领域合作，欢迎中国企业参与委内瑞拉经济特区建设。委方愿同中方在重大国际地区问题上保持沟通协调，支持建立中拉合作论坛，愿为推动中国同拉美合作发挥积极作用。

会谈后，两国元首共同出席融资、文化、教育、培训、便利人员往来等领域合作文件签字仪式。①

5. 秘鲁共和国总统乌马拉访华

2013 年 4 月 6 日，国家主席习近平在海南省三亚市同秘鲁总统乌马拉举行会谈。两国元首就双边关系和共同关心的重大国际和地区问题交换了意见，就加强两国合作达成高度共识，共同宣布把中秘关系提升到全面战略伙伴关系。会谈后，两国元首共同出席中秘两国政府经济技术合作协定及农业、林业、教育、文化、扶贫、减灾救灾等领域合作文件签字仪式。

两国要继续推动高层、立法机构、政党和地方政府交往，推动建立更高级别政府间对话机制，增进互信，推进合作。双方要以双边自贸协定为依托，充分发挥互补优势，优化贸易结构，扩大贸易规模，加强农业、矿产、基础设施建设、民生工程等领域务实合作，着力推动对双方有利的重大项目。双方要积极创造条件，鼓励人文交流。双方要在重大国际问题上保持沟通和协调，加强在亚太经合组织框架内合作，共同维护发展中国家权益。

中国是秘鲁重要战略合作伙伴，秘方愿同中方保持高层交往，加强政策对话交流，扩大合作，寻求双边贸易和投资合作新的增长点，欢迎中国企业赴秘鲁投资兴业。秘方积极促进两国人员往来和教育、旅游合作，欢迎中方在秘鲁开设更多孔子学院。秘鲁高度重视中国在国际和地区事务中的积极作用，愿继续保持双方在亚太事务中沟通和协调。秘鲁作为拉美国家"太平洋联盟"创始国，愿推动联盟同中方建立联系。②

（三）官民互动深化中拉经贸合作

近年来，中拉之间官民互动，加深了中国与拉美之间交流与合作，驻拉美使领馆协调企业的对外投资活动。2013 年中国—拉丁美洲和加勒比农业部长论坛、中拉智库交流论坛、拉丁美洲中国投资者论坛和中国—拉美企业家高峰会等论坛的顺利召开，有效促进了中拉经贸合作。

1. 中国—拉丁美洲和加勒比农业部长论坛在京召开

中国—拉丁美洲和加勒比农业部长论坛于 2013 年 6 月 8 日至 9 日在北京召开。来自中国与拉丁美洲和加勒比 22 个国家的农业部、农业科研机构、农业企业及部分国际或区域

① "习近平同委内瑞拉总统马杜罗会谈"，人民网，2013 年 9 月 23 日，http：//politics. people. com. cn/n/2013/0923/c1024 - 22996289. html，2013 年 12 月 25 日登录。

② "习近平同秘鲁总统乌马拉举行会谈"，人民网，2013 年 4 月 7 日，http：//politics. people. com. cn/n/2013/0407/c1024 - 21035669. html，2013 年 12 月 29 日登录。

组织代表 350 余人（包括 16 位正部长、9 位副部长）出席了论坛。论坛以"互利合作、共赢发展"为主题，总结回顾了中拉农业领域友好合作发展历程和取得的积极成就，并就新形势下加强中拉农业合作的机遇和愿景交流了看法，探讨了全面开展合作的方式和途径。

论坛通过了核心成果《中国—拉丁美洲和加勒比农业部长论坛北京宣言》，描绘了未来中拉农业合作的蓝图。一致同意，确定此论坛为中国与拉丁美洲和加勒比国家就农业经贸、农业研发创新等开展建设性对话的有效机制；共同探讨并推动《中国—拉丁美洲和加勒比农业合作战略规划》的制定；在优势互补、互利平等，尊重多样性、遵守共识和共赢发展的基础上，推出符合相关国际规范、契合各方需求的合作举措，促进中拉农业合作可持续发展；在互利共赢基础上，通过促进消除关税、非关税壁垒，简化动植物卫生许可审批程序，共同推动农业贸易便利化；共同探讨粮食安全应急措施，保障区域粮食安全；共同合作建立农业科技研发中心和农业生产加工示范园，开展联合研究，示范推广先进实用技术，提高农业生产和加工水平；共同推动农业项目投资；共同举办展销会、博览会、推介会等农产品贸易促进活动；共同举办与农业贸易、农业研发创新和动植物卫生相关的多领域政策和技术研讨培训班；充分利用中国政府设立的 5 000 万美元中拉农业合作专项资金，引导中拉农业合作项目的开展。加强在联合国粮农组织、世界粮食安全委员会、世界贸易组织、世界动物卫生组织等国际机构中的对话与合作。①

2. 第二届中国—拉丁美洲和加勒比智库交流论坛

由中国国际问题研究基金会和中国人民外交学会联合主办的"第二届中国—拉丁美洲和加勒比智库交流论坛"于 6 月 22 日至 23 日在北京举行。来自中国和 17 个拉美和加勒比国家的政要和主要智库机构的专家学者 110 余人出席会议。双方就经贸、人文交流等方面展开讨论，通过并发布了《中拉智库北京共识》，呼吁早日建立中拉合作论坛，推进中拉整体合作。

中国国务委员杨洁篪在论坛开幕式致辞中指出，一个更高水平的中拉全面合作伙伴关系，必将更有力地促进双方共同发展，实现互利共赢。他希望双方在新的起点上一同努力，推动中拉关系实现跨越，造福两国人民。联合国拉美经委会国际贸易一体化司司长奥斯瓦尔多·罗萨莱斯在讲话中强调，发展中国家在经贸领域存在巨大发展潜力。拉美应加强同中国在各领域的合作交流，促进双方共同发展。

在为期两天的会议中，与会者围绕"中拉经贸投资合作面临的新问题和发展新思路"、"中拉人文合作的现状和前景"和"推进中拉整体合作，深化全面合作伙伴关系"等议题展开坦诚、深入地沟通和交流，达成并发布了《中拉智库北京共识》（以下简称《共识》）。《共识》简要阐述了中拉各自发展状况、双边关系和未来机遇与挑战，呼吁双方应尽早就建立中拉合作论坛达成一致，适时举办更高级别会议，为推动双边关系进一步发展

---

① "中国—拉丁美洲和加勒比农业部长论坛在京召开"，中国网，2013 年 6 月 9 日，http：//finance. chi-na. com. cn/industry/agri/20130609/1543430. shtml，2013 年 12 月 20 日。

发挥更重要的作用。此外，《共识》还对中拉在经济、文化等领域的交流合作提出合理建议。①

3. 第五届拉丁美洲中国投资者论坛在北京召开

拉丁美洲及加勒比海地区金融市场信息提供商拉美金融（Latin Finance）联合中国进出口银行于 2013 年 9 月 10 ~ 11 日在北京举办"第五届拉丁美洲中国投资者论坛"。中国进出口银行、国家开发银行、美洲开发银行等金融机构代表在论坛上就中国对拉美投资的新领域做出讨论。

第五届拉美—中国投资论坛旨在增进中国企业高管、机构投资者、政府官员、金融家、顾问和拉美各国企业、项目赞助商和政府官员的信息交流。参与者可通过发言讲话、一对一会谈、小组讨论的形式进行直接对话，进而考察拉美—中国投资关系的现状，探讨各领域合作机会，进一步深化中拉投资合作关系。

中国进出口银行代表成泽宇表示，在国内需求转变的情况下，中国对拉美的投资最有潜力的领域是基础设施。拉丁美洲除了南美地区和中美洲地区以外在基础设施建设方面经验欠缺。而中国在现代化基础设施建设上已经建立了自己的模式。

美洲开发银行代表贝尔纳多·吉利亚蒙（Bernardo Guillamon）介绍，银行已经从中国央行拿到 20 亿美元融资建立投资基金，这笔资金将主要用于拉丁美洲地区基础设施建设。中国对拉美投资的主要方式是工程总承包模式，他建议中国未来可以尝试 PPP 投资模式，以及和当地企业合作开发的模式。

论坛上中国与拉美企业还就拉美企业需求、中国企业在拉美投资现状、中国公司在拉美如何寻找有效的合作伙伴等问题进行了讨论。巴西 Veirano Advogados 公司的创始合伙人罗纳尔多·维纳多（Ronaldo Veirano）称："中国企业在巴西有很强的竞争力，你们有价格优势，而且工作态度积极、学习能力也很强。"对于中国企业在拉美还是不够活跃的现状，他建议中国企业在投资之前充分了解拉美国家的投资环境、法律法规，"例如可以请咨询公司、律师事务所等第三方加入，帮助中国企业适应拉美的投资环境"。

4. 第七届中国—拉美企业家高峰会在哥斯达黎加召开

2013 年 11 月 26 日至 27 日，由中国贸促会、哥斯达黎加外贸部、泛美开发银行、哥斯达黎加外贸协会和哥斯达黎加投资促进署共同举办的第七届中国—拉美企业家高峰会在哥斯达黎加首都圣何塞隆重召开。全国政协副主席王钦敏和哥斯达黎加总统钦奇利亚出席高峰会开幕式并发表主旨演讲。中国贸促会副会长于平、泛美开发银行行长莫雷诺、哥外贸部部长冈萨雷斯和中国驻哥斯达黎加大使宋彦斌等嘉宾出席了本次高峰会。来自 23 个国家的 800 余名外国企业家，以及来自中国 22 个省、直辖市和中国香港、中国台湾地区的近 500 名中国企业家参加了高峰会各项活动。

本次高峰会的主题为"变革中前行，拓展中拉新型伙伴关系"，以全体会议和中拉城

① "第五届拉丁美洲中国投资者论坛在北京召开"，环球网，2013 年 9 月 11 日，http：//world. huanqiu. com/exclusive/2013 - 09/4345502. html，2013 年 12 月 25 日登录。

地区篇

市经济合作论坛的形式进行了"变革：打开中拉经贸合作新局面"、"新经济、新机遇"、"农业发展和世界贸易"、"快速发展和气候变化：城市正在面临的挑战"、"更美丽、更繁荣、更多可持续发展项目的投资机遇：企业与城市同发展"共五场专题会议，就完善市场机制建设、推动产业升级、抓住技术革命机遇创新商业与合作模式、中拉粮食安全和农业经济、经济快速发展对气候变化的影响，以及在城镇化建设中开发可持续发展项目等议题展开讨论。

本次高峰会首次推出了"中国—拉美城市经济合作论坛"，并再度设立中国贸易展览会。此外，峰会还举办了"投资哥斯达黎加"早餐会，贸促机构圆桌会以及 1 600 余场中拉企业对口洽谈。①

三、2013 年对拉美经济外交：问题与挑战

（一）中拉之间贸易争端仍不时发生

近年来，中国与拉美之间的贸易往来频繁，双方贸易额持续快速增长，但是中国与拉美之间的贸易结构仍然比较简单，中拉双方贸易产品中主要是拉美国家向中国出口原材料和一些基本商品，中国向拉美国家出口工业制成品，并且中拉双方在诸如纺织品、服装、玩具、鞋等商品上存在竞争关系，许多拉美国家在一定程度上把中国视为利益竞争者，认为与中国的贸易会影响拉美国家的工业发展，引起了拉美部分国家政府和企业的担心。拉美国家相继发起以反倾销作为主要手段的对华贸易救济措施。中国与拉美国家之间频繁出现贸易摩擦和贸易争端。②

根据"全球贸易预警"组织 2013 年发布的报告，拉美各国出台的各项贸易措施使外国商业利益受到损害的国家列表中，中国高居全球榜首，其中阿根廷高达 121 项，巴西达 36 项③。WTO 反倾销措施委员会公布的数据显示，从 20 世纪末至今，拉美一直是对中国发起贸易保护措施最多的地区之一，且呈逐年增多趋势。据 WTO 统计，在全球对华反倾销的国家和地区中，拉美国家数量约占 1/3。

拉美国家针对中国的反倾销调查事件层出不穷，据商务部公布的国外对华贸易救济案件进展情况，拉美地区 2013 年有阿根廷、巴西、哥伦比亚、秘鲁、墨西哥等国开展针对中国的"反倾销"调查。

---

① "第七届中国—拉丁美洲企业家高峰会在哥斯达黎加成功举办"，商务部网站，2013 年 11 月 28 日，http：//www. mofcom. gov. cn/article/i/jyjl/l/201311/20131100406418. shtml，2014 年 1 月 5 日登录。

② "新世纪对发展中拉关系的思考"，人民网，2012 年 3 月 21 日，http：//cpc. people. com. cn/GB/68742/187710/17447759. html，2013 年 12 月 28 日登录。

③ Not Just Victims：Latin America and Crisis – Era Protectionism（The 13th GTA Report），http：//www. globaltradea-lert. org，22 Jul 2013，http：//www. globaltradealert. org/sites/default/files/GTA13. pdf，25 sep 2013.

（二）中拉双方投资领域仍待深入

近年来，中拉双方投资持续增长，2012 年中国对拉美地区的非金融类直接投资达到了 682 亿美元，2012 年中国在拉承包工程合同金额达 763 亿美元。2012 年拉美对中国直接投资额达到了 102 亿美元。但是双方的投资领域过于集中，中国向拉美国家的投资大都集中于能源、矿产和纺织品等传统领域，拉美对此有抱怨。

中拉经贸合作近年来发展良好，但总体而言，中拉经济合作水平仍然较低，双方相互投资领域仍然比较狭窄。中国与拉美在投资领域的合作起步较晚，虽然近年来中国对拉美投资增长很快，但与高额的贸易额相比，仍然不相对称，且大多集中于能源、矿产和纺织品等传统领域。尽管拉美国家普遍欢迎中国企业投资设厂，但对通过兼并和购买资源方式的中国投资开始逐渐持审慎乐观态度，一些激进左翼执政国家甚至采取国有化和提高税收等措施，取消包括中国资本在内的外国资本的控股权，减少外国公司的收益。[①]

中国应该鼓励更多的中国制造企业在拉美投资设厂，并且中国企业要逐步适应拉美国家当地法规和环保要求，要更加注重履行社会责任。中国企业在拉美的投资领域要逐渐从能源、矿产、纺织品等传统领域，向基础设施、汽车、家用电器、电子、航天、通信等领域拓展。中国对拉美基建投资可以关注道路、桥梁、铁路和电力等领域。中国对拉美投资的主要方式是工程总承包模式，未来可以尝试 PPP 投资模式，以及和当地企业合作开发的模式。[②]

（三）经济外交活动开展缺乏固定机制

近年来，中国与拉美之间的经济外交活动如火如荼，中拉关系获得了较快发展，2012 年 9 月中国与拉共体"三驾马车"外长定期对话机制，2013 年 6 月中国—拉丁美洲和加勒比农业部长论坛在北京召开，中国还与不少拉美国家建立了双边磋商机制或者经济混委会，但仍有很多地方需要改进，中拉双方的沟通仍缺乏长期性、战略性机制，而且互信基础不够牢固，再加上一些拉美国家的政府容易受国际、国内政治形势的影响，犹如"墙头草"一般，针对中国的政策摇摆不定。与其他区域的经济外交活动相比，还没有形成中拉领导人定期会晤机制，中拉合作论坛也还没有建立起来。

中国应与拉美国家一道努力，逐步推动建立中拉领导人定期会晤机制，争取早日建立中拉科技创新论坛和中拉合作论坛等多边交流新平台，进一步提升中拉合作的整体水平，推动和深化双方在各个领域的务实合作。广交拉美朋友，实现政治上互相支持，经济上互利共赢，提升与拉美国家的关系，逐步向战略伙伴关系过渡。

地
区
篇

---

① "新世纪对发展中拉关系的思考"，人民网，2012 年 3 月 21 日，http：//cpc.people.com.cn/GB/68742/187710/17447759.html，2013 年 12 月 28 日登录。

② "中国对拉美投资转向基础设施"，财新网，2013 年 9 月 10 日，http：//companies.caixin.com/2013 - 09 - 10/100580247.html，2013 年 12 月 31 日登录。

四、未来展望与政策选择

（一）推动建立中拉合作论坛

2004 年中国就建立"中拉合作论坛"与拉美方达成共识。2012 年 6 月中国国务院总理温家宝访问拉美四国，在联合国拉美经委会发表演讲时，倡议成立"中拉合作论坛"。中拉合作论坛将是继中非合作论坛后，中国政府提出的与发展中国家云集地区的第二个高级别对话平台。中拉合作论坛倡议的提出为提升中国与拉美双边区域经济合作层次带来了巨大信心，注入了新的活力。自此之后，中国与拉美领导人在多个场合为早日建立中拉合作论坛进行商谈。

中拉新型合作关系的探索使双方在整体合作上迈出了新的步伐。中国倡议的中拉合作论坛，意在仿效中阿、中非合作论坛作为中拉整体合作的机制和平台，2013 年通过中国领导人在多个场合的积极推动，得到众多拉美国家的积极响应。拉美和加勒比国家共同体第二届峰会 2014 年 1 月底在古巴举行，会议通过了《关于支持建立中国—拉共体论坛的特别声明》文件，并表示将于 2014 年举行论坛首次会议。中国和拉美加勒比地区的整体合作进入实质阶段，并将成为推动双方互利合作、实现共同发展的重要平台。[①]

（二）发展贸易与投资并重的中拉经贸关系

目前的中拉经贸合作格局中，贸易占据主体地位，双方的投资发展仍滞后于贸易的发展，并且对拉美地区的投资主要集中于能源、矿产和纺织品等传统领域，引起了拉美人的抱怨。新形势下为更好地发展中拉经贸关系，应该坚持贸易与投资并重，中国要坚持互惠互利、共同发展的理念，进一步扩大与拉美加勒比国家的贸易、投资，创新合作模式，努力实现发展战略与产业的对接。

中拉经贸合作，投资与贸易两个轮子应一起转。拉加经委会执行秘书巴尔塞纳提出中国对拉美的投资有十分广阔的未来，在新的经济大环境下，中国投资者应该"有新的尝试"，寻找新的投资目的国和新领域，可以更多地投资服务业，加强与拉美和加勒比地区的绿色能源领域合作。新能源开发是拉美近年来最为关注的议题之一，在欧美遇阻的中国光伏企业目前在智利、乌拉圭、厄瓜多尔进展顺利。[②]

---

① "拉美战略地位日益凸显 中拉整体合作'步入正轨'"，新华网，2014 年 2 月 11 日，http：//news. xinhua-net. com/world/2014 –02/11/c_119286870. htm，2014 年 2 月 12 日登录。

② "中拉经合有望再上台阶 中国或成拉美第二大进口国"，环球网，2014 年 1 月 5 日，http：//world. huan-qiu. com/regions/2014 –01/4724165. html，2014 年 1 月 10 日登录。

（三）推动中拉高层领导互访机制形成

2013 年中国与拉美高层交往频繁，习近平主席出访拉美三国并同加勒比八国领导人举行会谈。访问期间最大的亮点是中墨关系由战略伙伴关系提升为全面战略伙伴关系，推动中拉合作的更全面发展。墨西哥、秘鲁、委内瑞拉、牙买加、玻利维亚等在内的多个拉美和加勒比国家元首或政府首脑相继访华。此外，中国领导人还利用金砖峰会、G20 峰会、APEC 峰会等重要多边场合和拉美国家领导人密集会晤。双方领导人互访期间签署了近百项合作协议，协议签署之后部长级访问和会谈轮番登场推动项目的落实。2013 年，中拉双方相继举行了首届中拉农业合作论坛、中拉青年政治家论坛、第二届中拉智库论坛等，外交部长王毅在联合国与拉共体"扩大的三驾马车"举行了对话会，这为双方推进整体合作打下了基础。①

通过高层交往和完善的定期沟通机制，及时就双边关系中存在的问题和目标等进行沟通对话，多做解释说服工作，共同努力达成共识、解决问题，有利于推动双边关系保持稳定健康发展。同时，加强中拉人文交流，通过中国在拉美的孔子学院，利用报纸、电视、网络、论坛等，增进相互了解和认同，树立中国在拉美的良好形象，提高中国在拉美的软实力。②

（四）积极实践中企"走出去"政策

2013 年 6 月中国福田汽车与美国康明斯公司重卡项目签约仪式在巴西举行。除整车出口之外，福田汽车正在筹备其在巴西的两家散件工厂。福田入驻巴西并非个案。在中石油、中石化、中铝和国家电网等大型国企继续加大对拉美投资的同时，中国民营企业一直是开拓拉美市场的重要力量。尤其是在通信、IT 等高新技术和有比较优势的纺织、家电等制造业领域，民营企业更是主导。目前，以华为、中兴、长城汽车、奇瑞、格力、江淮、哈飞、三一重工为代表的民营企业在拉美已站稳了脚跟；联想集团也于 2011 年 9 月收购了巴西本土消费电子制造商 CCE，为中国民营企业通过并购进入拉美市场提供了成功范例。同时，更多民营企业正走进拉美。仅以巴西为例，从 2007 年至 2012 年的 5 年间，有44 家中国企业在巴投资或计划投资 60 余个项目，总金额接近 900 亿美元，其中有 13 个项目来自民营企业。③

总的来说，中国企业要进入拉美市场，需要做好下面这几门"功课"：一是更深入地开展调查研究，对当地市场进行全面研究，知悉其对自身产品和服务的接纳程度；最大限

---

① "中拉关系迎来新一轮发展机遇期"，新华网，2013 年 12 月 27 日，http：//news. xinhuanet. com/world/2013 - 12/27/c_118739537. htm，2013 年 12 月 30 日登录。

② "新世纪对发展中拉关系的思考"，人民网，2012 年 3 月 21 日，http：//cpc. people. com. cn/GB/68742/187710/ 17447759. html，2013 年 12 月 28 日登录。

③ "互补，助推中拉经贸升级"，人民网，2013 年 12 月 6 日，http：//world. people. com. cn/n/2013/1206/c1002 - 23760484. html，2012 年 12 月 30 日登录。

地区篇

度地适应当地的法律法规和商业文化，规避风险。二是着眼长远发展，注意发挥本地员工的作用。三是重视电子商务的作用。

（五）加强协调合作、维护发展中国家整体利益

中国与拉美各国都属于发展中国家，在许多重大问题上有共同利益和相同诉求。中国要与拉美加强协调合作，积极维护发展中国家在国际事务中的共同和整体利益。中国同拉美和加勒比国家加强合作，必将有力促进国际社会更为妥善应对全球性挑战，推动世界多极化和国际关系民主化进程。中加、中拉合作是基于双方共同的利益和相同的发展目标，是南南合作的一部分，追求的是互利共赢、共同发展。中国要坚定不移地发展同拉美和加勒比国家友好关系，要发展成为政治上互尊互信、经贸上互利互补、文化上互学互鉴的好伙伴。①

---

① "合作促发展 万里尚为邻"，人民网，2013 年 6 月 8 日，http：//paper. people. com. cn/rmrb/html/2013 – 06/08/nw. D110000renmrb_20130608_4 – 02. htm? div = – 1，2013 年 12 月 20 日登录。

大 国 篇

第十六章

中国对美经济外交：新型大国关系的"压舱石"

20 世纪 90 年代，面对世界多极化和经济全球化趋势，时任国家主席江泽民明确提出，要建立以互信、互利、平等、协作为核心的新安全观，积极致力于发展以"不结盟、不对抗、不针对第三方"为特征的新型大国关系。此后中国领导人在与美国高层互访中多次提及新型大国关系理念。2013 年中美两国都进行了政府换届。在双方共同努力下，中美关系不但开局良好、平稳过渡，而且取得了积极进展，其中最大的进展莫过于两国元首 2013 年 6 月在美国加州安纳伯格的庄园会晤。双方就中美关系的新定位达成了共识，即要共同努力构建以"不冲突、不对抗，相互尊重，合作共赢"为核心内涵的中美新型大国关系。[①] 这一顶层设计体现了中美领导人都有不走历史上大国冲突老路、开创大国关系新模式的政治智慧和历史担当。为此，美国卡内基国际和平基金会副会长包道格称之为"中美领导人在换届后重要战略时机采取的历史性举措"。[②] 但是，从顶层设计到具体落实再到最终实现，这一过程在错综复杂的中美关系发展史上必将是曲折起伏甚至是困难重重的。尤其这一概念是作为传统新兴大国的中国提出来的，那么作为守成大国的美国会接受吗？实现新型大国关系的路径又该是什么？这是摆在中美关系面前非常现实迫切而又极其复杂的问题，探索构建新型大国关系这一前无古人、但后启来者的道路，需要两国政府和人民的智慧和勇气，尤其需要崛起国中国贡献更多的智慧和担当。

近年来中美经贸关系有了很大发展，这给两国都带来巨大经济利益。这种经济上的相互依存已成为中美关系稳定的"压舱石"。尽管两国在经贸关系中仍存在很多矛盾和问题，但双方谁也离不开谁，都在努力寻求通过谈判解决分歧和矛盾。由此，经济外交，由于其更具柔性而必然成为构建中美新型大国关系的"压舱石"。2013 年中美经济外交更是发挥了非常积极的作用。

---

① "杨洁篪谈习近平与奥巴马安纳伯格庄园会晤成果"，人民网，http://politics.people.com.cn/n/2013/0609/c1001-21803579.html，2014 年 1 月 24 日登录。

② "既登高望远，也脚踏实地——2013 年中美构建新型大国关系述评"，新华网，http://news.xinhuanet.com/world/2013-12/20/c_118648713.htm，2014 年 1 月 24 日登录。

一、中国提出"新型大国关系"的背景

（一）中国的崛起使中美经济实力迅速接近

美国仍是世界唯一超级大国，其经济实力在世界上仍然占有绝对优势地位。目前，美国仍是世界第一大进口国；也是世界上最大的外资流入国和对外投资国；尽管美元作为唯一世界货币的地位不存在了，但仍是世界最重要的储备货币；美国在国际货币基金组织和世界银行中仍居于主导地位。但也不可否认，伴随新兴经济体的崛起，美国在全球经济格局中的相对地位处于下降趋势，经济总量 2001 年仍占世界的 32.67%，之后便逐年下降，到 2010 年这一比重已下降到 23.38%，10 年间下降了 9.29 个百分点。据 IMF 预测，这一下降趋势在今后几年将趋缓，美国经济比重到 2018 年将维持在 22.24%；而中国经济占世界比重则从 2001 年的 4.07% 快速提升至 2010 年的 9.27%，据 IMF 预测，到 2018 年将上升至 14.2%。[1] 经济增长格局的变化是两国相对经济实力发生深刻变化的最根本原因。根据简单平均计算，中国年均实际 GDP 增长率在 2000～2013 年期间高达 9.86%，比美国（1.92%）高出 7.94 个百分点。伴随经济增长的相对优势，中国经济、贸易和投资规模迅速扩大。美国虽绝对实力优势依旧，但相对地位逐步降低；中国则相对地位快速提升，绝对实力不断增强。

在经济规模方面，如表 16－1 所示，到 2000 年，中国经济虽经过近 20 年的增长才达到美国的 12%，差距仍较大，但到了 2013 年已达到美国的 53%。

表 16－1　　2000～2013 中美经济增长、经济规模和贸易规模比较

单位：%，百万美元

年份	实际经济增长率		经济规模（GDP）			贸易规模		
	中国	美国	中国总值	美国总值	中美比	中国总额	美国总额	中美比
2000	8.43	4.09	1 198.48	10 289.73	0.12	474 297	2 041 218	0.23
2001	8.30	0.95	1 324.81	10 625.28	0.12	509 651	1 908 280	0.27
2002	9.08	1.78	1 453.83	10 980.20	0.13	620 766	1 893 333	0.33
2003	10.03	2.79	1 640.96	11 512.28	0.14	850 988	2 027 821	0.42
2004	10.09	3.80	1 931.65	12 277.03	0.16	1 154 555	2 340 555	0.49
2005	11.31	3.35	2 256.92	13 095.43	0.17	1 421 906	2 633 788	0.54
2006	12.68	2.67	2 712.92	13 857.90	0.20	1 760 439	2 944 044	0.60
2007	14.16	1.79	3 494.24	14 480.35	0.24	2 176 572	3 168 602	0.69

---

[1]　IMF 数据库 WEO2013 年 10 月，根据汇率计算。

续表

实际经济增长率			经济规模（GDP）			贸易规模		
年份	中国	美国	中国总值	美国总值	中美比	中国总额	美国总额	中美比
2008	9.64	-0.29	4 519.95	14 720.25	0.31	2 563 260	3 456 929	0.74
2009	9.21	-2.80	4 990.53	14 417.95	0.35	2 207 535	2 661 339	0.83
2010	10.45	2.51	5 930.39	14 958.30	0.40	2 974 001	3 247 679	0.92
2011	9.30	1.85	7 321.99	15 533.83	0.47	3 641 865	3 746 184	0.97
2012	7.70	2.78	8 221.02	16 244.58	0.51	3 867 119	3 863 953	1.00
2013	7.60	1.56	8 939.33	16 724.27	0.53	4 160 331	3 883 858	1.07

注1：此处 GDP 按美元现价计算。

资料来源：2013 年贸易数据来自中国商务部和美国经济分析局相关网站，其他年份数据来源于 IMF《世界经济展望》2013 年 10 月版数据库和 WTO 数据库。http：//www.mofcom.gov.cn/xwfbh/20140116.shtml；http：//www.bea.gov/international/index.htm；http：//stat.wto.org/Home/WSDBHome.aspx?Language=E%20；http：//www.imf.org/external/pubs/ft/weo/2013/02/weodata/index.aspx。

在贸易方面，如表 16-1 所示，2000 年中国对外贸易只有美国的 23%，但到 2012 年中国外贸总额首次超过美国，到 2013 年已是美国的 1.07 倍了。

在投资方面，2000 年中国吸引外资规模仅为美国的 13%，但到了 2012 年已达到美国的 72%，2013 年又升至 79%；中国对外直接投资尽管起步晚，但发展迅速，2000 年中国对外直接投资只有美国的 1%，到 2012 年则已经达到美国的 26%。表 16-2 为 2000~2012 年中美投资比较。

表 16-2　　　　　　　　　**中美投资比较：2000~2012 年**　　　　单位：10 亿美元

年份	吸收 FDI			对外 FDI		
	中国	美国	中美比	中国	美国	中美比
2000	40.7	313.1	0.13	0.9	90.0	0.01
2001	46.9	161.7	0.29	6.9	115.0	0.06
2002	52.7	74.2	0.71	2.5	125.0	0.02
2003	53.5	53.0	1.01	2.9	145.0	0.02
2004	60.6	134.7	0.45	5.5	275.0	0.02
2005	72.4	104.9	0.69	12.3	15.4	0.8
2006	72.7	234.5	0.31	21.2	235.6	0.09
2007	83.5	269.4	0.31	22.5	375.0	0.06
2008	108.3	328.2	0.33	52.2	326.3	0.16
2009	95.0	130.1	0.73	56.5	245.7	0.23
2010	105.7	185.4	0.57	68.8	304.4	0.23

年份	吸收 FDI			对外 FDI		
	中国	美国	中美比	中国	美国	中美比
2011	124.0	226.9	0.55	74.7	396.7	0.19
2012	121.1	167.6	0.72	84.2	328.9	0.26
2013*	127.0	159.0	0.79	—	—	—

资料来源：—表示数据不可得；2013 年数据来自 UNCTAD：Global Investment Trends Monitor No. 15，http：//unctad. org/en/PublicationsLibrary/webdiaeia2014d1_en. pdf；其他数据来自 UNCTAD 数据库，http：//unctadstat. unctad. org/ReportFolders/reportFolders. aspx。

（二）经济全球化使两国经济高度相互依赖

经过 30 多年的发展，中美经济已经形成多方位、多层次的相互依存关系，中国在贸易和投资领域对美国的依赖尤甚。[①] 但近年美国对中国的经济依赖也开始逐步提升，中美经济相互依存关系随之出现由不对称性（中国对美国的单向）依赖向对称性（双向）依赖逐渐转变的趋势。

1. 在金融领域美国对中国的依赖空前增强

根据美国财政部统计，2000 年 12 月末中国持有的美国国债为 603 亿美元，成为仅次于日本的第二大美国国债投资者。到 2008 年年底达到了 7 274 亿美元，在 8 年时间里增加了 11 倍多，超过日本成为美国第一大债权国（详见表 16 - 3）。中国持有的大量美元资产为美国国内投资和经济增长作出了重要贡献，成为美国巨额财政和贸易赤字的重大平衡者。尤其在金融危机爆发之后，中国对美国国债的大量购买支持了美国政府的经济刺激计划，使得美国经济逐步企稳并走上复苏之路。正如美国经济学家扎切里·卡拉贝尔（Zachary Karabell）所说："尽管本次经济震荡已经非常严重，但若不是中美之间经济的高度依赖，它的情况会更加糟糕。尽管人们担心中美之间的贸易失衡，但是当华尔街的崩溃威胁到金融体系的崩溃时，中国持有的上万亿美元的盈余提供了关键性的防波堤的作用。"[②]从中国方面看，由于外汇储备规模巨大，其对全球最大的国债市场——美国的依赖显而易见。中美在金融领域形成如此紧密的相互依赖关系，以至于美国前财政部长劳伦斯·萨默斯（Lawrence Summers）称之为"金融恐怖平衡"，即由于中美都具有摧毁对方经济的能力，尽管它们之间的贸易纠纷越来越激烈，但谁都不敢贸然发动一场贸易战或金融战。[③]

[①] 吴心伯："中美经贸关系的新格局及其对双边关系的影响"，载《复旦学报》，2007 年第 1 期。

[②] Zachary Karabell. "Superfusion：How China and America Became One Economy and Why the World's Prosperity Depends on it". Simon & Schuster 2009. P. 2.

[③] Frederick Kempe. "U. S. ，China Stage an Economic balancing Act." The Wall Street Journal March 28，2006，A12.

表 16 – 3　　　　　**中美贸易金融相互依存情况：2001 ~ 2013 年**　　单位：10 亿美元，%

年份	对美出口占中国总出口的比重		对华出口占美国总出口的比重		中美贸易占中国对外贸易总额比重		美中贸易占美国对外贸易的比重		美国国债（至历年年底）	
	美方	中方	美方	中方	美方	中方	美方	中方	发行总量	中国持有比重
2001	38.48	20.40	2.66	3.65	23.84	15.79	6.51	4.31	1 015.2	5.94
2002	38.49	21.48	3.22	3.97	23.74	15.65	7.95	5.24	1 040.1	7.56
2003	34.84	21.10	3.95	4.73	21.26	14.85	9.14	6.38	1 235.6	9.58
2004	33.20	21.06	4.26	5.54	20.03	14.69	10.13	7.43	1 523.1	10.44
2005	32.01	21.38	4.60	5.46	20.04	14.88	11.06	8.22	1 849.3	12.05
2006	29.73	21.00	5.27	5.83	19.41	14.92	11.87	9.12	2 033.9	15.24
2007	26.41	19.11	5.52	6.09	17.69	13.90	12.37	9.72	2 103.1	18.87
2008	23.66	17.66	5.45	6.38	15.91	13.03	12.01	9.83	2 353.2	20.30
2009	24.68	18.38	6.64	7.41	16.58	13.51	14.03	11.44	3 077.2	23.64
2010	23.21	17.96	7.22	7.92	15.44	12.96	14.23	11.94	3 685.1	24.28
2011	21.10	17.09	7.04	8.16	13.89	12.26	13.54	11.95	4 439.6	26.13
2012	20.83	17.17	7.16	8.51	13.93	12.53	13.94	12.54	5 573.8	21.90
2013	—	16.67		9.59		12.52	—	13.41	5 716.9	23.03

资料来源：—表示数据不可得。中方数据来自中国海关统计，美方数据来自美国商务部经济分析局和财政部（其中2013年美国国债数据截至11月）。

2. 在贸易领域美国对中国市场的依赖逐步增强

从表16 – 3可以看到，中国在贸易上依赖美国更甚于美国依赖中国，但从发展趋势上看，这种不对称有了较大改善，美国对中国市场的依赖在逐步增强。根据美方统计，中国对美国出口市场的依赖从2001年的38.5%下降到2012年的20.8%，同期中美贸易占中国整体对外贸易的比重从23.8%下降到13.9%；根据中方统计，上述两个指标也分别从20.4%和15.8%下降到了17.2%和12.5%，2013年中国对美国出口市场的依赖又降至16.7%。相反，随着中国经济增长和中国市场的扩大，美国对中国的依赖则出现逐步上升的趋势。根据美方统计，美国对华出口的依赖从2001年的2.7%上升到2012年的7.2%，同期美中贸易占美国整体对外贸易的比重则从6.5%上升到13.9%；根据中方统计，上述两个指标也分别从3.7%和4.3%上升到了8.5%和12.5%。2009年美国首次成为中国第一大贸易伙伴国，中国目前仍是美国第二大贸易伙伴国。

3. 在投资领域中国对美国投资迅速提升

美国是世界第一投资大国和外资流入国，中国则是世界吸收外资大国同时也正在成为对外投资大国。双方的投资关系相对贸易来说依赖程度较低且仍不对称。过去美国对华投资一直远高于中国对美投资，但最近几年，随着中国对外投资的迅猛增加，中国对美投资于2012年首次超过美国对华投资。如表16-4所示，根据中方数据，2003年美对华投资就已达到了41.99亿美元，但在之后，这一数据就再也未上升过，反而还有大幅下降，到2012年已降至25.98亿美元；而中国对美国投资则从2003年的0.65亿美元上升至2012年的40.48亿美元，首次超过美国对华投资！美方数据也显示了同样的趋势。

表16-4 中美相互投资地位比较 单位：百万美元，%

年份	中国 FDI						美国 FDI					
	利用 FDI 金额	来自美国金额	美国占比	对外 FDI 金额	投资美国金额	美国占比	利用 FDI 金额	来自中国金额	中国占比	对外 FDI 金额	投资中国金额	中国占比
2003	53 505	4 199	7.85	2 850	65	2.28	53 146	-62	-0.12	129 352	1 273	0.98
2004	60 630	3 941	6.50	5 500	120	2.18	135 826	150	0.11	294 905	4 499	1.53
2005	60 325	3 061	5.07	12 270	232	1.89	104 773	146	0.14	15 369	1 955	12.72
2006	63 021	2 865	4.55	21 160	198	0.94	237 136	315	0.13	224 220	4 226	1.88
2007	74 768	2 616	3.50	26 506	196	0.74	215 952	8	0.00	393 518	5 243	1.33
2008	92 395	2 944	3.19	55 907	462	0.83	306 366	500	0.16	308 296	15 971	5.18
2009	90 033	2 555	2.84	56 529	909	1.61	143 604	500	0.35	287 901	-7 512	-2.61
2010	105 735	3 017	2.85	68 811	1 308	1.90	198 049	1037	0.52	277 779	5 420	1.95
2011	116 011	2 369	2.04	74 654	1 811	2.43	223 759	520	0.23	386 724	-1 087	-0.28
2012	111 716	2 598	2.33	87 804	4 048	4.61	160 569	1370	0.85	366 940	-3 482	-0.95

资料来源：中国数据来自国家统计局年度数据；美国数据来自美国商务部经济分析局。http://data.stats.gov.cn/index；http://www.bea.gov/international/direct_investment_multinational_companies_comprehensive_data.htm。

同时，相互投资在各自投资中所占的地位仍不对称。从利用外资来看，尽管来自美国的外资在中国利用外资总额中的比重已经从2003年的7.85%下降至2012年的2.33%，来自中国的外资在美国利用外资总额中的比重已经从2003年的-0.12%上升至2012年0.85%，但显然，美国外资对中国的重要性还是要远高于中国外资对美国的重要性；从对外投资来看，2012年中国对美国投资占中国对外投资总额的4.61%，而美国对中国投资占美国对外投资总额却为-0.95%，显然，美国作为投资目的地对中国的重要性也已经超过中国作为投资目的地对美国的重要性。

另外，必须指出的是，美国对华投资大大带动了其对华服务贸易的发展，深化了中美经贸关系。如表16-5所示，美国对华服务贸易顺差从2000年的40.34亿美元激增至2011年的493.6亿美元，主要由美国在华附属机构完成。通过美国企业在华附属机构销售的服务贸易顺差从2000年的20.86亿美元（占总顺差的51.6%）激增至2011年的338.5亿美元（占总顺差的68.6%），增长了15倍多，而同期跨境服务贸易顺差仅增加7倍多。可见，美国对华直接投资极大地促进了美对华服务出口。2008年美国对华直接投资首次由制造业为主转向服务（尤以金融）业为主。随着美国对华直接投资结构向服务业的转变，这一带动作用将更加明显。

表 16 - 5　　　　　　　　**2000～2008 年中美服务贸易情况**　　　　单位：百万美元

年份	跨境服务贸易			通过非银行且占有多数股权的境外附属机构提供的服务		
	美对华服务出口	美对华服务进口	美国顺差	美国企业通过在华附属机构销售的服务	中国企业通过在美附属机构销售的服务	美国顺差
2000	5 020	3 171	1 849	2 166	80	2 086
2001	5 414	3 533	1 881	2 627	147	2 480
2002	5 798	4 036	1 762	3 456	321	3 135
2003	5 753	3 785	1 968	3 800	—	—
2004	7 331	5 580	1 751	6 914		
2005	8 477	6 152	2 325	8 332	341	7 991
2006	10 551	9 301	1 250	10 486	261	10 225
2007	12 931	10 677	2 254	13 646	300	13 346
2008	15 094	9 331	5 763	18 480	609	17 871
2009	15 870	8 209	7 661	23 011	663	22 348
2010	21 324	9 940	11 384	29 084	1 111	27 973
2011	27 081	11 570	15 511	35 210	1 359	33 851
2012	30 033	12 990	17 043	—	—	—

注：—为数据不可得。
资料来源：美国商务部经济分析局。http：//www. bea. gov/international/index. htm。

（三）破解大国崛起历史宿命符合两国利益

美国自进入国际体系以来，长期处于领导地位，冷战结束后更是成为唯一霸权。伴随中美两国实力差距缩小和相互依赖程度提高，一方面使今天的中美关系已经客观地被摆到了"老大和老二"关系模板中，另一方面也赋予了这种关系以新的时代特征。

关于崛起大国与守成大国之间的关系，许多西方学者根据"一战"、"二战"前以及冷战期间大国相处关系的历史经验，似乎已经形成一个被认为是公认的论断，即世界资源有限，崛起国只有通过一场体系战争，才能取代霸权国而主导世界秩序，进而得出霸权国与崛起国之间的矛盾不可调和，冲突迟早不可避免[1]。尤其一些信奉权力政治的"现实主义"学者认为，国际政治就是追逐权力的斗争。在以"无政府状态"为特点的国际体系中，保障国家安全的最佳途径是追求权力的最大化，也就是霸权，美国如此，中国也不会例外。而挑战霸权的结果就是战争。现实中，在新兴大国群体性崛起和西方大国整体性低迷这一国际体系大变迁的时代背景下，中国经济崛起连同在军事、网络、太空、海洋、科

---

[1]　薛理泰、冯峥：《历史怪圈的打破为什么是在今天？——中美构建新型大国关系的八个"服人之理"》，载《学术前沿》，2013 年第 6 期。

技等领域的长足发展，更凸显了中美实力拉近之势。这一势头让美方近年来对华态度变得格外敏感和焦虑[①]。"中国经济崛起以及外交影响的广泛扩展和迅速增进，已引起美国所有各派精英的不快、嫉妒和忧惧，中国持续和加速的军力发展已成为美国军事战略家和保守派耿耿于怀的忧心事态，关于经济成功的'集权主义强国'具有体制生命力和模式吸引力的理念正在美国愈益蔓延，中国的迅速发展越来越被认作是对美国乃至整个西方的价值观、精神优势和自信心的最大长期挑战"[②]。这种挑战论背后的美国逻辑是：中国是一个大国（尽管只是一个发展中的经济大国），经济发展必然伴随军事发展，最后成为类似美国的集经济、军事和政治于一体的超级大国，成为美国强有力的竞争者。美国对霸权的忧虑和对中国崛起的担心上升为各种版本的"中国威胁论"，例如在 2012 年五角大楼发布的国防报告中，美国公然称"中国作为地区大国的崛起将从各方面影响美国的经济和安全利益"。[③] 其他类似言论不胜枚举。[④]

按照上述逻辑推演，中美关系必将重蹈大国争霸覆辙。近年来，国际社会和两国国内舆论也都在怀疑中美关系是否会脱离冷战结束以来的轨道，而走向战略对抗。美国的一些战略调整（尤其"重返亚太"的战略调整）似乎也在印证着这种观点。然而，当前中美关系同历史上的崛起大国和守成大国关系有着非常重要的区别。首先，核武器的问世产生了抑制大战爆发的功能。中美都是核大国，核武器是核大国手上的政治武器，而不是随时用得上的军事手段。因此，核武器的面世改变了国家的行为模式和大国相处的规则，谨慎和克制将是各国在面对冲突和对抗时必须首先遵守的规则，否则将是玉石俱焚，没有真正的胜利者。其次，在经济全球化、政治多极化和国际关系民主化三股趋势不断发展的大背景下，当今世界的国际力量格局趋于相对均衡，国际协调机制趋于相对完善，大国关系趋于相对稳定，传统的大国冲突对抗逻辑不再应时，而同时随着非传统安全问题愈加突出，各国面临的共同挑战日益增多，国家间相互依存逐步加深，求和平、谋发展、盼稳定、促合作则成为时代的主旋律。最后，中美两国在经济和社会发展方面的相互依存程度，也远远超过历史上相互争霸的国家。中美经济高度相互依存，这两个世界上最大的经济体之间不论是爆发军事冲突还是打贸易战、货币战，最终结果都是两败俱伤。除了在经贸关系上两国相互依赖程度加深，已经形成利益共同体外，两国在战略安全、地区和全球议题、非传统安全上也存在着共同利益，如反对恐怖主义、应对全球金融危机、全球气候变暖等。

尽管如此，中美已客观上被推向了大国"权力更替"的国际政治游戏，能否在这场游戏中互利共赢，对彼此都是重大考验。中美关系，作为世界上最大的两个经济体之间的关系，不仅仅具有简单的双边意义，而且还影响着整个亚太地区乃至世界的发展趋势。中美和，则世界兴，中美乱，则世界难。因此，无论美国还是中国，都应摒弃旧理论或者冷战思维来阐释中美关系。如何构建中美新型大国关系、破除"崛起国与霸权国之间必然冲

---

① Brad Glosserman："Asia's rise, Western Anxiety：Leadership in aTripolar World"，http：//csis. org/files/publication/pac1112. pdf.

② 时殷弘：《中美关系的双重形势》，载《国际问题研究》2009 年第 3 期。

③ "Sustaining U. S. Global Leadership：Priorities for 21st Century Defense"，http：//www. defense. gov/news/defense_strategic_guidance. pdf.

④ 关于大国冲突的历史宿命论可以参考王缉思、仵胜奇：《破解大国冲突的历史宿命——关于中美构建新型大国关系的思考》，"北京论坛 2013"国际学术会议论文。

突"的宿命论，是摆在两国面前的重大命题，需要两国人民共同贡献智慧和勇气来谱写新的历史篇章。

二、2013 年中美新型大国关系平稳前行

从理念酝酿到提出概念与美方沟通乃至双方达成共识，中国一直是积极推动建设"新型大国关系"的一方。2011 年 1 月胡锦涛主席访美期间，中美两国达成"致力于共同努力建设相互尊重、互利共赢的合作伙伴关系"的重要共识。2012 年 2 月习近平副主席访美期间进一步提出中美之间应建立一种"前无古人，但后启来者"①的新型合作伙伴关系。2012 年 5 月，胡锦涛主席在第四轮中美战略与经济对话开幕式上，指出"无论国际风云如何变幻，无论中美两国国内情况如何发展，双方都应该坚定推进合作伙伴关系建设，努力发展让两国人民放心、让各国人民安心的新型大国关系"②。中国的倡议也得到了美方的积极回应。美国总统奥巴马强调美国"欢迎中国的和平崛起"，表示"美中两国可以向世界证明，美中关系的未来不会重蹈覆辙"③。美国国务卿克林顿称，中美关系"不是像敌友那种黑白分明的关系"而是应建立一种能够为未来带来希望的"积极、合作和全面的关系"④。可见，中美两国领导人都有突破大国兴衰历史宿命、开创大国关系新模式的政治意愿和历史使命感。同时，中美建设新型大国关系是一个能动的建构过程，需要双方共同的主观努力，但也必然受到客观因素的掣肘。在大方向上中美都已经认识到构建新型大国关系的必要性，但是，由于中美关系的复杂性和外溢性特点，由于中美在亚太地区利益交织、竞争多元，更由于"世界重心向亚洲转移，美国人没有做好准备"⑤，再加上当前中美双边政治、经济与社会结构因素，因此，尽管双方最高领导层发出了积极的、具有战略意义的信号，但是真正落实到双边关系的方方面面却依然存在很大的困难。总体上来说，2013 年中美新型大国关系在稳定中前行。

（一）习奥庄园会为中美新型大国关系定下基调

2013 年 6 月 7 日至 8 日，习近平主席与奥巴马总统在安纳伯格庄园会晤。此次庄园会晤是中美高层交往的一个创举，意义非同寻常。第一，这是一次承前启后的会晤。在奥巴

大
国
篇

---

① "Remarks by Vice President Biden and Chinese Vice President Xi at the State Department Luncheon", http://www. whitehouse. gov/the-press-office/2012/02/14/remarks-vice-president-biden-and-chinese-vice-president-xi-state-departm.

② 胡锦涛：《推进互利合作共赢　发展新型大国关系——在第四轮中美战略与经济对话开幕式上的致辞》，载《人民日报》2012 年 5 月 4 日。

③ 奥巴马在第四轮中美战略与经济对话开幕式上的书面致辞，参见：《第四轮中美战略与经济对话在京开幕》，载《人民日报》2012 年 5 月 4 日。

④ Hillary Rodham Clinton："Inaugural Richard C. Holbrooke Lecture on a Broad Vision of U. S. – China Relations in the 21st Century", http://m. state. gov/md154653. htm.

⑤ Paul B. Farrell："美国正在输掉史上最大经济战争"，《华尔街日报》2013 年 6 月 5 日。http://cn. wsj. com/gb/20130605/opn072057. asp? source = newsletter.

马的第一任期，两国领导人达成了建立中美相互尊重、互利共赢的合作伙伴关系的共识。中方进一步提出了新型大国关系的建议，并得到了美方的积极回应。但还需要有一次元首会晤来落实这一定位。第二，这是一次"不打领带"的会晤，双方省去了各种繁文缛节，可以开门见山地就实质性问题和重大战略问题进行坦率、深入的交流。第三，此次会晤足足持续两天时间。两位领导人在6月7日下午和8日上午进行了两场会晤，在7日共进了晚餐，在8日上午两人还在一起散步50分钟，除了翻译，没有外人。两国领导人在一起对话交流的时间共有8个小时之多！

此次会晤取得丰硕成果。双方就各自国家的内外政策、中美新型大国关系以及共同关心的重大国际和地区问题坦诚深入交换意见，并达成重要共识。关于中美新型大国关系，习近平重申中国坚定不移地走和平发展的道路，奥巴马对中国作为一个大国坚持和平发展表示欢迎。习近平强调，中美应该也可以走出一条不同于历史上大国冲突对抗的新路，并且提出了五个理由加以论证，即双方的政治意愿、过去40年的积累、90多个对话沟通的机制、深厚的民意基础和广泛的合作空间。这些论据都是很有说服力的，同时也证明，现在提出新型大国关系不是无源之水，而是有充分依据的。习近平还指出，中美两国合作好了，就可以做世界稳定的"压舱石"、世界和平的"助推器"。奥巴马充分肯定了习近平对会晤的总结，并表示，美中合作而不对抗，就更有可能实现各自安全和繁荣的目标。美中面临着把两国关系推向更高水平的独一无二的机遇，他将努力不错失这一良机。[①] 虽然以前两国领导人也就这一定位发表过看法，但从未像这一次在面对面的会晤中确认这个定位，这一承诺对于开启中美关系新的未来具有重要意义；同时，为新型大国关系定下基调，也标志着中美开始系统地谋求战略互信。两位领导人还探讨了新型大国关系的内涵。习近平用三句话作了精辟概括："一是不冲突、不对抗。就是要客观理性看待彼此战略意图，坚持做伙伴、不做对手；通过对话合作、而非对抗冲突的方式，妥善处理矛盾和分歧。二是相互尊重。就是要尊重各自选择的社会制度和发展道路，尊重彼此核心利益和重大关切，求同存异，包容互鉴，共同进步。三是合作共赢。就是要摒弃零和思维，在追求自身利益时兼顾对方利益，在寻求自身发展时促进共同发展，不断深化利益交融格局。"[②]

对这次会晤的评价，两国都给予了积极充分的肯定。杨洁篪国务委员在媒体吹风会上指出，这次会晤不仅是两国政府换届后中美元首第一次面对面接触和交流，也是中美高层交往的一个创举。会晤增进了双方相互了解和信任，达成了一系列重要共识，取得了积极成果。特别是，双方同意共同努力构建新型大国关系，相互尊重、合作共赢，造福两国人民和世界人民。这为中美关系未来发展指明了方向，规划了蓝图。总之，这是一次战略性、建设性、历史性的会晤，对中美关系的未来发展和亚太地区乃至世界的和平、稳定与繁荣都将产生重要积极影响。美国总统国家安全事务助理多尼隆也在媒体吹风会上积极评价两国元首会晤。他认为，无论是从设计、形式、时长，还是议题范围、举行时机等方面看，这都是一次特殊而重要的会晤。他还列举了会晤的一系列成果，指出会晤是积极、内

---

① "习近平同美国总统奥巴马共同会见记者"，新华网，http：//news. xinhuanet. com/world/2013 – 06/08/c_116092643. htm，2014 年 2 月 10 日登录。

② "杨洁篪谈习近平与奥巴马安纳伯格庄园会晤成果"，人民网，http：//politics. people. com. cn/n/2013/0609/c1001 – 21803579. html，2014 年 2 月 10 日登录。

容广泛、建设性和成功的，达到了预期目标。同时强调，美国愿与中方共同努力，为美中关系的未来发展开辟一条新路，"构建两国元首提出的美中新型大国关系"。①

此次会晤引起国际社会广泛关注。美国国家安全委员会前亚洲事务高级主任、布鲁金斯学会中国问题专家杰弗里·贝德认为，两国元首利用这次会晤探讨中美两国关系在未来数年如何发展，为新型大国关系定下基调。内罗毕大学国际经济讲师格立逊·伊基亚拉博士认为，中美新型大国关系将为两国政治、经济和安全问题的合作带来新的平台，中美在国际问题上的合作也将会加深。这种新模式更有助于促进世界和平。德国波恩大学全球研究中心主任辜学武表示，习近平与奥巴马的会晤极大地稳定了中美关系和世界政治。此次会晤标志着中美两个大国开始系统地谋求战略互信，寻求共同打造21世纪中美关系新模式。俄罗斯科学院远东研究所首席研究员雅科夫·别尔格尔认为，这次会晤将为中美未来的对话建立平台，有助于两国之间增进互信。悉尼大学东北亚政治学专家詹姆斯·赖利博士表示，中美首脑会晤见证了中美两国关系的演变。中美两国间有很多共同利益，相互依赖。两国正朝着更好地管控双边关系的方向前进。美国《华尔街日报》当天在其网站上发表文章说，美中关系的未来很大程度上取决于美中两国领导人之间的交流，文章同时援引奥巴马的话，"希望更广泛、非正式的谈话能够带来两国间新的合作模式。"英国《经济学人》杂志发表文章认为，中美两国首脑会晤为当今世界最重要的双边关系的发展提供了机会，中美应该加强联系，解决分歧。法国《费加罗报》和《世界报》、俄塔社以及日本等主流媒体都发表了关于此次奥巴马与习近平会晤的文章，普遍认为会晤对两国关系发展意义深远。②

（二）2013 年中美关系取得积极进展

2013 年奥巴马政策主要聚焦国内，对外政策相对于第一任期初期有一定萎缩，但亮点也有，尤其对华政策保持了积极向上的势头。从交往频度看，中美有春季、冬季两个互动高潮。前者始于中国全国两会之后，以中美元首通电话开始，之后一个月余，美国财长、国务卿、参联会主席以及基辛格、保尔森等卸任政要先后访华。冬季的交往热则在中共十八届三中全会之后，还是美国财长打头阵，以总统特别代表身份专程来华"深入了解中国雄心勃勃的改革"。随后，中美人文交流高层磋商在美举行、美国副总统拜登访华，年底还举行了中美商贸联委会。根据外交部美大司司长谢锋的概括③，2013 年在双方共同努力下，中美关系不但开局良好、平稳过渡，而且取得了重要积极进展，大致取得了7个新进展。

一是开创了中美高层交往的新模式，习近平主席与奥巴马总统在加州安纳伯格庄园成

---

① "外交部：中美元首会晤对两国及亚太产生积极影响"，人民网，http：//politics. people. com. cn/n/2013/0617/c70731–21869712. html，2014 年 2 月 10 日登录。

② "国际舆论：中美元首会晤意义深远"，新华每日电讯，http：//news. xinhuanet. com/mrdx/2013–06/09/c_132442461. htm，2014 年 2 月 10 日登录。

③ "谢锋：2013 年中美关系取得'7 个新'进展"，人民网，http：//world. people. com. cn/n/2013/1225/c1002–23945661. html，2014 年 2 月 10 日登录。

功会晤，开创了中美高层交往的新模式。

二是确立了中美关系的新定位，即双方共同致力于构建新型大国关系。

三是一些机制性对话取得新成果，包括7月举行的第5轮中美战略与经济对话，11月举行的第4轮中美人文交流高层磋商，以及12月结束的第24届中美商贸联委会。

四是经贸合作取得新突破。中美经贸合作继续以"加速度"快跑。双边贸易额2013年有望突破5 000亿美元，是建交之初的200倍。中美双向投资也达到1 000亿美元。7月的中美战略与经济对话中，双方还同意以准入前国民待遇和负面清单为基础开展双边投资协定实质性谈判。

五是两军关系开辟了新局面。两军各种交流互动多达60余次，中国国防部长、海军司令访美，美参联会主席访华，两军还举行人道主义救援减灾、反海盗和海上搜救方面的3次联演联训。另外，中美在东海、南海等问题上也保持沟通，密切协调。

六是中美在朝鲜半岛、伊朗核问题、叙利亚等国际地区问题，以及气候变化、网络安全等全球性问题上的协调合作取得新进展。

七是中美人文交流也展现出新气象。作为支撑中美关系的三大支柱之一，人文交流精彩纷呈。2013年是两国人文交流高层磋商机制第四个年头，美方"十万人留学中国计划"共推动6.8万名美国学生来华留学，中方"三个一万"项目已累计派出近万名中国学生赴美攻读或联合培养博士，邀请一万多美国青年来华研修。[1]

（三）美对华政策中的盲区和误区犹存

尽管两国领导人在处理双边关系时都作出了许多积极的努力，但由于两国在意识形态、军事、安全、经贸、环境等方面存在着分歧与冲突，特别是中美实力发生变化的事实，庄园会晤没有也不可能改变美国对华政策的两面性，即一方面与中国接触、合作，另一方面对中国牵制、防范，导致双方的战略互疑反而有加深之嫌。这直接体现在中美关系中的双边、地区和全球三大层次上：在双边层面上，台湾问题、西藏问题、人权问题及两国经贸摩擦、美国对华高科技出口限制、知识产权保护、中国市场经济地位等诸多问题仍是双方分歧和冲突的焦点。在地区层面上，朝鲜核问题、伊朗核问题中美双方立场和原则分歧仍较大，南海问题上美国宣称南海涉及美国国家利益，两国在这一问题上矛盾也开始上升；奥巴马政府在提出将战略重心东移的"再平衡"之后，加强了美国同亚太盟国的安全关系，并加强了在西太平的军事活动。在中国同周边国家的领土争端中，美国表面上不持立场，实际言行中却明显地偏向中国的对立面。因此，有的中国评论直指美国是在中国同邻国之间制造矛盾、激化争端的罪魁祸首。在诸如全球气候变暖、环境保护等全球层面议题上，中美两国就彼此承担的国际责任也有着不同的认识。

上述问题很多还是老问题，2013年让中国加深对美国战略疑虑的主要是美国对东海和南海领土、领海和海洋权益争议问题的介入，因为这直接挑战了中国的核心利益。美国国

---

① "2013年中美构建新型大国关系述评"，广西新闻网，http://news.gxnews.com.cn/staticpages/20131220/ne-wgx52b464f4-9267907.shtml，2014年2月10日登录。

务卿克里 4 月 15 日在东京工业大学发表演讲时说，他领导的美国国务院对钓鱼岛的立场不变，即日本管辖钓鱼岛，美国反对任何单方面改变现状的行动，钓鱼岛属于美日安保条约的使用范围。[①] 4 月 29 日新上任的国防部长哈格尔在与日本防卫大臣小野寺五典会谈后的记者招待会上表示，"美国承认尖阁诸岛（即我国钓鱼岛及其附属岛屿）目前由日本管辖，并在美日安保条约适用范围之内"，并称"美国反对意在损害日本管辖权的任何单方面的或胁迫性的行动"。[②] 美方这些罔顾事实的表态遭到中方的驳斥。中国驻美大使崔天凯 4 月 30 日在华盛顿就美防长上述言论对部分中国媒体发表谈话时警告说，在钓鱼岛问题上挑起紧张局势、加剧紧张局势的是日本方面，事实和是非都很清楚，希望其他方面不要去搬日本这块石头砸了自己的脚。[③] 美国不仅进行这种立场宣示，而且在实际上继续对日本进行纵容。6 月 10～26 日，日美在美国加利福尼亚州举行代号为"黎明闪电战"的夺岛抢滩军演。此次军演是日本陆海空自卫队在海外开展的首次联合演习，其指向是很清楚的。

在南海问题上，美国海军舰艇频繁造访菲律宾，并一再与菲律宾举行联合军演，在 4 月 25 日代号为"肩并肩"的联合军演中，美国和菲律宾军队在濒临南海的巴拉望海岸发起滩头模拟突击行动，然后夺回基地、解救人质。6 月下旬，菲律宾与美国海军又在南海黄岩岛以东约 108 公里举行代号为"卡拉特"的联合军事演习。此次美国海军投入的参演兵力、舰船型号和演习科目都创下纪录。这些军演不利于东海和南海的稳定，也不利于中国和有关当事方通过直接的和平谈判解决争议。美国的深度介入显然有损于中美新型大国关系的未来走向。

三、2013 年中美经济外交：稳中有进

经贸往来始终被视为是中美关系的"压舱石"与"稳定器"。正因为有经贸关系的纽带，中美关系才斗而不破。所以只要中美经贸合作的战略基础存在，两国就能构建起相互尊重合作共赢的新型大国关系。事实上，美国也早已开始把经济作为外交的重中之重，TPP 的推出就是明显例证。2013 年年初美国新任国务卿克里在其提名听证会上也强调，美国经济在外交政策中的作用超过以往任何时候，两党应该跨党派合作，奉行"经济爱国主义"，美国外交要为经济利益服务。2013 年中美经贸摩擦依旧，美国对华提起多次"反倾销"、"反补贴"调查，尤其对中国企业提起 337 调查也较为频繁。但总体上来说 2013 年中美经贸关系属于相对平稳的一年，这其中，两国经济外交可以说为经贸合作奠定了较为扎实的基础。

① "英媒：克里重申中美对钓鱼岛立场不变"，参考消息。http://world. cankaoxiaoxi. com/2013/0416/193705. shtml，2014 年 2 月 11 日登录。

② "美防长再放话挺日对钓岛'管辖权'"，新华网，http://news. xinhuanet. com/world/2013 - 05/01/c_124651377. htm，2014 年 2 月 11 日登录。

③ "崔天凯大使：美国不要搬日本这块石头砸自己的脚"，光明网，http://world. gmw. cn/2013 - 05/02/content_7490614. htm，2014 年 2 月 11 日登录。

（一）中美战略与经济对话取得丰硕成果

2013年7月10日至11日，第五轮中美战略与经济对话在华盛顿举行。中国国家主席习近平特别代表、国务院副总理汪洋和国务委员杨洁篪同美国总统奥巴马特别代表、国务卿克里和财政部部长雅各布·卢共同主持了本轮中美战略与经济对话。双方围绕落实两国元首安纳伯格庄园会晤共识、推进中美新型大国关系建设坦诚、深入交换了意见，达成广泛共识，取得重要积极成果，一共达成了91项具体成果①。

中美经济对话就事关两国和世界经济的全局性、长期性、战略性问题进行了坦诚、深入交流，体现出新的务实合作精神。双方承诺促进经济结构改革和可持续、平衡发展。美方承诺增加投资，提高储蓄率，削减赤字，降低债务，致力于实现中期财政可持续性，并高度关注货币政策的外溢性和国际影响。双方将及时与对方讨论重大经济政策，并承诺在二十国集团、亚太经合组织等框架下加强宏观经济政策协调，推进国际金融机构改革，倡导多边开发银行强化贷款能力，促进世界经济复苏与增长。

尤其值得关注的是，双方同意以准入前国民待遇和负面清单为基础开展中美双边投资协定实质性谈判。美方承诺公平对待中国企业赴美投资，对包括国有企业在内的中国投资者保持开放的投资环境。美方承诺美国外国投资委员会所有的投资审查都仅限于国家安全，而不是经济政策或其他国家政策。

在贸易问题上，中美两个贸易大国重申支持多边贸易体制，反对贸易保护主义。美方承诺在出口管制体系改革过程中给予中国公平待遇，认真考虑中方关切，并承诺以合作的方式，向迅速、全面地承认中国市场经济国家地位方向努力。美方还承诺向中方通报《天然气法案》中关于向中国等非自贸协定国家出口液化天然气进行评估的法定要求。

此外，双方还同意加强金融合作，包括金融机构监管执法、跨境监管、影子银行、场外衍生品、会计准则国际趋同、《美国海外账户税收合规法案》等领域的合作。美方欢迎中资金融机构投资美国市场。②

（二）中美双边投资协定谈判取得实质性进展

中美之间的双边投资保护协定（BIT）一直是S&ED的重要议题。根据联合国贸易和发展会议统计，截至2013年12月底中国已与88个国家签订了双边投资协定，美国则已与49个国家签有双边投资协定。③

中美之间的双边投资保护协定谈判由来已久。早在2006年年底首次战略经济对话之时，双方就探讨了启动BIT谈判的可行性。2008年6月第四次战略经济对话正式宣布启动

---

① 详见"第五轮中美战略与经济对话框架下战略对话具体成果清单（全文）"，新华网，http：//news. xinhua-net. com/world/2013－07/13/c_116519095_5. htm

② "中美战略与经济对话成果丰硕"，人民网，http：//theory. people. com. cn/n/2013/0713/c40531－22187552. html，2014年2月12日登录。

③ 数据来源：联合国贸发会网站，http：//www. unctadxi. org/templates/DocSearch. aspx？id＝779。

BIT 谈判，在此之前两国政府官员已经就这一谈判的可能性进行了 17 个月的试探性会谈。当时的美国政府，其首要任务是恢复和发展受到重创的美国经济，急需外资帮助其实现稳定发展。而中国也可以通过发展对外直接投资来化解中国贸易顺差问题，消化中国拥有的巨量美元外汇储备，减少对美国国债的依赖。2009 年 11 月，时任国家主席胡锦涛和美国总统奥巴马发表联合声明，宣布加速 BIT 的谈判。但是之后美国政府成立了跨部门的联合审查小组来重新修订美国与包括中国在内的其他国家之间双边投资保护协定的范本。这使得谈判在美国修订范本期间没能取得实质性的进展。2012 年 4 月，经过历时 3 年的研究和讨论，美国贸易谈判代表办公室正式发布了美国 2012 年双边投资保护协定范本，完成了范本评估工作。2013 年 6 月进行的第九轮谈判仍未进入实质性谈判阶段。2013 年 7 月，在华盛顿举行的第五轮中美战略与经济对话上，中美高层同意以"准入前国民待遇和负面清单"模式为基础，推动双边投资协定进入实质性谈判。根据达成的共识，中美双方于 2013 年 10 月下旬在华盛顿举行了第十轮谈判。下一轮谈判于 2014 年 1 月在北京举行。

近年来，中美之间的相互投资规模不断扩大，美国在华直接投资积累达到 700 多亿美元，中国对美直接投资近 200 亿美元。不断增长的相互投资促使中美双方都希望进一步推动投资自由化并构建协调和保护机制。但谈判一定是艰难的过程，需要双方作出一定的让步和妥协。

美国新的范本仍然保留了以国民待遇和负面清单为核心的内容，并对劳工权利、环境、透明度、国有企业等议题做了新的规定。美国财政部和国务院公布的相关文件显示，美国关于未来 BIT 谈判的基本构想是按照美国模式展开的。美国一直在寻求为美国公司得到重要的司法保护，包括在被征用或是国有化时得到补偿的权利、资本的自由转移权和监管透明以及向独立的国际仲裁机构提交争端的权利等，扩大中国的市场准入也是美国的核心诉求。

中国则希望进一步敦促美国加大对中国开放的力度，避免美国贸易及投资保护主义，防止政治性障碍对中国产生不利影响。避免上年华为、中兴、三一重工等中国企业在投资美国时所遇到的层层阻碍。

准入前国民待遇和负面清单的外资管理模式已成为国际投资规则发展的新趋势。"准入前国民待遇"将国民待遇延伸至投资发生和建立前阶段，给予外国投资者及其投资不低于本国投资者及其投资的待遇。负面清单指的是与国民待遇、最惠国待遇、业绩要求、高管要求等方面的不符措施以及例外行业均以清单方式列明。允许美国资本在准入阶段就享有国民待遇，会使美资从一开始就可以利用其资金、技术和管理等方面的优势，形成很强的竞争优势，使得本土企业难以发展，但中国政府展示了在十八届三中全会后转变职能、锐意改革、扩大开放的积极姿态，以极大的勇气参与了这一具有里程碑意义的谈判，其中难度可想而知。因此，中美双边投资协定谈判并没有设定具体的时间进度表，谈判进程最重要的还是取决于负面清单的内容，最终内容的长短将是一个对内协调和对外博弈的过程，双方还需要一个出价和要价的谈判过程。

（三）商贸联委会为中美经贸合作寻求新契机

中美商贸联合委员会，始于 1983 年，号称中美贸易摩擦的"灭火器"。委员会成立以来，对增进两国之间相互了解、推动和加强双边经贸领域的互利合作、维护和促进双边经贸关系的稳定健康发展发挥了重要作用。2003 年年底，中国国务院总理温家宝访美时，两国领导人商定提高中美商贸联委会会议的级别，由中国副总理担任中方主席，美方主席由商务部长和贸易代表共同担任，联委会会议升级成为两国间最高层次的双边经贸磋商机制。2013 年恰逢联委会成立 30 周年，也是中美各自新一届政府组成后首次举行联委会。会议召开背景与往年相比有诸多不同之处：双方都更换了谈判人选；中国十八届三中全会出台了一系列全面深化改革的政策措施；中国设立了上海自贸区；中美启动双边投资协定实质性谈判；中国加入了旨在制定服务贸易国际新规则的服务贸易协定谈判，等等。

在新的形势下，第 24 届中美商贸联委会会议于 12 月 19～20 日在北京举行。本届联委会以落实中美两国元首加州会晤达成的共识，推动双边贸易投资合作迈向更高水平，共同推进建设新型大国关系为努力方向，在中美第五轮战略与经济对话所取得成果的基础上，积极开展对话交流。联委会由中国国务院副总理汪洋与美国商务部长普里茨克、贸易代表弗罗曼共同主持。双方高度评价联委会对扩大两国互利合作的重要作用，充分肯定联委会下设的各行业合作工作组在开展务实合作、加强沟通和磋商、妥善处理彼此经贸关注方面取得的积极成果。双方在联委会的大、小范围会谈中，就 67 项具体关注进行深入讨论，涉及出口管制、知识产权、双向投资、农产品贸易、政府采购、国有企业、战略性新兴产业、电子商务、药品和食品安全、技术标准、行政许可和透明度等诸多领域，达成了广泛共识，取得了广泛、务实、平衡的丰硕成果。① 具体来说，双方在 19 个事项（如推进美国牛肉输华和中国自产熟制禽肉输美、加强在 APEC 框架下的合作等）上达成一致意见；中方在 25 个美方关注的事项（如加快加入政府采购协定谈判、商业秘密平等保护、软件正版化等）上作出承诺，同时也澄清了 7 个事项（如铁路货物运输没有股权比例限制，允许设立外商独资企业等）；美方对中国关注的 20 个事项（如出口管制、中国企业对美投资等）上作出承诺；双方签署了 4 项文件，即中国商务部与美国商务部签署了《中国商务部与美国商务部关于建立中国直接投资统计交流合作机制的谅解备忘录》、中国商务部与美国贸易发展署签署了《关于支持知识产权培训的谅解备忘录》、中国能源局与美国贸易发展署签署了《关于支持中美能源合作项目的谅解备忘录》、中国贸促会与美国商务部签署了《关于续签中国贸促会—美国商务部中美企业合作对接项目的谅解备忘录》。②

上述议题都是目前两国在经贸领域最关心的具体问题。与中美战略与经济对话解决战略性、长期性和全局性问题不同，商贸联委会机制更注重处理中美经贸往来中出现的具体分歧和问题。在目前中美之间 90 多个机制和渠道中，商贸联委会是经贸领域最重要的机制，对挖掘双方的合作空间、管控分歧发挥了积极、建设性的作用。本届联委会为建设相互尊重、互利共赢的中美新型大国关系提供了正能量，实现了扩大合作、稳定关系的预期目标，对外发出了积极信号，彰显了中美经贸互利共赢的本质，有利于进一步发挥经贸合作在中美关系中的"压舱石"作用。

---

① "商务部介绍第 24 届中美商贸联委会成果"，人民网，http：//money. 163. com/13/1223/14/9GPNEGMB00254TI5. html，2014 年 2 月 13 日登录。

② "第 24 届中美商贸联委会中方成果清单（共 76 项）"，商务部美大司，http：//mds. mofcom. gov. cn/article/dzgg/201401/20140100449394. shtml，2014 年 2 月 13 日登录。

四、对美经济外交：如何进一步发挥"压舱石"作用

"要倡导人类命运共同体意识，在追求本国利益时兼顾他国合理关切，在谋求本国发展中促进各国共同发展……"中共十八大报告在论述中国外交理念时提出，要倡导"人类命运共同体"意识，强调国际关系中应弘扬"合作共赢"的精神。中国新一届领导人上任以来，国家主席习近平、国务院总理李克强以及其他中央领导在出访中积极开展经济外交，在互利共赢的基础上大力推动中国与其他国家的务实合作。中国的经济外交，既为中国利益而来，更为中国和世界的共同利益而来。美国作为发达经济体，在社会制度和意识形态上对我国不认同，但在具体利益上又十分务实，因此我们要发挥经贸合作"压舱石"、"推进器"作用，打好经济牌。为此，未来中国对美国经济外交需从以下几方面着手：

（一）寻找利益交集，做大共同利益蛋糕

中美相互依赖使得中国崛起不意味着美国衰落，美国可以从中国崛起中获利，这是构建中美新型大国关系的基础。随着中国国内改革的深化，中美的利益交集将会越来越大，中美经济的相互依赖将越来越向对称性依赖方向发展。要扩大利益交集，实际上要求中国在对美经济外交中更加关注美方利益关切，切实做到互利共赢。

首先在贸易领域，要努力发挥中国巨大的进口市场效应。根据美国商务部数据，2013年加拿大从美国进口 3 003 亿美元、墨西哥从美国进口 2 262 亿美元，中国虽然是美国第三大出口市场，但只进口了 1 220 亿美元，与加拿大和墨西哥相差甚远。但是，作为世界第二大经济体，中国作为美国出口市场的潜力巨大，美国将从中国巨大的进口市场中获利。事实上 2013 年在美国前 10 大出口市场中，中国的增速是最高的，比 2012 年增加了10.4%，同期加拿大和墨西哥分别只有 2.7% 和 4.7%，欧洲和日本则更加乏力，德国和英国分别下降了 2.8% 和 13.7%，日本也下降了 6.9%。展望未来，随着美国经济复苏和实体经济竞争力的上升，中国经济向内需型转型，中国巨大的进口市场效应将为美国带来巨大的商机和就业机会。中国将继续积极扩大先进技术、关键零部件、国内短缺资源和节能环保产品进口，适度扩大消费品进口，发挥巨大市场规模的吸引力和影响力。预计未来5 年中国进口将达 10 万亿美元[①]。

其次在投资领域，要对美资开放和对美国投资大力并举。国际直接投资（FDI）作为驱动经济全球化的双轮之一，在世界经济中发挥着越来越突出的作用。无论作为东道国还是投资国，各国都在国际投资领域积极展开竞争，力图使本国在全球化的进程中更好地融入世界生产体系，进一步提升在世界经济中的地位。随着国际投资地位和重要性的不断增强，投资领域的外交活动也越来越被作为一种保障国家利益和实现对外政策目标的手段。

---

① "李克强：预计未来 5 年中国进口将达 10 万亿美元"，搜狐财经，http: //finance. sina. com. cn/china/20130911/175916733796. shtml，2014 年 2 月 14 日登录。

大
国
篇

如前文述及，最近几年美国对中国投资出现下降趋势，而中国对美国投资则出现快速上升的势头。继2012年中国对美投资首次超过美国对华投资之后，根据美国《商业周刊》报道，2013年中国对美国投资实现翻倍，高达140亿美元，主要得益于食品、能源以及房地产等行业的大规模兼收并购。石油和天然气行业排名最高，投资额达到32亿美元，其中包括中海油（CNOOC）对美国尼克森石油公司的业务收购、中石化（Sinopec）对切萨皮克石油公司合资的页岩开发项目等。此外，商品房投资项目达到18个，遍布美国洛杉矶、纽约、底特律等城市，投资总额达到了18亿美元。2013年中国企业的投资热给美国带来了7万个就业岗位。① 相比较而言，美国对华投资还有很大潜力。目前影响美国在华投资的主要障碍有两个方面：一是从中国方面来看，市场准入尤其服务业市场准入问题和知识产权保护问题是妨碍美国对华直接投资的两大因素；从美国方面来看，妨碍美国对华直接投资的因素也主要有两个，一是其对华技术出口的限制导致对华投资企业竞争力下降，二是与中国贸易摩擦升级引起在华美资企业的经营风险上升。当然，中国对美投资尽管发展迅速，但问题也不少：一方面，美国也存在市场准入限制；另一方面，也是更为微妙的一个问题就是美国针对中国企业的"商业行为政治化"倾向，"政治"、"国家安全"、"威胁"等成为阻碍中国投资者的最大障碍。可以说中国在美国直接投资遇到的更多问题是意识形态的问题，相比美国在中国投资遇到的问题而言，是一个更微妙、更难以处理的一个问题。展望未来，若中美两国政府能够就双边投资协定达成共识，并获得两国立法机构通过，协定将为中美双边投资关系发展注入新的活力。

再次在金融领域，中国应继续适度购买各种美元资产。美国财政部公布的统计数据显示，2013年11月，中国继续大幅增持逾百亿美债，持有总额创历史新高。2013年11月，中国持有美债总额为1.3167万亿美元，较10月修正后的1.3045万亿美元增加122亿美元，目前仍为美国最大债权国。② 尽管国内很多人认为，中国把大量外汇储备用来购买美元资产尤其美国国债是得不偿失的选择。但是，从现实的国际货币体系来看，目前没有一种货币能够替代美元。而且从国家利益的高度来看，应当把外汇资产作为国家战略资产来加以认识和对待。在人民币的力量无法直接挑战美元霸权之前，对美元进行适度的捆绑战略，无疑是明智的。即在对美元强势周期预测的基础上，在美元便宜的时候，适度增持美元资产，尤其是美国国债。这是一笔符合中国国家利益的"战略账"③。当然，在金融领域，人民币汇率问题、中国资本项目对外开放进程也仍将是美国关注的焦点。

最后在其他领域，要加强在能源、气候、环境等领域的合作。后金融危机时代，中美两国都在全面审视和评价自身发展模式并且谋求新的经济增长点，而清洁能源恰好为两国提供了合作的交汇点。在现有国际格局中，抢占清洁能源发展的先机就是占领"后石油时代"的战略制高点。美国政府及企业在新能源利用和节能方面投入了大量资金技术，取得

---

① "2013年中国对美投资翻一番 创140亿美元新高"，环球网，http：//finance. huanqiu. com/view/2014 - 01/4741824. html，2014年2月14日登录。

② 资料来源：美国财政部官方网站，http：//www. treasury. gov/resource-center/data-chart-center/tic/Documents/mfh. txt，2014年2月14日登录。

③ "中国增持美债的'战略账'"，中国日报，http：//www. chinadaily. com. cn/hqgj/jryw/2014 - 01 - 21/content_11080880. html，2014年2月14日登录。

了卓有成效的成果，在风能、太阳能、能源效率等方面掌握着世界先进的研发和生产技术。但是作为一个成熟的经济体，其能源结构已趋于成熟，节能技术已经被广泛使用，短时间内已经很难再取得大幅度的节能以及推广新能源的成就。另外，美国由于在开采页岩油气资源上的技术突破，使其可以大规模开采页岩油气，从而改变进口油气的局面，甚至可以实现出口。据美国能源信息署（EIA）估计，美国将在 2019 年成为天然气净出口国。2012 年年底，国际能源署（IEA）发布报告称，2035 年，美国将完全实现能源独立，不再依赖进口石油，并成为能源净出口国。① 这一新的发展趋势将为我国与美国在新能源领域的合作带来机遇，当然也会有挑战，如随着页岩油气产量的上升，美国为了保障油气能源出口，将更加积极主动地推动全球应对气候变化、制订减排方案。而当前中国要保持经济持续、快速、健康、平稳增长，需要改弦易辙，摈弃靠自然资源和要素投入驱动的传统经济发展模式，把经济发展引导到更多地依靠提高资源配置效率和创新活动上来，从中高碳经济到低碳经济，中国清洁能源市场的规模和发展潜力，也必然会对美国企业形成绝非寻常的吸引力。因此，中美双方在清洁能源领域的互补性非常明显，美国在清洁能源、环保技术等领域具有比较优势，而中国又提供了巨大的市场，因此双方在这些领域具有很大的利益交集和合作空间。除此之外，其他如信息技术、电动汽车、新材料、医药和医疗器械、再制造等新兴领域也同样会为双方带来更多的合作机会。

（二）加强合作机制，夯实经贸合作基础

在过去 30 多年的时间里，中美经贸关系从几乎不存在发展成为世界上最重要的关系，形成了高度的相互依赖，但是由于两国历史和现实的很多原因导致经贸合作机制相对欠缺，这对于保障两国经贸关系的进一步发展是非常不利的，需要双方在构建新型大国关系的进程中加以重视。

从双边经贸合作机制来看，中美应尽快完成投资协定谈判，启动中美 FTA 磋商。目前中美双边经贸合作机制的最高层有中美战略与经济对话，主要解决战略性、长期性和全局性问题；次之就是商贸联委会机制，更注重处理中美经贸往来中出现的具体分歧和问题；还有就是当前正在谈判的中美双边投资协定，其结果值得期待；其他的还有一些零散的机制，如 2008 年签订的《中美能源和环境十年合作框架协议》。总体上来看，中美双边之间还是缺乏旨在促进双边经贸关系全面发展的综合的、务实的合作机制。作为全球两个最大贸易国，中美应该就双边自由贸易协定启动早期磋商并及早启动可行性研究，若取得积极的研究成果，则应发起相关谈判进程。

从多边合作机制来看，中美应带头重启多哈回合贸易谈判。同时，两国若能在世贸组织框架下签订信息技术协议（ITA）、政府采购协议（GPA）和服务贸易协议（TISA），也必将为中美经济合作构建出建设性框架。

① "美国能源独立促其 2025 年实现贸易顺差"，CCTV 证券资讯，http：//finance.cctvcjw.com/1434437.shtml，2014 年 2 月 14 日登录。

301

（三）管控经贸分歧，降低经贸摩擦风险

中美的经贸关系中一直存在着一种矛盾的现象：一方面，中美都是彼此重要的经贸伙伴，经贸相互依存度越来越高；另一方面，双方对两国经贸关系的认知上存在巨大差异，导致分歧和摩擦频发。中国认为，美国至今没有承认中国完全市场经济地位、限制对华高科技产品出口和设置障碍阻碍中国企业在美投资等都是有意为之，根本目的在于限制中国的发展。而美国则主观认为，中国操纵人民币汇率、侵犯美国知识产权、中国企业赴美投资对美国家安全构成威胁等。这种经贸关系的矛盾、反差之大，估计也只有中美关系所有。但与此同时，双方又都很难承担经贸关系恶化带来的后果。2013 年双边经贸关系尽管出现了难得的和谐与稳定，但中美经贸摩擦成为常态化的趋势不会改变。基于此，在今后对美经济外交工作中，针对时而出现的经贸摩擦，我们既需要进行有理有力的反制，同时也需要管控分歧，防止事态恶化。

首先要善于、敢于主动利用国际经贸规则来维护自身合理的经贸利益。对于美国违反国际贸易规则的行为要主动出击，诉诸法律来解决。2013 年美国国会通过并由奥巴马总统签署了《2013 年合并与进一步持续拨款法案》，其中第 516 条要求美国各政府机构考虑购买信息技术系统时，必须咨询执法部门，并就"网络间谍活动或破坏"的风险进行正式评估。评估必须包括"信息技术系统由中国拥有、主导或资助的一个或多个实体生产、制造或组装相关的任何风险"。法案还规定，美国商务部、司法部、国家航空航天局和国家科学基金会不得利用任何拨款采购由中国政府拥有、管理或资助的一个或多个机构生产或组装的信息技术系统。美国对中国信息技术产品出口频频以"国家安全"为名发起刁难，贸易保护主义和泛滥的"国家安全"贸易壁垒让人一目了然。根据 WTO《政府采购协议》，允许成员国出于保护安全的需要采取针对供应商的限制条件，但只能针对具体的存在安全威胁的企业。而美国《法案》针对所有的中国企业，违反了 WTO 的规则。因而，中国可以就此案向 WTO 提起上诉。

其次，在中美经贸摩擦问题上，要改变被动地位的不利局面，必要条件下的反击也必不可少。接上例，如果美国继续滥用"国家安全"措施，对中国企业造成伤害，必要的时候中国也必须采取一定的反击措施，以促使双方回归理性与合作，而不被美国牵着鼻子走。

最后，双方应加强沟通与协调。在两国经贸结构性分工无法短期改变的情况下，中美经贸矛盾将更为技术性与细节性，也构成了更为棘手的挑战。今后，中美在经贸领域仍会出现这样那样的问题，甚至不乏争吵。中美之间应该建立经常性的协调和沟通机制，解决经贸关系中出现的问题。这种机制能够保证中美通过平等协商来处理两国的争端，而不要动辄制裁和限制。因为那样不仅于事无补，而且会损害两国的利益。

第十七章

中国对日经济外交：深陷政经恶性互动困境

在中日政治经济互动过程中，既存在着中日政治关系和经济关系沿着"政热经热"、"政冷经冷"这样的同向发展阶段，也存在着逆向发展变化的阶段。而双方政治关系和经济关系的"冷"与"热"，不仅是二者相互影响和相互作用的结果，也是中日两国国内政治和经济因素的相互影响和相互作用的结果。① 2012 年年底中日领导人更迭，中国外交战略从"韬光养晦"逐渐转变为"主动作为"。与此同时，日本首相安倍晋三则提出打造亚洲"菱形安保圈"的外交理念，要联合有关国家抗衡实力日益增长的中国。中日两国正在进入一个战略对立期，而且这一战略上的对立态势有可能长期持续。因此，2013 年中国的对日经济外交也因中日政治经济的恶性互动而深陷困境。

一、中日关系中的政经互动

中国与日本自 1972 年恢复邦交以来，双边关系在政治、经济、文化等领域都取得了长足进步，也经历了不少坎坷波折。尤其是在其中占据主要地位的政治关系与经济关系，若以这两大层面来考察中日关系的总体态势，并用"热"或"冷"来分别形容中日关系发展的稳定或波动、顺畅或呆滞、扩展或萎缩的话，可以认为：到小泉纯一郎执政时期，中日关系在经历了"政热经冷"、"政经双热"、"政冷经热"后步入了"政经双冷"阶段。② 为了打破中日关系"冰冷"状态，自 2006 年 10 月起两国高层进行了名为"破冰之旅"、"融冰之旅"、"迎春之旅"和"暖春之旅"的一系列互访，中日之间构筑起战略互惠关系，双边关系进入新时期。但是以 2010 年 9 月的钓鱼岛撞船事件为标志，两国关系再次出现了不和谐噪声此伏彼起、摩擦与对立增多的局面。随着政治关系不断恶化，中日经贸关系必然受到严重影响。

（一）当代国际关系中的政经互动

国与国之间的双边关系，是由相对独立的多种交往领域构成的复杂体系；其中，政治关系、经济关系、安全关系、文化关系是最重要的四大领域。这几个领域既相对独立，又

---

① 常思纯：《日本对华经济外交研究》，经济科学出版社 2012 年版，第 27 页。
② 江瑞平：《激变的日本经济》，世界知识出版社 2008 年版，第 394～395 页。

相互影响。维护安全、追求发展，是任何主权国家的两大基本任务。对于一个国家及其政府而言，其对外关系的不同领域在利益上的轻重缓急、决策上的优先顺序不尽相同。其中，对外政治关系与对外经济关系显然占有最重要的地位，政治关系和经济关系构成双边关系中最重要的两大领域，政经互动则是双边关系各领域之间相互影响的最基本形态。

从理论上说，政经互动有四种形态，即政冷经热、政热经冷、政冷经冷、政热经热，又可分为三种不同类型，即敌对或交战状态下的政经互动关系、准敌对状态下的政经互动关系、外交关系正常化状态下的政经互动关系。政经互动呈现出两种基本的方向性，一是指一个领域强烈地影响和制约另一领域的单向性；二是指政治与经济两大领域相互影响的双向性。这种双向互动又表现出两类影响方式：（1）政经相互促进的"正面影响"；（2）政经相互排斥的"负面影响"。① 迄今为止的国际关系史，为政经互动原理提供了丰富多彩的佐证，目前的中日关系就表现为外交关系正常化状态下政经双向互动、正面影响与消极因素交替作用的复杂局面。

（二）政经互动的两种态势：良性与恶性

在国际关系中，政治因素与经济因素相互作用、相互影响。"经济是政治的基础，政治是经济的集中体现。"如果两国之间存在良好的政治关系，不但国民间相互信任和亲近有利于经济贸易往来，而且政府往往能够积极采取增进两国间经济关系的政策，为良好的经济关系的产生提供和创造良好的条件和环境。如果两国间政治关系出现冷漠与恶化，不但国民间相互淡漠、厌恶和疏远的情绪不利于经贸活动的进一步开展，政府之间往往也会在开展区域经济合作和双边项目合作方面态度消极，不愿提供经济援助以及投资贸易的优惠条件。同时，经济互利性增强，又为维护和增进政治互信奠定坚实的基础。② 一般来说，两个国家之间的经济联系越弱，相互间发生对抗的可能性越大；两国间经济相互依存度越大，双方的政治关系越趋于改善，使用武力解决争端的可能性就越小。③

可见，经济互利与政治互信可视为构筑、维系和发展双边关系的两大基础，二者之间存有非常密切的内在联系，形成极为强烈的相互作用。这种相互作用可有两种形态：一种是良性互动，一种是恶性循环。前者表现为经济互利为政治互信奠定坚实基础，政治互信为经济合作创造有利条件。甚至当政治互信出现问题时，出于经济利益考量，相关主体往往会主动修复裂痕，从而逐步促使政治互信恢复，政治关系缓和。而后者则表现为政治互信出现问题，政治关系趋于恶化，并对经济合作形成消极影响，导致经济关系停滞甚至倒退，而经济互利却未能有效发挥基础或"压舱石"作用。④

---

① 参见金熙德：《中日"政冷经热"现象探析》，载《日本学刊》2004年第5期。

② 参见李文：《中日政治关系失和对双边经贸关系的影响》，载《日本学刊》2006年第4期。

③ Ito Kenich, "Japan's initiatives towards US, China and Russia", *The Japan*, Forum on International Relations Inc., April, 1999, P. 11.

④ 参见江瑞平、刘静烨、王海峰：《中日韩合作中的几对重要关系：现状评估与对策建议》，载《日本经济蓝皮书：2014》，社会科学文献出版社2014年版。

（三）　小泉时期的恶性互动

就中日关系而言，1972 年两国实现邦交正常化，1978 年签订《中日和平友好条约》，中日间政治关系全面发展、不断趋热，加之中国实施改革开放，大力推进对外经济关系，中日经贸关系得以健康顺利地发展起来。同时，日趋密切的经贸关系又对维持双边关系稳定起到了"压舱石"的作用。自 20 世纪 90 年代中期以来，领土争端、日本历史教科书、靖国神社等问题一直是影响中日关系的重要负面因素，导致双方政治互信水平较低。在此阶段，日益深化的经贸关系，对缓解双方紧张的政治关系、增进政治互信发挥着重要作用。而且，政治关系总体保持稳定也对促进相互间经贸关系发展起到了积极的作用。

但是，自 2001 年小泉纯一郎出任日本首相以后在包括历史问题在内的一系列问题上采取错误的态度和做法，如右翼教科书问题、东海油气田开发问题、钓鱼岛问题、台湾问题、散布"中国军事威胁论"等，不断伤害中国人民的感情，中日政治关系持续冷淡甚至趋于恶化，严重妨碍了中日经济关系的正常发展。中国方面从改革开放大局和总体战略出发，致力于把"政冷"对"经热"的不利影响降到最低；而日本方面却不以为然。2005年年底日本《朝日新闻》曾刊文指出，小泉政府正在进行一种"对华游戏"，即政治上对中国强硬，经济上又不担心失去自己的利益；甚至还有日本政治人物声称，"中日关系，政治冷怕什么，经济不是照样发展么！"针对此种现象，时任中国驻日大使王毅表示，"现在中日关系最大的特点是'政冷经热'，这是一种扭曲的现象、不正常的现象。这种状况如果持续下去的话，很可能会使经济上的热也冷下来。因此，无论从日本自身的利益还是从中日关系的角度来考虑，都需要尽快解决中日关系面临的政治障碍。"[1]

事实也证明，由于小泉坚持参拜供奉有甲级战犯的靖国神社，加之中日之间在历史问题、领土问题等方面的对立和冲突愈演愈烈，导致中日政治关系陷入"冰期"，极大地干扰了双边经济关系的稳定和繁荣发展，中日经贸关系也随之陷于停滞。双边贸易一直是构成中日经济关系的基础和主体。2002～2006 年，中日双边贸易额分别为 1 018.89 亿美元、1 335.74 亿美元、1 678.86 亿美元、1 844.43 亿美元、2 073.56 亿美元，虽然绝对值的增长十分迅速，可以说是屡屡刷新纪录，但是若与中国整体对外贸易的增长相比增速相对较慢，并导致中日贸易在中国整体对外贸易中的地位呈下降趋势。[2] 不仅如此，在小泉执政时期，日本对华直接投资相对萎缩、日本对华经济援助急剧减少、中日经贸摩擦连续不断、中日经济合作明显滞后，种种迹象表明中日经济关系明显"趋冷"。中日关系在经历了"政热经冷"、"政经双热"、"政冷经热"等阶段后，开始陷入"政经双冷"的困境。

（四）　重蹈小泉覆辙的安倍

面对如此困境，经过两国的共同努力，经过双方领导人的"破冰"、"融冰"、"迎

---

① 《中国新闻周刊》2005 年 1 月 12 日，转引自冯昭奎：《中日关系走到了十字路口》，载《日本研究》2005 年第 1 期。

② 参见王洛林、张季风主编：《日本经济蓝皮书：2013》，社会科学文献出版社 2013 年版。

春"、"暖春"之旅，中日政治关系才逐步显现出回暖迹象，中日经贸关系随之步入正常发展轨道。尤其是通过战略互惠关系的建立，在中日经济高层对话等机制的促动下，中日经贸关系显现出全面发展的势头。非常遗憾的是，进入 2012 年，伴随日方"购岛"闹剧愈演愈烈，尤其是日本政府公然宣布"购岛"之后，中日政治关系急转直下，对中日经贸关系造成严重冲击。

2012 年 12 月第二次出任日本首相的安倍晋三上台后，逆历史潮流而动，"轻经济、重军事"，采取了一系列倒行逆施而且对其经济发展有害的行动。特别是在领土问题、历史问题上不断地刺激与挑衅中国，使中日关系跌入邦交正常化以来的最低点，导致中日经济关系严重受损。2013 年是中日经济合作关系最困难的一年。实际上，早在 2012 年上半年由于受国际经济环境恶化的影响，中日经贸合作出现下滑趋势，而下半年由于日本政府挑起的购岛闹剧，使来之不易的中日经贸合作受到空前冲击，出现了人们不愿意看到的局面。在遭受严重影响的双边经贸和刚刚得到恢复之际，2013 年年底安倍又悍然参拜靖国神社，使中日关系进一步恶化，双边政治关系的恶化不可避免要对经济关系带来负面影响。2013 年，中日双边贸易继 2012 年 3.9% 的负增长后，又出现了 5.1% 的负增长，特别是日本对华直接投资出现了 4.28% 的负增长，这是 2008 年以来的首次负增长，中国对日直接投资更是大幅度下降了 23.5%，贸易投资双双下降在邦交正常化以来十分罕见。[①] 另外，双边财金合作陷入停顿，中日韩自贸区谈判受挫，上述一系列事实表明，中日关系的"政冷经冷"的态势日趋明显。

从中日关系的整体来看，政治与经贸是两个既相互独立又不可分割的领域，是判断中日关系走向的最基本要素。所谓政治与经贸的相对独立，表现为政治关系上的"冷"而经贸关系上的"热"，或是政治关系上的升温而经贸关系上的降温，即政治与经贸关系的"冷热不均"；所谓政治与经贸的不可分割，表现为政治问题经济化、经济问题政治化，即政治与经贸关系上的相互制约。进入 21 世纪以来，中日关系中政治关系"冷"而经贸关系"热"的现象常常出现。但是，此次钓鱼岛海域事件的发生和后续的影响或许会有所不同。

从民间层面来看，政治关系恶化对双方经贸关系的直接影响主要表现在投资环境和消费者的消费行为上。而中日政治关系的恶化对经济关系的负面影响主要发生在政府层面。首先，在两国政治关系十分冷淡的情况下，相互沟通和对话越来越趋于狭窄化，两国对话过于集中在两国间的分歧而无暇深入涉及两国面临的许多地区性、全球性、合作性课题，双方政府都不能把主要精力用于双边经济合作。其次，受民间情绪和政治关系恶化的影响，两国之间的经济问题容易过分政治化。在这种情况下，经济决策中的理性思维受到限制，一些经济上对双方有利的项目也难以开展。鉴于此，虽然中国从政治和外交层面考虑，在钓鱼岛海域事件上采取了高调外交姿态，维护国家主权和中国公民权利，制裁日本的挑衅行为，但仍然是有理有节，而且尽量避免对中日经贸关系造成伤害。但是，此次政治冲突涉及主权争议和历史认知问题，与一般性突发事件截然不同。加之安倍出于本人本

---

① 参见张季风：《2013～2014 年日本经济与中日经贸关系：现状、问题与展望》；王洛林、张季风主编：《日本经济蓝皮书：2014》，社会科学文献出版社 2014 年版。

党的狭隘国内政治需求，加速推动日本的右倾化趋势，靠在领土问题上逞强、修宪问题上激进、历史问题上倒退刺激民粹主义，同时又多次发表谈话表示致力于推进中日战略互惠。这无疑是以投机主义、功利主义的心态，企图诱使中国将钓鱼岛问题同其他政策脱钩，在推进战略上牵制中国的同时又不错过从中国捞取经济红利的机会。在国际交往过程中，各自国家根本利益和核心利益的保障取决于双向合力，中国发展对外政治与经贸关系也不例外，获得双赢需要的是诚意和互信。[①] 中日关系对中国而言固然重要，但也只是中国周边战略的一环，高不过中国维护核心利益的重要性和坚定性。面对缺乏复苏中日战略互惠、改善对华关系诚意的安倍政府，中方甚至可以考虑有选择地对中日韩自贸区谈判、东亚区域金融合作、二十国集团宏观政策协调、亚洲银行金融合作等可能被安倍拿来向国内展示外交作为和刺激经济成效的地区性公共产品暂时不予呼应和配合，[②] 中日间"政冷经热"的怪异模式不可能重来！

二、从安倍经济学到安倍军事学

新内阁启动时，安倍首相信誓旦旦地向日本国民承诺要让日本走上经济增长的道路，"安倍经济学"一度成为世界关注的焦点。但其一年多来的执政实践表明，安倍不仅没有重振日本经济，反而为了实现其"修宪强军梦"在军事外交上动作频频，被称为"安倍军事学"。

（一）安倍经济学的"三支箭"

2012年12月，在众议院大选中获胜的自民党与公明党组成联合政权，自民党总裁安倍晋三出任首相，将新内阁称为"突破危机内阁"，声称要实现重新构筑"强大的日本经济"的目标，并为此陆续出台了一系列政策措施。其中最引人注目的是大胆的货币政策、灵活的财政政策以及唤起民间投资的增长战略等所谓的"安倍经济学"，或曰"三箭齐发"，其政策基调是变过去的"缩小型的均衡分配政策"为"'创造增长和财富的良性循环'经济政策。

灵活的财政政策是安倍新经济政策的第一个支柱，也是刺激经济复苏的最直接和最容易见效的手段。安倍新政权在执政仅半个月后的2013年1月11日，就出台了事业规模高达20万亿日元的"面向日本经济再生的紧急经济对策"，其中政府出资10.3万亿日元，主要用途包括：（1）3.8万亿日元用于灾后重建和减灾对策；（2）3.1万亿日元用于通过经济增长创造财富对策；（3）3.1万亿日元用于安心生活、搞活区域经济对策（包括补贴地方负担部分的转移支付1.4万亿日元）。此外，还要负担公共事业等国库债务经费0.3万亿日元。由此可见，紧急对策的侧重点还是灾后重建，注重社会基础设施的建设与完

① 王东：《政治与外交阴影下的中日经贸关系》，载《中国经贸》，2010年第11期。
② 晓岸：《如何应对中日关系的僵冷局面》，载《世界知识》，2013年第16期。

307

善。① 此外，自民党还在"竞选纲领"中提出，在今后 2～3 年内将推行更加富有弹性的财政措施。

大胆的货币政策是"安倍经济学"中最敏感和最受推崇的调控手段。其基本思路是，通过量化宽松抑制日元升值、提振股市，以此改善企业收益，增加工厂设备投资，提高从业人员工资，进而增加就业、促进个人消费，从而使物价上升 2%，尽快摆脱通缩。结果是日元汇率开始加速下滑，安倍履新到 2013 年 2 月 15 日不到两个月的时间，日元对美元贬值超过 8.4%。另外，日本银行行长黑田东彦履新后，于 2013 年 4 月 4 日出台了史上"数量和质量"都最为激进的量化宽松政策。为了能在两年内实现 2% 的通胀目标，日本银行确定：（1）用基础货币量取代无担保隔夜拆借利率作为央行货币政策操作的主体目标，以每年增加基础货币 60 万亿～70 万亿日元的幅度对市场进行调节，两年后基础货币余额将扩大一倍。（2）扩大购入长期国债的额度，并延长年限。（3）加大对上市信托投资（ETF）与日本房地产信托投资基金（J－REIT）的购买力度。（4）到 2013 年年底，日本银行购入的 CP、公司债等分别达到 2.2 万亿日元和 3.2 万亿元日元，之后维持这一余额水平。（5）向地震灾区金融机构提供的援助融资延长一年。（6）废除资产购入基金，暂时停止银行券规则，事实上实现资产购入基金与频繁市场操作的统一。

吸引民间投资的增长战略是第三个支柱，主要包括长期战略模式的转换、产业政策和贸易政策。这一支柱是日本经济能否走出长期低迷困境的关键所在，自民党和公明党联合政权一致同意，要在能源、环境、健康、医疗等领域进行大胆的规制缓和，提出名义 GDP 增长率应达到 3% 以上，不仅要依靠"贸易立国"这一旧有模式，也要谋求"产业投资立国"模式，实现"混合经济立国"战略，使亚洲等海外地区的投资收益回流日本，从而促进日本经济增长。

"安倍经济学"出台后，形成了"市场预期"，引发了市场动力，对刺激日本经济短期景气产生了效果：日本股市迅速回升，日元也急剧贬值。在资产效应的作用下，私人消费有所扩大；在日元贬值的背景下，出口也有所恢复。一系列经济数据的向好趋势，也成为安倍政府夸耀的资本，自民党借此在 2013 年 7 月的参议院选举中取胜，结束了"扭曲国会"窘境。2013 年日本实际 GDP 实现了 1.6% 的正增长，但这种景气主要是公共投资的扩大和提高消费税率之前集中消费所带来的，并不意味着日本经济已进入自律性的复苏。

而且，这种为了短期政治利益而对日本经济下的猛药，可能取得些许政绩和短期效果，但对解决日本经济的长期低迷未必奏效。事实上，"安倍经济学"的预期效应已开始减弱，其弊端与隐患也开始显露，今后的前景不容乐观。（1）宏观经济增长乏力。2013 年四个季度的实际 GDP 增长率分别为 4.5%、3.6%、1.1% 和 1.0%，虽然维持了正增长，但高开低走，增速递减的趋势十分明显。（2）实际物价上涨虚高。在超宽松量化货币政策的作用下，日本的物价确实有所上升，核心消费者物价从 4 月的 -0.4% 上升到 12 月的 1.3%，但目前的物价上涨很大程度是大量进口能源带来的，输入性通胀的成分占比很高。（3）积极财政政策收效甚微。2012 年度补充预算投入了 13 万亿日元中央财政投资，但却

---

① 参见张季风：《"安倍经济学"及其经济效果分析》，载《日本学刊》，2013 年第 3 期。

没有挡住经济下滑的趋势。（4）出口虽有增长，但出现了11.4万亿日元的巨额贸易逆差，依靠外需拉动经济增长的目标失败。①

"安倍经济学"之所以失灵，其原因是多方面的，既有"安倍经济学"自身缺陷的影响，也受制于其具体操作实施过程。安倍上台后逆历史潮流而动，采取了一系列倒行逆施而且对其经济发展有害的行动，导致经济政策没能得到很好的贯彻落实。一个典型的表现就是实施"安倍军事学"。

（二）"安倍军事学"的实质与后果

和"安倍经济学"一样，"安倍军事学"也包括"三支箭"、"一把弓"、"一个司令塔"。其中，"三支箭"分别是"积极和平主义"、强化日美军事同盟、新国家安保战略，把"三支箭"搭在一起的"弓"是行使集体自卫权，其"司令塔"则是直接对安倍本人负责的新设权力中枢"国家安全保障会议"。

2013年9月25日，安倍首相在美国哈得孙研究所公开披露了"积极和平主义"，两天后又在联合国大会上向各国领导人抛出"积极和平主义"，称其为日本外交和安保的基本理念。安倍所说的"积极和平主义"不同于国际政治学中"积极和平主义"的原意，而是指日本将允许行使集体自卫权甚至先发制人发起军事打击，是一套攻击性的外交安保理念。尤其值得注意的是，其内在逻辑是中国威胁上升，日本需要为地区和世界和平做出更大贡献，为此需要行使集体自卫权，可见"积极和平主义"的运用对象直接指向中国。安倍不仅在国内外反复渲染"中国威胁"，甚至在接受《华尔街日报》专访时赤裸裸地表示，日本要在亚太安全方面发挥领导作用，日本在亚洲能做的"重要贡献"就是带头制衡中国。②

2013年10月3日，日美安保磋商委员会（"2+2"会议）在东京举行。会后发表的联合声明说，双方将着手修改1997年制定的"日美防卫合作指针"，两国将在太空和网络空间等新战略领域进行合作。此外，美方对日本修改关于行使集体自卫权的宪法解释、制定国家安全保障战略、增加防卫预算等动作"表示欢迎"。日本立命馆大学客座教授、前驻华公使宫家邦彦表示，此次会议所取得的成果为近年来罕见，联合声明不仅暗示了对中国的高度戒备，开拓了太空、网络等日美安保合作新领域，还为日本自卫队下一步引入美军高性能武器开辟了道路。③

2013年10月中下旬，安倍私设的安保政策咨询机构"安全保障与防卫力恳谈会"提交了一份"国家安全保障战略"概要报告，勾勒了日本未来安保和军事政策的大方向。报告的要点包括：（1）基于"积极和平主义"，日本安保战略的目标是"确保日本安全、强化必要抑制力，排除直接侵犯，使损害最小化"；（2）安保政策的主要课题包括海上航行

① 参见张季风：《"安倍经济学"为什么失灵》，载《中国青年报》，2014年3月3日。
② 参见《强军备战安倍到底意欲何为》，载《北京周报》2013年第46期，http://www.beijingreview.com.cn/2009news/tegao/2013-11/08/content_577019.htm。
③ 参见《起底安倍军事学：和平旗号下的攻击性安保理念》，载《瞭望》新闻周刊，2013年11月11日，http://www.chinanews.com/gj/2013/11-11/5485872_2.shtml。

安全，应对太空和网络攻击，应对大规模杀伤性武器、弹道导弹和国际恐怖主义威胁等；
（3）对中国影响力的增大、朝鲜军力的增强与挑衅行为表示担心；（4）强化日本外交防卫相关情报网；（5）修改"武器出口三原则"，扩大与外国的防卫装备与技术合作；（6）培育国民的爱国心。①《朝日新闻》评论称，安倍的国家安保战略军事色彩突出，与日本战后远离纷争、非军事手段打造和平的道路迥异。

2013 年 11 月 6 日，日本国会众议院国家安全保障特别委员会通过了《国家安全保障会议相关法案》。新成立的国家安全保障会议将以四大臣（首相、内阁官房长官、外务大臣、防卫大臣）会议为主要议事方式，其日常事务部门"国家安全保障局"下设综合、同盟—友好国家、中国—朝鲜、其他（中东等）、战略、情报等六个部门，规模在 50 人左右。借此机制，日本的外交、防卫、情报、人力资源将高度集中到以安倍为核心的首相官邸，安倍将成为最有权势的日本首相。

日本政府于 2013 年 12 月 17 日正式决定首个国家安全保障战略，并以此战略为指导方针修订了新《防卫计划大纲》和《中期防卫力量整备计划》。其中，《国家安全保障战略》是日本外交与安全政策的首个综合方针，《防卫计划大纲》是日本未来十年的防卫力建设方针，将安倍政府力争实现的"积极安保政策"具体化。而为 2014～2018 年度设立的《中期防卫力整备计划》，则对"综合性机动防卫力"进行了具体化，五年的防卫预算上限约为 24.67 万亿日元。这三份文件决定了未来 5～10 年日本安全保障政策和军备整饬的大方向，堪称日本安保政策和理念的根本性转折。这也标志着危险的"安倍军事学"正式粉墨登场。②

三、日本经济回升的态势与问题

2013 年的日本经济，在"安倍经济学"的刺激和世界经济形势下行压力趋缓的多重作用下出现了复苏，股市上扬的资产效应带动消费扩大，日元贬值使日本的出口出现好转，日本经济连续四个季度正增长。但是，由于"安倍经济学"的刺激效应趋弱，加之日本经济自身存在的结构性问题没有得到解决，未来前景不容乐观。

（一）超强刺激促成超强回升

2013 年日本经济的短期复苏，既有外部经济环境好转和经济周期等因素的影响，也有"安倍经济学"预期的效果。应当说，超宽松的量宽货币政策和财政政策的刺激效果对日本经济实现强劲回升功不可没。

2013 年 1 月 22 日，政府与日本银行签署共同声明，确定了在两年内实现"通货膨胀

---

① "解剖'安倍军事学'"，财经国家新闻网，2013 年 11 月 12 日，http://www.ennweekly.com/2013/1112/12384. html。

② "专家：中国不妨'对等反制'日本新防卫文件"，中国新闻网，2013 年 12 月 19 日，http://www.chinanews.com/gj/2013/12 - 19/5639181. shtml。

率达到 2% 的目标"；4 月 4 日，在黑田东彦新总裁主导下日本银行出台了"数量宽松和质量宽松"的具体政策。1 月 11 日，政府确定了 2012 年度的补充预算，公布了事业总规模为 20 万亿日元的《面向日本经济再生的紧急经济对策》，并于 2 月 26 日在国会通过。另外，6 月份内阁会议确定的《日本再兴战略》和秋季临时国会通过的一系列相关法案也将逐一落实。受一系列刺激政策预期的影响，日经平均股指从 2012 年 12 月的 9 000 多点上升到 2014 年 1 月的 15 000 多点，增长了近 70%，日元兑美元汇率从 78 日元贬至 104 日元，贬值了 40%。在股市回升资产效应的带动下，消费有所扩大，而日元贬值又促进了出口的增长，多重作用拉动了宏观经济的短期复苏。2013 年第一季度实际 GDP 增长率为 4.8%，第二季度为 3.9%，第三季度为 1.1%，第四季度为 1.0%，实现了连续正增长。而且具体通胀目标的实现一步步向前迈进，核心消费者物价指数（除生鲜食品外）从 2013 年 4 月的 -0.4% 提高至 11 月的 1.2%，这是 2008 年以来首次突破 1%。[①]

（二）当前日本经济回升的新特点

1. 宏观经济短期复苏，但高开低走

由于政策预期的效果，股市回升带动消费扩大，日元贬值又促进出口的增长，2013 年日本实际 GDP 实现连续四个季度的正增长。但是，从增长速度来看，递减的趋势十分明显，这说明"安倍经济学"的预期效果越来越弱，难以为继。从全年情况来看，实际 GDP 比上年增长 1.6%，其中内需拉动 1.9%，外需为 0.3% 的负拉动，[②] 这说明从安倍政权成立至今的经济增长主要是内需拉动的。

2. 私人消费明显回升，但难以为继

由于经济长期低迷，日本的私人消费也萎靡不振，2013 年却出现了显著回升。据内阁府统计，2013 年四个季度的民间最终消费支出增长率分别为 1.0%、0.6%、0.2% 和 0.5%，商业销售额也出现了连续四个季度的正增长，[③] 是近年来比较少见的现象。从具体消费商品来看，以汽车为中心的耐用消费品、服装和日常用品等半耐用消费品以及外食、旅游等消费增幅较快，特别是住宅消费增长最为明显。

这次消费扩大主要来自两方面的作用，其一是资产价格上升带来的效应。据日本银行统计，自 2013 年第一季度以来，居民个人金融资产余额与上年相比迅速上升，前三个季度分别上升 3.4%、5.1% 和 5.9%，创下了近四年来的最高水平。其二是提高消费税率之前的"扎堆消费"。尽管汽车等耐用消费品、高级服装、奢侈品等销售旺盛，但非耐用消费品的销售增幅有限，消费扩大并没有波及以食品为中心的生活必需品。由于是非常规的消费，所以对不同种类消费品的消费很不均衡、不稳定，也不具备可持续性。

---

① 「景気指標」、『日本経済新聞』2014 年 2 月 24 日第 19 版, 2013 年 9 月 2 日第 16 版。

②③ 内閣府経済社会総合研究所『2013（平成 25）年 10～12 月期四半期別 GDP 速報（1 次速報値）』, 2014 年 2 月 17 日。

3. 就业形势好转，但非正规就业仍居高不下

2013 年日本的就业状况得到改善。全年失业率为 4.0%，比上一年下降 0.3 个百分点，连续三年持续下降。其中男性失业率为 4.3%，女性失业率为 3.7%，失业人口总数为 265 万，比上年减少了 20 万。与此相对应，就业人口总数达 6 311 万人，比上年增加41万。[1]

就业状况之所以出现好转，其原因主要有：（1）在消费扩大和出口回升的拉动下，企业生产扩大，必然为社会提供更多的就业机会。（2）由于经济景气，私人消费增加，扩大了各类服务业的就业机会，服务业就业人数出现大幅度增加。例如，2013 年医疗福祉行业就业人口总数为 735 万人，比上年增加了 23 万人，增幅为 3.2%，综合服务业就业人数为 55 万人，增加了 5 万人，增幅高达 10%，批发、零售业就业人数为 1 057 万人，增加 7 万人。值得注意的是，在雇佣人员中，非正规就业者为 1 906 万人，仍然高达 36.6%。非正规就业比例居高不下。

4. 出口强劲恢复，但贸易逆差持续扩大

在日元贬值效果的刺激下，2013 年日本出口大幅度回升，出口总额达到 69.79 万亿日元，与上年同比猛增 9.5%，摆脱了连续三年负增长的严峻局面。日元贬值对出口扩大的贡献是毋庸置疑的，另外世界经济形势好转也是一个重要因素，特别是美国经济的恢复扩大了日本的对美出口，美国时隔四年成为日本的第一大出口市场。

2013 年，日本进口总额为 81.26 万亿日元，增幅更高达 15%，也打破历史最高纪录，为连续四年的正增长。尽管出口和进口都出现了较大幅度的增长，但进口还是远远大于出口，结果导致出现了 11.47 万亿日元的巨额贸易逆差，比上年增加了 65.3%。这是 1979 年以来第一次出现连续三年的贸易逆差。由于贸易逆差幅度较大，也使经常收支顺差持续下降，据财务省的统计，2013 年经常收支顺差创历史新低，仅为 3.3 万亿日元，比上年减少了 31.5%，这已经是连续三年的减少。[2]

（三）日本经济回升的前景与问题

2013 年的日本经济在世界经济环境转好的大背景下，加之"安倍经济学"的预期效应，出现了短期景气现象，但是随着"安倍经济学"政策预期的减退，宏观经济递减的征兆已经出现。4 月份日本开始提高消费税率，必然会对个人消费造成很大冲击，也就是说，决定宏观经济运行的主要因素——消费、投资和出口"三驾马车"都难以期待，加之其他因素的叠加作用，未来日本经济回升态势不容乐观，2014 年度的日本经济增幅将远远低于2013 年度。

---

① 総務省『労働力調査（基本集計）平成 25 年平均（速報）結果の要約』。

② 時事通信『経常黒字、最少の3.3 兆円＝円安で貿易赤字拡大—下期は半期ベース初赤字—13 年』，2014 年 2 月 10 日，http：//headlines. yahoo. co. jp/hl？a＝20140210 － 00000046 － jij-bus_all。

1. 提高消费税率带来的冲击不可避免

2013 年下半年，为了规避增加消费税带来的损失，日本出现了比较明显的超前消费现象，住宅消费和汽车等耐用消费品的销售量出现较大的增长，这意味着 2014 年提高消费税率以后一定会出现一段时间的消费衰退。虽然此次提高消费税率之前的集中消费没有达到 1996 年那么高的水平，加上名义利率上升预期的存在，2014 年的私人消费出现 1997 年那样大幅度减少的可能性较低。但是统计显示，2013 年 12 月，消费态度指数环比为 −1.2%，收入增加可能指数为 −0.7%，未来消费可能性指数、收入可能性指数和耐用消费品购买时间可能性指数均趋于下降，[①] 这说明居民消费意愿已开始下降。

虽然日本政府意识到了这一问题的严重性，并为此推出了总规模为 5.5 万亿日元的 2013 年度补充预算，但其中用于防灾对策的公共投资为 1.2 万亿日元，用于东日本大地震灾后重建的经费为 1.9 万亿日元，用于促进中小企业设备投资的支出为 1.4 万亿日元，而直接用于促进消费的低收入者补贴仅为 6 500 亿日元，只占 11.8%，恐难以发挥应有的作用。可以预测，2014 年的私人消费不容乐观。

2. 收入难增长

在超宽松量化货币政策的推动下，再加上能源进口量的大幅度增加，日本的物价得到很快提高，2013 年 12 月核心 CPI 已达到 1.3%，今后还会有上升的可能。但是如果物价上升而收入不上升的话，将会使国民的实际生活水平下降，消费会进一步疲软。所以，提高收入水平已成为日本的一大政治任务，安倍首相也在不同场合恳求大企业以及经团联为提高工资做出努力。但是，涨工资意味着企业经营成本的上升，企业效益将会下降；如果企业效益得不到提高，第二年以后的工资不仅不能上涨，甚至还有可能下降。所以要保证企业效益与提高工资同步推进，才是保障持续提高工资的经济良性循环的前提。因此，尽管工会组织在 2013 年"春斗"中提出了提高基础工资的目标要求，但经团联以及大企业还是希望只提高临时性工资。

而且，仅仅依靠景气循环推动人均工资上升的幅度很有限，因此为了进一步提高工资，政府需要加强非制造业、医疗、护理等领域的改革，特别是减少非正规就业也是十分关键的步骤。由于非正规就业比重的增加，使 2013 年日本的人均月收入仍徘徊在 314 054 日元的低水平。在经济不景气且国内外竞争都十分激烈的大背景下，企业往往通过减少雇用正式员工和扩大雇用非正规员工的手段来削减经营成本，以提高国际竞争能力，这也是无奈之举。因此，要想在短时期内实现全面提高工资的目标十分困难，而实际工资若不能提高，扩大消费就是一句空话。

3. 设备投资难有起色

扩大设备投资是"安倍经济学"第三支箭的主要内容之一，但是从实际数据上看，2013 年日本的设备投资并不尽如人意，四个季度的设备投资环比增长率分别为 −0.9%、

---

① 内阁府『消费动向调查』、2013 年 12 月。

1.1%、0.2%和1.3%，增长势头很缓慢，全年设备投资增长率为－1.4%。[①] 导致设备投资低迷的原因是多方面的，一方面，世界经济恢复乏力，许多企业对设备投资持慎重态度；另一方面，工矿业生产增长疲软，设备投资的客观动力不足。

安倍政权所推行的经济政策试图通过两个途径来促进企业的设备投资。（1）通过实行大胆的货币政策，使日本经济摆脱长期通缩，提高名义经济增长率预期。（2）下调法人税，同时推行放松规制的改革，以直接提高企业的预期。据大和总研的测算，如果法人税降低10%（约4万亿日元），可带来增加国内生产7.3万亿日元的效果。企业现金流的增加部分若能返还给员工，加之国内生产扩大将带来就业增加，就会促进消费的增加，最后可使经济步入良性循环的轨道。但遗憾的是，企业利益究竟能多大程度返还给员工，也就是说员工的实际工资能否上涨，这还是一个未知数。从设备投资的先行指标——机械设备订货额来看，2013年以来连续四个季度保持正增长，这意味着半年后设备投资可能出现若干回升，但能持续多长时间，尚有待观察。而且从中长期看，前景并不乐观，其中的一个重要原因在于，2008年国际金融危机以后日本又进入新一轮的设备过剩，正面临严重的产能过剩局面，进行大规模的设备投资确实很难期待。

4. 外需前景明暗相间

2013年下半年以后，国际经济形势转好，特别是美国经济恢复势头较强，中国经济虽然减速，但全年仍维持7.7%的较高增长，欧洲主权债务危机虽然还有隐患，但大大缓解。可以认为，2014年日本经济的国际环境总体趋好，有利于日本的对外出口。

与此同时，风险也是存在的。例如，美国退出"量宽"政策可能带来若干经济波动，新兴经济体的金融市场债务危机等也有可能对日本的出口造成影响。安倍悍然参拜靖国神社，使本来就因为钓鱼岛争端跌入冰点的中日关系雪上加霜，政治关系的恶化自然会对经济关系产生负面影响。

四、中日政治关系持续恶化

2013年中日围绕钓鱼岛问题的斗争日趋激烈，日本右倾化动向加剧，尤其是12月26日，日本首相安倍晋三在其执政一周年之际以首相身份参拜靖国神社，导致中日政治关系持续恶化。

（一）中日钓鱼岛争端日趋激烈

2012年9月11日，日本政府不顾中国政府和中国人民的强烈反对和严正警告，宣布购买"钓鱼岛"，在侵害中国钓鱼岛主权进程中迈出了实质性的一步。2013年，中日围绕钓鱼岛问题的斗争进入了更为激烈复杂的阶段。

---

① 内阁府『2013年（平成25年）10～12月期四半期别GDP速报（一次速报值）』，2014年2月17日。

1. 日本热炒"火控雷达照射"事件

2013 年 2 月 5 日，日本防卫省召开临时记者会，防卫相小野寺五典向记者宣布："1 月 19 日下午 5 点，中国海军护卫舰上的火控雷达瞄准并锁定了一艘日本海上自卫队护卫舰上起飞的直升机。1 月 30 日上午 10 点，中国海军另一艘护卫舰又向日本海上自卫队的护卫舰照射了火控雷达。"① 日本媒体立刻热炒此事，甚至有媒体要求立即召回驻日大使。2 月 7 日，中国国防部则于 2 月 7 日发布公报，日方所谓中国海军舰艇火控雷达瞄准日方舰机的指责不符合事实。并抗议日方高官发表不负责任的言论，渲染"中国威胁"，肆意制造紧张局势，误导国际舆论。此后，日本媒体在 2013 年 3 月 18 日再次就"火控雷达"一事进行炒作，声称多位解放军高级将领已承认此事，但没有提及将领的名字。中国国防部再次对此发表声明，驳斥日方说法不符合事实，抹黑中国军队，别有用心。② 日方不断散布歪曲、抹黑中国军舰在钓鱼岛附近正常备战训练活动的不实言论，在中方澄清事实后仍继续大炒特炒"莫须有"的火控雷达照射事件，表明了日本欲借此达到在钓鱼岛问题上获利等多重目的。

2. 日方对中国东海活动加强警戒

据中国官方披露资料，自日本政府 2012 年 9 月非法"购岛"以来，中国先后公布钓鱼岛领海基点基线、地理坐标，并在该海域持续组织常态化巡航，实现在钓鱼岛领海、领空内立体巡航。至 2013 年 9 月的一年间，中国共组织钓鱼岛领海内巡航 59 次，最长航时超过 28 小时，最近距岛 0. 28 海里。而据日本海上保安总部的统计显示，自 2012 年 9 月日本政府将钓鱼岛"国有化"以来至 2013 年年底，中国公务船驶入钓鱼岛附近 12 海里海域累计达 74 天。日本政府为应对中国船只驶入钓鱼岛附近海域，已将首相官邸的情报联络室升级为官邸对策室。此外，日本政府还对中国飞机进入钓鱼岛上空极为警戒，频繁派遣航空自卫队飞机升空拦截，更扬言要击落中国无人机。这使得中日在钓鱼岛问题上面临擦枪走火、冲突升级的风险。

3. 中国划设东海防空识别区遭日抗议

2013 年 11 月 23 日，中国宣布在东海划设防空识别区，范围覆盖大部分东海海域，与部分日本的防空识别区产生重叠，并涵盖了中日有争议的钓鱼岛。此举立刻引发日本抗议，日本外务省亚洲大洋局局长通过电话向中国驻日公使韩志强表示了抗议，日本防卫省大臣也召开会议，对外表示加强对中国的监视。12 月 6 日，日本众议院全体会议一致通过一份决议，谴责中国划设东海防空识别区，并要求中方立刻撤销。日本首相安倍晋三还在 12 月中旬举行的日 - 东盟特别首脑峰会上点名批评中国，要求中国撤销防空识别区，并竭力希望在会后发表的共同声明中写入批评中国防空识别区的内容，但未获东盟各国的支持。

---

① 【日】防卫省："大臣临时会见概要"，http: //www. mod. go. jp/j/press/kisha/2013/02/05a. html。
② "国防部驳中国将领承认火控雷达照射日舰"，中国日报网，2013 年 3 月 18 日，http: //www. chinadai-ly. com. cn/hqgj/jryw/2013－03－18/content_8527000. html。

4. 日本通过防卫政策要与中国在钓鱼岛长期对立

日本在 2013 年 12 月 17 日的内阁会议上，通过了首个《国家安全保障战略》以及新版《防卫计划大纲》和《中期防卫力整备计划》。在日本《国家安全保障战略》中明确指出，鉴于钓鱼岛问题和中国划设东海防空识别区，日本将在维护海洋秩序方面发挥主导作用。① 日本新《防卫计划大纲》的基本理念则确定为"建设综合机动防卫力"，其概要称要冷静应对中国日益活跃的海空活动，自卫队将建立经常性警戒与监视体制，以"确保日本周边的海域和空域安全"。② 日本《中期防卫力整备计划》旨在强化日本海上和空中的控制能力。其特点是反映了日本在钓鱼岛与中国的对抗，提出引进新型空中预警机和无人侦察机，加强警戒监视体制等，企图加强包括我国钓鱼岛在内的西南诸岛的"防御力量"。③ 这三份文件被各界普遍视为安倍在安保领域射出的新"三箭"，并且每一箭都指向中国，将中国视为"威胁"，并预计与中国在钓鱼岛的对立将长期化。

（二）日本右倾化步伐不断提速

自安倍第二任期上台执政以来，日本政治右倾化加速发展。安倍政权一方面对内加速推动修宪强军，力争尽快实现"正常国家化"；另一方面对外美化战争和战犯，试图否定侵略历史。

1. 修宪强军想做"正常国家"

日本现行宪法是在美国帮助下制定的，并于 1947 年 5 月 3 日正式实施。该宪法的核心内容是第二章第九条，明确规定日本永远放弃战争，不保持陆海空武装力量。因此，该宪法也经常被称为"和平"宪法。日本右翼一直谋求修改该条内容，使日本重新成为"普通国家"。安倍上台以来，开始加紧为修宪铺路，力争尽快修宪。2013 年 2 月 15 日下午，安倍出席自民党宪法修正推进总部会议时称，将修宪定位为"需解决的重大课题"，表现出其在任期内实现修宪的强烈意愿。3 月 17 日，日本自民党举行重新上台以来的首次党员代表大会，确定 2013 年度行动计划，表示将加速推动修改现行和平宪法。4 月 15 日，安倍在接受日本《读卖新闻》专访时，透露了其修宪分三步走的日程表：在夏季举行的参议院选举中获胜，为修改宪法确保三分之二以上的席位；着手推进易于得到广泛支持的宪法第九十六条的修改工作；在行使集体自卫权问题上改变宪法解释。4 月 28 日在日本首次举行"主权恢复日"官方纪念活动中，安倍三次高喊"天皇陛下万岁"，而和平宪法对天皇权力进行了限制，安倍的用意不言自明。此后，自民党在 7 月的参议院竞选纲领中，针对修宪问题，提出将天皇为国家元首、行使集体自卫权、成立国防军写入宪法。8 月 8 日，

---

① 【日】《国家安全保障战略》，http：//www. mod. go. jp/j/approach/agenda/guideline/pdf/security_strategy. pdf。

② 【日】《2014 年度后的防卫计划大纲》，http：//www. mod. go. jp/j/approach/agenda/guideline/2014/pdf/20131217. pdf。

③ 【日】《中期防卫力整备计划》，http：//www. mod. go. jp/j/approach/agenda/guideline/2014/pdf/chuki_seibi26 - 30. pdf。

日本内阁会议解除了抵制行使集体自卫权的内阁法制局长官山本庸幸的职务，正式任命前驻法大使小松一郎出任新长官，为变更集体自卫权的宪法解释做出了重要的人事铺垫。12月中旬，安倍还抛出"安保三箭"，试图为行使集体自卫权松绑。而安倍之所以急于允许自卫队行使"集体自卫权"，是想早日获得在海外"自由使用武力"的权限，为加快推进日本"军事正常化"开道。

2. 美化侵略重论战争责任

日本官方屡屡发表美化侵略战争的言论，在如何对待战争责任问题上大做文章。日本自民党政调会长高市早苗在2013年4月12日的NHK节目中就村山谈话表示："当时资源被封锁，难道不抵抗而使日本成为殖民地才是最佳选择吗？"在被问及安倍内阁是否与历代内阁一样，接受东京审判的结果时，她表示："安倍晋三在国家观、历史观上也存在一些与历届内阁不同之处。"而此前在3月的国会众议院预算委员会上，安倍就曾对"二战"后东京审判结果提出质疑，称"审判结果不是由日本做出的"。此后，4月22日，安倍表示将不会原封不动地继承为日本殖民侵略历史谢罪的"村山谈话"，并对日本侵略的定义提出质疑。4月23日，安倍在日本国会答辩上表示"国际上对于侵略的定义尚无定论"。5月8日安倍在日本参院预算委员会上再就第二次世界大战"侵略"定义所发表的言论进行辩解，声称"学术上没有绝对的定义"。7月3日，安倍又表示"侵略的定义本身会被政治化和外交问题化，应交由历史家判断"。8月15日，安倍在第二次世界大战"全国战殁者追悼仪式"上致辞，打破将近20年的政治传统，没有像往届首相那样提及日本对亚洲邻国的"加害责任"并表示反省，也没有提及"坚持不交战的承诺"。此外，日本维新会共同党首、大阪市市长桥下彻也曾公然声称，"慰安妇制度是'二战'时保持军纪所必需的，没有证据显示日本政府或军方直接采取了绑架、胁迫慰安妇的行为"。

3. 无视历史参拜靖国神社

靖国神社的前身是"东兴招魂社"，里面供奉了包括东条英机在内的14名第二次世界大战甲级战犯。2013年2月，安倍在国会答辩时曾说，"没能在第一次任期中参拜靖国神社感到非常悔恨。"在4月21~23日的例行春季大祭期间，包括日本副首相兼财务大臣麻生太郎在内的多名阁僚和168名国会议员先后参拜靖国神社，人数创历年之最。安倍此次虽未前往参拜，但也以首相之名供奉了祭品"真榊"。在8月15日的日本战败日，安倍内阁中的总务大臣新藤义孝、国家公安委员长古屋圭司和行政改革担当大臣稻田朋美分别前往靖国神社进行了参拜。此外，日本跨党派议员团体"大家参拜靖国神社国会议员会"共有102名成员参拜了靖国神社。安倍本人虽未参拜，但他仍以"自民党总裁"的身份自掏腰包，通过其特别助理萩生田光一向靖国神社献上了祭祀费。12月26日，安倍在第二次上台执政一周年之际首次以首相身份参拜靖国神社，这是继2006年时任首相小泉纯一郎后，再次有在任首相前往参拜。参拜靖国神社与日本如何看待殖民统治及侵略战争直接相关，当然引起中韩等国的强烈抗议。中国外交部对此表态：安倍悍然参拜靖国神社，日方必须承担一切后果。

（三）中日政治关系的严重倒退

2013 年 12 月底，日本首相安倍晋三悍然参拜靖国神社，给中日关系造成了严重损害，导致中日政治关系的严重倒退。

尽管在参拜靖国神社后，安倍表示："丝毫没有伤害中韩两国人民感情的想法。"他还表示想直接向中韩两国首脑做出说明。日方同时发表首相讲话，称愿与中韩构筑友好关系。但这种行为无疑是掩耳盗铃，难以掩盖其真实用意，即美化日本军国主义对外侵略和殖民统治历史，企图颠覆国际社会对日本军国主义的正义审判，挑战第二次世界大战结果和战后国际秩序，破坏反法西斯同盟关于战后世界的政治安排。①

对此，中国外交部表示强烈愤慨，中国驻日大使程永华 26 日下午赴日本外务省向事务次官斋木昭隆提出了抗议，并在 30 日的日本《每日新闻》上发表题为《发表"不战誓言"找错了地方》的署名文章，严词批驳日本首相安倍晋三参拜靖国神社的行径。

12 月 30 日，中国外交部发言人秦刚在回答记者问时表示，安倍上台以来，在对华关系上玩弄两面派手法，接连采取损害中日关系大局、伤害中国人民感情的错误行动。此次又变本加厉，不顾中方坚决反对和严正交涉，执意参拜供奉有第二次世界大战在战甲级战犯的靖国神社，公然背弃中日四个政治文件的原则和精神，严重破坏中日关系的政治基础，其所谓"重视"发展对华关系、希望与中国领导人对话的虚伪性暴露无遗。秦刚指出，安倍参拜甲级战犯，实质上就是要颠覆东京审判，美化日本军国主义对外侵略和殖民统治历史，否定世界反法西斯战争成果及第二次世界大战后的国际秩序，是对人类良知的肆意践踏和对公理正义的狂妄挑衅。对这样的日本领导人，中国人民当然不欢迎，中国领导人也不可能同他对话。

此外，中国数十位驻外大使还集体发声，通过在驻在国当地主流报纸上刊文，或在电视媒体上接受采访，或在公开场合发表讲话、谈话等多种方式，表达中方立场，掀起对日密集舆论战。

五、中日经济关系出现波折

2013 年中日政治关系的持续恶化，给业已出现一定波动的双边经贸关系形成了重大冲击，中日经贸关系出现剧烈波动。政治关系的冷淡对中日贸易、投资、乃至人员往来等多个领域都产生了负面影响，中日"政经双冷"局面进一步恶化，有可能给两国造成"双输"的灾难性后果。

（一）中日经贸关系出现剧烈波动

2012 年中日"岛争"以来，双边经济关系出现了严重的大倒退，进入 2013 年以来，

---

① 高洪："安倍拜鬼给中日关系造成新的重大政治倒退"，人民网，2013 年 12 月 26 日，http：//opinion. people. com. cn/GB/n/2013/1226/c1003 - 23952579. html。

这一形势不仅没有得到改观，反而在贸易、投资等领域出现了剧烈波动，且前景均不容乐观。

1. 双边贸易规模下降

进入 2013 年以来，世界经济复苏缓慢，商品市场需求增长不旺，再加上中日政治关系紧张，双边贸易发展面临的外部环境困难重重，下行压力进一步增大。据中国海关统计，继 2012 年双边贸易下降 3.9 个百分点后，2013 年中日贸易总额又出现了 5.1% 的负增长，全面贸易额为 3 125.5 亿美元。其中，中国对日出口 1 502.8 亿美元，同比下降 0.9%，时隔 4 年首次出现下降。中国自日进口 1 622.7 亿美元，连续两年减少，同比下降 8.7%。分别比同期中国外贸总额及出口、进口的增幅低 12.8 个、8.9 个和 15.5 个百分点。日本位居欧盟、美国、东盟、中国香港之后，是中国的第五大贸易伙伴。[①]

据日本贸易振兴机构（JETRO）统计，2013 年日中贸易总额 3 119.95 亿美元，同比下降 6.5%，连续两年下降。其中日本对中国出口 1 298.83 亿美元，同比下降 10.2%，连续两年出现两位数的降幅；日本自中国进口 1 821.12 亿日元，同比下降 3.7%，时隔四年首次下降。不过中国仍然是日本的第一大贸易伙伴。在日本对中国进出口产品中，日本电气机械及器材、通用设备、原材料等主要产品的对中国出口纷纷减少，其中重型电力机械、钢铁等产品出口连续两年呈双位数负增长。建筑工程机械及矿山机械、金属加工机械的对中国出口总量急剧下降，降幅超过 50%。日系汽车的对中国出口在上半年降幅高达 40%，后随着日系汽车的一系列推广宣传，出口量有所回升，全年降幅为 10%。而从日本对中国进口来看，通用设备和食品进口呈下降趋势，原材料、化学产品等进口商品连续两年下降。[②]

2. 双向投资同时下降

2013 年，不仅日本对中国直接投资出现了明显地减少，同时，中国对日直接投资更是大幅度下滑。据中国商务部统计，2013 年，日本对中国投资项目 943 个，同比下降 40.3%；实际使用金额 70.6 亿美元，同比下降 3.99%。[③] 与此同时，据中国商务部统计，2013 年中国境内投资直接投资者对日本非金融类直接投资达 1.3 亿美元，同比减少 23.5%。[④]

而据日本 JETRO 的统计，2013 年日本对中国直接投资为 91.04 亿美元，比上年大幅降低了 32.5%。[⑤] 同时，2013 年中国对日直接投资 1.4 亿美元，同比增长 96%，但是与最高时 2010 年达到 3.14 亿美元相比，仍有较大差距。[⑥]

---

① 商务部：《国别贸易投资环境报告 2014》，2014 年版，第 143 页。
② 根据【日】财务省：《2013 年贸易统计》数据计算得出，http://www.boj.or.jp/statistics/br/bop/index.htm/。
③ 商务部：《国别贸易投资环境报告 2014》，2014 年版，第 143 页。
④ 《商务部：2013 年我国对外非金融类投资 902 亿美元》，中国经济网，2014 年 1 月 16 日，http://intl.ce.cn/specials/zxxx/201401/16/t20140116_2137770.shtml。
⑤ 【日】JETRO：《日本的对外直接投资》，http://www.jetro.go.jp/world/japan/stats/fdi/data/country1_13Q4.xls。
⑥ 【日】JETRO：《日本的对内直接投资》，http://www.jetro.go.jp/world/japan/stats/fdi/data/country2_13Q4.xls。

（二）中日贸易投资初显转移倾向

在区域化和全球化大背景下，任何一个国家都有多个可替代的贸易和投资对象。因此，在中日双边经贸关系出现紧张局面的状况下，两国都初步显现了贸易和投资向其他国家转移的倾向。

1. 日本出口转移：重现"亲美疏华"

在日本对外贸易格局中，中国继 2002 年取代美国成为其第一大进口国后，2007 年又取代美国成为其第一大贸易对象国。但是，自中日"岛争"以来，中日贸易连续两年负增长。据日本财务省统计，2013 年日本对美国出口金额达 129.28 亿日元，对中国出口为 126.25 亿日元，对美出口和对华出口在日本出口总额中的比重分别为 18.5% 和 18.1%，美国重新超越中国，成为日本第一大出口市场。[①] 这意味着当日本在对华出口遇到阻碍之后开始出现出口转移，进一步加大对美国出口的力度，再次出现了"亲美疏华"的倾向。

2. 中国进口转移：韩国首超日本

在中国对外贸易格局中，日本长期占据中国第一大进口来源国的位置。但是，自中日钓鱼岛争端升级以来，中国自日进口连续两年下降，2013 年中国从日本的进口下降 8.7%，达到 1 622.8 亿美元。与此同时，中国自韩国的进口则增长了 8.5%，达到 1 830.7 亿美元。韩国在中国进口市场的占有率达到 9.39%，首次超越日本，成中国第一大进口来源国。而日本在中国进口市场的占有率则下滑至 8.32%，退居第二。[②] 并且，中韩贸易总额仅比中日贸易减少 383 亿美元，因此，在不久的将来中韩贸易很有可能超越中日贸易总额。

3. 日本对外投资：转舵东南亚

根据 JETRO 的统计显示，2013 年日本对中国的直接投资减少了 32.5%，仅达 91.04 亿美元，占日本海外投资总额的 6.7%。而同期，日本企业在东南亚的投资则大幅飙升，超过对华投资近 3 倍。日本企业 2013 年在新加坡、泰国、印度尼西亚、马来西亚、菲律宾和越南投资 233.99 亿美元，比上年增长了 122.1%，占日本海外投资总额的 17.3%。[③] 而日本国际协力银行每年都针对日本企业的海外直接投资进行问卷调查，在"中期有望进行事业拓展的国家和地区"一问中，中国自该调查开始以来一直高居榜首。但 2013 年中国的得票数却首次跌至第四位，居于印度尼西亚、印度和泰国之后，并且得票数也从 2012 年的 67.1% 骤降至 37.5%。[④]

---

① 根据【日】财务省：《2013 年贸易统计》数据计算得出，http://www.boj.or.jp/statistics/br/bop/index.htm/。
② 商务部：《国别贸易投资环境报告 2014》，2014 年版，第 44 页、第 143 页。
③ 根据【日】JETRO：《日本的对外直接投资》数据计算得出，http://www.jetro.go.jp/world/japan/stats/fdi/data/country1_13Q4.xls。
④ 【日】国际协力银行：《我国制造业海外事业展开的问卷调查》，各年版。

（三）政治因素影响中日经济关系的路径

2013 年是《中日和平友好条约》缔结 35 周年，但受钓鱼岛争端及日本领导人罔顾历史执意参拜靖国神社等影响，中日关系处于邦交正常化以来最为困难的时期。两国务实合作的基础和氛围遭到破坏，各领域交流合作严重受挫，国民感情进一步恶化，陷入"政冷经冷"的严重局面。

政治互信与经济互利是双边关系的两大基础，这两大基础之间，还存有非常密切的内在联系，形成极为强烈的相互作用。这种相互作用可有两种形态，一种是良性互动，一种是恶性循环。前者表现为经济互利为政治互信奠定基础，政治互信为经济合作创造有利条件。甚至当政治互信出现问题时，由于经济利益的考量，相关主体往往会主动恢复裂痕，从而逐步促使政治互信恢复，政治关系缓和。而后者表现为政治互信出现问题，政治关系趋于恶化，并对经济合作形成消极影响，导致经济关系停滞甚至倒退，而经济互利却未能有效发挥基础或"压舱石"的作用。[1]

受到 2012 年日本政府正式决定实施钓鱼岛"国有化"方针及 2013 年日本领导人参拜靖国神社等问题的影响，制约中日关系发展的两大障碍（历史问题和领土争端）交织出现，双方政治互信急剧下降，政治关系持续恶化。在此情况下，以往能够起到"压舱石"作用的经济互利却不仅没有为政治互信提供支撑与保障，相反还受到政治关系恶化的妨碍，经济关系也出现了一定程度的停滞甚至倒退，中日经贸关系出现剧烈波动。双边贸易规模下降，各自在对方贸易格局中地位受到冲击；双向投资同时下降，尤其是日本海外直接投资出现了明显的从中国向东南亚国家转移的倾向。此外，双边金融合作停滞不前，区域经济合作也进展缓慢。根据日本《产经新闻》2014 年年初对日本 122 家主要企业所做的问卷调查显示，近三成日本企业表示日中关系的恶化对经营造成了负面影响。原因包括在华销量下降（汽车行业），因赔付损失而导致保险金支付增加（保险行业），乘客数量减少（航空交通业）和来自中国政府方面的订单减少（电机行业）。[2]

可以说，当前的中日之间的政治互信与经济互利陷入了恶性循环的局面，中日关系降到邦交正常化以来的最低点。

六、对日经济外交深陷困境

日本是全球第三经济大国，又是中国周边近邻，在中国"大国是关键，周边是首要"的外交战略布局，尤其是经济外交布局中占据特殊重要的地位。但是，2013 年以来受到中日钓鱼岛争端日趋激烈和日本右倾化步伐不断提速的影响，中日政治关系出现了严重倒退，也使得中国对日经济外交深陷困境。

----

① 江瑞平等：《中日韩合作中的几对重要关系：现状评估与对策建议》，载《日本经济与中日经贸关系研究报告》，社会科学文献出版社 2014 年版，第 193 页。
② 《近三成日本企称中日交恶影响生意》，载《环球时报》，2014 年 1 月 6 日。

（一）首脑外交停止

2012 年，日本政府公然宣布"购岛"之后，中日政治关系急转直下，高层对话全面停止。2013 年以来，领土争端和历史问题依然阻碍中日关系的发展，双边首脑外交全面停止，中日经济高层对话机制也随之停摆。

2012 年年底安倍上台以来，多次呼吁重新开启中日两国首脑对话的大门，还隔空喊话希望与中国开展外交对话，并表态要为实现两国首脑对话及解决两国间问题而积极努力。但另一方面安倍却奉行实用主义和现实主义的对华政策，积极开展"战略性外交"，在中国周边布局，力图牵制和围堵中国。与此同时，安倍还将中日对话迟迟无法举行归咎于中国，如他在日本自民党总部就无法举行日中首脑会谈表示，"只要存在课题，日中首脑会面并进行对话才是正确的外交形态。两国相互之间不应该为见还是不见设定条件。"①

对此，中方则多次表示，日方应拿出诚意来促成中日首脑会谈，而不要再用空洞的所谓对话口号掩饰分歧。如 2013 年 7 月 10 日，外交部发言人华春莹在例行记者会上表示："中方一贯主张并致力于通过对话解决问题，我们的对话大门始终敞开。当前的症结在于，日方不愿面对中日关系当前面临的严重问题，回避与中方进行认真的谈判协商。日方当前应做的是，端正态度，正视问题，为排除两国关系健康发展的障碍做出实实在在的努力，而不要再用空洞的所谓对话口号掩饰分歧。"② 7 月 29 日，外交部发言人洪磊就日本首相安倍晋三谈中日领导人会晤有关问题，接受英文《中国日报》独家书面采访。洪磊表示当前的症结在于日方不愿面对中日关系当前面临的严重问题，"回避与中方进行认真的谈判协商"，并指出："日方当前应该做的是，端正态度，正视问题，为排除两国关系健康发展的障碍做出实实在在的努力，而不要再用空洞的所谓对话口号掩饰分歧。"③ 2013 年年底安倍悍然参拜靖国神社后，中国外交部发言人秦刚在例行记者会上说，"事实上，安倍自己关闭了同中国领导人对话的大门，中国人民不欢迎他。"秦刚说，安倍现在要做的是向中国政府和人民承认错误，改弦更张。④

（二）经济合作停顿

如上所述，受到政治关系冷淡的影响，中日经济合作陷入停顿状态。不仅中日经贸关系出现了剧烈波动，贸易投资双双下降。与此同时，在国家层面，政治关系的冷淡更进一步影响到了类似区域经济合作、中日金融合作以及高铁合作等需要做出政治决断的大规模合作项目。

---

① 《安倍称中方为中日首脑会谈设条件 望中方让步》，载《环球时报》，2013 年 6 月 30 日。
② "中方敦促日方不要再用空洞的所谓对话口号掩饰分歧"，国际在线，2013 年 7 月 10 日，http：//gb. cri. cn/42071/2013/07/10/2225s4177612. htm。
③ "日应为中日对话做实在努力 勿喊空洞口号"，中国日报网，2013 年 7 月 30 日，http：//money. 163. com/13/0730/09/9518D1GA00254TI5. html。
④ "安倍自己关闭了对话的大门"，新华网，2013 年 12 月 31 日，http：//news. xinhuanet. com/world/2013 - 12/31/c_125941254. htm。

例如，2012 年 6 月启动的人民币与日元直接交易在初期发展势头良好，但是随着中日政治交恶，2013 年以来增长势头减弱，并且远远难以与美元的影响力相抗衡。仅 2013 年第一季度，美元与人民币交易额达到 5.23 万亿元，而日元与人民币交易额仅 3 774 亿元，两者相差 14 倍。同时，最初，不以美元为媒介带来的兑换手续费的下降效果曾受到期待，但结果却并未出现。由于日元与人民币直接兑换的交易量很小，与以美元为媒介的兑换相比，人民币与日元的兑换手续费容易升高。① 此外，中日互购国债也陷入停滞，虽然 2012 年 3 月中国方面批准了 650 亿元的日本购买中国国债的额度，但日本其后并未实际购买。

此外，2012 年 9 月日本政府将钓鱼岛"国有化"以来，中日关系恶化的影响波及到了双方的人员往来。据日本外务省 2014 年 5 月 12 日公布了 2013 年签证发放统计结果。据统计，日本全年共向中国公民发放签证 97.2 万次，较 2012 年下滑约 12.7%。尤其是在日本政府将钓鱼岛"国有化"之后的 2012 年 9~12 月，日本对华签证发放次数同比骤减约 44.4%，而这一趋势目前仍在持续。② 2013 年 1~8 月中国赴日旅游人数持续下降，1 月最高降幅达 47.1%。从 9 月开始中国赴日游才开始回升，但全年降幅达到 7.8%。相比之下，日本赴华旅游人数下降幅度更大，2013 年比上年减少了 18.21%，③ 并且这一下降趋势仍在持续。

（三）区域协调停滞

中日在区域经济合作方面的双边协调也随着政治经济关系的冷淡而陷入停滞。2013 年中日韩共举行了三次自由贸易协定（FTA）谈判，分别是 2013 年 6 月 26~28 日举行的第一轮谈判、7 月 30 日至 8 月 2 日在上海举行的第二轮谈判和 11 月 26~29 日在东京举行的第三轮谈判。但从总体情况来看，由于三方在削减关税等方面存在较大的意见分歧，再加上中日韩之间政治关系的紧张对谈判氛围产生了不利影响，已经进行的谈判未能取得实质性进展。此外，中日韩三国首脑峰会作为东北亚地区最重要的多边合作平台，在 2012 年的第五次会议中取得了丰硕成果，三国领导人共同见证投资保护协定的签署，为五年的艰苦谈判画上句号，成为启动自贸区谈判的重要步骤和基础。然后，由于日方在历史问题上开倒车，导致中日韩三国首脑 2013 年未能再次聚首。中日韩三国峰会不仅是相互沟通的舞台，也是促进合作、协调政策的机制，因此，三国峰会无法正常举行，无疑制约了中日韩 FTA 的进一步推进。

另外，2013 年，区域全面经济伙伴关系（RCEP）于 5 月和 8 月分别举行了两次谈判，8 月还召开了首次部长会议，各国一致同意在 2014 年 8 月之前确定贸易自由化准则，制定统一的关税表。但是，由于美国在亚太地区力推跨太平洋伙伴关系协议（TPP），2013 年

---

① "人民币与日元直接交易走过 1 周年"，日经中文网，2013 年 6 月 3 日，https：//cn. nikkei. com/politicsaeconomy/efinance/5667 – 20130603. html。

② 【日】外务省：《2014 年签证发放统计》，2014 年 5 月 12 日，http：//www. mofa. go. jp/mofaj/press/release/press23_000028. html。

③ "2013 年 1~12 月来华旅游入境人数（按入境方式分）"，中国国家旅游局网站，2014 年 1 月 16 日，http：//www. cnta. gov. cn/html/2014 – 1/2014 – 1 – 16 – 15 – 52 – 71196. html。

日本加入 TPP 谈判标志着亚洲大国的立场发生了根本性的变化。而日本的选择也影响到了本地区其他国家对 TPP 的立场。韩国政府已于 2013 年 11 月表明关注 TPP，并决定在 12 月 3～6 日举行的世界贸易组织（WTO）第九次部长级会议上全面推进与谈判国的预备双边协商程序。此外，东盟国家中的菲律宾、泰国也都明确表示出加入 TPP 的意愿。目前，日本已将加入 TPP 作为优先考虑的课题，这必然会影响到日本参与 RCEP 的积极性，也会对中国积极推动的东亚区域经济合作造成不利影响。

第十八章

中国对俄经济外交：再添新动力

2013 年 3 月 22 至 24 日，新一届国家主席习近平在两会结束后不久对俄罗斯进行了访问。这是习近平就任后出访的第一个国家，受到了"出乎寻常"的热情接待，访问成果也"超出了预期"。访问期间，两国元首签署了《中华人民共和国和俄罗斯联邦关于合作共赢、深化全面战略协作伙伴关系的联合声明》，并且达成了一系列重要协议和共识，这为推动两国在政治、经济、文化、社会和安全等方面的全面深化合作增添了新的动力。2013 年的中俄经贸合作，在充分利用两国业已建立的互信基础和各类合作机制的基础上，贸易额持续增长，经贸合作也正向纵深推进。

一、2013 年的俄罗斯经济形势和中俄经贸关系

2013 年，俄罗斯总体经济虽仍保持稳步发展的势头，但受内需不旺、对外出口下滑等多重不利因素的影响，下行压力明显增大，严峻的经济形势使得世界银行两次修正下调对俄罗斯的经济增长预期（根据世界银行的报告，将俄罗斯国内生产总值增长预期从 2.4% 调至 1.8%，再由 1.8% 调至 1.3%），俄政府因此重新启动刺激措施提振经济。如何为经济注入动力、重返稳步增长轨道成为俄罗斯经济面临的主要挑战。在此背景下，中俄双边经贸合作逆势上扬，规模不断扩大，水平不断提高，领域不断拓宽，能源、资源等领域合作取得突破性进展。全面提升贸易质量、扩大贸易规模、增加相互投资、深化能源合作、推动地区间和边境地区经贸合作、加强经济现代化领域合作，成为中俄经贸关系发展的重要方向。

（一）2013 年俄罗斯经济：内外交困，经济增长极为缓慢

21 世纪以来，面对国际石油市场价格走高的大环境，俄罗斯政府实施了一系列经济改革和调整政策，如选择走"第三条道路"、强调经济增长速度、提高居民收入以及福利水平、重要企业收归国有、扶持农业、加快融入经济全球化等等。由于这一系列政策的实施，俄罗斯经济增长迅速，一跃成为发展迅速的新兴经济体。然而，这些政策在 2013 年的效果并不理想。经济增长过度依赖能源工业、经济结构失衡尤其是第二产业内部结构失衡、对世界能源市场的过度依赖等不能在短期内解决的周期性和结构性问题，给俄罗斯经济持续发展带来很大的不确定性。

2013 年以来，俄罗斯进入了经济不确定的新阶段①。一方面，受外部经济环境低迷的影响，欧洲与俄近邻的国家从俄罗斯进口石油、天然气、金属等大宗商品的需求减少，这使得对世界经济环境格外"敏感"的俄罗斯出口严重受阻；再加上全球液化天然气产能快速增加和页岩气革命等因素的影响，国际市场油气价格下降，使得在俄罗斯经济中举足轻重的能源收入大幅受损，外部复杂环境给严重依赖能源资源的俄罗斯经济发展带来诸多挑战。另一方面，国内需求疲软使得俄罗斯内部经济活力不足，具体表现为投资和消费活动的大幅下降。作为过去主要增长动力的消费增长速度比上一年同期大幅下降，从 2012 年的 6.9% 下降为 2013 年的 3.4%②；对大型基础设施项目的投资活动，也由于索契冬季奥运会和北溪油气管道的完工而减少；加之俄罗斯内部投资环境和市场氛围无明显改善、预算收入减少，使得俄罗斯国内投资低迷，工业生产停滞，2013 年俄罗斯固定资产投资负增长 0.3%，而 2012 年同期是增长 6.4%③。总体来看，2013 年的俄罗斯经济处于内外交困局面。

1. 宏观经济平稳，但增速减缓

近年来，国际金融危机对世界经济的影响一直挥之不去，欧债危机和美国债务危机尚未消散，日本经济复苏疲软，与以上这些国家相比，近两三年来俄罗斯经济发展态势较为稳定。2010 年、2011 年、2012 年连续三年的 GDP 增长率分别为 4.3%、4.3% 和 3.4%；2012 年，俄罗斯国内生产总值达到 2.01 万亿美元，人均 GDP 达到 14 015 美元④。2012 年俄罗斯经济上半年表现良好，下半年受 2012 年 8 月末起全球经济走软对俄经济冲击影响呈下滑态势，并延续到 2013 年。2013 年上半年的 GDP 增速仅为 1.4%，与 2012 年上半年4.5% 的 GDP 增速形成鲜明对比⑤。世界银行更是将俄罗斯国内生产总值增长预期由原定的 1.8% 下调至 1.3%，2014 年经济增长也同时由原定的 3.1% 下调至 2.2%。表 18 - 1 为俄罗斯主要经济指标。

表 18 - 1 俄罗斯主要经济指标

	2012	2013	2014
经济增长速度（%）	3.5	1.8	3.1
政府资产负债（%）	0.4	0.2	1.9
现金账户（10 亿美元）	74.8	60.5	39.4
占 GDP 比重（%）	3.7	2.9	1.8

① Akrur Barua, Russia: The bear slows down, Global Economic Outlook Q3 2013, pp. 40 - 45.
② Russia's Monthly Economic Developments, the World Bank, February 7, 2014.
③ Russia's Monthly Economic Developments, the World Bank, February 7, 2014.
④ BRICS Joint Statistical Publication 2013.
⑤ Russia Economic Report: *Structural Challenges to Growth Become Binding*, No. 30, the World Bank, September, 2013.

续表

	2012	2013	2014
资本账户（10 亿美元）	−41.0	−62.9	−50.0
占 GDP 比重（%）	−1.8	−3.0	−2.3
油价预测（美元/每桶）	105.0	105.0	104.0

资料来源：世界银行第一次估计。Russia Economic Report：Structural Challenges to Growth Become Binding，No. 30，the World Bank，September，2013.

为应对俄罗斯面临的复杂国内外经济形势，遏制经济增速不断下滑的趋势，俄罗斯政府适时出台了一系列刺激政策。2013 年 7 月，俄罗斯政府正式批准了俄经济发展部草拟的"稳增长"措施。该措施主要着眼于扩大投资，即增强企业自主投资能力、提升银行的投资保障能力、加大对基础设施资金投入、改善商业环境提升外资吸引能力等。

以上政策取得了一定的成效。2013 年 10 月份的宏观经济数据显示俄罗斯经济出现复苏迹象，10 月份俄经济增速升至 2.5%，其中工业领域增长明显，制造业 PMI 指数[1]从 9 月的 49.4 升至 51.8，这为 2014 年俄罗斯经济实现"稳起步"创造了较好条件。但要从根本上促进增长，突破现有的能源经济模式才是关键。

2. 贸易总额较上年负增长

根据俄罗斯中央银行的数据，2013 年 1~9 月，俄罗斯对外货物贸易总额为 5 904 亿美元，同比负增长 0.5%，出口负增长 1.4%；对外货物贸易顺差 1 752 亿美元，负增长 9.1%，减少了 133 亿美元。

总的来说，2013 年的全球经济低迷状态对俄罗斯经济产生了负面影响。以欧盟为例，2013 年其前 3 个季度经济均为负增长，第三季度负增长 0.3%，这导致对俄能源等原材料产品需求的减少[2]；中国经济增速放缓也使得俄罗斯上半年出口额下滑；而美联储退出量宽政策的预期使投资者对美元资产的兴趣加大，这也造成俄罗斯资本外流加剧，2013 年前 3 个季度俄罗斯资本流出总额为 481 亿美元，对俄罗斯经济造成不利影响。此外，由于 2012 年俄罗斯农业歉收，农产品与农业原料的出口在 1~6 月也减少了 3.8%。

国际市场油气价格下降也对俄罗斯对外贸易产生不利影响。作为传统的能源出口国，俄罗斯的出口仍以石油、天然气等能源产品为主。据国际能源署 2013 年 11 月的报告，1~9 月石油均价为 107.7 美元/桶，比上年同期下降 7.2%；另据俄经济发展部的数据，俄天然气价格 1~9 月比上年同期下降了 3.9%；其他原材料价格也同样下降，1~9 月铝、铜、镍价格分别比上年同期下降 7.6%、7.3% 与 13.1%。这必然对俄罗斯经济产生大的影响，如 2013 年第一季度俄天然气出口量同比下降 60%，出口收入同比减少 58%，石油

---

① 采购经理指数（the Purchasing Managers'Index，PMI）是国际上通行的宏观经济监测指标体系之一，对国家经济活动的监测和预测具有重要作用。PMI 指数 50 为荣枯分水线。当 PMI 大于 50 时，说明经济在发展，当 PMI 小于 50 时，说明经济在衰退。PMI 涵盖着生产与流通、制造业与非制造业等领域，分为制造业 PMI、服务业 PMI，也有一些国家建立了建筑业 PMI。

② 陆南泉：《俄罗斯经济再陷困境》，载《经济观察报》，2014 年 1 月 3 日。

大
国
篇

出口量下降虽仅为0.38%，但由于油价下降，石油出口收入同比减少54.5%。

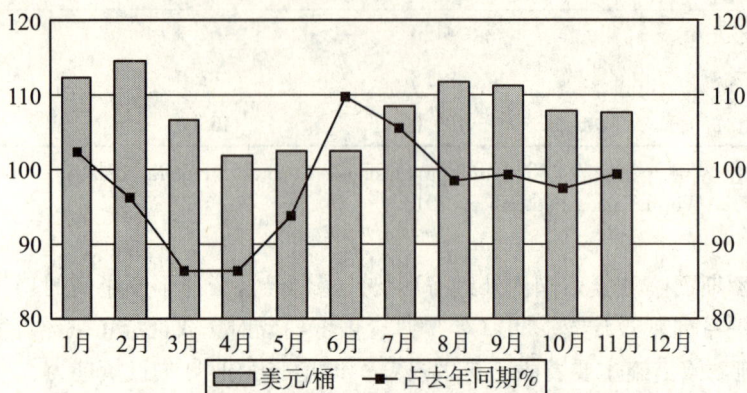

图18-1　2013年Urals原油价格

资料来源：俄罗斯中央银行，http：//www.cbr.ru/eng/statistics/print.aspx？file = macro/macro_13_e.htm&pid = macro_sub&sid = oep。

3. 实体经济和制造业增幅下降

与2012年同期相比，2013年前三季度除GDP下降外，其他一些重要经济指标也同样呈下降态势。工业生产仅增长0.1%，采掘工业增长1.1%，加工业是负增长0.3%，电力、石油、天然气负增长0.5%，俄罗斯的实体经济严重不振。

对大宗商品尤其是石油、天然气和金属等资源开采的持续依赖是俄罗斯经济中制造业、工业生产等受到严重影响的主要原因。2013年第一季度，石油、天然气和金属的开采比上年同期下降4.9%，这使得该季度实际GDP增长下降到1.6%，外部需求的减少导致相应的投资减少是主要原因。俄罗斯各界要求摆脱能源依赖型经济发展模式的呼声日高。

内需不旺也是导致工业生产停滞的重要原因。根据俄联邦统计局数据显示，2013年前10个月，固定资产投资同比下降1.2%，制造业PMI指数在7～9月份连续低于50的临界点，如图18-2所示。

4. 投资锐减，经济活力不足

从国内因素来看，2013年俄罗斯经济再度陷入困境的一个重要因素是投资锐减。2013年1～9月，俄罗斯投资负增长1.4%，而2012年同期增长9.6%。对粗放型经济增长方式的俄罗斯来讲，经济增长相当程度上依赖于投资的增长。

投资大幅度下降的一个主要原因是，对外经济形势恶化与生产产品劳动成本提高，导致企业利润下降。2013年1～6月全俄企业利润减少了17.9%，其中交通运输业减少30.5%，冶金部门减少44.1%，机器制造业减少31.5%，煤炭部门亏损119亿卢布。

除此之外，2013年1～9月不论从零售商品流转额还是从居民劳务支出来看，都出现较大幅度的下降，两项指标增速分别从6.9%降为3.8%与从3.7%降为2.4%。下降的主要原因是实际工资下降，2013年1～9月，俄罗斯实际工资增幅为5.9%，而2012年同期增幅为9.2%。

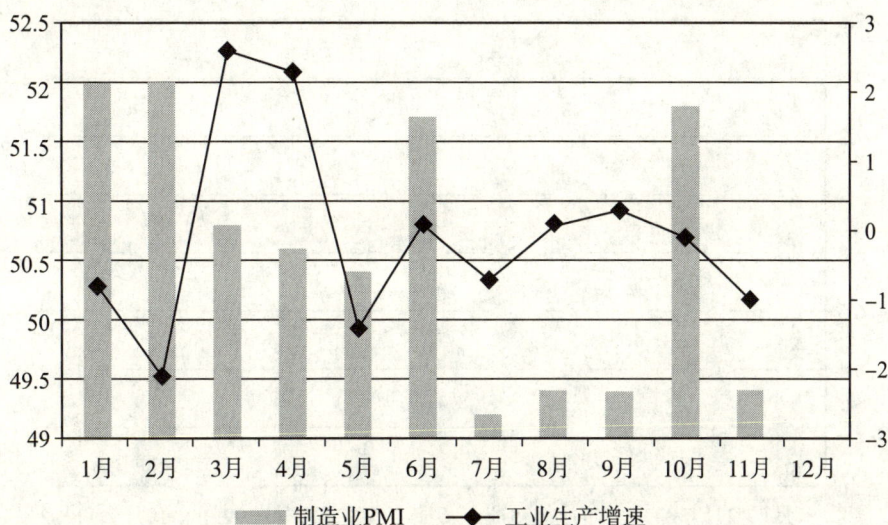

图18-2　2013年1~11月俄罗斯工业、制造业数据

资料来源：www. tradingeconomics. com，HSBS.

此外，由于国内索契冬奥会和北溪油气管道等大型基础设施建设项目的完工，使得本就不活跃的国内投资市场由于很多投资者的观望态度而停滞。

5. 失业率和通货膨胀率提高

根据国际货币基金组织（IMF）发布的对俄罗斯通货膨胀前景的预测，2013年俄罗斯的年通货膨胀率达到6.2%，高于此前5%~6%的预测。IMF认为，俄罗斯的通货膨胀是由于食品价格上涨、税率的调整，以及引起俄罗斯的资本外流的外部市场的压力所造成的。而事实上，截止到2013年6月，俄罗斯银行（Bank of Russia）已连续9个月利率均保持在8.25%不变。自2012年以来的食品价格上涨（俄罗斯农业歉收）和本国消费需求的增长是俄罗斯通胀一直在攀升的主要原因。2013年5月，通胀率达到21个月以来的最高7.4%，高于4月的7.2%。同时，消费者信贷和广义货币（M2）增长速度也在不断上升，4月M2增速从2012年11.9%增加到15.2%。2013年下半年，在粮食生长良好和基数效应的（投资、预算支出、农业产值增长）影响下，再加上为抑制通货膨胀的货币政策调节，俄罗斯通胀水平才逐步放缓，如图18-3所示，但仍高于其央行6%的预测上限。

2013年，俄罗斯在降低失业率方面取得一定进展。根据国际货币基金组织（IMF）的评论，俄罗斯经济已充分发挥潜力，其现在的失业率是该国历史上的最低水平，5.4%这一水平与世界失业水平相比，也是相当低的。这是政府通过预算花费资金，以及一系列项目支持的结果，如图18-4所示。

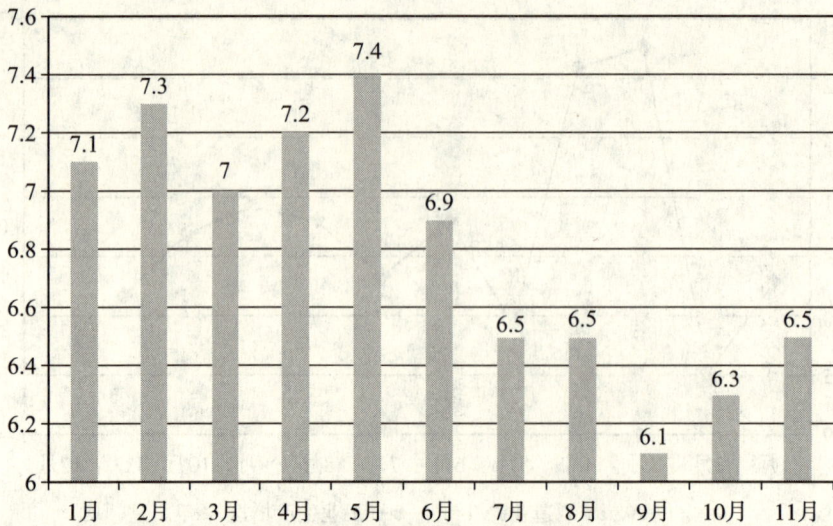

图18－3　2013年1～11月俄罗斯通货膨胀率变化

资料来源：www.tradingeconomics.com，HSBS.

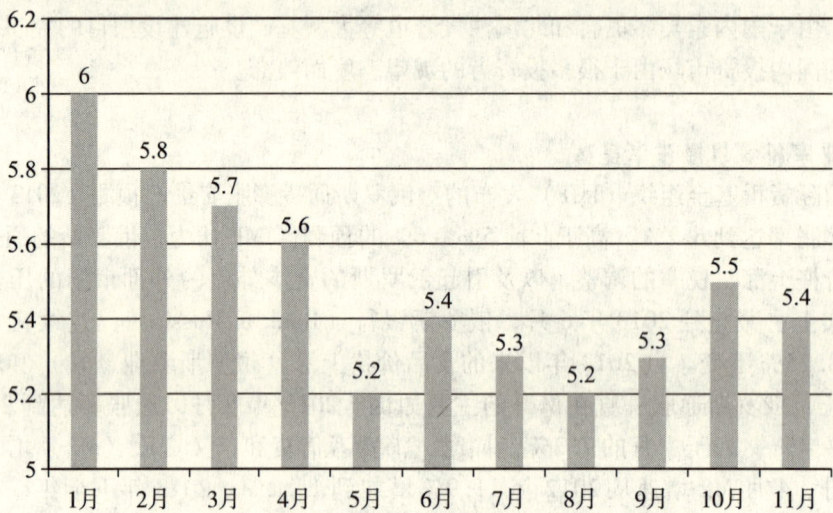

图18－4　2013年1～11月俄罗斯失业率变化

资料来源：www.tradingeconomics.com，HSBS.

俄罗斯经济低速增长长期性的原因有很多，除不利的国际经济形势这一因素外，从国内经济本身来讲，最重要的原因还是经济结构和与此相关的低效的经济增长方式。在相当一个时期，俄罗斯经济都难以摆脱主要依赖能源等原材料部门的局面。因此，如果严重不合理的经济结构长期不能改变，不排除俄罗斯经济在今后发展过程中出现结构性下降乃至出现大幅度经济滑坡的可能性。

（二）2013 年中俄经贸关系：全面务实，合作向纵深推进

中俄经贸关系的发展长期滞后于政治关系，学术界和媒体经常用"政热经冷"来形容中俄关系。然而，20 世纪 90 年代以来，中俄关系不断加强，良好的政治关系为经济、文化等其他领域的合作提供了良好的保证和前提。尤其是 2013 年习近平主席访俄，两国元首签署的《中俄联合声明》明确表示，中俄面临的战略任务是把两国前所未有的高水平政治关系优势转化为经济、人文等领域的务实合作成果；两国元首做出了重要的战略判断，即中俄开展大规模经济和合作的时机和条件已经成熟。从全局和长远角度，中俄均应充分挖掘互补优势和发展潜力，重视加强经贸合作，共同提高各自经济实力和国际竞争力。为此，中俄双方批准实施《〈中华人民共和国和俄罗斯联邦睦邻友好合作条约〉实施纲要（2013~2016）》，加强双边合作，共同提升两国综合实力。该《实施纲要（2013~2016）》提出：要实现经济合作量和质的平衡发展，双边贸易额在 2015 年前达到 1 000 亿美元，2020 年前达到 2 000 亿美元，促进贸易结构多元化；促进中俄投资、金融合作机制的建立；积极开展在石油、天然气、煤炭、电力和新能源等能源领域的合作；开展林业、农业、环保、高科技、航空、基础设施、地区合作、人文合作等领域的交流等具体内容。有学者认为，在高水平政治关系的引领下，两国经贸合作正进入"最活跃、最富有成果的时期"。

1. 贸易规模小幅增长，但增速下滑

2013 年，在中俄两国领导人的关注和推动下，以及两国企业界的共同努力下，中俄经贸关系保持了良好的发展势头，贸易规模稳步增长。根据中国海关总署发布的数据，2013 年中俄贸易额为 892.1 亿美元，比上年增加 1.1%。中国已连续 4 年成为俄罗斯第一大贸易伙伴，俄罗斯也仍保持在中国贸易伙伴前十位。但 2013 年两国的贸易增长速度与 2012 年 11.2%、2011 年 42.7%、2010 年 43.1%的增速相比，明显下滑。其中，中国对俄罗斯的出口增加 12.6%，达到 495.9 亿美元；来自俄罗斯的进口比 2012 年减少 10.3%，达到 396.2 亿美元。表 18-2 为 2013 年俄罗斯主要贸易伙伴。

表 18-2	2013 年俄罗斯主要贸易伙伴	
国家	双边贸易额（亿美元）	增速（%，同比）
中国	892	1.1%
荷兰	760	-8.3%
德国	760	2.2%
意大利	539	17.8%
乌克兰	396	-12.3%
土耳其	328	-4.5%
日本	332	6.6%

续表

国家	双边贸易额（亿美元）	增速（%，同比）
美国	277	-1.6%
波兰	279	2.0%
韩国	252	1.5%
英国	246	5.8%

资料来源：俄罗斯联邦统计局数据。

　　进入 2013 年以来，受到全球经济放缓和国际市场行情等因素的影响，中俄双边贸易在上半年一度出现下滑，遭遇金融危机后的首次负增长，但中俄优势互补的基本合作格局并未改变，两国地方和企业的合作积极性也没有受到影响。随着两国市场进一步开放，投资环境进一步改善，下半年双边贸易扭转下跌势头，重新步入增长轨道。此外，中国 GDP 和工业生产数据走低导致的对工业品和原料的需求减少，抑制了俄罗斯对华的出口；而俄罗斯经济发展减速也导致俄罗斯市场对中国日用消费品和工业品的商品需求下降，这些因素也导致了中俄贸易减速。

2. 能源合作取得重大突破

　　在中俄两国全方位务实合作关系中，能源合作具有极其重要的战略意义。2013 年，在互利共赢的基础上，两国在增供原油、修建天然气管道、中方进口俄罗斯液化天然气、建设合资炼油厂等方面达成一系列共识，着重扩大核能、电力、煤炭领域合作。

　　在石油方面，2013 年 3 月，国家主席习近平访俄期间，俄罗斯国家石油公司和中石油签署了建设天津炼油厂协议，其中俄罗斯石油持股 49%，中石油持股 51%，炼油厂年加工能力达 1 600 万吨，项目投资 50 亿美元，预计 2020 年投入使用，有望成为中俄能源下游合作的高效益示范项目；中俄组建合资公司标志着中俄两国能源合作由简单供需贸易向股权交易、共同开发等深度合作模式转变。2013 年 6 月，中俄签署了未来 25 年俄罗斯向中国供应 3.65 亿吨原油的协议。10 月，中石油与俄罗斯石油公司签署扩大东西伯利亚上游项目合作的谅解备忘录，这表明，中俄能源合作从传统石油贸易已步入上下游一体化合作阶段。

　　在天然气方面，2013 年 3 月 22 日，中俄签署备忘录，俄气对华出口的优先方向是"西伯利亚力量"天然气管道的"东线"，并确定长期合同期限为 30 年，2018 年开始供气，年供气量为 380 亿立方米，之后经过协商可以增加至 600 亿立方米；而在"西线"方面，也签署了年 300 亿立方米供气合作协议；这意味着，中国未来很可能将超过进口量 330 亿立方米的德国，成为俄罗斯最大的天然气买家。2013 年 6 月，中石油宣布与俄罗斯诺瓦泰克公司签署收购亚马尔液化天然气项目 20% 股份的框架协议，这是两国油气领域的重大突破，将对两国贸易产生重大影响。

　　在煤炭合作方面，中俄两国也迈出了重要步伐，俄罗斯向中国增加电煤和焦煤的供应量。2013 年上半年俄罗斯已向中国出口 1 300 万吨煤炭，初期目标是全年 1 500 万吨，按照现有情况俄罗斯还要加大供应量。

　　在电能领域的合作，俄罗斯核电技术具有很强的竞争力，2013 年中俄共同加速田湾核电站①的建设。目前田湾核电站1号、2号机组已投入运营，俄参与3号和4号机组建设的合同已签订，同时中俄双方还在商谈5号、6号机组建设事宜。另外，俄罗斯还同意共同参与在黑龙江的上下游流域中建设一些水电站，向中国供电。

3. 地区经贸合作方兴未艾

2013年，中俄地区间合作方兴未艾。中俄第一个区域合作纲要《中华人民共和国东北地区与俄罗斯联邦远东及东西伯利亚地区合作规划纲要（2009～2018）》正在逐步落实，双方边境地区地方政府往来频繁，发展论坛、司局级工作磋商会议等地区层面的深入交流使得在能源、电力、贸易、矿产开发、科技、人文等领域的区域间合作迈上新台阶。

在此基础上，长江中上游地区与伏尔加河流域地区合作成为继东北地区之后第二个与俄罗斯展开区域合作的地区。2013年5月，双方在武汉共同展开了地方领导人座谈会，商讨建立省州合作机制，拓宽经贸、科技、教育、文化等领域的合作，探讨两国在技术密集型产业的合作。这进一步表明，中俄双方地区合作的深入和进一步升级。

4. 金融领域合作日益紧密

在金融领域，中俄边境贸易本币结算、人民币在俄罗斯市场挂牌交易等举措，有力促进了经贸往来的便利化，推动了实体经济的发展；两国银行间也以更加开放的态度积极推动俄中融资合作。

2013年10月，梅德韦杰夫访华期间，俄罗斯对外经济银行与中国开发银行和中国进出口银行签订了总额为19亿美元的信贷协议。其中，与中国开发银行分别签订8亿美元和4亿美元的贷款协议，用于建设莫斯科"光荣"科技园区和哈萨克斯坦艾斯基巴图兹2号电站，与中国进出口银行签订7亿美元的授信协议。

12月初，位于中俄边境的黑龙江省绥芬河市宣布正式被国务院批复为中国首个卢布使用试点市。这是两国在金融领域的重要举措。从短期看，简化了俄罗斯商人进入自由贸易区的手续，有助于活跃中俄边境地区贸易的发展；从长期看，将有助于产生人民币和卢布之间的汇率形成机制，从而对两国贸易和大项目合作产生积极的推动作用。

另外，在此前的G20峰会期间，两国官员也已就开展更多金融合作达成共识，计划由俄罗斯对外经济银行和中国国家开发银行牵头，建立一个中俄非正式的金融合作俱乐部。在金砖组织、上合组织以及二十国集团（G20）等框架下，中俄两国金融合作也日渐深入，成立了如上合组织银行联合体等。

随着中俄银行间三项合作协议的签署，两国金融合作日益紧密，这也为扩大相互投资提供了资金支持。

5. 其他经贸合作更加开放

2013年，俄罗斯和中国的高水平协作也表现在通信、文化、教育、物流等多个方面。

---

①　田湾核电站是中国和俄罗斯技术合作项目，地点在江苏省连云港市连云区田湾。一期工程是两台装机容量106万千瓦的机组。远期规划是800万～1 000万千瓦，将为中国大陆最大的核能发电站。

2013 年 8 月，中国黑龙江省的主要水文站同远东、外贝加尔和滨海边疆区的水文气象和环境监测局之间开展了信息合作，以消除洪灾后果。

在文化交流框架下，两国还举行了中国俄罗斯电影节和俄罗斯中国电影节，以及中国文化在俄罗斯普及活动、俄罗斯文化在中国的普及活动，例如，绥芬河市"万人说俄语"活动、俄罗斯电视台播出 100 集中国旅游电视专题片《你好，中国》；两国还签订了俄中互相翻译和出版经典作品与当代文学作品的备忘录。

2013 年还是俄罗斯中国旅游年，在此框架下举办了大约 200 场活动。两国元首出席"中国旅游年"的开幕式、闭幕式活动极大地加强了活动的宣传效果。与此同时，"百名俄媒体记者访华"及"百名俄旅行商访华"活动都对中国旅游资源起到了极为有效的推广宣传作用，也加深了俄罗斯民众对中国旅游资源的了解。

值得一提的是，由中国阿里巴巴公司打造的在线交易平台全球速卖通（AliExpress）在 2013 年打入俄罗斯市场，访问量和地区交易量迅速增加，俄罗斯已超越美国、英国等欧美国家，成为交易量最大的国家。

以上内容均表明，中俄两国之间在各个领域正在以更加开放的姿态积极推动中俄之间的全面务实合作。

二、对俄经济外交的总体进展：全面推进务实合作

苏联解体至今，中俄关系经历了 20 多年的发展历程。在此期间，经过中俄两国的共同努力，中俄关系从"友好国家关系"发展到"建设性伙伴关系"，再发展到"面向二十一世纪的战略协作伙伴关系"，再到当前互为"最主要、最重要的战略协作伙伴"，并且，新任中共中央总书记、国家主席习近平在中共十八大和全国两会后首次出访的第一站就是俄罗斯，俄罗斯在中国外交政策中的地位可见一斑。早在 2012 年年底，习近平总书记就提出两个"不会改变"思想，即"新一届中共中央领导集体坚持对俄友好的方针不会改变，对优先发展中俄关系的战略定位不会改变，中国视俄罗斯为最重要的战略协作伙伴"。

中俄互为最大邻国，同为重要新兴经济体，并且都把发展和经济转型作为第一要务，且彼此视为主要优先合作伙伴，再加上两国经济的互补性，因此，积极发展两国经贸关系，开展平等互利的经济合作，成为构筑中俄全面的战略协作伙伴关系的重要基础，这也是中国对俄经济外交的总体基调。

2013 年 3 月 22 日，中俄在莫斯科共同签署的《中华人民共和国和俄罗斯联邦关于合作共赢、深化全面战略协作伙伴关系的联合声明》，也明确提出"把平等信任、相互支持、共同繁荣、世代友好的全面战略协作伙伴关系提升至新阶段，将此作为本国外交的优先方向"。

（一）不断升级的中俄政治和经贸关系

苏联解体以来，中俄政治关系和经贸关系经历了不同的发展阶段。相对于中俄政治关系的平稳发展，两国之间的经贸合作并不是一帆风顺，有学者用"不相称"、"不匹配"或"不适应"来形容这一状态。

1. 顺利发展的中俄政治关系

1991年年底苏联解体后，中俄双边关系经历了从中苏关系向中俄关系的过渡。1992年，叶利钦总统出访中国，发表了关于《中华人民共和国和俄罗斯联邦相互关系基础的联合声明》，明确提出要把两国关系提高到一个新的水平，并第一次提出，中俄两国互视为友好国家；双方确认，以和平方式解决两国之间的一切争端，不以任何方式使用武力或以武力相威胁；双方不同第三国联合反对对方或损害对方的利益等。

1994年1月，叶利钦总统致函江泽民主席，提出了俄中两国建立"面向21世纪的建设性伙伴关系"的建议，得到了中方的积极响应。1994年9月，江泽民主席正式访俄，同叶利钦总统签署了旨在进一步发展两国长期稳定的睦邻友好互利合作的《中俄联合声明》。声明指出："两国已具有新型的建设性伙伴关系。"这种关系既不对抗，又不结盟，也不针对第三国。双方还签署了《中俄两国首脑关于不将本国战略核武器瞄准对方的联合声明》、《中俄国界西段协定》。这样，中俄两国关系提高到一个新的水平，从一般的"友好关系"发展到"建设性伙伴关系"。

1996年，叶利钦总统第二次访问中国，双方将中俄关系上升为"平等与信任和面向21世纪的战略协作伙伴关系"。

21世纪初至今，战略协作伙伴关系得到了进一步发展。2001年，两国元首签署了《中俄睦邻友好合作条约》，在总结历史经验的基础上，概括了中俄关系的主要原则、精神和成果，将两国和两国人民"世代友好、永不为敌"的和平思想用法律形式确立下来。

此次习近平访俄，签署的《联合声明》强调中俄战略协作伙伴关系是"全方位"的，并且在"在涉及对方主权、领土完整、安全等核心利益问题上相互坚定支持"。中俄关系也跃上一个新的更高的台阶。

2. 曲折发展的中俄经贸合作

相比而言，中俄两国的经贸合作20余年来经历了曲折的过程。苏联解体后，中俄经贸关系经历了从自发到有序，从以易货贸易为主到全面发展经贸关系，从低层次到高层次，从不规范到逐渐规范，从普通贸易到开展投资合作的过程。

在苏联解体以前，中国是政府记账贸易。所谓记账，就是政府准备一个货单，分硬商品和软商品，硬商品就是原材料。中国购买苏联的钢材、化肥和机器设备，向苏联出售轻纺产品，轻纺产品属于软商品。在贸易中软和硬搭配，比例基本对等，通过外贸银行结算，外贸公司执行。多年来两国一直进行这样的贸易，没有其他贸易形式，也没有其他从事双边贸易的主体。苏联的解体使两国贸易失去了交易的主体，失去了传统的伙伴和市场。在这种情况下，在俄罗斯颇受欢迎的中国商品便通过各种私人交易渠道进入俄罗斯，即为"灰色清关"①。

---

①　"灰色清关"是指出口商为了避开复杂的通关手续，将各项与通关有关的事宜交由专门的清关公司处理的一种通关方式。"灰色清关"实质上是一种违法活动，因为清关公司只为一批进口商品中的一小部分货物缴纳足额关税，其余部分则通过向海关官员行贿来通关。其积极意义在于降低了华商进口货物的成本，也为不懂俄文和不熟悉当地复杂报关程序的华商提供了方便；同时，加速廉价货物通关，丰富了市场。

苏联解体后，新独立的俄罗斯开始实行私有化和市场经济改革，国内遇到了严重的经济危机，这对中俄经贸关系产生了很大影响。在 1991～1995 年期间，中俄两国贸易主要以易货贸易形式为主，包括政府间大宗易货贸易、外贸公司和企业间的易货贸易和边境地区的互市贸易。1995 年 6 月，中俄两国政府达成协议，相互经贸活动改用可自由兑换货币结算。2002 年 8 月，中国人民银行与俄罗斯中央银行签署了一系列协定，约定中俄边境贸易除了使用可自由兑换货币外，可以人民币和卢布进行本币结算，办理人民币和卢布的现钞兑换业务。2011 年 6 月 23 日，中国人民银行与俄罗斯中央银行签署了新的双边本币结算协定，中俄本币结算从边境贸易扩大到了一般贸易，并扩大了地域范围；中俄经贸主体可自行决定用自由兑换货币、人民币和卢布进行商品和服务的结算与支付。

在两国政府的努力下，"灰色清关"这种非常时期下的非正规贸易形式最终也被取消。2009 年 6 月 29 日，俄罗斯整顿国内商品批发市场，关闭了在莫斯科的切尔基佐沃的露天商品批发市场，切断了"灰色清关"的某种联系。而现在，中国公司在莫斯科正式开办了格林伍德商贸中心，使中俄民间贸易逐步走向规范化。中俄两国政府和两国商会也积极协助两国企业参加在对方举办展览会、交易会等活动，使双边贸易中货物和服务的市场准入具有可预测性和稳定性。2012 年，俄罗斯正式加入世贸组织，中俄贸易不断规范化、制度化和秩序化。

可以看出，中俄两国经贸发展经历了一个不断规范和成熟的过程。中俄两国的商品贸易秩序日益改善，贸易水平也不断提高。2000 年以后，随着中国加入 WTO 和逐步的市场开放，中俄贸易额度出现了较大的增长。据统计，中俄双边贸易额从 1999 年的 57.2 亿美元增加到 2013 年的 892.1 亿美元，增加了近 15 倍。2004 年，中俄总理定期会晤期间提出的到 2010 年双边贸易额达 600 亿～800 亿美元也已经实现。2013 年，习近平主席访问莫斯科期间，两国领导人提出希望到 2015 年前达到 1 000 亿美元，2020 年前达到 2 000 亿美元，并促进贸易结构多元化。从近年中俄经贸关系发展势头和中俄发展战略走向来看，实现这一目标也是完全可能的。

（二）中俄双边经贸合作全面务实推进

2013 年，对中俄两国而言都是硕果累累的年度。以中国国家主席习近平 3 月 22～24 日访俄之旅、俄中两国元首签订《联合声明》、批准《〈中俄睦邻友好合作条约〉实施纲要（2013～2016）》行动计划为标志，此后，两国元首 5 次晤面、9 次副总理级会晤，其中包括 3 个政府间委员会会议，部委间进行了积极交流，详细审议了两国的商品经济、科技、文化与人道主义等各个领域的合作，签署了数十份协议、备忘录和意向书，仅在俄中政府首脑第 18 次定期会晤期间，就签订了 20 多份部门间协定和商业协议，经济合作形式多样；在中俄政府总理定期会晤制度框架下，建立了两国经济合作对话与协商机制，全面推进中俄之间的进一步务实合作，展开了中俄全面战略协作伙伴关系的新画卷。中俄关系两国不仅在政治互信、经贸往来、能源合作、文化交流及地区合作等领域取得了重大进展，而且在国际舞台上也展开了更加有效地合作。表 18 - 3 为 2013 年中俄两国元首五次晤面。

表 18 – 3　　　　　　　　　　　　　2013 年中俄两国元首五次

时间	地点	事件
3 月 22 ~ 24 日	莫斯科	习近平主席访俄
3 月 26 ~ 27 日	南非	金砖四国峰会
9 月 5 日	圣彼得堡	G20 峰会
9 月 12 ~ 13 日	比什凯克	上海合作组织峰会
10 月 7 日	巴厘岛	亚太经合组织峰会

资料来源：笔者整理。

1. 规划发展蓝图

习近平主席访俄期间，与俄罗斯总统普京就两国如何加强相互支持、扩大各领域合作、密切在国际和地区事务中的协调配合进行了深入探讨，并联合发表《〈中华人民共和国和俄罗斯联邦睦邻友好合作条约〉实施纲要（2013 ~ 2016）》，这为中俄双方的进一步经贸合作确定了框架。该实施纲要商定重点加强以下合作：

●实现经济合作量和质的平衡发展，实现双边贸易额 2015 年前达到 1 000 亿美元，2020 年前达到 2 000 亿美元，促进贸易结构多元化。

●充分发挥中俄投资促进会议机制作用，加快落实《中俄投资合作规划纲要》，相互投资额实现较大提升。

●在双边贸易、直接投资、信贷等领域推广使用本币。

●积极开展在石油、天然气、煤炭、电力和新能源等能源领域的合作，构建牢固的中俄能源战略合作关系，共同维护两国、地区以及世界的能源安全。

●继续在和平利用核能领域密切协作。

●加快制订和实施中俄森林资源开发利用合作规划，开展林业领域的贸易和投资合作。

●开展农业领域合作，包括农产品贸易、相互投资、动植物检疫等。

●加强环保领域合作，改善跨界水体水质，保护生物多样性，提高跨界突发环境事件通报和紧急救灾体系的效能。

●深化高科技领域合作，推动开展从合作研发、创新到成果商业化、产业化的科技合作。

●在航空制造领域开展联合研制、联合生产等大项目合作，采取积极措施保证《2013 年至 2017 年中俄航天合作大纲》项目的执行和完成。

●充分发挥中俄地方领导人定期会晤的作用，加大《中国东北地区与俄罗斯远东及东西伯利亚地区合作规划纲要》的实施力度，扩大地区合作范围，提高地方合作效率。

●在双方长期共同努力下，两国边境地区已成为和平、友好与稳定的区域。双方将继续提高现有合作机制的效能，并根据需要建立新的对话机制，深化中俄边境地区合作。

●确保跨境交通基础设施建设有序开展，加强中国货物经由俄罗斯铁路和远东地区港口过境运输合作。

大国篇

●有效落实中俄人文合作行动计划，顺利举办俄罗斯"中国旅游年"各项活动。

●在机制化和长期化的基础上扩大两国青年交流，筹办 2014～2015 年中俄互办青年友好交流年活动。

从以上加强合作的重点可以看出，中俄双方利用互邻的地域优势构建友好合作的经贸关系，从简单形式的贸易发展到积极开展贸易体制及贸易结构的合作建设，以更加完善的贸易服务双边体系来增强两国的合作关系。

2. 推进务实合作

"务实合作"成为 2013 年中俄两国经贸关系发展的重点和方向。习近平首次访俄，在促进中俄关系的发展进程中起到了承前启后的重要作用，标志着中俄之间平等信任、相互支持、共同繁荣、世代友好的全面战略伙伴关系发展到了一个新的阶段，也打开了把两国前所未有的高水平政治关系优势转化为务实合作成果的新篇章。双方均积极推动各自国家和地区发展战略的相互对接，创造出更多利益契合点和合作增长点，推动两国合作从能源资源向投资、基础设施建设、高技术、金融等领域拓展，从商品进出口向联合研发、联合生产转变，不断提高两国务实合作层次和水平。主要体现在以下几个方面：

第一，中俄经济技术合作的进一步加强。双方确定了重点合作领域，特别是改善贸易结构、加强除军事、能源贸易外的农业、林业、环保、高科技等领域的合作和双边贸易。

第二，能源资源的简单贸易向共同开发与合作的转变。之前的中俄能源合作主要以简单贸易一买一卖的形式存在。2013 年，中俄两国为了更好地发展双边关系，双方以互利互惠的精神进行沟通协调，站在战略角度调和双方的利益。双方在油气、林业资源等方面开展了卓有成效的合作，为中俄两国贸易方式的转变提供了便利。在经济互补优势的条件下，双方不断探索制定新的合作模式，建立新的合作机制，合作方式将从单一贸易向双向投资和共同研发转变。在石油、天然气、煤炭、电能、核能合作方面签订的大单成为中俄务实合作的重要体现。表 18－4 为 2013 年中俄能源合作大事记。

表 18－4   2013 年中俄能源合作大事记

时间	石油	天然气
2013 年 3 月	习主席访俄期间，俄罗斯石油公司（Rosneft，下称"俄石油"）与中石油一致同意在地质研究、勘探、开采和销售能源领域进行战略合作；双方还批准了以预付款方式提供原油的协议，并就建设和利用天津炼油厂签订了政府间协议等。	3 月 22 日，俄气同中石油签署备忘录，对华出口的优先方向是"西伯利亚力量"天然气管道的东线，并确定长期合同期限为 30 年，2018 年开始供气，年供气量为 380 亿立方米，之后经过协商可增至 600 亿立方米。这意味着，中国未来很可能将超过进口量 330 亿立方米的德国，成为俄罗斯最大的天然气买家。
2013 年 6 月	圣彼得堡国际经济论坛上，俄石油与中国石油天然气集团公司签署了一项长期石油供应协议。据该协议，俄拟于 25 年内对华供应石油约 3.65 亿吨，交易额预计 2 700 亿美元。	中石油宣布与俄罗斯诺瓦泰克公司签署收购亚马尔液化天然气项目 20% 股份的框架协议。

续表

时间	石油	天然气
2013 年 9 月		持续十余年的中俄天然气谈判取得突破，双方首次签署供气框架协议。
2013 年 10 月	①中石油与俄石油签署扩大东西伯利亚上游项目合作的谅解备忘录。 ②梅德韦杰夫访华期间又签协议，俄石油公司每年将向中国石化新增供油 1 000 万吨，连续 10 年，总值约 850 亿美元。 俄石油和中石油联合建立天津炼油厂，年产能将达到 1 600 万吨；工厂将于 2020 年投入使用；建设工程由中俄合资企业东方石化公司负责建设，其中俄石油持有合资企业 49% 股份，中石油持有 51% 股份；炼油厂 70% 的石油将来自俄罗斯，大约 30% 来自国际市场。	两国能源企业在伊尔库茨克州和乌德穆尔特共和国两个油气区块开展勘探工作。与此同时，正就中资参与"萨哈林 3 号"区块开发、中俄共同对位于鄂霍茨克海所属大陆架上的"马加丹 1 号"和"马加丹 2 号"油气区块联合勘探等合作项目作可行性论证。 对于俄罗斯天然气工业公司与中国的合作，梅德韦杰夫表示，双方基本商定了供气的定价公式。他说："虽然这个问题比较艰难，但是我们也会很快达成共识，要尽快通过管道向中国供应天然气。" 俄罗斯一家独立天然气企业宣布同意连续 15 年每年向中石油供气 300 万吨。

资料来源：笔者整理。

第三，投资与合作对话机制的进一步建立和完善。在两国政府的推动下，中俄两国企业在合作联合开发集成电路和计算机翻译软件、合作制造电子元器件等方面有着很好的前景，IT 投资、跨境商务贸易也成为中俄经贸合作新的投资方向。此外，俄投资促进会议机制、文化交流机制的建立和完善也为探索和拓展中俄经贸合作的空间打造了很好的平台。

整体来看，中俄在经济上的"务实合作"是两国新的战略支点。经历过两次较大范围内的经济危机后，世界经济格局发生了"东升西降"的重大变化，总体形势对中俄较为有利。主要表现为以中国、俄罗斯等国家为代表的新兴经济体群体性崛起，而美国、欧盟、日本等西方经济体实力相对削弱，在 WTO 等国际经济机制中的控制力出现颓势。从中俄自身而言，美欧经济模式的吸引力下降，中俄两国的经济规模和实力迅速增强，与西方经济体的不对称关系逐步走向平衡，在国际经济和贸易格局中的话语权得到快速提升。

在这种形势下，美国等西方国家正在进行新的谋篇布局，中俄在世界经济秩序上面临再次被边缘化的潜在风险。近两年来，美国正在 WTO 之外另起炉灶，意欲通过小集团合作，打造新的贸易机制；其积极推动的跨太平洋伙伴关系协定（TPP）谈判与跨大西洋贸易和投资伙伴关系协定（TTIP）迄今为止都没有包含中俄两国的打算；而这两大贸易安排一旦形成，将在很大程度上改变世界贸易规则、标准和格局，挑战新兴国家，尤其是金砖国家间的准贸易联盟，并势逼中俄两国"二次入世"。即使谈判最终没能成功，其声势也足能影响和改变世界贸易格局。在此背景下，中俄两国在经济领域的"战略务实合作"，是对未来世界贸易格局中的博弈筹码和杠杆。

第四，亚太地区经济重要性在不断上升，中俄两国不约而同地加大在亚太地区的参与力度。目前，亚太地区尤其东北亚地区安全形势非常复杂，朝鲜半岛核问题六方会谈陷入僵局，美日、美韩军演不断，朝鲜宣布退出停战协定，俄日、中日、日韩领土纠纷频起，

大国篇

东亚经济一体化遭遇政治障碍。然而，其潜在的经济利益巨大，在西方出口市场增长缓慢的情况下，中俄两国不谋而合地回归亚洲，力图推动东北亚、中亚等地区的经济整合。

因此，两国领导人在经济合作找到了新的战略支点，将双方的经济合作提到前所未有的战略高度，并一致认为，中俄开展"大规模"、"务实合作"的时机和条件已经成熟。

3. 合作前景广阔

作为全面协作伙伴，中俄双方已彻底解决历史遗留的边界问题，政治关系基础牢固；两国都致力于国家发展振兴，共同利益十分广泛；再加之两国资源禀赋的互补性，两国的经济合作范围和空间前景广阔。根据两国元首签署的《实施纲要（2013～2016年）》，中俄两国的经贸合作领域也不断地扩展，合作范围从以前的单一的轻工业与能源业发展到涉及工、农、渔、林、交通、能源机械、航空、高新产业等诸多的领域。

在中俄货物贸易方面，随着2012年9月俄罗斯正式成为WTO成员，俄罗斯按照承诺不断调低各类进口商品的关税，这为中国商品对俄出口创造较为有利的贸易条件。农产品、加工产品、药品和医疗设备、计算机及其配件和元器件、家用电器和电子产品、鞋子和服装，海产品、巧克力糖和热带水果等商品关税的下调①，使得中俄双方贸易规模迅速扩大。

能源合作将是中俄经济合作的重要领域。能源合作曾长期是中俄经贸合作的重头戏，不少观察家甚至怀疑中俄经济合作能否走出"能源圈"。2013年的能源合作，"在互利基础上继续发展能源战略合作关系，全面深化石油、天然气、电力、煤炭、能效、节能、新能源、和平利用核能等领域的合作。"目前，在能源以外的其他领域，如科技、通信、金融、交通等，中俄的合作正全面、深入展开，并取得了丰硕成果。

投资领域合作将成为重要发展方向。目前，中俄两国相互投资额数量较少，还处于起步阶段。中俄两国政府采取一系列措施，积极落实《中俄投资合作规划纲要》，完善投资环境，扩大相互投资规模。按照该纲要，中俄将优先在机械制造业、建筑材料生产、轻工业、运输和物流、农业、建筑业、信息技术与电信业、银行和保险业、创新与应用科学开发、能源领域、煤炭工业、化工业、林业、采矿业等领域开展投资合作。与此同时，中俄两国地区间贸易和投资合作也具有很大发展潜力，将会成为中俄经贸合作新的增长点。

在金融领域，中俄边境贸易本币结算、人民币在俄罗斯市场挂牌交易等举措，也有力促进了经贸往来的便利化，推动了实体经济的发展。

在区域经济合作和经济现代化领域方面，中俄也有望取得重大突破。俄罗斯远东开发战略与中国振兴东北老工业基地战略和西部大开发战略有很多契合点，中俄将振兴东北和西部大开发与开发远东更加紧密地结合起来，充分发挥各自优势，有可能打造一个区域经济合作样板，以夯实中俄合作的地缘经济基础，并推动区域经济一体化。

---

① 俄罗斯加入世贸组织的所有协议生效后，俄罗斯的进口平均关税与2011年的10%相比将降低到7.8%；农产品关税从13.2%降到10.8%，加工产品从9.5%降到7.3%；俄罗斯进口药品和医疗设备的关税从15%降低到6.5%；在加入世贸组织后3年时间内，俄罗斯将取消计算机及其配件和元器件的关税，家用电器和电子产品关税将从15%降到7%～9%；进口的鞋子和服装，海产品、巧克力糖和热带水果等都已降低关税。

（三）区域和多边机制下中俄经贸合作

在习近平主席访俄后短短一年中，中俄双方元首在金砖四国峰会、G20 峰会、上海合作组织峰会、亚太经合组织峰会等国际场合就有 4 次会面，这充分说明了中俄两国在国际战略上的高度一致性，也成为中俄外交的一大亮点。

从国际战略方面来看，中俄两国在共同推动世界多极化，反对单边主义，建立公正民主的国际新秩序等重要国际问题上存在共识，这使中俄更加认识到两国间存在着长期的、共同的战略依托。特别是进入新普京时代，俄罗斯将外交与经济合作的重心转向亚太地区特别是中国。由此可见，中俄两国的国内与国际发展战略具有高度的一致性。

1. 合力推动上合组织在国际和地区合作中发挥更积极影响

在 3 月 22 日中俄元首签订的《联合声明》中，中俄双方对共同推动上海合作组织在国际和地区合作中发挥更大的积极影响也做出了声明，指出"双方主张进一步发展上海合作组织，加大对恐怖主义、分裂主义、极端主义、毒品贩运、跨国有组织犯罪的打击力度，确保国际信息安全；赋予上海合作组织地区反恐怖机构打击毒品贩运等新职能，并在此基础上成立上海合作组织应对新威胁新挑战的综合中心；加强经济合作，特别是交通、能源、通信、农业等领域合作，积极推动建立有效融资保障机制；支持上海合作组织奉行开放原则，扩大同其他国家和国际组织的对话与交流，推动上海合作组织在国际和地区合作中发挥更大的积极影响。"

上海合作组织框架内的合作，事实上是保证中亚地区安全和发展的合作，也属于中俄之间地区合作的重要组成部分。中亚地区关系到中国的西部安全和发展的外部环境，同时也关系到俄罗斯的南部安全和独联体的稳定。苏联解体后，在中亚国家建立独立主权国家的过程中，中亚地区出现地缘政治真空，中亚成为各种地缘政治势力博弈的地区，成为国际恐怖主义渗透和积极活动的场所。中亚成为地区安全形势最不稳定、最不确定的地区。

上海合作组织成立后，确定安全合作和经济合作为该组织的主要任务。在安全领域，上海合作组织成立了地区反恐机构，成员国在反对恐怖主义、分裂主义和极端主义方面积极合作，有效遏制了三股恶势力的活动。在经济合作领域，成员国间的贸易额不断增长，经济互补性得到体现。

因此，中俄在上海合作组织框架内密切合作，对保证中亚地区稳定、为中俄战略协作伙伴开辟更加广阔的前景有重要的意义。

2013 年 9 月 13 日，在上海合作组织成员国元首理事会第十三次会议中，在中俄双方全力推动下，中国国家主席习近平、哈萨克斯坦总统纳扎尔巴耶夫、吉尔吉斯斯坦总统阿坦巴耶夫、俄罗斯总统普京、塔吉克斯坦总统拉赫蒙、乌兹别克斯坦总统卡里莫夫一起以决议方式批准了《〈上海合作组织成员国长期睦邻友好合作条约〉实施纲要（2013～2017年）》，共有 20 多个领域 68 项合作内容，涉及安全、经济、人文、农业、教育、科技、旅游、卫生、环保、救灾、体育、国际合作等诸多方面，希望将上合组织"打造成成员国命运共同体和利益共同体"。对此，习近平主席在务实合作方面还提出了 5 点建议：一是开辟交通和物流大通道。通畅从波罗的海到太平洋、从中亚到印度洋和波斯湾的交通运输走廊。二是商谈贸易和投资便利化协定。三是加强金融领域合作。推动建立上海合作组织开发银行，尽快设立上海合作组织专门账户，用好上海合作组织银行联合体这一机制。四是成立能源俱乐部。五是建立粮食安全合作机制。

可以看出，在中俄两国的合理推动下，上合组织已成为中亚地区和平、稳定与安全的重要力量。

2. 加强在 APEC、金砖国家和 G20 等重要机制下的合作

《联合声明》中，中俄双方对于其他多边机制下的合作也明确了方向：

● 双方指出，亚太地区在全球事务中的作用日益上升，深化区域合作是巩固世界多极化和建立新型亚太地区国家间关系的关键因素。双方认为，团结地区各国力量，共同应对全球和地区问题，维护地区和平与稳定，促进地区共同发展，在遵循国际法基本原则的基础上，在亚太地区建立开放、透明、平等、包容的安全和合作架构，是当前本地区的首要任务。双方坚信，不可分割的安全是上述架构的基本原则。双方认为，要继续鼓励地区相关国家通过双边对话和协商，妥善解决他们之间存在的分歧。双方同意继续开展工作，以便通过《东亚峰会关于加强亚太区域安全合作的原则宣言》。双方愿就推动通过该宣言与各方保持对话，听取各方建设性意见和建议。

● 双方努力推动金砖国家领导人德班会晤将金砖国家合作提升到新的水平，支持金砖国家逐步成为就重大世界经济和政治问题开展对话和合作的机制。双方强调，在金砖国家框架内开展全面务实合作十分重要，包括支持工商理事会工作，探讨建立开发银行、外汇储备库，继续在科技、农业、卫生等其他重要民生领域开展合作。

● 中方重申支持俄方作为 2013 年二十国集团主席国举办圣彼得堡峰会。双方将进一步加强在二十国集团框架内的协调与合作，相互照顾彼此关切，共同推动圣彼得堡峰会对加快世界经济增长、扩大就业、改革国际货币金融体系、确保世界经济可持续发展做出重要贡献。

以上声明中值得关注的是，中俄双方在亚太地区安全事务和经济合作上达成的一致态度，这是中俄双方从未如此强调的心得共同立场和合作领域。亚太地区的经济合作目前正处于一个历史性的关键时刻。一方面，摆脱金融危机影响之后的亚太地区从总体上说将成为世界经济的引擎，但是另一方面，美国推动排他性的跨太平洋伙伴计划，使得亚太地区经济出现了有可能面临重新分化的格局。在这一背景之下的中俄经济合作对于地区的发展前景具有特殊的意义。首先，未来十多年中国的城市化进程将可能成为亚太地区发展的巨大推动力，海外采购、海外投资，以及上亿人次的海外旅游将大大地拉动中国经济和亚太地区的互动；同时，俄罗斯巨大的经济潜能，包括其无比丰厚的自然资源、地理环境条件，以及人文教育资源，有可能形成与整个地区的紧密互补而发挥巨大优势。

（四）中俄经济外交其他方面新进展

中俄两国的外交关系的可持续的良性发展还得益于两国机制化的双边交流活动。例

如，两国轮流举办对方的"国家年"、"语言年"、"旅游年"；邀请对方青少年特别是在地震中受灾或在人质事件中受伤害的学生到本国疗养；组织双方的媒体人士举办驾车穿越对方疆域的拉力活动以便深度报道对方国家的社会和文化；举办各种夏令营、冬令营和艺术节等。这些活动使两国民众对双边友好关系的认同达到了苏联解体后的最高点。

定期的联合军演、高端武器设备采购和技术转让，到高级军事指挥人才的联合培养，也是两国良好的双边交流的体现。

三、对俄经济外交的现实问题：依然存在多变因素

虽然中俄两国在"政治领域实现了前所未有的互信"，政治关系的成熟度和机制化为两国经贸合作的快速提升创造了良好的氛围和基础，但中俄经贸合作仍然面临一些现实问题和制约因素亟待克服。

（一）双边框架下面临的问题和挑战

中俄经济有很大的互补性，这也是中俄扩大双边经贸合作的基础。然而，目前这种互补性还受到很多制约，例如，产品结构的互补性受到选择性的制约，具体而言，中国商品的种类较多，而俄罗斯商品种类很少，可供市场选择的余地不大，而中国普通民用商品的质量需要改进；劳动力资源的互补性受到"中国移民威胁论"的制约；能源的互补性受到资源储量和基础设施建设的制约；技术的互补性受到双方缺乏了解和市场需求的制约等。鉴于中俄经贸合作的范围、领域和结构仍然受限，其全部潜力还没有发掘出来，因此，这给中俄经贸关系的进一步深化带来了很多问题和挑战。要想将这种客观存在的互补性变成现实的合作内容，还需要中俄双方不懈的努力。

1. 贸易规模仍相对较小，合作层次较低

虽然中俄双边贸易额在20年里增长15倍，发展速度迅速。但中俄双边贸易额占全球贸易总额还不到0.5%，即便2015年前达到1 000亿美元，跟中韩、中日、中美等2 000亿~5 000亿美元的额度相比仍有很大差距；而在中国整个对外贸易中，中俄贸易也仅约占3%。这说明，中俄的贸易量与两国的经济规模和关系深度还不相称，两国经济的相互依赖性还不强。

中俄双方之间的经贸合作结构相对单一、层次较低。目前，劳动密集型的轻工业是中国对俄罗斯的重要出口产品，而俄罗斯的化工、原木等资源密集型产品则是出口中国的主要产品，这些产品占中国进口总额的65%。然而，那些附加值较高、技术含量高的产品所占双方进出口总额的贸易比重较低，这表明，中俄两国还处于较低的贸易层次，贸易规模也因此难以发展起来。

2. 法律和经贸合作相关制度有待完善

中国与俄罗斯都处于经济转型时期，特别是经济危机发生后，随着中俄两国经贸交易

343

额的增长和深入，法律与制度不健全的问题更加凸显出来；同时由于这些不健全的机制带来行政腐败与管理混乱状况，一定程度上制约了双方投资者的步伐。

经贸合作信息体系不健全，信息渠道不畅，信息量缺乏。很多中国企业对俄罗斯的市场行情、投资特点等了解不透彻，而政府官方及其他权威机构提供的信息又不够准确，同时俄罗斯厂商也无法及时获得中国的市场变化，中俄双边的经贸合作受到了一定程度的影响。此外，虽然中国投资者不乏进入俄罗斯的热忱，但碰到如许多领域大门紧闭、投资环境不佳、法律法规执行力差、投资安全缺乏保障等一系列问题。因而，由于相关制度的不完善也在一定程度上制约了双方经贸合作和相互投资的步伐。

消费的传统观点制约经贸发展。全球经济一体化让俄罗斯经济出现了新的增长点，欧美跨国公司也越来越重视俄罗斯市场。实力雄厚的跨国公司以发达的全球产销网络来实现产品出口俄罗斯，并和俄罗斯的本国企业进行广泛的合作，在原材料、机电、能源等方面进行积极接洽。很多世界名牌产品都陆续进入俄罗斯市场，这些产品的高质量可以和其他发达国家相比。而中国商人对俄罗斯居民消费习惯的不熟悉、产品质量竞争和公司运营上的差异也成为制约着中俄经贸进一步发展因素。

3. 相互直接投资不足，金融合作滞后

中俄两国经贸合作中相互投资过少，投资对贸易的带动作用不明显。2013 年，中国对俄罗斯经济的非金融类直接投资达到 40.8 亿美元，较 2012 年增长 518.2%，实现了大幅度增长；但这仍仅占中国对外非金融类直接投资总额的 4.5%，占俄引进外资总规模的比例也仅为 4.3%[①]。这显然不符合两个全球经贸大国的合作水平。相互投资已经成为中俄经贸关系中最薄弱的环节。

金融合作是中俄经济合作的重要组成部分，目前用人民币和卢布结算已经走上轨道，但办理业务的银行网点设置过少、卢布汇率波动较大都是造成本币结算业务量增长缓慢的主因。未来随着中俄贸易量继续扩大，人民币逐渐实现自由兑换，人民币和卢布的国际化进程也应进一步加快，进而满足贸易发展的需要。

4. 俄入世为中俄经贸合作带来新挑战

俄罗斯入世在降低关税、开放市场，为中国出口商品带来便利外，也为中俄经贸合作带来挑战。首先，入世后，随着俄罗斯逐步开放市场和放松管制，中国商品也面临来自其他国家商品的竞争压力。其次，入世后，俄罗斯应用世贸规则特别是实施反倾销措施保护自身利益的意识将会增强。由于我国对俄出口在日常消费品、家电、轻工、部分工业制成品具有较强竞争优势，俄入世后针对我国这些领域的商品提起反倾销案的可能性增大。最后，目前我国在俄企业大都为中小企业，实力弱、发展后劲不足。俄入世后，我国企业在与国外对手的竞争中将处于更大劣势。

---

① 2013 年，俄共吸引外国直接投资 940 亿美元，在联合国贸易和发展组织成员国中排名由 2012 年的第 9 位跃至第 3，仅次于美国（1 590 亿美元）和中国（1 270 亿美元）。

5. 地区间经济合作潜力有待挖掘

中俄毗邻的东北和远东地区经济合作早已成为两国经济合作的重要组成部分，2009 年两国政府签署并批准了两地合作《规划纲要》，其中提出一些能够充分挖掘两地潜力、改善基础设施条件的项目，这些项目正在逐步落实，如横跨黑龙江的中国同江与俄罗斯下列宁斯科耶铁路大桥设计规模已完成。两地的贸易也已逐渐走上符合 WTO 规则的发展之路，这将为两地跨境经贸合作开辟广阔前景。与此同时，两国地区合作也从未限制于毗邻地区，中俄约 70 对地方政府或城市结为合作对子。

现在中国长江流域与俄伏尔加河流域城市群间的合作正在提上规划日程，未来中国"长三角"与俄波罗的海"大三角区"等经济类型相似的地区间合作将逐渐兴起，成为中俄经济合作的新"生力军"。而双方地区合作的经济潜力随着经贸合作的展开有待于进一步挖掘。

（二）多边框架下面临的问题和挑战

在国际格局面临大发展、大变革、大调整的背景下，在地区形势日益复杂及热点问题不断增多的情况下，俄对华政策不可避免地带有更多的大国制衡的色彩。俄罗斯的上层领导也不否认两国在某些方面存在着利益上的差别，包括两国在第三国的经济利益不相符。

1. 两国在中亚、东北亚地区的利益竞争关系

虽然中俄两国在上海合作组织框架下密切合作，但这无法掩盖两国在中亚地区的利益竞争关系。由于历史因素和现实原因，俄罗斯对中国的国策和发展目标一直存有担心和疑虑，始终关注着"中国将如何支配自己的经济和军事实力"，俄罗斯国内有人把中国与中亚国家的合作视为"向俄罗斯发起挑战"，有的甚至担心部分中亚国家会被拉进"中国的利益范围"，即使是中国与白俄罗斯、乌克兰之间的正常经贸合作，也被某些俄罗斯媒体解读为触动了俄罗斯的利益。类似的不利因素使得在理论上可以合作共赢的双边或者多边项目在实践中却进展缓慢。中俄能源合作、军技合作以及与中亚国家在经济领域的合作都有这样的例子。

事实上，俄罗斯表面上不否认新独立的中亚国家的主权地位，也未公开阻止中亚各国发展同中国的经济合作，但实际上却从未放弃将其完全纳入自己的地缘安全网络、经济体系特别是能源控制体系的念头。俄罗斯试图通过拥有快速反应部队的独联体集体安全条约组织、实行统一关税的欧亚经济共同体两个杠杆，来抵制中国在中亚地区经济、政治和文化影响力的扩展。中国在上海合作组织框架内建立自由贸易区、成立开发银行等扩大经济合作空间的倡议受阻，被部分俄媒体看成是俄外交的胜利。普京在竞选文章中也很坦率地承认了双方在第三国利益的不一致。

在东北亚，虽然中国和俄罗斯在对朝鲜半岛无核化、敦促日本承认第二次世界大战结果的政策取向是一致的，但在其他方面，种种迹象表明俄罗斯在东北亚别有打算，因为俄罗斯开发远东地区、通过创新摆脱能源依赖型经济，都需要日本的资金、技术和稳定的油

气市场。因此，俄罗斯显然不会卷入中国同东北亚其他国家之间的冲突。这势必会对中俄在该框架下的经贸合作产生影响。

2. 中俄关系中的美国因素

俄中两国之所以能够超越历史纠纷，快速构建友好合作关系，美国方面的因素无疑是非常重要的。只要美国对中俄两国的战略疑虑和打压态势没有改变，中俄就始终存在互相靠近的动力。但问题也正在于此，由于这种动力源自外部压力，一旦这种外部强大压力减弱或撤离，就会对中俄关系造成一定的影响。相对来说，普京时期，俄罗斯对这种战略协作关系的期盼要大于中国。原因在丁，俄罗斯在外交上面临更大的、更为急迫的战略压力。可以说，两者既有互相借重的地方，又有相互差异的地方。因而，中俄关系一方面要超越在面对共同压力下的功利性、暂时性，构建面向未来的牢固关系；另一方面，中国也必须坚守自己的原则和利益。

近年来，美国高调重返亚太、中国周边安全形势严重复杂化的情况下，中美俄战略大三角关系被越来越多地谈论，亦有人称中国可以借助俄罗斯抗衡美国。某些俄罗斯智库人士把当今亚太地区的中美关系比喻成冷战时期的美苏关系，言外之意是美国可能为了遏制快速崛起的中国而与俄罗斯联手，类似于中美通过实现关系正常化来形成反苏反修统一战线的路径选择。事实上，所谓"大三角"关系模式已不复存在。全球化进程深刻地改变了世界，与冷战时的两个平行世界市场各行其是完全不同，中美作为当今世界上两个最大的经济体，相互间的依赖程度远远超出了人们的想象空间，对抗之下谁都难以独善其身。此外，世界多极化趋势造就了欧盟、日本、印度、巴西等新的力量中心，中美俄虽然为大国，但已难以对全球格局产生决定性影响。

因此，中俄关系虽不能脱离美国因素的影响而独立存在，但绝不是两国对美关系的从属物。虽然中俄两国都面临来自美国的强势挤压，但都把发展对美关系作为各自的外交重点。中俄全面战略协作伙伴关系有其独到的价值，但也应充分考虑到美国等其他大国的影响，估计不够和估计过高都会给中俄经贸关系的发展带来影响。另外，俄罗斯国内亲西方势力的鼓动以及美国等西方媒体的挑唆干扰，也会时不时给中俄关系带来一些波动。

3. 俄对外政策仍存在变数

增强政治互信一直是中俄两国高层交往中不断重复的主题之一。虽然中俄两国"在政治领域实现了前所未有的互信"，但两国深层互信仍显不足，俄方始终担心中国会在历史的领土问题上出现反复，同时视中国庞大人口基数是对俄远东地区的潜在威胁，对中国经济的快速发展存有疑忌。在具体合作中，如能源资源和经贸领域，中国往往被视为潜在竞争对手。两国在与中亚地区各国的油气资源合作上形成的竞争尤为激烈。多年来，中俄两国在油气合作上的谈判一波三折，表明存在很大难度和阻力。在涉及自身利益的国际问题上，中俄之间还需要加强沟通，尤其在对美国和西方关系方面，中俄两国还"缺乏互信"。

其次，多年来，俄对外政策一直坚持东西方平衡的外交方针，但始终没有偏离以西方为主轴的基本方向。随着国际形势的发展与变化，如果俄罗斯对外交往的天平倾向于美国和欧盟等西方国家，这都会在一定程度上影响中俄关系。尤其重要的是，近些年来俄罗斯延续执行极端务实的外交风格，在一定程度上加大了对中俄经贸关系的压力，也可能诱使俄方某些利益集团对中方的不满进一步发展乃至激化。追求自身战略利益的最大化将不断体现在俄罗斯务实外交政策之中，这也可能促使俄罗斯对外战略中充满投机性和不确定性，而这也将会给中俄之间的战略协作带来新的挑战。

此外，随着中国经济实力的增长，中国逐渐走向国际舞台的中心，俄方一些人担心中国与美国和西方走得更近，导致俄罗斯被边缘化；而中俄之间的双边经贸合作，又被俄国内一些人视为对自己能源和资源的掠夺，"对俄罗斯经济的渗透"；对双方边境地区的合作，也有人担心中国会变相占领俄远东领土，对俄构成战略威胁；甚至于俄罗斯的高层在密切关注来自中国的移民动向问题上也毫不隐讳。对于双边的军事合作，更有俄罗斯人担心"中方如获取其先进军事技术和装备，不仅成为其武器出口的竞争对手，而且还会对远东地区构成军事威胁"。这表明，中国"威胁"、"扩张"的论调在俄罗斯仍然很有市场。由于多数俄罗斯民众对中国还缺乏了解，对中国国力提升的认识和心态十分复杂，这些因素也制约了中俄经贸关系的进一步发展。

四、中国对俄经济外交展望与政策选择

综上所述，中俄经济贸易合作的规模和质量还不符合两国所拥有的潜力，也与中俄战略协作伙伴关系的地位不相适应。在复杂多变的国际局势下，双边关系也要面临新的考验。如果中俄经贸关系仍然在低水平徘徊，势必损害双方的战略互信和相互交往，甚至有可能波及两国战略合作关系的广度和深度。在大国关系中，中俄经贸关系与政治关系的不对称是最为明显的。中国与欧盟、美国和日本的政治关系水平均低于中俄关系，但中国与这些国家的贸易水平却远远超过与俄罗斯的经贸关系。密切的经贸往来构成了国家之间的共生和依存关系，对维护健康良好的国家关系起到了至关重要的作用。但在中俄之间，这种经济上的"你中有我、我中有你"的现象目前还不很明显，使得两国关系很容易受到其他不确定因素的伤害和冲击，尤其容易被西方利用和炒作。因此，夯实中俄关系的经济基础依然是当务之急。

（一）中国对俄经济外交展望

如何把良好的政治氛围转化为务实合作，在现有水平基础上继续深化中俄全面战略协作伙伴关系和经济合作是未来中俄经济合作的重点和方向。从长远看，要把业已建立的战略协作伙伴关系推进到新的高度，还必须借助两国高水平的经贸合作，依赖于两国之间经济利益的依存度。相信在新一届中俄领导人的倡导下，中俄关系将迈进全面务实合作的新阶段。

1. 务实合作的方向更加明确

20 多年的发展，中俄之间已经不存在边界等敏感问题，中俄战略合作也拥有了《中

大国篇

俄睦邻友好合作条约》的法律保证，两国间还建立了多重合作机制，从最高层到部委级甚至在地方都有定期双边会晤机制。通过这些机制，中俄双方可以客观评估双边关系现状，协调双方利益，及时发现和解决合作中出现的问题。

中俄两国新一届领导人上任不久就首选对方国家实现互访，在传承友谊的同时，更加明确了未来10年两国关系的发展方向、发展目标和发展规划，不断夯实两国"全面战略协作伙伴关系"的基础。普京总统曾经讲过："俄罗斯需要一个繁荣稳定的中国，中国也需要一个强大成功的俄罗斯。"习近平主席在访俄时也指出："一个繁荣强大的俄罗斯，符合中国利益，也有利于亚太与世界和平稳定。"应该说，中俄两国自身发展的需要是两国加深战略协作的重要基础和前提。

如果说21世纪的前10年是中俄关系逐步提升务实合作的起步时期，那么未来10年，在中俄政府的支持下，尤其是在新一届中俄领导人的共同倡导下，中俄关系将迈进全面务实合作的新阶段，一些领域的合作将驶入全方位、深层次发展的快车道。

2. 务实合作的领域更加广泛

在未来10年里，中俄务实合作将向更深更宽领域迈进。目前，中俄都处在民族复兴的重要时期，两国关系已进入互相提供重要发展机遇、互为主要优先合作伙伴的新阶段。中国应积极抓住当前中俄政治与经贸关系发展的有利时机，积极开展与俄罗斯除石油领域外，在天然气、煤炭、电力、提高能效和可再生能源等新型能源合作关系，促使两国的发展内在地相互嵌入。同时，深入研究、创新和丰富中俄经贸合作模式，发展灵活多样的贸易交流方式，增加如综合保税园区、出口加工园区等特殊监管区域协作，提升双方经贸合作的层次和功能。与此同时，应积极拓展对俄投资，特别是价低量大的劳动密集型产业，通过变"中国制造"为"俄罗斯制造"，既可以避免中俄贸易摩擦和俄罗斯对资源出口的限制，同时也利于实现中俄之间进行资源优化配置和优势组合，并规避部分国家的贸易壁垒。

两国要推动各自国家和地区发展战略相互对接，不断创造出更多利益契合点和合作增长点。推动两国合作从能源资源向投资、基础设施建设、高技术、金融等领域拓展，从商品进出口向联合研发、联合生产转变，不断提高两国务实合作的层次和水平。如果中俄双方能够克服障碍，发挥出地缘互补与经济互补的优势，中俄两国进一步合作的空间将更加广阔。

（二）政策选择

1. 进一步深化经贸合作

首先，中俄需应对后国际金融危机时期复杂多变的国际经济局势，改善双边贸易结构，不断规范和转变双边贸易增长方式。扩大机电产品和高科技产品贸易，着重建设现代化物流和贸易平台和网络体系；加强在建立经济特区方面交流；加强在保护知识产权等领域加强合作；深化民用航空制造领域的合作。在未来的10年中，中俄应进一步开展基础性和高科技关键领域及前沿技术的联合攻关，积极将研究成果产业化。适时制定中俄高科技和农业领域合作规划纲要，在国家支持下有计划地扩大科技合作和农业合作规模。如何在推动长期经济结构的转型方面做出安排，这是对于双方合作意愿和智慧的一个检验。

其次，扩大经贸合作需要充分发挥现有潜力。目前是创新金融和能源合作形式的好时机，如可建立金融风险和能源风险对冲机制，即在危机条件下中国向俄罗斯提供资本援助，俄罗斯则向中国提供能源援助，即以金融和能源期权互换来对冲重大风险。

此外，中俄应完善并加紧落实中俄投资合作规划纲要，在国家资本的带动和保护下，鼓励更多私人投资进入对方市场。目前中国对俄投资方式比较单一，随着俄经济发展和开展新一轮私有化，中国企业可以尝试通过参股、并购、资本层面的运作来开展对俄投资，甚至可以在俄创新经济领域与俄方建立一些风险投资基金。

最后，中俄应在加强合作中推进经济一体化。尽管中俄贸易规模不断快速扩大，但基本上仍然是两个平行市场间的贸易合作。因而，劳动力、资本、商品和服务在两国间无法像自由贸易协定国家那样流动，明显限制了相互投资和贸易的发展。应共同制定中国与俄罗斯白哈关税同盟的自由贸易安排，即关税同盟＋1模式。这种安排相当于准自由贸易区，只是对劳动力及某些特别服务的流动设立限制。

2. 加强法律和制度建设

中俄伙伴关系建立之初，就确定了不对抗、不结盟和以和平共处五项原则为基础的根本原则，同时还明确双方不将本国核武器瞄准对方。随后在叶利钦担任总统期间中俄发表《联合声明》发展"平等信任的、面向21世纪的战略协作伙伴关系"，建立两国领导人定期会晤机制，并在北京和莫斯科之间设置保密电话通信线路。双方还就历史遗留的边界问题进行了卓有成效的工作，先后发表了《关于中俄边界问题的联合声明》和《中俄关于两国边界东段的补充协定》。2001年《中俄睦邻友好合作条约》签订后，中俄又在高层领导互访时发表联合声明，对中俄战略协作伙伴关系向更高范围和更高层次发展做出具体部署。这些制度性约定给予中俄双方物质利益和安全心理上的保障，外部制约在信任建立的初期有举足轻重的作用，但深层次的集体身份的构建还需要确立一种信念，即相信他者会在对自我的要求方面实行自我克制。因此，中俄今后要继续加强制度约定，甚至制定出违约补偿条款，增加自我控制违约的成本。在共同维护和遵守双方制定的一系列制度规范的基础上，还将这些外部制约内化为自我控制，使对方确信自己的重要地位，在彼此间建立起真正的互信机制。

总的来说，目前中俄关系主要建立在以政治互信、军事合作和经贸互补为主的国家利益基础上，在文化融合上虽然有所建树，但还未形成可以进一步提升两国战略协作伙伴关系的共有观念。而要确立这样一种共有观念，就要进一步加强中俄在社会转型和国家发展问题上的合作对话和经验交流，增强双方对同质性的认同，并进一步扩展、深化中俄之间的人文交流与合作。如果说深化经贸合作是发展中俄战略协作伙伴关系的硬性指标，那么构建中俄之间的政治、经贸合作的共有观念和制度体系则是提升两国关系的软性因素。

五、结　语

21 世纪的第二个 10 年是国际关系重组的重要时期，也是国际格局发展变化的重要时期，同时也将是中俄两国关系发展的又一个关键阶段①。推进未来的中俄关系，还面临着许多挑战和考验。要实现两国最高层达成的共识和目标，困难仍然很多，也存在很大变数。这既需要两国领导人和两国人民立足现实利益，也要着眼于两国关系的长远发展战略，不仅需要拓展互利共赢的优势项目，也更迫切地需要摆平心态，通过包容理解、求真务实，达到互利合作，实现共赢。正如普京总统所言，"我们两国有很多共同的国家利益，为了在国际市场上占有一席之地，我们必须加强合作，共同努力，把两国的合作提升到新的、更高的水平"。历史的经验也证明，中俄两国只有"从协同发展中才能获得更多的好处，而由于相互不理解和不信任会造成不小的损失"。因此，无论两国政治格局如何变化，进一步深化中俄全面战略协作伙伴关系是中俄两国维护自身利益的必然选择。在两国关系发展的路途中或许会出现急弯和陡坡，但只要两国从战略高度认识两国关系的重要性，从两国人民切身利益的角度规划两国的务实合作，中俄两国一定能够克服困难，化解分歧，达成共识。可以预见，在 20 多年成就的基础上，只要中俄两国在不断加强互信的基础上排除干扰，在互利共赢的前提下进一步夯实两国关系的民间基础，在具有重大战略意义的项目上加强务实合作，通过双方的共同努力，一定会在未来的 10 年中实现新的跨越。

---

① 黄庆、张萍：《中俄关系二十年：稳步发展的战略协作》，载《俄罗斯学刊》，2013 年第 3 期。

第十九章

中国对印度经济外交：探寻新路径

中国和印度是全球两个人口最多的国家，两个最大的发展中国家，同时又是最具活力的新兴市场，两国关系具有战略意义和全球影响，是 21 世纪最重要的双边关系之一。2013 年堪称中印关系的丰收之年，双方频繁的高层交往，向外界发出携手合作、共谋发展的明确信号。

一、2013 年印度经济形势与中印经贸关系

2013 年，世界经济仍在缓慢复苏中，新兴经济体整体继续保持增长，但其中一些国家步伐放缓，印度经济持续低迷，但中国与印度的经贸关系仍继续稳定发展。

（一）印度经济持续低迷

2013 年印度经济增长速度仍在减慢，通货膨胀率依然在两位数徘徊，进出口贸易总体较上年稍有下滑，吸引外资大幅减少，货币仍处于贬值通道。

印度 2012～2013 财年（2012 年 4 月到 2013 年 3 月）GDP 增长率 5%[①]，是 10 年来最低水平。2013 年印度前三个季度 GDP 增长率分别为 4.8%、4.4% 和 4.8%[②]。据世界银行 2014 年 1 月 14 日发布的最新报告显示，印度经济 2013～2014 财年预计增长 4.8%[③]。

从通货膨胀率看，印度 2012～2013 财年，批发物价指数（WPI）上涨 7.4%[④]，消费者物价指数（CPI）上涨 10.2%[⑤]，处于较高水平。2013 年印度消费者物价指数（CPI）仍然居高不下，全年各月 CPI 同比上涨分别为：1 月份 10.79%，2 月份 10.91%，3 月份 10.39%，4 月份 9.39%，5 月份 9.31%，6 月份 9.87%，7 月份 9.64%，8 月份 9.52%，9 月份 9.84%，10 月份 10.09%，11 月份 11.24%，12 月份 9.87%。[⑥] 从以上数据可见，

[①②] 数据来源：印度统计与计划执行部（Ministry of Statistics and Programme Implementation）网站，http://mospi. nic. in。

[③] 数据来源：世界银行网站，http://www. worldbank. org/en/publication/global-economic-prospects/regional-outlooks/sar，2014 年 1 月 20 日登录。

[④⑤] 数据来源：印度计划委员会（Planning Commission）网站，http://planningcommission. gov. in/，2014 年 1 月 20 日登录。

[⑥] 印度 2013 年 1 月至 12 月 CPI 数据来源：印度统计与计划执行部（Ministry of Statistics and Programme Implementation）网站（Ministry of Statistic and Programme Implementation，MOSPI），http://mospi. nic. in/，2014 年 1 月 20 日登录。

印度的通货膨胀率一直在 10% 左右徘徊，最高一度达到 11.24%。

在进出口贸易方面，印度 2013 年各月的进出口额如表 19－1 所示。

表 19－1　　　　　印度 2013 年 1 月至 12 月进出口贸易数据　　　　单位：亿美元

月份	进出口贸易总额	贸易总额同比增长	出口额	出口额同比增长	进口额	进口额同比增长
1	705.30	7.75%	257.75	1.69%	447.55	11.59%
2	674.41	3.59%	262.59	5.38%	411.82	2.49%
3	720.15	1.05%	308.50	7.56%	411.65	－3.34%
4	661.16	5.96%	241.64	－1.19%	419.52	10.57%
5	691.55	2.26%	245.06	－4.58%	446.49	6.44%
6	598.21	－1.02%	237.86	－5.11%	360.35	1.88%
7	635.84	5.31%	255.40	13.80%	380.44	0.28%
8	631.03	4.68%	262.49	17.55%	368.54	－2.90%
9	621.19	－5.91%	276.79	14.62%	344.40	－17.75%
10	650.98	－3.49%	272.71	17.31%	378.27	－14.43%
11	584.46	－8.51%	246.13	10.38%	338.33	－18.64%
12	628.32	－6.81%	263.46	5.91%	364.86	－14.25%
合计	7 802.60	0.32%	3 130.38	6.66%	4 672.22	－3.51%

资料来源：根据印度商工部网站数据整理，网址为 http：//commerce. nic. in/。

在利用外资方面，印度 2013 年 1 月至 10 月的外商直接投资额及本年累计数见表 19－2。

表 19－2　　　　　印度 2013 年 1 月至 10 月外商直接投资统计　　　　单位：亿美元

月份	本月数	本月数同比增长	本年累计数	本年累计数同比增长
1	21.57	8%	21.57	8%
2	17.95	－19%	39.52	－6%
3	15.25	－96%	54.77	－56%
4	23.22	25%	77.99	－45%
5	16.31	23%	94.30	－39%
6	14.44	16%	108.74	－35%
7	16.57	12%	125.31	－31%
8	14.08	－38%	139.39	－32%
9	29.15	－38%	168.54	－33%
10	12.26	－37%	180.80	－33%

资料来源：印度商工部工业政策与促进总局（Ministry of Commerce & Industry, Department of Industry Policy & Promotion）网站，http：//www. dipp. nic. in/。

从表19-2数据可见，印度的FDI在2013年1~10月间有5个月同比增长，5个月同比下跌，而且下跌的幅度远高于上涨的幅度，从而使得本年累计的外商直接投资额自2月份起一直低于2012年。

在汇率方面，由于印度经济疲软、大规模的经常账户赤字、猛增的外债、不断减少的外汇储备以及外国资本的大量撤离，使卢比在贬值通道上继续行进，并在2013年8月份时屡创新低。2013年1月到4月间汇率只有小幅波动[①]，自5月开始印度卢比兑美元汇率明显下跌。虽然印度政府和中央银行出台一系列防范货币大幅贬值的措施，自7月以来收紧现金供应以及抑制黄金进口，还出人意料地一个月之内两次加息[②]，但效果并不明显。到6月27日，汇率突破60大关，创下60.5880[③]的纪录。印度储备银行为遏制卢比汇率急剧下跌，动用了大量外汇资产来稳定市场，6月21日至7月5日期间，印度外汇储备共减少了105亿美元[④]。到8月份下半月，卢比兑美元贬值之势尤为快速明显，8月1日时卢比兑美元汇率为60.7423：1，8月16日为61.8195：1，8月19日冲破62关口，为62.40：1；8月20日突破了63关口，达到63.4605：1；8月22日，突破65关口，达到65.4207：1；8月28日更跌至68.3611：1。[⑤]至此，从2013年5月初起，印度卢比已经贬值27%[⑥]。不过，自9月起卢比汇率又缓步回升，到2013年12月31日，卢比兑美元汇率为61.8970：1[⑦]，较2012年底时贬值13%[⑧]。

（二）中印经贸关系保持平稳发展

1. 中印贸易稳中有降

据印方统计，2013年1~9月，印度对中国双边货物贸易额为478.8亿美元，下降8.6%。其中，印度对中国出口94.8亿美元，下降18.5%，占印度出口总额的4.0%，下降1.2个百分点；印度自中国进口384.0亿美元，下降3.2%，占印度进口总额的11.3%，下降0.1个百分点。印度对中国的贸易逆差为289.2亿美元，下降1.1%。[⑨]

印度2012~2013财年4~10月，印度对中国出口72.26亿美元，自中国进口305.11亿美元，进出口总额达377.37亿美元[⑩]。中国重新成为印度第一大贸易伙伴。[⑪]

大国篇

---

① 根据印度储备银行数据，2013年1月1日印度卢比兑美元汇率为54.8320：1，5月2日印度卢比兑美元汇率为53.7355：1。

② 2013年9月20日印度央行宣布上调基准利率25个基点至7.5%，这是该行自2011年以来首次加息。10月29日，印度央行再次宣布上调基准利率25个基点至7.75%。

③ 数据来源：印度储备银行网站，http：//www.rbi.org.in，2013年1月30日登录。

④ 数据来源：印度储备银行网站，http：//www.rbi.org.in，2013年12月10日登录。

⑤⑦ 各汇率数据来源于印度储备银行网站，http：//www.rbi.org.in，2013年12月10日登录。

⑥⑧ 根据印度储备银行数据计算得到。

⑨ 数据来源：国别贸易报告——印度2013年第4期，中国财政部网站，http：//countryreport.mofcom.gov.cn/record/qikan.asp？id=5802，2014年1月20日登录。

⑩ 数据来源：印度商工部网站，http：//commerce.nic.in/eidb/default.asp，2014年1月20日登录。

⑪ 2005~2011年以来，中国一直是印度第一大贸易伙伴，但2012年由于双边贸易额大幅下滑10.1%，中国位居阿联酋之后，成为印度第二大贸易伙伴。

棉花、矿产品、铜及制品、有机化学品和建筑材料是印度对中国出口的主要产品。1~9 月，印度对中国棉花出口 25.9 亿美元，下降 6.8%，占印度对中国出口总额的 27.3%；矿产品、铜及制品、有机化学品和建筑材料对中国的出口额分别为 11.8 亿美元、8.9 亿美元、6.9 亿美元和 5.1 亿美元，增减幅依次为 -54.0%、-43.4%、-4.6% 和 17.7%，分别占印度对中国出口总额的 12.4%、9.3%、7.3% 和 5.3%。印度其他对华出口商品还有动植物油、塑料制品、机械设备、树胶和钢铁制品等。印度自中国进口的商品主要有机电产品、机械设备、有机化学品、文物制品和肥料。1~9 月，印度进口的上述五大类商品合计 254.1 亿美元，占自中国进口总额的 66.2%。除上述产品外，印度自中国进口的主要商品还有珠宝及贵金属制品、钢材、船舶、光学仪器制品、塑料制品、家具和纺织品等。[①]

截至 2013 年 9 月底，中国在印度出口贸易中位居第六位，而在进口贸易中为印度第一大进口来源地。在印度的十大类进口商品中，中国生产的纺织品、机电产品、家具、金属制品、光学仪器和陶瓷等在印度进口的同类商品中占有较明显的优势地位；但中国生产的运输设备、化工品、贵金属制品、钢材等方面仍面临着来自美国、欧洲各国和日本等发达国家的竞争。[②]

2. 中国对印度的投资有所增加

2000 年 4 月到 2013 年 10 月，中国累计对印度投资 3.03 亿美元，占印度总吸引外资的比例为 0.15%[③]，这一比例比 2011 年的 0.06% 和 2012 年的 0.13% 又有所增长。2000 年 4 月到 2013 年 10 月中国对印度的累计投资额在所有国家和地区中排名第 30 位，也比 2011 年的第 35 位和 2012 年的 31 位有所提升。[④]

3. 中印贸易摩擦大幅减少

2013 年，印度发起的针对中国产品的贸易救济案数量较之前几年大幅减少，具体数据如表 19-3 所示。

表 19-3　　　2009~2013 年印度对中国发起的贸易救济案数量统计

	2009	2010	2011	2012	2013
新发起的反倾销调查	10	11	5	7	3
反倾销期中复审调查	3	3	4	0	3
反倾销日落复审调查	1	9	4	12	4
反倾销新出口商调查	0	4	1	2	
反倾销调查发起数合计	14	27	14	21	10

①② 数据来源：印度商工部网站，http://commerce.nic.in/eidb/default.asp，2014 年 1 月 20 日登录。

③ 中国对印度累计投资有关数据的来源为印度商工部工业政策与促进总局（Ministry of Commerce & Industry, Department of Industry Policy & Promotion），http://www.dipp.nic.in，2013 年 1 月 24 日登录。

④ 中国对印度累计投资的数据均不包括香港地区对印度的投资（同期为 11.85 亿美元，排名第 15 位）。

续表

	2009	2010	2011	2012	2013
一般保障措施调查	9	1	1	0	3
一般保障措施复审调查	0	0	0	0	1
特殊保障措施调查	5	0	1	2	0
特殊保障措施复审调查	0	1	1	0	0
保障措施调查发起数合计	14	2	3	2	4
反补贴调查	1	0	0	0	0
印度对中国发起的贸易救济案数总计	29	29	17	23	14

资料来源：反倾销和反补贴数据根据印度商工部反倾销局网站资料整理，网址为 http：//commerce. nic. in/；有关一般保障措施和特别保障措施数据根据印度财政部保障措施局网站资料整理，网址为 http：//www. dgsafeguards. gov. in/。

2013 年 8 月，中方对印度进口的产品发起了 2 起反倾销调查，分别是单模光纤和特丁基对苯二酚，较 2012 年增加了 1 起。

二、中印总理近 60 年来首度年内互访

2013 年的 5 月和 10 月，中印两国的总理先后访问了对方国家，这是 1954 年以来两国总理首次年内互访，对加强两国政治互信，深化互利合作具有重要意义。

（一）中国总理李克强访问印度，推进互信合作

2013 年 5 月 19 日至 22 日，中国总理李克强受印度总理辛格邀请访问印度。印度成为李克强就任总理以来首次外访的第一站。李克强此次出访印度，充分体现了中国新一届政府对发展中印关系的高度重视和真诚愿望，被认为可以从战略层面增加中印双方的战略互信，减少互相猜忌，开启两个崛起大国之间深度协作的新篇章。

为给中国总理访问印度奠定基础，5 月 9 日至 10 日，印度外长萨尔曼·库尔希德访华。5 月 15 日至 16 日，中国商务部副部长陈健访问印度，就李克强总理访印的有关经贸准备工作与印方交换了意见并就中印双边经贸关系的未来发展进行了探讨。

5 月 20 日，李克强就中印关系发表演讲，将这次访问印度概括为互信之旅、深化合作之旅、面向未来之旅。李克强表示，相信中印两国能够打造亚洲合作的新亮点、世界经济增长的新引擎。同日，李克强与辛格举行会谈，双方一致决定进一步加强中印面向和平与繁荣的战略合作伙伴关系，推动两国合作取得新成果。李克强提出中印加强战略合作的五个方面，其中，在经贸合作方面，李克强提出要推进务实合作，深化利益交融。促进贸易自由化、便利化和动态平衡，扩大双向投资，启动两国区域贸易安排谈判，开展在产业园区、基础设施等领域的大项目合作，共同倡议建设孟中印缅经济走廊，推动中印两个大市

大国篇

场更紧密连接。双方还一致同意加强在二十国集团、金砖国家等机制中的协调配合，以及在气候变化、国际反恐、粮食和能源安全等问题上的合作，提高发展中国家的发言权，维护共同利益。

5月20日，李克强还在印度《印度教徒报》、《觉醒日报》发表题为《跨越喜马拉雅山的握手》的署名文章，文章指出，世界期待亚洲成为全球经济的引擎，这离不开中印"两匹大马"的带动；亚洲要成为世界和平之锚，需要中印两个大国同心勠力。中印共同前行，必将造福两国广大民众，也会为世界带来更多更好的机遇。

5月21日，李克强在孟买出席中印商务峰会晚餐会并发表演讲，李克强表示，中印合作最大的舞台在经济，最大的潜力在市场，最大的主角是企业。要持续扩大中印贸易和投资规模，两国企业界责任重大，提升合作水平，钥匙掌握在两国企业手中。李克强还表示，发展两国经贸关系要从全局出发，只有那些有长远眼光和宽广视野的企业家才能抓住机遇。深化中印合作不仅能够成就彼此企业家的事业，而且将为亚洲乃至世界经济增长创造机遇。

5月21日，即将结束在印度首都新德里的访问之际，李克强面向印度世界事务委员会发表演讲，其中提到了印方关切的贸易逆差问题，李克强表示，中方愿看到更多有竞争优势的印度产品进入中国市场，并为此提供便利。我们不刻意追求贸易顺差，动态的贸易平衡才是可持续的。中方支持本国企业加大对印投资，鼓励企业间扩大服务贸易，通过多种途径弥补两国间货物贸易不平衡的缺口。

李克强总理此次成功访印，取得了丰硕成果，为新时期中印深化全面战略合作打下了坚实基础。

在访印期间，中印发表了联合声明，在经贸方面，中印双方表达了深化互利合作的意愿，包括进一步加强在节能环保、新能源和可再生能源、高科技等领域的合作；加强铁路合作，包括重载运输和车站发展等；采取措施应对贸易不平衡问题；加强两国企业间的工程承包合作；在产业园区建设领域开展合作共同倡议建设孟中印缅经济走廊；加强边境贸易；加强两国金融监管机构之间的合作；促进两国金融机构之间的合作，为两国经贸合作项目提供融资支持；在气候变化、多哈回合谈判、能源和粮食安全、国际金融机构改革和全球治理等国际和地区事务中加强沟通与协调等，推动中印两大市场实现优势互补、互利共赢。

此外，来自制造业、能源矿业、金融业、高新技术产业及文化产业的中印20家重点合作领域的大型企业出席了在新德里举行的"中印企业首席执行官论坛"机制首次会议。中国商务部派出的投资贸易促进团与印方合作伙伴签署了22个经贸合作协议，涉及总金额约15亿美元。①

（二）印度总理辛格访问中国

2013年10月22日至24日，印度总理曼莫汉·辛格对中国进行正式访问。

---

① "培育新亮点 打造新引擎"，外交部网站，http://www.fmprc.gov.cn/mfa_chn/zyxw_602251/t1042728.shtml，2013年12月31日登录。

在访华前夕接受中国驻印度媒体联合书面采访时，辛格表示，希望此次访华能够加强两国面向未来的双边关系。欢迎中国企业到印度投资办厂，印方考虑建立中国工业园，并推进双方基础设施建设合作。

10月23日上午，中国总理李克强同印度总理辛格举行会谈，双方就新时期推进中印关系全面快速发展达成重要共识，在经贸方面包括：挖掘经贸合作潜力。拓展各领域务实合作，推动贸易、投资并进，实现平衡发展，早日启动两国区域贸易安排谈判，加强产业园区建设和铁路等基础设施合作，促进中印两大市场对接，推进孟中印缅经济走廊建设。加强多边领域合作。密切在二十国集团、金砖国家等机制中的协调配合，共同推动世界贸易组织多哈回合谈判，积极应对气候变化、反恐、粮食和能源安全等全球性问题，维护两国和发展中国家的共同利益。

10月23日晚上，中国国家主席习近平在钓鱼台国宾馆会见印度总理辛格。习近平就发展中印关系提出四点建议，其中在经贸方面，习近平提出双方要加强在国际、地区事务和多边机制内的合作，维护共同利益，推动建立平等互信、包容互鉴、合作共赢的国际关系。

10月23日，中印发表了《中印战略合作伙伴关系未来发展愿景的联合声明》，表达了加强务实合作、落实互利政策，推动经贸关系迈上新台阶的愿望。中印还签署9项涉及解决两国间贸易不平衡、跨境水资源利用等问题的协议或备忘录，使中印从工业园区到水资源等合作都得到落实，体现出辛格此次访华是对中印关系的全方位的提升。

三、中印双边及多边交流与合作

2013年，除了中印两国总理近60年来首次年内互访外，中国和印度还频繁开展双边与多边的交流与合作。在经济领域，2013年中印两国之间举行了第六次财金对话和中国对印度投资论坛，通过沟通和对话，推动了双方在财政金融领域的政策交流和实质性合作；而作为世界上重要的新兴经济体，中印两国在多边领域如二十国集团、联合国气候谈判、金砖国家组织、区域经济合作等框架内都开展了富有成效的合作，推动国际经济金融秩序改革以及积极推动提高新兴经济体和发展中国家在全球机构的地位。

（一）二十国集团财长和央行行长会议

2013年二十国集团财长和央行行长先后在2月和10月举行了两次会议。在每次会议期间，金砖国家的财长和央行行长也都举行了会议，进行五国间财政金融方面的沟通与交流。

2013年2月15至16日，二十国集团财长和央行行长会议在俄罗斯莫斯科举行。会议主要讨论了全球经济形势、二十国集团"强劲、可持续、平衡增长框架"、长期投资融资、国际金融架构改革以及金融部门改革等议题。会后发表了联合公报。与会各方就全球经济形势、长期投资融资、国际金融体系改革等议题展开讨论。会后发表的联合声明指出，当前全球经济下行风险减弱，但全球经济增长依然过于疲弱。各方应协调努力，强化互信，履行此前作出的改革承诺，推动全球经济稳步复苏并实现强劲、可持续和平衡增长。

在本次会议框架内，金砖国家财长和央行行长副手举行了会议。巴西、中国、俄罗斯、印度和南非就强化财政、金融领域合作，特别是筹建金砖国家发展银行和储备库的可行性进行了充分探讨。

出席会议的中国财政部副部长朱光耀介绍说，此次会议是为 2013 年 3 月在南非德班举行的金砖国家领导人会晤进行政策准备。"这次领导人会晤将包含重要的金融、财政议题，将反映自去年新德里峰会以来金砖国家的经济合作进展情况，讨论、研究建立金砖国家发展银行和建立金砖国家货币储备库等具体议题。"①

2013 年 10 月 10 日至 11 日，二十国集团（G20）财长和央行行长会议在美国华盛顿举行。会议主要就当前全球经济形势、国际金融架构改革、长期投资融资以及加强 G20 进程等议题进行了讨论，并发表了联合公报。G20 轮值主席国俄罗斯财长西卢阿诺夫主持会议。中国财政部副部长朱光耀和人民银行副行长易纲出席了会议。

在此会议期间，金砖国家财长和央行行长于 10 月 10 日举行了会议。会议对当前美国债务上限问题及近期资本市场波动可能引发全球经济放缓表示担忧，呼吁各国继续加强政策协调，促进全球经济稳定增长。会议审议了成立金砖开发银行和金砖应急储备安排的谈判进展，并就下一阶段工作安排达成一致。会议还敦促有关国家尽快落实 IMF 份额和治理改革方案，确保按时完成第十五次份额总检查。

（二）金砖国家领导人第五次会晤

金砖国家领导人第五次会晤于 2013 年 3 月 26～27 日在南非德班举行，主题为"金砖国家与非洲：致力于发展、一体化和工业化的伙伴关系"，包括中国国家主席习近平和印度总理辛格在内的五个金砖国家领导人出席。

此次会晤是在国际形势继续发生深刻复杂变化、世界经济复苏面临诸多不确定因素、金砖国家在国际事务中的地位和作用继续增强的背景下举行的。各成员国都希望通过此次会晤加强各领域合作，加强在重大国际事务中的立场协调，加强相互伙伴关系。会晤期间，五国领导人就世界经济形势、全球经济治理、金砖国家合作、加强金砖国家与非洲合作及共同关心的国际和地区问题深入交换了看法，达成广泛共识。会后，五国领导人共同发表了《金砖国家领导人第五次会晤德班宣言》。金砖五国此次会晤决定建立金砖国家开发银行、筹备建立金砖国家外汇储备库，并成立工商理事会。

在本次会议框架内，举行了金砖国家第三次经贸部长会议，就全球经济形势及其对金砖国家贸易投资的影响、世贸组织多哈回合谈判以及在多边场合加强贸易投资议题的合作以及金砖国家与非洲发展伙伴关系等进行了讨论。会后，五国经贸部长共同发表了联合公报和《金砖国家贸易投资合作框架》文件。

---

① "二十国集团财长会议 16 日闭幕：共谋稳定和增长"，中国中央政府门户网站，http://www.gov.cn/jrzg/2013 - 02/17/content_2333165.htm，2013 年 2 月 17 日登录。

3 月 27 日，中国国家主席习近平会见印度总理辛格。会见中，习近平强调，中方视中印关系为最重要的双边关系之一，致力于推动中印战略合作伙伴关系不断向前发展。要用好战略经济对话等合作机制，探讨基础设施建设领域大项目合作。要促进人文交流合作，扩大青年交流。要加强在联合国、金砖国家、二十国集团等多边组织内的协调和配合，相互支持对方参与区域合作进程，共同促进亚洲和平、稳定、发展。

（三）第六次中印财金对话

根据 2005 年 4 月中印双方签署的《关于启动中印财金对话机制的谅解备忘录》，双方分别于 2006 年 4 月、2007 年 12 月、2009 年 1 月、2010 年 9 月和 2011 年 11 月成功举行了五次中印财金对话。第六次中印财金对话于 2013 年 9 月 26 日在北京举行。财政部副部长朱光耀和印度财政部副部长阿尔文德·马雅拉姆共同主持了对话。

对话中，双方就全球经济面临的新挑战、中印宏观经济形势和政策、中印结构性改革取得的进展、双方在多边框架下的合作以及双边财金合作等议题进行了深入讨论。会后发表了联合声明，声明中表达了加强沟通，促进财金交流与合作的意愿，包括一致同意加强各层级官员之间就宏观经济政策和重大国际经济金融问题的经常性沟通与协调；努力挖掘在各自结构改革中的合作契机；共同努力，推动落实 G20 圣彼得堡峰会达成的重要共识，增强全球复苏势头，推动更快增长，促进更好就业，巩固长期增长基础；与金砖国家其他成员国加强合作，推动下一次金砖国家领导人会晤在金砖开发银行和应急储备安排两项倡议上取得实质成果；继续推动国际金融机构改革，敦促有关国家尽快履行承诺，实施 2010 年国际货币基金组织份额和治理改革，并在 2014 年 1 月之前完成下一轮份额总检查；继续保持密切交流，为拓展双边财金合作创造更多机会、营造更好环境。双方金融监管机构就对外资银行准入的监管政策等议题进行了交流，同意支持两国银行到对方国家开设分支机构，并支持两国金融机构深化合作，特别是在基础设施投资和融资领域等。

（四）"基础四国"四次气候变化部长级会议及华沙气候大会

由中国、印度、巴西和南非组成的"基础四国"作为发展中国家代表，在国际气候谈判中拥有相近立场，长期以来在国际气候谈判中发挥举足轻重的作用。按照惯例，每年"基础四国"举行四次会议，在气候大会之前进行基本立场的磋商。

1. "基础四国"第十四次气候变化部长级会议

2013 年 2 月 15～16 日，"基础四国"第十四次气候变化部长级会议在印度金奈举行，中国国家发展和改革委员会副主任解振华率团与会。四国部长就多哈会议成果、2013 年及未来谈判中的重要问题深入交换了意见，取得广泛共识，并于会后召开了新闻发布会，发表了联合声明。

2. "基础四国"第十五次气候变化部长级会议

2013 年 6 月 26～28 日，"基础四国"第十五次气候变化部长级会议在南非开普敦召

大
国
篇

开，中国国家发展和改革委员会副主任解振华率团与会。南非环境事务局称，此次大会将为基础四国部长和高级谈判代表提供一个就关键问题进行战略性磋商的平台。基础四国部长们利用彼此之间的合作框架对德班大会成果及 2015 年的气候协议进行协商。

3. "基础四国"第十六次气候变化部长级会议

2013 年 9 月 15～16 日，"基础四国"第十六次气候变化部长级会议在巴西福斯杜伊瓜苏市召开，中国国家发展和改革委员会副主任解振华率团与会。通过积极探讨应对全球气候变化的策略，"基础四国"在每个阶段都制定了发展中国家和发达国家应承担的责任。本次会议最后签署的联合声明，明确了各国应当履行的承诺。

4. "基础四国"第十七次气候变化部长级会议

2013 年 10 月 28～29 日，"基础四国"第十七次气候变化部长级磋商会议在杭州举行，就华沙会议的重要议题进行了为期两天的磋商，中国国家发展和改革委员会副主任解振华率团与会。四国部长就联合国气候变化华沙会议成果和气候变化国际谈判中的重要问题进行了磋商，取得了广泛共识。四国表示，将在华沙举行的联合国气候变化大会的优先任务是有效履行巴厘进程各项决定，兑现业已作出的承诺，特别是发达国家应切实兑现向发展中国家提供资金、技术转让和能力建设支持的承诺。部长们强调，将继续推动加强"77 国集团＋中国"在公约和其他气候变化多边机制中的团结和声音。

5. 华沙气候大会

2013 年 11 月 11 日，联合国气候变化大会在波兰首都华沙再次开启。此次与会国家达到 190 余个，本次会议主要是为 2015 年在巴黎召开的联合国气候变化大会上各方欲达成新的协议奠定基础。

为期两周的华沙气候变化大会，表面上是各国就温室气体排放额度讨价还价，实际上是各国关于能源创新和经济发展空间的博弈，进而影响长期的国际权势转移。谈判桌上主要有三大股力量：欧盟、以美国为首的伞形集团（美、日、加、澳等发达国家）及"中国＋77 国集团"。77 国集团由广大发展中国家组成，以中国、印度、巴西和南非组成的"基础四国"为龙头，主张发展中国家落实自愿减排行动，倡导南南合作，在谈判中，敦促发达国家兑现资金承诺，承担起历史责任，努力推进谈判进程。

在 2012 年多哈气候大会上，"基础四国"就频繁用"一个声音"说话。在 11 月 11 日的开幕式上，中国代表团副团长苏伟再度代表基础四国发言，他督促发达国家兑现资金承诺，以可测量、可报告和可核实的方式为发展中国家提供额外的、充足的资金支持，并明确在 2013 年至 2020 年期间提供资金并最终达到每年 1 000 亿美元水平的路线图。

11 月 20 日，中国、印度、巴西和南非组成的"基础四国"为促成大会成功提出了四点建议，由中国代表团团长、国家发展和改革委副主任解振华在华沙气候大会新闻发布会上代表"基础四国"提出，第一，要加大落实以往承诺的力度。第二，在建立政治互信的基础上，尽快开启德班平台的谈判。第三，各国要在减排、适应、资金、技术和透明度等关键问题上取得平衡结果。第四，按德班平台要求，全球应对气候变化新协议——德班增强行动平台新协议应有约束力。解振华代表"基础四国"表示"基础四国"将为此共同做出努力。

华沙气候大会在 11 月 23 日晚间落下帷幕。在 20 余个小时的"加时赛"中，欧盟借主场之利，联手美国试图将"共同但有区别的责任"原则从新协议中"踢出"，此举遭到印度、中国等发展中国家的强烈抵制。大会数度停滞，两大阵营在"飞机起飞前"才勉强达成妥协。欧盟谈判代表康妮·赫泽高当天对媒体表示，印度、中国等坚持发达国家和发展中国家应承担不同减排责任的立场已成为谈判前进的障碍。由于现有减排协议对发达国家的要求被人们习惯性的概括为"commitment"。因此，发展中国家认为，ADP 主席将"commitment"和"各国"勾连起来的行文方式，实际上是消灭"区别"，体现欧盟"无差别减排承诺"的要求。印度代表基础四国（巴西、中国、印度和南非）率先发言，明确表示 ADP 主席准备的大会决议文本没有体现基础四国意愿。中国代表团副团长苏伟也表达了基础四国的不满。他指出，围绕着"commitment"一词的使用，各方已有好几轮争论，但反对的声音在主席准备的文本中没有任何体现，这不仅是严重缺乏平衡的现象，还存在选择性和误导性的问题。最终，双方各退一步，在印度代表提交修订意见后，已延期 20 余小时的华沙气候大会再没有碰到太大阻力顺利落下帷幕。

（五）区域全面经济伙伴关系（RCEP）谈判

RCEP 最早在 2011 年由东盟发起，并邀请中、日、韩、澳、新、印共同参加，希望通过谈判以削减关税及贸易壁垒，建立 16 国统一市场。16 国覆盖 34 亿人口、GDP 总和约占全球三成，RCEP 建成后将成为全球最大自贸区。RCEP 的发起方东盟已分别与中日韩、澳大利亚、新西兰和印度六国签订自贸区协议。

2012 年 11 月东盟十国与中国、日本、韩国、印度、澳大利亚和新西兰共 16 国领导人公开表示要建立 RCEP。2013 年 RCEP 先后进行了两轮谈判：5 月 9 日，RCEP 首轮谈判在文莱斯里巴加湾市举行；9 月 24 日，RCEP 第二轮谈判在澳大利亚布里斯班举行。此外，8 月 19 日，在文莱东盟经济部长会期间还举行了首次 RCEP 部长级会议。

2013 年 5 月 9 ~ 13 日，RCEP 首轮谈判在文莱启动，包括中国和印度在内的 16 个国家均派代表团与会。谈判中确定了 RCEP 于 2013 年启动，并一致同意努力推进谈判，以实现 2015 年结束谈判的目标；正式成立货物贸易、服务贸易和投资三个工作组，并就货物、服务和投资等议题展开磋商，就三个工作组的工作规划、职责范围、未来可能面临的挑战等议题深入交换了意见；初步对各要点交换了意见，诸如知识产权的保护、商贸竞争、经济合作以及纠纷的调解机制等。

2013 年 8 月 19 日，RCEP 首次部长会议在文莱首都斯里巴加湾市开幕。本次会议旨在讨论并提出《区域全面经济伙伴关系协定》（RCEP）谈判进程的政治定向，从而促进今后谈判取得更好的进展。与会各国一致同意在 2014 年 8 月之前确定贸易自由化准则。在此次文莱会议上，各国就关税磋商达成原则性共识，即所有参加国将根据共同规则下调关税，同时还同意制定统一的关税表，并自 9 月的下一次谈判会议起，全面启动下调或取消关税的谈判。

2013 年 9 月 24～27 日，RCEP 第二轮谈判在澳大利亚举行。各国针对开放市场的方式、起草商品、服务和投资各章内容、组建其他工作委员会的时间等进行了协商。本轮谈判期间，贸易谈判委员会和货物贸易、服务贸易、投资三个工作组召开了会议。货物贸易方面，各方重点讨论了关税减让模式和章节结构及要素等问题，并就关税和贸易数据交换、原产地规则、海关程序等问题进行了交流，决定成立原产地规则分组和海关程序与贸易便利化分组。服务贸易方面，各方对协定章节结构、要素等问题展开讨论，并就部分各国感兴趣的服务部门开放问题初步交换意见。投资组重点就章节要素进行了讨论。此外，各方还就经济技术合作、知识产权、竞争政策和争端解决等议题进行了信息交流。至此，各方已在市场准入减让表模式等核心问题上取得一定进展。

（六）中国对印度投资论坛

为落实 2012 年 11 月举行的第二次中印战略经济对话达成的合作共识，进一步推动中国对印投资合作，2013 年 2 月 26 日，国家发展和改革委员会外事司与印度驻华大使馆在北京联合举办了"中国对印度投资论坛"。国家发改委副主任张晓强和印度驻华大使苏杰生出席论坛并发言。双方政府和企业代表约 200 人与会。

本次论坛是中印战略经济对话机制下举行的一次重要活动，对于双方增进了解、扩大共识、加强合作具有重要意义。近年来中印贸易得到很大发展，但两国相互投资还处于较低水平。对于中方企业对印投资中面临的挑战和困难，需要双方客观理性地认识，并积极应对和解决。一方面，企业界应进一步加强交流，主动适应对方国家市场，发挥自身优势，创新合作方式，提高应变能力；另一方面，政府层面要通过中印战略经济对话机制等相关平台加强沟通，积极协调和推动，努力创造更加开放和便利的投资环境。此次中国对印度投资论坛的举办加深了中方企业对印市场的认识，共同探讨潜在的投资机遇和挑战，加强了相互了解和信任。

四、中印缅孟经济走廊未来可期

（一）中印缅孟经济走廊概念的发展历程

1. 中印缅孟经济走廊概念的提出

20 世纪 90 年代末期，中国云南学术界提出中印缅孟地区经济合作的构想，并得到印、缅、孟学术界的积极响应，四方学者于 1999 年在昆明举行了第一次孟中印缅地区经济合作论坛（BCIM），共同签署《昆明倡议》，旨在通过各国努力，在平等互利、持续发展、比较优势的原则下加强联系，促进最大可能的经济合作。同时规定，每年召开一次会议，至 2013 年年底已经举行了 11 次论坛。BCIM 合作论坛主要围绕中印缅孟四方通道建设、经贸合作、旅游合作和合作机制等 4 个主要议题展开，多年来，四方合作取得明显成效。2013 年 2 月成功举行的孟中印缅 4 国汽车拉力赛就是成果之一。

目前认为，中印缅孟经济走廊内涵是在中国昆明—缅甸—孟加拉—印度加尔各答这四地开展交通互联、投资、边贸、基础设施建设、劳务输出等合作，其宗旨是利用中国的资金、经济方式、基建技术等加快印度、缅甸、孟加拉国地区以四地的交通、基础设施建设，用印度先进的软件技术和重要的麻纺织工业市场带动中、缅、孟的科技发展和劳务输出，同时又能使缅甸的能源和孟加拉国的资源优势得到合理充分的发展利用，最终实现相关区域的经济社会发展和稳定。

2. 中印共同倡议建设中印缅孟经济走廊

2013 年 5 月 19～21 日，中国总理李克强访问印度。在 5 月 20 日，中印两国共同发表的《中华人民共和国和印度共和国联合声明》中第十八项提到，"双方对孟中印缅地区合作论坛框架下的次区域合作进展表示赞赏。鉴于 2013 年 2 月孟中印缅汽车拉力赛的成功举行，双方同意与其他各方协商，成立联合工作组，研究加强该地区互联互通，促进经贸合作和人文交流，并倡议建设孟中印缅经济走廊。"

李克强总理此次访印，中印共同倡导构建孟中印缅经济走廊这一共识备受各界关注。这一构想的推进将中国的向西开放与印度的东向战略结合起来，把东亚和南亚连接在一起，推进互联互通，有利于加强四国基础设施建设、促进经贸往来和区域一体化进程，必将释放出巨大的经济增长能量，为亚洲经济以及全球增长提供新的动力，也将推动中印两大市场更加紧密联系。

（二）中印缅孟经济走廊的现状及未来发展

1. 中印缅孟经济走廊的现状

中印缅孟地理相邻，友好交往源远流长，四国同为发展中国家，经济互补性强，合作基础良好，发展潜力巨大。当前，四国都处于发展经济、消除贫穷和改善民生的关键阶段，面临加快经济转型升级的紧迫任务。随着区域经济一体化步伐的加快，四国发挥地缘优势，进一步巩固政治互信、深化投资贸易、促进互联互通和加强人文交流显得更为重要。

中印缅孟地区经济合作区域包括中国云南省、印度东部的比哈尔邦、西孟加拉邦和东北部有关邦以及缅甸和孟加拉全境，区域面积 165 万平方公里，人口 40 300 万；后期扩大范围包括 4 个国家的全部，面积 1 340 万平方公里，人口 25.3 亿，该区域地处东亚、东南亚、南亚 3 大市场的连接地带，区位条件优越，自然资源丰富，生态地位重要，发展潜力巨大。中印缅孟走廊占据着有利的地缘地位，直接辐射东亚、南亚、东南亚、中亚几个大市场。该走廊沿线国家之间的贸易总额仅占世界总量的 2% 左右，绝对数值虽然不高，但其发展潜力却被普遍看好。

在 2013 年 5 月，李克强在访印期间建议中印两国首倡建设"中印缅孟经济走廊"，这一倡议得到印度、孟加拉国、缅甸三国的积极响应，印度高层领导人对此的态度也比较积极。2013 年 10 月 22 日至 24 日，印度总理辛格访问中国。他在访华前夕接受中国驻印度媒体联合书面采访时说，印度愿意与中国一起加强与本地区其他国家的合作，正在积极考虑建立孟中印缅经济走廊的建议。在 10 月 23 日，中印两国发表的《中印战略合作伙伴关系未来发展愿景的联合声明》中也专门提到，"根据两国领导人达成的共识，双方已就孟中印缅经济走廊倡议分别成立工作组。中方工作组 10 月访印是推动倡议的积极一步，双方将就孟中印缅经济走廊倡议进一步探讨。双方将同孟、缅保持沟通协商，并于 12 月召开孟中印缅联合工作组首次会议，研究孟中印缅经济走廊建设的具体规划。"这使得连接东亚和南亚的孟中印缅经济走廊构想获得有力推进。当然，印度国内对中印缅孟经济走廊也不是没有顾虑，主要集中在中印边境争端尚未解决，如果在铁路、公路方面实现互联互通，不利于巩固国防；此外，也担心如果实行地区经济一体化，印度市场可能会被中国和东南亚国家的商品占领。

2013 年 12 月 18～19 日，孟中印缅经济走廊联合工作组第一次会议在昆明召开。来自孟中印缅四国政府部门官员、专家学者、国际组织和云南省代表出席了会议。会议梳理了地区合作论坛达成的共识，借鉴了国际机制经验，在经济走廊发展前景、优先合作领域和机制建设等方面进行了友好深入的交流，在交通基础设施建设、投资和商贸流通、人文交流等方面形成了多方面的共识。会议签署了会议纪要和孟中印缅经济走廊联合研究计划，正式建立了四国政府机构推进合作的机制。

从中印缅孟经济走廊目前的建设来看，在互联互通方面，昆明开通了到仰光、曼德勒、达卡、加尔各答和新德里等地的航线，还修建了腾冲—密支那的中缅友谊公路、印缅友谊公路，现在和孟加拉的通道建设也正在推进。贸易方面，中国与印孟缅贸易额从 2000年的 44.53 亿美元上升到 2012 年的 818.95 亿美元[①]，但是现在主要还停留在货物贸易阶段，服务方面还不够，相互投资较少。

2. 中印缅孟经济走廊的未来发展

中印缅孟经济走廊建设面临的障碍还很多，主要包括：自然条件的影响，经济走廊所涉及的地区范围较大，有崇山峻岭，有大江大河，还有丛林沼泽，为交通基础设施建设带来巨大困难；区域内的产业基础薄弱，经济结构差异明显，资金和技术缺乏等。

中印缅孟经济走廊建设的首要问题是交通运输基础设施的互联互通，铁路、公路、航空、水运、管道、通信等 6 个方面的联通，对经济走廊建设起着决定性作用，但这也是难点所在，尤其是铁路和公路的建设，比如昆明到加尔各答已建航线，因此空中距离仅 2 个多小时，但陆上的 2 820 公里却十分崎岖，除云南境内昆明到瑞丽是高等级公路外，其余段均等级较低，也没有能承载大规模物流需求的通道和体系，所以贸易往来受限严重。另外，基础设施建设项目资金的来源也需要国家合作，区域合作，公私合作，要克服重重困难。因此，可以想见，中印缅孟经济走廊建设是一个长期的过程，需要大量的国际交流和

[①] "孟中印缅经济走廊：14 年愿景实现 惠民成共识"，中国新闻网，2013 年 12 月 18 日，http://finance.chinanews.com/cj/2013/12-18/5636289.shtml，2013 年 12 月 30 日登录。

沟通，而中印缅孟经济走廊建设的切实推进，需要中印缅孟四国，尤其是中印两国联手。不过一旦建成，对这一次区域的经济发展和经济合作具有重要意义。

（三）中印缅孟经济走廊的重要意义

经济走廊属于次区域合作，是局部经贸的一体化，它可以避开自由贸易协定因目标宏大而缺乏可行性，以致难以落地的弊病，还可使参与国之间绕开经济、政治及社会"暗流"，集中精力和财力优先发展沿"走廊"地带，形成新的"增长极"。经济走廊的优势在于，一旦实施，它能够较快地取得看得见、摸得着的利益，进而刺激参与国继续深入推进经贸一体化。

中印缅孟经济走廊是连接恒河、伊洛瓦底江与湄公河的经济纽带，是连接印度洋和太平洋的大陆桥，是中国、南亚、东南亚地区三大市场融汇地，属于严重的经济欠发达地区。这里总体上工业、服务业、新兴产业相对落后，主要产业是农业、制造业，拥有着丰富的资源、能源、廉价劳动力等一大批吸引投资、促进生产的因素，却没有得到有效开发。但另一方面，这个区域地处南亚和东南亚的交汇之处，是中国西南地区进入印度洋周边地区最便捷的陆路通道，连接着中印这两个世界上最大的发展中国家，具有重要的地缘政治和经济意义。因此建设 BCIM 经济走廊符合次区域国家经济社会发展的共同利益需求，目的是促进次区域经济增长、人民生活水平提高、消除贫困、地区和平，使该区域成为亚洲经济发展的新动力。

此外，中印缅孟经济走廊对中印两国的经济发展也具有很重要意义。对中国而言，中国"西部大开发"需要"走出去"，中印缅孟经济走廊对中国大西南的开发好处颇多，新的物流体系将大大缩短对外贸易的运输时间和成本。对印度而言，中印缅孟经济走廊将首先使印度的西孟加拉邦受益，而西孟加拉邦与中国西南地区的交往历史悠久，在印度"向东看"战略中举足轻重；另外，随着相关投资的引入，印度东北部地区的基础设施缺口、政府投资不足以及由贫困而滋生的社会问题，必将逐渐得到解决。

五、未来展望与政策选择

（一）增加战略互信

近年来，中印两国对话合作机制不断完善，合作领域不断扩大，中印关系呈现巨大合作潜力和广阔发展空间。展望中印关系前景，诸多方面值得期待，深化经济合作将是主流，而战略互信是中印经贸关系的推手。

中印两国可以继续在多领域通过多渠道加强沟通与交流，可以经济战略对话为平台扩大互利合作，进而将彼此的发展战略结合起来，通过建立在互信基础上的政策协调来消除分歧。

（二）深化经济合作

近年来，中印两国经贸合作的快速发展，双边贸易额增长迅速，但与中印两国的经济规模仍不相称。当前，双方都在努力推进经济转型。两国已经成为世界经济中最具增长潜力的增长极，但也共同面临着缩小贫富差距、改善公共服务、摆脱资源环境约束等挑战。继续提升双边贸易和相互投资的水平，深化务实合作，扩大互利双赢，共同应对挑战，建设一个更加富有活力的中印关系，让两国人民共享发展成果。

（三）拓展合作领域

中印两国在国际体系变革、世界经济治理、气候变化等重要领域都有着广泛的共同利益，双方合作潜力巨大，前景广阔。此外，中国和印度可以深化与拓展在基础设施、节能环保和能源等领域的务实合作。

中国和印度都在加快发展，都致力于振兴经济和改善民生，两国利益融合不断加深。中印两国应该以更加积极包容的心态，不断增强政治互信，谋求互利共赢，构建面向未来、包容互惠、共谋发展的大国关系。

后　　记

　　呈现在读者面前的这本《中国经济外交年度报告：2014》，是外交学院编撰的该系列报告的第五部。

　　该系列报告的主要特点之一，是依据围绕各年度中国经济外交的内外形势变化，每部设定一条主线，贯穿于中国经济外交在各年度进展和变化的主要层面。2010 年度报告的主线是"应对国际金融危机"，2011 年度报告的主线是"步入后危机时代"，2012 年度报告的主线是"回顾、总结十一五，展望、规划十二五"，2013 年度报告的主线是"应对全球经济不确定性"，而 2014 年度报告所选定的主线，是全面落实和践行中国共产党"十八大"精神。

　　"十八大"精神贯穿 2013 年的中国经济外交。作为世界第二大经济体，中国与世界经济的联系日益紧密，发挥作用的空间增大，但面临的风险和挑战也在上升。面对新形势新任务，中国领导层准确把握世界格局变化和中国发展大势，着眼长远和战略全局，主动谋划、积极进取、勇于担当、开拓创新，不断推出新理念、新举措，为我国经济稳中向好营造了良好的外部环境，为经济转型和持续发展奠定了良好的基础，也为世界经济的增长增添了强劲的动力。

　　2013 年的中国经济外交重理念，重布局，重引领；讲实干，讲亲诚，讲共赢。中国政府以前所未有的姿态，高密度地提出了"亲诚惠容"、"一路一带"等一系列重大的外交理念和战略布局，对外提出了设立亚洲基础设施投资银行、孟中印缅经济走廊、中巴经济走廊等一系列重大合作倡议。以"新型大国关系"引领中美关系发展，使其不偏离正常轨道。中俄战略合作向纵深发展。中国东盟合作着眼升级换代。中欧合作不断升温。中非合作基础日益巩固。中拉合作开创新天地。中国与东盟、金砖国家和上合组织成员国等区域组织合作全面深化，中国对外合作呈现良好布局。2013 年，中国政府以更坚定的决心不断扩大和深化对外开放，向世界表明未来的经济外交政策将更加开放和务实。

　　与前四本年度报告一样，本报告同样是集体合作的成果。外交学院院长赵进军大使对主体思想和总体思路提出了要求，对撰写大纲进行了修改，并撰写了序言。各章承担者分别为：

第一章——胡再勇

第二章——张慧莲

第三章——周永生、王隽毅、吴太行

第四章——江瑞平

第五章——邓鑫

第六章——冯兴艳

第七章——陈阳

第八章——竺彩华、李锋

第九章——张翠珍

第十章——欧明刚、张文佳

第十一章——闫世刚

第十二章——崔绍忠

第十三章——徐梅

第十四章——郭宏宇

第十五章——付韶军、刘曙光

第十六章——竺彩华

第十七章——常思纯、叶琳

第十八章——刘曙光、何敏

第十九章——杨光

通读书稿，发现其中仍有许多不尽人意、甚至浅陋谬误之处，恳请读者不吝赐正，以便我们进一步提高。

最后，还要感谢经济科学出版社的吕萍总编辑和李晓杰编辑，没有她们的鼎立支持和悉心指导，本系列报告很难如期付梓。

江瑞平

2014 年春于外交学院